設例で学ぶ
オーナー系企業の
事業承継・M&Aにおける
法務と税務

森・濱田松本法律事務所＝MHM税理士事務所 編

商事法務

●はしがき

　本書は、主に、ファミリービジネスの資本政策や事業承継について、法務と税務の両面から解説するものです。

　日本においては、ファミリービジネスのプランニングというと、これまで、どちらかというと「相続税の節税」という側面が強調されていたように思われます。本書では、「税務」の解説を中心にしつつも、後日の相続人間での争いを未然に防止し企業価値を向上させるための「法務」的な技術についても、ある程度ページを割いて解説しているというところに特徴があります。

　税務面を工夫することによって、合理的な節税を図ることをタックス・プランニングと呼ぶのであれば、法務面を工夫することによって、企業価値の積極的な向上を図ることは、リーガル・エンジニアリング（法工学）と呼べるかもしれません。

　税は、納税者にとっては、コストであると言わざるを得ません。タックス・プランニングは、コストの発生を合理的に抑えるという意味では、企業価値を向上させるものであるといえますが、それ以上の価値創造機能はありません。残念なことですが、タックス・プランニングの観点しか持たなかった結果、肝心の企業価値が毀損されている例を筆者らは実務上数多く見てきました。

　一方、リーガル・エンジニアリングの方はどうでしょうか。たとえば、適切なガバナンスの仕組みを導入したり、各当事者の利害を適切に調整することなどによって、リーガル・エンジニアリングは、企業価値を積極的に向上させる役割を果たすことができます。これは、タックス・プランニングのように、マイナスのコストを減らすものというよりは、むしろ、プラスの価値を積極的に創出するものであるといえるでしょう。

　特に、本書において強調したい点は、リーガル・エンジニアリングにおける「契約」の重要性と、「国際化」に対応する必要性です。

　ビジネスのルールとしては、これまで、「デフォルト・ルール」としての民法や会社法などの規律が主に利用されてきました。しかし、それが「デフォルト・ルール」であるがゆえに、それだけでは、ファミリービジネスの複雑かつ高度なニーズに、十分対応できないのが実情でした。ファミリービジネスの資本政策や事業承継といった文脈では、オーナーの個性・嗜好など、経済合理性だけ

で説明できない要素もあるため、どうしても、「デフォルト・ルール」にとらわれない、「手作り」のストラクチャリングが必要になっているといえます。今後は、将来のありとあらゆる場面を想定した、信託契約などのツールを用いて、関係者の利害調整を精緻に行っていくことによって、様々な問題を解決するケースも増えていくでしょう。

また、昨今は、経済活動の国際化の波に乗ってファミリービジネスの国際化も進んでいるため、企業価値向上策を考えるにあたっては、グローバルな観点からの検討も、必要不可欠になってきました。そこでは、非常に複雑なプランニングが求められることも多くなっており、例えば、クロスボーダーの合併、インバージョン（親子会社の逆転）、海外信託を活用する場面などでは、各国の法制を適切に組み合わせるという、パズルを解くような作業が必要となります。

但し、そのようなリーガル・エンジニアリングには、しっかりとしたタックス・プランニングの裏付けがどうしても必要になります。国際的なグループ再編取引を例に取ると、当然ながら、日本だけでなく、海外の税制への配慮も必要になるように、法務×税務×海外という複雑に関係し合う要素を慎重に検討しつつ、時には大胆な発想によるプランニングが必要となります。

筆者らが所属する森・濱田松本法律事務所には、MHM税理士事務所が併設され、弁護士と税理士が真の意味で一体となったチームを構築し、日々、リーガル・エンジニアリングとタックス・プランニングのすり合わせ作業を行っているところです。本書では、そこで得られた様々なノウハウの一端を紹介しています。

具体的には、まず、「基礎編」で、ファミリービジネスにまつわる法務・税務の基本的な仕組みを説明しています。なかでも、株式に関する相続の法務・税務は、ファミリービジネスのプランニングにおいて、特に重要な役割を果たすことから、前半第1章から第5章までを割いて、詳細な解説を加えています。平成30年度税制改正による事業承継税制も解説しつつ、同年7月に成立した民法（相続関係）の改正についても、未施行ではありますが、今後の私法上の規律となる重要なものであるため、必要な範囲で触れています。さらに後半第6章から第10章は、株式にまつわる法務・税務について、オーナー系上場会社も視野に入れつつ一通り説明するとともに、一般社団法人・一般財団法人や組織再編税制・グループ法人税制など、ファミリービジネスの資本政策上のプランニングにおいてしばしば登場するツールについて、法務・税務の両面から解説

しています。

　また、「プランニング編」では、「基礎編」の知識をベースとした様々なリーガル・エンジニアリング及びタックス・プランニングを、事例を交えつつ紹介しています。さらに、各「コラム」では、ファミリービジネスに関連する税務や法務上の裁判例や、ファミリービジネスのガバナンスのあり方など、昨今の様々なトピックを紹介しています。

　言うまでもなく、ファミリービジネスオーナーの悩みは百人百様で、また、ファミリービジネスのあり方の構築や事業承継の実行は長い年月を要するケースが多いことから、本書のプランニング編に記載した解決策がすぐにそのまま利用可能というケースは多くないと思います。しかし、本書に記載した事項が少しでも読者の皆様のお役にたてば、筆者らとしては望外の喜びです。

　本書の執筆にあたっては、細心の注意を払っておりますが、至らぬ点も多いと思います。読者の皆様のお気づきの点があれば、是非ご指摘をいただきたく、よろしくお願いいたします。最後に、商事法務の岩佐さんと井上さんには、力強いサポートをいただいたことに心から感謝申し上げます。

　2018 年 9 月

　　　　　　　　　　執筆者を代表して
　　　　　　　　　　森・濱田松本法律事務所　MHM 税理士事務所
　　　　　　　　　　パートナー　弁護士・税理士
　　　　　　　　　　　　　　　　　　　　　大石篤史

●目　次

第1部　基礎編

第1章　相続の法務 ……………………………………………… 3

1 株式の相続 ……………………………………………………… 3

2 生前贈与・譲渡（売買） ……………………………………… 4

3 遺贈 ……………………………………………………………… 4

　(1) 遺言の利用 …………………………………………………… 4

　(2) 遺言の方式 …………………………………………………… 5

　(3) 遺言執行者 …………………………………………………… 6

　(4) 遺言の撤回 …………………………………………………… 7

4 死因贈与 ………………………………………………………… 7

　(1) 死因贈与とは ………………………………………………… 7

　(2) 負担付死因贈与の利用 ……………………………………… 7

5 まとめ …………………………………………………………… 8

6 遺留分 …………………………………………………………… 10

　(1) 遺留分とは …………………………………………………… 10

　(2) 遺留分の減殺請求権 ………………………………………… 12

　(3) 遺留分減殺請求権の行使により株式が分散することへの対処方法… 13

7 国際相続 ………………………………………………………… 16

　(1) 国際相続とは ………………………………………………… 16

　(2) 相続における準拠法 ………………………………………… 17

　(3) 遺言に関する準拠法 ………………………………………… 17

第2章　相続税の体系 …………………………………………… 19

1 相続税額の計算 ………………………………………………… 19

　(1) 課税価格の計算 ……………………………………………… 20

　(2) 相続税額の計算 ……………………………………………… 25

2　納税義務者··28

　　（1）　納税義務者の概説····································28

　　（2）　近時の税制改正による影響·····················28

　　（3）　住所認定··30

　　3　財産の所在··32

　　4　連帯納付義務··34

　　5　名義財産··35

　　（1）　名義財産の概要····································35

　　（2）　名義財産と重加算税····························37

　　6　遺留分と課税関係··39

　　（1）　相続税··39

　　（2）　譲渡所得税··39

第3章　贈与税の体系··41

　　1　贈与税額の性質··41

　　2　贈与税の課税制度··41

　　（1）　暦年課税制度と相続時精算課税制度··········41

　　（2）　相続時精算課税制度の留意点·················42

　　3　みなし贈与··43

　　（1）　低額譲渡··43

　　（2）　債務免除··45

　　（3）　その他の利益の享受····························45

第4章　相続税・贈与税の納付····································47

　　1　物納··47

　　2　事業承継税制（非上場株式等についての贈与税・相続税の納税猶予）

　　　··48

　　（1）　事業承継税制の概要····························48

　　（2）　平成30年度税制改正による特例の創設······50

　　（3）　事業承継税制と信託····························53

第5章　財産評価の体系 ……………………………………………55

1　時価の意義 ………………………………………………………55
2　株式の評価 ………………………………………………………56
　⑴　上場株式の評価 …………………………………………………56
　⑵　取引相場のない株式の評価 …………………………………………57
　⑶　会社区分の判定 …………………………………………………66
　⑷　特定の評価会社 …………………………………………………69
　⑸　原則的評価 ……………………………………………………78
　⑹　特例的評価方式 …………………………………………………89
　⑺　種類株式の評価 …………………………………………………90
　⑻　法人税法、所得税法における株価の考え方 ……………………………92
　⑼　国外に所在する取引相場のない株式の評価 ……………………………99
　⑽　株式評価を巡る裁判例の検討 ……………………………………100

第6章　株式保有 ………………………………………………123

1　議決権・決議 ……………………………………………………123
　⑴　普通株式の株主総会の決議事項と決議要件 ……………………………123
　⑵　招集手続き・書面による株主総会 …………………………………127
　⑶　種類株式 ……………………………………………………127
　⑷　属人的な権利 …………………………………………………131
2　金商法上の規制 …………………………………………………135
　⑴　非財務情報に係る開示 ………………………………………………136
　⑵　財務情報に係る開示 …………………………………………………137
3　配当に係る課税関係 ……………………………………………137
　⑴　個人株主の課税関係 …………………………………………………137
　⑵　法人株主の課税関係 …………………………………………………138

第7章　株式の取得・処分 …………………………………139

1　増資（新株発行・自己株式処分） ……………………………………139
　⑴　法務・税務の概観 ………………………………………………140
　⑵　法務上の取扱い …………………………………………………141

⑶　税務上の取扱い……………………………………………………145
2　非公開会社株式の譲渡………………………………………………151
　⑴　譲渡の手続き………………………………………………………151
　⑵　税務上の取扱い……………………………………………………152
3　上場会社株式の譲渡…………………………………………………153
　⑴　譲渡の手続き………………………………………………………153
　⑵　金融商品取引法及び金融商品取引所規則………………………153
　⑶　税務上の取扱い……………………………………………………193
4　自己株式の取得………………………………………………………193
　⑴　自己株式取得の手続き……………………………………………194
　⑵　上場会社における自己株式の取得に係る規制…………………200
　⑶　自己株式の取得の財源に係る規制………………………………202
　⑷　自己株式の法的地位………………………………………………203
　⑸　税務上の取扱い……………………………………………………203

第8章　株式の信託………………………………………………207

1　信託の利用……………………………………………………………207
　⑴　信託の利用に際しての留意点……………………………………207
　⑵　信託を利用する基本的な枠組み…………………………………207
　⑶　信託の利用例………………………………………………………208
2　信託法…………………………………………………………………209
　⑴　信託の当事者………………………………………………………209
　⑵　信託行為……………………………………………………………211
　⑶　信託目的……………………………………………………………212
　⑷　信託譲渡……………………………………………………………213
　⑸　信託財産……………………………………………………………215
　⑹　受託者の権限と責任………………………………………………217
　⑺　受益権の性質と受益者の地位……………………………………222
　⑻　受益者の決定方法の特則…………………………………………224
　⑼　信託の費用と報酬…………………………………………………226
　⑽　信託の終了と清算…………………………………………………228
　⑾　委託者の権利と地位………………………………………………230

viii　目　次

⑿　指図権者·······································231

⒀　信託と株式会社の比較·························232

3　株式の信託と金融規制···························234

⑴　信託で金融規制を検討する必要性···············234

⑵　信託業規制···································235

⑶　公開買付規制·································239

⑷　インサイダー取引規制·························245

⑸　売買報告書制度·······························250

⑹　大量保有報告制度·····························252

⑺　その他の開示·································256

⑻　投資運用業規制·······························258

⑼　投信法上の規制（証券投資信託以外の有価証券投資を目的とする
信託の禁止）·······························260

4　信託の税務···································261

⑴　受益者等課税信託（パススルー課税）の課税関係···········262

⑵　受益者連続型信託の課税関係···················268

⑶　法人課税信託について·························269

⑷　外国信託の取扱い·····························271

⑸　信託受益権の評価·····························272

第9章　一般社団法人・一般財団法人···················277

1　一般社団法人・一般財団法人·····················277

⑴　事業承継と一般社団法人・一般財団法人···········277

⑵　一般社団法人・一般財団法人とは···············277

2　公益社団法人・公益財団法人·····················278

3　一般社団法人等のガバナンス·····················278

⑴　はじめに·····································278

⑵　一般社団法人のガバナンス·····················279

⑶　一般財団法人のガバナンス·····················282

4　一般社団法人等・公益社団法人等の法人税···········283

⑴　全体像·······································283

⑵　公益法人等·································284

(3) 収益事業‥‥‥‥‥‥‥‥‥‥‥‥‥‥‥‥‥‥‥‥‥‥‥‥‥‥‥‥‥ 287

5 一般社団法人等と相続税・贈与税‥‥‥‥‥‥‥‥‥‥‥‥‥‥‥‥ 288

(1) 原則‥‥‥‥‥‥‥‥‥‥‥‥‥‥‥‥‥‥‥‥‥‥‥‥‥‥‥‥‥‥ 288

(2) 租税回避防止規定‥‥‥‥‥‥‥‥‥‥‥‥‥‥‥‥‥‥‥‥‥‥‥ 288

6 特定の一般社団法人等に対する課税‥‥‥‥‥‥‥‥‥‥‥‥‥‥ 288

第 10 章　組織再編税制・グループ法人税制‥‥‥‥‥‥‥‥‥‥‥ 290

1 組織再編税制‥‥‥‥‥‥‥‥‥‥‥‥‥‥‥‥‥‥‥‥‥‥‥‥‥‥ 290

(1) 総論‥‥‥‥‥‥‥‥‥‥‥‥‥‥‥‥‥‥‥‥‥‥‥‥‥‥‥‥‥‥ 290

(2) 吸収合併‥‥‥‥‥‥‥‥‥‥‥‥‥‥‥‥‥‥‥‥‥‥‥‥‥‥‥ 294

(3) 吸収分割‥‥‥‥‥‥‥‥‥‥‥‥‥‥‥‥‥‥‥‥‥‥‥‥‥‥‥ 303

(4) 株式交換‥‥‥‥‥‥‥‥‥‥‥‥‥‥‥‥‥‥‥‥‥‥‥‥‥‥‥ 312

2 グループ法人税制‥‥‥‥‥‥‥‥‥‥‥‥‥‥‥‥‥‥‥‥‥‥‥‥ 318

(1) グループ法人税制の概要‥‥‥‥‥‥‥‥‥‥‥‥‥‥‥‥‥‥‥ 318

(2) 株式譲渡を行う場合‥‥‥‥‥‥‥‥‥‥‥‥‥‥‥‥‥‥‥‥‥ 318

(3) 事業譲渡を行う場合‥‥‥‥‥‥‥‥‥‥‥‥‥‥‥‥‥‥‥‥‥ 319

(4) 組織再編成を行う場合‥‥‥‥‥‥‥‥‥‥‥‥‥‥‥‥‥‥‥‥ 319

第 2 部　プランニング編

事例 1 　株式移転による資産管理会社の設立‥‥‥‥‥‥‥‥‥‥‥‥ 323

事例 2 　後継者が設立した資産管理会社に株式を移転‥‥‥‥‥‥‥‥ 331

事例 3 　遺留分を踏まえた事業承継の選択‥‥‥‥‥‥‥‥‥‥‥‥‥ 336

事例 4 　合併を活用した株価対策‥‥‥‥‥‥‥‥‥‥‥‥‥‥‥‥‥ 343

事例 5 　後継者が 2 人いる場合の会社分割‥‥‥‥‥‥‥‥‥‥‥‥‥ 359

事例 6 　分割を活用した株価対策‥‥‥‥‥‥‥‥‥‥‥‥‥‥‥‥‥ 373

事例 7 　措置法 40 条申請を適用し、財団法人に財産を寄贈‥‥‥‥‥ 386

事例 8 　役員、従業員持株会を活用し、オーナー所有株式を移転‥‥ 400

事例 9 　海外子会社の株価対策（剰余金の配当）‥‥‥‥‥‥‥‥‥‥ 411

事例 10 　海外子会社から資本剰余金を原資とする配当を受ける‥‥‥ 415

事例 11 　納税資金の確保‥‥‥‥‥‥‥‥‥‥‥‥‥‥‥‥‥‥‥‥‥ 423

事例 12 　非上場会社のオーナーによる対象会社株式の売却‥‥‥‥‥ 435

事例 13　株式譲渡契約の表明保証違反に基づく補償請求……………… 445

事例 14　スクイーズ・アウトの事例………………………………… 452

事例 15　非上場会社の事業の一部売却のプランニング……………… 470

事例 16　従業員持株会・社団法人を活用した株式の移転…………… 477

事例 17　株式管理信託を活用した承継……………………………… 487

事例 18　事業承継における遺留分への対応………………………… 496

事例 19　三角合併を活用した本社機能の海外への移転……………… 501

事例 20　創業家一族に分散した株式の議決権を集約………………… 515

事例 21　M&A による株式売却により得た資金を活用した公益事業……… 530

事例 22　海外の資産管理会社へのタックス・ヘイブン対策税制の

　　　　　改正による影響…………………………………………… 542

コラム

遺産分割協議未了の間に相続人が 1 人となった場合の取扱い……………… 8

遺留分算定における非上場株式の「価額」…………………………… 11

国籍の回復……………………………………………………………… 17

無限責任社員の債務控除……………………………………………… 23

信託受益権の所在地…………………………………………………… 33

夫婦財産契約…………………………………………………………… 121

解散判決………………………………………………………………… 371

物納の要件と平成 29 年度税制改正………………………………… 426

株式の物納と支配権…………………………………………………… 433

留保金課税とグループ法人税制……………………………………… 443

過大な役員給与及び役員退職給与の損金不算入…………………… 450

プロマーケット………………………………………………………… 463

組織再編の際に株式買取請求がされ、価格決定が問題となった事例…… 468

株式の議決権と経済的損益を分離する手法………………………… 527

ファミリービジネス…………………………………………………… 540

事項索引………………………………………………………………… 558

判例索引………………………………………………………………… 562

凡 例　xi

●凡　例

1　法令等の略称

民法	民法
旧民法	民法の一部を改正する法律（平成 25 年 12 月 11 日法律第 94 号）による改正前の民法
改正後民法	民法及び家事事件手続法の一部を改正する法律（平成 30 年 7 月 13 日法律第 72 号）による改正後の民法
信託	信託法
会社法	会社法
会社規	会社法施行規則
会社計規	会社計算規則
旧商法	会社法の施行に伴う関係法律の整備等に関する法律（平成 17 年 7 月 26 日法律第 87 号）による改正前の商法
振替法	社債、株式等の振替に関する法律
法人法	一般社団法人及び一般財団法人に関する法律
法人規	一般社団法人及び一般財団法人に関する法律施行規則
独禁法	私的独占の禁止及び公正取引の確保に関する法律
経営承継円滑化法	中小企業における経営の承継の円滑化に関する法律
労承法	会社分割に伴う労働契約の承継等に関する法律
労承法指針	分割会社及び承継会社等が講ずべき当該分割会社が締結している労働契約及び労働協約の承継に関する措置の適切な実施を図るための指針
金商法	金融商品取引法
金商令	金融商品取引法施行令

証取法施行令	証券取引法施行令
定義府令	金融商品取引法第二条に規定する定義に関する内閣府令
開示府令	企業内容等の開示に関する内閣府令
企業内容等開示ガイドライン	企業内容等の開示に関する留意事項について（企業内容等開示ガイドライン）
他社株府令	発行者以外の者による株券等の公開買付けの開示に関する内閣府令
自社株府令	上場等株券の発行者である会社が行う上場等株券の売買等に関する内閣府令
公開買付Q＆A	株券等の公開買付けに関するQ＆A
大量保有府令	株券等の大量保有の状況の開示に関する内閣府令
取引規制府令	有価証券の取引等の規制に関する内閣府令
財表規則	財務諸表等の用語、様式及び作成方法に関する規則
有価証券上場規程	有価証券上場規程（東京証券取引所）
有価証券上場規程施行規則	有価証券上場規程施行規則（東京証券取引所）
信託業	信託業法
信託業令	信託業法施行令
兼営法	金融機関の信託業務の兼営等に関する法律
投信法	投資信託及び投資法人に関する法律
投信令	投資信託及び投資法人に関する法律施行令
公益法人認定法	公益社団法人及び公益財団法人の認定等に関する法律
法法	法人税法
法令	法人税法施行令
法規	法人税法施行規則
法基通	法人税基本通達
所法	所得税法
所令	所得税法施行令
所基通	所得税基本通達

相法	相続税法
相令	相続税法施行令
相基通	相続税法基本通達
地法	地方税法
消令	消費税法施行令
消基通	消費税法基本通達
復興財源確保法	東日本大震災からの復興のための施策を実施するために必要な財源の確保に関する特別措置法
措法	租税特別措置法
措令	租税特別措置法施行令
措法 40 通達	租税特別措置法第 40 条第 1 項後段の規定による譲渡所得等の非課税の取扱いについて
登法	登録免許税法
財基通	財産評価基本通達
国通法	国税通則法
国徴法	国税徴収法

2 判例誌等の略称

民集	最高裁判所民事判例集
集民	最高裁判所裁判集民事
高民集	高等裁判所民事判例集
判時	判例時報
判タ	判例タイムズ
税資	税務訴訟資料
月報	訟務月報

第 1 部

基 礎 編

基礎編では、まず、オーナー系企業の事業承継における最重要項目である相続と贈与を取り上げ、その法務面と税務面の基本的事項について説明する。相続・贈与については、例えば遺留分減殺請求権が行使される場面など、紛争が頻発しやすいことから、法務の文脈では、紛争をいかに予防するかという観点が、特に重要となってくる。また、我が国では相続税・贈与税の負担が著しく大きく、事業承継の文脈ではそれらのタックスプランニングが特に重要な意味を持ってくるため、基礎編では、その前提として押さえておくべき財産評価の基本について、一通り説明することとしたい。

　また、基礎編では、株式の保有・処分、信託、社団・財団、組織再編など、オーナー系企業の事業承継・M&Aにおいて用いられる各種手法を取り上げて、その法務・税務上の取扱いについても、一通り説明する。オーナー系企業の事業承継・M&Aに関しては、実務上、税務面のみに偏ったスキームが立案されることも多いが、特にオーナー系の上場会社のような場合は、それが法務的に全くワークしないこともしばしばである。そこで、本書では、上場企業も十分念頭に置いた上で、金商法その他の法規制のポイントを幅広く説明することとしたい。

第1章　相続の法務　3

第1章
相続の法務

1　株式の相続

　株式の所有者が死亡した場合、原則として、所有株式は被相続人の相続財産となる。株式の相続につき、何らの手当てを講じていない場合で、かつ、相続人が複数いる場合には、相続財産はその相続人の共有に属することになることとされている（民法898。各相続人に対し、法定相続分で分割した株数が相続されるわけではなく、1株1株について共有関係が発生する）。株式が2以上の者の共有に属するときは、共有者は、当該株式についての権利を行使する者1人を定め、株式会社に対し、その者の氏名又は名称を通知しなければ、原則として、当該株式についての権利を行使することができない（会社法106本文）。当該権利行使者は、持分の価格に従いその過半数で決せられる（最判平成9年1月28日判時1599号139頁）。したがって、例えば、A社の発行済株式の全てを保有する被相続人甲が死亡し、相続人乙及び丙が相続分2分の1ずつで相続した場合、これらの株式は乙及び丙の共有となり、各共有者の持分の価格に従った過半数の同意（すなわち、両名の同意）により権利行使者を決定した上で、権利行使者の通知をしなければ、原則として、議決権行使ができないことになる[1]。

　相続により相続人間で共有となった財産は、遺産分割協議によって各相続人

---

1)　なお、株式が二以上の者の共有に属するときであっても、株式会社が議決権行使について同意した場合には、上記の通知等がなくとも株主としての権利を行使することができる（会社法106但書）。しかし、判例は、株主としての権利の行使が民法の共有に関する規定に従ったものでないときは、株式会社が会社法106条但書の同意をしたとしても、当該権利の行使は適法とはならないと解している。そして共有に属する株式の議決権の行使は、特段の事情のない限り、株式の管理に関する行為として各共有者の持分の価格に従い、その過半数で決せられるものと解するのが相当とされている（最判平成27年2月19日民集69巻1号25頁）。したがって、例えば、上記の例においても、乙が権利行使者の通知をせず単独で議決権行使をし、それに対してA社が同意をしたとしても、共有者である丙が同意をしていなければ、乙による議決権行使は認められない。

4 第1部 基礎編

に分割して帰属させることができるが、遺産分割協議は、相続人全員の合意によって成立するものであるから、合意の内容によっては、株式が分散して相続される可能性もある。

したがって、会社の株式を所有するオーナーが、株式が多数の者に分散して帰属することを避けて特定の者に株式を取得させ、当該会社の経営を承継させたいと考えるのであれば、生前に一定の手当てを講じる必要がある。

その手段としては、①生前贈与・譲渡、②遺贈、③死因贈与、④信託の設定が挙げられるが、ここでは①から③までについて解説する（④については、後記基礎編第8章を参照されたい）。

但し、いずれの手当てについても、遺留分の制限が存在する点には留意が必要である（詳しくは、後記6を参照）。

なお、民法の相続関係については改正法案が成立しており、原則として2019年7月12日までの施行が予定されているが、本書においては基本的に現行法に依拠しており、改正後民法により変更される規律については脚注に記載している。

2 生前贈与・譲渡（売買）

まず、最もシンプルな方法として、生前に、株式を承継させたい者に対して、株式の生前贈与（民法549）又は譲渡（売買）（民法555）を行うことが考えられる。

もっとも、贈与者（譲渡人）は、原則として、生前贈与・譲渡（売買）の時点以降、株式に係る権利を失うことになることから、贈与・譲渡（売買）のタイミングを慎重に検討する必要がある。

3 遺贈

(1) 遺言の利用

上記のとおり、原則として、相続対象となる株式は相続人において法定相続分に従って共有となる。

もっとも、被相続人が遺言を作成し、財産を遺贈することによって、特定の相続人又は第三者に対して相続財産を承継させることが可能となる。したがっ

て、甲が、自分の死後、その保有するA社株式の全てを長男である乙に承継させたい場合には、「A社株式は全て長男乙に相続させる」旨の遺言を作成することで、A社株式を乙に承継させることができる。

(2) 遺言の方式

遺言は、民法に定める方式に従わなければ無効である（民法960）。原則的な遺言の方式は、①自筆証書遺言、②秘密証書遺言、③公正証書遺言の3種類であり、それぞれの特徴は**図表1-1**のとおりである（その他、特別の方式による遺言も存在する）。

図表1-1　各遺言の方式の特徴

種類	概要	メリット	デメリット
自筆証書遺言 （民法968）	・手書きによる遺言。 ・遺言者が、その全文、日付及び氏名を自書し、押印する必要がある。	・最も簡易な方法。 ・費用もかからない。 ・第三者に内容を知られない。	・要式を満たさないとして無効になるリスクが高い。 ・偽造・変造、意思表示の瑕疵の可能性があり、紛争が生じるリスクがある。 ・紛失するリスクがある[2]。 ・裁判所による検認の手続きが必要。 ・全て自筆する必要があることから、遺言の内容によっては高齢者等に敬遠される可能性がある[3]。

---

2) 民法改正案の成立とともに、遺言者は自ら法務局に出頭することにより法務局に自筆証書遺言書の保管を申請することができ、遺言書の返還又は閲覧を請求することができる自筆証書遺言保管制度が導入されることとなり、当該制度によって、紛失リスクが軽減されることになる。

3) 改正後民法では、自筆証書遺言に相続財産の全部又は一部の目録を添付する場合には、その目録について自書する必要がないとされており、自書による負担が一部緩和される。

秘密証書遺言 (民法970)	・秘密証書によ る遺言。 ・遺言を記載し た書面を封筒 に入れ封印し、 公証役場にお いて作成の事 実を記録する。	・作成の事実を記録す ることができる。 ・費用は1通11,000円。 ・第三者に内容を知ら れない。	・要式を満たさないと して無効になるリス クが高い。 ・偽造・変造、意思表 示の瑕疵の可能性が あり、紛争が生じる リスクがある。 ・紛失するリスクがあ る。 ・裁判所による検認の 手続きが必要。
公正証書遺言 (民法969)	・公正証書によ る遺言。 ・公証人が作成 し、原本を公 証人役場で保 管する。	・紛失リスクがない。 ・偽造・変造、意思表示 の瑕疵の可能性があ るとして紛争になる リスクが低い。 ・裁判所による検認の 手続きが不要。	・遺言の対象となる財 産の価値によっては、 費用が高額となる。 ・内容を公証人や証人 に知られることにな る。

　遺言が無効になるリスクは、公正証書遺言が最も低く、遺言を作成する場合には、公正証書遺言とすることが望ましい。もっとも、費用の点や内容を第三者に知られる点で公正証書遺言の方式をとることができない場合には、自筆証書遺言か秘密証書遺言によることになる。いずれの場合においても、遺言を作成する際には、遺言者が望むかたちで財産の承継が行われるよう、専門家に事前に相談することが望ましい。

(3)　遺言執行者

　遺言により、相続財産の管理その他遺言の執行に必要な一切の行為をする者として、遺言執行者を指定することができる（民法1006Ⅰ）。遺言の内容の円滑な実現のため、遺言執行者として専門家（弁護士等）を指定しておくことが望ましい[4]。

---

4)　改正後民法では、遺言執行者に関する規律も改正がされ、権限が明確化されたり、復任権が付与されたりする予定である。

⑷ 遺言の撤回

遺言は、いつでも遺言の方式によって撤回することができる（民法1022）。また、前の遺言が後の遺言（又は遺言後の生前処分その他の法律行為）と抵触するときは、その抵触する部分については、後の遺言で前の遺言を撤回したものとみなされる（民法1023）。例えば、甲が「A社株式は全て長男乙に相続させる」との遺言を作成したとしても、その後「A社株式は全て次男丙に相続させる」との遺言を作成した場合には、これらは抵触するものとして、前の遺言（乙への承継）は撤回されたものとみなされる。このような意味で、遺言により財産を相続できる地位（ここでは乙の地位）は不安定なものである。

4 死因贈与

⑴ 死因贈与とは

遺言に類似の制度として死因贈与（民法554）が存在する。死因贈与とは、贈与者の死亡によって効力を生ずる贈与契約をいう。遺言が遺言者の単独行為であるのに対し、死因贈与は贈与者と受贈者の契約である点が異なる。

死因贈与は遺言と類似の制度であるため、その性質に反しない限り、遺贈に関する規定が準用される（民法554）。上記3⑷の撤回についての規定も、方式に関する部分を除いて死因贈与に準用されるものと解されており（最判昭和57年4月30日民集36巻4号763頁参照）、死因贈与の受贈者が財産の贈与を受ける地位も不安定なものとなっている。

⑵ 負担付死因贈与の利用

贈与には負担を付すことができ、そのような贈与を負担付贈与という（民法553）。例えば、甲が長男乙にA社株式の全てを贈与する代わりに「甲の生存中、長男乙は甲の面倒をみること」といった負担を付す場合、この贈与は負担付贈与にあたる。

判例は、負担付死因贈与（負担の付いた死因贈与）については、「右契約〔注：死因贈与契約〕締結の動機、負担の価値と贈与財産の価値との相関関係、契約上の利害関係者の身分関係その他の生活関係等に照らし右契約の全部又は一部

を取り消すことがやむをえないと認められる特段の事情がない限り」、上記(3)
(d)の撤回についての規定が準用されないと解している（最判昭和 58 年 1 月 24 日
民集 37 巻 1 号 21 頁）。したがって、一定の事情がない限りは、原則として、負担
付死因贈与は撤回ができないことになる。よって、長男乙が、撤回のリスクを
抑えて A 社株式を承継したい場合には、甲から負担付死因贈与を受けることが
考えられる。

　もっとも、上記のとおり、一定の場合には死因贈与を撤回することができる
ことになる。例えば、贈与される財産の価値に比して負担が著しく軽い場合や、
受贈者が負担を履行していない場合には死因贈与であっても撤回される可能性
があるため、留意が必要である。

5　まとめ

　上記の手法をまとめると**図表 1-2** のようになる（なお、課税関係の詳細につい
ては、**基礎編第 3 章 6** を参照されたい）。

図表 1-2　各手法のまとめ

手法	概要	撤回可能性	課税関係
生前贈与/譲渡（売買）	生前に無償又は有償で譲渡すること。	贈与は書面によることにより撤回を制限できる。 売買は一方的な撤回はできない。	受贈者に贈与税/譲渡人に譲渡所得課税
遺贈	遺言により無償で第三者（受遺者）に対して財産を承継させること。	撤回可能	受遺者に相続税
死因贈与	贈与者の死亡によって効力を生ずる贈与契約。	負担付死因贈与とすることで撤回を制限することができる。	受贈者に相続税

コラム　遺産分割協議未了の間に相続人が 1 人となった場合の取扱い
　父甲の死亡により相続が発生した（1 次相続）後、その相続人である母乙が、

子丙と遺産分割協議をすることなく、乙が死亡し（2次相続）、乙の法定相続人が丙のみであるときに、1次相続の遺産分割協議は実務上どのように行えばよいか。

　従来、実務上は丙が「遺産処分決定書」という書類を作成することで、1次相続により丙が相続財産である不動産を取得したとして、不動産の相続登記を行っていたが、この取扱いを否定する注目すべき判決が下された（東京高判平成26年9月30日裁判所ウェブサイト。なお、一審は東京地判平成26年3月13日判タ1435号43頁）。

　その事案においては、冒頭に記載したものと同様の事実関係の下で、丙が甲の遺産全部を直接相続した旨を記載した遺産処分決定書と題する書面をもって、不動産の所有権移転登記を行えるかが争われた。法務局の登記官が、登記原因証明情報の提供がないとして申請を却下したため、原告が処分の取消しを求めて争ったが、東京地裁・東京高裁ともに、原告の請求を認めなかった。

　裁判所の判断の主たる理由は、丙は2次相続の開始（乙の死亡）時において（甲の遺産に対する乙持分を含む）乙の遺産を取得しているから、2次相続開始後に、既に自らに帰属している乙の遺産について改めて自己に帰属させる旨の意思表示を観念する余地はないため、遺産処分決定は法的に無意味である、というものである。このほか、東京高裁では、実務において長年「遺産処分決定書」をもって登記手続きが行われていた点について、「この取扱いを変更するにあたっては、できる限り登記実務の混乱を避け、予測可能性を高める手立てを講ずることが望ましかったというべき」とされたが、そもそも登記実務が実体法上の根拠を欠くものである上、従前の登記実務も通達等の公式な見解に基づくものではなく、司法書士としては、従来の登記実務が変更される可能性も認識しえたと判示されている。

　この裁判例は、登記実務上の常識を大きく変えた事案であったが、相続税申告にも、相当程度の影響を与えたと考えられる。相続税申告においても、上記と同様の状況である場合には、2次相続の相続人である子が「遺産処分決定書」を作成し、その書面に従って、1次相続の分割内容を決めることが実務上行われていたからである。

　例えば、1次相続で残された配偶者に多額の固有財産がある場合等には、1次相続における被相続人の財産を、子が100％取得した方がトータルの相続税額が小さくなることがある。そのような場合、従来であれば、1次相続及び2次相続の相続税額を総合考慮しながら、遺産分割の内容が検討されていた。

　それが、上記の裁判例を踏まえると、そもそも実体法上の根拠が欠けると判示されているため、2次相続の開始（配偶者の死亡）時に1次相続の遺産分割が未了であると、「遺産処分決定書」に法的効力は当然に認められず、配偶者に遺産の一部が法定相続分だけ帰属し、子はそれを2次相続により相続したと指摘される可能性が出てくるのである。

　しかし、その後、大阪法務局民事行政部長からの照会に回答する形で法務省民事局民事第二課長の見解が示されたため、上記の裁判例の影響は相当程度限定されたように思われる。すなわち、当該照会文書は、大阪法務局民事行政部長が従来の実務につき適正性を欠いていたと指摘しつつも、1次相続（被相続人甲）の

遺産分割について、2次相続の開始（配偶者乙の死亡）前に、乙と子丙の間で協議が成立していた場合には、遺産分割協議は要式行為ではないことから、遺産分割協議書が作成されていなくとも当該協議は有効であり、丙は当該協議の内容を証明することができる唯一の相続人であるため、乙の死亡後に丙が作成した「遺産分割協議証明書」は適正性を有するという解釈を示した。

これに対し、法務省民事局民事第二課長は、照会のとおり取り扱われて差し支えないと回答している。

以上の照会は不動産の相続登記に関連するものではあるが、「遺産分割協議証明書」に基づく甲から丙への相続による移転の登記を認める取扱いを示していることを鑑みると、相続税申告書の作成にあたっても、乙の生前に遺産分割協議が成立していれば、「遺産分割協議証明書」を作成することで、税務上もその内容に基づき取り扱うことができるように思われる。

6　遺留分

(1)　遺留分とは

遺留分とは、被相続人の財産のなかで、法律上その取得が一定の相続人に留保されていて、被相続人による自由な処分に対して制限が加えられている持分的利益をいう。遺留分制度の趣旨は、①相続人には、被相続人の財産につき潜在的持分があることから、その清算を行うという点と②遺族の生活保障という点にある。

遺留分は、兄弟姉妹以外の相続人（すなわち、配偶者、子、直系尊属）について認められており、遺留分の割合は以下のとおりである（民法1028）。個々の相続人の遺留分は下表の割合に当該相続人の法定相続分を乗じた割合である（例えば、甲が死亡し、相続人として子である乙、丙のみがいた場合、丙の遺留分は、1/2（下記の割合）×1/2（法定相続分）＝1/4である）。

直系尊属のみが相続人である場合	被相続人の財産の3分の1
その他の場合	被相続人の財産の2分の1

遺留分算定の基礎となる財産は、下記の算式で計算される（民法1029）。

遺留分算定の基礎となる財産＝
相続開始の時において有した財産の価額＋贈与した財産の価額－債務の全額

なお、贈与については、原則として相続開始前の 1 年間にしたものに限り算入されるが（民法 1030 前段）、①当事者双方が遺留分権者に損害を与えることを知って贈与したとき（民法 1030 後段）、及び②特別受益（民法 903 Ⅰ）にあたる相続人への贈与であって、遺留分減殺請求（後述）を認めることが相続人に酷であるなどの特段の事情がないときには、1 年前の日より前にしたものについても算入される（最判平成 10 年 3 月 24 日民集 52 巻 2 号 433 頁）[5]。

　この「財産の価額」は、相続開始時点を基準に算定されると解されている（最判昭和 51 年 3 月 18 日民集 30 巻 2 号 111 頁）。上場株式にあっては、死亡直前の終値が参照される。非上場株式については、下記のコラムを参照されたい。

コラム　遺留分算定における非上場株式の「価額」

　上記のとおり、遺留分算定においては、相続開始時点の「財産の価額」を基準に算定される。では、非上場株式の価額は遺留分の文脈においてどのように「財産の価額」が算定されるのであろうか。

　遺留分減殺請求訴訟において、非上場株式の評価が争点となった事案における当事者の主張及び裁判所の結論は以下のとおりである（なお、相続税申告書に記載の財産評価基本通達上の評価方法による価額とすることで当事者に争いがなく、「価額」が争点とならなかった事案も複数存在する）。このように、裁判所がどの方法によって非上場株式を評価するかは、事案毎に異なっている。

裁判所	裁判年月日	原告	被告	裁判所
東京地裁	H27.4.24	時価純資産価額法と DCF 法の平均値	0 評価	時価純資産価額法と DCF 法の平均値
東京地裁	H27.3.25	純資産価額方式	配当還元方式	配当還元方式
東京地裁	H27.2.4	1 株 50 円（仮に純資産価額であるのであれば、30％程度の非流動性ディスカウントをすべき）	時価純資産価額	簿価純資産価額と配当還元方式を参考にした方式を 2：1 の割合で考慮した金額

---

5)　改正後民法では、相続人への生前贈与についても、相続開始前の 10 年間にされたものに限り、遺留分算定の基礎となる財産に含めることとし、それよりも前にされた生前贈与が含まれないものとされるため、②の範囲が狭く解されることになる。しかし、民法 1030 条後段の規律は維持されるため、①の範囲は変わらず、いわゆる悪意の生前贈与については、以前として相続開始の 10 年前の日よりも前にしたものについても遺留分の算定基礎に含まれる。

東京地裁	H26.5.22	類似業種比準方式　又は純資産価額方式と類似業種比較準方式の併用	純資産価額方式	純資産価額方式
東京高裁	H22.3.10	売買実例	財基通上の純資産価額	財基通上の純資産価額

　また、中小企業庁は、平成21年2月に「経営承継法における非上場株式等評価ガイドライン」（以下、「評価ガイドライン」という）[6]を公表している。評価ガイドラインにおいては、経営承継円滑化法における遺留分算定の固定合意（後記(3)(e)）に係る非上場株式の評価方法として、①収益方式（収益還元方式、DCF法、配当還元方式）、②純資産方式、③比準方式（類似会社比準方式、類似業種比準方式、取引事例方式）、④国税庁方式（財産評価基本通達に則った評価方式）、⑤これらの併用方式を紹介している。

　このように、実務においては、事案によって非上場株式の評価方法を使い分けており、下記で述べる遺留分減殺請求への対応を検討するにあたっては、具体的事実に即してより具体的な算定方法を検討する必要がある。

(2)　遺留分の減殺請求権

　遺留分権者は、受贈者、受遺者、遺留分を侵害する相続分の指定を受けた者に対し、遺留分減殺請求権を行使することによって、自己の遺留分に相当する相続財産を自己に帰属させることができる（民法1031）。遺留分減殺請求により物権的効果が生じ、遺贈又は贈与の目的財産は受遺者又は受贈者と遺留分権利者との共有となる[7]。

　例えば、甲（仮に、単純に相続財産はA社株式のみであるとする）が死亡し、相続人として子である乙及び丙のみがいた場合、甲がA社の経営を乙に委ねようとA社株式の全てを乙へ遺言により相続させようとしたとしても、この遺言は丙の遺留分（$1/2 \times 1/2 = 1/4$）を侵害することになるから、丙が遺留分減殺請求権を行使することにより、原則として、丙はA社株式の1/4を取得することになる。これにより、甲が乙へA社株式の全てを承継させるという目的は達成されなくなる[8]。

　よって、遺留分についての対応を行わなければ、特定の者（乙）への事業承継

---

6)　http://www.chusho.meti.go.jp/zaimu/shoukei/2009/download/090209HyoukaGuidelines.pdf

7)　改正後民法では、当該請求権の行使により、債権的効果が生じ、遺留分権利者から受遺者又は受贈者に対する金銭債権が発生する。

第1章 相続の法務 13

の目的は達せられない。

(3) 遺留分減殺請求権の行使により株式が分散することへの対処方法

(a) 手法

このように、特定の者への事業承継の目的を達成するため、遺留分減殺請求権の行使により株式が分散することを防ぐためには、以下の方法が考えられる[9]。

① 他の遺留分権者に対して、株式以外の十分な財産を相続・贈与させる。
② 価額弁償を行う。
③ 他の遺留分権者に遺留分放棄をしてもらう。
④ 経営承継円滑化法に基づく合意を行う。

(b) ①について

他の遺留分権者に対して、遺言や生前贈与によりその者の遺留分を満足させるだけの当該会社の株式以外の財産を相続・贈与させることにより、遺留分侵害が生じないこととなるから、株式に対して遺留分減殺請求権を行使されることを防止することができる。もっとも、上記のとおり、「財産の価額」は相続開始時点を基準に算定されると解されているところ、財産に株式や不動産等、将来価値が変動する財産が含まれている場合、事前に相続開始時点の価値を予想することは難しい。財産の価値が相続開始時までに大きく変動した場合、遺言の作成時等においては遺留分を侵害しない想定であったにもかかわらず、相続開始時には遺留分を侵害する結果となっていたという可能性もある。したがっ

---

8) 上記のとおり、改正後民法では、遺留分減殺請求の性質が債権的効果となる。上記の例でいえば、丙が遺留分減殺請求権を行使した場合、乙に対して遺留分相当額の金銭債権が発生するのみであるから、乙は原則としてそれに従い金銭を支払えばよく、そうすることによりA社株式について乙丙の共有が生じることはない。

9) 現行法では、遺留分減殺請求権の行使により物権的効果が生じるのが原則であるため、株式の分散を防ぐためには、例外としての価額弁償が必要となるが、改正後民法では、金銭債権が生じるのみであるため、原則として株式が分散することはなくなる。もっとも、金銭での解決が可能であるからとはいえ、特定の後継者が他の遺留分権者から金銭の支払いを求められることは、当該後継者にとっても負担となる（特に、事業承継のために主に株式を相続し、現金を相続していない場合）ことから、改正後民法の下でも、引き続き遺留分の検討は必須である。

て、あらかじめ完全に遺留分を侵害しないような遺言を作成し、あるいは生前贈与をすることは困難である点に留意が必要である。

(c) ②について

遺留分減殺請求を受けた受贈者又は受遺者は、減殺を受けるべき限度において、贈与又は遺贈の目的の価額を遺留分権者に弁償して返還の義務を免れることができる（民法1041）。したがって、株式の受贈者又は受遺者は、金銭を支払うことにより、遺留分権者に対して株式自体を返還することを回避することが可能である。なお、価額弁償の場合の目的物評価の基準時は現実の弁償時（訴訟であれば事実審の口頭弁論終結時）（最判昭和51年8月30日民集30巻7号768頁）であり、遺留分の基礎財産の算定の基準時（相続開始時）とは異なる点に留意が必要である。したがって、相続開始時から現実の価額弁償時までの間に株価が上昇した場合には、当該上昇した株価を基準に価額弁償を行わなければならない。

(d) ③について

遺留分減算請求権は放棄することも可能である。もっとも、相続開始前に放棄を行うことは、その手続きを慎重ならしめるため、家庭裁判所の許可が必要となる（民法1043Ⅰ）。したがって、他の推定相続人から事前の同意が得られる場合には、事前に遺留分減殺請求権の放棄の手続きをとってもらうことが有用である。

(e) ④について

民法上は遺留分が遺留分権者（上記事例における丙）に留保されており、上記事例における乙に対してA社株式を集約させる妨げになる。また、乙にA社株式を生前贈与した場合、相続人に対する贈与として、時期を問わず遺留分減殺請求の対象となるが、他方で、遺留分侵害の算定の際には、相続開始時のA社株式の時価を基準に算定される。これにより、乙の経営努力によりA社の事業を拡大し、生前贈与されたA社株式の価値が相続時までに上昇していた場合に、何らの寄与もしていない他の相続人が多くの遺留分を得るという不公平な結果となることが指摘されていた。

そこで、経営承継円滑化法は、一定の要件を満たす中小企業の株式の生前贈

与について、遺留分に関する民法の特例を設けている。

すなわち、「特例中小企業者」(「中小企業者」(下記**参考**参照)のうち、一定期間以上継続して事業を行っており、株式が上場されていないなどの一定の要件を満たす企業。経営承継円滑化法３Ⅰ)の旧代表者(甲)の推定相続人(丙)及び後継者(乙)は、その全員の合意をもって、書面により、「除外合意」と「固定合意」をすることが認められている。

「除外合意」とは、後継者が旧代表者からの贈与等により取得した特例中小企業者の株式等の全部又は一部について、その価額を遺留分を算定するための財産の価額に算入しないという合意をいう(経営承継円滑化法４Ⅰ①)。これにより、Ａ社株式が遺留分減殺請求の対象外となる。

「固定合意」とは、後継者が旧代表者からの贈与等により取得した特例中小企業者の株式等の全部又は一部について、遺留分を算定するための財産の価額に算入すべき価額を当該合意の時における価額に固定する合意をいう(経営承継円滑化法４Ⅰ②)。これにより、遺留分減殺請求との関係で、Ａ社株式の評価額が乙への生前贈与時の価額に固定され、その後の上昇分は考慮されないことになる。

但し、これらの合意は、上記のとおり後継者及び推定相続人全員の合意が必要であることに加え、一定の内容的・手続的な制約があることから、必ずしも頻繁に活用されているわけではない。例えば、除外合意や固定合意をする際には、併せて、次に掲げる場合に当該後継者以外の推定相続人がとることができる措置に関する定めをしなければならないとされている(経営承継円滑化法４Ⅲ)。

- 後継者が合意の対象とした株式等を処分した場合
- 旧代表者の生存中に後継者が特例中小企業者の代表者として経営に従事しなくなった場合

また、これらの合意が行われた場合には、経済産業大臣の確認を受けた上で、当該確認を受けた日から１か月以内に申立てを行って家庭裁判所の許可を受けたときに限り効力が生じるものとされており(経営承継円滑化法７Ⅰ・８Ⅰ)、負担も大きい。

16　　第1部　基礎編

参考 経営承継円滑化法に定める「中小企業者」（経営承継円滑化法2）

> 一　資本金の額又は出資の総額が三億円以下の会社並びに常時使用する従業員
> 　の数が三百人以下の会社及び個人であって、製造業、建設業、運輸業その他の
> 　業種（法令で定める業種を除く。）に属する事業を主たる事業として営むもの
> 二　資本金の額又は出資の総額が一億円以下の会社並びに常時使用する従業員
> 　の数が百人以下の会社及び個人であって、卸売業（政令で定める業種を除く。）
> 　に属する事業を主たる事業として営むもの
> 三　資本金の額又は出資の総額が五千万円以下の会社並びに常時使用する従業
> 　員の数が百人以下の会社及び個人であって、サービス業（政令で定める業種を
> 　除く。）に属する事業を主たる事業として営むもの
> 四　資本金の額又は出資の総額が五千万円以下の会社並びに常時使用する従業
> 　員の数が五十人以下の会社及び個人であって、小売業（政令で定める業種を除
> 　く。）に属する事業を主たる事業として営むもの
> 五　資本金の額又は出資の総額がその業種ごとに政令で定める金額以下の会社
> 　並びに常時使用する従業員の数がその業種ごとに政令で定める数以下の会社
> 　及び個人であって、その政令で定める業種に属する事業を主たる事業として営
> 　むもの

7　国際相続

(1)　国際相続とは

　以上において述べたのは、日本の民法の規定であるが、相続に国際的要素が
存在する場合（被相続人や相続人が外国居住者である場合、外国籍の被相続人の相
続財産が日本に所在している場合等）には、相続にあたりどの国の法律が適用さ
れるか、という準拠法の問題を検討する必要がある。

　日本においては、相続に関する準拠法を規定する法律として「法の適用に関
する通則法」及び「遺言の方式の準拠法に関する法律」が存在している。

　これらの法律に従い、日本法準拠であるとされた場合に初めて、上記の民法
の各規定が適用されることになる。

　以下は基本的な相続に関する準拠法のルールであるが、準拠法の決定のルー
ルは複雑であり、相続に国際的要素が存在する場合には慎重な検討が必要であ
る。

(2) 相続における準拠法

相続は、原則として被相続人の本国法によるとされている（法の適用に関する通則法36）。この「本国法」とは、被相続人の死亡時の国籍国の法律とされている。

この「相続」には、例えば、相続の開始、相続人の範囲、相続財産、相続分・寄与分、遺産分割、相続の承認・放棄・限定承認、相続人不存在、相続財産の管理、遺留分が含まれる。

(3) 遺言に関する準拠法

遺言の成立及び効力は、原則としてその成立の当時における遺言者の本国法によるとされている（法の適用に関する通則法37Ⅰ）。なお、遺言の形式については、「遺言の方式の準拠法に関する法律」が適用される。

遺言の取消しは、その当時における遺言者の本国法によるとされている（法の適用に関する通則法37Ⅱ）。

コラム　国籍の回復

日本国籍を有するかどうかで法務や税務上の取扱いが異なる場面がある。

昨今では、国際化の流れのなかで、二重国籍を保有する個人が選択をしたり、日本国籍のみを有していたものの、その後他の国の国籍を取得したりと、日本国籍を喪失することがある。もっとも、日本国籍を一度失った後に国籍を回復する手段も存在する。

例えば、Aは、X国籍を有する父と日本国籍を有する母の間の子であり、X国で誕生した。Aは当初X国籍と日本国籍を両方有する二重国籍の状態だったが、20歳になる前にX国籍を選択した。Aは、それ以来X国に居住しているが、今般、再び日本国籍を取得したいと考えている。

一般に、Aが日本国籍を取得する方法は、帰化と国籍の再取得の2種類あるが、国籍の再取得は、20歳を超えている場合には行うことができない。

帰化のための要件は、日本との関わり具合によっていくつかのグループに分けて定められているが（国籍法5から9参照）、Aは、「日本国民の子」であり、また、「日本の国籍を失った者」でもあるので、日本に住所を有していさえすれば、帰化の許可を受けることができる（国籍法8①・③）。

住所を有するための手続きは①在留資格認定証明書発行の手続き、②入国、③ビザの取得、④転入手続きの順で行う。

②の入国に関して、国によっては、短期滞在であれば、ビザを取得することなく入国することができる。しかし、短期滞在のビザは最長でも90日間しか日本

に滞在することができないため、Aのように日本に住所を有することが目的の場合には不十分であり、長期滞在のビザを取得する必要がある（③）。Aは、日本人の子であるため、「日本人の配偶者等」というビザを申請することとなると考えられる（出入国管理及び難民認定法（以下、「入管法」という）別表第2）。この手続きにあたり、パスポート・旅券に加えて在留資格認定証明書が必要となるが、在留資格認定証明書をビザ取得の手続きの際に持っていないと処理に長期間を要する可能性があり、短期滞在のビザの有効期間が徒過する前に発給してもらえないおそれがある。よって、①の手続きがあらかじめ必要となる。①の手続きは、日本国内で行う必要があるが、X国にいるA本人が行うことはできないため、日本に居住するAの親族（入管法7の2Ⅰ、同施行規則6の2Ⅲ、別表第4）又は、地方入国管理局長にあらかじめ届け出た弁護士又は行政書士が行うこととなる（入管法7の2Ⅱ、同施行規則6の2Ⅳ）。その後、住居地を定め、最後に④の所在地を所管する地方公共団体で転入手続きを行う。

　以上、①〜④の手続きによって、Aは日本に住所を有する状態となり、法務局に対して国籍法8条に基づく帰化を申請できるようになる。但し、帰化申請ができるようになったとしてもすぐに帰化できるわけではないことに留意する必要がある。

第2章 相続税の体系

1 相続税額の計算

　相続税は、相続又は遺贈（死因贈与を含む）により財産を取得した者に対し、その取得した財産の価格を課税物件とする租税である。日本の相続税制は、遺産の取得者に対して課税がなされることから、遺産取得税の体系が採用されていることになるが、相続税額の計算にあたり、相続税の総額は実際の取得割合ではなく、法定相続分により取得したものとして計算した税額をもとにするため、実際には、「法定相続分課税方式」という体系となっている。

　具体的には、以下の計算方法により各人の相続税額が算定される。

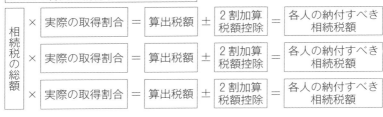

(1) 課税価格の計算

図表 2-1　課税価格の計算式

相続又は遺贈により取得した財産の価額	+	みなし相続等により取得した財産の価額	−	非課税財産の価額	+	相続時精算課税に係る贈与財産の価額	−	債務及び葬式費用の額	=	純資産価額（赤字のときは0）

純資産価額	+	相続開始前3年以内の贈与財産の価額	=	各人の課税価格

(a)　相続又は遺贈により取得した財産の価額

　具体的な取扱いは後述するが、相続税の課税価格は、相続又は遺贈により取得した財産の価額の合計額とされ（相法11の2Ⅰ）、財産の価額は、当該財産の取得の時における時価によるとされている（相法22）。したがって、相続税の課税価格を計算する際には、相続財産の時価を算定する必要がある。

(b)　みなし相続財産

　法的に相続又は遺贈により取得した財産ではないが、以下のいずれかに該当する場合には、実質的に相続又は遺贈により取得したものと同様であると考えられるため、相続又は遺贈により取得したものとみなして相続税が課税される（相法3Ⅰ）。

　(ア)　生命保険金（相法3Ⅰ①）

　(イ)　退職手当金等（相法3Ⅰ②）

　(ウ)　生命保険契約に関する権利（相法3Ⅰ③）

　(エ)　定期金に関する権利（相法3Ⅰ④）

　(オ)　保証期間付定期金に関する権利（相法3Ⅰ⑤）

　(カ)　契約に基づかない定期金に関する権利（相法3Ⅰ⑥）

第2章　相続税の体系　21

(c)　相続開始前3年以内の贈与財産

相続又は遺贈により財産を取得した者が、相続開始前3年以内に被相続人から贈与により財産を取得していた場合には、当該贈与財産の贈与時の価額を相続税の課税価格に加算する（相法19Ⅰ）。

(d)　相続時精算課税適用財産

被相続人から財産の贈与を受けた者が、相続時精算課税制度の適用を受けた場合には、同制度の適用を受けた全ての贈与財産の贈与時の価額をその被相続人の相続税の課税価格に加算する（相法21の15Ⅰ）。

(e)　債務控除

相続税の課税価格は、各相続人が相続又は遺贈により取得した財産の価額の合計額をもとに計算されるが、その合計額から各相続人又は受遺者（制限納税義務者を除く）の負担に属する債務及び葬式費用が控除される（相法13Ⅰ）。控除されるべき債務は、確実と認められるものに限るとされ（相法14Ⅰ）、その確実性は、必ずしも書面の証拠があることを必要とはされない（相基通14-1）。

債務控除の適用対象者は、相続により財産を取得した者に加え、包括受遺者又は相続人である受遺者に限られている。これは、相続人以外の特定受遺者や、相続放棄・相続廃除・欠格等により相続権を喪失した者はそもそも被相続人の債務を承継しないからである。

納税義務者の区分によっても、債務控除の対象となる債務の範囲が異なる（具体的な納税義務者の区分は、後述する）。無制限納税義務者の場合には、被相続人の債務のうち確実と認められるものは控除の対象とされる。その一方で、制限納税義務者については、国内に所在する相続財産のみが相続税のみが課税対象とされることとの整合をとるため、債務控除の対象となる債務も、国内に所在する相続財産に係る物的債務に限定されている（相法13Ⅱ①～⑤）。

なお、債務の確実性とは、次に掲げる債務控除の趣旨から、その債務の存在及び履行が確実と認められる債務と解される。

国税不服審判所裁決平成25年3月4日裁決事例集90集

相続税法上の債務控除の規定の趣旨は、相続税が財産の無償取得によって生じた経済的価値の増加に対して課せられる租税であるところから、その課税価格の計算においては、相続によって取得した財産の価額からその者が負担した被相続

人の債務の額を控除して、相続人が現実に取得した経済的価値の増加額を把握し、これを担税力として課税しようとするものであって、この場合における債務の額は、相続人がこれを履行するはずのものであるから、それだけ相続により取得した経済的価値が失われることとなるので、これを控除する趣旨のものであると解され、その債務が自然債務等で履行することが期待できないものであるときは、仮にその債務が存在していたとしても、それは担税力への考慮の必要はないこととなるので、相続税法第14条第1項において確実と認められるものに限る旨を限定して、控除の対象となる債務の範囲を限定したものと解される。

　上記のとおり、債務控除の対象となる債務の確実性は抽象概念であるため、その判断につき税務当局と納税者の間で紛争となりやすい分野であるといえる。以下では、債務控除の適用にあたり論点となり得る項目につき説明を加える。

(i)　保証債務

　被相続人に属する保証債務は原則として債務控除の対象とすることができない（相基通14-3柱書）。これは、主たる債務者が相続開始時点において弁済の資力がある場合には、保証人には催告・検索の抗弁権を有するためである。仮に、保証人が債務保証した場合であっても、当該保証人は、主たる債務者に対する求償権を取得するのであり、求償権の行使により保証債務の履行は補填され得ることから、確実な債務とは言えないのである。

　但し、相続開始時点において、主たる債務者が資力を喪失しており、保証人が債務を弁済しなければならず、かつ、主たる債務者に対して求償して返還を受ける見込みがない場合には、返還不能の金額は、確実な債務として控除することができる（相基通14-3(2)）。

　なお、主たる債務者が実質的に弁済不能の状態にあるか否かは、一般に債務者が破産等の手続きを受け、又は債務超過の状態が相当期間継続する等、債権の回収ができない状況にあることが客観的に認められるか否かで決せられるべき[1][2]であるとされる。

(ii)　贈与の義務

　国税不服審判所裁決平成13年5月30日裁決事例集61集560頁では、相続

---

1)　東京地判昭和59年4月26日税資136号352頁。
2)　主たる債務者が債務超過であったとしても、弁済不能とまではいえないとされた事例として東京地判昭和59年4月26日税資136号352頁がある。

開始時点において、贈与の義務が確実な債務であったか否かについて争われている。請求人は、被相続人が相続開始時点で贈与の義務は確実であったと主張するが、相続開始時点においては、被相続人及び受贈者の代理人である弁護士間において、贈与契約の内容につき協議及び交渉過程にあったものの、具体的な受贈金額について合意に至っておらず、実際に贈与契約が成立したのは、相続開始後に合意書等により合意が成立した時であると認められ、かつ、相続開始の時までに、口頭による贈与契約が成立していたとも認められないと審判所に判断されている[3]。

(iii) 消滅時効の完成した債務

相続開始時点において、既に消滅時効が完成した債務については、確実な債務とは認められないものとして取り扱われる（相基通14-4）。

相続開始時点に消滅時効が完成している債務は、その時点で時効が援用されていなかったとしても、債権者が履行を請求したときに、時効を援用することで、債務の履行を拒絶することができることから、債務が現に存在していても、履行が確実とは認められず、控除することができないのである。

コラム　無限責任社員の債務控除

収益不動産を多く所有している個人が、資産管理法人を設立し、不動産をその法人に移転するタックス・プランニングは、よく「不動産賃貸業の法人化」などと言われる。

このプランニングのポイントは、個人で資産を所有していると最高で約55%の課税を受けるところ、法人に移転すると所得税等と法人実効税率の税率差だけ節税を図れる点にある。

さらに、それに加えて、設立する法人を株式会社ではなく、合名会社や合資会社にするというタックス・プランニングが提案されているようである。持分会社のうち合名会社や合資会社には、無限責任社員が存在する。無限責任社員とは、会社が債務を完済することができない場合に、連帯して債務を弁済する責任を負う社員をいう（会社法580 I）。株式会社の株主が有限責任であることに比べると、これは大きな違いである。

例えば、債務超過である合名会社、合資会社の無限責任社員である被相続人が死亡した場合には、税務上どのように取り扱われるのだろうか。この点について、

---

3)　書面によらない贈与ではあるが、生前に被相続人が受贈者の贈与税を負担をすることを約したことから、贈与の債務の存在及び履行が確実であったと認められるとした事例として東京高判平成4年2月6日税資188号209頁がある。

相続税の質疑応答事例では、被相続人が負担すべき会社の債務超過額は、相続税の計算上、被相続人の債務として相続財産から控除することができると説明されている（「合名会社等の無限責任社員の会社債務についての債務控除の適用」https://www.nta.go.jp/law/zeiho-kaishaku/shitsugi/sozoku/05/03.htm）。

　質疑応答事例からは、合名会社や合資会社が個人から収益不動産を借入れにより譲り受けた結果債務超過となった場合には、当該会社の無限責任社員である被相続人の相続人は、債務超過相当額の債務控除をとることができそうである。ただし、この取扱いにはいくつかの不明確さがある。

　まずひとつに、会社が譲り受けた不動産の評価は相続税評価額によるのか否かという点がある。債務超過であるかを判定する際に、土地は路線価方式（又は倍率方式）で評価するのか、あるいは家屋は固定資産税評価額で評価してよいのか、という点がポイントになる。実質債務超過を判定するという点からは、法人が取得した3年以内の土地等と同じように、いわゆる時価（実勢価格）により評価すべき場面であるようにも思われるが、この点につき明確に規定する条文は存在しない。

　次に、無限責任社員としての責任が消滅した場合の取扱いが不明確である。無限責任社員は、退社の登記をする前に生じた会社の債務について弁済する責任を負うが（会社法612Ⅰ）、当該登記後2年を経過したときにこの責任は消滅するとされている（会社法612Ⅱ）。そうすると、無限責任社員である被相続人が死亡により法定退社したことによる連帯債務を相続人が承継することになるが、法定退社の登記後2年を経過した時点で債務が消滅するため、相続人には債務の消滅による経済的な利益があったものとして課税関係が生じるのかという疑問が生じる。

　この点については、仙台国税局の文書回答事例が参考になる（「債務超過の合資会社の無限責任社員が有限責任社員となった場合等の贈与税等の課税関係について」https://www.nta.go.jp/about/organization/sendai/bunshokaito/zouyo/090204/01.htm）。当該文書回答事例では、無限責任社員である甲（父）が有限責任社員になり、その子である乙が無限責任社員となった場合に、甲乙の社員変更登記後2年を経過した時点で会社が債務超過状態であると、甲は債務の弁済責任が消滅することから、経済的な利益を受け、課税関係が生じることになるとされている（文書回答事例では、乙から甲に対する贈与と整理されている）。

　これを踏まえると、無限責任社員の死亡退社であったとしても、その債務の承継者である相続人は、登記後2年経過時点において何らかの課税関係が発生する可能性が考えられる。

　また、合資会社の無限責任社員の相続に際し、相続人が債務超過相当額につき債務控除を適用して申告したところ、税務当局が債務控除は認められないとした事例（国税不服審判所裁決平成26年11月18日公刊物未登載。実際には、理由付記の不備が認定された結果、原処分が取り消されたため、審判所は上記の論点について判断していない）もあることから、実際にこのようなタックス・プランニングを実行する際には、慎重な検討が必要であろう。

(2)　相続税額の計算

(a)　相続税の総額

　相続税の総額は、被相続人から相続又は遺贈により財産を取得した全ての者の課税価格の合計額から基礎控除額を控除し、その残額を法定相続分に応じて取得したと仮定した場合の各取得金額に、それぞれに対応する相続税率を乗じて計算した金額を合計することにより算定する（相法 16）。

　なお、基礎控除額及び相続税の税率は以下のとおりである。実際に相続税の総額を計算する場合には、相続税の速算表を用いる。

基礎控除額

3,000 万円＋600 万円×法定相続人の数

　被相続人に養子がいる場合には、基礎控除額の計算の基礎となる法定相続人に算入できる養子の数は、当該被相続人に実子がいる場合には 1 人、被相続人に実子がいない場合には 2 人を限度とする（相法 15 Ⅱ）。

図表 2-2　相続税の速算表

各法定相続人の取得金額		税率	控除額
1,000 万円以下		10%	―
1,000 万円超	3,000 万円以下	15%	50 万円
3,000 万円超	5,000 万円以下	20%	200 万円
5,000 万円超	1 億円以下	30%	700 万円
1 億円超	2 億円以下	40%	1,700 万円
2 億円超	3 億円以下	45%	2,700 万円
3 億円超	6 億円以下	50%	4,200 万円
6 億円超		55%	7,200 万円

(b)　各相続人等の相続税額

　相続税の総額に、各相続人の取得した相続財産の課税価格が全体の課税価格に占める割合を乗じて、各相続人の算出相続税額を算定する（相法 17）。なお、この割合に小数点以下 2 位未満の端数があるときは、相続人等の全員が選択した方法により、合計値が 1 になるよう端数を調整して、各相続人等の相続税額を計算することができる（相基通 17-1）。

26　第1部　基礎編

(c)　相続税額の加算及び相続税額控除

(i)　相続税額の加算

相続又は遺贈により財産を取得した者が、被相続人の一親等の血族及び配偶者以外の者である場合には、算定した各相続人等の相続税額にその20%相当を加算する（相法18Ⅰ）。

これは、親等が離れた者や親族関係にない者が相続財産を取得することは、偶然性が高いと認められること、また、孫やひ孫に遺贈することで世代飛ばしが容易にできることから、これらの者に係る相続税額の負担を重くし、その負担調整が行われている。

また、このような趣旨から、たとえ被相続人の孫であっても、代襲により相続人となっている場合には、加算の対象とはされない[4]。

(ii)　相続税額控除

(ア)　贈与税額控除（相法19）

(イ)　配偶者に対する相続税額の軽減（相法19の2）

(ウ)　未成年者控除（相法19の3）

(エ)　障害者控除（相法19の4）

(オ)　相次相続控除（相法20）

(カ)　在外財産に対する相続税額の控除（いわゆる外国税額控除）（相法20の2）

①　概要

相続税額控除のうち外国税額控除は、クロスボーダー事案に係るものであり、特に取扱いが複雑になる傾向があるため、以下において詳述することとする。

無制限納税義務者は、相続又は遺贈により取得した全ての財産に対して日本の相続税が課税される。したがって、日本国外に所在する財産について、その財産の所在地で日本の相続税に相当する税が課税されると二重課税の状態となることから、その調整を行うために、日本の相続税から外国で課税された相続税に相当する税額を控除することができる（相法20の2）。但し、以下の算式により計算した金額を超えるときは、その超える部分の金額については控除対象とすることはできない。

---

4)　但し、代襲相続人が相続放棄し、かつ遺贈により相続財産を取得した場合には、相続税額の加算の対象となる。

$$\frac{\text{日本の相続税額} \times \text{国外に所在する財産の価額}}{\text{相続又は遺贈により取得した財産の価額のうち課税価格計算の基礎に算入された部分}}$$

外国税額控除の対象となるのは、「外国で課税された相続税に相当する税額」とされている。ところで、他国ではフランスやドイツのように日本の相続税制に近い制度を採用している国から、カナダやオーストラリアのようにみなし譲渡所得課税制度を採用している国まで多様である。そのなかで、どのような租税であれば、日本の相続税から控除される外国税額控除の対象とされるかについては明文規定がない。実務上は、他国で課された租税につき、日本の相続税との同質性を個別に判断することとなる。但し、少なくともカナダにおけるみなし譲渡所得課税は、相続財産に係る含み益に対する課税制度であり、その性質上、相続税ではなく所得税に類似するものであることから、外国税額控除の対象にはならないと思われる。その点では、日本とカナダで同一の財産に対する二重課税は解消され得ないこととなる。

② **第三国に所在する財産に対する二重課税**

日本の相続税法は、外国税額控除の対象を「当該財産についてその地の法令により相続税に相当する税が課されたときは……」と規定し、相続財産の所在地において課税された租税を前提としている。したがって、相続財産が、被相続人の居住地（A国）、相続人の居住地（日本）以外の第三国（B国）に所在している場合に、日本に居住する相続人は無制限納税義務者として全世界財産に対して課税され、A国においても全世界財産につき相続税が課され、かつ、B国においても同国所在の財産に相続税が課税されると、日本の相続税法上、二重課税が完全には排除されない。

これは上記の事例の場合、B国に所在する財産につきA国において課された相続税は、B国に所在する財産につきB国で課された相続税に相当する租税ではないため、日本の外国税額控除の対象とはならないからである。

③ **日米相続税条約**

日本は、123か国・地域と70の租税条約を締結しているが、相続税条約については、唯一アメリカと締結しているのみである（平成30年3月1日時点）。日米相続税条約は、全9条から成るシンプルな条文構成となっており、このうち重要性が高いのは、第3条（財産の所在地）、第4条（控除の配分）、第5条（二重課税の排除）である。

第5条は、日米間の二重課税の排除を目的としている。第5条第2項は、第三国に財産が所在する場合の二重課税の排除に関する条項である。同項では、「……各締約国は、自国の租税（本条の規定を適用しないで計算したもの）から、他方の締約国が課する租税で当該財産に帰せられるものの一部を控除するものとする」と規定し、その税額控除の額については、日米両国がそれぞれ課税する税額のうちいずれか低い方の額に等しいものとし、かつ、日米両国の税額に比例して両国間で配分されるとしている。この措置により、少なくとも第三国に所在する財産に対する日米間の二重課税は原則として排除されることとなる。

2 納税義務者

(1) 納税義務者の概説

相続税の納税義務者は、相続又は遺贈により財産を取得した個人である。相続税法は、納税義務者を日本における住所の有無により、無制限納税義務者と制限納税義務者に区分し（相法1の3Ⅰ①～④）、相続時精算課税制度を選択した受贈者を特定納税義務者として区分している（相法1の3Ⅰ⑤）。無制限納税義務者に対しては、相続又は遺贈により取得した財産の全部につき相続税が課される一方で、制限納税義務者には日本に所在する財産にのみ相続税が課される（相法2Ⅰ・Ⅱ）。無制限納税義務者は、さらに居住無制限納税義務者と非居住無制限納税義務者に区分される。

(2) 近時の税制改正による影響

近年、納税義務者の区分は度重なる改正が行われており、平成25年度税制改正では、国内に住所がなく、かつ、日本国籍を有しない相続人が、国内に住所を有する被相続人から取得する国外財産についても、相続税が課されることとなった。

これは、いわゆる「中央出版事件[5]」で問題となったような、被相続人又は贈与者がその子や孫に外国籍を選択させ、さらに国外に住所を移転させることで、日本の相続税を回避するというタックス・プランニングに対処する目的で改正

---

5) 後述する「外国信託について贈与税が課された事例」（基礎編第8章）を参照。

が行われたと思われる。

さらに、平成29年度税制改正では、従来より被相続人（贈与者）及び相続人（受贈者）がともにシンガポール等の相続税制のない国に移住し、現地国に5年超居住を継続することで、国外財産を日本の相続税の課税対象外とするような事案に対し、居住期間を5年から10年に延ばすことで、同様のタックス・プランニングの増加に一定の歯止めをかける措置をとっている。

また、平成29年度税制改正前においては、相続人が日本国籍を有しない場合には、被相続人及び相続人が国外に移住することで、5年間の経過を待たずに国外財産が日本の相続税の課税対象外とされていた（**図表2-3**中Bの区分）。実務上は、国外に移住後に、相続開始まで待つことなく、直ちに贈与により国外財産を次世代に移転させることが行われていた。

しかし、平成29年度税制改正では、下記**図表2-3**中Bの区分において、国外財産が相続税・贈与税の課税対象外とするための要件として、被相続人（贈与者）が過去10年以内に国内に住所を有していないことが付加されたため、そのような行為は封じられた。

図表2-3　相続税・贈与税の納税者区分[6]

被相続人贈与者 \ 相続人受贈者		国内に住所あり	国内に住所なし			
			日本国籍あり		日本国籍なし	
			10年以内に住所あり	10年以内に住所なし		
国内に住所あり		無制限納税義務者（国内財産・国外財産ともに課税）			A 平成25年度改正	
国内に住所なし	10年以内に住所あり				B 平成29年度改正	
	10年以内に住所なし			制限納税義務者（国内財産のみ課税）		

---

6)　内容を簡潔にするために、一時的滞在者等の区分は除外している。

⑶　住所認定

　納税義務者を区分する上で、被相続人及び相続人又は受遺者の住所地認定は重要なポイントであるが、税法は住所について独自の定義を規定していない。そこで、相続税法上は民法22条を借用することで、住所の定義を、「各人の生活の本拠をいうのであるが、その生活の本拠であるかどうかは、客観的事実によって判定するものとする」と定めている（相基通1の3・1の4共-5）。

　客観的事実の具体的な判定要素は、法令等に明示されていないが、「その者の住居、職業、配偶者及びその他の親族の所在、資産の所在等」に基づき判定するのが相当であるとした裁判例がある[7]。

　また、いわゆる「武富士事件」では、控訴審判決が、納税者が贈与税の租税回避を目的として香港に出国することを認識し、その租税回避の目的を達成するために、現地での滞在日数を調整していたこと等の点を指摘し、外部から客観的に認識することができる居住者の居住意思を総合して判断することが相当としたのに対し、最高裁は、下記裁判例に記載のとおり、厳格な法解釈に基づき、課税処分の全部を取り消している[8]。

「武富士事件」最判平成23年2月18日判時2111号3頁
　（事案の概要）
　　会社創業者の長男（上告人）が香港居住中に国外財産（オランダ法人の出資持分）を創業者夫婦から贈与を受けたことにつき、税務当局が贈与税の決定処分を行った事案である。
　（主な争点）
①　国外財産の贈与を受けた受贈者の住所が日本国内にあったか否か。
　（判旨）　原判決破棄（納税者勝訴）
①　相続税法にいう住所とは、反対の解釈をすべき特段の事由がない以上、生活の本拠、すなわち、その者の生活に最も関係の深い一般的生活、全生活の中心を指すものであり、一定の場所がある者の住所であるか否かは、客観的に生活の本拠たる実体を具備しているか否かにより決すべきものと解するのが相当である。

---

7)　神戸地判昭和60年12月2日税資147号519頁、大阪高判昭和61年9月25日税資153号817頁、最決昭和63年7月15日税資165号324頁。

8)　相続税ではなく所得税が問題となった事案であるが、租税回避目的という主観的な意図によって住所についての客観的事実による判断が左右されるものではないとした裁判例として東京高判平成20年2月28日判タ1278号163頁がある（いわゆる「ユニマット事件」）。

② 上告人が香港に赴任してから贈与を受けたのは約2年半後のことであり、通算約3年半にわたる赴任期間中、その約3分の2の日数を賃借した香港の居宅で過ごし、その間に現地において現地法人の業務に従事しており、これが贈与税回避の目的で仮装された実体のないものとはうかがわれない。

③ 原審は、上告人が国内での滞在日数を調整していたことをもって、住所の判断に当たって各滞在日数の多寡を主要な要素として考慮することを否定する理由として説示しているが、一定の場所が住所に当たるか否かは、客観的に生活の本拠たる実体を具備しているか否かによって決すべきものであり、主観的に贈与税回避の目的があったとしても、客観的な生活の実体が消滅するものではない。

④ 上記③は、法が民法上の概念である「住所」を用いて課税要件を定めているため、本件の争点が住所概念の解釈適用の問題となることから導かれる帰結であるといわざるを得ず、贈与税回避のために国外に長期滞在する行為が課税実務上想定されていなかった事態であり、法の解釈では限界があるので、そのような事態に対応できるような立法によって対処すべきものである。

⑤ 原審が指摘する事情に関しても、
　・上告人が国内では家族の居住する杉並居宅で起居していたことは、帰国時の滞在先として自然な選択であり、
　・上告人の会社内における地位、立場の重要性は、約2.5倍存する香港と国内との滞在に数の格差を覆して生活の本拠たる実体が国内にあることを認めるに足りる根拠となるとはいえず、
　・香港に家財等を移動していない点は、費用や手続きの煩雑さに照らせば別段不合理なことではなく、香港では部屋の清掃やシーツの交換等のサービスが受けられるアパートメントに滞在していた点も、昨今の単身で海外赴任する際の通例や上告人の地位、報酬、財産等に照らせば自然な選択であり、
　・香港に銀行預金等の資産を移動していないとしても、海外赴任者に通常みられる行動となんらそごするものではない。

（実務上のポイント）

　最高裁が、「住所」の判定をする際に、（主観的な租税回避の目的は判断要素にはなりえず）客観的な事実認定を判断基準にすべきことを明示した点は意義が大きい。

　ただし、タックス・プランニングを検討する際には、日本に住所が認定されるリスクについて、若干保守的な対応が求められることになろう。

3 財産の所在

財産の所在は、当該財産を相続、遺贈又は贈与により取得した時において、財産の種類に応じて**図表 2-4** のとおり定められている（相法 10 I）。なお、財産の所在の判定は、相続又は遺贈により財産を取得した時の現況による（相法 10 IV）。

図表 2-4 財産の所在

財産の種類	所在の判定
動産	その動産の所在による。但し、船舶又は航空機については、船籍又は航空機の登録をした機関の所在
不動産又は不動産の上に存する権利船舶又は航空機	その不動産の所在による。 船籍又は航空機の登録をした機関の所在による。
鉱業権、租鉱権、採石権	鉱区又は採石場の所在による。
漁業権又は入漁権	漁場に最も近い沿岸の属する市町村又はこれに相当する行政区画による。
預金、貯金、積金又は寄託金で次に掲げるもの (1) 銀行、無尽会社又は株式会社商工組合中央金庫に対する預金、貯金又は積金 (2) 農業協同組合、農業協同組合連合会、水産業協同組合、信用協同組合、信用金庫又は労働金庫に対する預金、貯金又は積金	その受入れをした営業所又は事業所の所在による。
生命保険契約又は損害保険契約などの保険金	これらの契約を締結した保険会社の本店又は主たる事務所の所在による。
退職手当金等	退職手当金等を支払った者の住所又は本店若しくは主たる事務所の所在による。
貸付金債権	その債務者の住所又は本店若しくは主たる事務所の所在による。

社債、株式、法人に対する出資又は外国預託証券	その社債若しくは株式の発行法人、出資されている法人、又は外国預託証券に係る株式の発行法人の本店又は主たる事務所の所在による。
合同運用信託、投資信託及び外国投資信託、特定受益証券発行信託又は法人課税信託に関する権利	これらの信託の引受けをした営業所又は事業所の所在による。
特許権、実用新案権、意匠権、商標権等	その登録をした機関の所在による。
著作権、出版権、著作隣接権	これらの権利の目的物を発行する営業所又は事業所の所在による。 上記財産以外の財産で、営業上又は事業上の権利（売掛金等のほか営業権、電話加入権等） その営業所又は事業所の所在による。
国債、地方債	国債及び地方債は、法施行地（日本国内）に所在するものとする。外国又は外国の地方公共団体その他これに準ずるものの発行する公債は、その外国に所在するものとする。
その他の財産	その財産の権利者であった被相続人の住所による。

コラム　信託受益権の所在地

　平成 18 年に信託法が全面改正されてから約 10 年が経過し、事業承継の分野においても徐々に信託が活用されはじめている。

　信託が活用されるのに時間を要した理由としては、信託自体に節税効果がないことに加えて、信託税制について未だ不明確な点が多いことが挙げられるだろう。その一例として、相続税法における財産の所在地の論点がある（この点が論点になった裁判例として、名古屋地判平成 23 年 3 月 24 日税資 261 号順号 11654・名古屋高判平成 25 年 4 月 3 日税資 263 号順号 12192 があるが、裁判所は結局この論点について判断をしていない）。財産の所在地次第で、相続税の課税対象になるか否かが変わる場面もあるため、実務上は非常に重要な論点であるといえる。

　税務上、信託は「受益者等課税信託」、「集団投資信託」、「法人課税信託」、「退職年金等信託」に大別される。これらのうち、相続税法 10 条 1 項で財産の所在が明示されているのは、「集団投資信託」と「法人課税信託」だけである。この 2 つの類型の信託については、信託の受託者の事務所が財産の所在地とされているのに対して、事業承継の文脈でしばしば用いられる「受益者等課税信託」（パスス

ルー信託）については、財産の所在地に関する定めがない。そのため、相続税法
10条3項の規定により、信託受益権の所在地は、被相続人又は贈与者の住所の所
在により判定されることにもなりそうである。

　しかし、相続税法9条の2第6項は、相続税法9条の2第1項から3項に規定
する事由により取得した信託に関する権利は、その信託の信託財産に属する資産
及び負債を取得し、または承継したものとみなして、相続税法を適用すると規定
している。

　これを踏まえると、パススルー信託に関して、適正な対価を負担せずに信託の
受益者となった場合等には、信託財産そのものの所在地により財産の所在を判定
することになるとも考えられる。

　相続税法9条の2第1項から第3項をみると、「……により取得したものとみ
なす」と規定されている。法律用語としての「みなす」とは、本来性質の違うも
のを一定の法律関係において同様に取り扱うものとしようとするときに用いら
れるものである。すなわち、性質上は本来贈与でないものを贈与とみなす規定が
相続税法9条の2第1項から第3項なのであり、単純に信託受益権そのものを贈
与した場合は、これらの規定の射程に入らないようにも思われる。しかし、この
点については、相続税法9条の2第2項に規定する「新たに信託の受益者等が存
するに至った場合」には、信託受益権を贈与した場合も含まれるとする見解が有
力である（武田昌輔ほか『DHC コンメンタール相続税法第1巻』（第一法規）
1085の23頁）。

　このように、信託受益権の所在地の判定には対立する2つの考え方（①被相続
人又は贈与者の住所の所在により判定、又は②信託財産の所在地により判定）が
あり、解釈が明確化されていない。信託税制は、平成19年度税制改正により大幅
に改正されて以来、まだ裁判例の蓄積も少なく、明確性に乏しい分野である。実
際に信託受益権の所在地を判断する際には、上記のような2つの考え方がある点
を踏まえた上で、慎重な検討が必要であろう。

4　連帯納付義務

　相続税法上、相続人は、他の相続人の相続税について、当該相続又は遺贈に
より受けた利益の価額に相当する金額を限度として、互いに連帯納付責任を
負っている（相法34 I 柱書）。これは、昭和25年にシャウプ勧告を受け、相続税
の課税方式が、遺産税方式から遺産取得課税方式に改革されたことに伴い、相
続税の徴収漏れを防ぐために導入された制度であるといわれている。連帯納付
義務は、民法上の連帯保証債務と類似するものと解されるため、補充性がなく、
民法上の催告・検索の抗弁権にあたる権利は認められない。すなわち、税務当
局は本来の納税義務者が相続税の納付を滞納した場合には、当該滞納者に徴収

手続きを尽くした後でなくとも、当然に他の相続人に対し連帯納付義務の履行を求めることができるとされている[9]。

但し、以下に掲げる一定の事由に該当する場合には、連帯納付義務が解除される（相法34Ⅰ①～③）。

・相続税の申告期限から5年を経過する日までに、税務署長が通知を発していない場合

　当該納付すべき相続税額に係る相続税

・納税義務者が延納の許可を受けた場合

　当該延納の許可を受けた相続税額に係る相続税

・納税義務者が相続税について納税の猶予がされた場合

　その納税の猶予がされた相続税額に係る相続税

なお、「相続又は遺贈により受けた利益の価額」とは、相続又は遺贈により取得した財産の価額から、債務控除の額並びに相続又は遺贈により取得した財産に係る相続税額及び登録免許税を控除した後の金額をいう（相基通34-1）。これは、相続又は遺贈により受けた税引後の純財産を限度とするものであり、自己の固有財産から負担を強いられるわけではないことを意味している。

なお、贈与税についても、贈与者に対して、連帯納付義務が課されている（相法34Ⅳ）。

5　名義財産

(1)　名義財産の概要

平成28年事務年度の国税庁のプレスリリース[10]をみると、相続税の税務調査件数12,116件のうち申告漏れ等の非違件数が9,930件であり、その割合は実に82.0%に達する。その申告漏れを指摘された相続財産のうち、現金・預貯金等が33.1%、有価証券が16.5%であり、これらをあわせた金融資産で49.6%となっている。金融資産の申告漏れが生じる主な原因の1つは、いわゆる名義財産といわれるものであると思われる。名義財産とは、形式的な名義は相続人等となってはいるが、実質的な所有者は被相続人とされるものをいう。

---

9)　国税不服審判所裁決平成10年4月2日裁決事例集55集608頁。

10)　国税庁「平成28事務年度における相続税の調査の状況について」。

36 第1部 基礎編

　以下では、過去の裁判例をもとに名義財産についての実務上のポイントを検討する。

　相続税法は、相続又は遺贈により取得した財産の全部に対し、相続税を課すると規定している（相法2Ⅰ）。すなわち、形式的な名義のいかんにかかわらず、相続人等が取得した経済的価値の増加に対して相続税が課される。

　名義財産の判断基準について、法令には何ら規定が置かれていないが、実際に名義財産の帰属が争点となった事案では、ある財産の真の所有者は、形式的な名義によらず、以下に掲げるような客観的事実を総合考慮して判断するのが相当であると判示されている[11]。

> 　被相続人以外の者の名義である財産が相続開始時において被相続人に帰属するものであったか否かは、①当該財産又はその購入原資の出捐者、②当該財産の管理及び運用の状況、③当該財産から生ずる利益の帰属者、④被相続人と当該財産の名義人並びに当該財産の管理及び運用をする者との関係、⑤当該財産の名義人がその名義を有することになった経緯等を総合考慮して判断するのが相当である。

　名義財産と認定されやすい1つのケースとして、生前贈与の有効性が争われる事案が挙げられる。特に、非上場株式を生前贈与した場合、贈与契約書の作成や譲渡承認に係る株主総会議事録の作成等、基本的な書類の整備が行われていないケースが散見されるところである。一般的に、裁判所は贈与の有無について（特に贈与金額が多額となる非上場株式や不動産の贈与）、贈与契約書の作成や名義書換手続きが当然に行われるはずであるという経験則から判断する傾向にある。したがって、そもそも贈与契約書や議事録を作成していない場合には、生前贈与の否認リスクは必然的に高くなるものと思われる。

　例えば、受贈者が贈与税申告及び納付を行っていた場合であっても、生前贈与がなかったものとされた事案がある[12]。この事案では、口頭での贈与契約をもって、受贈者が贈与税申告と納付を行っていたが、贈与契約書が作成されておらず、被相続人の財産及び債務の明細書には贈与がなかったことを前提とする株式数が記載され、実際の株券の管理は被相続人自身が行っていた。審判所は、このような具体的な事実関係を総合勘案して、生前贈与はなかったものと

---

11)　東京地判平成20年10月17日税資258号-195順号11053、東京高判平成21年4月16日税資259号-69順号11182。

12)　国税不服審判所裁決平成19年6月26日公刊物未登載。

判断した。

　実務上誤解の多い点ではあるが、贈与税申告や納付の事実は、贈与事実を認定するうえでの1つの証拠とは認められるものの、それをもって直ちに贈与事実を認定することにはならない。このように、名義財産の認定は私法上の事実認定により導かれるものであることから、生前贈与を実行する際には、税務当局との無用な紛争を回避するためにも、最低限の書類を作成し、実質的な支配が確実に受贈者に移転したことを外形的にも立証できるようにしておく必要があるだろう。

(2)　名義財産と重加算税

　前出の国税庁のプレスリリース[13]をみると、相続税の重加算税賦課割合は申告漏れ等の非違件数に対して約13.1％と高い水準となっている。特に相続税申告においては、税務調査時に財産の申告漏れ等が多く指摘されることから、重加算税が課される可能性について検証することは重要である。

　重加算税は、納税者が課税標準等又は税額等の計算の基礎と成るべき事実の全部又は一部を隠ぺいし、又は仮装し、その隠ぺいし、又は仮装したところに基づき納税申告書を提出していたときに、過少申告加算税に代えて、課されるものとされる（国通法68Ⅰ）。すわなち、重加算税の課税要件は、事実の全部又は一部の「隠ぺい又は仮装」である。隠ぺい又は仮装とは、その語義からして故意を含む概念であると解すべきであり、事実の隠ぺいとは「売上除外、証拠書類の廃棄等、課税要件に該当する事実の全部または一部をかくすこと」をいい、仮装とは「架空仕入・架空契約書の作成・他人名義の利用等、存在しない課税要件事実が存在するように見せかけること」をいうとされている[14]。しかし、従来からその定義は明確ではなく、納税者と税務当局との間で数多くの紛争事例が存在する。

　そこで、税務当局は「重加算税に係る事務運営指針」を平成12年8月10日に公表し、重加算税の課税要件の明確化を図っている。相続税に係る具体的な事務運営指針は以下のとおりである。

---

13)　国税庁・前掲注10) 35頁。

14)　金子宏『租税法〔第22版〕』（弘文堂、2017年）830頁。

第1　賦課基準

通則法第68条第1項又は第2項に規定する「納税者がその国税の課税標準等又は税額等の計算の基礎となるべき事実の全部又は一部を隠蔽し、又は仮装し」とは、例えば、次に掲げるような事実がある場合をいう。

1　相続税関係

(1)相続人（受遺者を含む。）又は相続人から遺産（債務及び葬式費用を含む。）の調査、申告等を任せられた者（以下「相続人等」という。）が、帳簿、決算書類、契約書、請求書、領収書その他財産に関する書類（以下「帳簿書類」という。）について改ざん、偽造、変造、虚偽の表示、破棄又は隠匿をしていること。

(2)相続人等が、課税財産を隠匿し、架空の債務をつくり、又は事実をねつ造して課税財産の価額を圧縮していること。

(3)相続人等が、取引先その他の関係者と通謀してそれらの者の帳簿書類について改ざん、偽造、変造、虚偽の表示、破棄又は隠匿を行わせていること。

(4)相続人等が、自ら虚偽の答弁を行い又は取引先その他の関係者をして虚偽の答弁を行わせていること及びその他の事実関係を総合的に判断して、相続人等が課税財産の存在を知りながらそれを申告していないことなどが合理的に推認し得ること。

(5)相続人等が、その取得した課税財産について、例えば、被相続人の名義以外の名義、架空名義、無記名等であったこと若しくは遠隔地にあったこと又は架空の債務がつくられてあったこと等を認識し、その状態を利用して、これを課税財産として申告していないこと又は債務として申告していること。

重加算税は、納税者が事実の全部又は一部を隠ぺいし、又は仮装することが課税要件とされるが、上記(5)では相続人以外の者が行った隠ぺい・仮装行為についても、重加算税の対象とすることを明記している。これは、例えば被相続人の行為というだけで、重加算税の賦課ができなくなることは、重加算税制度の趣旨を没却することにつながるために置かれた措置である。実際に、被相続人が相続税の課税を避ける目的で購入した無記名債権を、相続人が、その被相続人の意図を十分に認識した上で隠ぺいした事案につき、重加算税を賦課した税務当局の課税処分を是認した裁判例がある[15]。

---

15)　大阪地判平成23年12月16日税資261号-246順号11836。

6 遺留分と課税関係

遺留分減殺請求が行使され、相続財産の現物返還又は価額弁償がなされると、遺留分権利者及び遺留分義務者（受遺者）の間で権利関係の異動が生じるため、両当事者に課税関係が生じることになる。以下では、それぞれの課税関係について概説する。

(1) 相続税

遺留分義務者は、遺留分減殺請求を受けたことにより、返還すべき、又は価額弁償すべき額が確定したときは、その確定したことを知った日の翌日から4か月以内に更正の請求をすることができる（相法32 I ③、国通法23 I）[16]。

一方、遺留分権利者は、相続税の期限後申告書を提出し、又は修正申告書を提出することになる（相法30 II、31 I）。なお、これらの規定は、いずれも「……申告書を提出することができる」と定めており、申告義務を遺留分権利者に課しているものではない。もっとも、遺留分義務者が上記の更正の請求を行った場合において、遺留分権利者が期限後申告又は修正申告を行っていないときは、税務署長が更正又は決定をすることになる（相法35 III）。

(2) 譲渡所得税

詳述することは控えるが、遺留分減殺請求権の法的性質には、学説上、「物権的形成権説」「債権的形成権説」「請求権説」があり、今日における判例及び学説の多数説は「物権的形成権説」とされている。物権的形成権説を貫徹して課税関係を整理すると、遺留分減殺請求権の行使により、遺留分権利者は相続開始時に遡及して権利を取得することになるので、遺留分義務者が現物を返還した場合には、原則として遺留分権利者において権利関係に変化は生じないはずである一方、現物返還に代えて価額弁償が行われる場合は、遺留分減殺請求により一旦遺留分権利者に帰属した遺留分を価額弁償金が対価として遺留分義務者に譲渡されたことになるので、遺留分権利者に譲渡所得（損失）が生じるはずである。

---

16) 相続税の申告期限内に遺留分減殺請求の行使により、返還すべき額等が確定した場合には、期限内申告書にその内容を反映して申告することになる。

40 第1部 基礎編

　しかし、最判平成 4 年 11 月 16 日[17]は、法人への遺贈に対して遺留分減殺請求権が行使された事案につき、物権的形成権説を修正し、価額弁償により遺贈の効力が復活する（すなわち、遺留分減殺請求権が行使された場合であっても、遺贈当時から、権利が遺留分権利者ではなく遺留分義務者に帰属していたと考える）と判示した[18]。

　この最高裁の判断によると、遺留分義務者が価額弁償を選択したとしても、価額弁償により遺贈の効力が復活し、遺贈の対象となった財産は遺留分義務者に帰属することになるため、遺留分権利者において譲渡所得が発生することはないように思われる。

---

17)　最判平成 4 年 11 月 16 日税資 193 号 437 頁。但し、当該事案は、受遺者である法人に対する遺贈により、被相続人（その承継者である原告ら）にみなし譲渡課税が行われた場合において、原告らが、その後の遺留分減殺請求により、被相続人の法人に対する遺贈は遡及的に効力を失ったため、みなし譲渡課税の根拠がないとして、税務当局による課税処分の適否を争ったというものであり、価額弁償がなされた場合の遺留分権利者の譲渡所得課税が直接争われたものではない。

18)　最判の多数意見に対して、反対意見が付されており、また批判的な学説が多数存在する（占部裕典「遺留分減殺請求権の行使における租税法と民法の交錯」税法学 512 号（1993 年）2 頁他を参照）。

第3章
贈与税の体系

1 贈与税額の性質

　贈与税は、贈与によって財産が移転することを機会に課税される租税であり、相続税法に規定されていることからも明らかなように、「相続税の補完税」としての性質を有しているといわれている。すなわち、生前に財産を贈与することによる相続税の回避を防止することを目的としているが、実質的には、受贈者が贈与を受けたことによる経済的利益の増加に担税力を見出し、課税するという側面があるといえる。

2 贈与税の課税制度

(1) 暦年課税制度と相続時精算課税制度

　一般に、贈与税は相続税と比較して税負担が重いというイメージが持たれているようであるが、次世代への資産移転を促すことを目的として、平成15年度税制改正により「相続時精算課税制度」が創設され、さらに、平成25年度税制改正において、直系血族間の贈与につき贈与税の税率を緩和する措置が取られた。平成15年度税制改正の結果、現在は贈与税の課税体系には2つの類型が存在している。1つは、「暦年課税制度」であり、もう1つは「相続時精算課税制度」である。いずれの制度によるかは、納税者の選択に委ねられているが、相続税時精算課税制度は一度選択すると撤回することができないため、両制度のメリット・デメリットを事前に比較検討することが肝要である。

42　第 1 部　基礎編

図表 3-1　暦年課税制度と相続時精算課税制度の比較表

項目	暦年課税制度	相続時精算課税制度
贈与者	特に要件なし	60 歳以上の直系尊属[1]
受贈者	特に要件なし	20 歳以上の子、孫
基礎控除 （特別控除額）	110 万円（1 年当たり）	2,500 万円（一生枠）
税率	10%～55%の累進税率	20%の一定税率
相続財産への 持ち戻し	相続開始前 3 年以内に相続人等が受けた贈与財産の贈与時における評価額を相続財産に持ち戻す	精算課税制度を適用した年分以降の全ての贈与財産の贈与時における評価額を相続財産に持ち戻す
贈与税の還付	なし	あり
留意点		一度選択すると、その贈与者による贈与については暦年課税制度の適用不可

(2)　相続時精算課税制度の留意点

(a)　相続時精算課税選択届出書

　相続時精算課税制度を選択しようとする者は、贈与を受けた翌年 2 月 1 日から 3 月 15 日までの間に、相続時精算課税選択届出書を納税地の所轄税務署長に提出しなければならない（相法 21 の 9 Ⅱ）。贈与税申告書において、贈与税額を相続時精算課税を前提に計算していた場合であっても、届出書を提出しなければ、同制度の適用を受けることができないため留意が必要である。なお、相続時精算課税選択届出書は、その提出後に撤回することができない（相法 21 の 9 Ⅵ）。

---

1)　平成 30 年度税制改正により、特例対象受贈非上場株式等を贈与により取得した特例経営承継受贈者が特例贈与者の推定相続人以外の者（その年 1 月 1 日において 20 歳以上である者に限る）であり、かつ、その特例贈与者が同日において 60 歳以上の者である場合には、相続時精算課税の適用を受けることができるようになった。

(b) 住宅取得等資金の贈与における相続時精算課税制度の選択

　相続時精算課税制度は、贈与者が60歳未満である場合には選択することができない。しかし、平成33年12月31日までに直系尊属から、その贈与の年の1月1日において20歳以上である直系卑属に対して一定の要件を充足する住宅取得等資金の贈与が行われた場合には、贈与者が60歳未満であっても、相続時精算課税制度を適用することができる（措法70の3Ⅰ）。

(c) 相続時精算課税に係る相続税の納付義務の承継

　相続時精算課税適用者（受贈者）が、その相続時精算課税贈与に係る贈与者の死亡前に死亡したときは、当該相続時精算課税適用者の相続人（包括受遺者を含む）が、相続時精算課税に係る権利義務を承継する（相法21の17Ⅰ）。例えば、父が子に対して贈与した財産について相続時精算課税制度を選択した場合において、子が父よりも先に死亡すると、子の相続人（父にとっての孫）が相続時精算課税に係る納税義務を承継するため、父から孫に直接相続する場合に比べて、結果的に税負担が重くなる。

3　みなし贈与

(1)　低額譲渡

(a)　概要

　個人間で、著しく低い価額の対価で財産の譲渡が行われた場合においては、譲受者が譲渡者から、当該財産の時価と対価の差額に相当する金額を贈与により取得したものとみなす（相法7）。みなし贈与の規定は、「贈与により取得したものとみなす」とされているとおり、当事者間の贈与の意思に関係なく課税が行われる点に特徴がある。

　この規定の趣旨は、有償で、しかも僅少の対価をもって財産の移転を図ることによって贈与税の課税回避を図るとともに、相続財産の生前処分による相続税の負担の軽減を防止することにある[2]。

---

2)　武田昌輔『DHCコンメンタール相続税法第1巻』（第一法規）1002頁。

44　第1部　基礎編

(b)　著しく低い価額の定義

　相続税法7条のみなし贈与は、著しく低い価額の対価で財産の譲渡が行われたときに適用されるが、この「著しく低い価額」の判断基準には2つの論点が存在する。1つが、どのような価額を時価とするかという点であり、もう1つが、著しく低いとはどの程度の乖離をいうのかという点である。これらの点につき、相続税法は明文の定めを設けていない。その理由として、「画一的な判定基準を設けることによって、明らかに贈与する意思で高額な利益が授受されるものがあっても、その対価の額が画一的な判定基準以上であるという理由で贈与税の課税ができないことになり、課税上の不公平が生ずるのは、法第7条の趣旨からみて適当でないと考えたからであろう」という見解が存在する[3]。

(c)　著しく低い価額の判断基準

　上記のとおり、著しく低い価額の判断基準が法令において明示されていないことから、この判断を争点とする裁判例は少なくない。実務的には、これらの裁判例を分析した上で、相続税法7条の射程をはかる必要があるといえる。

　まず、判定の基準となる時価については、相続税法第3章（財産の評価）に特別の定めがある場合には、その規定により評価した価額とされているが、それ以外の場合には、財産評価基本通達の規定に従って評価した金額をもって当該財産の時価とするのが実務上の慣行である。

　また、対価の額が時価に比して著しく低いかどうかの判定について、具体的な割合を示した裁判例はほぼ見受けられない[4]。その多くが、財産の譲受の事情、譲渡対価の額、財産の市場価格、財産の相続税評価額等を勘案して社会通念に従い判断すると判示している。

　所得税法59条1項2号のみなし譲渡の規定における、「資産の譲渡の時における価額の2分の1に満たない金額」（所令169）とよく混同されることがあるが、みなし贈与の基準としてこの「2分の1」基準を採用することは妥当しないと思われる。実際に、納税者が同様の主張をした事案があるが、裁判所は、両者の課税の理論的根拠は全く異なるとして、納税者の主張を退けている[5]。

---

　3)　武田・前掲注2) 1003〜1004頁。

　4)　大阪地判昭和53年5月11日税資101号333頁で、著しく低い価額とは、時価の4分の3未満の額を指すと解するのが相当と判示されたが、その根拠については示されておらず、その先例価値について疑問を呈する見解がある。

(2) 債務免除

　対価を支払わないで、又は著しく低い価額の対価で債務の免除、引受け又は第三者のためにする債務の弁済による利益を受けた場合には、その利益を受けた時において、その利益を受けた者が、当該利益を受けた価額に相当する金額を贈与により取得したものとみなす（相法8）。

　但し、債務者が資力を喪失して債務を弁済することが困難である場合に、当該債務の全部又は一部の免除を受けたときは、その弁済することが困難な部分の金額については、みなし贈与の規定の適用はない（相法8①・②）。この免除規定は、相続税法8条及び9条のみなし贈与についても適用がある（相基通8-4、9-14）。

　なお、「資力を喪失して債務を弁済することが困難である場合」とは、債務者の債務の金額が積極財産の価額を超えるときのように社会通念上債務の支払いが不能（破産手続開始の原因となる程度に至らないものを含む）と認められる場合をいうとされている（相基通7-4）。これは、破産法に規定する破産手続開始の原因となる支払不能、すなわち「債務者がその者の財産、労務、信用をもってしても弁済期にある債務を一般的、かつ継続的に弁済することが不可能になった状態」に至らないものであっても、資力を喪失していると考えるというものである。

(3) その他の利益の享受

(a) 概要

　相続税法5条から8条及び信託に関する特例の適用がある場合を除き、対価を支払わないで、又は著しく低い価額の対価で利益を受けた場合には、当該利益を受けた時において、当該利益を受けた者が、当該利益の価額に相当する金額を当該利益を受けさせた者から贈与により取得したものとみなす（相法9）。

　なお、同条の趣旨について、東京地判昭和51年2月17日集民117号103頁では次のように判示している。「相続税法9条の規定は、私法上の贈与契約によって、財産を取得したのではないが、贈与と同じような実質を有する場合に贈与の意思がなければ贈与税を課税することができないとするならば、課税の

---

5)　横浜地判昭和57年7月28日税資127号494頁、東京高判昭和58年4月19日税資130号62頁。

公平を失することになる（後述）」。

　同条は、「その他の利益の享受」という条文見出しのとおり、あまりに抽象的な規定であり、租税法律主義の要請に反するという見解[6]がある。たしかに相続税法は「利益」について何ら規定しておらず、唯一、相続税基本通達9-1において、「利益を受けたとは、おおむね利益を受けた者の財産の増加又は債務の減少があった場合等をいい、労務の提供等を受けたような場合は、これに含まないものとする」と定めるのみである。そこで、相続税法基本通達は、9-2以下で具体的な取扱いを例示することにより納税者の予見可能性に一定の配慮を見せている。これらはあくまでも例示に過ぎないが、税務当局が同条にいう「利益」についてどのように考えているかを知る上で有用であるといえるだろう。

⒝　事業承継における相続税法9条の適用可能性

　相続税法基本通達9-2は、同族会社に対して財産の無償提供又は低額譲渡があったような場合に、当該同族会社の株主の株式価値の増加に担税力を見出し、贈与税を課税することを定めている。同通達は、株式又は出資の価額が増加する場合として、次のとおり具体例を列挙し、次に掲げる者から株主等が贈与を受けたものとして取り扱うとしている。

⒜　会社に対し無償で財産の提供があった場合
　　当該財産を提供した者
⒝　時価より著しく低い価額で現物出資があった場合
　　当該現物出資をした者
⒞　対価を受けないで会社の債務の免除、引受け又は弁済があった場合
　　当該債務の免除、引受け又は弁済をした者
⒟　会社に対し時価より著しく低い価額の対価で財産の譲渡をした場合
　　当該財産の譲渡した者

　特に、近時においては、同族関係者間で非上場株式の譲渡があったような場合に、時価よりも著しく低額で財産の譲渡があったとして、相続税法9条が適用されるケースが散見されるため、売買当事者における低額譲渡の税務リスクが想定される場合は、株主段階でのみなし贈与課税についても十分留意すべきである。

---

6)　北野弘久『コンメンタール相続税法』（勁草書房、1974年）78頁〜79頁。

第4章
相続税・贈与税の納付

　相続税及び贈与税は、他の税目と同様に、原則として申告書の提出期限まで
に金銭により一括納付しなければならない（相法33）。しかし、相続税及び贈与
税は、所得課税ではなく財産課税であるため、金銭による一括納付が困難な場
合も想定される。

　そこで相続税については、一定の要件に該当する場合に、金銭による一括納
付に加えて、延納や物納という納税方法が用意されている。その一方で、贈与
税については、延納は認められているが、物納は不適用とされている（相基通
41-2）。

　また、相続税・贈与税ともに、農地や非上場株式等の一定の財産については、
納税猶予制度があり、納税者の選択により課税を繰り延べることができる。

　以下では、事業承継で特に論点となりやすい物納と非上場株式の納税猶予（事
業承継税制）について説明する。

1　物納

　物納は、以下の要件を充足する場合に、相続税の申告期限までに申請するこ
とで、相続財産のうち一定のものをもって納付することを認める制度である（国
通法34Ⅲ、相法41）。

・延納によっても金銭で納付することを困難とする事由があり、かつ、その納付
　を困難とする金額を限度としていること。
・物納申請財産は、納付すべき相続税額の課税価格計算の基礎となった相続財産
　のうち、次に掲げる財産及び順位で、その所在が日本国内にあること。
　　第1順位　不動産、船舶、国債証券、地方債証券、上場株式等
　　第2順位　非上場株式等
　　第3順位　動産
・物納に充てることができる財産は、管理処分不適格財産に該当しないものであ
　ること及び物納劣後財産に該当する場合には、他に物納に充てるべき適当な財

48　第1部　基礎編

　産がないこと。
・物納しようとする相続税の納期限又は納付すべき日（物納申請期限）までに、
　物納申請書に物納手続関係書類を添付して税務署長に提出すること。

　非上場株式を物納に充てる場合には、当該株式に譲渡制限が付されていると管理処分不適格財産に該当し（相令18Ⅱロ）、物納許可を得られないため、譲渡制限を解除しなければならない。そこで、非上場株式を物納することを検討するときは、譲渡制限解除が与える影響を勘案しながらその当否を検討する必要がある。

　なお、物納の収納価額は相続税評価額によるとされ（相法43Ⅰ）、物納した財産に係る譲渡所得税は課されない（措法40の3）。

2　事業承継税制（非上場株式等についての贈与税・相続税の納税猶予）

(1)　事業承継税制の概要

　非上場株式については、平成21年度税制改正により創設されたいわゆる事業承継税制において、非上場株式等についての贈与税及び相続税の納税猶予制度が設けられている（措法70の7、70の7の2）。

(ア)　贈与税の納税猶予制度は、一定の非上場の中小企業の株式等について、贈与により取得した後継者については、当該株式の贈与に係る贈与税の納税を、贈与者の死亡時まで猶予する制度である

(イ)　また、相続税の納税猶予制度は、同様に、一定の非上場の中小企業の株式等を相続又は遺贈による取得した後継者について、当該株式の相続に係る相続税額の納税を、その後継者の死亡の日まで猶予するという制度である。①贈与税の納税猶予制度の適用を受けた先代オーナー（贈与者）が死亡した場合には、後継者が贈与税の納税猶予制度の適用を受けた非上場株式等を相続または遺贈により取得したものとみなして、贈与時の価額により他の相続財産と合算して相続税を計算することになる（措法70の3）。その際、一定の要件を満たす場合には、相続又は遺贈により取得したものとみなされた非上場株式等の一定の部分については相続税の納税猶予制度の適用を受けることができる（措法70の7の4）。これにより、後継者はさらに

一定の額について納税猶予を受けられることになる。

これらの事業承継税制は、平成 21 年度税制改正により創設されたものの、様々な要件が課せられていたことから、利用が十分に進んでいないことが指摘されており、下記のとおり平成 25 年度税制改正では、適用要件が緩和された。その一方で、同改正では、資産保有型会社（資産の帳簿価額の総額に占める、特定資産（有価証券、自ら使用しない不動産、現預金等一定の資産）の帳簿価額の合計額が 70％以上の会社）や資産運用型会社（総収入金額に占める特定資産の運用収入の合計額が 75％以上の会社）については適用要件が厳格化され、5 人以上求められる常時使用従業員の算定から、後継者と生計を一にする親族が除かれるなどした。

図表 4-1　平成 25 年度税制改正による納税猶予の主な改正（緩和）事項

	平成 25 年度税制改正前	平成 25 年度税制改正後
経済産業大臣の事前確認の廃止	贈与前・相続開始前に計画的な承継に係る取組み（後継者の確定・計画的承継等）について経済産業大臣の事前確認が求められていた	経済産業大臣の事前確認の廃止
納税猶予の適用を受けられる後継者の範囲の拡大	贈与者・被相続人の親族に限定	贈与者・被相続人の親族に限定されず、親族外承継の場合でも適用可能
（贈与税の場合）先代経営者の役員退任要件の緩和	（贈与税の場合に）先代経営者が贈与時に役員を退任する必要	先代後継者は代表者でなくなる必要はあるものの役員からの退任は不要に
雇用確保要件の緩和	贈与税・相続税の猶予後、5 年間毎年 8 割以上の雇用を維持できない場合には猶予打ち切り	贈与税・相続税の猶予後、5 年間で平均 8 割以上の雇用を維持できない場合には猶予打ち切り（※後述のとおり、平成 30 年度税制改正でさらに緩和）
収入維持要件の緩和	5 年間の総収入金額がゼロとなった場合には猶予打ち切り	5 年間の主たる事業活動から生じる、営業外収益・特別利益以外の総収入金額がゼロとなった場合には猶予打ち切り

⑵　平成 30 年度税制改正による特例の創設

⒜　一定の要件を満たす場合に事業承継時の贈与税・相続税の現金負担をゼロに

　平成 25 年度税制改正後も、種々の厳しい要件が課されていたことや、猶予対象株式や相続税の猶予割合が制限されていたことから、事業承継税制の利用例は限定的であった。

　これに対して、中小企業経営者の年齢分布のピークが 60 歳半ばとなり、高齢化が急速に進展する中で、日本経済の基盤である中小企業の円滑な世代交代を通じた生産性の向上は、不可避なものとなっている。そのため、平成 30 年度税制改正では、事業承継税制について、各種要件の緩和を含む抜本的な拡充を行うことがうたわれ、10 年間の特例措置が設けられた。

　この特例では、①特例後継者が、②特例認定承継会社の代表権を有していた者から、贈与又は相続若しくは遺贈により当該特例認定承継会社の非上場株式を承継した場合には、その取得した全ての非上場株式に係る課税価格に対応する贈与税又は相続税の全額について、その特例後継者の死亡の日等まで納税を猶予するものとされている。すなわち、一定の要件を満たした会社の後継者が承継した非上場株式の贈与税・相続税については、改正前の対象株式・猶予割合の制限が撤廃され、事業承継時の贈与税・相続税の現金負担がゼロとなった。

　このとき、上記①「特例後継者」とは、以下の全ての要件に該当する後継者

図表 4-2　平成 30 年度税制改正による納税猶予に係る特例 (1)

	平成 30 年度税制改正前	平成 30 年度税制改正後 (特例適用の場合)
贈与税・相続税の猶予対象株式の制限の撤廃	相続人が相続前から保有していた分を含め、発行済議決権株式総数の 3 分の 2 に達するまでの部分を上限	制限撤廃 (贈与税・相続税の猶予対象となる株式が、経営者が保有していた全ての株式に拡大)
相続税の納税猶予割合の増加	相続または遺贈により取得した株式の課税価格の 80% に対応する相続税額の猶予	相続または遺贈により取得した株式の課税価格の 100% に対応する相続税額の猶予 (※ 贈与税は改正前から 100% 猶予)

とされる。

・特定認定承継会社の特例承継計画（下記③）に記載された代表権を有する後
　継者
・同族関係者と合わせて当該特例認定承継会社の総議決権数の過半数を有する
　者
・同族関係者のうち、当該特定認定承継会社の議決権数を最も多く有する者（特
　例承継計画に記載された後継者が2名又は3名以上の場合には、当該同族関係者内
　で、それぞれ上位2名又は3名の者（当該総議決権数の10％を有する者に限る））

　②「特例認定承継会社」とは、平成30年4月1日から平成35年3月31日ま
でに特例承継計画を都道府県に提出した会社で、経済産業大臣の認定（経営承
継円滑化法12Ⅰ）を受けたものをいう。

　さらに、③「特例承継計画」とは、認定経営革新等支援機関の指導及び助言
を受けて特例認定承継会社が作成した計画で、当該特例認定承継会社の後継者、
承継時までの経営見通し等が記載されたものをいう。

　平成30年度税制改正による納税猶予に係る緩和措置の特例の適用を受けよ
うとする中小非上場会社は、平成35年3月31日までに特例承継計画を作成し、
経済産業大臣の認定を受ける必要がある。その上で、この改正による緩和措置
は、平成30年（2018年）1月1日から平成39年（2027年）12月31日までの間
に贈与等に取得する財産に係る贈与税又は相続税について適用されるとされて
いることから、今後10年間の間に計画的に承継（特に贈与）を行う必要がある。

(b)　特例認定承継会社におけるその他の要件緩和

　平成30年度税制改正における納税猶予の特例制度の創設においては、特例
認定承継会社について、先代経営者（承継者）や後継者の人数・承継後の雇用確
保要件の実質撤廃等、要件の緩和が行われた。

(c)　経営環境変化に応じた納税額の再計算

　平成30年度税制改正前の事業承継税制では、事業承継時（贈与時・相続時）の
株価をもとに贈与税額・相続税額を算定し、後継者が自主廃業や事業の売却を
行うことによって納税猶予が取り消された場合には、事業承継時に確定した贈
与税・相続税を納税する必要があった。そのため、事業承継後に株価が下落し
ている場合であっても高い贈与税・相続税額を支払わなければならない恐れが

52   第1部　基礎編

図表 4-3　平成 30 年度税制改正による納税猶予に係る特例（2）

	平成 30 年度税制改正前	平成 30 年度税制改正後 （特例適用の場合）
承継者・後継者の人数の拡大	1 名の先代経営者（代表者）から 1 名の後継者に贈与・相続又は遺贈がなされる場合に限定	親族外を含む複数の株主から、代表者である後継者（3 名以内）に対する承継に拡大（※）
雇用確保要件の実質的撤廃	贈与税・相続税の猶予後、5 年間で平均 8 割以上の雇用を維持できない場合には猶予打ち切り	5 年間で平均 8 割以上の雇用維持要件を未達成の場合でも、猶予が継続可能 （経営悪化又は正当と認められない理由で雇用維持要件が未達成の場合、認定支援機関の指導助言が必要）

（※代表者以外の者から贈与等を受ける特例認定承継会社の非上場株式については、特例承継期間（5 年）以内に当該贈与等に係る申告書の提出期限が到来する者に限り、特例の適用対象とされる）

あることも、事業承継税制における納税猶予が敬遠されてきた理由の 1 つとなっていた。

　平成 30 年度税制改正では、経営環境の変化を示す一定の要件を満たす場合において、特例承継期間（5 年）経過後に、特例認定承継会社の非上場株式の譲渡、合併による消滅・解散を行う際に、事業承継時の価額と差額が生じているときは、売却・廃業時の株価をもとに納税額を再計算することが可能となった。これにより、事業承継税制における納税猶予に対する懸念（将来の不確定要素）が緩和された。

(d)　M&A における登録免許税や不動産取得税の税率の軽減

　なお、後継者が不在のため事業承継を行えないという場合は、M&A により事業の継続・承継を行うことがあり得る。この点、平成 30 年度税制改正では、中小企業等経営強化法が改正され、平成 31 年度末までの間に事業分野別に主務大臣から経営力向上計画の認定を受け、土地、建物、機械等を事業譲渡により取得した場合には、登録免許税や不動産取得税の税率が軽減される措置もと

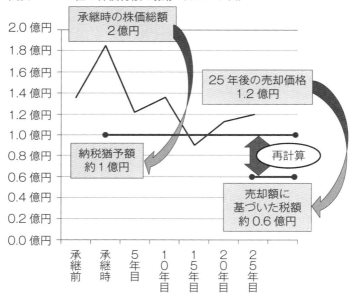

図表 4-4　X社の株価総額の推移（イメージ図）

出典：中小企業庁「平成 30 年度中小企業・小規模事業者関係　税制改正について」(http://www.chusho.meti.go.jp/zaimu/zeisei/2017/171225zeiritu.pdf)

られることとなった。

(3) 事業承継税制と信託

平成 30 年度税制改正により事業承継税制の要件が緩和されたことは上述のとおりであるが、信託財産が非上場株式である信託受益権については同税制を適用することができないと解されている。

相続税法、所得税法及び法人税法においては、信託の受益者が信託財産を有するものとみなす規定が定められているが、租税特別措置法では、小規模宅地等の特例について相続税法の規定を準用する定めがあるものの（措令 40 の 2 XXII）、事業承継税制については準用規定が存在しないためである。

第1部　基礎編

図表 4-5　登録免許税の税率

		通常税率	計画認定時の税率
不動産の所有権移転の登記	合併による移転の登記	0.4%	0.2%
	分割による移転の登記	2.0%	0.4%
	その他の原因による移転の登記	2.0%※	1.6%

※平成 31 年 3 月 31 日まで、土地を売買した場合には 1.5%
　に軽減。

図表 4-6　不動産得税の税率

	通常税率	計画認定時の税率（事業譲渡の場合※2）
土地住宅	3.0%※1	2.5%（1/6 減額相当）
住宅以外の家屋	4.0%	3.3%（1/6 減額相当）

※1 平成 33 年 3 月 31 日まで、土地や住宅を取得した場合には
　 3.0%に軽減されている。（住宅以外の建物を取得した場合
　 は 4.0%）
※2 合併・一定の会社分割の場合は非課税
※3 事務所や宿舎等の一定の不動産を除く
出典：中小企業庁「平成 30 年度中小企業・小規模事業者関係　税制
改正について」(http://www.chusho.meti.go.jp/zaimu/zeisei/2017/
171225zeiritu.pdf)

第5章
財産評価の体系

1 時価の意義

　相続税及び贈与税の課税価格の計算の基礎となる財産の価額は、当該財産の取得の時における時価によるとされている（相法22）。相続税法では、「取得の時における時価による」としか定義されておらず、実務上は財産評価基本通達に依拠している。財産評価基本通達1項では、時価の意義につき以下のとおり定めている。

> （時価の意義）
> 　財産の価額は、時価によるものとし、時価とは、課税時期（相続、遺贈若しくは贈与により財産を取得した日若しくは相続税法の規定により相続、遺贈若しくは贈与により取得したものとみなされた財産のその取得の日又は地価税法第2条《定義》第4号に規定する課税時期をいう。以下同じ。）において、それぞれの財産の現況に応じ、不特定多数の当事者間で自由な取引が行われる場合に通常成立すると認められる価額をいい、その価額は、この通達の定めによって評価した価額による。（下線筆者）

　前半部分は、いわゆる「客観的交換価値」を意味しており、時価の意義としては判例や学説において広く支持されているものである。

　その一方で、全ての財産について、納税者が何の指針もなく客観的交換価値を算定することは極めて困難であり、課税実務上は、上記下線部分のとおり、財産評価基本通達の定めに従って、画一的に時価を算定することは一定の合理性があるといえる。しかし、この財産評価基本通達に基づく評価の適法性については、納税者と税務当局の間で幾度となく紛争が生じている。たしかに、税務通達は行政組織内の職務命令に過ぎず、税務職員に遵守義務を課すものではあっても[1]、納税者を直接的に拘束するものではない。しかし、税務通達が税務職員に遵守義務を課す以上、納税者が税務通達とは異なる税務処理を行った場

合には、税務職員はその税務処理を是正する義務を課されており、その意味で、税務通達は納税者を間接的に拘束しているともいえる。この点、多くの裁判例は、財産評価基本通達の定めにより画一的に規定することの意義について、①納税者間の課税の公平、②納税者の便宜、③徴税費用の節減の見地から合理的であると判示している。

2　株式の評価

株式及び株式に関する権利の評価は、その銘柄の異なる毎に、以下の区分に応じて、1株又は1個毎に評価する（財基通168）。
- ・上場株式
- ・気配相場等のある株式
- ・取引相場のない株式
- ・株式の割当てを受ける権利
- ・株主となる権利
- ・株式無償交付期待権
- ・配当期待権
- ・ストックオプション
- ・上場新株予約権

本書では、実務における重要性から、上場株式及び取引相場のない株式について説明することとする。

(1)　上場株式の評価

上場株式とは、金融商品取引法2条16項に規定する金融商品取引所に上場されている株式をいう。

上場株式の評価は、市場取引による取引価格が客観的な時価を示していると考えられることから、原則として課税時期における最終価格により評価される（財基通169(1)）。

但し、課税時期という一時点の受給関係による偶発性を排除するために、課税時期における最終価格のほかに、課税時期の属する月以前3か月の各月の毎

---

1)　国家公務員法98条1項は、「職員は、その職務を遂行するについて、法令に従い、且つ、上司の職務上の命令に忠実に従わなければならない」と規定している。

日の最終価格の月平均額のうち最も低い価額を採用することができる。

具体的には、以下の①から④のうち、最も低い金額をもって上場株式の評価額とすることとされている。

① 課税時期の最終価格
② 課税時期の属する月の毎日の最終価格の月平均額
③ 課税時期の属する月の前月毎日の最終価格の月平均額
④ 課税時期の属する月の前々月の毎日の最終価格の月平均額

(2) 取引相場のない株式の評価

(a) 総論

財産評価基本通達は、178 から 189-7 において、取引相場のない株式（以下、「非上場株式」という）の評価方法を定めている。その評価方法のフローチャートを図示すると**図表 5-1** のとおりである。

非上場株式の評価は、その株式を相続、遺贈又は贈与により取得した株主の属性に着目し、当該株主が支配株主と少数株主のいずれに該当するかにより、それぞれ異なる評価方法を採用することとしている。

図表 5-1 評価方法のフローチャート

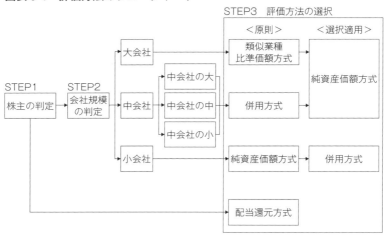

(b) 株主の判定

非上場株式の評価は、当該株式を取得した株主がいわゆる支配株主に属する

58　第1部　基礎編

のか、少数株主に属するのかによって評価方法が異なる。したがって、非上場株式を評価するにあたり、まずは評価会社の株主の保有状況を判定することがファーストステップとなる。具体的には、**図表5-2**の判定表を用いて、株式取得者が適用すべき評価方法を選定することとなる。

図表5-2　株主の態様別による各評価方法の判定表

株式移動後の議決権割合により判定

株主の態様					評価方法
同族株主のいる会社	同族株主	取得後の議決権割合5%以上			原則的評価方式
		取得後の議決権割合5%未満	中心的な同族株主がいない場合		
			中心的な同族株主がいる場合	中心的な同族株主	
				役員又は役員となる株主	
				その他	配当還元方式
	同族株主以外の株主				

株主の態様					評価方法
同族株主のいない会社	議決権割合の合計が15%以上のグループに属する株主	取得後の議決権割合5%以上			原則的評価方式
		取得後の議決権割合5%未満	中心的な株主がいない場合		
			中心的な株主がいる場合	役員又は役員となる株主	
				その他	配当還元方式
	議決権割合の合計が15%未満のグループに属する株主				

（i）　同族株主とは

　同族株主とは、課税時期における評価会社の株主のうち、株主の1人及びその同族関係者の有する議決権の合計数がその会社の議決権総数の30%以上である場合におけるその株主及びその同族関係者をいう（財基通188(1)）。なお、株主の1人及びその同族関係者の有する議決権の合計数の最も多いグループの有する議決権の合計数が、その会社の議決権数の50%超である場合には、50%超の株主グループのみを同族株主とする。

すなわち、50%超の株主グループが存在する場合には、その他の株主グループが 30%以上の議決権を有していたとしても、その 30%以上の株主グループは同族株主には該当せず、50%超の株主グループのみが同族株主に該当する。その一方で、50%超の株主グループが存在しない場合には、30%以上の議決権数を有する複数の同族株主が存在することもあり得る。

(ii) 判定時の留意点

同族株主を判定する際には、組織再編税制やグループ法人税制の判定に用いられる「持株割合」（支配関係・完全支配関係の判定）ではなく、「議決権割合」を基準にする点に留意を要する[2]。従来は持株割合が基準にされていたが、平成13年及び14年の商法改正で多様な種類株式制度が導入されたことを受けて、平成15年に財産評価基本通達が改正され、議決権割合基準に改められた。以下では、同族判定を行う場合におけるポイントを解説する。

(iii) 同族関係者の範囲

財産評価基本通達 188 項にいう同族関係者とは、法人税法施行令 4 条に規定する特殊の関係にある個人又は法人をいう。同条は法人税法上の同族会社を判定する際の基準となる規定である。

法人税法施行令 4 条

法第 2 条第 10 号（同族会社の意義）に規定する政令で定める特殊の関係のある個人は、次に掲げる者とする。

一 株主等の親族

二 株主等と婚姻の届出をしていないが事実上婚姻関係と同様の事情にある者

三 株主等（個人である株主等に限る。次号において同じ。）の使用人

四 前 3 号に掲げる者以外の者で株主等から受ける金銭その他の資産によつて生計を維持しているもの

五 前 3 号に掲げる者と生計を一にするこれらの者の親族

2 法人税法第 2 条第 10 号に規定する政令で定める特殊の関係のある法人は、次に掲げる会社とする。

一 同族会社であるかどうかを判定しようとする会社（投資法人を含む。以下この条において同じ。）の株主等（当該会社が自己の株式（投資信託及び投資法人に関する法律（昭和 26 年法律第 198 号）第 2 条第 14 項（定義）に規定す

---

2) さらに、法人税法上の同族会社の判定においては、「持株割合」と「議決権割合」の 2 つの基準から判定する点と混同しないように留意を要する（法令 4 Ⅲ）。

る投資口を含む。以下同じ。）又は出資を有する場合の当該会社を除く。以下この項及び第4項において「判定会社株主等」という。）の1人（個人である判定会社株主等については、その1人及びこれと前項に規定する特殊の関係のある個人。以下この項において同じ。）が他の会社を支配している場合における当該他の会社
二 判定会社株主等の1人及びこれと前号に規定する特殊の関係のある会社が他の会社を支配している場合における当該他の会社
三 判定会社株主等の1人及びこれと前2号に規定する特殊の関係のある会社が他の会社を支配している場合における当該他の会社

図表5-3 親族の範囲

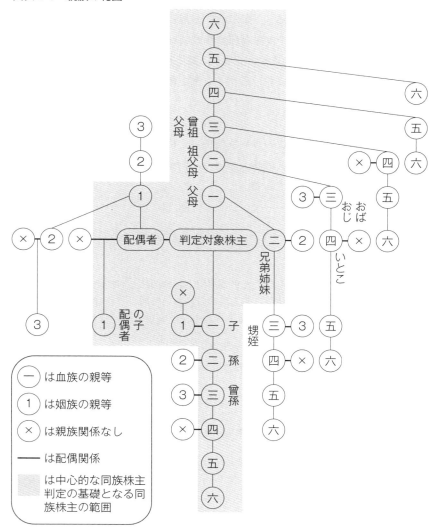

法人税法施行令4条1項1号にいう「株主等の親族」の「親族」とは、配偶者並びに6親等内の血族及び3親等内の姻族をいう（民法725）。

ここで特に留意すべきなのは、同族株主の判定の基準となる株主には納税義務者以外の者が含まれるという点である。すなわち、納税義務者を基準にすると、同族株主に該当しない場合であっても、その他のいずれかの株主（例えば納税義務者の配偶者）を基準にすると、同族株主に該当する可能性がある。非上場会社の株主が直系や傍系に広く分散している場合には誤りが起こりやすいため、実務上は、図表5-4のような親族関係図等を作成することで、同族関係者の範囲を明確にする必要があるだろう。

図表 5-4　親族関係図

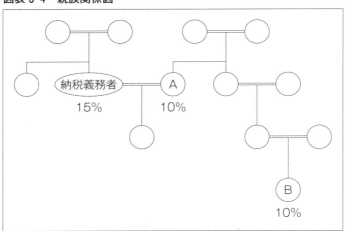

上図の親族関係図では、納税義務者を基準にするとグループの議決権割合は25％となり、同族株主には該当しないが、納税義務者の配偶者Aを基準にすると、AにとってBは4親等内の血族となり、親族に該当するため、グループの議決権割合は35％となり、納税義務者についても同族株主に該当することとなる。

① **自己株式**

評価会社が自己株式を有する場合には、その自己株式に係る議決権の数を0として計算した議決権総数をもとに判定する（財基通188-3）。これは、会社法において自己株式は議決権を有しないと規定されているためである（会社法308

Ⅱ）。

② 相互保有株式

会社法 308 条 1 項では、株式会社が、その株式会社の株主の議決権総数の25％以上を有する場合その株主は、株主総会において、議決権を有しないこととされている。そのため、同族株主の判定時においても、いわゆる相互保有株式の議決権数を 0 として計算する（財基通 188-4）。

③ 議決権制限株式

評価会社が種類株式を発行している場合において、株主総会の一部の事項について議決権を行使できない株式に係る議決権は、普通株式と同様に議決権総数に含めるものとされている（財基通 188-5）。議決権制限株式は、完全無議決権株式から普通株式に近いものまで、多様な種類の議決権制限株式を発行することができることから、本来であれば会社支配への影響度合いを基準に個々の議決権制限株式毎に同族株主の判定をすべきである。しかし、議決権を行使できる事項によって会社支配に影響する度合いを区別することは困難な場合が多いものと考えられることから、一部議決権制限株式については、全て普通株式と同様に議決権総数に含めるものとしている[3]。

④ その他の種類株式

議決権制限株式は、財産評価基本通達 188-5 により同族株主の判定を行うこととなるが、それ以外の種類株式、例えば取得条項付株式や取得請求権付株式については、課税時期において会社支配に与える影響を形式的に判断することは困難であるため、実際には個々の種類株式毎に個別に同族株主の判定を行うべきと考えられる。

財産評価基本通達逐条解説では、財産評価基本通達 188-5 により難い事例として、取得請求権付株式と全部取得条項付株式を発行している場合を解説している[4]。

例えば、取得条項が付されたような株式は、課税時期において議決権を有していたとしても、株主の意思によらずに会社側の決定で一方的に買い取られるものであることから、同族株主の判定においても、そのような潜在的な支配力を反映すべき場合があると思われる。

3） 北村厚編『財産評価基本通達逐条解説（平成 30 年版）』（大蔵財務協会、2018 年）701 頁。

4） 北村編・前掲注 3）703〜705 頁。

全部取得条項付株式を発行している場合
- 普通株式の一単元の株式の株は 100 株とする。
- 株主甲は、株主乙の同族関係者にならない。
- 株主乙の所有する種類株式は、会社が株主総会の決議により、全部の株式を取得することができる全部取得条項付株式であり、一単元の株式の数は 100 株である。
- 「その他」は、株主甲又は株主乙の同族関係者にならない少数株主である。

株式数等／株主	株式の種類	所有株式数	割合	議決権数	割合	同族株主判定	種類株式償還後の株式数	議決権数	割合	同族株主判定
甲	普通株式	7,500	37.5	75	37.5	×	7,500	75	71.4	○
乙	普通株式	2,000	10.0	20	10.0	○	2,000	20	19.0	×
	種類株式	9,500	47.5	95	47.5		0	0	—	
その他	普通株式	1,000	5.0	10	5.0	×	1,000	10	9.6	×
合計		20,000	100.0	200	100.0		10,500	105	100.0	

判定結果

乙の有する種類株式を会社が取得する前の議決権の数により判定すれば、株主乙の議決権総数に占める議決権の数の割合が 57.5％（10.0％＋47.5％）となるため、株主乙が同族株主となる。種類株式（全部取得条項付株式）を会社が取得した後の議決権の数で判定すれば、株主甲の議決権総数に占める議決権の数の割合が 71.4％となるため、株主甲が同族株主となる。したがって、この場合には、株主甲及び株主乙のいずれもが同族株主となる。

⑤ 投資育成会社

評価会社の株主のうちに、投資育成会社があるときは、議決権数の取扱いは以下のとおり定められている（財基通 188-6）。

(ア) 当該投資育成会社が同族株主に該当し、かつ、当該投資育成会社以外に同族株主に該当する株主がいない場合には、当該投資育成会社は同族株主に該当しないものとして適用する。

(イ) 当該投資育成会社が、中心的な同族株主に該当し、かつ、当該投資育成

会社以外に中心的な同族株主又は中心的な株主に該当する株主がいない場合には、当該投資育成会社は中心的な同族株主又は中心的な株主（詳細については後述する）に該当しないものとして適用する。

(ウ) 上記(ア)及び(イ)において、評価会社の議決権総数からその投資育成会社の有する評価会社の議決権の数を控除した数をその評価会社の議決権総数とした場合に同族株主に該当することとなる者があるときは、その同族株主に該当することとなる者以外の株主が取得した株式については、上記(ア)及び(イ)にかかわらず、「同族株主以外の株主等が取得した株式」に該当するものとする。

⑥ 非上場株式が未分割である場合

相続税の申告期限までに遺産分割が未了である場合には、相続税法 55 条の規定により、法定相続分又は包括遺贈の割合に従って相続財産を取得したものとして課税価格が計算される。

しかし、非上場株式評価上の議決権割合を判定する際には、従前から納税義務者である相続人又は包括受遺者が所有していた株式数に、未分割である株式をすべて加算した株式数をもって、株主区分の判定をすることになる。

⑦ 法人税法施行令 4 条 6 項

財産評価基本通達 188 項にいう同族関係者の判定にあたっては、法人税法施行令 4 条を準用することになるが、同条 6 項では、「個人又は法人との間で当該個人又は法人の意思と同一の内容の議決権を行使することに同意している者がある場合には、当該者が有する議決権は当該個人又は法人が有するものとみなし、……」と定めている。

同項の適用関係が争点となった事案として、国税不服審判所裁決平成 23 年 9 月 28 日裁決事例集 84 集がある。同裁決は、相続人が評価会社の株式を配当還元価額で評価して相続税の申告をしたところ、税務当局が、同項に基づき、評価会社の株主である有限会社が相続人の同族関係者にあたるとして、原則的評価方式に従い更正処分を行った事案である。審判所は、有限会社の出資者が創業家以外の第三者であるものの、その議決権行使について、相続人及び相続人を含む創業家の意思と同一の内容の議決権を行使することに同意していたと認定した。

その後、これを不服とした納税者が訴訟を提起したところ、平成 29 年 8 月 30 日に東京地裁で納税者勝訴の判決が出された[5]。

また、法人税法施行令4条6項そのものが問題になったケースではないが、第三者株主から原告に白紙委任状が提出されていたため、実質的にその白紙委任を受けていた原告及びその同族会社が対象会社を支配していたものとして、財産評価基本通達に定める配当還元方式以外の評価方式（原則的評価方式）によるべき特別の事情が存在すると認定されたものとして平成26年10月29日東京地判がある。同裁判例は、評価会社の持分出資をグループ会社に配当還元価額で譲渡したところ、著しく低い価額による譲渡があったとして、譲渡先であるグループ会社の株主に対し、相続税法9条の規定によりみなし贈与が課税された事案である。本事案では、評価会社の出資者に取引先株主13社が入っており、オーナー一族は形式的には少数株主となっていたが、取引先株主13社はいずれも、評価会社の社員総会には出席をせず、白紙委任状を提出していた（一部の会社は原告の聴取書に、議案の内容によっては社員総会への出席をし、議案に反対することもあり得る旨の記載があるが、これはいわゆる建前を述べたものであると判断されている）と認定され、贈与税の更正処分が是認されている。

(c) 中心的な同族株主

同族株主という支配株主グループのうち、より影響力の強い中心的な同族株主というグループを特定し、納税義務者が当該中心的な同族株主に属するか否かによって、異なる評価方法が適用されることになる。

具体的には、納税義務者が同族株主グループに属し、かつ、中心的な同族株主グループに属する場合には、納税義務者が取得した株式は、原則的評価方式により評価される。他方で、納税義務者が同族株主グループに属しながらも、中心的な同族株主に該当しない場合には、配当還元方式を選択できる可能性が出てくる。

この場合における、中心的な同族株主とは、課税時期において同族株主の一人並びにその株主の配偶者、直系血族、兄弟姉妹及び一親等の姻族（これらの者の同族関係者である会社のうち、これらの者が有する議決権の合計数がその会社の議決権総数の25％以上である会社を含む）の有する議決権の合計数がその会社の議決権総数の25％以上である場合におけるその株主をいう。

---

5) もっとも、税務当局は、裁判のなかで審判所における主張の一部を撤回したため、法人税法施行令4条6項は実質的な争点ではなくなり、後述する財産評価基本通達総則6項（いわゆる総則6項）が中心的な争点となった。

66   第1部　基礎編

　なお、中心的な同族株主の判定方法は、上述の同族株主の判定方法とは一部異なる点に留意が必要である。すなわち、納税義務者が同族株主に該当するか否かを判定するときは、納税義務者以外の株主も基準にするのに対して、納税者が中心的な同族株主に該当するか否かを判定するときは、納税義務者のみを基準として中心的な同族株主に該当するか否かを判定するという点が異なる。

(d)　中心的な株主

　同族株主のいない会社の株主で、株主の1人及びその同族関係者の有する議決権の合計数がその会社の議決権総数の15％以上である株主グループのうち、いずれかのグループに単独で10％以上の議決権を有している株主を、中心的な株主という。

(e)　役員

　納税義務者が同族株主グループ等に属する場合において、配当還元方式を適用できるか否かを判定する基礎となる「役員」とは、社長、理事長並びに法人税法施行令71条1項1号、2号及び4号に掲げる者をいうとされる（財基通188(2)）。この場合における役員には、課税時期から法定申告期限までの間に役員となる者も含まれる。具体的な役員の範囲は以下のとおりである。
　・代表取締役、代表執行役、代表理事及び清算人
　・副社長、専務、常務その他これらに準ずる職制上の地位を有する役員
　・取締役（指名委員会等設置会社の取締役及び監査等委員である取締役に限る。）、会計参与及び監査役並びに監事

(3)　会社区分の判定

　非上場株式を評価するにあたっては、発行会社の規模を判定する必要がある。財産評価基本通達は、発行会社の業種、従業員数、総資産価額、取引金額をもとに会社規模を、大会社、中会社（中会社はさらに3区分に分類）、小会社に分類し、それぞれ異なる評価方法を定めている。以下では、会社規模の判定基準を概観したうえで、特に留意すべき点について説明を加える。

図表 5-5　会社規模の判定

直前期末の総資産価額（帳簿価額）及び直前期末以前1年間における従業員数に応ずる区分				直前期末以前1年間の取引金額に応ずる区分			会社規模とLの割合（中会社）の区分
総資産価額（帳簿価額）			従業員数	取引金額			
卸売業	小売・サービス業	卸売業・小売・サービス業以外	従業員数	卸売業	小売・サービス業	卸売業・小売・サービス業以外	
20億円以上	15億円以上	15億円以上	35人超	30億円以上	20億円以上	15億円以上	大会社
4億円以上	5億円以上	5億円以上	35人超	7億円以上	5億円以上	4億円以上	0.90
20億円未満	15億円未満	15億円未満		30億円未満	20億円未満	15億円未満	
2億円以上	2.5億円以上	2.5億円以上	20人超	3.5億円以上	2.5億円以上	2億円以上	0.75
4億円未満	5億円未満	5億円未満	35人以下	7億円未満	5億円未満	4億円未満	中会社
7000万円以上	4000万円以上	5000万円以上	5人超	2億円以上	6000万円以上	8000万円以上	0.60
2億円未満	2.5億円未満	2.5億円未満	20人以下	3.5億円未満	2.5億円未満	2億円未満	
7000万円未満	4000万円未満	5000万円未満	5人以下	2億円未満	6000万円未満	8000万円未満	小会社

(a)　従業員数

　まず会社規模を判定するにあたり、従業員数が70人以上である場合には、無条件に大会社に該当する。70人未満である場合には、総資産価額、取引金額及び従業員数を上記表にあてはめ、会社規模を判定することになる。

　ここにいう従業員数とは、直前期末以前1年間においてその期間継続して勤務した従業員（就業規則等で定められた1週間当たりの労働時間が30時間未満である従業員を除く。以下、「継続勤務従業員」という）の数に、継続勤務従業員を除く

従業員のその1年間における労働時間の合計時間数を1,800時間で除して求めた数を加算した数をいう。その他留意すべき点は以下のとおりである。

① 出向中の者

国税庁の質疑応答事例において、出向中の者は次のように取り扱われると説明されている（「従業員の範囲」https://www.nta.go.jp/law/zeiho-kaishaku/shitsugi/hyoka/06/02.htm）。

> 従業員数基準における従業員とは、原則として、評価会社との雇用契約に基づき使用される個人で賃金が支払われる者をいいますから、例えば、出向元との雇用関係が解消され、出向先で雇用されている出向者の場合には、出向先の従業員としてカウントすることとなります。

② 人材派遣会社より派遣されている者

人材派遣会社より派遣されている者についても、従業員数をカウントする際の取扱いが、上記同様に国税庁の質疑応答事例に定められている。

参考～派遣労働者の雇用関係等と従業員数基準の判定
イ　派遣元事業所

派遣元における派遣労働者の雇用関係等				派遣元事業所における従業員基準の判定
派遣時以外の雇用関係	賃金の支払い	派遣時の雇用関係	賃金の支払い	
なし	なし	あり	あり	継続勤務従業員以外
あり	あり	あり	あり	継続勤務従業員

ロ　派遣先事業所
　　勤務実態に応じて判定します。

③ 役員

従業員には、社長、理事長並びに法人税法施行令71条1項1号、2号及び4号に掲げる役員は含まれない（財基通178注書き）。

(b) 総資産価額

課税時期の直前に終了した事業年度の末日における評価会社の各資産の会計

上の帳簿価額の合計額とする（財基通 178 (1)）。この場合において、総資産価額の計算上、次に掲げる点に留意する必要がある。

　㋐　減価償却累計額を間接法により表示している場合には、各資産の帳簿価額の合計額から減価償却累計額を控除する。

　㋑　売掛金、受取手形等の金銭債権から貸倒引当金は控除しない。

　㋒　前払費用、繰延資産、税効果会計の適用による繰延税金資産など、確定決算上の資産として計上されている資産は、帳簿価額の合計額に含めて記載する。

　㋓　収用や特定の資産の買換え等の場合において、圧縮記帳引当金勘定に繰り入れた金額及び圧縮記帳積立金として積み立てた金額並びに特別勘定に繰り入れた金額は、帳簿価額の合計額から控除しない。

(c)　直前期末 1 年間の取引金額

　その期間における評価会社の目的とする事業に係る収入金額（金融業・証券業については収入利息及び収入手数料）とする（財基通 178 (3)）。

　なお、課税時期の直前期末以前 1 年間の間に事業年度の変更がされている場合であっても、事業年度単位ではなく、あくまでも直前期末以前 1 年間の取引金額を算定することになる。但し、取引金額を明確に区分することが困難な場合には、各期間に対応する取引金額について、取引金額を月数按分して求めた金額を用いて計算することができる。

(4)　特定の評価会社

　以下に掲げるような特定の状況にある会社は、資産の保有状況、営業の状態等が一般の評価会社と異なるものであり、適正な評価が行うことができないと考えられている。そこで、財産評価基本通達 189 項では、特定の評価会社に該当する会社について、それぞれに定める評価方法のみを適用できることとしている。

(a)　特定の評価会社の判定順序

　特定の評価会社の判定は、下記図表 5-6 中の⑥→①の順序で行う。例えば、ある評価会社が「④開業後 3 年未満の会社」であり、かつ、「②株式保有特定会社」である場合には、「④開業後 3 年未満の会社」に該当することとなる。

図表 5-6　特定の評価会社の判定

会社区分	評価方法
①比準要素数 1 の会社	純資産価額方式×0.75＋類似業種比準方式×0.25
②株式保有特定会社	純資産額方式（「S1＋S2 方式」も選択可能）
③土地保有特定会社	純資産価額方式
④開業後 3 年未満の会社等	純資産価額方式
⑤開業前又は休業中の会社	純資産価額方式
⑥清算中の会社	清算分配見込額の複利現価額相当額

(b)　比準要素数 1 の会社

比準要素数 1 の会社とは、後述する類似業種比準方式の比準要素である「1 株当たりの配当金額」「1 株当たりの年利益金額」及び「1 株当たりの純資産価額」のうち、いずれか 2 つの要素が 0 であり、かつ、直前々期末を基準にした場合に、それぞれの要素のいずれか 2 つ以上が 0 であることをいう（財基通 189 ⑴）。なお、比準要素数 1 の会社に該当した場合であっても、少数株主は配当還元価額を適用することができる。

比準要素数 1 の会社は、原則として純資産価額により評価する。但し、納税義務者の選択により以下の算式により評価することができる（財基通 189-2）。

計算式
類似業種比準方式×0.25＋純資産価額方式＊×0.75
＊同一の株主グループの有する議決権割合が 50％以下であるときは純資産価額の 80％相当額の金額により評価することができる

なお、各比準要素の計算上、端数が切り捨てられる点は注意が必要である。「1 株当たりの配当金額」は 10 銭未満切り捨て、「1 株当たりの年利益金額」及び「1 株当たりの純資産価額」は円未満切り捨てとなる。

(c)　株式保有特定会社

(i)　概要

株式保有特定会社とは、課税時期において、評価会社が有する資産を財産評

価基本通達の定めにより評価した価額の合計額（総資産）のうちに占める株式及び出資の合計額の割合が 50％以上であるものをいう。なお、ここにいう株式及び出資の範囲について、国税庁は、質疑応答事例において以下のような説明をしている（「判定の基礎となる「株式等」の範囲（課税時期が平成 30 年 1 月 1 日以降の場合）」（https://www.nta.go.jp/law/zeiho-kaishaku/shitsugi/hyoka/10/01.htm）。外国における組合出資や証券投資信託類似の受益証券等が、下記の 4 や 5 にあたるかは、当該組合や信託の性質にもよることになる。

判定の基礎となる「株式及び出資」の範囲

【照会要旨】

次のものは、株式等保有特定会社の株式に該当するかどうかの判定の基礎となる「株式等」に含まれますか。
1　証券会社が保有する商品としての株式
2　外国株式
3　株式制のゴルフ会員権
4　匿名組合の出資
5　証券投資信託の受益証券

【回答要旨】
株式等には、1 から 3 が含まれ、4 及び 5 は含まれません。

（理由）
1
株式等保有特定会社の株式に該当するかどうかの判定の基礎となる「株式等」とは、所有目的又は所有期間のいかんにかかわらず評価会社が有する株式、出資及び新株予約権付社債（会社法第 2 条（（定義））第 22 号に規定する新株予約権付社債をいいます。）の全てをいいます。
（注）
「株式等」には、法人税法第 12 条（信託財産に属する資産及び負債並びに信託財産に帰せられる収益及び費用の帰属）の規定により、評価会社が信託財産に属する株式等を有するとみなされる場合も含まれます。ただし、信託財産のうちに株式等が含まれている場合であっても、評価会社が明らかに当該信託財産の収益の受益権のみを有している場合は除かれます。

2
照会の事例については、具体的には次のとおりとなります。

1　証券会社が保有する商品としての株式

商品であっても、株式であることに変わりがなく、判定の基礎となる「株式等」に該当します。

（注）株式等保有特定会社に該当するかどうかを判定する場合において、評価会社が金融商品取引業を営む会社であるときには、評価会社の有する「株式等」の価額には「保管有価証券勘定」に属する「株式等」の価額を含めないことに留意してください。

2　外国株式

外国株式であっても、株式であることに変わりがなく、判定の基礎となる「株式等」に該当します。

3　株式制のゴルフ会員権

ゴルフ場経営法人等の株主であることを前提としているものであり、判定の基礎となる「株式等」に該当します。

4　匿名組合の出資

「匿名組合」とは、商法における匿名組合契約に基づくもので「共同出資による企業形態」の一種であり、出資者（匿名組合員）が営業者の営業に対して出資を行い、営業者はその営業から生ずる利益を匿名組合員に分配することを要素とするものです。匿名組合契約により出資したときは、その出資は、営業者の財産に帰属するものとされており（商法536①）、匿名組合員の有する権利は、利益分配請求権と契約終了時における出資金返還請求権が一体となった匿名組合契約に基づく債権的権利ということにならざるを得ません。したがって、判定の基礎となる「株式等」に該当するものとはいえません。

5　証券投資信託の受益証券

「証券投資信託」とは、不特定多数の投資家から集めた小口資金を大口資金にまとめ、運用の専門家が投資家に代わって株式や公社債など有価証券に分散投資し、これから生じる運用収益を出資口数に応じて分配する制度であり、出資者は、運用収益の受益者の立場に止まることから、証券投資信託の受益証券は、判定の基礎となる「株式等」に該当するものとはいえません。

なお、例えば、「特定金銭信託」は、運用方法や運用先、金額、期間、利率などを委託者が特定できる金銭信託であることから、評価会社が実質的に信託財産を構成している「株式等」を所有していると認められます。

(ii)　評価方法

株式保有特定会社は、原則として純資産価額方式により評価されるが、同一の株主グループの有する議決権割合が、50％以下である場合には、純資産価額の80％相当額の金額により評価することができる（財基通189-3）。また、納税義務者の選択により、「S1の金額＋S2の金額」により評価することが認められている。この評価方法は、株式保有特定会社であったとしても、正常な営業活

動を行っている場合には、その営業の実態が評価に反映されるように、部分的に類似業種比準方式を取り入れたものである。具体的な計算方法は以下のとおりである。

・S1 の金額の計算
（類似業種比準価額で計算する場合）

$$S1 = A \times \left[\frac{\dfrac{Ⓑ - ⓑ}{B} + \dfrac{Ⓒ - ⓒ}{C} + \dfrac{Ⓓ - ⓓ}{D}}{3} \right] \times 0.7$$

ⓑ＝B×「受取配当金収受割合」
ⓒ＝Ⓒ×「受取配当金収受割合」
ⓓ＝㋑＋㋺
　　㋑＝Ⓓ×（株式等の帳簿価額の合計額÷総資産価額（帳簿価額））
　　㋺＝（利益積立金÷直前期末における発行済株式数（50 円換算））×受取配当金収受割合

※1　A、Ⓑ、Ⓒ、Ⓓ、B、C 及び D は評価基本通達 180 の定め（類似業種比準価額）による。

※2　「受取配当金収受割合」＝

$$\frac{\text{直前期末以前 2 年間の受取配当金額の合計額}}{\text{直前期末以前 2 年間の受取配当金額の合計額} + \text{直前期末以前 2 年間の営業利益の金額の合計額}}$$

　　　但し、「受取配当金収受割合」は、1 以下とする。

※3　ⓓは、Ⓓを限度とする。

※4　上記算式中の「0.7」は、中会社については「0.6」、小会社については、「0.5」とする。

（純資産価額で計算する場合）
株式保有特定会社の「各資産」から「株式等」を除いて計算した純資産価額

・S2 の金額の計算

$$S2 = \left[\binom{\text{株式等の相続税}}{\text{評価額の合計額}} - \left\{ \binom{\text{株式等の相続税}}{\text{評価額の合計額}} - \binom{\text{株式等の帳簿}}{\text{価額の合計額}} \right\} \times 37\% \right]$$
$$\div 課税時期における発行済株式数$$

(ⅲ)　課税時期前の資産構成の変動

　財産評価基本通達 189 項柱書なお書きは、以下のように規定し、経済合理性のない資産構成の変動はなかったものとして株式保有特定会社の判定を行うも

のとしている。

> **189（特定の評価会社の株式）**
> 178の「特定の評価会社の株式」とは、評価会社の資産の保有状況、営業の状態
> 等に応じて定めた次に掲げる評価会社の株式をいい、その株式の価額は、次に掲
> げる区分に従い、それぞれ次に掲げるところによる。
> なお、評価会社が、次の(2)又は(3)に該当する評価会社かどうかを判定する場合に
> おいて、課税時期前において合理的な理由もなく評価会社の資産構成に変動があ
> り、その変動が次の(2)又は(3)に該当する評価会社と判定されることを免れるため
> のものと認められるときは、その変動はなかったものとして当該判定を行うもの
> とする。
> (2)　株式保有特定会社の株式
> (3)　土地保有特定会社の株式

　かかる規定において留意すべきであるのは、①資産構成の変動が行われた時
点を「課税時期前」と規定しており、「課税時期直前」とはされていない点、そ
して、②合理的な理由について何ら明示されていない点である。

　例えば、財産評価基本通達185項前段において「課税時期前3年以内」と具
体的に規定されていることとの対比からしても、相当期間前（例えば10年以上
前）であっても、「課税時期前」にあたると解される可能性はあるように思われ
る。その場合、合理的な理由がないと税務当局から判断されると、株式保有特
定会社の評価上、資産の変動がなかったものとみなされることになる。

　また、合理的な理由の有無はあくまでも事実認定の問題ではあるが、筆者ら
の知る限り、当該規定を争点とした裁判例は存在しないことから、その射程を
一般的に定義することは難しい。但し、同項の逐条解説において以下のように
解説されており、合理的な理由を検討するうえで参考となろう[6]。

> 　なお、株式保有特定会社の株式又は土地保有特定会社の株式に該当するか否かの
> 判定に当たっては、課税時期前における評価会社の資産構成の変動に合理的な理
> 由がなく、その変動がそのような会社と判定されることを免れるためのものと認
> められるときは、その変動を排除して判定を行うこととしている。これは両者の
> 株式に該当するか否かの判定を総資産価額に占める株式や土地などの保有割合
> によって行うこととしていることから、例えば、課税時期直前に借入を起こして
> 総資産価額を膨らませるなどの操作により、本項に定める判定基準を回避するよ
> うなケースにも対処する必要があることによるものである。

---

6)　北村編・前掲注3) 735頁。

（注）株式保有特定会社又は土地保有特定会社に該当するか否かの判定に当たっては一定の資産異動を排除して行うが、純資産価額（相続税評価額によって計算した金額）などの計算に当たっては、一連の資産異動を排除せず課税時期における資産構成によることになる。

　事業承継の文脈では、タックス・プランニングを策定する上で、評価会社が株式保有特定会社に該当するか否かは非常に重要な検討事項となる。これは、株式保有特定会社に該当すると、原則として純資産価額により評価されるところ、純資産価額は一般的に類似業種比準価額よりも高く評価される傾向にあるためである。

　上述したとおり、金融資産であっても株式及び出資の範囲に入らないものは多く存在する。例えば、純粋持株会社である資産管理会社が匿名組合出資や公社債に多額の投資をした場合に、当該資産管理会社は、株式保有特定会社の対象から外れることになるのだろうか。あるいは、多額の金融資産（株式及び出資以外）を所有する個人が、当該資産を法人に現物出資した場合の判定はどうか。実務上、株式保有特定会社の判定にあたり、判断に窮する場面は少なくない。

　おそらく、これらの問いには、株式保有特定会社の創設趣旨から検討を行うことが有用であると思われる。**本章2⑽**で詳述するが、裁判所は多くの事案で、「財基通の趣旨からの逸脱」を重要な判断基準として、総則6項に基づく税務当局の更正処分を是認している。このことから、株式保有特定会社が論点となるストラクチャーを構築する際には、まずは通達の趣旨を把握し、当該ストラクチャーが財産評価基本通達の趣旨から逸脱していないかの検討を行うことが重要であると思われる。

　株式保有特定会社の趣旨について、税務当局が公式に解説している文献等は確認できないが、東京地判平成24年3月2日判時2180号18頁では、株式保有特定会社の規定が財産評価基本通達に置かれた経緯等について以下のとおり説明している。

⑺　評価通達は、評価会社をその事業規模に応じて大会社、中会社及び小会社に区分し（同通達178）、それぞれの区分に属する評価会社の株式の価額の評価において用いるべき原則的評価方式を定めている（同通達179。類似業種比準方式は、大会社の株式の価額の評価において用いるべき評価方式とされているが〔同項の⑴〕、中会社及び小会社の株式の価額の評価においても、同方式による評価額が考慮され得るものとされている〔同項の⑵及び⑶〕。）。

(ｲ)　しかし、評価会社の中には、会社の資産構成が類似業種比準方式における標本会社に比して著しく株式等に偏っているものが見受けられる。このような評価会社の株式の価額は、その有する株式等の価額に依存する割合が高いものと考えられるため、上記のような原則的評価方式によっては適正な株式の価額の評価を行い難く、原則的評価方式による評価と適正な時価との間に開差が生ずることとなり、このような開差がこれを利用したいわゆる租税回避行為の原因ともなっていたため課税の公平の観点から、そのような開差の是正及び株式の価額の評価の一層の適正化を図ることを目的として、評価通達の平成2年改正により、株式保有特定会社の株式の価額につき、いわゆる純資産価額方式又はS1+S2方式という原則的評価方式とは異なる特別な評価方式によって評価すべき旨の定めが置かれるに至ったものである

　上記の趣旨を鑑みるに、評価会社の資産構成が、標本会社に比して株式等に偏向しているため、そのような会社の評価は、その有する資産に依存する割合が高く、原則として純資産価額によることとされている。しかし、そうであるとすれば、株式及び出資に限らず、例えば公社債に偏向している資産構成であれば、そのような会社の評価は、当然に公社債の評価に依存することになるため、形式的には株式保有特定会社に該当しない場合であったとしても、純資産価額がもっとも適正な評価方法であると税務当局から主張される可能性がある。したがって、株式保有特定会社の判定する上では、形式的な株式及び出資の範囲だけではなく、上記の趣旨や後述する類似業種比準方式の趣旨からの逸脱という視点からも検討することが有用であろう。

(d)　土地保有特定会社

　土地保有特定会社とは、課税時期において、評価会社が有する資産を財産評価基本通達の定めにより評価した価額の合計額（総資産）のうちに占める土地等の価額の合計額の割合が、大会社においては70％以上、中会社においては90％以上、一定の小会社においては70％又は90％以上であるものをいう。土地保有特定会社は、純資産価額方式により評価する（財基通189(3)）。この場合において、同一の株主グループの有する議決権割合が、50％以下である場合には、純資産価額の80％相当額の金額により評価することができる。なお、土地保有特定会社であっても、株式取得者が少数株主である場合には、配当還元価額を適用することができる。

第5章 財産評価の体系　　77

(e)　開業後3年未満の会社等

　この区分に該当する会社は、①開業後3年未満であるものと、②比準要素数がいずれも0であるものをいう（財基通189(4)）。開業後3年未満の会社等は、純資産価額により評価するものとし、同一の株主にグループの有する議決権割合が、50%以下である場合には、純資産価額の80%相当額の金額により評価することができる。なお、開業後3年未満の会社等あっても、株式取得者が少数株主である場合には、配当還元価額を適用することができる。

　開業後3年未満とは、評価会社から事業を開始した時点から課税時期までの期間で3年経過していないことをいう。また、「開業」は事業を開始したことをいうのであって、設立日とは異なる点に留意が必要である。

(f)　開業前又は休業中の会社

　開業前の会社とは、設立後未だに事業を開始する状態に至っていないものをいい、休業中の会社とは、相当の期間休業状態にあるものをいい、一時的な休業である会社は含まれない。開業前又は休業中の会社は、純資産価額により評価するものとされるが（財基通189-5）、特に留意すべきは、同一の株主グループの有する議決権割合が、50%以下である場合であっても、純資産額の80%相当額での評価をすることができない点である。さらに、株式取得者が少数株主であっても、配当還元価額を適用できず、純資産価額による評価しか適用することができない。

(g)　清算中の会社

　清算中の会社は、清算の結果分配を受ける見込みの金額に基づいて、具体的には以下の計算式により評価する（財基通189-6）。なお、清算中の会社は、株式取得者が少数株主であっても、配当還元価額を適用することができない。

計算式
n年後に分配を受ける見込みの金額×n年に応ずる基準年利率の複利現価率

　また、長期間にわたり分配を行わずに清算中のままとなっている会社は、清算の結果分配を受ける見込みの金額や分配を受けると見込まれる日までの期間の算定が困難であるため、純資産価額により評価することとされる。

78　第1部　基礎編

(5)　原則的評価

　原則的評価は、会社区分に応じて、それぞれ次に掲げる方式に基づき評価される（財基通179）。

会社区分		評価方式
大会社		類似業種比準価額と純資産価額いずれか少ない方
中会社	大	類似業種比準価額（※1）×0.90＋純資産価額（※2）×0.10
	中	類似業種比準価額（※1）×0.75＋純資産価額（※2）×0.25
	小	類似業種比準価額（※1）×0.60＋純資産価額（※2）×0.40
小会社		類似業種比準価額（※1）×0.50＋純資産価額（※2）×0.50 と純資産価額（※2）のいずれか少ない方

※1　類似業種比準価額に代えて純資産価額をとることが可。但し、※2とは異なり、純資産価額の80％で評価することは不可。
※2　議決権割合50％以下の株主グループに属する株主は、純資産価額の80％で評価可。

(a)　類似業種比準方式

　類似業種比準価額とは、類似業種の株価並びに1株当たりの配当金、年利益金額及び純資産価額（帳簿価額によって計算した金額）を基とし、次の算式によって計算した金額をいう（財基通180）。

算式

$$\text{類似業種比準価額} = A \times \left[\frac{\dfrac{Ⓑ}{B} + \dfrac{Ⓒ}{C} + \dfrac{Ⓓ}{D}}{3} \right] \times 斟酌率 \times \frac{\text{1株当たり資本金等の額}}{50 \text{円}}$$

「A」＝類似業種の株価
「B」＝類似業種の1株当たりの年配当金額
「C」＝類似業種の1株当たりの年利益金額
「D」＝類似業種の1株当たりの純資産価額
「Ⓑ」＝評価会社の1株当たりの年配当金額＝直近2期の配当金額の平均額（臨時的な配当を除く）

「ⓒ」＝評価会社の１株当たりの年利益金額＝直近１期又は直近２期の平均額
　　　のいずれか低い方を選択（課税所得金額をベース）

「ⓓ」＝評価会社の１株当たりの純資産価額＝直前期末の税務上の別表５㈠の
　　　金額

「斟酌率」＝大会社 0.7、中会社 0.6、小会社 0.5

(i) 類似業種比準方式の趣旨

　類似業種比準方式の趣旨について、財産評価基本通達逐条解説では以下のとおり解説している[7]。

　　一般に株式の経済的価値を、いわゆる収益価値や純資産価値などで評価する方法も考えられるが、上場株式の価格は、株式１株当たりの利益や純資産価額だけで形成されているものではなく、事業の内容、資本の系列、経営者の手腕なども価格形成の要因となっており、また、業種の置かれている経済的環境や、その将来も株価に影響を及ぼしている。上場株式の株価がそのように形成されているとすれば、それに匹敵するような大会社の株式を、収益価値や純資産価値だけで評価することは、両者の間に評価の断層を生ずることとなり、適切なものとはいいがたい。

　　大会社の株式の評価に、類似業種比準方式を適用するのは、その点に着目したものであり、それによって上場株式との間の評価バランスをも図ろうとするものである。

　　すなわち、大会社は、上場株式や気配相場等のある株式の発行会社に匹敵するような規模の会社であって、その株式が通常取引されるとすれば上場株式や気配相場等のある株式の取引価格に準じた価額が付されることが想定されることから、現実に流通市場において価格形成が行われている株式の価額に比準して評価することが合理的であることによるものである。

　類似業種比準方式は、昭和39年の財産評価基本通達制定時には小会社への適用が認められていなかった。これは、上場会社に匹敵する規模の大会社の株式は、市場において客観的な時価が形成されている上場株式と比準することが合理的であるという類似業種比準方式の趣旨によるものである。その後、昭和58年に税制調査会の答申を受けた通達改正により、小会社であっても類似業種比準方式を適用できることになったが、これはあくまでも政策的な措置であり、本来の類似業種比準方式の趣旨を考える上では、現行の評価体系に歪みが生じている点を理解する必要がある。

---

7)　北村編・前掲注3）592～593頁。

非上場株式の評価上、一般的に類似業種比準価額は純資産価額よりも低くなる傾向があることから、タックス・プランニングの観点からは、いかに類似業種比準価額の割合を増やすかが重要なポイントとなる。この点、評価会社が株式特定会社に該当する場合に、何らかのタックス・プランニングを講じて株式保有特定会社の対象外としたようなケースでは、株式保有特定会社の趣旨からの逸脱に留意すべきことは前述のとおりであるが、その目的が類似業種比準方式の適用にあることを考慮すると、上記の類似業種比準方式の趣旨から逸脱していないかという視点も持つべきであろう。

(ii) 類似業種

類似業種を判定するにあたり、まずは評価会社の業種目を選定する必要がある。標本会社の業種目が「日本標準産業分類[8]」に基づいて区分されていることから、評価会社の業種目についても、まずは「日本標準産業分類」に基づき分類を区分し、次に、国税庁が公表している（別表）「日本標準産業分類の分類項目と類似業種比準価額計算上の業種目との対比表（平成29年分）」（https://www.nta.go.jp/law/joho-zeikaishaku/hyoka/170613/pdf/05.pdf）に基づき「日本標準産業分類」の分類と「類似業種比準価額計算上の業種目」を対比することにより判定することになる。

なお、評価会社が2以上の事業を営んでいる場合には、評価会社の会社規模の判定に用いる「直前期末以前1年間における取引金額（以下、取引金額という。）」を基礎に、当該取引金額全体のうちに占める業種目別の割合が50％超の業種目によるものとし、50％を超える業種目がない場合には、以下に掲げる場合に応じ、それぞれの業種目とする（財基通181-2）。

① 評価会社の事業が1つの中分類の業種目中の2以上の類似する小分類の業種目に属し、それらの業種目別の割合の合計が50％を超える場合
　　その中分類の中にある類似する小分類の「その他の○○業」

② 評価会社の事業が1つの中分類の業種目中の2以上の類似しない小分類の業種目に属し、それらの業種目別の割合の合計が50％を超える場合（①に該当する場合を除く）
　　その中分類の業種目

---

8) 日本標準産業分類は、総務省統計局のホームページで閲覧することができる。

③　評価会社の事業が１つの大分類の業種目中の２以上の類似する中分類の業種目に属し、それらの業種目別の割合の合計が50％を超える場合

　　その大分類の中にある類似する中分類の「その他の○○業」

④　評価会社の事業が１つの大分類の業種目中の２以上の類似しない中分類の業種目に属し、それらの業種目別の割合の合計が50％を超える場合（③に該当する場合を除く）

　　その大分類の業種目

⑤　上記のいずれにも該当しない場合

　　大分類の業種のなかの「その他の産業」

(iii)　1 株当たりの配当金額

　直前期末以前２年間におけるその会社の剰余金の配当金額の合計額の２分の１に相当する金額を、直前期末における資本金等の額を50円で除して計算した数で除して計算した金額をいう。

　なお、直前期末以前２年間における剰余金の配当金額に含めるのは、直前期末以前２年間に配当金交付の効力が発生した剰余金の配当金の合計額とされる。また、会社法上、配当には資本の払戻しも剰余金の配当に含まれることになるが、１株当たりの配当金額の計算上は除かれる。

　また、剰余金の配当金額のうち、特別配当や記念配当等の名称による配当金額のうち、将来毎期継続することが予想できない金額は除くこととされている。そこで、評価会社が利益剰余金を原資とする現物分配を行っている場合においても、その現物分配の起因となった剰余金の配当が将来毎期継続することが予想できるか否かで判断することになる（「１株当たりの配当金額Ⓑ—現物分配により資産の移転をした場合」https://www.nta.go.jp/law/zeiho-kaishaku/shitsugi/hyoka/07/13.htm）。

　その他の留意すべき事項として、株主優待利用権等による経済的利益相当額がある場合が挙げられるが、法人の利益の有無にかかわらず供与され、株式に対する剰余金の配当又は剰余金の分配とは認め難いとされているため、評価会社の剰余金の配当金額に加算をする必要はないとされている（「１株当たりの配当金額Ⓑ—株主優待利用券等による経済的利益相当額がある場合」https://www.nta.go.jp/law/zeiho-kaishaku/shitsugi/hyoka/07/06.htm）。

82　第1部　基礎編

(iv)　1株当たりの利益金額

　1株当たりの利益金額は、以下の算式により求めた金額による。但し、直前期末以前2年間の利益金額の平均額を選択することができる（財基通183(2)）。なお、直前期末よりも直後期末が課税時期に近い場合であっても、純資産価額方式とは異なり、必ず直前期末によらなければならない。

算式

$$\frac{\text{法人税の課税}}{\text{所得金額}} - \text{非経常的な}\atop\text{利益金額} + \left[\text{受取配当金の}\atop\text{益金不算入額} - \text{配当金に係る}\atop\text{所得税額}\right] + \text{金算入された繰越}\atop\text{欠損金の控除額}$$

$$\overline{\text{1株当たりの資本金等の額を50円とした場合の発行済株式数}}$$

①　非経常的な利益金額

　1株当たりの利益金額の計算上、非経常的な利益金額は、法人税の課税所得金額には含めないこととされているが、これは、臨時偶発的に生じた収益力を排除し、評価会社の営む事業に基づく経常的な収益力を株式の価額に反映させるためとされている。また、ある利益が、経常的な利益又は非経常的な利益のいずれに該当するかは、評価会社の事業の内容、その利益の発生原因、その発生原因たる行為の反復継続性又は臨時偶発性等を考慮し、個別に判定される（「1株当たりの利益金額Ⓒ—継続的に有価証券売却益がある場合」https://www.nta.go.jp/law/zeiho-kaishaku/shitsugi/hyoka/07/07.htm）。

　この点につき、不動産業等を営む法人が、匿名組合契約を締結し、多額の最終分配金の分配を受けたところ、当該最終分配金は、賃貸物件である航空機の売却による収益を含むものではあるが、航空機リース事業はリース物件の所有、賃貸及び売却が一体となった事業であり、航空機の売却は匿名組合契約の締結時に予定されており、かつ、売却価格も予定されていたことから、一般的な固定資産の売却とは異なり、非経常的な利益と判断すべき理由は見当たらないとされた裁決例がある[9]。

②　受取配当金の益金不算入額

　外国子会社等から受けた剰余金の配当等がある場合には、1株当たりの利益金額の計算上、受取配当等の益金不算入額を加算する。この場合において、外

---

[9]　国税不服審判所裁決平成20年6月26日裁決事例集75集594頁。

国源泉税等の支払いがあるときは、当該金額を、加算する受取配当等の益金不算入額から控除する。

　また、評価会社の経常的な収益力を株式の価額に反映させるという趣旨から、評価会社にみなし配当が計上されている場合や適格現物分配により子会社から資産の移転を受けている場合には、これらの収益は、通常は臨時偶発的なものと考えられるため、1株当たりの利益金額の計算上、原則として受取配当金の益金不算入額の金額に加算する必要はないと考えられる（「1株当たりの利益金額©—みなし配当の金額がある場合」https://www.nta.go.jp/law/zeiho-kaishaku/shitsugi/hyoka/07/12.htm、「1株当たりの利益金額©—適格現物分配により資産の移転を受けた場合」https://www.nta.go.jp/law/zeiho-kaishaku/shitsugi/hyoka/07/14.htm）。

(v)　1株当たりの純資産価額

　1株当たりの純資産価額は、直前期末の資本金等の額と利益積立金額に相当する金額の合計額を、1株当たりの資本金等の額を50円とした場合の発行済株式数を除して計算した金額とする（財基通183(2)）。具体的には、資本金等の額は、法人税申告書別表5(一)「Ⅱ資本金等の額の計算に関する明細書」の差引翌期首現在資本金等の額のうち差引合計額の欄をいい、利益積立金額は、法人税申告書別表5(一)「Ⅰ利益積立金額の計算に関する明細書」の差引翌期首現在資本金等の額のうち差引合計額の欄をいう。

　なお、利益積立金額に相当する金額が負数である場合には、その負数に相当する金額を資本金等の額から控除するものとし、その控除後の金額が負数となる場合には、その控除後の金額を0とする（財基通183注書き2）。

(vi)　資本金等の額がマイナスである場合

　自己株式の取得をした場合や完全子会社を吸収合併した場合に、評価会社の資本金等の額がマイナスとなる可能性がある。

　そのような場合であっても、その結果算出された株価（1株当たりの資本金等の額を50円とした場合の株価）に、同じ資本金等の額を基とした負数（1株当たりの資本金等の額の50円に対する倍数）を乗ずることにより約分されるため、結果として適正な評価額が算出されることとなる（「財産評価基本通達の一部改正について」通達等のあらましについて（情報）平成18年12月22日）。すなわち、マイナスの数値のまま計算を続ければ、最終的に正しい株価が算定される。

84　第1部　基礎編

(vii)　類似業種比準価額の修正

直前期末から課税時期までの間に、配当金交付の効力が発生し、又は、株式の割当て等の効力が発生した（増資をした）場合には、それぞれの算式により修正した金額をもって類似業種比準価額とする（財基通184）。

①　直前期末の翌日から課税時期までの間に配当金交付の効力が発生した場合

$$
\begin{array}{l}
\text{類似業種比準価額の計算式に} \\
\text{よって計算した金額}
\end{array}
-
\begin{array}{l}
\text{株式1株に対して受けた} \\
\text{配当の金額}
\end{array}
$$

②　直前期末の翌日から課税時期までの間に株式の割当て等の効力が発生した場合

$$
\left[
\begin{array}{l}
\text{類似業種比準価額} \\
\text{の計算式によって} \\
\text{計算した金額}
\end{array}
+
\begin{array}{l}
\text{割当株式1株} \\
\text{当たりの払込金額}
\end{array}
\times
\begin{array}{l}
\text{株式1株当} \\
\text{たりの割当} \\
\text{株式数}
\end{array}
\right]
\div
\left[
\begin{array}{l}
\text{株式1株当たり} \\
1+\text{の割当株式数又} \\
\text{は交付株式数}
\end{array}
\right]
$$

(b)　純資産価額方式

純資産価額方式による1株当たりの純資産価額とは、課税時期において評価会社が有する各資産を財産評価基本通達の規定に基づいて評価した総資産価額から各負債の合計額及び評価差額に対する法人税額等に相当する金額を控除した金額を発行済株式数で除して計算した金額をいう。なお、株式の取得者が属する株主グループの有する議決権割合が50％以下であるときは、1株当たりの純資産価額の80％相当額の金額によって評価することができる。

(i)　評価時点

財産評価基本通達185項では、1株当たりの純資産価額は、課税時期における各資産及び負債によることが明記されていることから、原則的には課税時期時点で仮決算を行い各資産及び負債の帳簿価額を確定させ、相続税評価額を計算しなければならない。但し、評価会社が課税時期において仮決算を行っておらず、直前期末から課税時期までに資産及び負債に著しく増減がないため評価額の計算に影響が少ないと認められるときは、直前期末の資産及び負債を基に計算しても差し支えないものとされる。この場合に、株式保有特定会社と土地保有特定会社の判定における総資産価額の計算の評価時点も、上記と同様の時点としなければならない点に留意する必要がある。

第5章　財産評価の体系　　85

　上記を踏まえると、直前期末以降に急激に業績が上昇している場合には、課税時期時点で仮決算を行った上で、純資産価額を計算すべきということになろう。

(ii)　資産の評価上の留意点

①　3年以内取得の土地等

　評価会社が、課税時期前3年以内に取得した土地及び土地の上に存する権利並びに家屋及び付属設備又は構築物の価額は、課税時期における通常の取引価額に相当する金額によって評価するものとされる。但し、評価の簡便性の観点から、当該土地等の帳簿価額が、課税時期における通常の取引価額に相当すると認められるときは、当該帳簿価額によって評価することができる。

　これは、課税時期の直前に評価会社が取得した土地等は、取得価額や帳簿価額が時価をあらわしていると考えることができ、あえて路線価等の評価額に評価替えする必要がないとの趣旨によるものである。もともとは平成2年の財産評価基本通達の改正により設けられた規定であり、バブル時の地価高騰時に、路線価と通常の取引価額との乖離を利用した株価圧縮を図った対策に制限を加えることを目的としたものである。

　なお、ここにいう取得とは、売買により取得する場合だけではなく、交換や買換え、現物出資、合併等による取得も含むものとされている[10]。合併には分割も含むものと解されるため、合併や分割を実行する際には、土地等の相続税評価額と通常の取引価額との乖離の度合いや株価に与える影響を事前に検証する必要があるだろう。

②　営業権

　1株当たりの純資産価額の計算上、相続税評価額による総資産価額を算定する必要があるが、この場合における総資産には、法律上の根拠を有しないものであっても経済的価値があると認められるものが含まれるものとされる（相基通11の2-1(2)）。すなわち、簿外となっている営業権や借地権等も評価する必要がある。営業権については、以下の算式のとおり、財基通165項において評価方法が規定されており、特に総資産価額（相続税評価額ベース）に比して収益性が高い評価会社は、営業権の評価が高くなる傾向にある。

---

10)　北村編・前掲注3）644頁。

$$平均利益金額 \times 0.5 - \frac{標準企業者}{報酬額} - 総資産価額 \times 0.05 = 超過利益金額$$

$$超過利益金額 \times \frac{営業権の持続年数(原則として、10年)に応ずる}{基準年利率による複利年金現価率} = 営業権の価額$$

(ⅲ) 負債の評価上の留意点

① 引当金及び準備金

1株当たりの純資産価額の計算上、貸倒引当金、退職給与引当金、納税引当金その他の引当金及び準備金に相当する金額は負債に含まれないものとされる。これは、被相続人が個人事業主である場合には、負債となり得るのは相続税法14条の規定により確実な債務に限るとされていることから、この取扱いとのバランスを図るために、評価会社の負債についても引当金及び準備金は負債に含まれないとするものである。

但し、この取扱いに対し、評価会社が岩石等を採掘した跡地の埋戻し費用を、純資産価額の計算上負債として認めた裁決例がある[11]。埋戻しは岩石等の採取及び販売が終わった後の事後的費用であり、あくまでも見積計上であることから相続税法上の確実な債務ではないという税務当局の主張に対し、審判所は、①納税義務者と土地所有者のあいだで埋戻しを条件とする契約を締結していること、②採石法により採石後の原状回復義務を負っていること、③環境保全条例の規定による審査を受けた後、地域住民に対して埋戻しを説明していたこと等の事実を認め、納税義務者は埋戻しに係る債務を負っていたことに加え、法的にその債務の履行が義務付けられ、社会生活上及び営業継続上からもその履行を避けることができない状況下にあったと認定している。

② 負債に含まれるもの

課税時期において、帳簿に負債として計上されていない場合であっても、次に掲げる項目は負債として取り扱われる(財基通186)。

・ 課税時期の属する事業年度に係る法人税額、消費税額、事業税額、道府県民税額及び市町村民税額のうち、その事業年度開始の日から課税時期までの期間に対応する金額(課税時期において未払いのものに限る)

---

11) 国税不服審判所裁決平成18年3月10日公刊物未登載。

- 　課税時期以前に賦課期日のあった固定資産税の税額のうち、課税時期において未払いの金額
- 　被相続人の死亡により、相続人その他の者に支給することが確定した退職手当金、功労金その他これらに準ずる給与の金額
- 　課税時期において、株主総会等の決議により配当金交付の効力が発生しているもののうち、未払いである金額

③　金利スワップ

評価会社が金利スワップ取引を行っており、直前期末において法人税法61条の5の規定によりみなし決済を行った場合、当該金利スワップ取引に係る評価損の反対勘定として金利スワップ債務が計上されるケースが想定される。その場合における金利スワップ負債を純資産価額の計算上、負債と取り扱えるか否かという論点があるが、質疑応答事例では、課税時期において確実と認められる債務ではないとして、負債として取り扱うことは相当ではないとしている（「金利スワップ（デリバティブ）の純資産価額計算上の取扱い」https://www.nta.go.jp/law/zeiho-kaishaku/shitsugi/hyoka/08/05.htm）[12]。

⑷　評価差額に対する法人税等相当額

評価会社の資産又は負債に係る評価差額に対する法人税等相当額は、純資産価額の計算上控除される（財基通186-2）。この趣旨については、「株式の所有を通じて会社の資産を所有することとなるので、個人事業主がその事業用資産を直接所有するのとは、その所有形態が異なるため、両者の事業用財産の所有形態を経済的に同一の条件のもとに置きかえたうえで評価の均衡を図る必要があることによるものである」と説明されている[13]。

①　子会社株式の純資産価額

評価会社が非上場株式を有する場合において、当該株式を純資産価額で評価するときは、評価差額に対する法人税等相当額を控除しないこととされる（財基通186-3柱書）。この規定は、平成2年8月の財産評価基本通達改正により新設されたものであるが、改正前は、連鎖的に法人税等相当額を控除することができ、そのタックスメリットを狙ったプランニングが横行したことから、改め

---

12)　同様の論点が争われた事案として、国税不服審判所裁決平成24年7月5日裁決事例集88集334頁がある。

13)　北村編・前掲注3）655頁。

られたものである。

② 現物出資等により受け入れた資産等がある場合

評価会社が有する資産のなかに、現物出資若しくは合併又は株式交換若しくは株式移転により著しく低い価額で受け入れた資産又は株式等がある場合には、その資産又は株式等の価額（相続税評価額）と受入れ価額との差額に対する法人税等に相当する金額は、純資産価額の計算上控除しない（財基通186-2）。

但し、評価の簡便性から、課税時期における評価会社の有する総資産価額（相続税評価額）に占める現物出資等により受け入れた資産の相続税評価額の割合が20％以下である場合には、受入れ資産の評価差額に対する法人税等相当額を控除することができる。

なお、この場合における「著しく低い価額」とは、形式的な基準が明示されているわけではないため、実際には、相続税法7条における「著しく低い価額の対価」の判断と同様に、個々の取引毎に判定すべきこととなる[14]。

(v) その他の留意点

① 直前期末からの間に増資があった場合

直前期末から課税時期までの間に増資があった場合には、原則として、課税時期において仮決算を行うため、増資後の数値が株価に反映されることになる。

しかし、直前期末から課税時期までに資産及び負債に著しい増減がなく評価額の計算に影響が少ないと認められる場合には、直前期末を基準とすることもできる。その場合には、増資による増資払込金額を純資産価額に加算したうえで、増資後の発行済株式総数で除して1株当たりの純資産額を計算することになると考えられる。

② 決算申告と株価評価の関係性

法人税法上の即時償却や特別償却の対象となる機械装置等を取得し、実際に即時償却を行った場合には、当該機械装置等の帳簿価額は0となる。その際の機械装置等の動産の相続税評価はどのようになるか疑問が生じる。

財産評価基本通達では、一般動産の評価について、原則として、売買実例価額等が明らかな場合には当該価額を参酌して評価し、売買実例価額等が明らかではない場合は、定率法による未償却残高で評価すると定められている（財基

---

14)　笹岡宏保『具体事例による財産評価の実務（平成25年2月改訂2）』（清文社、2013年）1779頁。

通129、130)。実務上は、定率法による未償却残額表を用いて、簡便的に未償却残高を計算することが多い。

　したがって、即時償却により一般動産の帳簿価額が0になっていたとしても、当該一般動産の相続税評価額は、財産評価基本通達の原則に従い、定率法による未償却残高で評価することになる。

(6)　特例的評価方式

(a)　概要

　支配株主以外の者が株式を取得した場合には、配当還元価額による評価が認められている（財基通188-2）。配当還元価額とは、類似業種比準方式における「年配当金額」と同様に、直前期末以前2年間の配当金額の合計額の2分の1に相当する金額を、直前期末における発行済株式数（資本金等の額を50円で除して計算した数とする）で除して計算したものである。具体的には以下の算式で求められる。なお、直前期末以前2年間の配当金額の計算上、将来毎期継続することが予想できない配当金を除く点は、類似業種比準方式における「年配当金額」と同様である。

算定式

$$\text{配当還元価額} = \frac{\text{その株式に係る年配当金額}}{10\%} \times \frac{\text{その株式の1株当たりの資本金等の額}}{50\text{円}}$$

「その株式に係る年配当金額」＝直前期末以前2年間に配当金交付の効力が発生した剰余金の配当金額の合計額の1/2相当額を、1株当たりの資本金等の額を50円とした場合の発行済株式数で除して計算した金額

　当該通達の趣旨は、「通常、いわゆる同族会社においては、会社経営等について同族株主以外の株主の意向はほとんど反映されずに事業への影響力を持たないことから、その株式を保有する株主の持つ経済的実質が、当面は配当を受領するという期待以外に存しないということを考慮するものということができる」と説明されている[15]。

　事業承継の文脈では、配当還元価額が原則的評価額に比して著しく低い価額

---

15)　東京地判平成16年3月2日月報51巻10号2647頁。

となることが多いことから、納税者が少数株主となるようなストラクチャーを検討することがある。特に、株式が広く分散している会社では、株式取得者がオーナー一族であったとしても、少数株主となることは十分にあり得る。しかし、後述するように株主区分の判定は特に納税者と税務当局との間で紛争になりやすい分野でもあるため、常に上記の趣旨から逸脱していないか検証する必要があるだろう。

(b) 配当還元価額の評価上の留意点

「年配当金額」は、上記算式により算定された金額が2円50銭未満である場合には、2円50銭とされる。そのため、評価会社の資本金等の額が高額となっていると、1株当たりの資本金等の額を50円とした場合の発行済株式数が大きくなり、結果として年配当金額が2円50銭を下回ることで、配当水準に変わりがなくとも、年配当金額が2円50銭とされることで配当還元価額が上昇することがある。

資本金等の額が高額となる要因としては、例えば株主数が50人以上の会社を完全子法人とする適格株式交換又は適格株式移転が考えられる。このような株式交換又は株式移転を行うと、完全親法人の資本金等の額の増加額は、完全子法人の簿価純資産価額に取得割合を乗じた金額とされる（法令8Ⅰ⑩、119Ⅰ⑨）。したがって、完全子法人の簿価純資産の金額によっては、配当水準が変わらない場合であっても、配当還元価額が大幅に上昇し、原則的評価額を超える可能性もあるため、組織再編成を行う際には、配当還元価額に与える影響を事前に検証することは不可欠であるといえる。

(7) 種類株式の評価

平成18年5月に施行された会社法において多種多様な種類株式を発行することが認められたことにより、株式評価上も、種類株式毎の評価方法を明確化することが望まれていた。そのような意見に対し、税務当局は、文書回答事例「相続等により取得した種類株式の評価について（平成19年2月26日）」及び資産評価企画官情報第1号「種類株式の評価について（平成19年3月9日）」を公表し、以下に掲げる3類型の種類株式の評価について、その評価方法を明示した。

(i) 配当優先の無議決権株式の評価
　一　配当優先株式の評価
　　　配当について優先・劣後のある株式を発行している会社の株式を①類似業種比準方式により評価する場合には、株式の種類ごとにその株式に係る配当金（資本金等の額の減少によるものを除く。以下同じ。）によって評価し、②純資産価額方式により評価する場合には、配当優先の有無にかかわらず、従来どおり財基通185項の定めにより評価する。
　二　無議決権株式の評価
　　　同族株主（原則的評価方式が適用される同族株主等をいう。以下同じ。）が無議決権株式を相続又は遺贈により取得した場合には、原則として、議決権の有無を考慮せずに評価するが、次のすべての条件を満たす場合に限り、上記一又は原則的評価方式により評価した価額から、
　　　その価額に5％を乗じて計算した金額を控除した金額により評価するとともに、当該控除した金額を当該相続又は遺贈により同族株主が取得した当該会社の議決権のある株式の価額に加算して申告することを選択することができる（以下、この方式による計算を「調整計算」という。）。
　　【条件】
　　　イ
　　当該会社の株式について、相続税の法定申告期限までに、遺産分割協議が確定していること。
　　　ロ
　　当該相続又は遺贈により、当該会社の株式を取得したすべての同族株主から、相続税の法定申告期限までに、当該相続又は遺贈により同族株主が取得した無議決権株式の価額について、調整計算前のその株式の評価額からその価額に5％を乗じて計算した金額を控除した金額により評価するとともに、当該控除した金額を当該相続又は遺贈により
　　同族株主が取得した当該会社の議決権のある株式の価額に加算して申告することについての届出書が所轄税務署長に提出されていること。
　　　ハ
　　当該相続税の申告に当たり、評価明細書に、調整計算の算式に基づく無議決権株式及び議決権のある株式の評価額の算定根拠を適宜の様式に記載し、添付していること。
(ii) 社債類似株式の評価
　　　次の条件を満たす株式（以下「社債類似株式」という。）については、評価通達197-2（（利付公社債の評価））の(3)に準じて発行価額により評価する。また、社債類似株式を発行している会社の社債類似株式以外の株式の評価に当たっては、社債類似株式を社債であるものとして計算する。
　　【条件】
　　　イ　配当金については優先して分配する。

> また、ある事業年度の配当金が優先配当金に達しないときは、その不足額は翌事業年度以降に累積することとするが、優先配当金を超えて配当しない。
> 　　ロ
> 残余財産の分配については、発行価額を超えて分配は行わない。
> 　　ハ
> 一定期日において、発行会社は本件株式の全部を発行価額で償還する。
> 　　ニ　議決権を有しない。
> 　　ホ　他の株式を対価とする取得請求権を有しない。
> ⑴　拒否権付株式の評価
> 　　拒否権付株式については、普通株式と同様に評価する。

　公表された「企画官情報」、「文書回答」の重要なポイントは、議決権の価値を0としている点であろう。拒否権付株式の「拒否権」には価値がないものとして、普通株式と同様に評価すると定めており、また、無議決権株式の評価においても、「原則として議決権の有無を考慮せずに評価する」と説明されている。これは、税務当局が議決権には価値がない、又は価値を評価することが難しいと認識していることを示している証左であろう。

　但し、これらの取扱いは、原則的評価方法が適用される同族株主等が、相続若しくは遺贈又は贈与により取得した場合のみを対象とするものであり、譲渡を行った場合に関する種類株式評価の定めは特段置かれていない。

　また、上記3類型以外の種類株式の評価方法は示されておらず、取得請求権付株式、取得条項付株式や役員選任権付株式の評価は、個別に判断する必要があるように思われる。

⑻　法人税法、所得税法における株価の考え方

　非上場株式を相続、遺贈又は贈与により取得した場合には、当該株式の評価は原則として財産評価基本通達の定めにより計算することとなる。

　その一方で、非上場株式を譲渡した場合の評価方法は法令・通達に直接定められていない。相続、遺贈又は贈与を起因とする相続税又は贈与税に係る財産評価は、財産評価基本通達に定められているが、その評価方式は、相続又は贈与という静的な時価の算定を前提としており、譲渡という経済取引を前提とする動的な財産評価にそのまま適合するかどうかについては疑問があると解されている[16]。しかし、財産評価基本通達に基づく非上場株式の評価は実務上も定着しており、一定の留保条件を設けたうえで、財産評価基本通達による評価方

式が認められている。

⒜　法人税法上の時価

　法人税法上の非上場株式の評価規定は、法人税基本通達 9-1-13 及び 9-1-14 に定められている。当該規定は、法人税法 33 条第 2 項「資産の評価換えによる評価損の損金算入」に係るものであり、本来は評価損を計上する際の株式の時価を算定する規定である。しかし、実務上は、非上場株式を譲渡した場合における時価算定に準用されており、税務当局もそのような取扱いを是認している[17]。

法人税基本通達 9-1-13　上場有価証券等以外の株式の価額

上場有価証券等以外の株式につき法第 33 条第 2 項《資産の評価換えによる評価損の損金算入》の規定を適用する場合の当該株式の価額は、次の区分に応じ、次による。
- (1)　売買実例のあるもの
　　　当該事業年度終了の日前 6 月間において売買の行われたもののうち適正と認められるものの価額
- (2)　公開途上にある株式（金融商品取引所が内閣総理大臣に対して株式の上場の届出を行うことを明らかにした日から上場の日の前日までのその株式）で、当該株式の上場に際して株式の公募又は売出し（以下 9-1-13 において「公募等」という。）が行われるもの（(1)に該当するものを除く。）
　　　金融商品取引所の内規によって行われる入札により決定される入札後の公募等の価格等を参酌して通常取引されると認められる価額
- (3)　売買実例のないものでその株式を発行する法人と事業の種類、規模、収益の状況等が類似する他の法人の株式の価額があるもの（(2)に該当するものを除く。）
　　　当該価額に比準して推定した価額
- (4)　(1)から(3)までに該当しないもの
　　　当該事業年度終了の日又は同日に最も近い日におけるその株式の発行法人の事業年度終了の時における 1 株当たりの純資産価額等を参酌して通常取引されると認められる価額

　法人税基本通達 9-1-13 は、評価損に関する原則的な取扱いを定めている。しかし、非上場株式の時価を算定する観点からは、上記(1)～(3)のいずれにも該当しないケースがほとんどであり、通常は(4)の規定によることが多い。もっとも、(4)は抽象的な規定であるため、実際には具体的な評価方法を定めた法人税基本

---

16)　小原一博編著『法人税基本通達逐条解説〔8 訂版〕』（税務研究会出版局、2016 年）715 頁。

17)　小原編著・前掲注 16) 718 頁。

通達 9-1-14 を準用することになる。

　なお、譲渡時の時価を算定する場合には、「事業年度終了の時」は「譲渡時」に読み替えることになると思われる。

法人税基本通達 9-1-14
上場有価証券等以外の株式の価額の特例

法人が、上場有価証券等以外の株式（9-1-13 の⑴及び⑵に該当するものを除く。）について法第 33 条第 2 項《資産の評価換えによる評価損の損金算入》の規定を適用する場合において、事業年度終了の時における当該株式の価額につき昭和 39 年 4 月 25 日付・直資 56 直審（資）17「財産評価基本通達」（以下 9-1-14 において「財産評価基本通達」という。）の 178 から 189-7 まで《取引相場のない株式の評価》の例によって算定した価額によっているときは、課税上弊害がない限り、次によることを条件としてこれを認める。

　⑴　当該株式の価額につき財産評価基本通達 179 の例により算定する場合（同通達 189-3 の⑴において同通達 179 に準じて算定する場合を含む。）において、当該法人が当該株式の発行会社にとって同通達 188 の⑵に定める「中心的な同族株主」に該当するときは、当該発行会社は常に同通達 178 に定める「小会社」に該当するものとしてその例によること。

　⑵　当該株式の発行会社が土地（土地の上に存する権利を含む。）又は金融商品取引所に上場されている有価証券を有しているときは、財産評価基本通達 185 の本文に定める「1 株当たりの純資産価額（相続税評価額によって計算した金額）」の計算に当たり、これらの資産については当該事業年度終了の時における価額によること。

　⑶　財産評価基本通達 185 の本文に定める「1 株当たりの純資産価額（相続税評価額によって計算した金額）」の計算に当たり、同通達 186-2 により計算した評価差額に対する法人税額等に相当する金額は控除しないこと。

　法人税基本通達 9-1-14 は非上場株式の評価を、4 つの留保条件の下で、財産評価基本通達によって行うことを認めている。

　4 つの留保条件とは、上記⑴〜⑶の各条件と、「課税上弊害がない限り」という条件を指す。課税上の弊害の有無はあくまでも個別判断となるが、例えば、東京高判平成 19 年 1 月 30 日判時 1974 号 138 頁（オウブンシャホールディング事件差戻控訴審判決）は、「全国朝日放送及び文化放送は、含み益を有する土地を所有しているから、市場価格ではなく路線価で評価することは株式の評価に関する課税上の弊害が生じる」と判示している。

第5章　財産評価の体系　　95

⒝　**所得税法上の時価**

　所得税法上の非上場株式の評価は、所得税基本通達23〜35共-9及び59-6において定められている。これらの規定は、法人税基本通達の規定と多くの部分で共通しているものの、一部取扱いが異なる点がある。まず、所得税基本通達23〜35共-9は、もともとストック・オプション等の権利行使日又は払込期日における株式の評価額を示したものであり、法人税基本通達9-1-13と同様に、原則的な取扱いを定めている。

所得税基本通達 23〜35 共-9
株式等を取得する権利の価額

令第84条第2項第1号から第4号までに掲げる権利の行使の日又は同項第5号に掲げる権利に基づく払込み又は給付の期日（払込み又は給付の期間の定めがある場合には、当該払込み又は給付をした日。以下この項において「権利行使日等」という。）における同項本文の株式の価額は、次に掲げる場合に応じ、それぞれ次による。
　⑴　これらの権利の行使により取得する株式が金融商品取引所に上場されている場合
　　　当該株式につき金融商品取引法第130条の規定により公表された最終の価格（同日に最終の価格がない場合には、同日前の同日に最も近い日における最終の価格とし、2以上の金融商品取引所に同一の区分に属する最終の価格がある場合には、当該価格が最も高い金融商品取引所の価格とする。以下この項において同じ。）とする。
　⑵　これらの権利の行使により取得する株式に係る旧株が金融商品取引所に上場されている場合において、当該株式が上場されていないとき
　　　当該旧株の最終の価格を基準として当該株式につき合理的に計算した価額とする。
　⑶　⑴の株式及び⑵の旧株が金融商品取引所に上場されていない場合において、当該株式又は当該旧株につき気配相場の価格があるとき
　　　⑴又は⑵の最終の価格を気配相場の価格と読み替えて⑴又は⑵により求めた価額とする。
　⑷　⑴から⑶までに掲げる場合以外の場合
　　　次に掲げる区分に応じ、それぞれ次に定める価額とする。
　　イ　売買実例のあるもの
　　最近において売買の行われたもののうち適正と認められる価額
　　ロ　公開途上にある株式で、当該株式の上場又は登録に際して株式の公募又は売出し（以下この項において「公募等」という。）が行われるもの（イに該当するものを除く。）

金融商品取引所又は日本証券業協会の内規によって行われるブックビルディング方式又は競争入札方式のいずれかの方式により決定される公募等の価格等を参酌して通常取引されると認められる価額

ハ　売買実例のないものでその株式の発行法人と事業の種類、規模、収益の状況等が類似する他の法人の株式の価額があるもの

当該価額に比準して推定した価額

ニ　イからハまでに該当しないもの

権利行使日等又は権利行使日等に最も近い日におけるその株式の発行法人の1株又は1口当たりの純資産価額等を参酌して通常取引されると認められる価額

(注)

この取扱いは、令第354条第2項《新株予約権の行使に関する調書》に規定する「当該新株予約権を発行又は割当てをした株式会社の株式の1株当たりの価額」について準用する。

法人税基本通達9-1-13と比して、特に大きな違いとなっている点が、(4)イの売買実例があるものの売買が行われた期間が(「当該事業年度終了の日前6月間において」ではなく)、「最近において」とされていることである。この点、非上場株式の売買実例の時期が争点となった事案[18]では、課税時期から約1年1か月、又は2年5か月前の売買実例であっても、同族会社においてはそもそも株式の取引事例が乏しいのが通常であり、上場されていないため、投機目的の取引がないのであるから、上場株式のように価格が小刻みに大きく変動することもなく、この程度の時間的間隔をもって直ちに時価算定の参考にならないということはできないと判示している。

次に、所得税基本通達59-6は、法人税基本通達9-1-14と同様に、具体的な評価方式を定めたものである。

所得税基本通達59-6
株式等を贈与等した場合の「その時における価額」

法第59条第1項の規定の適用に当たって、譲渡所得の基因となる資産が株式(株主又は投資主となる権利、株式の割当てを受ける権利、新株予約権(新投資口予約権を含む。以下この項において同じ。)及び新株予約権の割当てを受ける権利を含む。以下この項において同じ。)である場合の同項に規定する「その時における価額」とは、23～35共-9に準じて算定した価額による。この場合、23～35共-

---

18)　大分地判平成13年9月25日税資251号順号8982。

9の(4)ニに定める「1株又は1口当たりの純資産価額等を参酌して通常取引される と認められる価額」とは、原則として、次によることを条件に、昭和39年4月 25日付直資56・直審（資）17「財産評価基本通達」（法令解釈通達）の178から 189-7まで《取引相場のない株式の評価》の例により算定した価額とする。

(1) 財産評価基本通達188の(1)に定める「同族株主」に該当するかどうかは、 株式を譲渡又は贈与した個人の当該譲渡又は贈与直前の議決権の数により判定 すること。

(2) 当該株式の価額につき財産評価基本通達179の例により算定する場合（同 通達189-3の(1)において同通達179に準じて算定する場合を含む。）において、 株式を譲渡又は贈与した個人が当該株式の発行会社にとって同通達188の(2)に 定める「中心的な同族株主」に該当するときは、当該発行会社は常に同通達178 に定める「小会社」に該当するものとしてその例によること。

(3) 当該株式の発行会社が土地（土地の上に存する権利を含む。）又は金融商 品取引所に上場されている有価証券を有しているときは、財産評価基本通達185 の本文に定める「1株当たりの純資産価額（相続税評価額によって計算した金額）」 の計算に当たり、これらの資産については、当該譲渡又は贈与の時における価額 によること。

(4) 財産評価基本通達185の本文に定める「1株当たりの純資産価額（相続税 評価額によって計算した金額）」の計算に当たり、同通達186-2により計算した 評価差額に対する法人税額等に相当する金額は控除しないこと。

　この通達は、所得税法59条のみなし譲渡に関する規定であり、個人株主が法 人に対して株式を譲渡した場合の時価算定においてのみ適用される。したがっ て、個人間の株式譲渡には所得税基本通達59-6の適用はなく、財産評価基本通 達の定めに従って株価を算定することとなる。

　また、法人税基本通達9-1-14と比較した際の最も大きな違いは、同族判定を 「株式譲渡又は贈与直前の議決権の数」により行うという点である。財産評価基 本通達や、法人税基本通達においても、同族判定は株式取得後の議決権割合に より行うこととされているのに対し、所得税基本通達では株式譲渡前の議決権 割合により判定を行うこととされている。

　そのため、売主にとっての税務上の時価と買主にとっての税務上の時価が異 なる場合（一物二価）が生じうる。

　このような、一物二価が争われた事例として、東京地判平成29年8月30日 公刊物未登載（控訴審：東京高判平成30年7月19日公刊物未登載）がある[19]。同 事例では、同族株主である個人が、少数株主である法人に非上場株式を配当還 元価額で譲渡したところ、税務当局は当該譲渡が低額譲渡であるとして、所得

税法 59 条 1 項 2 号の規定により、原告である個人に対して所得税の更正処分を行った。

第一審は、所得税法 59 条 1 項に定める「その時における価額」とは客観的交換価値をいうものと解されるとして、譲渡所得課税制度の趣旨[20]からあくまでも譲渡人にとっての価値により評価するのが相当であることから、所得税基本通達 59-6 が客観的交換価値を算定する方法として適正であるとして株式譲渡前の議決権割合により同族判定を行った課税処分を是認した。

これに対し、控訴審では、所得税基本通達 59-6 及び財産評価基本通達の取扱いを合理的としつつも、同族株主については所得税基本通達 59-6(1)で「譲渡直前」と定めている一方で、同族株主以外(同族株主のいない会社における株主)についてはそのような定めはなく、財産評価基本通達 188 項(2)から(4)には、「株式取得後の議決権の数」や「取得した株式」という文言があることから、その文理上、譲渡後の譲受人の議決権割合で判定することが相当であるという判断を下し、税務当局の主張を排斥した。

(c)　売買実例がある場合の留意点

法人税基本通達 9-1-13、所得税基本通達 23〜35 共-9 のいずれの規定においても、売買実例がある場合には、売買が行われたもののうち適正と認められる価額を時価とすると定めている。売買が行われたもののうち適正と認められる価額とは、「純然たる第三者間」において種々の経済性を考慮して決定された価額をいい、このような価額が存在する場合には、一般に常に合理的なものとして是認されることになると解されている[21]。典型的には、M&A で株式を譲渡するようなケースが想定される。

---

19)　株式譲渡時において、対象会社には議決権割合が 30％以上の同族株主は存在せず、同族株主のいない会社となっていた。また、納税者(オーナー家)の同族関係者は株式譲渡前で 22.79％、株式譲渡後で 14.91％の議決権割合であった。

20)　東京地裁は、譲渡所得の趣旨として、最高裁判例(昭和 47 年 12 月 26 日決定、昭和 50 年 5 月 27 日決定)を引用し、「譲渡所得に対する課税は、資産の値上がりによりその資産の所有者に帰属する増加益(キャピタル・ゲイン)を所得として、その資産が所有者の支配を離れて他に移転するのを機会に、これを清算してその譲渡人である元の所有者に課税する趣旨のものと解される」とした。

21)　小原編著・前掲注 16) 718 頁。

ここで論点となり得るのが、「純然たる第三者」の範囲である。「第三者」ではなく、「純然たる第三者」とされていることを踏まえると、同族関係者ではないというだけでは足りず、取引にあたり互いに利益が相反している関係にあることが必要であるようにも思われる。この点、第三者間で合意された株価が客観的時価ではないとされた事案として東京地判平成19年1月31日税資257号順号10622がある。同事案では、納税義務者が自身とは親族関係のない譲渡人との間で行われた独立第三者間取引であると主張したのに対して、裁判所は、譲渡価額が譲渡人と納税義務者との間でのせめぎ合いにより形成された客観的価値ではないとして、納税義務者の主張を退けている[22]。

(9) 国外に所在する取引相場のない株式の評価

国外にある財産の評価については、財産評価基本通達に定める評価方法により評価することが定められている（財基通5-2）。したがって、国外に所在する取引相場のない株式（以下、「外国法人株式」という）の評価は、国内の非上場株式と同様に、財産評価基本通達の定めに基づき、原則的評価方式又は特例的評価方式が適用されることとなる。

但し、外国法人株式を原則的評価方式により評価する場合においては、原則として類似業種比準方式を適用することができない。類似業種比準方式は、我が国の金融商品取引所に上場している内国法人から標本会社を抽出し、当該標本会社の比準要素を評価会社の比準要素と比較する評価方法であるため、外国法人とは一般的に類似性を有しているとは認められず、原則として適用することができないとされている（質疑応答事例「国外財産の評価—取引相場のない株式の場合(1)」https://www.nta.go.jp/law/zeiho-kaishaku/shitsugi/hyoka/15/12.htm）[23]。また、株式取得者が支配株主である場合には、純資産価額により評価することとなるが、その際に控除すべき「評価差額に対する法人税額等に相当する金額」は、その国において、我が国の法人税、事業税、道府県民税及び市町村民税に相当する税が課されている場合には、評価差額に、それらの税率の合計に相当

---

[22] 本判決は、過去における売買実例価額の適正性が争われた事案ではなく、納税義務者と譲渡人との非上場株式の売買取引が、純然たる第三者間で行われたものであるかが争われたものである。

[23] 質疑応答事例が、「原則として」と述べている点について、「外国法人の所在地と財産の所在が一致していない場合に、外国法人でも国内の類似業種に該当するケースが、理論上は考えられるため」と解説している記事がある（T&A Master 436号〔2012年〕）。

する割合を乗じて計算することとされている。

　また、外国法人株式を邦貨換算する際の為替レートは、原則として1株当たりの純資産価額を計算した後に、「対顧客直物電信買相場（TTB）」を適用することとなる。但し、資産・負債が2か国以上に所在している等の場合には、資産については「対顧客直物電信買相場（TTB）」を、負債については「対顧客直物電信売相場（TTS）」を適用して邦貨換算したうえで1株当たりの純資産価額を計算することもできる（「国外財産の評価―取引相場のない株式の場合(2)」https://www.nta.go.jp/law/zeiho-kaishaku/shitsugi/hyoka/15/14.htm）。

　なお、先物外国為替契約により為替レートが確定している場合には、その確定している為替レートによる（財基通4-3）。

⑽　株式評価を巡る裁判例の検討

(a)　富裕層に対する税務当局の取組み

　富裕層を巡る税務当局の取組みは、近年その厳しさを増している。「国外財産調書制度」の創設や「財産債務調書制度」の改正等といった制度面だけではなく、税務当局内部の体制も充実してきている。このような取組みのうち、平成26事務年度には、特に資産規模が大きい富裕層を重点管理富裕層（いわゆる「超富裕層」）と位置付け、専門のプロジェクトチームが発足している。当初は、東京、大阪、名古屋の3国税局体制であったものが、平成29事務年度からは全国展開されている。

　これらの取組みの目的は、主に情報収集とその活用の強化、海外取引や海外への資産隠しの捕捉とされているようであるが、税務当局が公表した資料[24]によると、実際に、富裕層に対する所得税の調査件数、追徴税額がともに前年比で上昇している。特に、海外投資を行っている富裕層に関しては、平成27事務年度では、非違件数・追徴税額がそれぞれ461件、43億円だったのに対し、平成28年事務年度では478件、41億円と高い水準を維持している。

　今後は、収集された情報をもとに、無申告事案や海外取引に対する税務当局の税務執行が厳しくなることが予想されるが、それらにあわせて、企業オーナーが実行したタックス・プランニングの税務調査も当然に強化されることになると思われる。実際に、非上場株式の評価が争点とされた大型の否認事例が報道

24）　国税庁「平成28事務年度における所得税及び消費税調査等の状況について――いわゆる富裕層への対応――」。

されたことは記憶にあたらしい。

　以下では、主に非上場株式を念頭に置いて、税務当局が納税者が行った財産評価を否認するときの判断の枠組みを紹介する。具体的には、財産評価の否認を、「法形式の否認」と「財産評価方法の否認」の2つに大別したうえで、関係する裁判例を取り上げ、それらから得られる示唆について若干の考察を行う。

(b)　相続税法における財産評価の枠組み

(i)　相続税法上の「時価」

　前述のとおり、相続税法上、相続、遺贈又は贈与により取得した財産の価額は、原則として、当該財産の取得の時における「時価」によるとされている（相法22）。また、ここでいう「時価」とは、客観的な交換価値のことであり、不特定多数の独立当事者間の自由な取引において通常成立すると認められる価額を意味すると考えられている。

　しかし、財産の「時価」を客観的に評価することは必ずしも容易ではなく、また、納税者の間で財産の評価がまちまちになることは、公平の観点から見て好ましくないことから、相続税法上の財産評価については、国税庁が、財産評価基本通達において様々な定めを置いている。

(ii)　株式の評価方法

　評価について困難な問題を生じやすい財産の1つが、非上場株式である。当該株式については、「類似業種比準法」や「純資産価額法」などを用いて評価を行うこととされているが、その具体的な方法は、大会社、中会社及び小会社の区分毎に細かく定められている。

　実務的には、類似業種比準法を適用する場合、純資産価額法を適用する場合に比べて、評価額が低くなることが多いという点が重要となる。過去に、これを利用して株式評価を圧縮することによる相続税回避策があみ出されたため、現在は、それに対処するための様々な定めが置かれている。

　そのような定めのなかでも、実務上その適用がしばしば問題となるのが、株式保有特定会社（課税時期における資産の評価額の合計額のうちに占める株式等の合計額の割合が25％以上（中会社・小会社の場合は50％以上）である評価会社）に関するものである。株式保有特定会社の株式は、原則として純資産価額によって評価されるため、納税者が、類似業種比準法を用いて評価額を下げることが難

しくなる[25]。

　また、同族株主以外の株主等が取得した株式については、その方が評価額が低くなる場合は、配当還元法で評価することとされている。この点、中心的な同族株主のいる会社の株主のうち中心的な同族株主以外の同族株主で、その取得後の株式数がその会社の発行済み株式数の5％未満である者の株式の評価についても、例外的に配当還元法を適用することとしており、かかる規定は、裁判例においても承認されている[26]。配当還元法を用いる場合は、通常、株式の評価が非常に低くなるため、実務上は、それを用いることができるか否かが重要な意味を持つことが多い。

　以上のように、株式の評価については、財産評価基本通達が様々な定めを置いているが、それをそのまま適用することにより導かれた評価額であっても、それが否認される場合がありうる。

(iii)　財産評価の否認

　税務当局が財産評価を否認する方法としては、主に、①納税者が用いた法形式を租税法上は無視して、通常用いられる法形式に引き直して否認するという方法と、②納税者が用いた財産評価の手法を無視し、より合理的な手法による財産評価を行って否認するという方法とが考えられる。

　前者（法形式の否認）は、一般的に、租税回避の否認というかたちで議論されているものであり、後者（財産評価手法の否認）は、財産評価基本通達の解釈として議論されているものである。そこで、以下では、まず、租税回避の否認に関する裁判例を検討し、次に、財産評価基本通達に関する裁判例を検討する。

(c)　法形式の否認

(i)　「租税回避」の「否認」

　前述のとおり、法形式の否認は、通常、「租税回避」の「否認」というかたちで議論されている。この点、「租税回避」（tax avoidance）とは、一般的に、私法

---

25)　財産評価基本通達189(2)、189-3。株式保有割合が25％以上である会社を一律に株式保有特定会社とする財産評価基本通達の規定について、その合理性が十分立証されているとは認められないとして、株式保有割合が25.9％の大会社について、株式保有特定会社とは認められないとした裁判例がある（東京地判平成24年3月2日判時2180号18頁）。

26)　東京高判平成10年3月30日税資231号411頁。

上の形成可能性を濫用することによって税負担の軽減・排除を図る行為を指し、具体的には、①合理的又は正当な理由がないのに、通常用いられない法形式を選択することによって、通常用いられる法形式に対応する税負担の軽減又は排除を図る行為や、②租税減免規定の趣旨・目的に反するにもかかわらず、私法上の形成可能性を利用して、自己の取引をそれが充当するように仕組み、もって税負担の軽減又は排除を図る行為が、それにあたるといわれている。

そして、租税回避行為の「否認」とは、一般的に、納税者が用いた法形式を租税法上は無視し、通常用いられる法形式に対応する課税要件が充足されたものとして取り扱うこと（減免規定については、その適用を認めないこと）をいうと解されている。

租税回避の否認の類型としては、主に、①個別否認規定による否認、②事実認定による否認、③法解釈による否認、④一般的否認規定による否認などがあるといわれている[27]。これらのなかで、相続税法上の財産評価において、最も問題となりやすいのは、④一般的否認規定による否認であるように思われる。

相続税法における一般的否認規定は、同族会社等の行為・計算の否認規定（相続税法 64 条 1 項）と、組織再編成に係る行為・計算の否認規定（相続税法 64 条 4 項）であるため、以下では、それらに関する裁判例を紹介する。

(ii) 同族会社等の行為・計算の否認規定（相続税法 64 条 1 項）

① 概要

相続税法 64 条 1 項は、同族会社等の行為又は計算のうち[28]、これを容認した場合には、「不当」に相続税又は贈与税を減少させるものについて、税務署長にその行為又は計算を否認する権限を与えている。

しかし「不当」という要件は不確定概念であり、法文上も、いかなる場合が「不当」であるかについて直接の定めは存在しない。

② 同族会社等の行為・計算の否認規定における「不当」に関する裁判例

この点、相続税法に関するものではないものの、同族会社等の行為・計算の

---

27) 森・濱田松本法律事務所編『企業訴訟実務問題シリーズ　税務訴訟』（中央経済社、2017 年）73 頁。

28) この規定によって否認が認められるためには、同族会社の行為が必要であり、その株主の単独行為は否認の対象とならないと考えられている（浦和地判昭和 56 年 2 月 25 日月報 27 巻 5 号 1005 頁）。

否認規定に関するリーディング・ケースといわれているのが、法人税法に関する最判昭和53年4月21日月報24巻8号1694頁である。同判決は、同族会社の行為・計算の否認規定（法人税法132条1項）の「法人税の負担を不当に減少させる結果となると認められる」という文言の解釈について、「もっぱら経済的、実質的見地において当該行為計算が純粋経済人の行為として不合理、不自然なものと認められるか否かを基準として判定すべきものと解される」とした控訴審（札幌高判昭和51年1月13日月報22巻3号756頁）の判断を是認したものであり、かかる基準は、一般的に、「純粋経済人基準」と呼ばれている。

　そして、通説は、純経済人基準を前提としつつ、具体的にはその行為又は計算が「純粋経済人の行為として不合理・不自然」とされるのは、「それが異常ないし変則的で、租税回避以外にそのような行為・計算を行ったことにつき、正当で合理的な理由ないし事業目的が存在しないと認められる場合」であるとしている[29]。

　この点、相続税法に関して同族会社等の行為又は計算の否認規定が問題となった裁判例は必ずしも多くないが[30]、被相続人がその所有する宅地につき、被相続人の支配する同族会社との間で、収益に比し極めて高い地代で地上権設定契約を締結した事案において、相続税法64条1項を適用して、地上権設定契約を否認し、賃借権の設定された土地として評価した裁判例がある[31]。

　同裁判例は、「同族会社を一方当事者とする取引が、経済的な観点からみて、通常の経済人であれば採らないであろうと考えられるような不自然、不合理なものであり、そのような取引の結果、当該同族会社の株主等の相続税又は贈与税の負担を不当に減少させる結果となると認められるものがある場合には、税務署長は、当該取引行為又はその計算を否認し、通常の経済人であれば採ったであろうと認められる行為又は計算に基づいて相続税又は贈与税を課すことができるものと解するのが相当である」と判示しており、法人税法132条1項と同様に、いわゆる「純粋経済人基準」によっている。

---

29)　金子宏『租税法〔第22版〕』（弘文堂、2017年）498頁。

30)　相続税法上の財産評価が問題となる事案は、事業承継のタックス・プランニングの一環として財産の評価額を減少させるものが多く、後述する総則6項による否認が多かったためではないかとも考えられる。

31)　大阪地判平成12年5月12日月報47巻10号3106頁。なお、大阪高判平成14年6月13日税資252号順号9132も概ね同旨。

また、相続開始日の約 20 日前に、財産評価基本通達に基づき算定した時価が 1 億 2416 万円の不動産を、16 億 5200 万円で同族会社から取得するとした売買契約は、経済的、実質的見地において純粋経済人の行為として不自然、不合理なものというほかないとして、相続税法 64 条 1 項の規定により当該契約を否認して相続税の課税価格を計算して行った相続税の更正処分が適法とされた事例においても、「同族会社の行為又は計算が相続税又は贈与税の負担を不当に減少させる結果となると認められるかどうかは、経済的、実質的見地において、当該行為又は計算が純粋経済人の行為として不自然、不合理なものと認められるか否かを基準として判断すべきものである」と判示されている[32]。

同じ条文構造にある法人税法と相続税法とで、同族会社等の行為・計算否認規定の適用のあり方を変えるべき特段の事情は見当たらないように思われるため、相続税法上の同族会社等の行為・計算の否認規定（相続税法 64 条 1 項）においても、「純粋経済人基準」によることが基本的に妥当であろう。

③ 「純粋経済人基準」の射程

前述のリーディング・ケースと同じく、法人税法に関するものではあるが、「純粋経済人基準」の具体的な適用が問題となった最近の事例として、いわゆる IBM 事件[33]がある。

同事件の控訴審判決は、法人税法 132 条 1 項の「不当」の要件につき、純粋経済人基準により判断すべきと判示するとともに、具体的にいかなる行為又は計算が「純粋経済人の行為として不合理、不自然なもの」にあたるかについて、「独立かつ対等で相互に特殊関係のない当事者間で通常行われる取引（独立当事者間の通常の取引）と異なっている場合を含む」と判示した。

裁判例上、相続税法 64 条 1 項の不当性の判断基準に「純粋経済人基準」が採用されていることを鑑みると、相続税法の下でも、（仮に正当な理由ないし事業目的が存在するような場合であっても）独立当事者間の通常の取引とは異なるという理由により、否認されるケースが出てくる可能性もあるので、留意を要するといえよう。

---

32) 大阪高判平成 19 年 4 月 17 日税資 257 号順号 10691。

33) 東京地判平成 26 年 5 月 9 日判タ 1415 号 186 頁、東京高判平成 27 年 3 月 25 日判時 2267 号 24 頁、訟月 61 巻 11 号 1995 頁、最決平成 28 年 2 月 18 日公刊物未登載。

(iii) 相続税法 64 条 4 項

① 概説

相続税法 64 条 4 項は、合併等の組織再編成をした法人等の行為又は計算のうち、これを容認した場合には、「不当」に相続税又は贈与税を減少させるものについて、税務署長にその行為又は計算を否認する権限を与えている。相続税法 64 条 4 項は、平成 13 年税制改正により創設されたものであり、同時に創設された法人税法 132 条の 2 と類似した規定となっている。

当該規定の立法時において、株価対策のために組織再編成を活用するような場合に、同項が適用される可能性が示唆されていることを踏まえると[34]、組織再編成を利用して財産評価額を引き下げるような場合に、同規定が適用される場合もありうると考えられる。

相続税法 64 条 4 項を適用した否認事例は確認できていないが、同規定における「不当」の判断基準については、法人税法に関するものではあるが、法人税法 132 条の 2 の適用を巡るヤフー事件[35]及び IDCF 事件[36]が参考になる。

両事件では、組織再編成に係る行為・計算の否認規定における「不当」の解釈が、同族会社等の行為・計算の否認規定における「不当」の解釈と同じであるか、それとも、組織再編成に特有の事情を踏まえ、異なる解釈となるかという点が争点となった。

両事件は最高裁まで争われ、最高裁判決において、法人税法 132 条の 2 の「不当」の判断基準及びその具体的な考慮要素が示されるに至った。第一審判決及び控訴審判決は、「法人税の負担を不当に減少させる結果となると認められるもの」に該当する行為・計算として、概ね以下の 2 つの場合がこれに含まれるとした。

---

① 法人税法 132 条と同様に、取引が経済的取引として不合理・不自然である場合（純粋経済人基準）
② 組織再編成に係る行為の一部が、組織再編成に係る個別規定の要件を形式的には充足し、当該行為を含む一連の組織再編成に係る税負担を減少させる効果

---

34) 中尾睦編著『平成 13 年版改正税法のすべて』（大蔵財務協会、2001 年）243 頁～244 頁。

35) 東京地判平成 26 年 3 月 18 日民集 70 巻 2 号 331 頁、東京高判平成 26 年 11 月 5 日民集 70 巻 2 号 448 頁、最判平成 28 年 2 月 29 日民集 70 巻 2 号 242 頁。

36) 東京地判平成 26 年 3 月 18 日民集 70 巻 2 号 552 頁、東京高判平成 27 年 1 月 15 日民集 70 巻 2 号 671 頁、最判平成 28 年 2 月 29 日民集 70 巻 2 号 470 頁。

を有するものの、当該効果を容認することが組織再編税制の趣旨・目的又は当
該個別規定の趣旨・目的に反することが明らかである場合（趣旨・目的基準）

　上記②の趣旨・目的基準によれば、組織再編成を構成する行為に事業目的が
ある場合であっても、その税負担減少効果が組織再編税制又は個別規定の趣
旨・目的に反することが明らかであると判断された場合には、その行為は否認
されることとなる。

　これによれば、税務当局及び裁判所による「個別規定の趣旨・目的」の解釈
次第で、実質的にフリーハンドで否認を認めることになりかねない。このため、
両事件の第一審判決及び控訴審判決に対しては、租税法律主義（憲法84条）を
大幅に後退させ、組織再編成の実務に萎縮効果を及ぼすものであるとの批判が
多数に上った[37]。

　これに対し、両事件の最高裁判決は、法人税法132条の2の「不当」にあた
るのは「組織再編税制に係る各規定を租税回避の手段として濫用する」場合で
あり、その「濫用」の有無については、「組織再編成を利用して税負担を減少さ
せることを意図したもの」であって「各規定の本来の趣旨及び目的から逸脱す
る態様でその適用を受けるもの又は免れるもの」かどうか、という観点から判
断すべきとしている。そして、最高裁判決は、その判断に際して考慮する事情
として、以下の2つを挙げている。

（i）　当該行為又は計算の不自然性の有無
（ii）　税負担の減少以外にそのような行為又は計算を行うことの合理的な理由と
　　なる事業目的その他の事由の有無

　これは、行為又は計算が「純粋経済人の行為として不合理・不自然」とされ
るのは、「それが異常ないし変則的で、租税回避以外にそのような行為・計算を
行ったことにつき、正当で合理的な理由ないし事業目的が存在しないと認めら
れる場合」であるとする、同族会社等の行為・計算の否認規定の通説の考え

---

37)　例えば、谷口勢津夫「ヤフー事件東京地裁判決と税法の解釈適用方法論——租税回避アプローチ
　　と制度（権利）濫用アプローチを踏まえて」税研177号20頁（2014年）、大淵博義『「法人税法132
　　条の2」の射程範囲と租税回避行為概念——ヤフー事件判決の検証を通じて」税経通信8月号（2014
　　年）17頁以下、水野忠恒「東京地裁平成26年3月18日判決（ヤフー事件）の検討——組織再編成
　　と租税回避」国際税務8月号（2014年）102頁等。

方[38]と、ほぼ同じ内容であるといえるように思われる。

最高裁判決の濫用基準においても、個別規定の趣旨目的がどのように解釈されるかという点については、第一審判決及び控訴審判決と同様、納税者にとって不明確さが残ることには注意が必要であるが[39]、最高裁判決は、濫用基準の内容として、個別規定の趣旨目的からの逸脱のみならず、上記(i)(ii)の事情を考慮することを明確にしていることから、第一審判決及び控訴審判決が採用した趣旨・目的基準と比較すると、税務当局及び裁判所のフリーハンドに一定の歯止めをかけているとの評価は可能であろう。

②　最高裁判決が示した解釈の意義

最高裁判決が上記(i)及び(ii)等の事情を「考慮した上で」判断すべき、と述べていることからすれば、濫用の有無の判断にあたっては上記(i)及び(ii)の事情を必ず考慮すべきとの趣旨を含意しており、その趣旨をさらに推し進めると、(i)当該行為又は計算の不自然性及び(ii)そのような行為又は計算を行うことの合理的な理由となる事業目的等の不存在という2つの要素は、法人税法132条の2の「不当」を肯定するために必要な要素であるとみることができる、と指摘されている[40]。

かかる指摘と、同族会社等の行為・計算の否認規定の「純粋経済人基準」に関する前述の通説の考え方[41]を組み合わせて考えると、最高裁が示した上記②の趣旨・目的基準は、①純粋経済人基準と大きく乖離するものではない、という整理も可能であるように思われる。

但し、最高裁判決が単に「合理的な事業目的」ではなく、あえて「そのような行為又は計算を行うことの合理的な理由となる事業目的」と述べていることからすれば、最高裁は、単に事業目的が存在すればよいとするのではなく、当該行為・計算の不自然性（上記(i)の考慮事情）の程度との比較や、税負担の減少目的と事業目的の主従関係等に鑑みて、そのような行為・計算を行うことの合理性を説明するに足りるだけの事業目的等が存在するかどうかを問題にしている、と指摘されているという点には留意を要する[42]。

---

38)　金子・前掲注29）498頁。

39)　岡村忠生「租税回避否認への柔らかな対応——ヤフー事件最高裁判決」WLJ 判例コラム臨時号　第77号（2016年）参照。

40)　德地淳＝林史高「判解」法曹時報69巻5号（2017年）1528頁。

41)　金子・前掲注29）498頁。

(d) 財基通6項（いわゆる総則6項）

(i) 総則6項の趣旨

日本の相続税制は、明治38年4月に創設されたものであるが、昭和25年に、シャウプ勧告を受けて全文改正されている。この改正にあわせて富裕税が創設されたことに伴い「富裕税財産評価事務取扱通達」が定められ、相続税及び贈与税における財産評価は、当該取扱通達に準じて行われていた。その後、昭和39年に「相続税財産評価基本通達」が発遣され（平成3年に「財産評価基本通達」に表題が改められた）、数次の改正を経て、現在に至っている。

「富裕税財産評価事務取扱通達」には、第1章通則11(3)に「特殊異例と認められる財産について評価する場合又は第2章以下に定める評価額によらない額により評価する場合においては、課税価額又は富裕税額の更正又は決定前国税庁の支持を受ける」と規定されており、すでに現行の総則6項に類する定めが置かれていた。

総則6項の趣旨について、創設当初においては、評価額の決定において考慮されていなかった潜在的な要因が事後に判明したために、納税者に不利益となる過大評価を救済する規定であったとする見解[43]もあるが、近時においては、通達が想定していない納税者の過度なタックス・プランニングにより、納税者間の課税の公平が著しく害されるような場合に、これを是正する措置として機能しているのが実情である。

なお、裁判例においては、総則6項の「著しく不適当」という考え方を「特別の事情」と言い換えている例が多いが、両者は原則として同義のものと解されるため、以下では「特別の事情」に統一して表記することとする。

(ii) 「特別の事情（著しく不適当）」の判断基準

総則6項には、「特別の事情（著しく不適当）」という実体要件と、「国税庁長官の指示」という形式要件の2つの要件が存在する。「国税庁長官の指示」については、多くの裁判例で、形式要件に違反があったとしても直ちに国民の権利、利益に影響が生じるものではないと判示されており、これらの判決を批判する見解が存在するところではあるが[44]、本書では詳述を避ける。

---

42) 徳地＝林・前掲注40) 1528頁。

43) 大淵博義「財産評価基本通達・総則第6項の適用のあり方(上)」月刊税理39巻11号（1996年）19頁。

実体要件である「特別の事情（著しく不適当）」は、どのような場合に該当するかという判断基準は明確にされていない。総則6項の適用が争われた事案は、そのいずれもが事例判断とされており、裁判例等から一般的意義を抽出することは困難である。特別の事情がある場合として裁判例で判示されているのは、「財産評価基本通達による評価方式を画一的に提供するという形式的な平等を貫くことが、所得の再分配機能を通じて経済的平等を実現するという相続税（贈与税）の目的に反し、実質的な租税負担の公平を著しく害する場合を指すと解すべき」というものであり、あくまでも不確定概念の域を出ていない。

しかし、「特別の事情」が認められた事案から、判断基準とされた要素を抽出することはある程度可能であると考えられる。具体的には、以下の2点が「特別の事情」を判断するにあたって、比較的多くの裁判例で重視されている要素であるといえる[45]。

> **「特別の事情」の判断基準**
> ㋐　趣旨からの逸脱
> ㋑　納税者の経済合理性のない取引の存在

まず①は、租税の負担を免れ、又は軽減することを目的として意図的に実行された納税者の取引の存在がある場合に、納税者間における租税負担の実質的な公平が著しく害されるとして「特別の事情」を認める考え方である。この基準については、客観的交換価値である「時価」を算定する際に、租税回避の意思というような主観的要素が判断に含まれるべきではないという批判があるが、大津地判平成9年6月23日月報44巻9号1678頁は、「時価を評価する際に相

---

44)　品川芳宣＝緑川正博『相続税財産評価の理論と実践』（ぎょうせい、2005年）260頁。

45)　税大論叢39号「相続税における同族会社の行為計算の否認に関する一考察——財産評価基本通達第6項との関連を中心として——」では、総則6項の判断基準として以下の要素を挙げている。
　①相続税法第22条に規定する「時価」との間に著しい乖離があると認められるかどうか。
　②被相続人等が相続開始（贈与）前後を通じて行った行為について経済的合理性が認められるかどうか。
　③他の相続等に係る相続税等の納税義務者と比較した場合、実質的な租税負担の公平を損なうことにならないか。
　④被相続人等の行った行為が相続税法の立法趣旨及び評価基本通達に定める評価方式を採用している趣旨に反することにならないか。
　⑤評価基本通達の定めによらない評価方式が相続税法第22条に規定する「時価」の概念からして合理的な時価の算定方式といえるかどうか。

続開始前の被相続人及び原告の行為（ないし事情）を斟酌し、その経済的合理性
や評価基本通達の趣旨との適合性の有無を判断するにあたって相続開始後の原
告の行為や租税回避目的の有無を一つの基礎付け事実として考慮することはむ
しろ当然の事柄として許されるものと解される」として明確に主観的要素を考
慮している。なお、後述する東京地判平成 12 年 5 月 30 日税資 247 号 966 頁に
おいても同様の見解が示されている。

　次に、②は、財産評価基本通達の個別規定の趣旨や相続税法の創設趣旨から
逸脱していることを理由に、「特別の事情」の存在を認定するという考え方であ
る。この点、相続税法 22 条に規定する「時価」との間に著しい乖離があると認
められるかどうかを重視する裁判例を「価額乖離型」として整理する見解もあ
るが、それらの見解において指摘されている裁判例においても、結局、上記①
②を重視して結論を導いているという評価も可能であるように思われる。

(ⅲ)　総則 6 項の否認類型

　総則 6 項が争われた事例は数多く存在するが、それらの事例は、主に次の類
型に分類することができる。以下では代表的なものとして、次の類型毎に裁判
例をいくつか取り上げ、「特別の事情」の有無がどのように判断されているかに
ついて検討する。

・配当還元価額の適用可否が争われた事例
・法人税等相当額の控除可否が争われた事例
・売買実例価額の適否が争われた事例
・特定の評価会社の該当性が争われた事例

・配当還元価額の適用可否が争われた事例①

事例 1「フォーエス事件」
大阪地判平成 12 年 2 月 23 日税資 246 号 908 頁、大阪高判平成 12 年 11 月 2 日税
資 249 号 247 頁、最決平成 13 年 4 月 13 日税資 250 号順号 8882
　（事案の概要）
本件は、常に納税者が少数株主となるように株式数が調整されたフォーエスキャ
ピタル株式会社（以下、「本件株式」という）の株式を、原告である相続人が、当
初の出資者である被相続人から相続により取得し、財産評価基本通達の定めに
従って配当還元価額で申告したところ、本件株式は純資産価額による買取りが保
証されており、財産評価基本通達によらない特別の事情があるとして、税務当局

が更正・決定処分を行った事案である。

（主な争点）

財産評価基本通達の定めによる配当還元価額ではなく、財産評価基本通達の定めによらない純資産価額方式により評価することの適否。

（判旨）　第一審：請求棄却　控訴審：控訴棄却

　　　　　上告審：棄却決定

① 　同族株主以外の株主等が取得した株式」について配当還元方式が適用される趣旨は、「持株比率が低い場合には、会社経営等について同族株主以外の株主の意向はほとんど反映されず、会社の経営内容、業績等の状況が同族株主以外の株主の有する株式の価額に反映されないことから、配当を受けることが株主の保有する権利の主たる要素となり、したがって、これらの株主が株式を所有する経済的実益は、通常、配当金の取得あることに着目して、配当還元方式を用いることに合理性がある」

② 　キャピタルゲインを得るという投資目的があるとする原告の主張に対し、原告らはキャピタルゲインを得ないまま、約95％の株式を相続開始から約1年三か月という短期間で売却しており、株主の投資額の80％以上は回収が確実な定期預金等に投資されており、事業活動のために使用できない状態にあった。

③ 　上記の事情を総合考慮すると、本件株式については、本件株式は時価による価額の実現が極めて高い蓋然性で保障されており、本件株式を売却する場合に保証される売却代金は配当の額と比較して著しく高額であることからすると、本件株式を保有する経済的実益は、配当金の取得にあるのではなく、将来純資産価額相当額の売却金を取得する点に主眼がある。

④ 　本件株式を購入しなかった場合の相続税額と比較して、優に1億円以上の税額差が生じることになり、形式的に財産評価基本通達を適用することによって、かえって実質的な公平を著しく欠く結果になる。

（実務上のポイント）

　本件では、判断基準のうち、「③納税者の経済合理性のない取引の存在」も若干言及されているが、主に「②趣旨からの逸脱」から特別の事情があると判断された。

　特に、株主に帰属する経済的実益がポイントとされており、配当以外に経済的実益が存在するようなタックス・プランニングでは、配当還元価額による評価方式を適用することはできず、本件同様に否認される可能性があるだろう。

　また、上記で判示された趣旨からすると、実質的に株主の意向が会社経営等に反映され、かつ、それが株式の価額に反映される状況があれば、配当還元方式が否認される可能性があるように思われる（事例2参照）。

第5章　財産評価の体系　　113

・配当還元価額の適用可否が争われた事例②

事例2　東京地判平成 17 年 10 月 12 日税資 255 号順号 10156

　（事案の概要）

　本件は、原告がその取引先である非上場会社の株式（その関連会社 2 社の株式を含む。以下、「本件株式」という）を、同社の会長であった者から配当還元価額に相当する売買金額によって譲り受けたところ、本件株式は配当還元方式ではなく、売買実例価額により評価すべきであり、原告が著しく低い価額の対価で財産を譲り受けたとして、税務当局が、相続税法 7 条のみなし贈与の規定を適用し、決定処分を行った事案である。

　（主な争点）

　本件株式の譲渡は著しく低い価額の対価でなされたものか。原告を同族株主以外の株主と異なる取扱いをすべき「特別の事情」があるか。

　（判旨）　第一審：請求容認

①　税務当局は、本件売買取引により、原告が評価会社の事業経営に相当の影響力を与え得る地位を取得したのであり、その根拠として、(1)原告が評価会社における譲渡人の地位を裏付けていた株式のほとんどを取得し、個人株主のなかで筆頭株主となっていること、(2)原告が譲渡人及び譲渡人の相続人から借入債務の保証の便宜を受けることにより、金銭的支出を行うことなく本件株式を取得したことを挙げるが、いずれもそのような事情があったとは認められない。

②　上記(1)については、原告が取得した非上場会社の株式は全体のわずか 6.6% にすぎず、譲渡人及び譲渡人の親族等を併せた合計は 47.9% であり、関連会社 2 社のシェアは、譲渡人及び譲渡人の親族等がそれぞれ 75.0%、59.7% であるのに対して、原告はそれぞれ 7.5%、25.3% にとどまっており、譲渡人の親族でもない原告が、評価会社の事業経営に実効的な影響力を与え得る地位を得たとは到底認められない。

③　上記(2)については、金利等のコストの安い日本の銀行から借り入れるために、便宜上保証人になってもらったものと説明されているところ、その説明自体に格別不自然、不合理な点はなく、借入金の利息の返済は原告自らが行っており、他方保証人である譲渡人やその相続人が借入金の一部でも現に返済したような実情は認められず、実質的な金銭的支出を行うことなく本件株式を取得したとはいえず、原告が評価会社の事業経営に相当の影響力を与え得るほどに譲渡人と密接な関係にあったとまでいうことは困難である。

④　原告の本件株式の保有割合や、本件株式の譲渡につき取締役会の承認を要することに照らせば、原告は、会社に対する直接の支配力を有さず、配当を受領すること以外に経済的利益を享受することのない少数株主であり、配当還元方式が本来的に適用されるべき評価方法というべきである。

（実務上のポイント）

本件は、総則6項が争われた事案において、納税者が勝訴した数少ないもののひとつである。

裁判所は、まず配当還元方式の「趣旨」を踏まえ、納税者の持株比率、親族関係や債務保証等の事実から「事業経営に相当の影響力」を与えるか否かという判断を行った。納税者においても、まずは「趣旨」に照らして、実際の案件が逸脱していないか否かを検証する必要がある。

前述した通り、「特別の事情」の存在を立証できない時点で、税務当局（被告）の行った課税処分は違法となるが、裁判所は念のためと前置きをしたうえで、税務当局が時価と主張した売買実例価額の適否を検証している（詳細は後述する）。仮に、過去に売買実例が存在する場合には、納税者においても、その売買実例価額の適正性や実際の取引金額との差異について整理しておくことが有益であると思われる。

・法人税等相当額の控除可否が争われた事例

事例3「A社B社事件」
東京地判平成12年5月30日税資247号966頁、東京高判平成13年3月15日判時1752号19頁、最決平成14年6月28日税資252号順号9150
（事案の概要）
　ペーパーカンパニー（A社）に金銭出資をし、その対価であるA社株式をさらに別のペーパーカンパニー（B社）に現物出資をすることで、人為的に含み益を連鎖的に創出し、それをもって法人税等相当額を創出することで、純資産価額の圧縮をはかったが、財産評価基本通達の定めによらない特別の事情があるとして、相続税法7条の規定により贈与税の決定処分がなされた事案である。
（主な争点）
・　純資産価額の計算上、財産評価基本通達の定めをそのまま適用し、評価差額に対する法人税等相当額を控除するべきか。
（判旨）　第一審：請求棄却、第二審：控訴棄却
① 　財産評価基本通達185が法人税等相当額の控除を認めている趣旨は、株式等の所有を通じて間接的に資産を所有している場合と個人事業主が個々の事業用資産を直接所有している場合との評価上の均衡を図る点にある（個人が自己のために処分するためには一旦会社を清算しなくてならず、その過程で法人税等が課される）。
② 　専ら相続税の負担を免れ又は軽減することを目的として意図的にされたものであることは明らかである。なお、地裁判決では具体的に以下のような

事実を認定している。

・　B社に対するA社出資の現物出資は、B社の企業活動の基本財産とは成り難く、事業目的もないから、現物出資それ自体は、通常の事業活動とはいえない。

・　税理士事務所及び銀行の提案上、合併、減資による払い戻しは当初から予定されており、B社を解散し、清算所得が生じてこれに課税されることなどは想定していなかった。

・　評価差額は、時の経過により値上がりしたことを原因として生じたものではなく、もっぱら人為的な操作によってのみ作出されたものである。

③　控訴人は、減資払戻しにより多額の払戻請求権を取得する一方で、相続財産を上回る借入金債務を相続し、多額の相続税の負担を免れることができると考えていた。

④　本件の控訴人の行為は、控訴人の相続税の負担を回避するために取られた一連の行為の前後において控訴人等が直接又は間接に所有する財産の価値にはほとんど変動がなく、かつ、吸収合併後に存続する会社が解散した場合に清算所得が生じることは想定されていないにもかかわらず、出資が著しく過少に評価されている。

⑤　このような場合において、財産評価基本通達の定めを形式的、画一的に適用することは、法人税等相当額を控除すべきものとされた趣旨に反するばかりか、他の納税者との間での実質的な租税負担の公平を著しく害することが明らかである。

（実務上のポイント）

　本件は、いわゆる「A社B社方式」といわれる租税回避スキームで全国的に実行され、その多くが否認された事案である。その後、平成6年度及び平成11年度に財産評価基本通達が改正されたことに伴い、現在では同様のスキームは効果を失っている。

　「特別の事情」の判断基準として、本件では、「②趣旨からの逸脱」と「③納税者の経済合理性のない取引の存在」が指摘されている。特に、第1審においては、事業上の目的や必要性を加味して租税回避の意図が認定されており、上述した法人税法の一般的否認規定における「不当」の認定方法と類似している点がある。今後、事業承継にあたり何らかのタックス・プランニングを実行する場合には、事業上の目的やその必要性を整えておくことが必要になるだろう。

　なお、本件は、資金が循環し、最終的に取引の実行前後で経済的実体に変更がないという事案であった。判決には明確に現れていないが、資金の循環があったという点も、裁判官が「納税者の経済合理性のない取引の存在」を認定する

際に、考慮された可能性があるように思われる。

・売買実例価額の適否が争われた事例①

事例4　東京地判平成 19 年 1 月 31 日税資 257 号順号 10622
　（事案の概要）
　　原告（評価会社の代表取締役）が、少数株主 116 人から株式を買い受けたところ、原告は独立第三者間における取引であり、売買当事者間において合意した価額が時価であると主張したが、その対価の額が時価に比して著しく低い価額であるとして、その差額に対してみなし贈与が認定された事案である。
　（主な争点）
　　相続税法 7 条にいう「時価」の意義及び財基通の定めによる株式評価方法は合理性を有するか
　（判旨）　第一審：請求棄却
　①　本件における買取価額は、公認会計士や税理士の専門家に相談して決められたものでも、財産評価基本通達に定められた評価方法を基に計算されたものではなく、原告の大体の感覚で決めたものである。
　②　本件各譲渡人が、評価会社の株式の客観的な時価を把握するための情報を事前に入手していたとは言い難く、客観的な時価を把握することは困難であった。
　③　上記①②より、本件取引価額は、株式の客観的な時価を正当に評価したものとはいえず、実質的な租税負担の公平を著しく害し、相続税法あるいは基通自体の趣旨に反するような結果を招く特別の事情は認められない。
　④　本件売買は、終始原告の主導で行われたものであり、各譲渡人は、原告と対等に売却条件について交渉できる立場になかったと認められ、せめぎ合いにより形成された客観的価値であるという原告の主張は採用することができない。

（実務上のポイント）
　本件は、原告が独立第三者間での株式譲渡であり、当事者間で合意した価額を時価であると主張しているが、裁判所は第三者の範囲を狭く解している（「第三者」と「純然たる第三者」の違い）。
　本件からは、少なくとも純然たる第三者であると主張するためには、(i)合意された価額が何らかのロジックに基づいて算定されている必要があり、(ii)取引の相手方にも客観的な時価を把握するための情報が与えられ（情報の非対称性の排除）、かつ、(iii)当事者双方が対等に交渉できる立場でせめぎ合いにより譲渡価額が形成される必要があることが読み取れる。

第5章　財産評価の体系　117

　以上より、取引の一方が親族外の役員や従業員であれば、「第三者」には該当するが、それだけでは「純然たる第三者」には該当せず、上記のような要素が充足されなければ、財産評価基本通達の定めによらない「特別の事情」の存在は認められない可能性があると思われる。

・売買実例価額の適否が争われた事例②

（参考）事例2　東京地判平成17年10月12日税資255号順号10156
　本件では、税務当局（被告）が適正な売買実例価額が存在し、財産評価基本通達による評価額はこれより著しく低額であるから、それ自体が特別の事情にあたると主張している。この売買実例は、譲渡人が金融機関数社に対して株式を売却したものであり、たしかに第三者間で行われたものであるが、裁判所は以下のように判示し、この売買実例は客観的時価を適切に反映していないとした。
　（判旨）
　①　本件売買実例は、実質的に見れば、わずか3つの取引事例というのに過ぎず、この程度の取引事例に基づいて、主観的事情を捨象した客観的な取引価格を算定することができるかどうかは、そもそも疑問であると言わざるを得ない。
　②　上記①のような主張は、他の訴訟において課税庁自身がしばしば主張しているものであることは当裁判所に顕著である。
　③　金融機関数社がなぜ高額な対価で株式を譲り受けているかについては、その取引による見返りに対する金融機関側の期待が株価の決定に影響した可能性は十分に考えられるところである。実際に、金融機関による融資が株式売買の条件とされていた。
　④　仮に取引事例が存在することを理由に、評価通達の定めとは異なる評価をすることが許される場合があり得るとしても、それは、当該取引事例が、取引相場による取引に匹敵する程度の客観性を備えたものである場合等例外的な場合に限られるというべきである。

（実務上のポイント）
　前述のとおり、本件において、裁判所は、納税者の取引の「経済合理性」や配当還元法の「趣旨」を踏まえ、財産評価基本通達の定めによらない「特別の事情」がないという結論を導いているが、それに加えて、税務当局が主張した売買実例価格が客観的でないと結論を併せて導いている。
　財産評価基本通達においては、売買実例がある場合に、当該売買実例価額をもって時価とする規定は置かれていないが、本判決は、売買実例価額が取引相場による取引に匹敵する程度の客観性を備えたものである場合には、当該売買

118   第1部　基礎編

実例価額をもって税務上も時価として取り扱う可能性があることを示したものであるといえよう。この点、本件とは異なり、納税者側が売買実例価額を主張する場合においても、取引相場による取引に匹敵する程度の客観性が求められる可能性があるという点には留意が必要となる。

・特定の評価会社の該当性が争われた事例

事例5
東京地判平成24年3月2日判時2180号18頁、東京高判平成25年2月28日税資263号順号12157
　（事案の概要）
　　原告が、相続財産のうち非上場株式を一般の評価会社に係るものとして相続税申告を行ったところ、税務当局は、大会社である評価会社の持株保有割合は25.9％であり、25％以上であるから株式保有特定会社に該当するものとして、更正処分を行った事案である。
　（主な争点）
・評価会社が株式保有特定会社に該当する否か。株式保有特定会社の判定基準である株式保有割合25％以上（大会社）は合理性を有しているか。
　（判旨）　第一審：請求容認　控訴審：控訴棄却
①　財産評価基本通達が改正された平成2年時点において、株式保有特定会社の判定基準を一律に25％以上としているが合理性を有するか否かについて、平成2年度の法人企業統計等では、資本金10億円以上の会社の株式保有割合は7.88％であり、資本構成が類似凝視比準方式における標本会社と比して著しく株式等に偏っているものとして扱うことは合理性があったものというべきである。
②　しかし、相続開始時点である平成16年においては、平成9年の独占禁止法の改正によって従前は禁止されていた持株会社が一部容認されたことにより、平成15年度の法人企業統計を基に算定された資本金10億円以上の営利法人の株式保有割合は、16.31％であり、25％に比して格段に低いとまではいえない。
③　独占禁止法9条4項1号では、子会社株式の取得金額の合計額の当該会社の総資産額に対する割合が100分の50を超える会社が持株会社とされ、特別な規制がされているが、この割合は、本件相続開始時においてその資産構成が著しく株式に偏っている会社といえるか否かの判断における指標として有意というべき。
④　判定基準がそのまま適用することができないため、株式保有特定会社に該当するか否かは、その株式保有割合に加えて、その企業としての規模や事業の実態等を総合考慮して判断するのが相当である。
⑤　財産評価基本通達の平成2年改正の趣旨からすると、租税回避行為の弊害

の有無を株式保有特定会社該当性の考慮要素とすることも妥当かつ当然であるといわざるを得ないところ、本件では、租税回避行為の弊害を危惧しなければならないというような事情はうかがわれない。

⑥　類似業種比準方式を適用する可否を判断するにあたって、従業員数、総資産価額及び直前期末以前1年間における取引金額を考慮することは妥当であり、評価会社の株式時価総額が類似業種比準価額の計算において用いられる標本会社である上場会社の時価総額の大部分を上回っている事実は、企業規模の面における類似業種比準方式適用の適性を推認される事実である。

（実務上のポイント）

　本件は、納税者が「特別の事情」を主張し、財産評価基本通達の定めによる評価方式には合理性がなく、類似業種比準方式によるべきであるとした事案である。他の事案に比して本件が特徴的であるのは、納税者が「特別の事情」を主張し、財産評価基本通達の合理性を否定している点にある。財産評価基本通達の定めは、創設当初は合理性を有していたものが、その後の法改正や経済情勢の変化により、合理性を失っているものがあり、本件では、その合理性の有無が争点となっている。

　「特別の事情」の判断基準としては、類似業種比準方式を適用することが適正であると認められ（①他の合理的な評価方法の存在（価値の乖離の存在））、かつ、租税回避行為の弊害を危惧するような事情（③納税者の経済合理性のない取引）はないといえる。また、株式保有特定会社や類似業種比準方式の③趣旨から逸脱しておらず、納税者に有利な形で判断基準の全てを充足している。

　本件からは、財産評価基本通達の定めが経年により当初の趣旨から逸脱したり、あるいは合理性を失っている場合には、納税者側から「特別の事情」を主張し得る可能性があることが示された点は非常に有意義であるが、実務上は、納税者が何らかのタックス・プランニングを実行した上で、「特別の事情」を主張することはハードルが高いといえる。

　なお、本件同様に、納税者が財産評価基本通達における土地保有特定会社の定めの非合理性を主張した事案[46]があるが、当該事案では納税者の請求が棄却されている。

---

46)　東京地判平成27年7月30日税資265号順号12706。

(iv) 納税者が取り得る対応策

　納税者が「財産評価基本通達の定めによる評価額」に従って算定した評価額をもって取引（非上場株式の譲渡や贈与）を行う場合、一義的には、税務当局が財産評価基本通達の定めによらない特別の事情の存在を主張立証すべき責任を負っていることから、納税者としては、まず税務当局側に「特別の事情」の評価根拠事実として何を具体的に主張するのかを明らかにさせ、それを踏まえた上で、反論・反証を検討していくことは訴訟戦略として検討に値する。

　そして、タックス・プランニングの実行にあたっては、採用しようとする評価方式が、個別の財産評価基本通達の規定の趣旨や目的から逸脱していないかを検証しなければならない。その前提として、そもそも当該規定の趣旨目的が何であるかを把握する必要がある。税務通達の趣旨は、原則として税制改正のように公表されるものではないことから、まずは、財産評価基本通達逐条解説や裁判における税務当局の主張内容を精査し、さらに財産評価基本通達の改正時における税制調査会の答申や国会での議論を参照することで、万が一税務調査時に調査官から指摘をされた場合には、当該規定の趣旨目的から逸脱する結果をもたらすものではないと主張していくこととなる。

　また、税務調査時の対応は非常に重要となる。税務調査時に提示した資料や発言した内容は、あとで撤回することができない。ヤフー事件では、当時の電子メールのやり取りや議事録が重要な証拠として挙げられている。特に、質問応答記録書（聴取書）が作成される場合には、安易に署名・押印はせずに、弁護士や税理士等の専門家に確認したい旨を伝え、あとから専門家が同席の下で署名・押印をすべきである。質問応答記録書は、法的根拠に基づく文書ではないが、訴訟において、事実認定の証拠として利用されることがある[47]。納税者と調査官の主張が激しく対立しており、その後に税務紛争が見込まれる場合には、税務調査時から弁護士に立ち合いを依頼した上で、税務調査そのものの対応方針や質問応答記録書の記載内容をどのように評価するのかを検証する必要があるだろう。

47）　名古屋地判平成 27 年 3 月 5 日税資 265 号順号 12620 では、税理士が応答した内容が質問応答記録書に記載され、事実認定に用いられている。

コラム　夫婦財産契約

1　夫婦財産契約とは

　民法上、夫婦の一方が婚姻前から有する財産及び婚姻中自己の名で得た財産は、「特有財産」として各々に帰属し、夫婦のいずれに属するか明らかでない財産は、その共有に属するものと推定される（民法762）。

　もっとも、夫婦によっては、この原則と異なる財産の帰属を定めておきたいというニーズもあれば、後に特定の財産が夫婦のどちらに帰属するかについて争いとなることを避けるためにルールを明確にしておきたいというニーズもある。

　そこで、民法の原則と異なる夫婦の財産関係を定めるため、「夫婦財産契約」を作成することが考えられる。

2　夫婦財産契約の手続き

　夫婦財産契約は婚姻の届出前に行わなければならない（民法755）。したがって、夫婦財産契約を締結せずに婚姻の届出をした夫婦については、この制度を用いることができない。

　また、一旦夫婦財産契約を締結した場合、婚姻の届出後にはその変更をすることができない（民法758Ⅰ）。

　さらに、夫婦財産契約において、民法上の原則と異なる契約をしたときは、婚姻の届出までにその登記をしなければ、これを夫婦の承継人及び第三者に対抗することができない（民法756）。登記がなされるということは、これを他者が閲覧できることを意味する点にも留意が必要である。

3　夫婦財産契約の内容と実例

　例えば、以下のような条項を置くことが考えられる。

　①　婚姻前から保有する財産の帰属

　後の紛争を防止するという観点から、婚姻前から保有する財産（特有財産）を特定することが考えられる。

　また、婚姻前から保有する財産を特有財産ではなくあえて夫婦の共有とすることもありえよう。

　②　婚姻後取得する財産の帰属

　上記のとおり、婚姻後取得する財産のうち、「夫婦の一方が婚姻前から有する財産及び婚姻中自己の名で得た財産」は特有財産に、明らかでなければ共有と推定されることから、婚姻後取得する財産の帰属を明確にしておくことが考えられる。

　例えば、婚姻後新たに得た財産は共有とする、協議により個別に定める、婚姻中に取得した財産は全て妻の所有とする、などといった定めを置くことが考えられる。

　③　婚姻費用の分担

　民法上、婚姻費用の分担については、その資産、収入その他一切の事情を考慮して分担するものとされている（民法760）。

　夫婦財産契約においては、上記の原則を修正し、各自が負担する、夫が全額負

担するとする、などといった定めを置くことが考えられる。

④　離婚に関する条項

夫婦財産契約においては、離婚の条件（財産分与、慰謝料の額、子供の養育に関する事項等）についても合意されることがある。

⑤　相続に関する条項

夫婦財産契約においては、相続（相続の放棄、相手方に相続させる財産の範囲等）についても合意されることがある。

もっとも、事前の相続放棄は裁判所の許可がない限り認められず、夫婦財産契約にその旨定めたとしても効力は生じないという問題がある。また、相手方に相続させる財産の範囲を強制力をもって定めたい場合には、要式を備えた遺言を別途作成する必要があるため、夫婦財産契約に定めただけでは十分でない。そのような場合には、夫婦財産契約において、一定の内容の遺言を作成する義務を規定しておくことが考えられる。

⑥　その他の条項

例えば、「互いに生命保険はかけない」、「相続における紛争が生じないように努める」、「収入、出費を公開し、家計は妻が管理する」といった定めを置くことも考えられる。

第6章
株式保有

　本項では、株式を保有している場合にオーナーが留意すべきポイントについて触れる。会社法においては、種類株式を発行し、株式の種類毎に権利内容を変化させたり、非公開会社（全株式譲渡制限会社）であれば、属人的な権利関係を定めたりすることにより、安定支配を確保することもできる。そのため、非上場会社におけるガバナンスの安定化・事業承継の観点からは、決議事項及び決議要件の原則を踏まえて、原則とは異なる設計をするか否かを検討する必要がある。他方、上場会社については、上場会社のガバナンスの観点から種類株式の内容については一定の制約があるほか、その他に、金商法及び金融商品取引所の規制等の手続きや情報開示についても留意する必要がある。

1　議決権・決議

(1)　普通株式の株主総会の決議事項と決議要件

(a)　株主総会の位置付け

　株主総会は、会社法に規定する事項及び株式会社の組織、運営、管理その他株式会社に関する一切の事項について決議をすることができるのが原則である（会社法 295 Ⅰ）。

　但し、取締役会設置会社においては、株主総会は、会社法に規定する事項及び定款で定めた事項に限り、決議をすることができるとされている（会社法 295 Ⅱ）。これは、株主による所有と経営の分離を認め、経営の専門家である取締役の合議体である取締役会を設置した場合には、その判断に委ね、会社法で最低限株主の権利として認められた基本的事項についてのみ、株主の決定に委ねようという発想に基づいている。

　例えば、単なる資産の譲渡・譲受け等は、一定の事業譲渡等に該当しない限り、会社法上の株主総会の決議事項とはされていない。そのため、取締役会非

設置会社では定款に何らの定めをしなくとも、株主総会決議の対象となり得る一方、取締役会設置会社では原則として取締役会において決議を行うこととなる。親族のうち一部の者だけが取締役となっているような資産管理会社等の非上場会社においては、その保有する一定の財産（株式等）の譲渡・譲受け等について、親族のメンバーである株主の総意により決定を行いたいというニーズがあり得る。その場合、資産管理会社等の非上場会社を取締役会設置会社としている場合には、定款において、株式等の一定の財産の譲渡・譲受け等についても株主総会決議事項とする必要がある。

　以下では、特に取締役会設置会社等において問題となる、会社法上の株主総会の決議事項と決議要件について概観する。

⒝　普通株式の株主総会の決議事項と決議要件

　株主総会の決議には、決議事項の重要性に応じて、①普通決議、②特別決議、③特殊決議という、決議の成立要件に軽重が存在する。

　①普通決議は、定款に別段の定めがある場合を除き、議決権を行使することができる株主の議決権の過半数を有する株主が出席し（定足数）、出席した当該株主の議決権の過半数の賛成（定款で引き上げることは可能）により成立する決議である（会社法309 Ⅰ）。

　普通決議の定足数は定款の定めにより変更できるので、決議が成立しやすいよう、（欠席株主を定足数に入れず）出席株主の議決権の過半数で決議が成立する旨を定款に定めることにより定足数を緩めている例も多いが、資産管理会社等の非上場会社の株主であるオーナーから見ると、自己が欠席していた場合にも残りの出席株主の過半数の賛成で普通決議が成立してしまいうることから、株主構成に照らし、定足数を緩めるかどうかを検討する必要がある[1]。

　また、過半数の賛成という決議要件を定款で加重することも可能であるため、後述の会社法上の特別決議のみならず、普通決議事項についても大株主の賛成がなければ決議できないとする設計も考えられる[2]。

　②特別決議は、定款変更、組織再編等重要な事項について、定足数の定め及び決議要件を加重している。定足数については、原則として議決権を行使する

---

1)　①役員の選任・解任の決議（会社法341）、②支配株主の異動を伴う募集株式の発行等の決議（会社法244の2 Ⅵ）については、定足数を議決権の3分の1未満と定めることはできないとの制約がある。

ことができる株主の議決権の過半数を有する株主が出席することは普通決議と変わらないものの、定款で定足数を引き下げる場合、普通決議のような一定の事項に限らず、一律に3分の1未満にすることは認められていない。また決議要件としては、出席した当該株主の議決権の3分の2以上の賛成が求められている。決議要件は定款で引き上げることは可能であり、さらに当該決議の要件に加えて、一定の数以上の株主の賛成を要する旨（頭数要件）その他の要件を定めることが可能であるとされている。

③特殊決議は、特別決議よりもさらに厳格な要件が定められているものである。㋐株式が定款変更により譲渡制限株式に変わり、また組織再編行為により譲渡制限株式等[3]に変わる場合、及び㋑非公開会社（全株式譲渡制限会社）において、剰余金の配当、残余財産の分配、総会での議決権について株主毎に（属人的に）異なる取扱いを行う旨の定款変更を行う場合といった、株式の譲渡可否や権利内容といった根本的な事項に変更を及ぼす場合である。

この場合、定足数は総株主（頭数）の半数以上で、総株主の議決権の4分の3以上の賛成が必要とされる（いずれも定款で引き上げることは可能である）。会社の存続期間が長くなり、株主が増えれば4分の3以上の賛成を得ることは難しいため、特にオーナー系企業において㋑のような属人的な取扱いを定めたいのであれば、設立時や早い段階において、当該事項をあらかじめ定めておくのがよい（後記(3) 属人的な権利参照）。

---

2) 但し、例えば定時株主総会において必ず決議すべき事項（計算書類の確定等）につき株主全員の同意が要求されると、決議が成立しない恐れがあるので、そのような定款の定めは無効であると解されている等（江頭憲治郎『株式会社法〔第7版〕』（有斐閣、2017年）360頁）、一定の解釈による制約は存在することに留意が必要である。

3) 譲渡制限株式、及び取得条項付株式又は新株予約権であって、引換えに譲渡制限株式が交付されるものをいう。

126　第1部　基礎編

図表 6-1　株主総会の決議事項と決議要件

決議の種類	定足数	決議要件	決議事項
普通決議	議決権を行使することができる株主の議決権の過半数を有する株主が出席（1/3 未満にできない一部を除き定款で緩和可能）	出席株主の議決権の過半数の賛成（定款で加重可能）	特別決議、特殊決議以外 例：役員の選解任 剰余金の配当
特別決議	議決権を行使することができる株主の議決権の過半数を有する株主が出席（定款で1/3 未満に緩和は×）	出席株主の議決権の 2/3 以上の賛成（定款での加重、頭数要件可能）	定款変更 組織再編等（事業譲渡、合併、株式交換、株式移転、会社分割） 資本金の額の減少、解散・会社の継続 株式売渡請求 譲渡制限株式の買取等・特定の株主からの自己株式取得・元物配当 非公開会社における募集株式・新株予約権の発行 募集株式・新株予約権の有利発行 累積投票により選任された取締役・監査役／監査等委員である取締役の解任 役員等の責任の一部免除
特殊決議	総株主（頭数）の半数以上（定款で加重可能）	総株主の議決権の 3/4 以上（定款で加重可能）	(i)株式が定款変更により譲渡制限株式に変わり、また組織再編行為により譲渡制限株式等[4]に変わる場合 (ii)非公開会社において、剰余金の配当、残余財産の分配、総会での議決権について株主毎に（属人的に）異なる取扱いを行う旨の定款変更を行う場合

4)　譲渡制限株式、及び取得条項付株式又は新株予約権であって、引換えに譲渡制限株式が交付されるものをいう。

(2)　招集手続き・書面による株主総会

　株主総会は、毎事業年度終了後一定の時期に招集されなければならない定時株主総会（会社法296Ⅰ）と、随時必要に応じて開催される臨時株主総会（会社法296Ⅱ）が存在する。

　株主総会の招集は、取締役が、株主総会の日の2週間前までに、株主に対してその通知を発しなければならないのが原則である（会社法299Ⅰ）。但し、非公開会社においては、原則として、1週間前に短縮されている。その非公開会社が取締役会設置会社ではない場合、さらにこれを下回る期間を定款で定めることもでき、機動的な開催が可能である。

　また、株主の全員の同意があるときは、原則として、株主総会は招集の手続きを経ることなく開催することができる（会社法300）。このため、会社法や定款で定められる期間にかかわらず、株主全員の同意があれば、その日のうちに株主総会を開催することが可能である。

　さらに、取締役又は株主が株主総会の目的である事項について提案をした場合において、当該提案につき株主（当該事項について議決権を行使することができるものに限る）の全員が書面又は電子メール等の電磁的記録により同意の意思表示をしたときは、当該提案を可決する旨の株主総会の決議があったものとみなすものとされている（会社法319、いわゆる書面決議）。これらの招集手続きの省略や、書面決議は、資産管理会社やスタートアップ企業等、株主間の関係が密である場合に多く採用されている。

(3)　種類株式

(a)　種類株式の内容

　会社法上、株主は、その有する株式の種類・数に応じて平等な取扱いを受けるという株主平等原則（会社法109Ⅰ）を定めている。ここで、種類毎というとき、会社法は、株式の資金調達の多様化と、支配関係の多様化のため、株式の内容について特別な定めを設ける株式（種類株式）を発行することを認めている（会社法107、108）。種類株式として定めることができる種類の内容は、図表6-2のとおりである。親族の資産を管理する資産管理会社等の非上場会社においては、議決権制限及び拒否権が重要となる。

128　第1部　基礎編

図表 6-2　種類株式の内容

項目	概要
①剰余金の配当	剰余金の配当につき異なる定め
②残余財産の分配	残余財産の分配につき異なる定め
③議決権制限株式	株主総会において議決権を行使することができる事項につき異なる定め[5]
④譲渡制限株式	譲渡による当該種類の株式の取得について当該株式会社（取締役会・株主総会）の承認を要することの定め
⑤取得請求権付株式	当該種類の株式について、株主が当該株式会社に対してその取得を請求することができることの定め
⑥取得条項付株式	当該種類の株式について、当該株式会社が一定の事由が生じたことを条件としてこれを取得することができることの定め
⑦全部取得条項付種類株式	当該種類の株式について、当該株式会社が株主総会の決議によってその全部を取得することの定め
⑧拒否権付種類株式	株主総会又は取締役会において決議すべき事項のうち、当該決議のほか、当該種類の株式の種類株主を構成員とする種類株主総会の決議があることを必要とすることの定め
⑨取締役・監査役の選任に関する種類株式	当該種類の株式の種類株主を構成員とする種類株主総会において取締役又は監査役を選任することの定め

(b)　種類株主総会

　種類株式を発行し、種類株主が存在することとなった場合、通常の株主総会とは別途、当該種類株式を有する株主を構成員とする種類株主総会（会社法2⑭）を開催する必要がある場合がある。例えば、普通株式の他に、A種類株式という種類の種類株式を発行したときにおいて、株主総会及び種類株主総会の決

---

5)　（全体）株主総会において、ある種類株式が議決権を有しないものとすることも可能である（無議決権株式）。（全体）株主総会において全部の事項について議決権を行使することができない株式は、買付け等の際に公開買付によらなければならない「株券等」及び公開買付の要否を判断する際の「株券等所有割合」から除外されている（金商法27の2Ⅰ、金商令6Ⅰ柱書、他社株府令2①）。但し、取得請求権（当該株式の取得と引換えに議決権がある株式を交付する旨の定款の定め）がある場合は、原則どおり、公開買付の対象となり得る「株券等」に該当する。

議事項を決議しようとする場合には、株主総会及びA種類株主総会に加えて、普通株式を有する株主も種類株主となるため、種類株主総会としての普通株主総会を開催する必要がある。株主総会において、ある種類株式が議決権を有しないものとした場合（無議決権株式）であっても、会社法及び定款で種類株主総会決議事項と定められた事項については、当該「無議決権」株式についても種類株主総会決議を行うことが求められることに注意が必要である。種類株主総会の招集等の手続きについては、（全体）株主総会の規定が準用される（会社法325）。

　前述のとおり、株主総会決議事項の全てについて種類株主総会を開催しなければならないわけではなく、種類株主総会では、会社法に規定する事項及び定款で定めた事項について、決議することができる（会社法321）。会社法に規定する種類株主総会の決議事項は、図表6-3のとおりとされている[6]。

図表 6-3　種類株主総会の決議事項

決議事項	決議要件	条文（会社法）
①ある種類の種類株式に損害を及ぼすおそれがある場合	特別決議	322 I
②拒否権付種類株式を設けた場合における拒否権の対象	普通決議	108 I ⑧、323
③選任権付種類株式を設けた場合における当該取締役・監査役の選解任	普通決議 （監査役の解任のみ特別決議）	108 I、347、 329 I、339 I
④種類株式に譲渡制限を付す場合における定款変更	特殊決議	111 II
⑤種類株式に全部取得条項を付す場合における定款変更	特別決議	111 II
⑥譲渡制限株式の募集	特別決議	199 IV、200 IV
⑦譲渡制限株式を目的とする新株予約権の募集	特別決議	238 IV、239 IV

---

6)　森・濱田松本法律事務所編『株式・種類株式〔第2版〕』（中央経済社、2015年）347〜348頁。

⑧種類株式発行会社である消滅会社等において譲渡制限株式等の割当を受ける種類の株式（譲渡制限株式を除く）がある場合 ⑨における合併契約等の承認	特殊決議	783 Ⅲ、804 Ⅲ
⑩種類株式発行会社である存続会社等において交付する株式が譲渡制限株式である場合における合併契約等の承認	特別決議	795 Ⅳ

　このうち、①の会社法 322 条 1 項各号に掲げる行為をする場合においては、ある種類の株主の種類株主に「損害を及ぼすおそれ」があるときは、当該種類株主を構成員とする種類株主総会の決議がないと効力を生じないとされている。ここでいう「損害を及ぼすおそれがあるとき」の解釈には争いがあり[7]、またある種類株主が有利になるか不利になるか一義的に決められない場合にも種類株主総会が必要であると解されてきた[8]。322 条 1 項各号に該当する行為をする場合には種類株主総会の「決議がなければ、その効力を生じない」（無効となり、事後的に無効が発覚した場合には、当該事項を前提としてその後に積み重ねられた行為も無効とされる場合がある）という大きな影響があることから、実務上は保守的に広く種類株主総会の決議を行っている。

　なお、会社法 322 条 1 項 1 号に掲げる、株式の種類の追加(イ)、「株式の内容の変更」(ロ)、および発行可能株式総数又は発行可能種類株式総数の増加(ハ)以外の各号の行為については、定款によって、種類株主総会の決議を要しない旨を定めることができる（会社法 322 Ⅱ・Ⅲ）。投資家の投資を誘引するため、剰余金の配当や残余財産の分配について普通株式よりも優先する内容の種類株式（優先株式）を発行するものの、このような種類株主総会の決議事項について限定する旨の定款の定めを設けることはよくみられる[9]（但し、その場合でも、投資家の

---

7) 岩原紳作編『会社法コンメンタール 7──機関(1)』（商事法務、2013 年）337〜338 頁〔山下友信〕。

8) 洲崎博史「優先株式・無議決権株に関する一考察（2・完）」民商 91 巻 4 号（1985 年）548 頁以下。

9) 但し、争いはあるものの、322 条 1 項 2 号以下に掲げられている行為の一部についてのみ種類株主総会を排除する旨の定款の定めをすることはできず、全ての事項について種類株主総会を排除するよう規定する必要があると解されていること（江頭・前掲注 2）172 頁）に注意して、設計をする必要がある。

図表 6-4　ある種類の種類株式に損害を及ぼすおそれがある場合として会社法 322 条 1 項各号により種類株主総会の決議が必要とされる行為

	種類株主総会の決議が必要とされる行為	定款で種類株主総会不要とすること
1 号	定款の変更 ➤株式の種類の追加 ➤株式の内容の変更 ➤発行可能株式総数又は発行可能種類株式総数の増加	×
1 号の 2	特別支配株主の株式売渡請求の承認	○
2 号	株式の併合・分割	
3 号	株式無償割当て	
4 号	株主割当による株式引受人の募集	
5 号	株主割当てによる新株予約権引受人の募集	
6 号	新株予約権無償割当て	
7〜13 号	合併、吸収分割、新設分割、株式交換、株式移転	

意向を反映させるという観点から、投資契約や株主間契約上の投資家の権利として、事前承認事項とする場合もある。種類株主総会の決議事項のままとする場合の違いは、前述のとおり種類株主総会の決議事項としておくと、万一種類株主総会をミスなどで開催せずに当該事項を行った場合には、無効であるとして大きな影響を及ぼすのに対し、契約上の権利としておけば、当該投資家との関係では契約違反にはなるものの、当該事項やその後に積み重ねられた行為そのものが無効になるわけではないという違いがあり、投資家としてもむしろ投資先の会社で法的に不安定な状態が引き起こされることを回避するために、契約上の権利とすることがある）。

(4)　属人的な権利

(a)　内容

非公開会社（全株式譲渡制限会社）においては、上記の株主平等原則（会社法 109 I）の例外として、①剰余金の配当を受ける権利、②残余財産の分配を受ける権利及び③株主総会における議決権に関する事項につき、（株式ではなく）株主毎に異なる取扱いを行う旨を、定款で定めることができる（会社法 109 II、「属

人的な権利」)。

　属人的な権利は株式の内容ではなく、種類株式とは異なり、種類株式に関する規律は適用されない。また、定款の定めが必要であるが、種類株式と異なり属人的な権利の内容は登記されないという取扱いとなっている（会社法109Ⅲが、第7編を準用していない）。そのため、誰でも行うことができる登記（登記事項証明書）の閲覧謄写ないし取得という形では属人的な権利の存在が第三者に判明しない。

図表 6-5　種類株式と属人的な権利

	種類株式	属人的な権利
株式の内容かどうか	株式の内容	株式の内容ではない
内容	①剰余金の配当 ②残余財産の分配 ③議決権制限 の他、譲渡制限、取得請求権、取得条項等会社法の定める事項	①剰余金の配当 ②残余財産の分配 ③株主総会における議決権に関する事項
議決権に関する事項	（全体）株主総会で一定事項の議決権を有しないとすることに限定	1株当たり複数議決権等柔軟な定めが可能
定款の定め	必要	必要
登記	必要（法定の種類株式の内容について）	不要

　前述の①剰余金の配当や②残余財産の分配においては、例えば持株数にかかわらず全株主同額としたり、特定の株主を、持株数以上の割合で優遇する等の取扱いが可能である[10]。

　また、ガバナンスにおいてより重要となる③株主総会における議決権については、特定の株主が所有する株式について、1株当たり複数議決権を認めることが考えられる。会社法上、株主平等原則から、複数議決権は認められないと言われることがあるが、この取扱いはその例外である（種類株式も、上記のとお

---

10)　江頭・前掲注2) 168 頁。

り定められる内容は限定されており、複数議決権は認められない）。また、逆に持株数にかかわらず全株主の議決権を同じにしたり、一定数以上の持株につき議決権の上限制や、逓減制を設けることも可能である[11]。

複数議決権を設ける場合の定款規定例

> 第●条　株主であるＡ氏は、株主総会において、その有する株式１株当たり５議決権を有する。
> 　２　上記Ａ氏以外の株主は、株主総会において、その有する株式１株当たり１議決権を有する。

(b)　手続き

属人的な権利を定款で定めたり変更したりする手続きは次のとおりである。

①まず、会社設立時の定款で属人的な権利を定める場合、発起人が定款を作成し、その全員がこれに署名し、又は記名押印しなければならないとされている（会社法26Ⅰ）。

②次に、属人的な権利が定められていない定款を変更し、属人的な権利を定める場合には、株主総会の特殊決議、すなわち(ア)総株主の半数以上（頭数）であって、(イ)総株主の議決権の４分の３以上にあたる多数をもって行わなければならない（会社法309Ⅳ。(ア)(イ)ともに定款でこれを上回る割合の定めをした場合はその割合）。

③また、属人的な権利が定められている定款を変更し、その属人的な権利の内容等を変更する場合、(ア)上記の株主総会の特殊決議に加えて、(イ)属人的な権利の定めを受けた株主を種類株主とみなして（会社法109Ⅲ）、種類株主総会の規定が適用される（上記(3)(b)参照）。

すなわち、種類株主総会は、上記のとおり、会社法322条1項各号に掲げる一定の事項（株式の種類の変更・追加や、組織再編等）を行う場合で、ある「種類」の株主に「損害を及ぼすおそれ」があるときに、開催することが必要となる。このとき、属人的な権利の内容が同じである株主が複数存在する場合は、その複数の株主が種類株主総会を構成することになる。他方、各人毎に属人的な権利が異なる（他に同じ内容の属人的な権利を有する株主が存在しない）場合には、

---

11)　江頭・前掲注2）168頁。

各人毎に種類株主総会を構成することになるため、各人毎に種類株主総会の開催・議事録の作成又は総株主同意（会社法325・319Ⅰ）を取得して、書面決議を行うべきことになる。

　④属人的な権利の定めに係る定款の規定を廃止する場合、(ア)全体の株主総会についての特殊決議は不要であり、通常の定款変更のために必要な特別決議（会社法309Ⅱ⑪）で足りるが、(イ)当該属人的な権利を有する株主その他の種類株主・属人的な権利を有する他の株主に「損害を及ぼすおそれ」がある場合には、種類株主総会を開催する必要がある。

　このように属人的な定めについては、株主平等原則の例外であるものの、「①差別的取り扱いが合理的な理由に基づかず、その目的において正当性を欠いているような場合や、②特定の株主の基本的な権利を実質的に奪うようなものであるなど、当該株主に対する差別的取扱いが手段の必要性や相当性を欠くような場合には、そのような定款変更をする旨の株主総会決議は、株主平等原則の趣旨に違反して無効になるというべきであるとする」との判例があるため、属人的な定めについても一定の限界があり、その定めを設けるに際しては注意が必要である。

　　特殊なケースであるが、属人的な権利を定めた場合の取扱いが裁判で争われた事例が存在する。
〔事案の概要〕
　　Y社は、建築工事等を目的として平成7年に設立された非公開の株式会社であった。平成24年9月、Y社は、株主総会において、議決権及び剰余金の配当に関し株主毎に異なる内容とする旨の規定を定款に新設する、定款変更の決議を行った。
　　これは、Y社の元取締役であったX及びその息子Aが、それぞれY社の株式を14.7％、6.2％保有した状態でY社を退任し、新たに建築工事等を目的とするD社を設立し、Y社従業員の引き抜きや取引先への働きかけを行い、さらにXがY社の会計帳簿、計算書類や取締役会議事録の閲覧謄写等を目的とする仮処分命令を申し立てるなど、Y社に敵対的な行動をとっていたなかで、Y社が、全株主に対して、敵対的な株主が存在すると経営の意思統一が図れないとして臨時株主総会を招集し、上記の定款変更の決議を可決したものであった。この結果、Xの議決権比率は14.7％から0.17％に、Aの議決権比率は6.2％から0.07％にそれぞれ減少した。
　　そのため、Xが、当該株主総会決議が、株主平等原則の趣旨に反し、また公序良俗に反すると主張して、株主総会決議の無効確認と取消しを求めた。

〔裁判所の判断〕

　これに対して裁判所は、属人的な権利の定めに関する会社法の規定（会社法109Ⅱ）が、株主平等取扱いについて定めた同条1項の規定の例外として設けられていることから、属人的な権利の定めは株主平等原則の例外であり、109条1項が直接適用されることはないとする。

　しかしながら、株主平等原則の背後には、一般的な正義・衡平の理念が存在するものとして、属人的定めの制度についても株主平等原則の趣旨による規制が及ぶと解するのが相当であるとし、①差別的取扱いが合理的な理由に基づかず、その目的において正当性を欠いているような場合や、②特定の株主の基本的な権利を実質的に奪うようなものであるなど、当該株主に対する差別的取扱いが手段の必要性や相当性を欠くような場合には、そのような定款変更をする旨の株主総会決議は、株主平等原則の趣旨に違反して無効になるというべきであるとする。

　その上で、本件においては、定款変更の理由が、XらをY社の経営から実質的に排除し、Xらの財産的犠牲のもとに、現在の大株主（代表取締役）の経営支配を盤石ならしめる目的で行われたもので、差別的取扱いが合理的な理由に基づくものではないことや（①）、本件決議の結果、Xらが少数株主権（帳簿閲覧謄写等）を行使できず、また株主としての財産権が大幅に制約されるに至り、他方で何らの経済的代償措置がY社によって講じられたこともうかがわれず、手段の相当性を欠くものとして（②）、株主平等原則の趣旨に違反するとし、本件の株主総会決議は無効であると判断した。

　このように、裁判所が属人的な権利の定めの取扱いが株主平等原則の例外であると位置付けながら、株主平等原則の趣旨が及ぶとして判断を行った点には疑問がないわけではない。また本件は、地裁判決に対してY社による控訴がなされた後、和解により終結しており、本裁判例が持つ先例的価値は必ずしも高くはないと思われる。もっとも、目的の正当性や、手段の相当性によって判断することは、会社法にかかわらず平等や権利濫用に係る裁判所の判断の枠組みとして共通のものであり、会社という特に多数決原理を基礎とする組織ないし団体においては、多数決の濫用という一般法理等により会社の機関の行為・決議の効力が否定される場合があり得ることは否定はできない。属人的な権利の定めにおいても、このような事例・考えが存在することには留意しておくべきであろう。

2　金商法上の規制

　上場会社のオーナーとしては、金融商品取引法（金商法）上の規制についても注意する必要がある。金商法は、投資家保護を図り、証券市場に対する国民の信頼を確保するといった観点から、投資判断に影響を及ぼす重要な事項については開示を求めたり、一定の行為規制（TOB規制等）を課している。上場会社の

オーナーが相当程度株式・議決権を保有している状況や、後述する取得・処分の状況は、市場に与える影響力が大きいため、金商法上の問題が生じやすい。金商法上の開示を避けたいという要請が主な理由となり、取引の内容が変わることもある。

　本項では、特にオーナーが株式を保有している場面における金商法上の規制として、開示規制について言及する。金商法上の開示は、非財務情報に係る開示と、財務情報に係る開示に分けられる。

(1)　非財務情報に係る開示

(a)　関係会社の状況

　株式を保有している場合に、情報が公衆に明らかにされるチャネルとして、有価証券報告書が存在する。上場会社等、多数の一般投資家がその有価証券を保有し、あるいは今後取得する可能性のある会社は、継続開示として、有価証券報告書を提出する必要がある。有価証券報告書の提出義務を負う会社は、①上場会社、②店頭登録されている会社、③募集又は売出により有価証券届出書の提出義務が生じた会社、④過去5年間のいずれかの事業年度にその有価証券の所有者が1000人以上になった会社が該当する（金商法24Ⅰ）。

　このとき、関係会社（親会社、子会社、関連会社及びその他の関係会社（財務諸表提出会社が他の会社等の関連会社である場合における当該他の会社等））については、有価証券報告書の【関係会社の状況】ないし【関係会社の情報】欄において、その名称、住所、資本金又は出資金、主要な事業の内容、議決権に対する提出会社の所有割合及び提出会社と関係会社との関係内容（例えば、役員の兼任等、資金援助、営業上の取引、設備の賃貸借、業務提携等の関係内容をいう）を記載することとされている（但し、重要性の乏しい関係会社については、その社数のみを記載することに止めることができる。開示府令第三号様式記載上の注意(8)、第二号様式記載上の注意(28)）。

　上場会社の役員が、例えば資産管理会社を通じて上場会社の株式を保有している場合には、その株式保有割合によっては、関係会社の状況として当該株式保有が開示される場合がある。

(b)　大株主の状況

　また、個人で上場会社の株式を保有している場合も、【大株主の状況】として、

氏名又は名称、住所、所有株式数及び発行済株式総数に対する所有株式数の割合が有価証券報告書に記載されることがある。【大株主の状況】欄には、所有株式数の多い順に10名程度について記載するものとされており、かつ所有株式数は、他人名義で所有している株式数を含めた実質所有により記載することとされている（開示府令第三号様式記載上の注意(25)）。

(2) 財務情報に係る開示

有価証券報告書においては、財務諸表（貸借対照表、損益計算書、株主資本等変動計算書及びキャッシュ・フロー計算書並びに附属明細表）も開示することになる。この際、注記として、関連当事者との取引を開示することとされている（財表規則8の10、平成18年10月17日企業会計基準委員会・企業会計基準第11号「関連当事者の開示に関する会計基準」）。「関連当事者」には、親会社、子会社や関連会社が含まれる。また個人も、保有態様を勘案した上で、自己又は他人の名義をもって総株主の議決権の10％以上を保有している株主が含まれる。そのため、上場会社とオーナーないし資産管理会社等との間の取引は開示の対象となり得る。

会社と関連当事者との取引のうち、重要な取引が開示対象とされており、関連当事者の概要、上場会社と関連当事者との関係、取引の内容、取引の種類毎の取引金額や取引条件及び取引条件の決定方針等が開示されることとされている。

3 配当に係る課税関係

(1) 個人株主の課税関係

個人が法人から配当を受領した場合には、当該法人が上場会社であるか、非上場会社であるかに応じて、大要図表6-6のような課税関係が生じる。

なお、図表6-6にあるとおり、上場会社の配当であったとしても、発行済株式総数の3％以上を保有する大口株主については、分離課税を選択することができず、総合課税の対象とされる（措法8の4Ⅰ）。また、申告不要を選択した場合と申告分離課税を選択した場合においては、配当控除（所法92条1項）を利用することはできない（措法8条の4Ⅲ④）。

138　第1部　基礎編

(2)　法人株主の課税関係

　法人株主が配当を受領した場合には、原則として各事業年度の益金に算入されるが、当該法人の保有割合に応じて、一定の金額が益金不算入とされる（法法23 Ⅰ）。

図表6-6　個人株主の課税関係

区分	課税方法		源泉徴収
上場株式等の配当 （大口株主等が受ける配当を除く）	選択可	申告不要	20.315%（所得税15%、住民税5%、復興特別所得税0.315%）
		総合課税	
		申告分離課税	
上場株式等の配当以外	選択可	申告不要 （一回に支払いを受けるべき配当等の金額が、次により計算した金額以下である場合に限る。10万円×配当計算期間の月数÷12）	20.42%（所得税20%、復興特別所得税0.42%）
		総合課税	

図表6-7　法人株主の課税関係

区分	株式等保有割合	不算入割合
完全子法人株式等	100%	全額
関連法人株式等	3分の1超	全額（負債利子控除あり）
その他の株式等	5%超 3分の1以下	100分の50
非支配目的株式等	5%以下	100分の20

第7章
株式の取得・処分

　本項では、株式の取得（発行会社から取得する場合には増資（新株の発行や自己株式の処分）、発行会社以外の第三者から取得する場合には株式譲渡）や処分を行う際の法務・税務のポイントについて触れる。特に、親族や資産管理会社がその株式の多くを保有しているオーナー系企業においては、株式（議決権）の譲渡等により、支配権が異動することがあるため、会社法上の手続きはもちろん、上場会社であれば、金商法上の規制等による手続きや開示についても留意する必要がある。

1　増資（新株発行・自己株式処分）

　会社からオーナー自身や後継者等に対して新株発行や自己株式の処分を行うことによって増資を行う場合には、その新株発行や自己株式の処分が、適正な時価によるものなのか、適正な時価以外によるもの（有利発行や不利発行）なのかによって、課税関係が異なってくる。他方で、法務面については、払込金額が募集株式を引き受ける者にとって特に有利な金額である場合（有利発行）に会社法上特別の規制はあるものの、この点以外は適正な時価によるものなのか、適正な時価以外による有利発行もしくは不利発行なのかによって大きな差異はない。

(1) 法務・税務の概観

図表 7-1　新株発行・自己株式処分の模式図

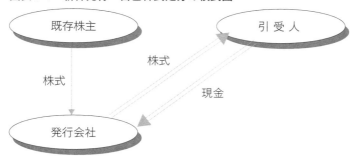

新たな引受人が、株式の発行会社の行う時価による新株発行又は自己株式の処分を引き受け、現金で払込みをする場合、概ね以下のようなポイントがある。

図表 7-2　新株発行・自己株式処分における法律上・税務上のポイント

法務	会社法上の手続き	✓会社法上の公開会社であれば原則として取締役会決議のみで足りる ✓有利発行の場合は株主総会の特別決議が必要 ✓不公正発行規制（差し止められる可能性あり） ✓反対株主の株式買取請求権なし ✓現物出資規制 ✓議決権の希釈化に対する証券取引所のルール
	金融商品取引法上の手続き	✓募集手続 ✓（自己株式を処分する場合）引受人側でTOBが必要となる場合がある
	独禁法上の手続き	✓一定の株式取得については公正取引委員会への事前届出が必要となる（独禁法10Ⅱ）
	契約の相手方からの承諾の取得	✓原則として不要だが、チェンジ・オブ・コントロール条項には要注意
	発行会社の許認可	✓原則として発行会社の許認可に影響はない
	発行会社の潜在債務の承継リスク	✓あり

税務	発行会社に対する課税	✓資本等取引に該当し、課税なし ✓登録免許税の課税あり（自己株式処分の場合を除く） ✓消費税は不課税
	既存株主に対する課税	✓原則として課税関係なし ✓適正な時価以外の発行の場合の課税に注意（下記(3)）
	引受人（個人・法人）に対する課税	✓株式の減価償却はない ✓適正な時価以外の発行の場合の課税に注意（下記(3)）

(2) 法務上の取扱い

第三者割当ての新株発行・自己株式処分においては、会社法や金融商品取引法の規制（上場会社などの場合）、証券取引所の規制（上場会社の場合）が問題となる。

(a) 会社法

会社法上、第三者割当ての新株発行及び自己株式処分については、募集株式の発行として一本化され、大要以下のような手続きや規制が規定されている。

(i) 募集事項の決議

発行会社が非公開会社の場合には、株主総会決議により募集事項を決定することになる（会社法199Ⅰ・Ⅱ）。他方で、公開会社については、原則として取締役会決議で足りるため、機動的な発行が可能となっている。但し、払込金額が募集株式を引き受ける者にとって特に有利な金額である場合（有利発行）には、株主総会の特別決議（議決権保有株主の過半数の出席・出席株主の議決権の3分の2）が必要となり、取締役は当該株主総会において、当該払込金額でその者の募集をすることを必要とする理由を説明しなければならない（会社法201Ⅰ、199Ⅱ・Ⅲ、309Ⅱ⑤）。また、上場会社の場合は、証券取引所の規制にも注意する必要がある（下記(c)）。

なお、株主総会決議が必要な場合であっても、株主総会決議によって、募集事項の決定を取締役（取締役会設置会社にあっては、取締役会）に委任することが

できる。この場合においては、その委任に基づいて募集事項の決定をすることができる募集株式の数の上限及び払込金額の下限を定めなければならない（会社法200 I）。

(ii) 株主への通知・公告

　発行会社が公開会社である場合、取締役会の決議で募集事項を定めたときは、払込期日又は払込期間の初日の2週間前までに、株主に対して通知又は公告しなければならない（会社法201 Ⅲ・Ⅳ）。この通知又は公告を欠くことは、新株発行及び自己株式処分の無効事由となりうる（最判平成9年1月28日民集51巻1号71頁）。

　但し、有利発行に係る株主総会決議を取得する場合においては、株主総会において募集事項が開示されるため、かかる通知又は公告は不要である。また、金融商品取引法4条1項又は2項に基づく届出等を行っている場合も、かかる通知又は公告は不要である（会社法201 Ⅴ、会社規40）。

(iii) 募集株式の申込み及び割当て

　新株を発行する場合、発行会社は、原則として、募集株式の申込みをしようとする者に、商号、募集事項、払込みの取扱いの場所等を通知し（会社法203 I）、申込者のなかから割当てを受ける者及び割り当てる株式数を決めたうえで申込者に対し通知する必要がある（会社法204 Ⅲ）。

　しかし、実務上、第三者割当の新株を発行する場合には、発行する会社と、特定の第三者との間で総数引受契約を締結することにより、このような申込み及び割当ての手続きを経ないことが多い（会社法205 I）。平成26年会社法改正により、定款に別段の定めを設けない限り、募集株式が譲渡制限株式であるときは、株主総会（取締役会設置会社にあっては、取締役会）の決議によって、総数引受契約の承認を受けなければならないものとされている（会社法205 Ⅱ）。

(iv) 出資の履行（現物出資）

　現物出資の場合には、原則として、裁判所が選任する検査役の調査が必要となる（会社法207）。検査役の調査の手続きは煩雑であることから、以下の例外規定を用いて、検査役の調査を不要としたうえで現物出資が行われることが多い。

i. 募集株式の引受人に割り当てる株式の総数が発行済株式の総数の10分の1を超えない場合（会社法207 IX①）

ii. 現物出資財産について定められた会社法199条1項3号の価額（募集事項に定める現物出資財産の価額）の総額が500万円を超えない場合（会社法207 IX②）

iii. 現物出資財産のうち、市場価格のある有価証券について定められた会社法199条1項3号の価額（募集事項に定める現物出資財産の価額）が当該有価証券の市場価格として法務省令で定める方法により算定されるものを超えない場合（会社法207 IX③）

iv. 現物出資財産について定められた会社法199条1項3号の価額（募集事項に定める現物出資財産の価額）の価額が相当であることについて弁護士、弁護士法人、公認会計士、監査法人、税理士又は税理士法人の証明（現物出資財産が不動産である場合にあっては、当該証明及び不動産鑑定士の鑑定評価。以下この号において同じ）を受けた場合（会社法207 IX④）

v. 現物出資財産が株式会社に対する金銭債権（弁済期が到来しているものに限る）であって、当該金銭債権について定められた会社法199条1項3号の価額（募集事項に定める現物出資財産の価額）が当該金銭債権に係る負債の帳簿価額を超えない場合（会社法207 IX⑤）

vi. 産業競争力強化法に従い認定された計画に従って現物出資を行う場合（産業競争力強化法30 I）

(v) 不公正発行

法令・定款違反の場合、又は、著しく不公正な方法による場合で、株主が不利益を受けるおそれがある場合には、株主に差止請求権がある（会社法210）。

(vi) 株式買取請求

増資の場合には、反対株主に株式買取請求権は認められていない。⑤の差止請求や、発行後は新株発行の無効確認訴訟によることになる。

(b) 金融商品取引法

会社法上、新株発行と自己株式の処分に区別がないのに対して、金融商品取引法では、新規に発行される有価証券と既発行の有価証券を区別しているため、新株発行と自己株式処分の間には、主として、以下のような大きな違いがある。

(i) 公開買付規制（TOB規制）

新株発行による上場会社株式の取得については、原始取得であり、公開買付

規制（TOB 規制）は適用されない一方で、自己株式処分による株式の取得については、既に発行されている株式の買付けとして、原則として公開買付規制の対象となるため、当該買付けが公開買付けを不要とする例外的な場合に該当するかを確認する必要がある。公開買付規制の詳細については、下記 3 ⑵⒜を参照されたい。

(ii) インサイダー取引規制

新株発行による株式の取得はインサイダー取引規制の対象とならないと一般的に解されているが、自己株式の処分による株式の取得はインサイダー取引規制の対象となるため、その実施に際しては未公表の重要事実（いわゆるインサイダー情報）の有無と、もしインサイダー情報がある場合には、上場会社による公表を待つか、インサイダー取引規制の適用が免除される取引類型による取引（例えば市場外におけるインサイダー情報を知る者同士の取引）とするかを検討する必要がある。インサイダー規制の詳細については、下記 3 ⑵⒞を参照されたい。

⒞ 証券取引所の規制

なお、東京証券取引所は、投資家保護の観点から、上場会社が行う第三者割当増資等に関し、以下のような規制を設けている。

(i) 希釈化率が 300%を超えるとき（発行済株式総数 100 株に対して 300 株超の株式を発行するとき＝発行済株式総数の 75%超を引受人が取得するとき）

株主の利益を侵害するおそれが少ないと認められる場合を除き、株主の権利内容及びその行使を不当に制限するものとしてその上場を廃止するものとされている（有価証券上場規程 601 Ⅰ ⑰、有価証券上場規程施行規則 601 ⅩⅣ⑥）。

(ii) 希釈化率が 25%以上となるとき（発行済株式総数 100 株に対して 25 株以上の株式を発行するとき＝発行済株式総数の 20%以上を引受人が取得するとき）、又は支配株主が異動することになるとき

経営陣から独立した第三者委員会等による第三者割当の必要性及び相当性に関する客観的な意見の入手又は株主総会の決議等の株主の意思確認等が求められている（緊急性が極めて高い場合を除く（有価証券上場規程 432 ①、有価証券上場規程施行規則 435 の 2 ））。

第7章　株式の取得・処分　　145

　また、割当先の払込みに要する財産の存在について確認した内容、払込金額の算定根拠等、投資判断上重要な事項についての開示の充実化が求められている（有価証券上場規程施行規則402の2Ⅱ）。

　この規制により、上場会社の場合、会社法上、原則として取締役会決議のみで機動的に行うことが可能であった第三者割当増資について、希釈化率が25％以上となるもの又は支配株主が異動するものについては、証券取引所の規則上別途の手続きが必要となる。そのため、上場企業において新株発行を利用して事業承継・M&Aを行う文脈においても、留意する必要がある。

(3)　税務上の取扱い

(a)　適正な時価による新株発行・自己株式処分

　適正な時価による新株発行・自己株式処分の場合は、所得課税（所得税、法人税）は発生しないのが原則である。

(i)　発行会社

　新株の発行は資本等取引（法法22Ⅴ）に該当するため、払込金は、益金に算入されない。よって、発行会社に税負担は発生しない。

　但し、発行会社の繰越欠損金の利用及び譲渡等損失の損金算入が制限される場合があるので、留意を要する。

　なお、新株発行を行う場合は、必ず発行会社の資本金が増加するため、増加資本金の0.7％に相当する金額の登録免許税が課される（登法9・別表第一の二十四(一)ニ）。自己株式の処分の場合、資本金は増加しないため、登録免許税も課されない。

　消費税は、新株発行、自己株式の処分のいずれの場合であっても、不課税となる。

(ii)　引受人

　増資を引き受けた引受人（個人・法人）は、株式が減価償却資産ではないことから、引受人が譲渡等をするときまで、要した費用を、税務上の費用化ないし損金化できない。これは、株式譲渡により株式を譲り受けた場合も同様である。

(iii) 既存株主

既存の発行会社株主に課税は発生しない。

(b) 適正な時価以外による新株の有利・不利発行

新株引受につき、有利発行（株式の時価よりも低額で新株を発行する）又は不利発行（株式の時価よりも高額で新株を発行する）となる場合、新株を発行する法人（発行法人）、新株を引き受ける個人又は法人（引受人）及び既存株主には課税が生じうる。

なお、会社法上、不利発行に係る直接の規制はそもそも存在せず、また有利発行も株主総会の特別決議等の法律上の規制をクリアすることで可能であるが、税法上は、いずれの場合であっても後述のとおり一定のリスクを抱えることになる。

(i) 有利発行の場合

① 発行法人

新株発行は、発行法人の資本金等の額を増加させる取引であるため（法令8Ⅰ①）、有利発行の場合であっても、原則として、損益取引ではなく資本等取引（法法22Ⅴ）に該当し、益金の額又は損金の額を増減させることはなく、発行法人の所得に影響はないと考えられる。

しかし、かかる有利発行が発行法人から引受法人に対する恣意的な利益の移転と認められる場合には、時価で新株を発行したのち、時価と払込価額との差額につき発行法人が引受法人に対して贈与したものとして、同族会社の行為・計算否認規定（法法132Ⅰ）を適用するなどの方法により、寄附金認定を受ける余地もないわけではない[1]。

② 引受人

(ア) 引受人が法人の場合

有利発行の場合、引受法人は、通常よりも低額で株式を取得していることから、原則として、時価と出資した額との差額が受贈益であると認識されて課税される（法法22Ⅱ、法令119Ⅰ④）。有利発行かどうかは、概ね時価との差額が10％以上下回るかどうかで判断される（法基通2-3-7）。この点が争点となった

---

1) 新株発行と同様である自己株式の処分につき、発行法人が寄附金認定を受けるとする見解として、T&A master 315号（2009年）38頁参照。

近時の事例として、東京高判平成 22 年 12 月 15 日税資 260 号順号 11571 がある。

一方、引受法人の払込価額が株式の時価を下回っていたとしても、引受法人が発行法人の株主として株式を引き受けた場合であって、発行法人の他の株主等に損害を及ぼすおそれがないと認められる場合には、引受法人は課税されない（法令 119 Ⅰ ④）。発行法人の他の株主等に損害を及ぼすおそれがないと認められる場合とは、株式の内容及び数に応じて株式が平等に割り当てられ、種類の異なる株式との間においても経済的な衡平が維持される場合をいうとされている（法基通 2-3-8）。

第三者割当てによる新株発行においては、一人会社である発行会社が当該株主に対して株式を割り当てるような場合を除き、既存株主に株式が平等に割り当てられないため、発行法人の既存株主等に損害を及ぼすことになり、法人税法施行令 119 条 1 項 4 号の要件を満たさない。したがって、引受法人は、時価と払込価額の差額につき、原則として受贈益課税を受けることになる。

(ｲ) 引受人が個人の場合

引受人が、有利な金額の払込みにより株式を取得する権利を取得し、その権利を行使した場合には、株式の取得についての申込みをした日（不明な場合は申込期限）に、原則として株式の時価と、払込金額との差額について課税がされることとなる。その場合の取扱いは、まず、発行法人の役職員に対しその地位又は職務等に関連して株式を取得する権利が与えられたと認められるときは給与所得とし、これらの者の退職に基因して当該株式を取得する権利が与えられたと認められるときは退職所得とされる。（所令 84 Ⅱ ⑤、所基通 23〜35 共-6、23〜35 共-6 の 2）。なお、有利発行を受けた株式の取得価額は、払込みの日における時価とされる（所令 109 Ⅰ ③）。

有利発行による利益が、給与所得又は退職所得に該当しない場合において、引受人及び既存株主が個人（親族等の関係にある者に限られている）で、かつ、発行法人が同族会社である場合には、有利発行により既存株主から引受人へ贈与があったものとして、引受人に贈与税が課せられる（相法 9、相基通 9-4）。この場合、私法上の贈与契約の成立は必要とされていない点に留意することがある。

上記のいずれにも該当しない場合には、引受人に一時所得が発生し、所得税が課税される（所基通 23〜35 共-6）。

③ 既存株主

(ア) 既存株主が法人の場合

新株発行は、原則として、発行法人と引受法人との間の取引であるため、既存株主が課税されることはない。しかし、既存株主と引受人（引受法人）との間で「取引」があると認められる場合には、既存株主が課税される可能性がある点に留意が必要である。

オウブンシャホールディング事件[2]では、発行会社（外国会社）が一人会社であり、かつ、既存株主（内国法人）と引受法人（外国法人）が親子関係にある事案において、最高裁は、新株の有利発行により既存株主から引受法人に著しく低額で株式の価値が移転したと認定し、既存株主への課税を認めた。

法人税法22条2項は、当事者間で「取引」が行われた場合に、益金が発生すると定めている。新株発行は、発行法人と引受法人との間の取引であって、既存株主と引受法人との間の「取引」ではないため、法人税法22条2項の適用対象ではないとも考えうるが、最高裁は、新株の有利発行による発行会社の資産価値（持分価値）の移転は、既存株主の「支配の及ばない外的要因によって生じたものではなく」、既存株主において意図し、かつ、引受法人において了解したところが実現したものということができるとして、既存株主と引受法人との間の「取引」にあたると判断した。

この最高裁判決からすると、既存株主と引受法人との間で株式価値の移転が合意されていたといえる例外的な場合には、法人税法22条2項により、既存株主が時価課税及び寄附金認定を受ける可能性があると思われる。

(イ) 既存株主が個人の場合

前記②(イ)のとおり、引受人及び既存株主が個人（親族等の関係にある者に限られている）で、かつ、発行法人が同族会社である場合には、有利発行により既存株主から引受人へ贈与があったものとして、引受人に贈与税が課せられるが（相法9、相基通9-4）、この場合、既存株主である個人が課税されることはないと考えられる。

これに対して、引受人が法人の場合、個人である既存株主にどのような課税関係が生じるかについては明文がない。この点、既存株主から引受人に対して贈与があったと認められ、かつ、当該贈与が低額譲渡にあたる場合には、裁判

---

2) 最判平成18年1月24日集民219号285頁。

例等の先例はないものの、資産価値の移転が実質的に所得税法59条1項に定める「譲渡所得の基因となる資産の移転」に該当するものとして、既存株主は時価課税を受ける可能性があるのではないかと考えられる。

(ii) 不利発行の場合

① 発行法人

　新株の有利発行と同様に、発行法人にとっては、不利発行の場合であっても、原則として資本等取引（法法22Ⅴ）に該当し、益金の額又は損金の額を増減させることはなく、発行法人の所得に影響はないと考えられる。

　しかし、かかる不利発行が引受法人から発行法人に対する恣意的な利益の移転と認められる場合には、時価で新株を発行したのち、引受法人が発行法人に時価を超える部分につき贈与したものとして、同族会社の行為・計算否認規定（法法132Ⅰ）を適用するなどの方法により、発行法人に時価を超える部分につき受贈益課税を受ける余地もないわけではない。

② 引受人

(ア) 引受人が法人の場合

　不利発行の場合、有利発行と異なり、法人税法施行令等において有価証券の取得価額に関する特別の規定はない。したがって、不利発行の場合には、原則として、発行法人への払込金額がそのまま有価証券の取得価額になると考えられる（法令119Ⅰ②）。

　但し、不利発行の場合、時価を超える払込金額は新株の取得価額とならず、寄附金になると認定したと評価できる裁判例がある点に注意が必要である。

　すなわち、裁判所は、約577億円の債務超過の会社に対して、1株の額面金額50円の株式を1株100万円で約53,000株引き受けた事案（相互タクシー事件（名古屋高裁金沢支判平成14年5月15日税資252号順号9121）において、「1株50円を超える部分は法人税法上の寄附金に該当する」と判断し、取得価額に含まれないと判断した。また、同種の事案であるスリーエス事件（東京高判平成13年7月5日税資251号順号8943）では、同族会社の行為計算否認規定である法人税法132条1項を適用し、時価を超えて払い込んだ価額は取得価額とならないと判断した。

　上記の2つの事例のうち、相互タクシー事件は、事案がかなり特殊であり、また、現在では額面金額の制度は廃止されているため、先例としてみるには疑

問があるが[3]、スリーエス事件には、一定の先例価値があるように思われる。

仮に、時価を超える払込金額が新株の取得価額とならないと認定された場合は、引き受けた有価証券の取得価額が低くなるため、当該有価証券を将来譲渡するときの譲渡益が増えることになる。

⑷　引受人が個人の場合

不利発行の場合で引受人が個人のとき、一定の利益移転により不利益を被っているものの、所得税法上は当該不利益を費用ないし損失として取り込む明文の規定が存在しない。あくまで引受人が株式を譲渡するなどの取引を行った場合に課税関係が生じることになると思われる。このとき、法人税法と同様、不利発行の場合、有利発行と異なり、所得税法施行令等において有価証券の取得価額に関する特別の規定はない。したがって、不利発行の場合には、発行法人への払込金額がそのまま有価証券の取得価額になるとも考えうる（所令109Ⅰ①）。もっとも、前記相互タクシー事件の考え方によれば、払込金額のうち株式の時価を超える部分については、引受人から既存株主に対する贈与があったと認定される可能性も否定はできず、慎重な検討を要する。

③　既存株主

㋐　既存株主が法人の場合

法人税法においては、後述の相続税法のように、株主間での贈与があったものとみなすといった取扱いを定めた法令や通達はない。この点、既存株主は、引受法人から株式の価値を無償で譲り受けたとして、株式価値の時価相当額の益金が発生し、受贈益課税を受けるとの見解もありえよう。しかし、上記有利発行の場合と同様、既存株主と引受法人との間で株式価値の移転が合意されていたといえる例外的な場合に限り、そのような課税関係が生じると考えるべきであろう（上記オウブンシャホールディング事件参照）。

㋑　既存株主が個人の場合

引受人及び既存株主が個人で、かつ、発行法人が同族会社である場合には、不利発行により引受人から既存株主へ贈与があったものとして、株式価値が増加した部分につき、既存株主は贈与税を課せられる（相法9、相基通9-2）。

以上のうち、株主が法人である場合のケースを整理すると**図表7-3**のようになる。

---

3)　岡村忠生「発行価額を超える新株払込みと寄附金——相互タクシー事件」水野忠恒＝中里実＝佐藤英明＝増井良啓編『租税判例百選〔第4版〕』（有斐閣、2005年）116頁以下。

図表 7-3 適正な時価以外による新株発行（株主が法人である場合）

	有利発行の場合	不利発行の場合
発行法人	✓資本等取引であるため、原則として課税されない。 ✓但し、発行法人が引受法人に対して時価と払込金額との差額につき贈与したとして、寄附金認定を受けるリスクあり。	✓資本等取引であるため、原則として課税されない。 ✓但し、発行法人が引受法人から時価を超える部分につき贈与を受けたとして受贈益課税を受けるリスクあり。
引受法人	時価との差額が10%以上下回る場合は受贈益課税を受ける。但し、引受法人が発行法人の株主として株式を引き受けた場合であって、発行法人の他の株主に損害を及ぼすおそれがないと認められる場合を除く。	✓払込金額が新株の取得価額となり、特段の課税関係は生じない。 ✓但し、同族会社の行為計算否認により、新株の取得価額の一部が寄附金として否認される可能性がある（スリーエス事件）。
既存法人株主	✓原則として、課税されない。 ✓但し、例外的に、引受法人との間で、株式の価値を移転させる旨の合意があると認められる場合、時価課税及び寄付金認定を受けるリスクあり（オウブンシャホールディング事件）。	✓原則として、課税されない。 ✓但し、例外的に、引受法人との間で、株式の価値を移転させる旨の合意があると認められる場合、受贈益課税を受けるリスクあり。

2　非公開会社株式の譲渡

(1)　譲渡の手続き

　非公開会社においては、譲渡による株式の取得には会社の承認を要する旨の定款の定めがあるため、その株式を譲渡するためには、定款に別段の定めがない限り、株主総会（取締役会設置会社においては取締役会）による承認決議が必要となる（会社法139 I）。かかる承認のない譲渡は、譲渡の当事者間においては有効であるが、会社に対してその譲渡を対抗することはできない。

　なお、相続、合併・会社分割のような一般承継による株式の移転は「譲渡」

には含まれないため、かかる承認は不要である[4]。

　また、非公開会社株式の譲渡の効力要件及び対抗要件は、会社が株券発行会社であるかどうかによって異なっており、表にまとめると図表7-4のとおりとなる。ここで、株券発行会社とは、その株式に係る株券を発行する旨の定款の定めがある会社をいう（会社法 117 Ⅶ）。

図表7-4　非公開会社株式の譲渡の効力要件及び対抗要件

	効力要件	会社に対する対抗要件	第三者に対する対抗要件
株券発行会社	株券の交付	株主名簿の名簿書換	株券の交付
株券不発行会社	当事者間の合意	株主名簿の名簿書換	株主名簿の名簿書換

(a)　株券発行会社の場合

　株券発行会社においては、株券を交付しなければ、株式の譲渡の効力は生じない（会社法 128 Ⅰ）。株券発行会社であるにもかかわらず、株券を発行していない場合には、株券の発行を請求した上で、株券の交付を行う必要がある。もっとも、相続、合併、会社分割等の一般承継による権利移転の場合については、株券の交付は不要と解されている[5]。

　会社に対して株式の譲渡を対抗するためには株主名簿の名簿書換が必要であり、会社以外の第三者に対して対抗するためには株券の交付が必要となる。

(b)　株券不発行会社の場合

　株券不発行会社においては、当事者間の合意のみによって株式の譲渡の効力が発生する。

　株式の譲渡を対抗するためには、会社に対しても会社以外の第三者に対しても、株主名簿の名簿書換を要する。

(2)　税務上の取扱い

　非上場株式を時価で譲渡した際の譲渡人における税務上の取扱いは、譲渡人

---

4)　江頭憲治郎『株式会社法〔第7版〕』（有斐閣、2017年）232頁〜233頁。

5)　江頭・前掲注4）219頁。

が個人であるか法人であるかによって異なる。

非上場株式の譲渡人が個人である場合には、譲渡による所得は「一般株式等に係る譲渡所得等」として、他の所得とは分離して課税され、その税率は原則として、20.315％（所得税15％、復興特別所得税0.315％、住民税5％）である（措法37の10Ⅰ、復興財源確保法9Ⅰ・13、地法71の49）。

一方で、非上場株式の譲渡人が法人である場合には、譲渡益に通常の法人税率（実効税率ベースで約30％）が適用される。

なお、非上場株式を時価で譲渡した場合には、譲受人においては課税関係は生じない。

3　上場会社株式の譲渡

(1)　譲渡の手続き

上場株式については、株券は発行されず、振替株式制度が用いられる。振替株式の譲渡は、譲渡人による振替の申請により、譲受人がその口座における保有欄に当該譲渡に係る数の増加の記載・記録を受けることによって効力を生じる（振替法140）。相続、合併、会社分割等の一般承継の場合には、振替口座簿の記載・記録は株式の移転の効力要件ではないと解されているが[6]、相続人が対抗要件を具備できる地位を得るためには、自らの名義の振替口座簿に当該振替株式が記録されることが必要である[7]。

株式の譲渡を対抗するためには、会社に対しても会社以外の第三者に対しても、株主名簿の名簿書換を要する。振替株式に係る株主名簿の記載・記録は総株主通知を通じて行われる。

(2)　金融商品取引法及び金融商品取引所規則

上場株式の譲渡・取得は、下記(a)から(g)において概説する種々の金融商品取引法及び金融商品取引所規則に基づく規制の対象となる可能性がある。

金融商品取引法に違反した場合には、損害賠償責任等の民事責任、課徴金（行政上の金銭的な制裁）、罰金や懲役等の刑事罰の対象となる可能性があり、また、

---

6)　江頭・前掲・前掲注4) 220頁。

7)　大野晃宏ほか「株券電子化開始後の解釈上の諸問題」商事法務1873号（2009年）54頁。

上場会社が金融商品取引所規則に違反した場合には、特設注意市場銘柄指定、改善報告書の提出、開示注意銘柄指定、勧告・公表、上場契約違約金の支払い、上場廃止といった処分の対象となる可能性がある。

　なお、金融商品取引法に基づく開示書類は、原則として EDINET というインターネットを利用した電子開示システムによって開示され（金商法27の30の2）、また、証券取引所における開示は、原則として TDnet という電子開示システムを通じて行われる。

　電子開示システムを利用するためには、提出者の本店所在地又は住所を管轄する財務局に対し、利用登録を行って提出用の ID とパスワードを取得する必要があり、その取得には数日間を要する。大量保有報告書やその変更報告書については、譲渡や取得などの報告義務発生日の翌取引日から起算して5取引日以内に提出する必要があるため、報告義務の発生後に、EDINET 提出用の ID とパスワードを取得しようとしても、期限内に提出することは困難であろう。そのため、上場株式の譲渡や取得に際しては、金融商品取引法による書類提出義務の有無を確認し、提出義務が生じる場合には EDINET 提出用の ID とパスワードの有無を確認し、もし、これを有していなければ事前にその取得手続きを行っておく必要がある。

(a)　公開買付規制

(i)　概要

　公開買付規制とは、上場会社の株式を市場外で買い付ける場合、買付け後に、自らとその者と一定の関係にある者（特別関係者という）の上場会社に対する議決権割合が3分の1超となる場合などにおいて、法の定めた一定の事由に該当しない限り、不特定多数の者から公平に法令の定める要件に従って株式の買付けを行う手続きである公開買付けを行わなければならないという規制をいう。

　公開買付けを行う場合には、公開買付届出書等の法定書類の提出とその作成準備、行政当局への事前相談、公開買付けの決済のための公開買付け代理人の選定（証券会社が行う）という手続きが必要となる。公開買付けの手続きは、極めて専門的なプロセスであり、その準備に時間と費用を要する。そのため、事業承継の文脈で上場株式等の移転が必要となる場合には、公開買付けを行わないようにすることができれば、その方が望ましい。

　公開買付規制は、基本的には、①市場外で、②有償で、③上場株式等を、④

3分の1を超えて取得する場合にその適用が問題となってくるため、以下、各要件を中心に検討する。

(ii) 「市場外」

ToSTNeT取引等の立会時間外取引による買付け等は、市場内取引であるものの、それにより、当該買付け等の後における株券等所有割合が3分の1を超える場合には、市場外取引と同様に、当該買付け等を公開買付けにより行う必要がある（金商法27の2Ⅰ③）。

ToSTNeT取引等の立会時間外取引を公開買付けの方法により行うことは実務的に不可能であるため、結果として、株券等所有割合が3分の1を超えることとなる立会時間外取引を行うことはできないということになる。

なお、下記(viii)の適用除外の一部は、「特定買付け等」に該当することが要件となっているところ、「特定買付け等」は相手方の人数を常に把握することができる市場外取引であることを前提にしていると考えられるため（「特定買付け等」の意義については下記(v)①を参照）、市場内取引である立会時間外取引においてはそれらの適用除外を利用することはできない点に留意する必要がある。

(iii) 「買付け等」

公開買付規制の対象となる取引は、株券等の「買付け等」に限定されているところ、買付け等とは、株券等の買付けその他の有償の譲受及びこれに類するものとして政令で定めるものを含むとされている（金商法27の2Ⅰ、金商令6Ⅲ）。

「買付けその他の有償の譲受け」には、売買のほか、代物弁済、現物出資[8]等が含まれると解される。他方で、贈与や相続などの無償取得行為は、買付け等に該当せず、公開買付規制の対象とならない。

また、合併や株式交換等の組織再編による株券等の取得については、当該組織再編の当事会社が株券等を（承継）取得する場合、当該組織再編の当事会社の株主等が当該組織再編の対価として株券等の交付を受ける場合のいずれについても、通常は、株券等の買付け等には該当せず、公開買付けを行う必要はないと考えられている。もっとも、他の会社の株券等のみを対象とする吸収分割（いわゆる無対価分割を除く）のように、実質的には相対での株券等の譲受けの一形

---

[8] 「証券取引法等の一部を改正する法律の一部の施行に伴う関係政令の整備等に関する政令案に対するパブリックコメントの結果について」（2004年11月12日公表）。

態に過ぎないと認められる場合にはこの限りではなく、なお買付け等に該当し得ると考えられている[9]。

(ⅳ) 「株券等」

公開買付規制の対象となる有価証券は、有価証券報告書の提出義務を負っている発行者（上場会社であれば、金商法24条1項1号によりこれに該当する）が発行する「株券等」である。

ここにいう「株券等」には、株券、新株予約権証券、新株予約権付社債券を含むが（金商法27の2Ⅰ、金商令6Ⅰ①）、無議決権株式や無議決権株式を対象とする新株予約権はこれに含まれないとされている（金商令6Ⅰ、他社株府令2①・②）。なお、無議決権株式であっても、それと引換えに議決権を有する株式の交付を受ける取得請求権又は取得条項が付されていれば「株券等」に該当する。

なお、有価証券報告書提出会社の株券等の3分の1超を所有する資産管理会社の株式の取得は、形式的には強制公開買付けの対象となる買付け等に該当するものではないが、当該資産管理会社の状況（例えば、当該資産管理会社が対象者の株券等以外に保有する財産の価値、当該資産管理会社の会社としての実態の有無等）によっては、資産管理会社の支配権を取得することとなる株式の取得が実質的には対象者の「株券等の買付け等」の一形態に過ぎないと認められる場合もあると考えられ、そのような場合は、公開け買付規制に抵触し得る[10]。

例えば、上場会社の株式を15％所有する者が、上場会社の株式のみを資産とする資産管理会社の株式を100％買い付ける場合において、買付け後に、買付者が当該資産管理会社の保有する上場会社の株式と合わせて上場会社の株式を3分の1超保有することとなる場合には、公開買付規制の適用除外に該当しない限り、公開買付けが必要となるものと判断される。

これに対し、例えば、当該資産管理会社の株式の取得とともに買付者又は当該資産管理会社により対象者に対する公開買付け（買付予定数の上限を定めていない）が行われ、当該公開買付けにおける公開買付開始公告及び公開買付届出書において資産管理会社の株式の取得を含む取引の全容が開示されるとともに、当該資産管理会社の株式の取得における価格に相当性があると認められる場合

---

9) 公開買付け Q&A 問 12。
10) 公開買付け Q&A 問 15。

第 7 章　株式の取得・処分　**157**

（資産管理会社が所有する対象者の株券等が公開買付価格と同額以下に評価され、か
つ、他の資産の評価の合理性につき公開買付届出書において説明がなされている場合
等）など、取引の実態に照らし、実質的に投資者を害するおそれが少ないと認
められる場合には、この限りではないと考えられている[11]。

(v)　適用事由（金商法 27 条の 2 第 1 項各号の該当性）

　事業承継の文脈において主に問題となる公開買付規制の適用事由は、以下に
詳述する 3 分の 1 ルール及び急速な買付けである。

①　市場外取引に係る 3 分の 1 ルール（金商法 27 の 2 Ⅰ②）

　市場外において「著しく少数の者」から株券等の買付け等（以下、「特定買付け
等」という）を行う結果、買付け後における株券等所有割合が 3 分の 1 を超える
場合には、かかる買付け等については公開買付けが強制されるものとされてい
る（3 分の 1 ルール）。この「著しく少数の者から株券等の買付け等」とは、株券
等の買付け等を行う相手方の人数と、買付け等を行う日前 60 日間に、市場外に
おいて行った株券等の買付け等の相手方の人数との合計が 10 名以下であるこ
とをいう（金商令 6 の 2 Ⅲ）。

　したがって、61 日間の間に 10 名以下から株券等の買付け等を行った結果、
当該買付け等を行った者の株券等所有割合が 3 分の 1 を超える場合には、公開
買付けを行う必要がある（金商法 27 の 2 Ⅰ②）。

　なお、上記(ii)のとおり、ここでいう「市場外」には、ToSTNeT 取引等の立会
時間外取引も含まれている点に留意が必要である（金商法 27 の 2 Ⅰ③）。

　また、3 分の 1 ルールは、株券等所有割合が 3 分の 1 以下の買付者が、新たに
買付け等を行うことにより 3 分の 1 を超える株券等所有割合となるような場合
のみならず、すでに株券等所有割合が 3 分の 1 超である買付者が、市場外取引
により対象者の株券等の買付け等を（1 株でも）行う場合にも適用される点にも
留意が必要である。

②　急速な買付け（金商法 27 の 2 Ⅰ④）

　3 分の 1 ルールに抵触しない場合であっても、①3 か月の期間内に、全体とし
て 10％となる株券等の買付け等を行う場合であって、②そのうち 5％超を市場
外取引（立会時間外取引を含む）による買付け等（公開買付けによる買付け等は除

---

11)　公開買付け Q&A 問 15。

く）により行い、③その結果、株券等所有割合が3分の1を超える場合には、急速な買付けとして、公開買付けが強制される。

急速な買付けの規制においては、3か月以内に行われる一連の取引が一体のものとして捉えられ、時間的先後関係は考慮されない。

したがって、例えば、5.1％の株券等の買付け等を公開買付けによらずに市場外取引で行った後、3か月以内にさらに5％の株券等の買付け等を行い、株券等所有割合が3分の1超となる場合、後者の5％の買付け等を公開買付けにより行ったとしても、規制の対象となり、前者の買付け等についても公開買付けによらなければならなかったこととなる。つまり、この規制の結果、後者の買付け等は、前者の買付け等から3か月が経過するまでは行うことができないこととなる。

(vi)　特別関係者

強制的公開買付の適用の有無は、買付者自身の株券等所有割合に、買付者の「特別関係者」の株券等所有割合を加えて算定される（下記(vii)参照）。特別関係者の範囲は、形式的基準と実質的基準に区別され、それぞれ次のように定められる（金商法27の2Ⅶ）。なお、下記(viii)の適用除外への該当性を検討する上でも、形式的基準による特別関係者の該当性の判断が重要となる場合がある。

①　形式的基準

・**買付者が法人である場合（金商令9Ⅱ）**

> ✓　買付者の取締役、執行役、会計参与、監査役、理事、監事又はこれらに準じる者（以下、「役員」という）
> ✓　買付者が特別資本関係を有する法人等及びその役員
> ✓　買付者に対して特別資本関係を有する個人並びに法人等及びその役員

第 7 章 株式の取得・処分　159

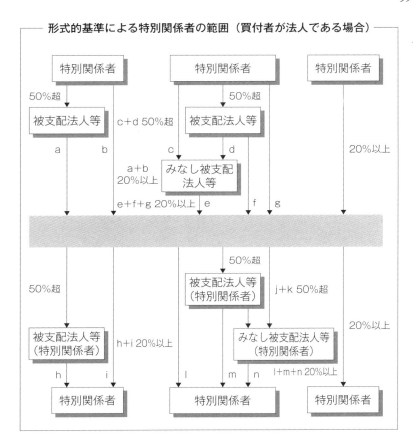

　「特別資本関係」とは、ある者が、法人等に対して当該法人等の総議決権の100分の20以上の議決権に係る株式等を自己又は他人の名義をもって所有する関係をいう（金商令9Ⅰ②）。
　また、ある者がその「被支配法人等」と合わせて他の法人等の総議決権の20％以上に係る株式等を所有する場合は、ある者は当該他の法人等に対して特別資本関係を有するものとみなされる（金商令9Ⅲ）。ここにいう「被支配法人等」とは、ある者が他の法人等の総議決権の50％超に相当する株式等を所有する場合の当該他の法人等をいう（金商令9Ⅴ）。そして、ある者がその被支配法人等と合わせて他の法人等の総議決権の50％超に相当する株式等を所有する場合は、当該他の法人等は被支配法人等とみなされる（金商令9Ⅳ）。
　なお、買付者の総株主等の議決権の20％以上を所有する個人（買付者に対し

160　　第1部　基礎編

て特別資本関係を有する個人）の親族も、形式的基準による特別関係者に該当するものと考えられている[12]。また、ある個人とその親族が合わせて法人等の総株主等の議決権の20％以上を所有する場合には、そのいずれも形式的基準による特別関係者に該当するものとされている[13]。

・買付者が個人である場合（金商令9Ⅰ）

> ✓　買付者の親族（配偶者及び1親等以内の血族・姻族）
> ✓　買付者と特別資本関係にある法人等及びその役員

「特別資本関係」の意義は、上記の**買付者が法人である場合**と同様である。

②　実質的基準

買付者との間で、以下の事項のいずれかを合意している者は、実質的基準による特別関係者に該当する（金商法27の2Ⅶ②）。

> ✓　共同して株券等を取得又は譲渡すること
> ✓　共同して株券等の発行者の株主としての議決権その他の権利を行使すること
> ✓　株券等の買付け等の後に相互に当該株券等を譲渡し、又は譲り受けること

なお、株券等の保有者が、「他の投資家」との間で、特定の投資先企業に対する議決権行使の方針について意見交換を行う場合や、投資先企業に対話の場を設けるよう共同で申し入れることや投資先企業の経営方針等の変更を共同で求めることを合意した場合、この合意は、株主としての議決権その他の権利を行使することに係る合意には該当しないものとして、当該「他の投資家」は特別関係者には該当しないと考えられている[14]。

また、株券等の保有者が、「他の投資家」との間で、特定の投資先企業の株主総会における議決権行使の予定を伝え合い、その内容が一致した場合も同様である[15]。

---

12)　公開買付けQ&A問29。

13)　公開買付けQ&A問29。

14)　金融庁「日本版スチュワードシップ・コードの策定を踏まえた法的論点に係る考え方の整理」11頁。

(ⅶ) 株券等所有割合の算定方法

株券等所有割合は、概ね以下の算式で計算される（金商法 27 の 2 Ⅷ①、他社株府令 6）。

$$
株券等所有割合 = \frac{買付後の買付者及び特別関係者の所有株券等に係る議決権の数}{総株主等の議決権の数 + \begin{array}{c}買付者及び特別関係者が所有する\\ 潜在株式に係る議決権の数\end{array}}
$$

分子の所有株券等には、新株予約権等の潜在株式が含まれる。また、この式においては、対象者が所有する自己株式は分母・分子ともに議決権の数には含めないが、いわゆる相互保有により議決権のない株式（会社法 308 Ⅰ参照）は分母・分子ともに議決権の数に含めるものとされている[16]。

さらに、株券等所有割合の計算にあたっては、買付者又はその特別関係者が「所有」する株券等だけではなく、所有に準ずるものについても加算される（金商令 7 Ⅰ）。所有に準ずるものとしては、売買その他の契約に基づき株券等の引渡請求権を有する場合や（金商令 7 Ⅰ①）、株券等の売買に係るコールオプションを取得をしている場合（金商令 7 Ⅰ⑤）などが定められている。

逆に、信託業を営む者が信託財産として所有する株券等（他社株府令 7 Ⅰ①）のように、実質的に他者の所有に属するものや、相続財産に属する株券等で相続が確定する前のもの（他社株府令 7 Ⅰ⑥）のように、所有が一時的・形式的な場合については、所有株券等から除外されている（金商法 27 の 2 Ⅷ①）。なお、買付け等の結果として特別関係者となる者が保有する議決権については、平成 20 年の金商法改正により、買付者の特別関係者の株券等所有割合に加算しなくてもよいことが明確化された（金商令 9 Ⅰ②括弧書・Ⅱ②括弧書参照）。

(ⅷ) 適用除外

株券等の買付け等が適用除外買付け等に該当する場合には、公開買付けによることなく買付け等を行うことができる（金商法 27 の 2 Ⅰ但書）。適用除外買付け等に該当するものとされている買付けのうち、主なものは以下のとおりである。

---

15)　金融庁「日本版スチュワードシップ・コードの策定を踏まえた法的論点に係る考え方の整理」11 頁。

16)　公開買付け Q&A 問 30。

・権利行使型

① 新株予約権の行使による株券等の買付け等（金商法 27 の 2 Ⅰ但書）

② 取得請求権付株式に係る請求権の行使による株券等の買付け等（金商令 6 の 2 Ⅰ⑪）

③ 取得条項付株式又は取得条項付新株予約権の取得に伴う株券等の買付け等（金商令 6 の 2 Ⅰ⑫）

なお、全部取得条項付種類株式（会社法 108 Ⅰ⑦）の取得（主として上場会社の少数株主のスクイーズ・アウトにおいて利用される。）の対価として株券等が交付される場合、当該株券の取得が「株券等の買付け等」に該当するが問題とされていたが、金融庁は、通常は「株券等の買付け等」には該当せず、公開買付けを行う必要はない旨の見解を示している[17]。

---

17)　公開買付け Q&A 問 17。

・グループ内取引型[18]

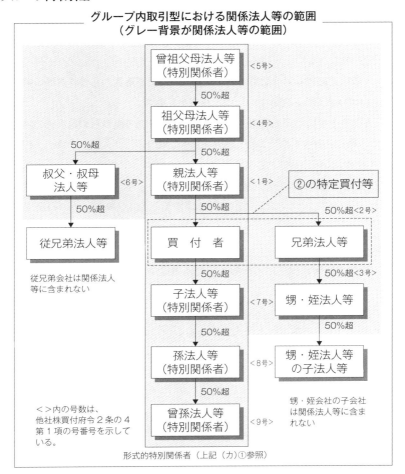

① 1年以上継続して形式的基準による特別関係者である者からの株券等の買付け等（金商法27の2Ⅰ但書、他社株府令3Ⅰ）

1年間継続の要件は、異なる類型の特別関係者である期間を通算することができるとされており、例えば、公開買付者の子会社であった者が、その後に公開買付者の孫会社となった場合や、公開買付者の役員であったものが、その後

---

18) 池田唯一＝大来志郎＝町田行人編著『新しい公開買付け制度と大量保有報告制度』（商事法務、2007年）43頁。

に公開買付者に対して特別資本関係を有する者となった場合、子会社（役員）であった期間と孫会社（特別資本関係を有する者）であった期間が連続しており、当該期間が通算して1年間継続している場合には、1年間継続の要件に該当することとされている[19]。

② 1年以上継続して公開買付者の兄弟法人等である者からの株券等の特定買付け等（金商令6の2 I ⑤、他社株府令2の3）

③ 1年以上継続して公開買付者の関係法人等である者からの株券等の特定買付け等（金商令6の2 I ⑥、他社株府令2の4）

公開買付者及びその関係法人等（他社株府令2の4 I 各号）が合わせて、発行者の総株主等の議決権の3分の1超を所有している場合に、当該関係法人等から行う特定買付等については、公開買付けを要しない。

・その他の適用除外類型

① 株券等所有割合が50%を超えている場合の特定買付け等（金商令6の2 I ④）

特定買付け等の前において、公開買付者及びその特別関係者（1年以上継続して形式的基準による特別関係者である者に限る）の発行者に対する株券等所有割合の合計が50%超であり、当該特定買付け等の後における公開買付者及びその特別関係者の発行者に対する株券等所有割合の合計が3分の2未満である場合には、公開買付規制は適用されない。

② 株式の割当てを受ける権利を有する者が当該権利を行使することにより行う株券等の買付け等（金商令6の2 I ①）

③ 株券等の所有者が少数である場合に当該株券等の所有者の同意を得て行う特定買付け等（金商令6の2 I ⑦、他社株府令2の5）

以下の要件を満たす株券等の特定買付け等は、25名未満の株券等の所有者からの同意を得ている場合として公開買付けの適用除外とされている。実務上は、上場会社の発行する種類株式を取引する際に利用されることが想定される。

1．当該特定買付け等の対象となる株券等（以下、「買付け等対象株券等」という）の所有者が25名未満であること

2．当該特定買付け等を公開買付けによらずに行うことに同意する旨を記載し

---

19) 公開買付け Q&A 問20。

た書面が、買付け等対象株券等の所有者全員から提出されていること

3.（当該特定買付け等の後における公開買付者及びその特別関係者の株券等所有割合が3分の2以上となる場合であって、当該買付け等の対象とならない株券等（以下、「買付け等対象外株券等」という）が存在する場合のみ）以下のいずれかの要件を満たすこと

　a　当該特定買付け等を公開買付けによらずに行うことに同意することについて、買付け等対象外株券等に係る種類株主総会の決議が行われていること

　b　買付け等対象外株券等の所有者が25名未満である場合であって、当該特定買付け等を公開買付けによらずに行うことについて、当該買付け等対象外株券等の所有者全員が同意し、その旨を記載した書面が、当該買付け等対象外株券等の所有者全員から提出されていること

④　担保権の実行による特定買付け等（金商令6の2Ⅰ⑧）

　本類型に関して、金融庁は、適用除外とされる担保権の実行による特定買付け等には、いわゆる処分清算型の担保権の実行において処分の相手方が担保株券等を取得する場合は含まれない旨の見解を示している[20]。

⑤　事業の全部又は一部の譲受けによる特定買付け等（金商令6の2Ⅰ⑨）

⑥　株券等の売出しに応じて行う株券等の買付け等（金商令6の2Ⅰ⑩）

　本適用除外規定における「売出し」については、有価証券届出書（金商法4Ⅰ）又は発行登録追補書類（金商法23の8Ⅰ）が提出されていることが要件とされているが、上場株券等の売出しは既開示有価証券の売出しに該当し、有価証券届出書の提出が不要であるため、別途発行登録追補書類が提出されていない限り、当該適用除外規定は適用されない。

⑦　発行者の役員持株会及び従業員持株会を通じて行う買付け等（金商令6の2Ⅰ⑬）

　株券等の発行者の役員又は従業員が共同して役員持株会・従業員持株会を通じて行う発行者の株券等の買付け等を、金融商品取引業者等に委託して行う方法、又は信託契約に基づき信託業を営む者に指図して行う方法で行う場合であって、当該買付け等又はその指図が一定の計画に従い、個別の投資判断に基づかず、継続的に行われ、かつ、各役員又は従業員の1回当たりの拠出金額が100万円に満たない場合には、当該買付け等は公開買付けの適用除外となる。

20）　公開買付けQ&A問19参照。

⑧　株式等売渡請求による株券等の買付け等（金商令6の2Ⅰ⑯）

(b)　売出し規制

(i)　概要

「有価証券の売出し」とは、既に発行された有価証券の売付け勧誘等のうち、市場取引などの一定の取引（適用除外取引）や転売制限の付された50名未満に対する譲渡や金融機関等の適格機関投資家のみを相手方とする譲渡（いわゆる私売出し）に該当しない、有償での取引をいう（金商法2Ⅳ）。

　有価証券の売出しのうち、上場株式等の有価証券報告書提出義務のある会社が発行する既開示有価証券の売出しの場合には、発行会社において有価証券届出書の提出は不要となるが（金商法4Ⅰ③）、既開示証券の売出しであっても、発行関係者等が行う場合で、かつ売出価額の総額が1億円以上の場合には、発行会社において有価証券通知書の提出が必要となり（金商法4Ⅵ）、目論見書の作成・交付も必要となる（金商法13Ⅰ）。

　事業承継の文脈においては、有償性、適用除外取引への該当性、私売出しへの該当性が問題となる。

(ii)　適用除外取引への該当性

　金商令1条の7の3で定める取引については、有価証券の売出しからは除外されている。このうち、本書の対象とする事業承継の文脈において関連する主な規定は以下のとおりである。

①　市場取引及びPTS（私設取引システム）での有価証券の売買

　取引市場における売買（ToSTNeT取引を含む）や、PTSによる売買は、売出し規制には服さず、自由に行うことができる（金商令1の7の3①・③）

②　私募又は売出しが行われていない有価証券（譲渡制限のない有価証券）であって、発行者関係者等以外の者が所有するものの売買（金商令1の7の3⑦）

　発行関係者等とは、次に掲げる者をいう。

✓　発行者
✓　発行者の役員
✓　発行者の発起人その他これに準ずる者
✓　発行者の主要株主
✓　発行者の主要株主の役員

- ✓ 発行者の主要株主の発起人その他これに準ずる者
- ✓ 発行者の子会社等
- ✓ 発行者の子会社等の役員
- ✓ 発行者の子会社等の発起人その他これに準ずる者
- ✓ 金融商品取引業者等

③ 発行者関係者等間取引（金商令1の7の3⑧）

発行関係者等の意義は上記②におけるものと同様である。

なお、上場会社の役員が議決権の100％を保有する資産管理会社は、一般に発行会社の子会社その他これに準ずる法人に該当すると考えられ、当該役員からこのような資産管理会社への当該上場会社株式の譲渡については、発行者関係者等取引に該当するものと考えられている[21]。

(iii) 私売出しへの該当性

上記(ii)の適用除外取引に該当しない場合、売付け勧誘等が50名以上のものを相手方として行われ、または私売出しの要件を満たさない場合には、「有価証券の売出し」に該当することになる（金商法2Ⅳ）。

もっとも、私売出しに該当するためには、有価証券報告書の提出要件のいずれかに該当する同一内容の有価証券を過去に発行していないことが要件になるものの、金融商品取引所への上場はそれ自体として有価証券報告書の提出事由に該当する。このため、上場株式の場合には、50名未満の場合であっても私売出しの要件を満たさないことから、上場株式の売出しが「有価証券の売出し」に該当するかを検討する上では、私売出しへの該当性について考慮する必要はない。

(iv) 発行者関係者等の売出し

上記(i)のとおり有価証券届出書の提出が不要となる既開示証券の売出しであっても、発行者関係者等が所有者である上場株式の売出しを行う場合には、売出し総額が1億円以上であるときは、目論見書の作成義務（金商法13Ⅰ後段）及び有価証券通知書の作成義務（金商法4Ⅵ）が生じる。

他方で、売出し価額の総額が1億円未満の場合は、有価証券通知書の提出も不要であり（金商法4Ⅵ但書前段）、目論見書の作成は不要である（金商法13Ⅰ後

---

21) 「国の規制・制度に関する意見の集中受付（平成23年9月1日～10月14日）」で受け付けた提案等に対する各省庁からの回答、提案事項管理番号2320225。

段）。

なお、ここでいう発行者関係者等に含まれる「金融商品取引業者等」は、上記(ii)②における金融商品取引業者等よりも一定程度限定されている点に留意する必要がある（開示府令4Ⅳ③・④参照）。

(v) 有価証券通知書・目論見書

上記(iv)のように有価証券通知書の提出義務を負う場合には、発行会社は、有価証券通知書を売付け勧誘等が開始される前までに所管の財務局長に提出する必要がある（金商法4Ⅵ）。

かかる場合には、発行会社は目論見書の作成義務を負うこととなる（金商法13Ⅰ後段）。また、売出しにより取得させ、又は売り付ける場合には、原則として、あらかじめ又は同時に目論見書を投資者に交付しなければならない（金商法15Ⅱ）。

(c) インサイダー取引規制

(i) 概要

インサイダー取引規制とは、上場会社等又は公開買付者等と一定の関係を有する関係者等が、上場会社等の重要事実若しくは公開買付け等の開始又はこれらの公表された事実の中止に係る事実を知って、その公表前に当該上場会社等の株券等の売買等（公開買付け等の開始にあっては買付けの場合には買付け、その中止の場合にあっては売付け）を行うことを原則として禁止する規制である。

インサイダー取引規制には、会社関係者等のインサイダー取引規制（金商法166）と公開買付者等関係者等のインサイダー取引（金商法167）がある。

オーナー社長は、通常会社の重要事実を知りうる立場にあり、また、事業承継においては5%超の株式等の売買が行われることがあるが、その売買自体が公開買付け等に係る事実である。そのため、当該会社の株式の売買等を行うにあたっては、インサイダー取引規制に抵触しないかを慎重に検討する必要がある。

(ii) 会社関係者等のインサイダー取引規制（金商法166）

① 規制の概要

金商法166条により禁止される会社関係者等のインサイダー取引とは、上場

会社等の会社関係者等が、その職務等に関して当該上場会社等の重要事実を知りながら、当該重要事実の公表前に、当該上場会社が発行する特定有価証券等（株券、新株予約権証券、社債券等：金商法163Ⅰ）の売買等を行うことであり、法令上、一定の適用除外要件が定められている。

② 会社関係者

金商法166条のインサイダー取引規制の対象となるのは、上場会社等の会社関係者、元会社関係者及びこれらの者からの第一次情報受領者である。会社関係者とは、次に掲げるものをいう（金商法166Ⅰ）。

> ✓ 上場会社等（その親会社及び子会社を含む。以下同じ）の役員、代理人、使用人その他の従業者（以下、「役員等」という）（金商法166Ⅰ①）
> ✓ 上場会社等の会計帳簿閲覧請求権を有する株主及びその役員等及びその役員等（金商法166Ⅰ②）
> ✓ 上場会社等に対して法令に基づく権限を有する者（金商法166Ⅰ③）
> ✓ 上場会社等と契約を締結している者及びその交渉をしている者並びにその役員等（金商法166Ⅰ④）
> ✓ 金商法166条1項2号の株主及び同項4号の契約締結者が法人の場合、その役員等で未公表の重要事実を職務上知った者（金商法166Ⅰ⑤）

なお、上場会社等自身は「会社関係者」には含まれないが、上場会社等を代表して実際に売買等を行う役員等が未公表の重要事実を知って自社株買いを行った場合等には、当該役員等によるインサイダー取引規制違反について、上場会社等に対しても罰金が科され又は課徴金が科されることがある（金商法207Ⅰ②・197の2⑬175Ⅸ）。

③ 重要事実

重要事実には、決定事実（金商法166Ⅱ①）、発生事実（金商法166Ⅱ②）、決算情報（金商法166Ⅱ③）、バスケット条項（金商法166Ⅱ④）、子会社に係る重要事実（金商法166Ⅱ⑤～⑧）がある。このうち、決定事実及び発生事実の一部については定量的な軽微基準が定められており、軽微基準に該当する場合には、重要事実には該当しないこととなる（金商法166Ⅱ柱書）。また、決算情報については、重要基準が定められており、これに該当しなければ重要事実には該当しないこととなる（金商法166Ⅱ③）。

なお、軽微基準は、原則として単体ベースの数値を基準として定められているが、関係会社に対する売上高（製品・商品売上高は除く）が売上高の総額の80％

170 第1部 基礎編

以上である特定上場会社等（取引規制府令49Ⅱ）に該当する場合には、連結ベースの数値を基準とすることとされている。

重要事実の項目及び軽微基準/重要基準を、重要事実の分類ごとにまとめると、以下のとおりとなる。

（決定事実）

項目	軽微基準
株式・新株予約権の募集（自己株式の処分を含む）（金商法166Ⅱ①イ）	払込金額の総額が1億円未満であると見込まれること（取引規制府令49Ⅰ①イ）
資本金額の減少（金商法166Ⅱ①ロ）	なし
資本準備金又は利益準備金の額の減少（金商法166Ⅱ①ハ）	なし
自己株式の取得（金商法166Ⅱ①ニ）	なし
株式・新株予約権無償割当て（金商法166Ⅱ①ホ）	株式無償割当：1株に対し割り当てる株式数の割合が0.1未満であること（取引規制府令49Ⅰ②イ）
	新株予約権無償割当て：割り当てる新株予約権の行使価額の合計額が1億円未満であると見込まれ、かつ、1株に対し割り当てる新株予約権の目的である株式の数の割合が0.1未満であること（取引規制府令49Ⅰ②ロ）
株式分割（金商法166Ⅱ①ヘ）	株式分割により1株に対し増加する株式数の割合が0.1未満であること（取引規制府令49Ⅰ③）
剰余金の配当（金商法166Ⅱ①ト）	1株当たりの剰余金の配当額を全事業年度の対応する期間に係る1株当たりの剰余金の配当額に対する割合が0.8を超え、かつ、1.2未満であること（取引規制府令49Ⅰ④）
株式交換（金商法166Ⅱ①チ）	完全親会社となる場合：(a)又は(b)のいずれかに該当すること。 (a)完全子会社となる会社の最近事業年度の末日における総資産の帳簿価額が会社の最近事業年度の末日における純資産額の30%に相当する額未満であり、かつ、完全子会社となる会社の最近事業

	年度の売上高が会社の最近事業年度の売上高の 10%に相当する額未満である場合（取引規制府令 49 Ⅰ⑤イ） (b)子会社との間で行う株式交換（取引規制府令 49 Ⅰ⑤ロ）
	完全子会社となる場合：なし
株式移転（金商法 166 Ⅱ①リ）	なし
合併（金商法 166 Ⅱ①ヌ）	(a)又は(b)のいずれかに該当すること。 (a)合併による会社の資産の増加額が最近事業年度の末日における純資産額の 30%未満であると見込まれ、かつ、合併の予定日の属する事業年度及び翌事業年度の各事業年度においていずれも当該合併による売上高の増加額が最近事業年度の売上高の 10%未満であると見込まれること（取引規制府令 49 Ⅰ⑥イ） (b)発行済株式の全部を所有する子会社との合併（合併により解散する場合を除く）（取引規制府令 49 Ⅰ⑥ロ）
会社分割（金商法 166 Ⅱ①ル）	分割会社となる場合：最近事業年度の末日における当該分割に係る資産の帳簿価額が同日における純資産額の 30%未満であり、かつ、当該分割の予定日の属する事業年度及び翌事業年度の各事業年度においていずれも当該分割による売上高の減少額が最近事業年度の売上高の 10%未満であると見込まれること（取引規制府令 49 Ⅰ⑦イ）
	承継会社となる場合：会社分割による資産の増加額が最近事業年度の末日における純資産額の 30%未満であると見込まれ、かつ、当該分割の予定日の属する事業年度及び翌事業年度の各事業年度においていずれも当該分割による売上高の増加額が最近事業年度の売上高の 10%未満であると見込まれること（取引規制府令 49 Ⅰ⑦ロ）

事業の全部又は一部の譲渡又は譲受け（金商法166Ⅱ①ヲ）	譲渡会社となる場合：最近事業年度の末日における当該事業の譲渡に係る資産の帳簿価額が同日における純資産額の30％未満であり、かつ、当該事業の譲渡の予定日の属する事業年度及び翌事業年度の各事業年度においていずれも当該事業の譲渡による売上高の減少額が最近事業年度の売上高の10％に相当する額未満であると見込まれること（取引規制府令49Ⅰ⑧イ）
	譲受会社となる場合：(a)又は(b)のいずれかに該当すること。 (a)当該事業の譲受けによる資産の増加額が最近事業年度の末日における純資産額の30％に相当する額未満であると見込まれ、かつ、当該事業の譲受けの予定日の属する事業年度及び翌事業年度の各事業年度においていずれも当該事業の譲受けによる売上高の増加額が最近事業年度の売上高の10％に相当する額未満であると見込まれること（取引規制府令49Ⅰ⑧ロ） (b)発行済株式の全部を所有する子会社からの事業の全部又は一部の譲受け（取引規制府令49Ⅰ⑧ハ）
解散（合併による解散は除く）（金商法166Ⅱ①ワ）	なし
新製品等の企業化（金商法166Ⅱ①カ）	新製品の販売又は新技術を利用する事業の開始予定日の属する事業年度開始の日から3年以内に開始する各事業年度においていずれも当該新製品又は新技術の企業化による売上高の増加額が最近事業年度の売上高の10％に相当する額未満であると見込まれ、かつ、当該新製品の販売又は新技術を利用する事業の開始のために特別に支出する額の合計額が最近事業年度の末日における固定資産の帳簿価額の10％未満であると見込まれること（取引規制府令49Ⅰ⑨）

	第 7 章　株式の取得・処分　　173
業務上の提携又は業務上の提携の解消 （金商法 166 Ⅱ①ヨ、金商令 28①）	業務上の提携を行う場合：当該業務上の提携の予定日にお属する事業年度開始の日から 3 年以内に開始する各事業年度においていずれも当該業務上の提携による売上高の増加額が最近事業年度の売上高の 10％未満であると見込まれること（取引規制府令 49 Ⅰ⑩イ） 但し、相手方の会社の株式を新たに取得する場合、相手方に株式を新たに取得される場合又は他の会社と共同して新会社を設立する場合には、さらに一定の要件を充足することも必要
	業務上の提携の解消を行う場合：当該業務上の提携の解消の予定日にお属する事業年度開始の日から 3 年以内に開始する各事業年度においていずれも当該業務上の提携の解消による売上高の減少額が最近事業年度の売上高の 10％未満であると見込まれること（取引規制府令 49 Ⅰ⑩ロ） 但し、相手方の会社の株式を取得している場合、相手方に株式を取得されている場合又は他の会社と共同して新会社を設立している場合には、さらに一定の要件を充足することも必要
子会社の異動を伴う株式の譲渡又は取得（金商法 166 Ⅱ①ヨ、金商令 28②）	連動子会社（剰余金の配当が特定の子会社の剰余金の配当に基づき決定される旨が定款で定められた株式についての当該特定の子会社）の場合：なし（取引規制府令 49 Ⅰ⑪柱書）
	既存の子会社の異動の場合：子会社又は新たに子会社となる会社の最近事業年度の末日における総資産の帳簿価額が最近事業年度の末日における純資産額の 30％未満であり、かつ、当該子会社又は新たに子会社となる会社の最近事業年度の売上高が最近事業年度の売上高の 10％未満であること（取引規制府令 49 Ⅰ⑪イ）
	新たに子会社を設立する場合：新たに設立する子会社の設立の予定日から 3 年以内

	に開始する当該子会社の各事業年度の末日における総資産の帳簿価額がいずれも最近事業年度の末日における純資産額の30%未満であると見込まれ、かつ、当該各事業年度における売上高がいずれも最近事業年度の売上高の10%未満であると見込まれること（取引規制府令49Ⅰ⑪ロ）
固定資産の譲渡又は取得（金商法166Ⅱ①ヨ、金商令28③）	固定資産を譲渡する場合：最近事業年度の末日における当該固定資産の帳簿価額が同日における純資産額の30%未満であること（取引規制府令49Ⅰ⑫イ）
	固定資産を取得する場合：当該固定資産の取得価額が最近事業年度の末日における純資産額の30%未満であると見込まれること（取引規制府令49Ⅰ⑫ロ）
事業の全部又は一部の休止又は廃止（金商法166Ⅱ①ヨ、金商令28④）	休止又は廃止の予定日の属する事業年度開始の日から3年以内に開始する各事業年度においていずれも当該休止又は廃止による売上高の減少額が最近事業年度の売上高の10%未満であると見込まれること（取引規制府令49Ⅰ⑬）
株券の上場の廃止に係る申請（金商法166Ⅱ①ヨ、金商令28⑤）	なし
認可金融商品取引業協会に対する株券の登録の取り消しに係る申請（金商法166Ⅱ①ヨ、金商令28⑥）	なし
認可金融商品取引業協会に対する取扱有価証券である株券の取扱有価証券としての指定の取消しに係る申請（金商法166Ⅱ①ヨ、金商令28⑦）	なし
破産手続開始、再生手続開始又は更生手続開始の申立（金商法166Ⅱ①ヨ、金商令28⑧）	なし
新たな事業の開始（金商法166Ⅱ①ヨ、金商令28⑨）	新たな事業の開始の予定日の属する事業年度開始の日から3年以内に開始する各事業年度においていずれも当該事業の開始による売上高の増加額が最近事業年度

第7章　株式の取得・処分　175

	の売上高の 10% 未満であると見込まれ、かつ、当該新たな事業の開始のために特別に支出する額の合計額が最近事業年度の末日における固定資産の帳簿価額の 10% 未満であると見込まれること（取引規制府令 49 Ⅰ ⑭）
いわゆる防戦買いの要請（金商法 166 Ⅱ ① ヨ、金商令 28 ⑩）	なし
預金保険法 74 条 5 項による申出（金商法 166 Ⅱ ① ヨ、金商令 28 ⑪）	なし

（発生事実）

項目	軽微基準
災害に起因する損害又は業務遂行の過程で生じた損害（金商法 166 Ⅱ ② イ）	災害若しくは業務に起因する損害又は業務遂行の過程で生じた損害の額が最近事業年度の末日における純資産額の 3% 未満であると見込まれること（取引規制府令 50 ①）
主要株主の異動（金商法 166 Ⅱ ② ロ）	なし
特定有価証券又は特定有価証券に係るオプションの上場廃止又は登録取消しとなる事実（金商法 166 Ⅱ ② ハ）	社債券又は優先株に係る上場の廃止又は登録の取消しの原因となる事実である場合（取引規制府令 50 ②）
訴えの提起又は判決等（金商法 166 Ⅱ ② ニ、金商令 28 の 2 ①）	訴えが提起された場合：訴訟の目的の価額が最近事業年度の末日における純資産額の 15% 未満であり、かつ、当該請求が当該訴えの提起後直ちに訴えのとおり認められて敗訴したとした場合、当該訴えの提起された日の属する事業年度開始の日から 3 年以内に開始する各事業年度においていずれも当該敗訴による売上高の減少額が最近事業年度の売上高の 10% 未満であると見込まれること（取引規制府令 50 ③ イ）
	訴えについて判決があったこと又は訴えに係る訴訟の全部若しくは一部が裁判によらずに完結したこと（「判決等」）：上記「訴えが提起された場合」に掲げる基準に

	該当する訴えの提起に係る判決等の場合又はかかる基準に該当しない訴えの提起に係る訴訟の一部が裁判によらずに完結した場合であって、当該判決等により会社の給付する財産の額が最近事業年度の末日における純資産額の 3% 未満であると見込まれ、かつ、当該判決等の日の属する事業年度開始の日から 3 年以内に開始する各事業年度においていずれも当該判決等による売上高の減少額が最近事業年度の売上高の 10% 未満であると見込まれること（取引規制府令 50 ③ロ）
仮処分命令の申立て・裁判等（金商法 166 Ⅱ ②ニ、金商令 28 の 2 ②）	仮処分命令の申立てがなされた場合：当該仮処分命令が当該申立て後直ちに申立てのとおり発せられたとした場合、当該申立ての日の属する事業年度開始の日から 3 年以内に開始する各事業年度においていずれも当該仮処分命令による売上高の減少額が最近事業年度の売上高の 10% 未満であると見込まれること（取引規制府令 50 ④イ）
	仮処分命令の申立てについての裁判があったこと又は当該申立てに係る手続の全部若しくは一部が裁判によらずに完結したこと（「裁判等」）：当該裁判等の日の属する事業年度開始の日から 3 年以内に開始する各事業年度においていずれも当該裁判等による売上高の減少額が最近事業年度の売上高の 10% 未満であると見込まれること（取引規制府令 50 ④ロ）
免許の取り消し、事業の停止その他これらに準ずる行政庁による法令に基づく処分（金商法 166 Ⅱ ②ニ、金商令 28 の 2 ③）	法令に基づく処分を受けた日の属する事業年度開始の日から 3 年以内に開始する各事業年度においていずれも当該処分による売上高の減少額が最近事業年度の売上高の 10% 未満であると見込まれること（取引規制府令 50 ⑤）
親会社の異動（金商法 166 Ⅱ ②ニ、金商令 28 の 2 ④）	なし

債権者等による破産手続開始の申立等（金商法166Ⅱ②ニ、金商令28の2⑤）	なし
手形若しくは小切手の不渡り又は手形交換所による取引停止処分（「不渡り等」）（金商法166Ⅱ②ニ、金商令28の2⑥）	なし
親会社に係る破産手続開始の申立等（金商法166Ⅱ②ニ、金商令28の2⑦）	なし
債務者又は保証債務に係る主たる債務者について不渡り等が生じたことにより、当該債務者に対する債権又は当該主たる債務者に対する求償権について債務不履行のおそれが生じたこと（金商法166Ⅱ②ニ、金商令28の2⑧）	売掛金、貸付金その他の債権又は求償権について債務の不履行のおそれのある額が最近事業年度の末日における純資産額の3%未満であると見込まれること（取引規制府令50⑥）
主要取引先との取引停止（金商法166Ⅱ②ニ、金商令28の2⑨）	主要取引先との取引の停止の日の属する事業年度開始の日から3年以内に開始する各事業年度においていずれも当該取引の停止による売上高の減少額が最近事業年度の売上高の10%未満であると見込まれること（取引規制府令50⑦）
債権者による債務の免除又は第三者による債務の引受若しくは弁済（金商法166Ⅱ②ニ、金商令28の2⑩）	債務の免除の額又は債務の引受け若しくは弁済の額が最近事業年度の末日における債務の総額の10%未満であること（取引規制府令50⑧）
資源の発見（金商法166Ⅱ②ニ、金商令28の2⑪）	発見された資源の採掘又は採取を開始する事業年度開始の日から3年以内に開始する各事業年度においていずれも当該資源を利用する事業による売上高の増加額が最近事業年度の売上高の10%未満であると見込まれること（取引規制府令50⑨）
特定有価証券又は特定有価証券に係るオプションの取扱有価証券としての指定の取消しの原因となる事実（金商法166Ⅱ②ニ、金商令28の2⑫）	優先株に係る取扱有価証券としての指定の取消しの原因となる事実が生じたこと（取引規制府令50⑩）

特別支配株主（会社法 179 ①）の株式等売渡請求を行うことについての決定又は当該特別支配株主の当該決定（公表がされたものに限る。）に係る株式等売渡請求を行わないことの決定（金商法 166 Ⅱ ②二、金商令 28 の 2 ⑬）	なし

（決算情報）

項目	重要基準
単体売上高又は連結売上高	新たに算出した予想値又は実績値の直近に公表された予想値からの増減額の割合が 10%以上（金商法 166 Ⅱ ③、取引規制府令 51 ①）
単体経常利益又は連結経常利益	新たに算出した予想値又は実績値の直近に公表された予想値からの増減額の割合が 30%以上、かつ、差額が前事業年度の末日における純資産額と資本金の額のいずれか少ない金額の 5%以上（金商法 166 Ⅱ ③、取引規制府令 51 ②）
単体純利益又は連結純利益	新たに算出した予想値又は実績値の直近に公表された予想値からの増減額の割合が 30%以上、かつ、差額が前事業年度の末日における純資産額と資本金の額のいずれか少ない金額の 2.5%以上（金商法 166 Ⅱ ③、取引規制府令 51 ③）
剰余金の配当	新たに算出した予想値又は実績値の直近に公表された予想値からの増減額の割合が 20%以上（金商法 166 Ⅱ ③、取引規制府令 51 ④）

　上記の決定事実、発生事実又は決算情報のいずれにも該当しない場合であっても、「当該上場会社等の運営、業務又は財産に関する重要な事実であって投資者の投資判断に著しい影響を及ぼすもの」については、重要事実に該当するものとされている（バスケット条項、金商法 166 Ⅱ ④）。主要製品の重大な欠陥の発生、粉飾決算の発覚、脱税、未告発の贈収賄の事実、使途不明金、新規の発明等がこれに該当しうる事実として考えられるが、条文上は個別の事実の例示・

指定はなく、「投資者の投資判断に著しい影響を及ぼす」という観点から、個別に該当性を検討する必要がある。

　また、子会社に係る重要事実についても、基本的には上場会社自身の重要事実（上記の決定事実、発生事実、決算情報及びバスケット条項）とパラレルに規定されている（金商法166Ⅱ⑤～⑧）。なお、子会社の決定事実及び発生事実に関する軽微基準は、連結ベースを基準として定められている点には留意する必要がある。

④　適用除外

　公表前の重要事実を知りながら上場会社が発行する特定有価証券等の売買を行う場合であっても、一定の場合は適用除外として規制の対象とならないことから（金商法166Ⅵ）、適用除外への該当性について別途検討する必要がある。主なものとして、以下の取引が挙げられる。

✓　**知る者同士の取引（クロクロ取引）（金商法166Ⅵ⑦）**

　　未公表の重要事実等を知る双方の間で、売買等を市場外で行う場合は、インサイダー取引規制が適用されない（いわゆる「クロクロ取引」）。

　　但し、このような取引であっても、株券等を買い付けた者がさらにインサイダー取引規制に違反して取引を行うことを前提として行われたものである場合は、なおインサイダー取引の適用があることに留意する必要がある（金商法166Ⅵ⑦括弧書）。

　　両当事者が同じ重要事実等を認識している場合であっても、例えば、業績予想の修正の値が異なる等、重要事実等の認識の程度・内容に差異があり、かかる差異が投資判断をする上で有意な差である場合には、クロクロ取引には該当しないものと解されている[22]。したがって、クロクロ取引を利用する際には、双方の当事者が認識している重要事実等の程度の差異が生じないように、株式譲渡契約に認識している重要事実等を記載する等の方法をとることが望ましい。

✓　**知る前計画・契約に基づく売買等（金商法166Ⅵ⑫、取引規制府令59Ⅰ⑭・63Ⅰ⑭）**

　　大要、以下の(i)から(iii)を全て満たす場合にもインサイダー取引規制は適用されない。

---

22)　太田昭和監査法人編『インサイダー取引の防止と回避』（ぎょうせい、1989年）49頁。

（ⅰ）「重要事実」を知る前に締結（決定）された有価証券の売買等に関する書面による契約（計画）の履行（実行）として売買等を行うこと

（ⅱ）「重要事実」を知る前に、次に掲げるいずれかの措置が講じられたこと

①当該契約（計画）の写しが、証券会社に対して提出され、当該提出の日付について当該証券会社による確認を受けたこと（当該証券会社が、当該契約の相手方や当該計画を共同して決定した者である場合を除く）

②当該契約（計画）に確定日付が付されたこと（証券会社が当該契約を締結した者、又は当該計画を決定した者である場合に限る）

③当該契約（計画）が、インサイダー取引規制における公表措置に準じ公衆の縦覧に供されたこと

（ⅲ）当該契約（計画）の履行（実行）として行う売買等につき、売買等の別、銘柄及び期日並びに当該期日における売買等の総額又は数（デリバティブ取引にあっては、これらに相当する事項）が、当該契約（計画）において特定されていること、又は、当該契約（計画）においてあらかじめ定められた裁量の余地がない方式により決定されること

　なお、「期日」とは、1日で、これを超える期間や期限を定めるのみでは期日が特定され又は裁量の余地がない方式による決定とは言えないが、「期日」として特定された日の定めであれば、5年後や10年後の日でもよい。

　また、「裁量の余地がない方式による決定」とは、売買等を行う本人の裁量によらずに期日が定まればよく、当該本人の裁量によらない条件の成就により自動的に期日が定まるようにする方法や証券会社等に売買等の期日を一任することにより本人の裁量によらずに期日が定まるようにすることが考えられる。したがって、実行条件の成就の期日に関して裁量を有する場合には、売買等の「期日」に関しても裁量を有することとなるため、売買等の「期日」が特定され又は裁量の余地がない方式により決定されているとは言えないが、実行条件の成就の期日に関して裁量を有しない場合には、売買等の実行条件を設ける場合でも、基本的に、売買等の「期日」が裁量の余地がない方式により決定されていると考えられる。また、ある事実の公表の期日と売買等の期日が関連付けられている場合、公表の期日の決定について裁量を有する者は、売買等の期日

に関しても裁量を有することとなることから、売買等の「期日」が特定され又は裁量の余地がない方式により決定されているとは言えないと考えられる。

✓ **組織再編の対価としての自己株式等の交付**（金商法 166 Ⅵ⑪）

　　組織再編（合併、会社分割、事業譲渡、株式交換）に際して、その対価として自己株式等を交付し又は交付を受ける場合には、インサイダー取引規制が適用されない。

(ⅲ)　公開買付者等関係者等のインサイダー取引規制（金商法 167）

　① **規制の概要**

金商法 167 条により禁止されるインサイダー取引は、公開買付者等の役職員等の公開買付者等関係者等が、その職務等に関して公開買付け等の実施・中止に関する事実（以下、「公開買付け等事実」という）を知りながら、当該事実の公表前に、公開買付け等の対象会社の株券等の売買等を行うことであり、法令上、一定の適用除外が定められている。

公開買付者等関係者等のインサイダー取引規制は、上記会社関係者等のインサイダー取引規制と類似する点が多い。

　② **公開買付者等関係者等**

金商法 167 条のインサイダー取引規制の対象となるのは、公開買付者等関係者、元公開買付者等関係者及びこれらの者からの第一次情報受領者（併せて、「公開買付者等関係者等」という）である。

公開買付者とは、「公開買付け等」を行う者であり、公開買付者等関係者とは、公開買付者と以下の関係に立つ者をいう（金商法 167 Ⅰ）。

✓ 公開買付者等の役員、代理人、使用人その他の従業者（以下、「役員等」という）（金商法 167 Ⅰ①）
✓ 公開買付者等の帳簿閲覧権を有する株主及びその役員等（金商法 167 Ⅰ②）
✓ 公開買付者等に対して法令に基づく権限を有する者（金商法 167 Ⅰ③）
✓ 公開買付者等と契約を締結している者及びその交渉をしている者並びにその役員等（金商法 167 Ⅰ④）
✓ 金商法 167 条 1 項 2 号の株主及び同項 4 号の契約締結者が法人の場合、その役員等で未公表の公開買付け等事実を職務上知った者（金商法 167 Ⅰ⑤）

なお、公開買付者等本人及び公開買付者等本人と共同して買い集める者（金

商令31）は、公開買付者等関係者等に含まれないため、金商法167条の適用を受けない。したがって、自らが企図している公開買付け等を知っていることを理由として、金商法167条により対象会社の株式等の取得が制限されることはない。

③　公開買付け等事実

公開買付け等事実とは、「公開買付け等の開始に関する事実」又は「公開買付け等（公表されたものに限る）の中止に関する事実」である（金商法167Ⅱ）。

公開買付け等とは、発行者以外のものによる公開買付け（以下、「他社株TOB」という）、他社株TOBに準ずる行為（以下、「買集め行為」という）及び発行者による公開買付け（以下、「自社株TOB」という）を指し（金商法167Ⅰ）、買集め行為とは、上場会社の発行する株券について、自己又は他人の名義で議決権の5％以上を買い集める行為をいう（金商令31）。

買集め行為については、取引の態様に限定はなく、公開買付けの手続きにより行うことを要する取引のみならず、市場取引であってもこれに該当する。

公開買付け等事実についても軽微基準が定められており、買集め行為により、各歴年において買い集める株券等の数が総株主の議決権の2.5％未満である場合は、除外される（金商法167Ⅱ但書、取引規制府令62）。

④　適用除外

金商法167条のインサイダー取引規制についても、証券市場の公正性及び健全性を害さないことが類型的に明らかである取引について、適用除外規定が設けられており（金商法167Ⅴ、取引規制府令63）、その内容は、金商法166条のインサイダー取引規制の適用除外規定とほぼ同様である。

(d)　短期売買利益提供義務及び売買報告書制度

(i)　概観

上場会社等の役員又は主要株主は、その職務や地位により、一般に、当該上場会社等が発行する有価証券の投資判断に影響を及ぼすような重要な未公表事実を知りうる立場にある。これらの者が、そのような重要な未公表事実を不当に利用して有価証券の取引（インサイダー取引）を行うことを間接的に防止するため、上場会社等の役員や主要株主に対して、短期売買利益提供義務を課し（金商法164Ⅰ）、その上で、売買報告書制度を設け（金商法163Ⅰ）、その実効性を補完している。

(ii) **短期売買利益提供義務の内容**

　上場会社等の役員又は主要株主が、当該上場会社等が発行する有価証券の買付け又は売付けの後6か月以内に、これと反対の売付け又は買付けを行って利益を得た場合は、当該上場会社等は、その利益を返還することを請求することができる（金商法164 Ⅰ）。

　ここでいう買付け及び売付けは、金銭を対価として所有権を移転させる場合に限られるものと解されており[23]、相続、贈与、代物弁済、現物出資、新株発行の引受けによる原始取得等はこれらに含まれない。

　主要株主とは、自己又は他人の名義をもって総株主等の議決権の10％以上の株式を有している株主をいう（金商法163 Ⅰ）。主要株主については、買付け等と売付け等を行った両時期に主要株主に該当する場合にのみ短期売買利益提供義務が発生する（金商法164 Ⅷ）。

　下図は、短期売買利益定業義務の発生関するケーススタディである。

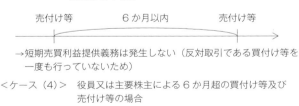

---

23) 河本一郎＝関要『逐条解説　証券取引法〔3訂版〕』（商事法務、2008年）1307頁。

184　第1部　基礎編

　短期売買利益の算定方法については、取引規制府令34条が詳細に定めているが（金商法164Ⅸ）、算定の基本となる数式は以下のとおりである。

$$
\begin{array}{c}
（短期売買利益の額）\\
＝\\
（売付け等の1株当たり単価－買付け等の1株当たり単価）\\
×\\
（売付け等の数量と買付け等の数量のうち大きくない方）\\
－\\
（手数料相当額）
\end{array}
$$

(iii)　売買報告書制度の内容

　上場会社等の役員又は主要株主が当該上場会社等の株券等を買付け又は売り付けた場合、当該役員又は主要株主は、その売買等があった日の属する月の翌月15日までに、売買報告書を管轄の財務局長に提出しなければならない（金商法163Ⅰ、取引規制府令29）。

　なお、金融商品取引業者等に委託して有価証券等の売買等を行った場合や、金融商品取引業者等を相手方として有価証券等の売買等を行った場合には、当該金融商品取引業者等を経由して提出する必要がある（金商法163Ⅱ）。

　実務上は、有価証券等の売買等の委託を受けた証券会社等が売買報告書を作成し、当該証券会社等を経由して提出されることが多い。

(e)　大量保有報告

(i)　概観

　上場会社等の株券等の保有者で、株券等保有割合（共同保有者の保有株券等の数も合算される。）が5％を超える者は、大量保有報告書の提出が必要となる。大量保有報告書を提出する義務を負う保有者は、かかる義務の発生日から5営業日以内（通常は1週間後の同じ曜日の日まで）に、大量保有報告書をEDINETを通じて提出しなければならない（金商法27条の23Ⅰ）。

(ii)　保有者

①　保有者

　保有者とは、株券等の実質的な保有者をいい、かかる「保有者」が大量保有報告書等の提出義務者となる。

大量保有報告制度における「保有者」は次に掲げるものをいう。

✓ 自己又は他人（仮設人を含む）の名義をもって株券等を所有する者（金商法 27 の 23 Ⅲ本文）
✓ 売買その他の契約に基づき株券等の引渡請求権を有する者（金商法 27 の 23 Ⅲ本文）
✓ 株券等の売買の一方の予約を行っている者（金商法 27 の 23 Ⅲ本文、金商令 14 の 6 ①）
✓ 株券等の売買に係るオプションの取得者（金商法 27 の 23 Ⅲ本文、金商令 14 の 6 ②）
✓ 金銭の信託契約その他の契約又は法律の規定に基づき、株券等の発行者の株主としての議決権その他の権利を行使することができる権限又は当該議決権その他の権利の行使について指図を行うことができる権限を有する者であり、かつ、当該発行者の事業活動を支配する目的を有する者（金商法 27 の 23 Ⅲ①）
✓ 投資一任契約その他の契約又は法律の規定に基づき、株券等に投資をするのに必要な権限を有する者（金商法 27 の 23 Ⅲ②）

　なお、未成年者が株券等を保有している場合には、株券等に投資をするのに必要な権限を有する者（金商法 27 の 23 Ⅲ②）として、その親権者が保有者となることに留意する必要がある。

②　共同保有者

　株券等の保有者と一定の関係を有する当該株券等の他の保有者は、「共同保有者」に該当し（金商法 27 の 23 Ⅴ・Ⅵ）、株券等の保有者はかかる共同保有者の保有株券等の数を合算して株券等保有割合を計算しなければならない（金商法 27 の 23 Ⅳ）。

　共同保有者に該当するかは、実質的基準（金商法 27 の 23 Ⅴ）及び形式的基準（金商法 27 の 23 Ⅵ、金商令 14 の 7）により判断される。

　実質的基準により共同保有者とされるのは、株券等の保有者が、当該株券等の発行者が発行する株券等の他の保有者と共同して当該株券等を①取得し、若しくは②譲渡し、又は③当該発行者の株主としての議決権その他の権利を行使することを合意している場合における当該他の保有者である（実質的共同保有者）（金商法 27 の 23 Ⅴ）。

　株券等の保有者が、他の保有者との間で、共同で株券の取得若しくは譲渡又は議決権行使を行う合意をしている場合のほか、株主提案権や帳簿閲覧検討の

少数株主権の共同行使に関する合意をしていれば、③の「その他の権利」を共同で行使することを合意しているといえるため、当該他の保有者は実質的共同保有者となる。

一方で、形式的基準により共同保有者とされるのは、株券等の保有者と**図表7-5**の関係を有する保有者である（みなし共同保有者）（金商法27の23Ⅵ、金商令14の7）。

図表7-5　みなし共同保有者とみなし支配関係

みなし共同保有者	根拠条文
夫婦の関係	金商令14の7Ⅰ①
会社の総株主等の議決権の50%を超える議決権に係る株式又は出資を自己又は他人（仮設人を含む）の名義をもって所有している者（以下、「支配株主等」という）と当該会社（以下、「被支配会社」という）との関係	金商令14の7Ⅰ②
被支配会社と、その支配株主等の他の被支配会社との関係	金商令14の7Ⅰ③
財務諸表等規則8条3項に規定する「子会社」に該当する組合とその「親会社」の関係	金商令14の7Ⅰ④、大量保有府令5の3
みなし支配関係	根拠条文
夫婦が合わせて会社の総株主等の議決権の50%を超える議決権に係る株式又は出資を自己又は他人の名義をもって所有している場合には、当該夫婦は、それぞれ当該会社の支配株主等とみなして、共同保有者とみなされる特別の関係を判断する	金商令14の7Ⅱ
支配株主等とその被支配会社が合わせて他の会社の総株主等の議決権の50%を超える議決権に係る株式又は出資を自己又は他人の名義をもって所有している場合には、当該他の会社も、当該支配株主等の被支配会社とみなして、共同保有者とみなされる特別の関係を判断する	金商令14の7Ⅲ

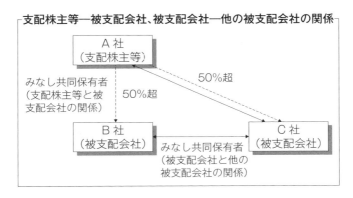

(iii) 株券等保有割合

株券等保有割合が5％を超える場合に大量保有報告書の提出義務が生じる。株券等保有割合は、以下の計算式により計算される（金商法27の23Ⅳ）。

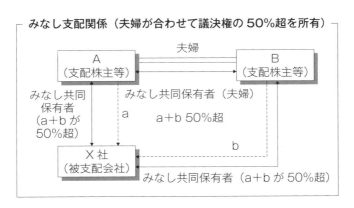

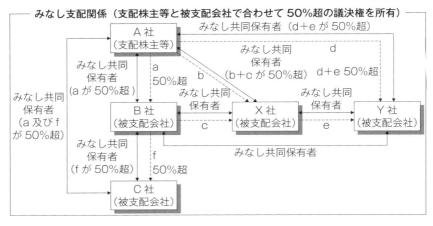

$$\frac{\left(\begin{smallmatrix}保有者の保有株式数+潜在株式数\\-引渡義務を負う株券等の数（①）\end{smallmatrix}\right)+\left(\begin{smallmatrix}共同保有者の保有株式数\\+潜在株式数（②）\end{smallmatrix}\right)-\left(\begin{smallmatrix}①と②の\\重複数\end{smallmatrix}\right)}{発行済株式総数+保有者および共同保有者が保有する潜在株式数}$$

(iv) 変更報告書

　大量保有報告書を提出すべき者が、株券等保有割合が5%を超えるように
なった後に、その株券等保有割合が1%以上増加若しくは減少した場合には、
変更報告書の提出が必要となる（金商法27の25Ⅰ）。1%以上の株券等保有割合
の増減の有無の判断においては、直前の増減の時点での割合と比較するのでは
なく、直前に提出した大量保有報告書等に記載した割合と比較する必要がある。

　さらに、大量保有報告書を提出すべき者の氏名や住所の変更等、大量保有報
告書に記載すべき重要な事項の変更があった場合にも、変更報告書の提出が必
要となる（金商法27の25Ⅰ、金商令14の7の2Ⅰ）。

　変更報告書を提出する義務を負う保有者は、かかる義務の発生日から5営業
日以内（通常は1週間後の同じ曜日の日まで）に、変更報告書をEDINETを通じ
て提出しなければならない（金商法27条の25Ⅰ）。

(v) 大量保有報告書の記載事項・提出方式

① 記載事項

　大量保有報告書及び変更報告書の記載事項の概要は以下のとおりである。

第1　発行者に関する事項	
第2　提出者に関する事項	(1)　提出者の概要
	(2)　保有目的
	(3)　重要提案行為等
	(4)　上場提出者の保有株券等の内訳
	(5)　当該株券等の発行者の発行する株券等に関する最近60日間の取得又は処分の状況
	(6)　当該株券等に関する担保契約等重要な契約
	(7)　保有株券等の取得資金
第3　共同保有者に関する事項	(1)　共同保有者の概要
	(2)　上記共同保有者の保有株券等の内訳

第4　提出者及び共同保有者に関する総括表	(1)　提出者及び共同保有者
	(2)　上記提出者及び共同保有者の保有株券等の内訳

実際の報告書の作成にあたっては、大量保有府令第1号様式の記載上の注意を十分に確認する必要がある。

②　提出方式

　提出者に共同保有者がいる場合においては、当該共同保有者に関する保有状況等の情報も併せて大量保有報告書等に記載して提出する必要があるが、その提出方式としては「その他方式」と「連名方式」がある。

　提出者と共同保有者はそれぞれ個別に提出義務を負うため、共同保有者に関する保有情報等も記載した上で、各自がそれぞれ個別に報告書を提出することもでき（「その他の方式」）、また、共同保有関係にあるもののうちの1人が他の共同保有者全員から委任を受け、共同保有者全員の報告書をまとめて提出することもできる（「連名方式」）。

(f)　親会社等状況報告書

　上場会社の議決権の過半数を所有している会社（以下、「親会社等」という）は、当該親会社等の事業年度経過後3か月以内に、管轄財務局長に親会社等状況報告書を提出しなければならない（金商法24の7Ⅰ）。

　親会社等状況報告書の提出義務が課される親会社等の範囲は以下のとおりである（金商法24の7Ⅰ、金商令4の4Ⅰ）。

✓　提出子会社の総株主等議決権の過半数を自己又は他人（仮設人を含む）の名義をもって所有する会社

✓　会社と当該会社が総株主等の議決権の過半数を自己又は他人の名義をもって所有する法人等が併せて提出子会社の総株主等の議決権の過半数を自己又は他人の名義をもって所有する場合の当該会社

　なお、当該親会社自身が上場会社である場合には、親会社等状況報告書の提出は免除されている（金商法24の7Ⅰ、金商法24Ⅰ）。

　親会社等状況報告書には、提出会社（親会社等）の株式等の状況、役員の状況、及び貸借対照表、損益計算書等の計算書類を記載する必要がある。

⒢ 上場会社における開示

上場会社株式の譲渡に際して、当該上場会社が臨時報告書の提出や証券取引所規則に基づく適時開示を行う必要がある場合がある。このうち、本書の対象とする事業承継に関連してこれらの開示が必要となる場合について概説する。

⒤ 適時開示

事業承継にあたっては、株式の譲渡を伴うことがあるが、かかる株式譲渡により次に掲げる事由が生じた場合には、当該株式が上場されている金融商品取引所における規則（例えば、東京証券取引所の有価証券上場規程）に基づき、適時開示としてプレスリリースを開示することが求められている。この開示は、TDnet という電子開示システムを通じて行うこととされている。

① 株式の売出し

上場会社は、自己株式の売出し（払込金額又は売出価額の総額が1億円以上である場合）を行うことについての決定した場合には、直ちにその内容を開示することが義務付けられている（有価証券上場規程402①a、有価証券上場規程施行規則401条①）。

② 主要株主の異動

上場会社は、主要株主又は主要株主である筆頭株主の異動が生じた場合には、直ちにその内容を開示することが義務付けられている（有価証券上場規程402②b）。つまり、以下のいずれかの場合に開示が必要となる。

> ✓ 主要株主であった者が主要株主でなくなる場合
> ✓ 主要株主でなかった者が主要株主となる場合
> ✓ 主要株主である筆頭株主であった者が筆頭株主でなくなる場合
> ✓ 筆頭株主でなかったものが主要株主である筆頭株主となる場合

ここで、主要株主とは、自己又は他人（仮設人を含む）の名義をもって総株主の議決権の10％以上の議決権を保有している株主をいう。また、筆頭株主とは、主要株主のうち所有株式数が最も多いものをいう。

なお、株式の発行により既存の主要株主の議決権比率が10％を下回った場合等、所有株式数に変動がない場合であっても、総株主の議決権数に変動がある場合には「主要株主の異動」に該当し、開示が必要となる場合があるため留意が必要である。

③　親会社の異動

　上場会社は、親会社の異動が生じた場合（つまり以下の場合）には、直ちにその内容を開示することが義務付けられている（有価証券上場規程402②g）。

✓　親会社が親会社でなくなる場合
✓　親会社でなかった会社が親会社となる場合

　ここで、親会社とは、他の会社の財務及び営業又は事業の方針を決定する機関を支配している会社等をいうものとされており（有価証券上場規程2②、財表規則8Ⅲ）、議決権の50％超を所有している会社がこれにあたる（財表規則8Ⅳ）。もっとも、議決権50％超を所有していない場合にも親会社に該当する場合がある（詳細は財表規則8Ⅳを参照）。

　所有株式数に変動がない場合であっても、総株主の議決権数に変動がある場合に開示が必要となる場合があることについては、上記②の主要株主の異動と同様である。

④　支配株主（親会社は除く）の異動

　上場会社は、以下のように支配株主（親会社は除く）の異動が生じた場合には、直ちにその内容を開示することが義務付けられている（有価証券上場規程402②g）。

✓　支配株主であった者が支配株主でなくなる場合
✓　支配株主でなかったものが支配株主となる場合

　支配株主とは、以下のいずれかの者をいう（有価証券上場規程2④の2）。

---

①　親会社
②　主要株主で、当該主要株主が自己の計算において所有している議決権と、次のa及びbに掲げる者が所有している議決権と合わせて、上場会社の議決権の過半数を占めている者（①親会社を除く）
　a．当該主要株主の近親者
　b．当該主要株主及びa．が、議決権の過半数を自己の計算において所有している会社等及び当該会社等の子会社

　所有株式数に変動がない場合であっても、総株主の議決権数に変動がある場合に開示が必要となる場合があることについては、支配株主の異動についても同様である。

⑤ その他の関係会社の異動

　上場会社は、その他の関係会社の異動が生じた場合（つまり以下の場合）にも、直ちにその内容を開示することが義務付けられている（有価証券上場規程402 ② g）。

> ✓ その他の関係会社がでなかった者が、新たにその他の関係会社になる場合
> ✓ その他の関係会社が、その他の関係会社でなくなる場合

　その他の関係会社とは、ある会社が他の会社の関連会社である場合における、当該他の会社をいう。また、関連会社とは、会社及びその子会社が、出資、人事、資金、技術、取引等の関係を通じて、他の会社（子会社以外）の財務及び営業又は事業の方針の決定に対して重要な影響を与えることができる場合（典型的には、議決権の20％を所有している場合）における当該他の会社をいう（財表規則8 XVIII ④）。つまり、A社がB社の議決権の20％を所有しており、B社がA社の関連会社に該当する場合には、B社からすると、A社はその「その他の関係会社」に該当することとなる。

　また、所有株式数に変動がない場合であっても、総株主の議決権数に変動がある場合に開示が必要となる場合があることについては、その他の関係会社の異動についても同様である。

(ii) 臨時報告書

　有価証券報告書の提出義務を負っている会社は、金融商品取引法に基づき、一定の事由が生じた際には臨時報告書の提出を行う必要がある（金商法24の5 IV）。臨時報告書は、金融商品取引法により提出が求められているため、EDI-NETにより提出することとなる。上場会社であれば、有価証券報告書の提出義務を負うため（金商法24 I ①）、次に掲げる各事由（事業承継の文脈において関連すると考えられるものを抜粋）が生じた場合には、臨時報告書を提出する必要がある。

① 主要株主の異動

　上場会社において、主要株主の異動があった場合には、遅滞なく臨時報告書を提出しなければならない（開示府令19 I ・19 II ④）。ここで、主要株主とは、適時開示における主要株主と同様、自己又は他人（仮設人を含む）の名義をもって総株主の議決権の10％以上の議決権を保有している株主（金商法163 I）を

いい、主要株主であった者が主要株主でなくなる場合、又は主要株主でなかった者が主要株主になる場合に、臨時報告書を提出する必要がある。

　したがって、主要株主の異動があった場合、TDnet を通じて証券取引所において適時開示を行うとともに、EDINET を通じて臨時報告書を開示することとなる。

　　② 　親会社の異動

　親会社の異動が生じた場合には、TDnet を通じた適時開示とともに、遅滞なく臨時報告書を提出することも必要となる（開示府令 19 Ⅰ・19 Ⅱ③）。ここでいう親会社の意義は、上記(i)③における親会社と同様である。

　なお、主要株主が親会社となった場合（例えば、ある会社の議決権付株式を 10% 保有する株主が、その会社の議決権株式の 60% を保有することととった場合）は、主要株主の異動には該当せず、親会社の異動に該当することとなる。

（3）　税務上の取扱い

　上場株式を譲渡した際の譲渡人における税務上の取扱いは、非上場株式の場合と同様、譲渡人が個人であるか法人であるかによって異なる。

　上場株式の譲渡人が個人である場合には、譲渡による所得は「上場株式等に係る譲渡所得等」として、他の所得とは分離して課税され、その税率は原則として、20.315%（所得税 15%、復興特別所得税 0.315%、住民税 5%）である（措法 37 の 10 Ⅱ、復興財源確保法 9 Ⅰ・13、地法 71 の 49）。なお、上場株式の譲渡による損失は、3 年間繰り越して、翌年以降の株式等の譲渡所得等の金額や申告分離を選択した上場株式等の配当所得の金額から控除することもできる（措法 37 の 12 の 2 Ⅴ）。

　一方で、株式の譲渡人が法人である場合には、譲渡益に通常の法人税率（実効税率ベースで約 30%）が適用される。

4　自己株式の取得

　事業承継においては、納税資金の確保のためにオーナーが自社株式を処分するということが検討されることがあるが、特に非上場会社の場合には、その株式の買取先を見つけるのが困難な場合が往々にしてあるため、会社自身がその株式を買受けるということが 1 つの選択肢となる。このように、納税資金確保

194　第1部　基礎編

の一手段として自己株式取得が用いられることがある。

(1)　自己株式取得の手続き

　株主との合意によって自己株式を取得する方法は、ミニ公開買付け、特定株主からの取得、市場内買付け、及び公開買付けに分類することができる。それぞれの方法と会社法が定めるその決定機関の概要は図表7-6のとおりである。なお、自己株式取得に関する会社法の規定は有償での取得についてのみ適用されるものであり、無償での取得について会社法上は特段の規制はない。

図表7-6　自己株式取得の手続

類型	利用可能な株式	決定に係る手続き
ミニ公開買付け	非上場株式	①授権（株主総会の普通決議又は定款の定めがある場合は取締役会決議） ②条件決定（取締役会設置会社においては取締役会決議）
特定株主からの取得	上場株式・非上場株式	①授権（株主総会の特別決議） ②条件決定（取締役会設置会社においては取締役会決議）
市場内買付け	上場株式	授権（株主総会の普通決議又は定款の定めがある場合は取締役会決議）
公開買付け	上場株式	授権（株主総会の普通決議又は定款の定めがある場合は取締役会決議）

(a)　ミニ公開買付け

　ミニ公開買付けとは、全ての株主に対して通知又は公告を行い、その全ての株主が株式の譲渡しの申込みを行うことができ、申し込まれた株式（申込総数が取得する株式の数を超えるときは、按分された数の株式）を取得するという自己株式の取得方法である。

　非上場会社が、全ての株主に売却の機会を与える自己株式取得の方法として用いられる。なお、上場株式については、ミニ公開買付けを利用することはできない（金商法27条の22の2 I ①）。

(i) 株主総会決議（又は取締役会決議）による授権

会社がミニ公開買付けにより株式を取得するためには、まず、株主総会の普通決議によって以下の各事項を定め、授権をする必要がある（会社法156Ⅰ、309Ⅰ）。なお、剰余金の配当等（特定株主からの取得以外の自己株式の取得もこれに含まれる）を取締役会が決定する旨を定款において定めれば、取締役会決議によりかかる決定を行うことができる（会社法459Ⅰ①)[24]。

> ✓ 取得する株式の数
> ✓ 株式一株を取得するのと引換えに交付する金銭等の内容及びその総額
> ✓ 株式を取得することができる期間（1年を超えることができない）

(ii) 取締役会等による決定

会社が、上記(i)の株主総会決議（会社法459条1項の定款の定めがある場合には取締役会決議）に従って自己株式を取得するときは、その都度、以下の各事項（取得条件）を定めなければならない（会社法157Ⅰ）。なお、この決定は、取締役会設置会社においては、取締役会の決議によらなければならない（会社法157Ⅱ）。ミニ公開買付けは、全ての株主に平等に売却の機会を与える方法であることから、この取得条件は、その決定ごとに均等に定めなければならないものとされている（会社法157Ⅲ）。

---

[24] 剰余金の配当等の決定を取締役会が行うことができる旨を定款において定めるためには、以下の全ての要件を満たす必要がある（会社法459Ⅰ）。
　① 会計監査人設置会社であること
　② 取締役の任期の末日が選任後1年以内に終了する事業年度のうち最終のものに関する定時株主総会の終結の日以前であること
　③ 指名委員会等設置会社、監査等委員会設置会社又は監査役会設置会社であること
　　また、当該定款の定めは、最終事業年度にかかる計算書類が法令及び定款に従い株式会社の財産及び損益の状況を正しく表示しているものとして法務省令（会社計規155）で定める要件に該当する場合に限り効力を有するものとされている（会社法459Ⅱ）。

- ✓ 取得する株式の数
- ✓ 株式一株を取得するのと引換えに交付する金銭等の内容及び数若しくは額又はこれらの算定方法
- ✓ 株式を取得するのと引換えに交付する金銭等の総額
- ✓ 株式の譲渡しの申込みの期日

(iii) 株主に対する通知と譲渡しの申込み

　会社は、株主に対して上述の取得条件を通知する（会社法158 I）。公開会社においては、公告をもってこの通知に代えることができるものとされており（会社法158 II）、上場会社の場合は公告によらなければならない[25]。この通知又は公告の時期については、会社法上、特に定められていない。

　当該通知を受けた株主は、株式の数を明らかにして、会社に対して譲渡しの申込みをすることができ、会社は、株式の譲渡しの申込みの期日において、かかる申込みを承諾したものとみなされる（会社法159 II）。もっとも、株主による申込総数が取得する株式の数を超えるときは、按分比例の方法によって定められる株式数について承諾したものとみなされる（会社法159 II但書）。

　以上をまとめると、会社は、株主総会（又は取締役会）の決議によって自己株式の取得の（取得数、対価及び取得期間についての）枠を定め、その枠内において取得条件を決定し、かかる取得条件を株主に通知又は公告し、株主が会社に対して譲渡しの申込みをすることによって、会社は自己株式を取得する。

(b) 特定株主からの取得

　会社が特定の株主から自己株式を取得する場合には、上場・非上場にかかわらず（上場会社の場合には市場外での取得に限る）、以下の手続きを踏まなければならない。

　なお、会社は特定の株主からの取得を意図している場合であってもミニ公開買付けの方法によることもでき、その場合、株主総会の特別決議ではなく普通決議（会社法459条1項の定款の定めがある場合には取締役会決議）により決定をすることができる。但し、ミニ公開買付けの場合は全ての株主が売却に参加することができるため、意図しない株主が売却に参加することができてしまう点

---

25)　振替株式を発行している上場会社は、その株主又は登録株式質権者に対する通知については、公告が強制される（振替法161 II）。

に留意が必要である。

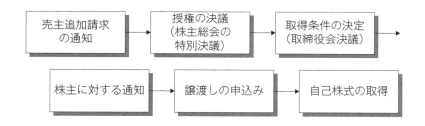

(i) **株主総会決議による授権**

　会社が特定の株主から自己株式を取得するには、株主総会の特別決議によってその旨を定めなければならない（会社法 309 Ⅱ②、156 Ⅰ、160 Ⅰ）。特定株主からの取得の場合には、会社法 459 条 1 項の定款の定めがあったとしても、取締役会によることはできない（会社法 459 Ⅰ①）。なお、当該株主総会においては、当該特定の株主は議決権を行使することはできず（会社法 160 Ⅳ）、定足数にも算入されない（会社法 309 Ⅱ柱書）。

(ii) **売主追加請求と株主に対する通知**

　会社が上記(i)の決定をしようとするときは、特定の株主以外の株主は会社に対して売主追加請求をすることができ、会社は、原則として株主総会の日の 2 週間前[26]までに、株主に対して売主追加請求が可能であることを通知しなければならない（会社法 160 Ⅱ）。売主追加請求とは、取得先となる特定の株主以外の株主が、①の株主総会の議案を自らも取得先である特定の株主に加えた議案に修正することを請求することである。

　株主総会の招集通知の参考書類に、売主追加請求が可能であることを合わせて記載することで、招集通知が上記の株主に対する通知（会社法 160 Ⅱ）を兼ねることができる。但し、株主総会の招集通知は発送時が通知期限の基準となっている一方で（会社法 299 Ⅰ）、上記の株主に対する通知についてはかかる規定はなく、民法上の原則どおり到達時が基準となるという（民法 97 Ⅰ）という点が異なるため、留意が必要である。なお、公告をもってこの通知に代えること

---

26) 招集通知を発すべき時が、1 週間以上 2 週間未満の期間前である場合は当該通知を発すべき時まで、1 週間未満の期間まである場合又は招集手続きを省略する場合は株主総会の 1 週間前まである（会社規 28）。

ができる旨の規定はない。

特定株主からの取得であっても、市場株価のある株式を市場価格以下の対価で取得する場合（会社法161）、株主の相続人その他の一般承継人から取得する場合（会社法162）、子会社から取得する場合（会社法163）、定款に売主追加請求及び株主に対する通知を排除する旨の定款の定めがある場合（会社法164）又は市場買付け（下記(c)参照）若しくは公開買付け（下記(d)参照）により取得する場合（会社法165 Ⅰ）については、特定株主以外の株主が売主追加請求をすることはできない。

(iii)　株主に対する通知と譲渡しの申込み

特定株主からの取得について上記①の株主総会決議による授権がなされた場合、会社が実際に自己株式を取得する際に、ミニ公開買付けの場合と同様に取得条件（詳細については上記(a)(ii)を参照）を決定する必要がある。

その上で、会社は、特定株主に対して、かかる取得条件を通知をする必要がある（会社法160 Ⅴ、158 Ⅰ）。特定株主からの取得の場合には、通知に代えて公告を行う方法は予定されていない[27]。なお、ここでの通知は、取得先となる特定の株主に対して、取得条件を定めた後に行うものであり、株主に対して、株主総会の原則2週間前までに行う売主追加請求の通知とは異なるものである点について留意する必要がある。

その後、株主が譲渡しの申込みをすることによって、自己株式を取得するという流れについては、ミニ公開買付けの場合と同様である（詳細については上記(a)(iii)を参照。）。

(c)　市場内買付け

上場会社は、市場取引によって自己株式を取得することもできる。市場取引としては、売買立会による売買のほか、東証の ToSTNeT 市場等の立会外売買もこれに含まれる。自己株式の取得においては、ToSTNeT-2（終値取引）及びToSTNeT-3（自己株式立会外買付取引）が利用可能であるが、前者は時間優先で発行会社以外の者も会社の株式を取得することができるため、後者が一般的に用いられる[28]。

---

27)　山下友信編『会社法コンメンタール4—株式(2)』（商事法務、2009年）28頁〔伊藤靖史〕。

(i) 会社法上の手続き

　会社が市場取引によって自己株式を取得する場合には、取得条件の決定や通知等について定めた会社法157条から160条は適用されず（会社法165 I）、株主総会の普通決議において授権の決議を行えば足りる（詳細については上記(a)(i)を参照）。また、定款において取締役会の決議によって授権を行うことができる旨を定めた場合には、かかる授権の決議を取締役会によって行うことができる（会社法165 II、III）。なお、授権に係る決定を取締役会決議で代表取締役に委任することはできないものと解されている[29]。

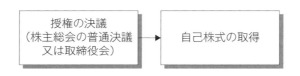

(ii) 金商法及び取引所規則上の規制

　市場内買付けの場合は取得対象の株式が上場株式であることから、下記(2)において詳述する金商法及び金融商品取引所規則上の各規制の対象となる。

　自己株式の取得に際しての手続きとしては、（授権の決定をした際及び取得条件の決定をした際）に証券取引所において適時開示を行い、授権の決議の日の属する月から当該決議において決定した株式を取得することができる期間の満了日の属する月まで、毎月の上場株式の買付状況等を記載した自己株券買付状況報告書を提出することが必要となる（詳細については下記(2)(c)参照。）。

(d) 公開買付け

　上場会社が市場外で自己株式を買い付ける場合には、特定株主からの取得の場合を除き、公開買付けによらなければならない（金商法27の22の2 I ①）。また、発行会社以外のものによる公開買付け（他社株式の公開買付け）とは異なり、1株の買付であっても公開買付けによらなければならない。

　会社が自己株式の公開買付けを行う場合には、以下の手続きが必要となる。

---

28) 森・濱田松本法律事務所編『新・会社法実務問題シリーズ・2　株式・種類株式〔第2版〕』（中央経済社、2015年）233頁～234頁。
29) 江頭・前掲注4）412頁～413頁。

(i) 会社法上の手続き

　会社が自己株式の公開買付けを行う場合には、市場内買付けの場合と同様に、会社法157条から160条の規定は適用されず（会社法165 I）、株主総会の普通決議（会社法165条2項の定款の定めがある場合には取締役会決議）による授権を行うことにより、自己株式を取得することができる。

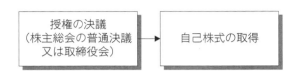

(ii) 金商法上の手続き

　会社が自己株式の公開買付けを行う場合、公開買付届出書を提出し、公開買付け開始公告を行う必要があり、その他の手続きも他社株式の公開買付けに類似している（他社株式の公開買付け手続きの概要については上記(2)(a)(i)を参照。）。

　もっとも、自己株式の公開買付けの場合には、未公表の業務等に関する重要事実（インサイダー取引規制に係る重要事実のうち、自己株式の取得についての決定を除くもの。自社株府令23）があるときは、これを公開買付届出書を提出する日前に公表しなければならない（金商法27の22の3 I）。また、公開買付届出書を提出した日以降公開買付期間中において、未公表の業務等に関する重要事実が生じたとき（かかる重要事実が判明した場合も含む）は、直ちに、当該公表の内容を公表し、かつ応募株主等及び応募を行おうとする株主に対して、その公表内容を通知しなければならない（金商法27の22の3 IV、27の8 VIII）。

(2) 上場会社における自己株式の取得に係る規制

　上場会社が自己株式を取得する場合には、上記(1)で概説した手続きに加えて、金商法及び取引所規則に基づく以下の各規制が適用される（②は市場内買付けの場合にのみ適用される）。

① インサイダー取引規制（金商法166）
② 自己株式取得にかかる市場規制（金商法162の2）
③ 自己株券買付状況報告書の提出（金商法24の6）
④ 適時開示（有価証券上場規程402①e）

(a) インサイダー取引規制

インサイダー取引規制（上記(2)(c)参照）との関係では、上場会社が信託方式又は投資一任方式によって自己株式取得を行う場合、例えば、(1)信託契約又は投資一任契約の締結・変更が、当該上場会社により重要事実を知ることなく行われたものであって、(2)当該上場会社が契約締結後に注文にかかる指示を行わない形の契約である場合、又は、当該上場会社が契約締結後に注文に係る指示を行う場合であっても、指示を行う部署が重要事実から遮断され、かつ、当該部署が重要事実を知っている者から独立して指示を行っているなど、その時点において、重要事実に基づいて指示が行われていないと認められる場合は、基本的にインサイダー取引規制に違反しないとされている[30]。このため、市場内買付けにより自己株式を取得する場合は、信託方式を利用することが実務上少なくない。

(b) 自己株式取得にかかる市場規制

市場内で自己株式の売買を行う場合（信託契約又は投資一任契約に基づく発行会社の計算による売買を含む）、①証券会社数（1日1社の証券会社のみを通じた買付け）、②買付価格（直近の売買価格を上回らない価格）、及び③1日の買付数量の上限（直近4週間の1日当たり平均売買高の100％）について規制が設けられている（金商法162の2、取引規制府令17、19）。

(c) 自己株券等買付状況報告書の提出

上場会社は、自己株式の取得について株主総会又は取締役会の決議があった場合、当該決議の日の属する月から当該決議において決定した株式を取得することができる期間の満了日の属する月まで、毎月の上場株式の買付状況（買付けを行わなかった場合も含む）等を記載した自己株券買付状況報告書を、翌月15日までに提出しなければならない（金商法24の6Ⅰ）。自己株券買付状況報告書は、市場内で買い付けた場合に限らず、市場外や公開買付けにより取得する場合も提出が必要である。

30）　インサイダー取引規制に関する Q&A 問 1。

(d) 適時開示

上場会社が自己株式の取得決定した場合は、直ちにその内容を開示する必要がある（上場規程 402 ①e）。なお、取得枠の決定を行ったうえで、個々の取得の決定を行う場合には、いずれの決定についても適時開示を行う必要がある[31]。

(3) 自己株式の取得の財源に係る規制

会社が合意により自己株式を取得する際、株主に対して交付する金銭等の帳簿価額の総額は、当該行為がその効力を生ずる日における分配可能額を超えてはならない（会社法 461 Ⅰ②、③）。

会社法の立案担当者によれば、かかる財源規制に違反した自己株式の取得及び対価の交付は、その行為自体は有効であるものとされるが[32]、学説ではこのような行為も無効であるとする見解も有力である[33]。

分配可能額を超える対価を交付する場合、①対価の交付を受けた者（会社法 462 Ⅰ柱書）、②業務執行者（会社法 462 Ⅰ柱書、会社計規 159 ②、③）、③総会議案提案取締役（会社法 462 Ⅰ①イ、②イ、会社計規 160）、④議案提案取締役（会社法 462 Ⅰ①ロ、②ロ、会社計規 161）は、会社に対して、連帯して、交付した対価の帳簿価額に相当する金銭を支払う義務を負う（会社法 462 Ⅰ①、②）。但し、対価の交付を受けた者以外については、その職務を行うについて注意を怠らなかったことを証明したときはかかる義務は負わない（会社法 462 Ⅱ）。

さらに、分配可能額超える対価を交付する場合には、会社の債権者が、株主に対して帳簿価額（但し、債権者が会社に対して有する債権額を超えることはできない）に相当する金銭を支払わせることができる（会社法 463 Ⅱ）。

なお、分配可能額の範囲内で合意により自己株式を取得した場合でも、取得をした日の属する事業年度に係る計算書類につき承認を受けた時に欠損が生じた場合は、職務の執行を行った業務執行者に、会社に対する法定の特別責任が生じる（会社法 465 Ⅰ②・③）。

---

31) 株式会社東京証券取引所編『会社情報適時開示ガイドブック（2017 年 3 月版）』（株式会社東京証券取引所、2017 年）123 頁。

32) 相澤哲編『立案担当者による新・会社法の解説（別冊商事法務 295 号）』（商事法務、2006 年）135 頁。

33) 江頭・前掲注 4）258 頁。

(4)　自己株式の法的地位

　会社は、その保有する自己株式については議決権を有さず（会社法308Ⅱ）、株主総会の決議における定足数の計算からも除外されるほか（会社法309）、その他の少数株主権（総会招集請求権（会社法297Ⅰ）、株主提案権（法303Ⅱ、305Ⅰ但書）、会社解散の訴え（会社法833Ⅰ）、役員解任の訴え（会社法854Ⅰ）等）も認められない。

　また、会社は、その保有する自己株式について、剰余金の配当請求権（会社法453）、残余財産の分配請求権（会社法504）等の権利を有しない。

　会社が適法に取得した自己株式を保有することについて特段の規制はなく、会社は、保有する自己株式を継続して保有することも、消却することも（会社法178）、担保に供することも、それを処分することも（会社法199Ⅰ）できる。自己株式を処分する場合は、株式の発行と同じ規制に服する（会社法199Ⅰ参照）。

(5)　税務上の取扱い

　自己株式の取得における税務上の取扱いは、市場内取引であるか否かによって異なる。具体的には、市場外取引においては、発行会社において利益積立金額の減少が生じ、売手株主においてはみなし配当を計上する必要があることとなる。以下では、株主の保有する自己株式を、市場外取引（TOB又は相対取引）により有償で取得する場合について説明する。

(a)　発行会社

　自己株式の取得時に売手株主に交付される金額が、資本金等の額のうち取得する株式の比率に応じた金額（※計算方法は下記参照）を超過するときは、当該金額だけ資本金等の額が減少し、当該超過額だけ利益積立金額が減少する（法法2⑯・⑱、法令8Ⅰ⑳・9Ⅰ⑭）。

> （※）資本金等の額のうち取得する株式の比率に応じた金額
> ＝自己株式の取得直前の資本金等の額 × $\dfrac{\text{取得された自己株式の数}}{\text{当該直前の発行済みの株式（自己株式を除く）の総数}}$

　このように、自己株式取得により交付した対価の額を、①資本金等の額に対応する部分と、②それを超過する部分に分け、自己株式の取得により、①に対

応する金額だけ資本金等の額が減少し、②に対応する金額だけ利益積立金額が減少することとされている。

以上のとおり、税法上、自己株式の取得は、資本金等の額の減少を生ずる取引と、剰余金の分配とによって構成される取引であるため、発行会社にとってはいずれも資本等取引に該当する（法法22Ⅴ）。そのため、発行会社は、株主に対して交付する金額について損金に算入できない。

なお、②の部分は、配当とみなされることから、源泉徴収の対象となる（所法212Ⅲ・181Ⅰ）。源泉所得税の税率は、15.315％（個人に関しては、地方税と合わせて20.315％）である（所法213Ⅱ①、復興財源確保法28Ⅰ・Ⅱ）。

(b) 売手株主

自己株式の取得に応じた株主にとっては、みなし配当を受け取るという側面と、株式を譲渡するという側面とがある。そのため、売手株主については、㋐みなし配当と、㋑譲渡損益のそれぞれについて、課税関係を検討する必要がある。

(i) みなし配当

売手株主に交付された金額が、その交付の原因となった株式の比率に応じた資本金等の額を超えるときは、当該超過額が配当とみなされる（みなし配当。所法25Ⅰ⑤、法法24Ⅰ⑤）。その際、発行会社側では、利益積立金額が同額だけ減少する（法令9Ⅰ⑭）。この計算は、会社法上のその他利益剰余金及びその他資本剰余金並びに対象会社株主毎に異なる株式の取得価額とは無関係に、対象会社の税務上のバランスシートに従って行われることになる。

このように、自己株式を有償で取得するかたちで株主に対する分配が行われる場合は、その全額が配当として課税されるのではなく、その一部のみが「みなし配当」として割合的に課税されるのみである。みなし配当の課税関係は、①個人株主の場合と②法人株主の場合で全く異なるため、以下では、両者を分けて説明する。

① 個人株主の場合

個人株主に生じるみなし配当所得は、原則として総合課税（住民税と合わせて最大で55.945％）の対象となる。その際、次に述べる申告不要制度を選択した場合を除き、株式を取得するために要した負債の利子を配当所得から控除するこ

とが認められている（所法24Ⅱ）。また、発行会社は、みなし配当の額につき、源泉徴収しなければならない（所法212Ⅲ・181）。

なお、譲渡する株式が上場株式（発行会社株式を3％以上保有している場合を除く）の場合は、他の所得と合計せず、分離して確定申告する申告分離制度（措法8の4）または源泉徴収のみで申告が不要となる申告不要制度（措法8の5）を利用することができる。申告分離制度を利用した場合は、一定の要件の下、上場株式等に係る譲渡損失との損益通算及び繰越控除も認められる（措法37の12の2、措令25の11の2）。

かかる申告分離制度又は申告不要制度を選択した場合を除き、所得税の確定申告時において、一定割合が税額から控除される（配当控除。所法92）。これは、同じ所得について、配当を行う側の法人税と配当を受け取る側の所得税というかたちで二重に課税することを、一定程度回避するための制度である。

なお、平成26年度税制改正により、少額投資非課税制度（NISA）が導入され、一定の要件を満たす場合には上場株式等の配当等や売却に係る所得が非課税となった。

　②　法人株主の場合

一方、法人株主については、原則として、みなし配当の額は収益の額として全額益金に算入されるが、図表7-7のとおり、受取配当益金不算入の規定の適用を受けることができる（法法23Ⅰ）。

図表7-7　受取配当等の益金不算入割合

区分	株式等保有割合	不算入割合
完全子法人株式等	100％	全額
関連法人株式等	3分の1超	全額（負債利子控除あり）
その他の株式等	5％超3分の1以下	100分の50
非支配目的株式等	5％以下	100分の20

なお、みなし配当の額が益金に算入されない場合であっても、発行会社はみなし配当の額につき源泉徴収をする必要があり（所法212Ⅲ・181）、対象会社によって源泉徴収された所得税については、法人税の確定申告において、税額から控除される（法法68Ⅰ）。

平成 22 年度税制改正により、対象会社による自己株式の取得が予定されている株式を取得し、対象会社に譲渡した（自己株式の取得をさせた）場合のみなし配当については、受取配当益金不算入の規定の適用はなく、その全額が益金に算入されることになった（法法 23 Ⅲ）。これは、自己株式として取得されることが予定されている株式を取得し、その後予定どおりに対象会社に自己株式として譲渡し、株式の譲渡損失を計上しながら、一方で、みなし配当につき益金不算入制度を利用することによる租税回避行為を防止するための規定である。

(ⅱ)　**譲渡損益（個人株主及び法人株主）**

　以上とは別に、売手株主（個人株主及び法人株主）には、株式の簿価を譲渡原価とし、発行会社から受け取った金額からみなし配当の金額を減算した金額を譲渡対価として、譲渡益又は譲渡損が生じる（措法 37 の 10 Ⅲ⑤、法法 61 の 2 Ⅰ①）。但し、売手株主が法人株主であり、発行会社との間に完全支配関係がある場合には、グループ法人税制の適用により、譲渡益又は譲渡損の実現は繰り延べられることになる（法法 61 の 13 Ⅰ）。

　このように、譲渡対価は、株主が対象会社から受け取った金額全額ではなく、みなし配当の金額を減算した金額とされている。これにより、同一の所得に対する二重課税（みなし配当としての課税と譲渡益としての課税）が回避されている。

　なお、消費税に関して、自己株式の取得は、証券市場での買入れによる取得を除き、不課税となる（消基通 5-2-9）。一方、証券市場での買入れは、非課税となる。

第8章
株式の信託

1 信託の利用

(1) 信託の利用に際しての留意点

　オーナー系企業の資本政策や事業承継を考えるにあたって、信託の活用はたいへん重要な選択肢の1つである。信託を活用することにより、各種のニーズに応じた、柔軟なプランニングが可能になる。

　しかし、信託を巡る法律関係は複雑であり、契約書等のドキュメンテーションには一定の留意が必要である。また、信託を活用する場合には、信託業法や金融商品取引法をはじめとする金融規制との抵触を避けるため、金融規制法上の論点の検討も不可避となる。さらには、税務上も、信託に関してはその法律関係の特殊性ゆえに特別な取扱いがなされており、信託の税務について基本的な理解をしておくことはプランニングのために必須といえる。

　このような観点から、本項では、日本の信託法、信託に関する金融規制及び信託に関する税務に関する基本的な事項について概観する。

(2) 信託を利用する基本的な枠組み

　信託を利用する際の一連の流れは、例えば、以下のとおりとなる。

【事例】

　① 個人又は法人であるSは、現在、株式会社A社の株式を保有している。
　② Sは、信頼できるTという個人（法人でもよい）に、Bという個人（法人でもよい）が配当等の利益を受けられるよう、A社株式を管理・処分してもらうため、Tとの間で信託契約を結ぶ。Tは、後述のとおり信託業に該当しないようにする等の一定の制約はあるが、信託銀行や信託会社でなくてもよい。

③ Sは、Tに対して、信託契約の定めに基づきA社株式を信託譲渡し、株式譲渡に関する対抗要件を具備するとともに、信託の公示を行う。
④ TはA社株式を保有する株主となり、A社に対して株主としての権利を行使する立場に立つ。
⑤ Tは、A社の株主としてA社から配当金を受け取りつつ、(あらかじめ信託契約で合意していたとおり) 受け取った配当をBに交付する。
⑥ Tは、信託契約の定めに基づき、A社株式の管理のために支出した費用及びA社株式の管理に係る報酬を配当金の中から受け取る。
⑦ 信託契約で定めていた期間が満了したため信託が終了し、Tは、A社株式を信託契約の定めに基づきBに対して交付し、株式の移転に関する対抗要件を具備する。
⑧ BはA社株主となり、A社に対して株主としての権利を行使する立場に立つ。

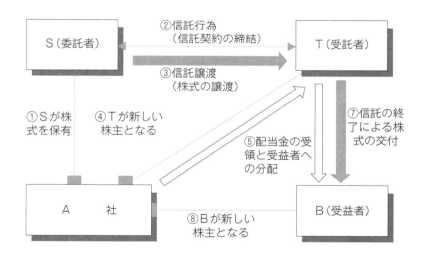

(3) 信託の利用例

日本においては、これまで、信託銀行が中心となって信託業務を行ってきた。信託銀行により提供されてきた信託商品としては、例えば下記のようなものがある[1]。

---

1) 三菱UFJ信託銀行編『信託の法務と実務〔第8版〕』(金融財政事情研究会、2015年) 参照。これらの信託商品のなかにはプランニングの参考になるものもあるものの、個々の信託商品に関する解説は他の文献に譲り、オーナー系企業による信託の利用に的を絞って解説を行う。

> ・合同運用指定金銭信託（貸付信託など）
> ・単独運用指定金銭信託
> ・特定運用金銭信託
> ・企業年金信託（確定給付企業年金信託など）
> ・投資信託
> ・証券信託（ファンドトラストなど）
> ・ESOP 信託
> ・受益証券発行信託（JDR（日本型預託証券）など）
> ・不動産信託（不動産証券化における利用など）
> ・金銭債権信託（住宅ローン債権信託など）
> ・勤労者福祉信託
> ・特定障害者扶養信託
> ・特定寄附信託
> ・後見制度支援信託
> ・教育資金贈与信託
> ・公益信託

　しかし、近年は、商事信託でも信託銀行以外の信託会社が受託者となる場合や、個人が設立した一般社団法人などが信託の受託者となる場合（民事信託：信託業法の規制の外側）も出てきている。民事信託では、オーナー系企業の創業者や創業家一族が、オーナー系企業株式の管理や次世代への承継のために信託を利用する例も出てきている。

2　信託法

(1)　信託の当事者

(a)　基本的な当事者

　信託には、基本的には委託者、受託者及び受益者の三者が当事者として存在している。また、委託者、受託者、受益者はいずれも複数存在している場合もありうる。

(b)　委託者

　委託者（Settlor）とは、信託行為（後述）によってある財産を信託する者のことであり（信託2Ⅳ）、上記【事例】①のＳがこれに相当する。Ａ社株式のよう

な財産をもともと保有している企業オーナー個人やその資産管理会社などが委託者となって信託を設定する場合が多いであろう。

信託法上は委託者の資格は制限されておらず、個人・法人を問わず、誰でも委託者になれる。但し、後述のとおり、委託者は、信託の設定により財産の処分等を行うため、未成年者などの制限行為能力者が委託者となる場合には、民法の規定により親権者の同意等が必要となる（民法5 I など）。また、遺言は満15歳にならなければ行うことができないため（民法961）、満15歳にならなければ遺言信託（後述）の委託者になることはできない。法人の場合には、定款その他の基本約款で定められた範囲内でのみ、委託者として信託の設定をすることができる（民法34）。但し、定款等の目的は実務上広く解されている。

(c)　受託者

受託者（Trustee）とは、信託行為の定めに従い、信託財産に属する財産の管理又は処分及びその他の信託の目的の達成のために必要な行為をすべき義務を負う者のことであり（信託2 V）、上記【事例】②のTがこれに相当する。

個人の場合は、未成年者、成年被後見人、被保佐人等の制限能力者は、受託者となることができない（信託7）。また、法人の場合は、信託の引受けが法人の権利能力の範囲に属していなければならない（民法34）。そして、後述のとおり、信託の引受けを営業としてする場合には、内閣総理大臣の免許等を受けなければならず、個人が行うことはできない（信託業3・7、兼営法1）。

(d)　受益者

受益者（Beneficiary）とは、受益権を有する者のことであり（信託2 VI）、上記【事例】②のBがこれに相当する。オーナー系企業が信託を利用する場合は、実務上は委託者が当初受益者（信託設定当初の受益者）となる場合が多いものの、委託者以外の者を当初受益者とすることも可能である。委託者と受益者が同一の者である信託のことを「自益信託」といい、委託者と受益者が異なる者である信託のことを「他益信託」という。

また、1年以内であれば、受託者が一時的に全部の受益権を保有することも可能である（信託163②）が、その期間を超えて受託者のみの利益を図ることを目的とした信託を行うことは、受託者が他人のために信託財産の管理処分等を行うという信託の本質に反するため認められない（信託2 I）。

なお、信託の設定の際に受益者が存在していることは必須ではなく、受益者を定める方法のみを信託行為で定めておくことも可能である。さらには、受益者が存在せず、受益者を定める方法の定めもない信託を設定することも可能であり、このような信託を「目的信託」という。ただし、目的信託の場合には、一般の信託の場合と異なり、設定方法の制限、信託の変更によって受益者の定めを置くことの禁止、存続期間の制限、委託者の権利強化や信託管理人を置く必要があることなど、特別の規定に服することになる（信託258以下）。

(2) 信託行為

(a) 信託行為とは

信託を設定する法律行為のことを信託行為という。信託行為には、信託契約、信託遺言、信託宣言の3通りの方法があるが、実務上は、上記【事例】②のように信託契約により設定されることが多い。

(b) 信託契約

信託契約とは、委託者と受託者との間で行う、受託者に財産の譲渡、担保権の設定その他の財産の処分をする旨並びに受託者が一定の目的に従い財産の管理又は処分及び損他の当該目的の達成のために必要な行為をすべき旨の契約である（信託3①）。受託者は契約当事者であるため、信託契約締結までに誰を受託者とすべきかを確定しておく必要がある。信託契約により設定される信託のことを契約信託といい、原則として信託契約の締結により効力が発生することになる（信託4Ⅰ）。

(c) 信託遺言

信託遺言とは、受託者に財産の譲渡、担保権の設定その他の財産の処分をする旨並びに受託者が一定の目的に従い財産の管理又は処分及びその他の当該目的の達成のために必要な行為をすべき旨の遺言である（信託3②）。信託遺言は、相手方のない単独行為であるため、遺留分に関する規定をはじめとして、遺贈（遺言による財産の譲渡）に関する民法の規定が類推適用される[2]。信託遺言は単独行為であるため、受託者をあらかじめ指定しておく必要はない（信託6。裁判

---

2) 道垣内弘人『信託法』（有斐閣、2017年）63頁。

所が、利害関係人の申立てにより、受託者を選任することができるとされる）。信託遺言によって設定される信託を遺言信託といい、遺言の効力の発生時、すなわち原則として遺言者の死亡時に効力が発生することになる（信託4Ⅱ、民法985Ⅰ）。

(d)　信託宣言

信託宣言とは、委託者が、一定の目的に従い自己の有する一定の財産の管理又は処分及びその他の当該目的の達成のために必要な行為を自らすべき旨の意思表示を行うことである（信託3③）。信託宣言は、公正証書などの書面若しくは電磁的記録によって行う必要がある（いわゆる要式行為）（信託3③）。信託宣言によって生じる信託を自己信託といい、委託者と同一の者が自ら受託者となる。信託宣言が、公正証書又は公証人の認証を受けた書面若しくは電磁的記録（以下、「公正証書等」という）によってされる場合には、公正証書等の作成によって直ちに効力が生じるが（信託4Ⅲ①）、公正証書等以外の書面又は電磁的記録によってされた場合には、受益者として指定された第三者に対して確定書日付のある証書による通知を行うことにより効力が生じることになる（信託4Ⅲ②）。

(3)　信託目的

信託とは、一定の目的（専ら受託者の利益を図る目的を除く）に従い財産の管理又は処分及びその他の当該目的の達成のために必要な行為をすべきものとすることとされている（信託2Ⅰ）。ここでいう一定の目的は、一般的に「信託目的」とよばれる。

信託目的は、委託者から見れば、信託の設定によって達成しようとする基本目的を指すものである。このため、信託目的は信託行為において定められる必要がある。他方で、信託目的は、受託者から見れば、信託財産の管理又は処分等を行う際の指針や基準となるものである。すなわち、受託者の権限は、信託目的を達成するために必要な行為をする権限に限られている（信託26）。また、受託者は、信託目的の達成に向けて、信託の本旨に従い、信託事務の処理をしなければならないものとされている（信託29Ⅰ）。これに違反すると、受託者の義務違反となる。

(4) 信託譲渡

(a) 財産の処分と信託財産

委託者は、信託を設定するにあたり、受託者に対して、財産の譲渡、担保権の設定その他の財産の処分を行う。実務上、信託の設定に際して委託者の財産が受託者に対して譲渡されることが多く、この財産の譲渡は「信託譲渡」と呼ばれることが多い。信託譲渡によって受託者に帰属した財産は信託財産を構成することになる。

(b) 信託譲渡の目的物

信託譲渡の目的物となるものは「財産」であるため、金銭に見積ることができるものである必要がある（金銭換算性）。信託譲渡の目的物としては、不動産や動産、有価証券や金銭債権などが典型的である。

消極財産である債務は「財産」には含まれず、債務を信託譲渡の目的物とすることはできないと解されてきた（積極財産性）。もっとも、信託法の改正により、信託の設定当初から債務を引き受けることが可能となることで、積極財産の価額が消極財産の価額を下回る形の信託の設定、さらに、いわゆる事業信託を行うことも可能となったと考えられている[3]。

信託譲渡の目的物は、委託者が処分可能なものでなければならない（処分可能性）。このため、譲渡が禁止された財産や委託者に一身専属的な権利は信託譲渡の目的物とすることができない。

信託譲渡の目的物に対して信託設定の効果が帰属するためには、一般的な財産の譲渡と同様、目的物が特定されている必要があり、かつ、目的物が現に存在し、当該目的物が委託者に帰属している必要がある。

(c) 効力発生要件・対抗要件と信託の公示

信託譲渡の効果が発生し、その効力を第三者に対抗するためには、信託設定では足りず、一般的な財産の譲渡と同様、それぞれの財産に応じた効力発生要件と対抗要件を具備する必要がある。株券発行会社の場合、株券の交付が株式譲渡の効力要件として必要となる。株券不発行会社の場合、当事者の合意のみ

---

3) 法務省民事局参事官室「信託法改正要綱試案の補足説明」第1の3。

で株式の譲渡の効力が発生するが、対会社及び対第三者の対抗要件として、株主名簿の書き換えが必要となる（会社法130）。譲渡制限株式を信託譲渡する場合には、譲渡に係る承認をA社から得る必要もある（会社法136条以下）。上場株式（振替株式）については、株券制度が廃止されているが、口座管理機関（金融機関）の振替口座簿への記載又は記録が、効力発生要件とされている（振替法140）。

また、信託譲渡の目的物が信託財産に属することを第三者に対抗するためには、通常の第三者対抗要件の具備に加えて、信託財産に属することの公示が要求されることがある。上記【事例】③で、A社が株券不発行会社である場合、振替株式でない通常の株式については、株主名簿に信託財産に属する旨を記載しなければ信託財産に属することを第三者に対抗することはできず（会社法154の2Ⅰ）、振替株式については、信託財産に属する旨を振替口座簿に記載又は記録しなければ、信託財産に属することを第三者に対抗することはできない（振替法142Ⅰ）。他方、A社が株券発行会社の場合には信託の公示は不要である（会社法154の2Ⅳ）。以上をまとめると、図表8-1のとおりとなる。

図表8-1　効力発生要件・対抗要件と信託の公示

株式の種類		株式譲渡の効力発生要件	株式譲渡に係る対抗要件		信託の公示
			対会社	対第三者	
株券発行会社の株式		株券の交付	株主名簿の書換え	株券の占有	なし
株券不発行会社	通常の株式（振替株式以外の株式）	当事者の合意	株主名簿の書換え		株主名簿に信託財産に属する旨を記載
	振替株式	振替口座簿への記載又は記録	株主名簿の書換え		信託財産に属する旨を振替口座簿に記載又は記録

また、株式以外にも、不動産、船舶、航空機、自動車（軽自動車等を除く）などの財産を信託財産とする場合、登記又は登録による信託の公示がなければ、当該財産が信託財産に属することを第三者に対抗することはできない。

(5) 信託財産

(a) 信託財産と固有財産

信託を受託すると、信託財産と固有財産の2種類の財産を保有することになる。受託者に属する財産であって、信託により管理又は処分すべき一切の財産のことを「信託財産」という（信託2Ⅲ）。これに対して、受託者に属する財産であって、信託財産に属する財産でない一切の財産のことを「固有財産」という（信託2Ⅷ）。上記【事例】④のように、信託財産は受託者に帰属することになるが、後述のとおり、信託財産は固有財産とは分別して管理され、固有財産からの独立性が認められることになる。

(b) 信託財産の範囲

まず、信託財産には、信託行為において信託財産に属するものとして定められた財産が含まれる。そのほか、以下の財産も含まれることになる（信託16柱書）。

第1は、信託財産に属する財産の管理、処分、滅失、損傷その他の事由により受託者が得た財産である（信託16①）。信託財産に属する財産は、受託者による信託の目的に従った管理又は処分等により他の財産に形を変えても、その新たな財産が信託財産を構成することになる（信託財産の物上代位性）。上記【事例】⑤の配当金は、信託財産に属する財産の管理等の事由により受託者が得た財産に該当するため、信託財産を構成することになる。また、信託財産に属する財産の売却によって得た売買代金債権や、信託財産に属する金銭で購入した財産等（代位物）が信託財産に帰属するほか、信託財産を引当てとして借り入れた金銭等も信託財産に帰属することになる。

第2は、信託法の規定により信託財産に帰属することと定められている財産である（信託16②）。具体的には、財産の付合があった場合の取扱いに関する規定（信託17）、固有財産や他の信託財産とのを識別することができなくなった場合の取扱いに関する規定（信託18）によって、信託財産に帰属することとなった財産がこれに該当する。

(c) 信託財産責任負担債務

受託者が、信託財産に属する財産をもって履行する責任を負う債務のことを

「信託財産責任負担債務」という（信託2Ⅸ）。この信託財産責任負担債務は、信託行為の定めに従って受益者が信託財産から給付を受ける受益債権（例えば、配当を受け取る受益権の内容）に対応する債務のように、信託財産のみをもって履行の責任を負う債務もある。しかし、常に「信託財産に属する財産『のみ』をもって履行する責任を負う」債務となるわけではなく、むしろ受託者としての活動によって生じた債務のように、受託者が信託財産だけでなく固有財産によって履行の責任を負う債務もあり、信託の受託をすると、あくまで自己の財産として信託財産を保有したものとしたときの責任を負うことになる。

そうではなく、信託財産に属する財産「のみ」をもって履行する責任を負うものとしたい場合には、限定責任信託（信託行為においてその全ての信託財産責任負担債務について受託者が信託財産に属する財産のみをもってその履行の責任を負う旨の定めをし、登記をした信託。信託216以下）を設定することも考えられるが、登記が必要になるなどの理由で、あまり活用されていない。信託のみを引き受け、他の活動は行わない（固有財産はなるべく保有しない）ビークルとして、一般社団法人等を信託財産の受託者となるよう設立することが多い。

なお、後述のとおり、受託者が信託財産責任負担債務を固有財産でもって履行した場合には、信託財産から償還を受けることができる（信託48Ⅰ）。

(d)　信託財産の独立性

信託財産の独立性が、信託が有する機能のうち大きなものの1つである。信託財産に属する財産に対しては、信託財産責任負担債務に係る債権に基づく場合を除き、強制執行、仮差押え、仮処分若しくは担保権の実行若しくは競売（担保権の実行としてのものを除く）又は国税滞納処分をすることができない（信託23Ⅰ）。つまり、委託者の債権者、受託者の固有財産の債権者、受託者に属する他の信託の信託財産に係る債権者等は、信託財産に属する財産に対して権利を主張することができない（上記「信託財産責任負担債務」のとおり、一定の信託財産責任負担債務に係る債権者が、受託者の固有財産についても権利を主張できるのとは異なる）。また、受託者が破産手続開始の決定を受けた場合であっても、信託財産に属する財産は、破産財団に属しない（信託25Ⅰ）。さらに、信託財産は受益者の利益のために管理・処分されるものの、あくまで受益者自身に帰属する財産ではなく、受益者の債権者も信託財産（既に発生している受益債権を除く）に対する権利を主張することはできない。

第 8 章　株式の信託　　217

　このように、信託財産は、委託者の倒産リスク、受託者の固有財産及び他の信託財産に関する倒産リスク、受益者の倒産リスクから隔離された存在となる（倒産隔離性）。但し、信託財産及び固有財産の各財務状態がともに悪化しており、信託財産と固有財産により信託財産責任負担債務の履行ができない場合には、信託財産そのものが破産手続きの対象となる（破産法 2 Ⅰ）。このため、信託財産そのものの倒産リスクまでなくなるものではない点には留意が必要である。

(6)　受託者の権限と責任

(a)　受託者の権限

　受託者は、信託財産に属する財産の管理又は処分及びその他の信託の目的の達成のために必要な行為をする権限を有するとされている（信託 26）。このため、受託者は、当然に、信託財産に関する管理行為（保存行為、利用行為、改良行為）をすることができる。また、受託者は、信託目的の達成のために必要な範囲で、信託財産の性質を変更する処分行為、第三者からの権利取得行為や借入行為等をすることができる。

　他方、信託行為により受託者の権限に制限を加えることもできる（信託 26 但書）。このため、委託者は、信託行為により、必要に応じて権限の範囲を限定したり、一定の権限の行使に関して受益者等の承諾を要するとしたりするなどの制約を課すことができる。

　また、受託者は自ら信託事務を処理することが原則であるものの（自己執行義務）、一定の場合には、信託事務の処理を第三者に委託することができる（信託 28）。信託事務の第三者への委託は、信託行為の定めに応じて、図表 8-2 の場合に認められることになる。

図表 8-2　信託事務の第三者への委託

信託行為の定め	第三者への委託が認められる場合
①信託行為に信託事務の処理を第三者に委託する旨又は委託できる旨の記載がある場合	全ての場合で委託が可能
②信託行為に信託事務の処理の第三者への委託に関する定めがない場合	信託事務の処理を第三者に委託することが信託の目的に照らして相当であると認められるときに限り、委託が可能

③信託行為に信託事務の処理を第三者に委託してはならない旨の定めがある場合	信託事務の処理を第三者に委託することにつき信託の目的に照らしてやむを得ない事由があると認められるときに限り、委託が可能

　なお、受託者は、信託財産に関する訴訟について当事者適格を有する。信託財産に関して受託者に対して提起された裁判の効力は、信託財産に及ぶことになる。

(b)　受託者の権限外行為の効力

　受託者の行為が信託財産のためにする行為であっても、権限外で行った行為の効果は信託財産には帰属せず、受託者の固有財産に帰属するべきものである。そうでなければ、委託者が受益者のために設定した信託の目的に反して、受益者に不利益を被らせるおそれがある。他方で、受託者の行為を信託財産のためにする権限内の行為と信じた取引相手方を保護する必要がある。そのため、受益者は、図表 8-3 のような一定の場合には受託者が行った権限外行為を取り消すことができることとし（信託 27 Ⅰ・Ⅱ）、受益者によって取消権が行使されない限り、当該権限外行為は有効なものとして扱われることになる。

図表 8-3　受託者の権限外行為の取消し

受益者が受託者の権限外行為を取り消すことができる場合
● 原則：以下のいずれにも該当する場合に受益者が取消可 　➤ 受託者の行為の相手方が、当該行為の当時、当該行為が信託財産のためにされたものであることを知っていた場合 　➤ 受託者の行為の相手方が、当該行為の当時、当該行為が受託者の権限に属しないことを知っていたこと又は知らなかったことにつき重大な過失があった場合
● 信託の登記又は登録がされている場合：以下のいずれにも該当する場合に受益者が取消可 　➤ 受託者の行為の当時、当該信託財産に属する財産について信託の登記又は登録がされていたこと。 　➤ 受託者の行為の相手方が、当該行為の当時、当該行為が受託者の権限に属しないことを知っていたこと又は知らなかったことにつき重大な過失があったこと。

この取消権は、原則として、受益者が取消原因があったことを知った時から3か月行使されないとき、及び、権限外行為の時からの時から1年を経過したときには、時効により消滅する（信託27 IV）。

(c) 受託者の義務

受託者は、信託の本旨に従い、信託事務の処理をしなければならない（信託事務遂行義務、信託29 I）。信託の本旨とは、信託行為の定めの背後にある委託者の意図である[4]。この信託事務遂行義務を履行するにあたっては、以下の義務を果たさなければならない。

第1に、受託者は、信託行為に別段の定めがない限り、善良な管理者の注意をもって信託事務を処理する義務を負うとされている（善管注意義務、信託29 II）。善良なる管理者の注意とは、客観的な注意水準を意味する概念であり、その職業や地位にある者として通常要求される程度の注意を意味する。他方、信託業法の適用がない場合、委託者は、信託行為の定めにより注意水準を変更することが可能であり（信託29 II但書）、例えば、受託者は「自己の財産に対するのと同一の注意」（民法659参照）をもって信託事務を処理すれば足りると定めることも可能である。もっとも、あくまで注意義務の水準を任意に定めることができるにとどまり、受託者が全く注意義務を負わないと定めることはできない。

第2に、受託者は、一般論として、受益者のため忠実に信託事務の処理その他の行為をする義務を負うとされている（忠実義務、信託30）。さらに、下記の利益相反行為については、類型的に忠実義務違反が起こりやすい行為であるため、原則として信託行為の定め又は重要な事実を開示した上で受益者の承認を得ることが必要となる（信託31）。

・固有財産と信託財産の間の取引（自己取引）
・ある信託財産と他の信託の信託財産の間の取引（信託財産間取引）
・信託財産と受託者が代理する第三者との間の取引（双方代理取引）
・信託財産のためにする行為であって受託者又はその利害関係人と受益者との利益が相反する取引（間接取引）

---

4) 神田秀樹＝折原誠『信託法講義』（弘文堂、2014年）70頁。

また、競合行為（信託事務の処理としてできる行為について、受託者が自己又はその利害関係人の計算で行うことにより、受益者の利益を害する可能性のある行為）についても、類型的に忠実義務違反が起こりやすい行為であるため、原則として信託行為の定め又は重要な事実を開示したうえで受益者の承認を得ることが必要とされている（信託32）。

　第3に、受益者が複数存在する場合、受託者は、受益者のために公平にその職務を行う義務を負う（公平義務、信託33）。但し、信託行為により異なる内容の受益権が存在している場合には、信託行為で定められた方法で信託事務の処理を行っている限り、受益者毎に異なる取扱いをすることも許容されると考えられる。

　第4に、受託者は、信託財産と固有財産又は他の信託の信託財産とを分別して管理すべき義務を負う（分別管理義務、信託34）。分別管理の方法は、財産の区分によって図表8-4の方法によるものとされている。

図表8-4　分別管理の方法

財産の区分		分別管理の方法
①信託法14条に基づく信託の登記又は登録をすることができる財産（③を除く）		信託の登記又は登録
②信託法14条の登記又は登録をすることができない財産		
	動産（金銭を除く）	外形上区別することができる状態で保管する方法
	金銭その他	計算を明らかにする方法
③信託財産に属する旨の記載又は記録をしなければ信託財産に属することを第三者に対抗することができない財産		信託財産に属する旨の記載又は登録及び計算を明らかにする方法

　第5に、前述のとおり、一定の場合には、受託者は信託事務の処理を第三者に委託できるが、第三者に委託するにあたっては、信託行為に別段の定めがない限り、信託の目的に照らして適切な者に委託しなければならず（信託35Ⅰ）、第三者に委託した時は、信託行為等により委託先が指名されている場合を除き、信託の目的の達成のために信託の目的の達成のために必要かつ適切な監督をしなければならない（信託35Ⅱ）。

第6に、受託者は、信託事務に関する計算並びに信託財産に属する財産及び信託財産責任負担債務の状況を明らかにするために、信託帳簿（信託財産に係る帳簿その他の書類又は電磁的記録）を作成しなければならない（信託37Ⅰ）。また、受託者は、毎年1回、一定の時期に、財産状況開示資料（信託財産に属する財産及び信託財産責任負担債務の概況を明らかにするために、信託帳簿に基づいて作成される書類又は電磁的記録）を作成しなければならず（信託37Ⅱ）、財産状況開示資料を作成したときは、その内容を受益者に報告しなければならない（信託37Ⅲ）。さらに、受託者は、信託帳簿、信託事務処理関係書類（信託財産に属する財産の処分に係る契約書その他の信託事務の処理に関する書類又は電磁的記録）、財産状況開示資料について、それぞれ作成日又は取得日から10年間保存しなければならない（信託37ⅣないしⅥ）。

(d) 受託者の損失填補責任等

受益者は、受託者がその任務を怠ったことによって信託財産に損失又は変更が生じた場合には、受託者に対してその損失の填補又は原状の回復を求めることができ、受託者はそれらに応じた責任を負うことになる（信託40Ⅰ）。

これは受益者の請求権であるため、原則として受託者の義務違反や、発生した損害の額等の全ての要件事実（一定の法的効果の発生等に必要な事実）の主張・立証責任は受益者側にある。但し、自己執行義務（信託28、上記「受託者の権限」参照）に違反して信託財産に損失又は変更が生じた場合や、分別管理義務に違反して信託財産に損失又は変更が生じた場合には、「これらの義務違反がなかったとしても損失又は変更が生じなかったこと」を受託者の側で証明しなければ、損失填補又は原状回復の責任を免れることができない（立証責任の転換、信託40Ⅱ・Ⅳ）。また、受託者が忠実義務違反行為、利益相反行為、競合行為をした場合には、受託者は、その行為によって受託者又はその利害関係人が得た利益の額と同額の損失を信託財産に生じさせたものと推定される（損失額の推定、信託40Ⅲ）。

法人である受託者の理事、取締役若しくは執行役又はこれらに準ずる者は、当該法人受託者が上記の損失填補責任又は原状回復責任を負う場合において、法人が行った法令違反行為又は信託行為の定めに違反する行為につき悪意又は重過失があるときは、当該法人と連帯して損失填補責任又は原状回復責任を負うことになる（信託41）。

受益者は、受託者の損失填補責任又は原状回復責任を免除することができる（信託 42）。但し、受益者が複数存在する場合には、受益者全員の一致でなければ免除できない（信託 105 Ⅳ）。

(7) 受益権の性質と受益者の地位

(a) 受益権と受益債権

受益権とは、①信託財産に関する受益債権と、②受託者等に対する監督のための各種の権利で構成されている。①受益債権とは、信託行為に基づいて受益者が受託者に対して信託財産に属する財産の引渡しその他の信託財産に係る給付を求めることができる債権のことである（例えば、受益権ではなく株式を保有している場合の、配当金の引渡しを求める権利などがこれに該当する）。②監督のための各種の権利とは、受益債権を確保するために信託法の規定に基づいて、受託者その他の者に対し一定の行為を求めることができる権利のことである（例えば、受益権ではなく株式を保有している場合の、取締役の行為差止請求権（会社法 360）などがこれに該当する。下記「受託者に対する監督権」参照）。このような権利の束である受益権を保有する者を、受益者という（信託 2 Ⅵ）。

(b) 受益権の当然取得と放棄

信託行為の定めにより受益者として定められた者は、信託行為に別段の定めがない限り、当然に受益権を取得する（信託 88 Ⅰ）。受益者を指定する際に、受益者となるべき者の同意は不要である。但し、受益者は、信託行為の当事者でない限り、受益権を放棄することができるため（信託 99）、受益者となりたくない者は受益権を放棄することで受益者となることを回避することができる。

また、受益者となったことを知らない受益者に対しては、信託行為に別段の定めがない限り、受託者から受益権取得の事実が通知されることになる（信託 88 Ⅱ）。但し、別段の定めを置くことで、通知を行わないことも可能であるため、例えば委託者が子に財産を承継したいものの、多額の財産を得た子が努力を怠るようになることが懸念されるような場合には、子に対して受益権を取得した旨の通知をしないこととすることも可能である。

(c) 受益権の譲渡

受益権は、その性質が許さない場合を除き、譲渡することができる（信託 93

Ⅰ）。性質上譲渡が許されない場合とは、例えば、特定の高齢の受益者を介護することを給付内容とする受益権のように、受益権が、受益者と受託者との個人的関係を基礎としており、受益者が変わることによって給付内容が変質してしまうような場合である[5]。

　他方、信託行為の定めにより受益権の譲渡を禁止することができる（信託93Ⅱ本文）。また、一定範囲の者にのみ譲渡を許容することや、受託者の同意を譲渡の要件とするなど譲渡手続きを制限することも認められる[6]。但し、いずれの定めも善意（かつ無重過失[7]）の第三者には対抗することができない（信託93Ⅱ但書）。

(d)　受益債権の性質

　受益債権については、受託者は、信託財産に属する財産のみをもってその履行の責任を負うとされている（信託21Ⅱ①、100）。すなわち、信託財産に属する財産が受益債権の履行に足りない場合には、受託者は固有財産でもってこれを履行する必要はない。さらに、受益債権は、受益債権以外の信託財産責任負担債務に係る債権（信託債権。信託21Ⅱ③）に劣後するとされている（信託101）。このため、強制執行手続きや破産手続きにおける配当の際には、信託債権が優先され、受益債権はこれに劣後することになる。

　受益債権の消滅時効は、民法、商法等の債権の消滅時効の例によるとされている（信託102Ⅰ）。そのため、原則として、商行為として信託の引受けが行われた信託の場合には5年、それ以外の信託の場合には10年で消滅時効にかかる。他方、2020年4月に改正民法が施行されると、商行為として信託の引受けが行われたかどうかにかかわらず、受益者が権利を行使することができることを知った時から5年間行使しないとき、又は、権利を行使することができる時から10年間行使しないときに消滅時効にかかることになると考えられる（改正後民法166Ⅰ）。

---

　5)　神田＝折原・前掲注4）126頁。

　6)　神田＝折原・前掲注4）126頁。

　7)　信託法の条文上は「善意」であることのみが求められているが、民法の債権譲渡禁止と同様、譲受人が保護されるためには、受益権が譲渡禁止であることについて善意であるだけでなく、重過失が無いことが必要とされると考えられている（寺本昌広『逐条解説　新しい信託法〔補訂版〕』（商事法務、2008年）269頁の注3)。

また、受益債権は、これを行使できる間から 20 年間を経過したときは消滅し、これは民法改正前後で変わらない（信託 102 Ⅳ）。これは、いわゆる除斥期間とされており、時効と異なり、時効の停止や中断（改正民法下では、時効の完成猶予や更新）はない。

(e) 受託者に対する監督権

受益者は、受託者に対して、例えば下記のような監督権を行使することができる。

> ・受託者の権限違反行為の取消権（信託 27 Ⅰ）
> ・受託者の利益相反行為の取消権（信託 31 Ⅵ、Ⅶ）
> ・受託者の任務違反行為等に対する損失填補又は原状回復請求権（信託 40 Ⅰ）
> ・信託事務処理の報告請求権（信託 36）
> ・信託帳簿等の閲覧・謄写請求権（信託 38 Ⅰ、Ⅵ）
> ・委託者との合意による受託者の解任権（信託 58 Ⅰ）
> ・裁判所に対する受託者の解任申立権（信託 58 Ⅳ）

(8) 受益者の決定方法の特則

(a) 受益者指定権・受益者変更権

信託行為において当初は特定の者を受益者に指定せず、事後的に一定の者の意思により受益者指定をさせることが可能である（受益者指定権）。また、信託行為において当初受益者として指定した者を、事後的に一定の者の意思により変更することも可能である（受益者変更権）。これらをあわせて「受益者指定権等」といわれる（信託 89 Ⅰ）。受益者の一部について信託行為で指定し、残りの受益者を事後的に指定することも可能であり、また、一部の受益者についてのみ受益者変更権を定めることも可能である[8]。

受益者指定権等の行使権者についての制限はなく、委託者や受託者のほか、それ以外の第三者であってもよい[9]。受益者指定権等は、受託者に対する意思表示によって行使するが（信託 89 Ⅰ）、受託者自身が行使権者となっている場合には、受益者となるべき者に対する意思表示によって行使する（信託 89 Ⅵ）。

受益者指定権等は、信託行為に別段の定めがない限り、相続によって承継さ

---

8) 道垣内・前掲注 2) 297 頁。

9) 道垣内・前掲注 2) 298 頁。

れない（信託 89 V）。

(b) 遺言代用信託

以下の信託は、受益者となるべき者に受益権を遺贈するのと同様の効果をもたらすため、遺言代用信託とよばれる。

①委託者の死亡の時に受益者となるべき者として指定された者が受益権を取得する旨の定めのある信託（信託 90 I ①）
②委託者の死亡の時以後に受益者が信託財産に係る給付を受ける旨の定めのある信託（信託 90 I ②）

遺言代用信託では、信託行為に別段の定めがない限り、委託者は受益者変更権を有するとされる（信託 90 I）。遺言を書く際に、遺言者が死亡までの間に遺言の書換えを行うことができるのと同様である。

①「委託者の死亡の時に受益者となるべき者として指定された者が受益権を取得する旨の定めのある信託」では、指定された者は、当然、委託者の死亡までは受益者ではない。他方、②「委託者の死亡の時以後に受益者が信託財産に係る給付を受ける旨の定めのある信託」では、委託者の死亡の前から受益権者は存在している。但し、委託者が受益者変更権を有する以上、死亡する前から受益者としての権利を与えることは委託者の合理的意思に反する[10]。そのため、②の場合も受益者は受益者としての権利を有しないが、信託行為に別段の定めを設けた場合はそれに従うものとされている（信託 90 II）。

(c) 受益者連続信託

受益者連続信託とは、ある一定の事由により、当該受益者の有する受益権が消滅し、他の者が新たな受益権を取得する旨の定めのある信託のことをいう。例えば、当初 10 年間は委託者の長男に受益権を与え、次の 10 年間は委託者の長女に受益権を与えるといった定めのある信託である。旧受益権は消滅し、新受益権が取得されるのであるから、当初 10 年間が終わると長男は受益者としての権利を失う一方、当初 10 年間は長女は受益者としての権利を有しない。また、一定の事由により、順次他の者が受益権を取得する旨を定めることも可能

---

10)　道垣内・前掲注 2) 305 頁。

である。一般的に、信託設定時に受益権を取得する者のことを第1次受益者といい、第1次受益者の次に受益権を取得する者のことを第2次受益者という。

受益者連続信託のうち、受益者の死亡を一定の事由として定めた信託（後継ぎ遺贈型受益者連続信託）は、存続期間の制限が設けられている。すなわち、当該信託がされたときから30年を経過した時以後に現に存する受益者が当該定めにより受益権を取得した場合であって当該受益者が死亡するまで又は当該受益権が消滅するまでの間に限り、効力を有するとされている（信託91）。これは、立案担当者の解説によれば、信託がされた時から30年を経過した後は、受益権の新たな取得は1度しか認めないという趣旨である[11]。

(d) 後継ぎ遺贈型受益者連続信託における遺留分算定

後継ぎ遺贈型受益者連続信託においては、第2次以降の受益者は、先順位の受益者からその受益権を承継取得するのではなく、委託者から直接に受益権を取得するものと整理される[12]。このため、後継ぎ遺贈型受益者連続信託における遺留分の算定において、委託者が自らを第1次受益者とし、その妻を第2次受益者、その子を第3次受益者とする信託を設定した場合、委託者兼第1次受益者の死亡の時点を基準として、第2次受益者も第3次受益者も、存続期間の不確定な受益権を取得したものとして、各受益権の価格等について必要な算定がされるべきものと考えられる[13]。

この評価方法は、相続税や贈与税の算定における税法上の受益権の評価方法と考え方が異なるため、留意が必要である。

(9) 信託の費用と報酬

(a) 費用償還請求権等

受託者は、信託の目的に従い、受益者のために信託財産の管理又は処分等を行うのであるから、信託事務処理に係る費用や信託事務の処理をするために過失なく受けた損害等については、信託財産が負担すべきものであって、信託財産から直接支出するのが原則である。しかし、信託財産に属する財産の換金が難しく直接支出できない場合や、受託者が立替払いした方が適当な場合等には、

---

11) 村松秀樹ほか『概説新信託法』（金融財政事情研究会、2008年）218頁の注5。
12) 寺本・前掲注7）260頁の注5。
13) 寺本・前掲注7）260頁の注5。

受託者が立替払いを行うことがある。

　受託者は、信託事務を処理するのに必要と認められる費用を固有財産から支出した場合には、利益相反取引規制（上記(6)(c)参照）の例外として、信託財産に別段の定めがない限り、受益者の承認を得ることなく、信託財産から費用等（当該費用及び支出の日以後におけるその利息）の償還を受けることができる（信託48Ⅰ）。

　また、受託者は、信託事務の処理に必要な費用については、信託行為に別段の定めがない限り、信託財産から費用の前払いを受けることができる（信託48Ⅱ）。但し、受託者が前払いを受けるためには、信託行為に別段の定めがない限り、受益者に対し、前払いを受ける額及びその算定根拠を通知する必要がある（信託48Ⅲ）。費用等の償還又は費用の前払いは、受託者が、費用等の償還又は費用の前払いを受けることができる額の限度で、信託財産に帰属する金銭を固有財産に帰属させることにより行われる（信託49Ⅰ）。例えば、上記【事例】⑥のように、Tは、配当金の受領時までに負担した費用について、受領した配当金の一部を固有財産に組み入れることになる。

(b)　信託報酬

　信託の引受けについて商法512条（商人の報酬請求権）の適用がある場合、又は信託行為に受託者が信託財産から信託報酬を受ける旨の定めがある場合に限り、受託者は報酬を受けることができる（信託54Ⅰ）。信託報酬の額は、信託行為に信託報酬の額又は算定方法の定めがあるときはその定めるところにより決まり、その定めがないときは、相当な額とされる（信託54Ⅱ）。信託行為に定めがない場合には、受託者は、受益者に対し、相当の額として算定された信託報酬の額及びその算定根拠を通知しなければならない（信託54Ⅲ）。

　受託者は、信託報酬の額の限度で、信託財産に帰属する金銭を固有財産に帰属させることができる（信託54Ⅳ、同49Ⅰ）。例えば、上記【事例】⑥のように、Tは、信託報酬として信託契約で定められた額について、受領した配当金の一部を固有財産に組み入れることになる。

　なお、信託報酬を受け取ることができる信託の引受けは、後述のとおり、営業として行っていると解釈されて信託業の免許・登録が必要となる可能性がある点に留意が必要である。

228　第1部　基礎編

⑽　信託の終了と清算

⒜　信託の終了事由
信託は、例えば下記のような場合に終了する（信託163等）。

・信託の目的を達成したとき
・信託の目的を達成することができなくなったとき
・受託者が受益権の全部を固有財産で有する状態が1年間継続したとき
・受託者が欠けた場合であって新受託者が就任しない状態が1年間継続した場合
・信託行為において定めた事由が生じたとき（信託期間の経過、一定の条件の成就など）
・委託者と受益者が信託を終了させる合意をしたとき
・信託の終了を命じる裁判があったとき

　これらの終了事由に該当した場合、信託に関する法律関係は、将来に向かって消滅することになり、信託行為時にさかのぼらない。

⒝　信託終了の合意
　委託者と受益者は、いつでも、その合意により信託を終了することができる（信託164Ⅰ）。信託終了の合意に関しては、原則として、受託者の同意や承諾は不要である点に留意が必要である。但し、委託者及び受益者が受託者に不利な時期に信託を終了したときは、委託者及び受益者は、やむを得ない事由があった場合を除き、受託者の損害を賠償しなければならない（信託164Ⅱ）。これらの規定は、信託行為に別段の定めをおくことで修正することができる（信託164Ⅲ）。例えば、信託の終了に受託者の同意が必要であるとする例もよくみられる。
　また、委託者が現に存しない場合には、受益者だけでは信託を終了させることはできないとされている（信託164Ⅳ）。委託者の地位は移転又は相続が可能であるが、仮に委託者の地位を有する者がいなくなった場合には、合意の相手方が存在しなくなるため、合意により信託を終了させることができなくなるのが原則となる点に留意が必要である。もっとも、信託行為において、受益者のみの意思で終了させることができるといった別段の定めをすることは可能である[14]。そのような定めを設けなかった場合には、受益者が信託の終了を望む場合には、一般的には信託目的を達成したとき又は達成することができなくなっ

たとき（信託163①）や、信託の終了を命ずる裁判（信託165、後述）を申し立てることも可能である[15]。

(c) 信託の終了を命ずる裁判

信託行為の当時予見することができなかった特別の事情により、信託を終了することが信託の目的及び信託財産の状況その他の事情に照らして受益者の利益に適合するに至ったことが明らかであるときには、裁判所は、委託者、受託者又は受益者の申立てにより、信託の終了を命じることができる（信託165）。

また、裁判所は、不法な目的に基づいて信託がされた場合や、受託者が法令違反行為等を行ったことで法務大臣からの書面による警告を受けたにもかかわらず当該行為を継続・反復した場合において、公益を確保するため信託の存立を許すことができないと認めるときは、法務大臣又は利害関係人（委託者、受益者、信託債権者など）の申立てにより、信託の終了を命ずることができる（信託166）。

(d) 信託の清算

信託が終了すると、信託終了時以後の受託者は「清算受託者」となり、現務の結了、信託財産に属する債権の取立て及び信託債権に係る債務の弁済、受益債権に係る債務の弁済、残余財産の給付を行うことになる（信託177）。

清算受託者は、職務を終了したときは、遅滞なく、信託事務に関する最終計算を行い、信託が終了したときにおける受益者及び帰属権利者（下記(e)参照）の全てに対して、承認を求めなければならない（信託184 I）。受益者及び帰属権利者の全員が最終計算を承認し、かつ、清算受託者の職務の執行に不正の行為がなかったときは、これらの者に対する清算受託者の責任は免除されたものとみなされる（信託184 II）。

(e) 残余財産の帰属

残余財産は、信託行為において残余財産受益者（残余財産の給付を内容とする受益債権に係る受益者）又は帰属権利者（残余財産の帰属すべき者）として指定された者に帰属する（信託182 I）。残余財産受益者も受益者であるため、受益者

---

14)　道垣内弘人編著『条解信託法』（弘文堂、2017年）716頁。

15)　寺本・前掲注7）366頁の注6。

としての各種権利を有する一方、帰属権利者は受益者ではないため、受益者としての権利を当然に行使することはできない。但し、信託の清算中に限り、帰属権利者は受益者としてみなされ（信託183Ⅵ）、受益者としての権利を行使しうる立場となる。

残余財産受益者若しくは帰属権利者の指定に関する定めが信託行為にない場合又は指定を受けた者全員が残余財産を受け取る権利を放棄した場合には、委託者又はその相続人等の一般承継人が帰属権利者となる（信託182Ⅱ）。

委託者又はその一般承継人も存在しないか、これらの者が権利を放棄した場合には、残余財産は清算受託者に帰属する（信託182Ⅲ）。

⑾　委託者の権利と地位

⒜　委託者の権利

委託者は、信託目的の設定を行い、信託財産を拠出した者であるものの、信託法上は、受託者の監督は原則として受益者の役割であるとされ、委託者が有する権利は受益者が有する権利よりも限定的である。

委託者が有する権利としては、例えば下記のようなものがある。

・信託事務処理状況等の報告請求権（信託36）
・受益者との合意による受託者の解任権（信託58Ⅰ）
・裁判所に対する受託者の解任申立権（信託58Ⅳ）

他方、委託者は、信託行為において、これらの権利の全部又は一部を有しない旨を定めることにより、これらの権利を放棄することができる（信託145Ⅰ）。

また、受益権に含まれる権利のうち、例えば下記の権利などは、信託行為に定めることにより、委託者も行使することができる（信託145Ⅱ）。

・受託者の権限違反行為の取消権（信託27Ⅰ）
・受託者の利益相反行為の取消権（信託31Ⅵ、Ⅶ）
・受託者の任務違反行為等に対する損失填補又は原状回復請求権（信託40Ⅰ）
・信託帳簿等の閲覧・謄写請求権（信託38Ⅰ、Ⅵ）

⒝　委託者の地位の移転と承継

委託者は、受託者及び受益者の同意を得て、又は信託行為において定めた方法に従い、委託者としての地位を第三者に移転することができる（信託146Ⅰ）。

委託者の地位は、その相続人が相続により承継するのが原則とされている（信託147反対解釈）。但し、遺言信託の場合には、信託行為に別段の定めがない限り、委託者の相続人は、委託者の地位を相続により承継しない（信託147）。また、遺言信託でない信託においても、信託行為において別段の定めを置くことで、委託者の地位が相続されないものとして、相続人の関与を排除することができる。

⑫　指図権者

ⓐ　指図権の意義

信託においては、特定の者が、受託者の信託事務に対して一定の指図をすることができる権利を有していることがある。呼び名は様々であるが、本書ではこの権利を「指図権」とよび、指図権を有する者を「指図権者」とよぶことにする。

実務上は、信託財産に株式が含まれている場合に、受託者による株式の議決権の行使についての指図権を特定の者が有していることがある。また、信託財産の運用を行う信託においては、投資運用に関する指図権を特定の者（投資運用業者など）が有していることがある。

指図権は、信託法に根拠を持つ権利ではなく、信託行為における定めによって設定される権利である。このため、指図権を設定する場合には、誰がどのような信託事務についてどのような指図を行うことができるかについて、信託行為にあらかじめ定めておく必要がある。

ⓑ　指図権者の義務

信託法には指図権者の位置付けについて明確に定めた規定は存在せず、指図権者がどのような義務を一般的に負うのかについては、必ずしも明確ではない。

これに対し、信託業法では、信託財産の管理又は処分の方法について指図を行う業を営む者（業者としての指図権者）は、信託の本旨に従い、受益者のため忠実に当該信託財産の管理又は処分に係る指図を行わなければならないとされている（信託業65）。また、信託業法では、業者としての指図権者は、①通常の取引の条件と異なる条件で、かつ、当該条件での取引が信託財産に損害を与えることとなる条件での取引を行うことを受託者に指図することや、②信託の目的、信託財産の状況又は信託財産の管理若しくは処分の方針に照らして不必要

な取引を行うことを受託者に指図すること等、一定の行為が禁止されている（信託業66）。これらの規定は、指図を行う業を営む者（業者としての指図権者）以外の者が指図権者である場合には適用されない。しかし、指図権者は、受託者の信託事務に関して指図する権限を有するのであるから、受託者が信託事務に関して負っている義務とある程度共通する義務を負うべきであると考えられるところ、かかる点は信託業法の適用の有無で一般的に異なるものとはいえない。したがって、指図権者は、指図権に関する信託事務遂行義務や、指図権行使に関する善管注意義務や忠実義務などを受益者に対して負っていると考えられる[16]。但し、信託業を営まない受託者の場合には、信託行為の定めによる善管注意義務の軽減が認められるところ（信託29Ⅱ但書）、指図を行う業を営む者（業者としての指図権者）以外の者が指図権者である場合には、同様に善管注意義務の軽減が認められるべきであると考えられる。

⒀　信託と株式会社の比較

　これまで、信託が事業承継の場面で利用されることは必ずしも一般的ではなかった。その理由の1つは、信託法がオーナー系企業の関係者や事業承継に携わる実務家にとって、なじみの薄い制度であったからではないかと思われる。そこで、事業活動や資産管理の場面で最もよく利用される株式会社と比較することで、信託法の解説のまとめに代えることにしたい。

　信託の仕組みを株式会社の仕組みと比較すると、概ね**図表 8-5** のとおりとなる。なお、両者の対比をわかりやすくするため、信託、株式会社とも細かい点を捨象している点にご留意いただきたい。

図表 8-5　信託の仕組みと株式会社の仕組みの比較

		信託	株式会社
組織	根拠法律	信託法	会社法
	組織・活動に関する根本規定	信託行為（信託契約、遺言、自己信託）	定款
	法人格	なし	あり
	財産の帰属	受託者の名義	株式会社の名義

---

16)　道垣内・前掲注2）173頁。

資金の拠出・権利の内容	出資者	委託者	株主
	権利者	受益者	株主
	権利	受益権	株式
	上記の権利の金商法上の有価証券該当性	2項有価証券（受益証券発行信託の場合は1項有価証券）	1項有価証券
	異なる内容の権利の設定	受益権毎に異なる内容を定められる	種類株式を発行できる。また、属人的定めを行うことができる
	権利者への分配	受益権者への分配	剰余金の配当、残余財産の分配
	地位の譲渡・脱退	受益権は原則として譲渡できるが、信託行為により制限できる	株式は原則として譲渡できるが、定款により譲渡制限株式を発行できる
業務執行	業務執行を行う者	受託者	取締役、執行役など
	業務執行を行う者の地位の根拠	信託行為	株式会社との間の委任関係
	業務執行を行う者の選任	受託者による信託の引受け	株主総会決議・委任契約
	業務執行を行う者の解任	受益者と委託者の合意により受託者の解任が可能	株主総会における解任決議
	業務執行の費用	受託者がまず負担する。受託者は信託財産に対する費用償還請求権を有する	株式会社が負担する
	業務執行の報酬	信託行為の定めに基づく信託報酬	定款又は株主総会決議に基づく役員報酬
	終了・解散事由	信託期間の経過、信託目的の達成（不達成）など	株主総会決議、（定款で存続期間を定めたときは）存続期間の満了など

解散・終了	裁判による解散・終了	信託終了を命ずる裁判	解散判決、解散命令
	残余財産の帰属	受益者、帰属権利者	株主

3 株式の信託と金融規制

(1) 信託で金融規制を検討する必要性

オーナー系企業の事業承継の文脈では、第1に株式の信託が問題となる。株式を信託する場合、株式の所有権が受託者に移転することから、会社法の手続きが必要となることについては言及した（株主名簿の名義書換え等）。

これに加えて、株式を信託財産とする信託（以下、「株式信託」という）においては、信託受益権それ自体が有価証券として金融商品取引法の適用を受ける。また、信託の場合、形式的には受託者が株式を保有しているが、実質的には、株式に係る権利を有する受益者であったり、議決権の行使に関する指図権を留保している場合の委託者が株式に係る権利を有しているといえる場合がある。このため、上場株式を信託財産とする信託（以下、「上場株式信託」という）を活用する場合には、金融商品取引法及び金融商品取引所の規則に基づく規制の適用について検討する必要がある。例えば、有償で株式信託に係る受益権の売買が行われる場合、上場株式自体の売買を行うのと同様に、情報開示（両当事者や株式の発行会社）、公開買付規制（譲受人）、インサイダー取引規制等の不公正取引規制（両当事者）といった規制が適用されないか、それぞれ検討する必要がある。

さらに、株式信託に関しては、信託業法や投資信託及び投資法人に関する法律（投信法）による規制にも留意する必要がある。

金融商品取引法、信託業法又は投信法に違反した場合には、行政処分や刑事罰が規定されており、また、上場株式の発行会社に対しては金融商品取引所規則に基づく処分が行われうる。オーナー系企業のように、信託の委託者が上場会社の役員である場合には、当該上場会社の信用問題にもなりうる。

このように、株式信託を利用する際には、金融規制の適用関係について検討することが不可欠である。

従前から株式信託は存在し、かかる信託に適用される各種の金融規制の適用関係については、様々な場面で議論されてきたものの、信託の内容は比較的に自由な設計が可能であり、個別性・具体性が強く、信託と金融規制との関係については、まとめて論じられていないように思われる。しかし、信託の幅広い活用のためには、上述した各種の金融規制との関係についての検討が必須である。そこで、本章では、各種の金融規制の文理解釈及びその趣旨、さらには過去に監督官庁や立案担当者によって示された見解を手掛かりに、上場株式信託への各種の金融規制の適用関係について考察を加える。

なお、株式信託といえども、信託の持つ制度設計の柔軟性ゆえ、多種多様なプランニングがありうる。そのため、本書における記述はあくまで概略であり、株式信託（とりわけ上場株式信託）のプランニングを検討する際は、専門家から、プランニングの全体から細部まで個別具体的な事情を十分に踏まえた上で、信託や事業承継に係る法務・税務に加えて金融規制に関する適切な助言を受ける必要がある点に留意されたい。

(2) 信託業規制

(a) 信託業としての免許・登録

受託者が信託業を営むためには、信託業としての免許又は登録が必要となる（信託業3・7Ⅰ）。原則として、信託業を営むためには免許を受ける必要があるが、委託者や運用委託会社からの指図に従った信託財産の管理・処分や、保存行為等しか行わない「管理型信託業」（信託業2Ⅲ）のみを営む場合には、軽い規制である登録のみで足りる。信託業としての免許又は登録が認められるためには、一定の最低資本金や純資産額、営業保証金が必要であり、業務遂行に足る一定の人的構成が要求されるなど、受託者内部の財務や人的体制を充実させる必要がある。また、免許又は登録が認められた後も監督当局への報告・届出義務や立入検査を受ける義務を負う。

そのため、オーナー系企業の創業者一族の間で信託を活用する場合には、自前で信託業の免許や登録を受けることは現実的でない。他方で、免許を受けずに信託業を営んだ者は、3年以下の懲役若しくは300万円以下の罰金が科せられ、又は併科される（信託業91①）。法人の代表者、使用人その他の従業者についても両罰規定により処罰がなされる（信託業98Ⅰ④）。そのため、オーナー系企業において、コストや柔軟性の観点から信託銀行や信託会社を受託者とし

て利用せずに信託を活用するためには、信託業に該当しないような工夫が不可欠である。

(b) 信託業への該当性

「信託業」とは、①信託の引受けを行う②営業をいうとされている（信託業2Ⅰ）。①「信託の引受け」とは、受託者の立場から見て、委託者の信託の設定の意思表示に対してこれを引き受ける旨の意思表示を行い、信託関係を発生させることをいう[17]。また、②「営業」とは、(i)営利目的をもって(ii)反復継続して行うことをいうとされる。法令上、営利目的があることが要件とならない場合には、例えば金融商品取引業のように（「営業」ではなく）「業として」という文言が法令上用いられることとされていることとの関係から、「営業」に該当するためには反復継続性に加えて営利目的性が認められることが必要となると考えられている。

(c) 営利目的性について

営利目的とは、「資本的計算方法のもとに、少なくとも収支相償うことが予定されていること」をいうとされている。反復して行われる行為の全体について営利目的が存在すればよく、個々の行為について存在することは必要ではないとされている[18]。この営利目的の意義の解釈や、実際の事例で営利目的が認められるかの判断は容易ではないが、実務上、営利目的が認められるかどうかを考える上では、受託者が信託の引受けの対価（すなわち信託報酬）を受け取るかどうかが重要な要素となる。

信託報酬とは信託事務の処理の対価として受託者の受ける財産上の利益と定義されているところ（信託54Ⅰ）、信託報酬を受け取る場合には、信託報酬によって収支相償うことが予定されていたと認められる可能性があるため、営利目的であると認められやすくなる。また、非営利団体が信託の引受けを行うからといって、直ちに営利目的性が否定されるわけではないものの[19]、株式会社のような営利法人が信託の引受けを行う場合には、営利目的であると認められやすくなると考えられる。もっとも、信託報酬を受け取っていたり、株式会社

---

17) 髙橋康文『詳解　新しい信託業法』（第一法規、2005年）42頁。

18) 髙橋・前掲注17）58頁。

19) 髙橋・前掲注17）59頁。

第 8 章　株式の信託　　237

が受託者であることをもって、直ちに営利目的が認められるわけではなく、最終的には各種の事情を総合的に考慮することになると思われる。

(d)　反復継続性について

2004 年（平成 16 年）の改正信託業法の立案担当者によれば、反復継続して信託の引受けを行ったといえるか否かは、行為の回数のみならず、行為者の主観も合わせて考慮すべきとされている[20]。このため、反復継続して信託の引受けを行う意思を有している限り、初回の信託の引受けも営業として信託の引受けを行ったと解される可能性がある。これに対し、複数回の信託の引受けを行っていたとしても、それが反復継続して信託の引受けを行う意思に貫かれていない場合には、営業として信託の引受けを行ったものとは解されないとされている[21]。

以上が改正信託業法の立案担当者によって示された反復継続性の基本的な考え方である。さらに、反復継続性要件の検討に際しては、以下の点について留意が必要と考えられる。

第 1 に、信託法の改正に伴う信託業法の改正に関して開催された金融審議会において、「反復継続性の要件については、不特定多数の委託者・受益者との取引が行われうるかという実質に即して判断されている」とされたところ、より具体的には、「現行の通常の信託については、特定少数の委託者から複数回信託の引受けを行う場合には、反復継続性があるとは考えず、信託業の対象とはしていないが、これは反復継続性を不特定多数の委託者ひいては受益者との取引が行われ得るかという実質に即して判断していることによるもの。例えば、今後、事業会社が他の会社の事業を複数回受託する場合についても、不特定多数の委託者を予定していない場合には、信託業の対象とはならないと考えられる」との見解が示されていた[22]。すなわち、信託業法改正前から、複数回信託の引受けを行う場合であったとしても、委託者が特定少数であれば、原則として反復継続性は認められず、信託業には該当しないと考えられていたといえる。その上で、信託業法 2 条 1 項の信託業に関する定義規定は、基本的には改正前後

---

20)　小出卓哉『逐条解説　信託業法』（清文社、2008 年）17 頁。

21)　小出・前掲注 20）17 頁。

22)　金融審議会金融分科会第二部会「信託法改正に伴う信託業法の見直しについて」（平成 18 年 1 月 26 日）2 頁。

で文言が維持されており、改正に際し、金融庁から、「原則として、委託者・受益者保護の必要性及び規制のあり方については、改正前の信託業法の枠組みを維持する」との見解[23]が示されたことを踏まえれば、金融審議会が示していた前述の見解は維持されているものと考えられる。このことから、信託法改正後においても、複数回信託の引受けを行う場合であったとしても、委託者が特定少数であれば、原則として反復継続性は認められず、信託業には該当しないと考えるのが合理的なのではないかと考えられる。

第2に、反復継続性の要件は、信託の引受けを反復継続して行っているかにより判断されるのであり、個々の財産の譲渡（信託譲渡）を反復継続して行っているかにより判断されるものではない。このため、例えば同一の委託者から、一旦設定された信託の定めに従って財産の追加信託を受ける場合は、既存の信託関係に基づいて信託譲渡が追加的に行われるに過ぎないため、例えば新たな信託契約を締結して再度の信託関係の設定が行われたというような場合でない限り、信託の引受けはいまだ1回しか行われていないと考えてよいのではないかと考えられる。

なお、信託契約及び受託者（合同会社）の定款の定めにより、①信託の委託者・受益者が特定されており、②受益権の第三者の処分が禁止されているために不特定多数の者が受益者となることがなく、③信託財産として本信託以外の引受けを認めない仕組みが採用されている場合、当該信託は、不特定多数の委託者・受益者との取引が行われ得るものではなく、反復継続性の要件を満たさないとしたノーアクションレターが存在する[24]。

(e)　自己信託の場合の特例

自己信託は委託者と受託者が同一人となるため、形式的には、「信託の引受け」がない。そのため、信託宣言により自己信託を設定する場合には、信託業の規制に特例が設けられている。すなわち、自己信託の受託者となろうとする者は、以下のいずれかに該当する場合、事前に内閣総理大臣の登録（自己信託会社の登録）を受けなければならないとされている（信託業50の2Ⅰ）[25]。

---

23)　金融庁「信託法改正に伴う信託業法の改正の概要について」アクセスFSA第57号（平成19年8月）。

24)　金融庁監督局銀行第一課長・平成29年11月30日付「金融庁における法令適用事前確認手続（回答書）」。

> ・1回の自己信託の受益者数が50人以上になる場合（信託業令15の2Ⅱ①）
> ・いわゆる投資ヴィークルを介在させ、実質的に受益者が50人以上となる場合
>   （信託業令15の2Ⅱ②）
> ・信託目的等に照らして、同種内容の自己信託を繰り返し、その合計受益者数が
>   50人以上になる場合（信託業令15の2Ⅱ③）
> ・多数の受益権を発行することによって多数の者が当該受益権を取得すること
>   が可能となる場合等（信託業令15の2Ⅱ④）

　自己信託は、近時、譲渡禁止特約付債権の流動化スキーム等で活用されているが、現状は自己信託会社としての登録を受けている金融機関が数行存在する程度である（2018年3月31日現在、2社）。

(3)　公開買付規制

(a)　信託譲渡

　上場株式を譲渡する場合、一定の場合に、譲受人（買付者）が公開買付けを義務付けられる場合がある（第7章3(2)(a)参照）。

　信託の場合も、委託者が自ら受益者となる自益信託により上場株式を受託者に信託譲渡する場合、受託者による公開買付が義務付けられるのかが問題となる。なお、委託者以外が受益者となる他益信託の設定における上場株式の信託譲渡については、自益信託の設定における信託譲渡と第三者への受益権の譲渡が一体として行われたものとして、公開買付けの要否を検討するのが合理的と考えられるため、下記(c)「受益権の譲渡」をあわせて参照されたい。

　公開買付けの対象となる行為は、「買付け等」とされている（金商法27の2Ⅰ柱書）。「買付け等」とは、株券等の買付けその他の①有償の②譲受け（これに類する一定の行為を含む）とされているところ、信託譲渡に際しては上場株式の所有権が受託者に移転するため、②「譲受け」に該当すると考えられる。そこで、信託譲渡が公開買付けの対象になるか否かは、信託譲渡に①有償性が認められるか等の事情から検討されるべき問題ということになる。

　この点、株式会社における現物出資は、株式を対価に株式を譲り受ける行為であるため、「有償の譲受け」にあたると解されている[26]。自益信託は、信託財産の信託譲渡に際して委託者兼受益者は受益権を取得するという点において、

---

25)　政令により、政府機関が使う信託のほか、請負代金の信託、代金決済の信託、敷金の信託などが適用除外とされている（信託業50の2Ⅰ但書、信託業令15の3）。

株式会社における現物出資に類似しているとみる余地があることから、自益信託についても、現物出資と同様に、新たに発行される有価証券を取得させる代わりに上場株式を譲り受ける行為であるとして、形式的には、信託譲渡が有償性のある行為であることを理由に、信託譲渡が「買付け等」にあたると解される可能性は否定できない。

　しかし、公開買付規制は、市場外取引において支配権を取得する場合においては①株主や投資家に対する適正な情報開示、②株主等への平等な売却の機会の確保及び③手続きの公正性の確保を図ることにある。この点、委託者兼受益者が上場株式を信託譲渡した後も、信託期間において受益権の内容として受託者に対し信託財産たる上場株式に係る議決権その他の株主権の行使を指図し、配当を受領でき、受託者は信託期間中に当該上場株式を処分することができず、かつ、信託期間終了後においては委託者兼受益者に償還される場合においては、信託期間中においてのみ、あたかも、当該上場株式を信託というハコ（ビークル）に預け、その間は、株主と同様の権利を行使できるものである以上、市場外取引における支配権の移転は生じていないと評価しうる。少なくともこのような信託は、実質的には、株主は委託者兼受益者のままであり、支配権の移転に対する規制を課す必要はないと思われる。また、受託者は上場株式の信託譲渡を受けたことにより、当該上場株式を信託財産とする財産的の価値のある受益権を委託者に付与しているものの、上場株式の形式的な地位の移転との間で対価的な意義があるものではないように思われる。そうすると、少なくとも上記のような信託における信託譲渡は「買付け等」と考える必要はないと考えてもよいように思われる。

　なお、金商法は、信託業を営む者（受託者）が信託財産として所有する株式については、その者が信託契約等の契約や法令に基づき、株主としての議決権（その指図権を含む）を有せず、かつ、投資に必要な権限を有しない場合には、信託財産として所有する株式については受託者の所有から除外して、公開買付規制の判断基準となる「株券等所有割合」の計算に含めないものとしている（他社株府令７Ⅰ①）。これは、かかる条件を満たす所有の場合には、上記と同様に当該株式の発行会社に対する支配権に影響を及ぼすものでないという趣旨に基づく

---

26)　金融庁「証券取引法等の一部を改正する法律の一部の施行に伴う関係政令の整備等に関する政令案に対するパブリックコメントに対する金融庁の考え方」（平成 16 年 11 月 12 日）のうち、証取法施行令７条５項６号についてのコメントに対する考え方。

もので、上記の「買付け等」に信託譲渡が該当しないとの考え方と類似する。しかし、このような「株券等所有割合」についての除外規定があること自体からは、金商法は、信託譲渡自体は「買付け等」に該当するということを前提として、上記の除外規定を設けているようにも思われる。そのため、信託の受託者が信託銀行・信託会社以外の場合で、受託者が信託譲渡を受けた後に株券等所有割合が3分の1超となる等公開買付規制の対象となり得る事案においては、公開買付けの要否について慎重な検討を要するものと考える。

(b) 受託者から受益者に対する上場株式の給付

　信託期間中に受託者から受益者に上場株式が給付される場合や、信託終了に伴う残余財産の給付として上場株式が給付される場合、これらの給付を受けることが「株券等の買付け等」に該当し、公開買付規制の対象となるのかが問題となる。

　この点、「買付け等」とは、「買付けその他の有償の譲受け」(これに類する法文で規定されているものを含む)と定義されることから、給付に有償性があることが前提となる。例えば、組合における残余財産の分配に関しては、組合に対する出資によって取得した地位に対して行われるものであるため有償性が認められるとの見解が立案担当者より示されている[27]。この考え方に従えば、信託においても、組合のように、委託者によって当初信託財産が拠出されることにより、受益者は信託財産の運用又は終了に伴う残余財産の給付を受ける地位を得ることになるのであるから、受託者から受益者に対する上場株式の給付には有償性は認められると考えることになる。

　もっとも、受託者から受益者に対する上場株式の給付に有償性が認められ、一般論として公開買付規制に服するとしても、公開買付規制は、一定の態様による買付け等を法令で定められた条件・方法により行わなければならないという規制であるため、全く自らの意思に基づかない株券等の取得が「買付け等」に該当すると、不可能を強いることになる。そのため、法文上は明記されていないものの、「買付け」との語義と、意思に基づかない取得の場合において公開買付けという法令上の義務を課すのは適当ではないという価値判断の下、株式の取得が「取得者の意思に基づくもの」か否かという点が重要な判断要素とな

---

27)　三井秀範＝土本一郎編『詳説　公開買付制度・大量保有報告制度Q&A』(商事法務、2011年) 18頁。

り、上場株式の給付が受益者自らの意思に基づいて行われるものでなければ、公開買付規制の対象とはならないと考えられる[28]。他方、例えば、上場株式信託において、受益者が信託期間中の給付や残余財産の給付に関しての指図権を有する場合や、信託行為において上場株式が当初信託財産とされ、かつ当該上場株式が現物により給付されることが定められていた場合のように、実質的に当該受益者が自らの意思に基づき上場株式を取得すると認められる場合[29]においては、「株券等の買付け等」に該当することがあると考えられる。

また、有償性の判断においても、受託者から受益者に対する上場株式の給付については、上記「信託譲渡」で述べた、信託譲渡時における受託者による取得と逆向きの議論がなされるべきとも考えられる。この考え方に従えば、信託の内容次第では、委託者兼受益者は信託譲渡後も実質的に株式を保有し続けているのであるから、受託者からの信託終了時による給付は有償性が認められないという整理も考えられる。例えば、インサイダー取引規制においては、持株会から脱退して株式を自己の名義にすることについては、「有償性」はないものと解されている。公開買付規制においても、株式管理信託のように基本的に委託者兼受益者の株式を信託というハコに入れておいただけであると考えられる場合であれば、実質的な所有権の移転はなく、有償性は認められないという考え方も可能ではないかと考えられる。

なお、上記の有償性に関する考え方にかかわらず、信託財産における株券等所有割合が3分の1を超えない場合など、金商法27条の2第1項各号のいずれにも該当しない場合には、公開買付規制は課せられない。他方、株券等所有割合が3分の1を超える場合などには、慎重な検討が必要になる。

また、形式的基準による特別関係者からの株券等の買付け等については、公開買付けの対象から除外されている（金商法27の2Ⅰ柱書の但書）。例えば受益者と個人受託者が1年以上継続して配偶者又は一親等以内の親族の関係にある場合や、受益者が1年以上継続して法人受託者の役員又は20%以上の議決権を有する出資者である場合には、金商法27条の2第1項各号の要件に該当する場合であっても、公開買付けは不要である（金商法27の2Ⅶ①、金商令9Ⅰ①、他社株府令3Ⅰ）。したがって、実務上は、形式的基準による特別関係者からの

---

28)　三井＝土本編・前掲注27) 18頁。

29)　三井＝土本編・前掲注27) 18頁において、組合の解散に伴う残余の組合財産の分配としての株券等の取得が「株券等の買付け等」に該当する場合として、これらと類似の事例が例示されている。

株券等の買付け等に関する要件への該当性を検討することにより、公開買付規制に抵触しないようにアレンジする場合も多い。

(c) 受益権の譲渡

第三者が当初受益者から上場株式信託の受益権を譲り受ける場合、公開買付けが必要となるのかが問題となる。

まず、上場株式信託の受益権につき贈与を受ける行為は、譲受人は無償取引を行っているに過ぎないため、公開買付規制の対象となる「有償の譲受け」には該当しない。

次に、上場会社の株式信託の受益権を売買する場合、売買行為は「有償の譲受け」にあたるが、株式信託の受益権そのものは、受益証券の発行が行われていない限り、形式的には公開買付規制の要件である「株券等」に該当しない（金商令6Ⅰ）。しかし、この点に関しては、現行の公開買付制度の立案担当者により、「株券を信託したうえで、その信託受益権を譲渡するような場合において、当該信託が終了した際に信託受益権の譲受人が当該株券を取得するのであれば、信託受益権の譲渡契約には、信託受益権の譲渡のみならず、株券の譲渡まで実質的には含まれているものと考えられる」との見解が示されている[30]。このことから、上場株式信託の受益権の有償による譲受けは、信託終了時に受益権者が株式を取得する場合には、当該上場会社の株式の有償による譲受けまで実質的に含んでいるという前提で、公開買付けの要否を検討する必要があると考えられる。

この場合、上場株式信託の受益権を譲り受けた場合における株券等所有割合の算定は、株式の譲渡があった場合と同様に、株券等所有割合の増加を観念するべきものと考えられる。

但し、形式的基準による特別関係者からの株券等の買付け等については、公開買付けの対象から除外されている（上記「受託者から受益者に対する上場株式の給付」参照）。実務上は、1年間継続して配偶者又は1親等以内の親族の関係にある者に対して受益権を譲渡するなど、形式的基準による特別関係者からの株券等の買付け等に関する要件への該当性を検討することにより、公開買付規制に抵触しないようにアレンジする場合も多い。

---

30) 池田唯一＝大来志郎＝町田行人編著『新しい公開買付制度と大量保有報告制度』（商事法務、2007年）50頁。

244　第1部　基礎編

⒟　まとめ

以上をまとめると、図表 8-6 のとおりとなる。

図表 8-6　公開買付規制のまとめ

取引の種類		「株券等の買付け等」への該当性	実務上の対応
信託譲渡 （自益信託）（※）		信託譲渡が「有償の譲受け」にあたると解され、公開買付規制の適用対象とされる可能性は否定できない。 但し、少なくとも、信託譲渡後も、委託者兼受益者が受託者に対し信託財産たる上場株式に係る議決権その他株主権の行使を指図し、配当を受領でき、受託者は信託期間中に当該上場株式を処分することができず、かつ、信託期間終了後においては委託者兼受益者に償還されるような場合などには、公開買付規制の適用はないと考えてもよいと思われる。	形式的基準による特別関係者からの株券等の買付け等に関する要件への該当性を検討する。 また、信託会社以外が受託者である場合で、受託者が信託譲渡を受けた後に株券等所有割合が3分の1超となるような事案か否かを検討する。
受託者から受益者への給付		組合の事例と同様に有償性を認めた上で、少なくとも自らの意思に基づいて取得したと認められる場合には公開買付規制の適用対象となるとの考え方もあり得る。 但し、信託の内容次第では、委託者兼受益者は信託譲渡後も実質的に株式を保有し続けているのであるから、受託者からの信託終了時による給付は有償性が認められず、公開買付の適用対象にならないという整理も考えられる。	形式的基準による特別関係者からの株券等の買付け等に関する要件への該当性をを検討する。
受益権の譲渡	無償の場合	該当しない。	N/A
	有償の場合	原則として、該当すると考えられる。	形式的基準による特別関係者からの株券等の買付け等に関する要件への該当性をを検討する。

※他益信託における信託譲渡は、自益信託の設定における信託譲渡と第三者への受益権の譲渡が一体として行われたものとして、公開買付けの要否を検討するのが合理的と考えられる。

⑷　インサイダー取引規制

⒜　信託譲渡

　委託者が自益信託により上場株式を受託者に信託譲渡する場合、当該譲渡にインサイダー取引規制が適用されるのかが問題となる。なお、他益信託の設定における上場株式の信託譲渡については、自益信託の設定における信託譲渡と第三者への受益権の譲渡が一体として行われたものとして、インサイダー取引規制の適用を検討するのが合理的と考えられるため、下記⒞「受益権の譲渡」をあわせて参照されたい。

　インサイダー取引規制は上場株式等の「売買等」を対象としている（金商法166 I 柱書）。信託譲渡については、売買等に該当する行為のうち特に「売買その他の有償の譲渡若しくは譲受け」に該当するかどうかが問題となる。

　信託譲渡に際しては上場株式の所有権が受託者に移転するため、「譲受け」に該当すると考えられる。そこで、信託譲渡がインサイダー取引規制の対象になるか否かは、信託譲渡に有償性が認められるかという問題となる。

　この点、株式会社における現物出資は、株式を対価に株式を譲り受ける行為であるため、「売買等」にあたると解されている[31]。このため、上述した自益信託と現物出資の類似性に鑑みて（上記⑶を参照）、自益信託についても、新たに発行される有価証券を取得させる代わりに上場株式を譲り受ける行為であるとして、形式的には、信託譲渡が「有償の譲渡若しくは譲受け」にあたると解される可能性は否定できない。

　しかし、インサイダー取引規制の趣旨は、上場会社の役職員等の上場会社と特別の関係にある者は未公表の重要事実を知りやすい立場にあり、これを知って株式等を売買することは一般投資家と比べて著しく有利となって極めて不公平であり、このような取引が横行すれば資本市場に対する信頼が失われ、健全な投資家が市場に参加しなくなり、資本市場の機能を損なうおそれにある[32]。他方、少なくとも、信託期間において受益権の内容として受託者に対し信託財産たる上場株式に係る議決権その他の株主権の行使を指図し、配当を受領でき、受託者は信託期間中に当該上場株式を処分することができず、かつ、信託期間

---

[31]　横畠裕介『逐条解説　インサイダー取引規制と罰則』（商事法務研究会、1989 年）44 頁。

[32]　神田秀樹＝黒沼悦郎＝松尾直彦編著『金融商品取引法コンメンタール　4　不公正取引規制・課徴金・罰則』（商事法務、2011 年）112 頁。

終了後においては委託者兼受益者に償還されるような信託（例えば、管理信託）においては、委託者兼受益者は、実質的には株主であることに何ら変わりはない。そうすると、少なくともこのような信託においては、委託者と受託者の間で信託譲渡に伴って財産的の価値のある受益権が委託者に付与されるものの、一般投資家との間で不公平となるような、対価的な意義があるものではなく、少なくともこのような信託における信託譲渡を「有償」と考える必要はないと考えてもよいように思われる。

　もっとも、「有償性」については難しい判断となるため、信託譲渡が「有償の譲受け」に該当するかについては、個別具体的な事例毎にインサイダー取引規制の趣旨に抵触するものであるか否かを逐一検討する必要がある点には留意が必要である。

　なお、インサイダー情報（重要事実又は公開買付等の実施に関する事実）を知っている者同士の市場外取引は、インサイダー取引規制の適用除外である（いわゆるクロクロ取引。金商法166Ⅵ⑦、167Ⅴ⑦）。このため、委託者と受託者がともに同じインサイダー情報を知っている場合には、インサイダー取引規制の適用対象外となる。したがって、実務上は、信託譲渡の当事者におけるインサイダー情報に関する認識の有無を確認し、仮にインサイダー情報を知っている当事者がいる場合には、相手方も同じ認識を有するような手配をして、適用除外を用いてインサイダー取引規制に抵触しないようなアレンジができないかを検討することが考えられる。

(b)　受託者から受益者に対する上場株式の給付

　信託期間中に受託者から受益者に上場株式が給付される場合や信託終了に伴う残余財産の給付として上場株式が給付される場合、これらの給付を受けることが「売買等」に該当し、インサイダー取引規制の対象となるのかが問題となる。

　上述のとおり、インサイダー取引規制における「売買等」のうち信託において特に問題となるのは、「有償の譲渡若しくは譲受け」であり、インサイダー取引規制が適用されるためには上場株式の給付に有償性があることが必要となる。インサイダー取引規制においては、持株会から脱退して株式を自己の名義にすることについては、「有償性」はないものと解されていることから、株式管理信託のように基本的に委託者兼受益者の株式を信託というハコに入れておいただ

けであると考えられる場合であれば、実質的な所有権の移転はなく、有償性は認められないという考え方も可能ではないかと考えられる。

　仮に受託者から受益者に対する上場株式の給付に有償性が認められ、一般論としてインサイダー取引規制に服するとしても、公開買付規制について論じた点がインサイダー取引規制にも妥当すると考える余地がある。すなわち、前述のとおり、公開買付規制は、一定の態様による買付け等を法令で定められた条件・方法により行わなければならないという規制であることから、自らの意思に基づかない株券等の取得が「買付け等」に該当するものとすると不可能を強いることになるため、上場株式の給付が受益者自らの意思に基づいて行われるものでなければ、公開買付規制の対象とはならないと考えられる[33]。インサイダー取引規制は、当事者間における一定の取引を禁止する規制であるため、公開買付規制と同様、自らの意思に基づかない対象有価証券の取引が「売買等」に該当するものとすると、不可能を強いることになる。このため、上場株式の給付が受益者自らの意思に基づいて行われる場合に限り、インサイダー取引規制の対象とされるものと考えても不合理ではないと考えられる。例えば専ら受託者の裁量により受益者への給付の有無及びその内容を決定できる場合には、原則として受託者においてのみインサイダー取引規制が適用されるものと考えられる。また、例えば受益者が信託期間中の給付や残余財産の給付に関しての指図権を有する場合には、原則として受益者においてのみインサイダー取引規制が適用されることになるものと考えられる。このほか、どのような場合にどの当事者がインサイダー取引規制の適用を受けるかに関しては、個別事例ごとに実態に即して実質的に判断される必要があると考えられる。

　また、インサイダー情報を知っている者同士の市場外取引は、インサイダー取引規制の適用除外である（いわゆるクロクロ取引。金商法166 Ⅵ⑦、167 Ⅴ⑦）。このため、受託者と受益者がともに同じインサイダー情報を知っている場合には、インサイダー取引規制の適用対象外となる。したがって、実務上は、受託者と受益者（帰属権利者を含む）双方におけるインサイダー情報に関する認識の有無を確認し、仮に認識を有する当事者がいる場合には、かかる適用除外規定を用いて、インサイダー取引規制に抵触しないようなアレンジができないかを検討することが考えられる。

33）　三井＝土本編・前掲注27）18頁。

248　第 1 部　基礎編

　さらに、インサイダー情報を知る前に決定された計画（知る前計画）や、イン
サイダー情報を知る前に締結された契約（知る前契約）の履行等であれば、イン
サイダー取引規制の適用除外である（金商法 166 Ⅵ⑫・取引規制府令 59 Ⅰ⑭、金
商法 167 Ⅴ⑭・取引規制府令 63 Ⅰ⑭）。このため、信託設定時において信託契約の
契約当事者がインサイダー情報の存在を認識しておらず、給付時において新た
に発生したインサイダー情報が問題となるに過ぎないのであれば、信託契約そ
のものを知る前契約の要件を満たす契約としておくことで、信託財産の給付に
ついてもインサイダー取引規制に抵触しないよう整理することも考えられる。

(c)　受益権の譲渡

　上場株式信託の受益権の譲渡又は譲受けは、インサイダー取引規制の対象と
なるかが問題となる。

　まず、上述のとおり、インサイダー取引規制における「売買等」のうち信託
において特に問題となるのは、「有償の譲渡若しくは譲受け」であり、上場株式
信託の受益権を贈与する行為は、譲渡人においても譲受人においても無償取引
を行っているに過ぎないため、有償性を欠き、インサイダー取引規制の対象と
なる「売買等」には該当しない。

　他方、上場株式信託の受益権を売買する場合については、有償性を満たす。
そのため、次にかかる信託の受益権がインサイダー取引規制の対象となる「特
定有価証券等」に該当するかが問題となる。この点、まず、自社株投資信託に
係る受益証券は「特定有価証券等」の定義に含まれている（金商令 27 の 4 ①、33
の 2 ①）。また、受益証券発行信託の一類型である「有価証券信託受益証券」で、
上場会社等の特定有価証券を受託有価証券とするものも、「特定有価証券等」の
定義に含まれている（金商令 27 の 4 ⑤、33 の 2 ⑤）。これは、自社株投資信託に
係る受益証券の売買等については投資信託財産に含まれる株式の売買等と同視
することができ、インサイダー取引規制の潜脱を防止するためには「特定有価
証券等」の定義に含める必要があるためである。

　他方で、自社株投資信託に係る受益証券や特定有価証券を受託有価証券とす
る受益証券信託受益証券に該当しない信託受益権は、「特定有価証券等」の定義
に含まれておらず、法文上明確にはインサイダー取引規制の対象とされてはい
ない。しかし、自社株投資信託以外の信託であっても、株式を信託財産にする
ことで容易にインサイダー取引規制を潜脱することができるとすればインサイ

ダー取引規制は空文化することになり、また、上場株式のみを信託財産とする信託受益権の売買等は、信託財産に含まれる株式の売買等と同視することができることから、少なくとも、上場株式のみを信託財産とする受益権はインサイダー取引規制の適用対象になるのではないかと考えられる[34]。なお、上場株式とともに他の資産をも信託財産とする信託の受益権について、信託財産に含まれる株式の売買等と同視するべきであるか等、なお議論を要すると思われる点は多い。

但し、重要事実を知っている者同士の市場外取引又は公開買付け等の実施に関する事実を知っている者同士の市場外取引は、インサイダー取引規制の適用除外である（いわゆるクロクロ取引。金商法 166 Ⅵ⑦、167 Ⅴ⑦）。このため、例えば受益権の譲渡人と譲受人同士がともに同じ重要事実を知っている場合には、インサイダー取引規制の適用対象外となると考えられる。したがって、実務上は、受益権売買の当事者双方におけるインサイダー情報に関する認識の有無を確認し、仮に認識を有する当事者がいる場合には、かかる適用除外規定を参照することにより、インサイダー取引規制に抵触しないと整理することができないかを検討しておく必要がある。

(d) まとめ

以上をまとめると、図表 8-7 のとおりとなる。

図表 8-7　インサイダー取引規制のまとめ

取引の種類	「特定有価証券の売買等」への該当性	実務上の対応
信託譲渡 （自益信託）（※）	信託譲渡に有償性が認められるとしてインサイダー取引規制の適用対象とされる可能性は否定できない。 但し、少なくとも、信託譲渡後も、信託期間において受益権の内容として受託者に対し信託財産たる上場株式に係る議決権その他株主権の行使を指図し、	いわゆるクロクロ取引の要件への該当性を検討する。

---

34)　かつて立案担当者は、対象有価証券を預託財産とする預託証券の売買について、預託される対象有価証券の売買と同視できることから、インサイダー取引規制の対象になるとの見解を示していた。横畠・前掲注31) 34 頁。なお、現在では、上場株式を預託財産とする預託証券は明示的に「特定有価証券等」の定義に包含されている（金商令 6 Ⅰ②）。

		配当を受領でき、受託者は信託期間中に当該上場株式を処分することができず、かつ、信託期間終了後においては委託者兼受益者に償還される場合などには、インサイダー取引規制の適用はないと考えてもよいと思われる。	
受託者から受益者への給付		株式管理信託のように基本的に委託者兼受益者の株式を信託というハコに入れておいただけであると考えられる場合であれば、実質的な所有権の移転はなく、有償性は認められないため、インサイダー取引規制の適用対象にならないという考え方も可能ではないかと考えられる。また、上場株式の給付が受益者自らの意思に基づいて行われる場合に限り、インサイダー取引規制の適用対象になると考えることも不合理ではないと思われる。	いわゆるクロクロ取引の要件への該当性を検討する。また、信託契約そのものをいわゆる知る前契約要件を満たす契約としておく。
受益権の譲渡	無償の場合	該当しない。	N/A
	有償の場合	少なくとも、上場株式のみを信託財産とする受益権はインサイダー取引規制の適用対象になるのではないかと考えられる。	いわゆるクロクロ取引の要件への該当性を検討する。

※他益信託における信託譲渡は、自益信託の設定における信託譲渡と第三者への受益権の譲渡が一体として行われたものとして、インサイダー取引規制の適用を検討するのが合理的と考えられる。

(5) 売買報告書制度

(a) 信託譲渡

売買報告書（第7章3(2)(d)参照）は、短期売買利益の提供の実効性を確保するための制度であるところ、短期売買利益の提供は、6か月以内の反対方向の売買に着目して極めて形式的・機械的に利益の額を計算してこれを提供させるものであり、金銭を対価としない取引はそのような計算方法になじまない[35]。そ

---

35) 横畠・前掲注31) 221頁。

のため、売買報告書の報告対象は、金銭を対価に財産権を移転させる行為に限定されている。

自益信託による信託譲渡は、金銭を対価に財産権を移転させる行為ではないため、売買報告書の報告対象である「買付け等」や「売付け等」に該当しない。このため、上場会社の役員又は主要株主である者が委託者となって当該上場会社の株式を信託譲渡した場合であっても、売買報告書の提出義務は生じないと考えられる。

なお、他益信託の設定における信託譲渡については、自益信託の設定における信託譲渡と第三者への受益権の譲渡が一体として行われたものとして、適用関係を検討するのが合理的と思われる。

(b)　受益権の譲渡

まず、売買報告書の提出義務を負う「主要株主」であるか否かは議決権基準で判断されるため、上場株式信託の受益者で議決権の指図権限を持たない者は、主要株主には該当しない。他方、主要株主は、自己又は他人名義をもって総株主等の議決権の10％以上の議決権を有している株主をいうとされていることから、上場株式信託の受益者で議決権の指図権限を持つ者は、指図できる議決権が総株主等の議決権の10％以上であれば、主要株主に該当すると考えるのが合理的なのではないかと思われる。

次に、上場株式信託の受益権を贈与する行為は、金銭を対価に財産権を移転させる行為にはあたらないため、売買報告書の提出義務の要件である「買付け等」や「売付け等」に該当しない。

また、対象となる取引は、「特定有価証券等」についての買付け等や売付け等である。自社株投資信託に係る受益証券については、売買報告書の提出義務の対象となる「特定有価証券等」の定義に含まれるものの（金商令27の4①、33の2①）、自社株投資信託以外の信託の受益権は「特定有価証券等」の定義に含まれてはいない。しかし、上場株式信託の受益権の買付け等又は売付け等は、自社株投資信託以外の信託であっても、信託財産に含まれる株式の買付け等又は売付け等と同視することができる[36]。このため、上場会社の役員又は主要株主

---

36)　インサイダー取引規制と売買報告書提出義務とは、「特定有価証券等」の定義並びに「買付け等」及び「売付け等」の各定義を同じくしており、両制度において統一的な解釈が行われるべきものと考えられる。

である者が当該上場株式信託の受益権を売買する場合には、売買報告書の提出が必要になる場合があると考えられる。

さらに、同一銘柄の上場株式又は当該上場株式信託の受益権に係る買付け等及び売付け等が6か月以内に行われた場合、当該株式の役員又は主要株主は、短期売買利益の返還義務を負うことになる（金商法164 Ⅰ）。この場合、信託の受益権の価額は、信託財産に対する持分に係る上場株式の価額に引き直された上で、利益の算定が行われるものと考えられる（取引規制府令34 Ⅰ等）。

(c)　受託者から受益者に対する上場株式の給付

信託期間中に受託者から受益者に対して上場会社の株式が給付される場合や残余財産の給付として上場会社の株式が給付される場合、金銭を対価に財産権を移転させる行為にはあたらないため、売買報告書の提出義務の要件である「買付け等」や「売付け等」に該当しない。このため、上場会社の役員又は主要株主である者が、残余財産受益者や帰属権利者として当該上場会社の株式の給付を受けた場合であっても、売買報告書の提出義務は生じないと考えられる。

(d)　まとめ

以上をまとめると、図表8-8のとおりとなる。

図表 8-8　売買報告書制度のまとめ

取引の種類		売買報告書の報告対象である「買付け等」又は「売付け等」への該当性
信託譲渡（自益信託）（※）		該当しないと考えられる。
受益権の譲渡	無償の場合	該当しない。
	有償の場合	原則として、該当すると考えられる。
受託者から受益者への給付		該当しないと考えられる。

※他益信託における信託譲渡は、自益信託の設定における信託譲渡と第三者への受益権の譲渡が一体として行われたものとして、適用を検討するのが合理的と考えられる。

(6)　大量保有報告制度

(a)　総論

大量保有報告制度は、大要、上場株式について所有権を有する者（本文保有

者）が提出義務を負うが、これに加えて、①信託契約等の契約や法律の規定に基づき株主としての議決権その他の権利の行使について指図権を有し、かつ、事業支配目的を有する者（1号保有者）や、②投資一任契約等の契約や法律の規定に基づき投資をするのに必要な権限を有する者（2号保有者）が提出義務を負うものとなっている。

信託については、信託契約の内容次第で、大量保有報告書の提出義務を負う者が異なることから、以下、それぞれの当事者について整理する。

(b) 委託者

上場株式を信託財産とする信託の委託者は、既に自己の株式保有について大量保有報告書を提出している場合には、当該上場株式を信託譲渡することで株券等保有割合が1%以上減少する場合、変更報告書の提出が必要となる。このとき、信託譲渡した株式の分、【保有株券等の数】欄においては、「法第27条の23第3項本文」の欄における保有株券等を減少させることになるが、委託者が引き続き信託契約に基づき議決権行使に係る指図権を保有し続ける場合、それが事業支配目的を有するのであれば、同じ数の株式を、「法第27条の23第3項第1号」の欄に記載することになる（但し、2号保有者に該当する場合を除く。金商法27の23 Ⅲ①、大量保有府令第一号様式・記載上の注意⑿ d）。また、信託財産となっている上場会社株式に関して投資決定権限を有する場合には、いわゆる2号保有者に該当する（金商法27の23 Ⅲ②）。投資決定権限とは、投資一任契約その他の契約又は法律の規定に基づく、株券等に投資をするのに必要な権限のことであり、かかる権限を有するか否かは、信託契約等に照らして判断される[37]が、信託契約に基づき株式の売買に係る指図権等を有していれば該当すると考えられる。

さらに、信託契約は、保有株券等に関する重要な契約として【当該株券等に関する担保契約等重要な契約】欄に記載する必要があるものと考えられる（大量保有府令第一号様式・記載上の注意⒁）。

さらに、信託譲渡の結果、変更報告書に記載すべき変更後の委託者の株券等保有割合が、当該譲渡の日前60日間における最高の株券等保有割合の2分の1未満となり、かつ、当該最高の株券等保有割合から5%を超えて減少した場合

---

37) 神田秀樹＝黒沼悦郎＝松尾直彦編著『金融商品コンメンタール 1 定義・開示制度』（商事法務、2016年）877頁。

には、原則として当該信託譲渡は短期大量譲渡に該当し、変更報告書に信託譲渡の相手方と対価を記載する必要がある（金商法27の25Ⅱ、金商令14の8）。

(c)　信託業を営まない受託者

上場株式信託の受託者は、信託業を営むものではない場合、保有する上場株式の数は保有株券等の総数から除外されない。そのため、信託譲渡を受けることによって、株券等保有割合が5％超となる場合には、当該上場株式に関して大量保有報告書の提出が必要となる。この場合、当該受託者は、いわゆる本文保有者となり、大量保有報告書における【保有株券等の数】欄においては、「法第27条の23第3項本文」の欄に、保有株券等の数を記載することになる（大量保有府令第一号様式・記載上の注意⑿b）。

また、信託契約は、保有株券等に関する重要な契約として【当該株券等に関する担保契約等重要な契約】欄に記載する必要があるものと考えられる（大量保有府令第一号様式・記載上の注意⒁）。例えば、「保有株券等については、発行者の創業者一族が提出者との間の有価証券管理信託契約に基づき提出者に対して信託しているものです」等と記載することになる。この場合、【保有株券等の取得資金】の①【取得資金の内訳】欄においては、「発行者の創業者一族の信託設定により取得した」等と記載することになる。

(d)　信託業を営む受託者

上場株式信託の受託者が信託業を営む場合、信託財産として保有する上場株式の数は保有する「株券等」から除外され、大量保有報告書（又は変更報告書）の提出は不要である（金商法27の23Ⅳ、大量保有府令4）。

もっとも、いわゆる1号保有者又は2号保有者に該当する場合には、適用除外にならず、「株券等」に含める必要がある。信託業を営む受託者が、信託財産となっている上場会社株式の議決権行使について指図権を有しており、かつ、当該上場会社について事業活動支配目的を有する場合には、いわゆる1号保有者に該当する（但し、2号保有者に該当する場合を除く。金商法27の23Ⅲ①）。事業活動支配目的における「発行者の事業活動を支配する」とは、単に発行会社の株券等を大量に保有していることではなく、融資関係、人的関係、取引関係等を通じて、結果的に事業に影響を及ぼすこというとされているところ[38]、一般的には、信託の受託者というだけでは「事業活動支配目的」が認められるこ

とはない。

　また、信託財産となっている上場会社株式に関して投資決定権限を有する場合には、いわゆる2号保有者に該当する（金商法27の23Ⅲ②）。投資決定権限とは、投資一任契約その他の契約又は法律の規定に基づく、株券等に投資をするのに必要な権限のことであり、かかる権限を有するか否かは、信託契約等に照らして判断される[39]が、信託契約に基づき売買の権限等を有していれば通常はこれに該当する。

　1号保有者に該当する場合、【保有株券等の数】欄においては、「法第27条の23第3項第1号」の欄に、指図権を有する保有株券等の数を記載することになるため（大量保有府令第一号様式・記載上の注意⑫d）、大量保有報告書（又は変更報告書）の提出が必要となる場合がある（金商法27の23Ⅲ②）。また、2号保有者に該当する場合、【保有株券等の数】欄においては、「法第27条の23第3項第2号」の欄に、投資判断を行う権限を有する保有株券等の数を記載することになるため（大量保有府令第一号様式・記載上の注意⑫c）、大量保有報告書（又は変更報告書）の提出が必要となる場合がある。

　このほか、信託契約は、保有株券等に関する重要な契約として【当該株券等に関する担保契約等重要な契約】欄に記載する場合が一般的であると考えられる（大量保有府令第一号様式・記載上の注意⑭）。

(e)　受益者

　受益者についても、受託者と同様に、1号保有者又は2号保有者に該当する場合には大量保有報告書（又は変更報告書）の提出が必要となる場合がある（金商法27の23Ⅲ①・②）。

　以上をまとめると、図表8-9のとおりとなる。

図表8-9　大量保有報告制度のまとめ

当事者及びその権限内容等	提出の要否/【保有株券等の数】欄の記載箇所
委託者	本文保有者（信託譲渡時のみ）

---

38)　神田＝黒沼＝松尾編著・前掲注37）875頁。

39)　神田＝黒沼＝松尾編著・前掲注37）877頁。

		①信託財産である上場株式に関して投資決定権限を有する場合	2号保有者
		②（①以外で）信託財産である上場株式の議決権行使について指図権を有し、かつ、当該上場会社について事業活動支配目的を有する場合	1号保有者
受託者	信託業を営むものではない場合		本文保有者
	信託業を営む場合	①信託財産である上場株式に関して投資決定権限を有する場合	2号保有者
		②（①以外で）信託財産である上場株式の議決権行使について指図権を有し、かつ、当該上場会社について事業活動支配目的を有する場合	1号保有者
		③①又は②に該当しない場合	提出不要
受益者	①信託財産である上場株式に関して投資決定権限を有する場合		2号保有者
	②（①以外で）信託財産である上場株式の議決権行使について指図権を有し、かつ、当該上場会社について事業活動支配目的を有する場合		1号保有者
	③又は②に該当しない場合		提出不要

(7) その他の開示

(a) 親会社等状況報告書

　上場会社の議決権の過半数を保有する信託において、信託の受託者が会社（外国会社を含む）である場合には、当該受託者は親会社等状況報告書を提出する必要があると考えられる（金商法24の7）。

　他方、親会社等状況報告書の提出義務は、現状、会社（外国会社を含む）及び協同組織金融機関に対してしか課されていない。会社法上、会社とは株式会社、合名会社、合資会社又は合同会社をいうとされており（会社法2①）、信託の受託者が一般社団法人である場合には、たとえ当該信託が上場会社の議決権の過半数を保有していたとしても、当該受託者は親会社等状況報告書の提出義務を負わないと考えられる。

(b) 支配株主等に関する事項の開示

　信託の受託者が、上場会社の親会社等、「支配株主」に該当する場合、当該上場会社は、事業年度経過後3か月以内に、支配株主等に関する事項を開示することが有価証券上場規程により義務付けられている（有価証券上場規程411 Ⅰ）。

(c) 主要株主の異動に係る臨時報告書及び適時開示、有価証券報告書

　主要株主の異動は、上場会社において臨時報告書の提出事由とされている（開示府令19 Ⅱ④）。「主要株主」とは、自己又は他人の名義をもって総株主等の議決権の10％以上を保有している株主をいう（開示府令19 Ⅱ④、金商法163 Ⅰ）。「主要株主」への該当性を判断する際に、信託業を営む者が信託財産として所有する株式は議決権割合の計算から除外される（開示府令19 Ⅱ④、企業内容等開示ガイドライン B24 の 5-19 ①、金商法163 Ⅰ、取引規制府令24 ①）。

　また、例えば東京証券取引所においては、主要株主の異動は、上場会社において適時開示事由とされている（有価証券上場規程402 ②x）。「主要株主」への該当性を判断する際に、信託業を営む者が信託財産として所有する株式は議決権割合の計算から除外される（有価証券上場規程402 ②x、金商法163 Ⅰ、取引規制府令24 ①）。

　さらに、事業年度中に主要株主の異動があった場合は、上場会社が提出する有価証券報告書における【大株主の状況】欄においてその旨が注記されることになっている（開示府令第3号様式・記載上の注意⑵d）。「主要株主」への該当性を判断する際に、信託業を営む者が信託財産として所有する株式は議決権割合の計算から除外される（金商法163 Ⅰ、取引規制府令24 ①）。

　他方、適時開示及び臨時報告書のいずれにおいても、上場株式信託の受託者が信託業を営むものではない場合、保有する上場株式の議決権の数はかかる計算から除外されないため、議決権割合が10％以上となる場合には、当該上場会社の主要株主に該当する。したがって、例えば、10％以上の議決権に係る東証上場会社の株式が、信託業を営んでいない受託者に信託譲渡された場合には、信託の受託者が新たに主要株主になった旨を開示する必要がある。

　また、主要株主であるか否かは議決権基準で判断されるため、上場株式信託の受益者で議決権の指図権限を持つ者も、主要株主に該当するものとして開示を行う必要がある可能性がある。

258　第1部　基礎編

(8)　投資運用業規制

　次に掲げる投資一任運用又は自己運用業務は、投資運用業に該当し、原則として、金融商品取引業として登録を行う必要がある（金商法2Ⅷ⑫・⑮、29）。登録を行うためには、財産規制や、金融商品取引業者としての体制整備を要することとなり、費用と時間を要するため、事業承継の文脈において、金融商品取引業の登録を行うことは現実的ではない。

①　投資一任運用

　　当事者の一方が、相手方から、金融商品の価値等の分析に基づく投資判断の全部又は一部を一任されるとともに、当該投資判断に基づき当該相手方のため投資を行うのに必要な権限を委任されることを内容とする契約を締結し、当該契約に基づいて、金融商品の価値等の分析に基づく投資判断に基づいて主として有価証券又はデリバティブ取引に係る権利に対する投資として、金銭その他の財産の運用（その指図を含む）を行うこと（金商法2Ⅷ⑫ロ）

②　自己運用

　　金融商品の価値等の分析に基づく投資判断に基づいて主として有価証券又はデリバティブ取引に係る権利に対する投資として、信託受益権を有する者から出資又は拠出を受けた金銭その他の財産の運用（その指図を含む）を行うこと（金商法2Ⅷ⑮ロ）。

　そこで、上記のいずれにも該当しないと整理する必要がある。

　第1に、上記いずれの場合においても、「業として」行う場合でなければ投資運用業には該当せず、登録は不要となる。「業として」とは、立案担当者によれば、対公衆性のある行為で反復継続性をもって行うものをいうとされている[40]。対公衆性を要件とするか否かについては議論があるものの、同種の行為を反復継続して行うことが必要である点には実務上異論はない[41]。このため、個々の事案によるが、通常、受託者が特定の限られた受益者のために投資として運用を行う場合においては、自己運用を業として行っているとはいえない場合が多いのではないかと考えられる。

---

40)　金融庁「金融商品取引法制に関する政令案・内閣府令案等のパブリックコメントに対する金融庁の考え方」（平成19年7月31日）35頁。

41)　神崎克郎＝志谷匡史＝川口恭弘著『金融商品取引法』（青林書院、2012年）599頁。

第 2 に、上記いずれの場合においても、投資判断とは、投資の対象となる有価証券の種類、銘柄、数及び価格並びに売買の別、方法及び時期についての判断又は行うべきデリバティブ取引の内容及び時期についての判断をいう（金商法 2 Ⅷ⑪ロ）。このため、議決権行使についての判断自体は「投資判断」には含まれないと考えられることから[42]、受託者は、議決権行使についての判断を行うのみであれば投資運用業には該当しない。

第 3 に、自己運用については「主として」と有価証券やデリバティブ取引に投資するものであるところ、この「主として」とは、基本的に運用財産の 50％超を意味する[43]。このため、株式等の有価証券が信託財産に占める割合が継続的に 50％以下にとどまる場合には、基本的に投資運用業には該当しないと考えられる[44]。

第 4 に、上記いずれの場合においても、運用の意義について、立案担当者は、投資先候補の発掘、投資先候補との投資に係る交渉、投資先の決定、投資実行、投資により取得した有価証券等の処分については「運用」に該当する可能性が高いものと考えられるものの、具体的にどのような行為が「運用」に該当するかについての基準を一律に示すことは困難であり、個別事例毎に実態に即して実質的に判断される必要があるとの見解を示している[45]。但し、委託者等のみの指図により信託財産の管理・処分が行われる信託の受託者が行う業務（管理型信託業（信託業 2 Ⅲ①））については、運用に該当しないとされている[46]。このことから、株式信託の受託者が、これらの投資運用を行う場合であっても、委託者等の指図により行われる場合であれば、投資運用業には該当しないものと考えられる。

以上を踏まえれば、親族間で設定される株式の信託において受託者の信託事務が投資運用業に該当することは基本的にはないものと考えられる。但し、具体的にどのような信託であれば受託者は投資運用業の登録なく信託事務を行うことができるかは、以上の点や投資運用業規制の趣旨を踏まえつつ、個別事例

42）　神田＝黒沼＝松尾編著・前掲注37）161 頁。

43）　金融庁・前掲注40）79 頁。

44）　一時的に 50％を下回っている場合に過ぎないと認められる場合には、有価証券の比率のみをもって投資運用業の登録は不要とまでは言えないであろう。

45）　金融庁・前掲注40）84 頁。

46）　金融庁・前掲注40）82 頁。

260　　第1部　基礎編

ごとに実態に即して実質的に検討する必要がある。

(9) 投信法上の規制（証券投資信託以外の有価証券投資を目的とする信託の禁止）

　投信法上、何人も、証券投資信託を除くほか、信託財産を主として有価証券に対する投資として運用することを目的とする信託契約を締結し、又は信託宣言によってする信託をしてはならないとされている（投信法7本文）。このため、株式信託に関しては、投信法との抵触の有無が論点となる。

　第1に、受益証券発行信託以外の信託であって受益権を分割して複数の者に取得させることを目的としないものについては、かかる禁止の対象外とされている（投信法7但書）。このため、委託者や一定の後継者が唯一の受益者となる信託や、受益権の分割が禁止され、1人の後継者にのみ受益権が承継されることが信託行為に定められている信託等については、投信法に抵触することはないと考えられる。

　第2に、「主として」とは、信託財産の総額の2分の1を超えることを意味する（投信令6）。このため、株式等の有価証券が信託財産に占める割合が50％以下にとどめることが信託行為上明らかであれば、投信法に抵触することはないと考えらえる。

　第3に、受益証券発行信託の一類型である「有価証券信託受益証券」に関しては、例えば、信託された有価証券の管理を行うことのみを目的としており、当該有価証券の処分が行われないこと等により「主として有価証券に対する投資として運用する目的」と認められない場合には、投信法7条の規制に抵触しないとの見解が示されている[47]。信託財産において株式を保有する目的が、専ら株式の管理や株式の承継にある場合には、通常、株式の処分が禁止されているか、限定的な場合にしか処分が認めらていない場合が多いものと思われる。このような場合、積極的に投資リターンを求めるための株式保有ではなく、有価証券に対する投資として運用することを目的とした信託とは認められないと考えられるため、投信法7条との抵触は特段問題とはならないと考えるべきである。

　これに対して、例えば、多くの親族が委託者となって金銭等を受託者に信託

---

47)　金融庁・前掲注40）582頁。

譲渡し、受託者が信託財産において多数の有価証券を買い付けて投資を行う場合、信託財産の大半が株式である一方、受託者による株式の処分に何らの制限が設けられていない場合等においては、当該株式が投資として運用する目的で保有されていると認定される可能性について慎重に検討する必要があるだろう。また、株式の処分が原則禁止されている信託を設定した場合であっても、例えば、当該株式の時価が信託設定時から20%以上値上がりした場合等に株式を処分するといった定め方をしている場合等、定め方次第では当該株式が投資として運用する目的で保有されていると認定される可能性も否定できない。このため、信託行為の際のドラフティングにも一定の注意を払うべきである。

4　信託の税務

　信託の税務上の取扱いは、信託の性質に応じて、①パススルー課税（受益者が信託財産を有するものとみなして、信託が収益を受領した時に受益者が収益を受領したものとみなして課税する方式）、②受益者受領時課税（信託の収益受領時には課税は行われず、信託から受益者に収益が分配される時に受益者に課税する方式。集団投資信託、退職年金等信託、特定公益信託がこれに該当）、③法人課税信託（信託の収益について受託者に法人税を課税する方式）に大別される。本書においては、事業承継における重要性の観点から、①受益者等課税信託を中心に解説をしつつ、③法人課税信託についても若干の言及を加える。

図表 8-10　信託の税務上の取扱い

課税方式	概要	該当する信託
パススルー課税	信託の収益受領時に受益者が収益を受領したものとみなして課税する	受益者等課税信託（一般的な信託はこれに該当）
受益者受領時課税	信託の収益受領時には課税は行われず、信託から受益者への収益分配時に受益者に課税する	集団投資信託、退職年金等信託、特定公益信託等
受託者課税（法人課税信託）	信託の収益について受託者に法人税を課税する	受益者等が存在しない信託等

　事業承継の文脈で用いられる信託は、パススルー課税に服する受益者等課税

信託に該当するのが通常である。もっとも、受益者等課税信託としての取扱いを受けるためには、受益者受領時課税信託に該当する信託（集団投資信託等）や法人課税信託に該当しないことが必要であり（所法13Ⅰ）、特に法人課税信託と認定される可能性のないよう、プランニングの際には注意が必要である。

以下では、受益者等課税信託の税務上の取扱いについて概説する。

(1) 受益者等課税信託（パススルー課税）の課税関係

(a) 受益者等の範囲

上記のとおり、受益者等課税信託にはパススルー課税が適用されるが、受益者等課税信託の類型であってもあらゆる受益者がパススルー課税に服するわけではない。受益者のうち「受益者としての権利を現に有するもの」が、信託財産を有するものとみなし、かつ、信託財産に帰せられる収益及び費用を収受するものとみなして、所得税法の規定が適用される（所法13Ⅰ本文）。所得税基本通達では、残余財産受益者（残余財産の給付を内容とする受益債権に係る受益者。信託182Ⅰ①）はこれに含まれるが、以下の者は「受益者としての権利を現に有するもの」にあたらないとされている（所基通13-7）。

・帰属権利者（残余財産の帰属すべき者。信託182Ⅰ②）（信託の終了前の期間に限る）
・委託者の死亡の時に受益権を取得する者（信託90Ⅰ①）（委託者の死亡前の期間に限る）
・委託者の死亡の時以後に信託財産の給付を受ける受益者（信託90Ⅰ②）（委託者の死亡前の期間に限る）
・停止条件が付された信託財産の給付を受ける権利を有する受益者（相基通9の2-1）。

逆に、信託の受益者でない者であっても、①信託の変更をする権限（軽微な変更をする権限を除く）を現に有し、かつ、②信託財産の給付を受けることとされている者は、受益者としての権利を現に有する受益者とみなして上記と同様にパススルー課税の取扱いを受ける（所法13Ⅱ、みなし受益者）。

上記①の変更権限には、他の者との合意により信託の変更をすることができる権限を含むとされる（所令52Ⅱ）。また、上記①の変更権限から除かれる軽微な変更権限とは、信託の目的に反しないことが明らかである場合に限り信託の変更をすることができる権限をいう（所令52Ⅰ）。

上記②の給付を受ける権利については、停止条件付の給付を受ける権利はこれに含まれる（所令52Ⅲ）。また、上記①を満たす信託の変更権限を有する信託の委託者が以下に該当する場合も、上記②を満たすとされている（所基通13-8）。
・委託者が帰属権利者として指定されている場合
・信託行為に残余財産受益者若しくは帰属権利者（以下、「残余財産受益者等」という）の指定に関する定めがない場合又は信託行為の定めにより残余財産受益者等として指定を受けた者の全てがその権利を放棄した場合

(b) 受益者等課税信託の課税関係の概要

　受益者等課税信託（パススルー課税）の課税関係の概要は、図表 8-11 のとおりである。なお、図表 8-11 では個人が信託の委託者となるケースを想定している。また、図表 8-11 の「受益者等」とは、受益者等課税信託において「受益者としての権利を現に有するもの」及び「みなし受益者（相続税法上は特定委託者）」をいう。以下、それぞれの場面について検討を加えるため、適宜図表 8-11 に立ち返って、全体像について理解を頂きたい。

図表 8-11　受益者等課税信託の課税関係

		委託者	受託者	受益者等
信託設定時	自益信託	課税なし	課税なし	
	他益信託 ※受益者等が適正な対価を負担しない場合 （受益者等が法人である場合には、対価の額が受益権の時価の2分の1に満たない場合に限る。以下同じ）	受益者等が個人：課税なし 受益者等が法人：時価による譲渡があったものとみなして課税	課税なし	個人：贈与又は遺贈があったものとみなして相続税又は贈与税の課税 法人：受益権の時価を益金に算入
受益者等に変動があった時 ※新たな受益者等が適正な対価を負担しない場合		同上（他益信託の設定時と同様）		
（適正な対価により）受益権を譲渡した場合		課税なし （受益者等でもある場合は右記参照）	課税なし	旧受益者等： 信託財産を時価譲渡したとみなして譲渡益課税

			新受益者等：信託財産を時価で取得したものとして取得原価の計算
受託者が信託財産から収益を得た時 （配当受領・信託財産の譲渡等）	課税なし	課税なし	受益者等自身の収益として所得税又は法人税の課税
収益が受益者等に分配された時	課税なし	課税なし	課税なし
信託終了時	同上		

(c)　信託設定時の課税関係

（i）　原則的取扱い

　信託が自益信託（委託者が受益者を兼ねる信託）である場合、受益者等課税信託において、委託者は引き続き信託財産を保有するとみなされる。そのため、贈与税を始め、信託設定時に課税関係は生じない。

　これに対し、他益信託（委託者以外の者が受益者となる信託）で、信託設定時に受益者等となった者が適正な対価を負担しなかった場合、受益者等が個人であるか法人であるかによって委託者及び受益者等の課税関係が異なる。受益者等が個人の場合、委託者に課税関係は生じないが、受益者等は当該信託に関する権利を贈与又は遺贈により委託者から取得したものとみなされ、相続税又は贈与税が課せられる（相法9の2Ⅰ）。受益者等が法人の場合において、当該法人が負担した対価の額が、受益権の時価の2分の1に満たないときは、委託者は、法人である受益者等に対して信託財産を贈与したものとしてみなし譲渡の規定が適用される。すなわち、当該法人に信託財産を時価で譲渡したものとみなして所得税が課される（所法67の3Ⅲ、59Ⅰ①）。なお、法人である受益者等については、受益権の時価と法人が負担した対価との差額に相当する金額を益金に算入する（法法22Ⅱ）。

　受託者については、自益信託及び他益信託を問わず、課税関係は特段生じない。

(ii) **委託者に対する譲渡所得税の課税問題**

委託者と受益者がそれぞれ単一であり、かつ、同一の者である場合には、次に掲げる資産の移転は、当該資産が金銭以外の資産であったとしても、委託者において譲渡所得は認識されない（所基通13-5）。

・信託行為に基づき信託した資産の当該委託者から当該信託の受託者への移転
・信託の終了に伴う残余財産の給付としての当該資産の当該受託者から当該受益者への移転

このような取扱いは、自益信託において、税務上、委託者兼受益者が信託を設定した財産をそのまま保有しているものとみなされること（所法13Ⅰ）と平仄があうものである。

他方、複数の委託者が金銭以外の資産を信託譲渡した場合において、取得する受益権が質的に均等である場合には、原則として他の受益者等が有することになる部分につき譲渡があったものとして、各委託者において譲渡所得が認識されるものと考えられており[48]、注意が必要である。例えば、個人甲及び乙が、A社株式を各人100株ずつ、一の受託者に信託譲渡すると、何らの手当てもしなければ、甲及び乙において、あたかもA社株式を相互に譲渡したかのように譲渡所得が認識され、各人に税負担が生じるリスクがある。

このような課税関係を生じさせないためには、それぞれが信託譲渡した信託財産のみを対象とする受益権を各受益者が取得するものとする等、各受益者が取得する受益権の内容が質的に均等であると取り扱われないようにする必要があるが、そのような質的に異なる受益権の内容を定めることは税務上可能であるかが問題となる。

この点、明文の定めはないが、税務当局は以下のような見解を示しており、受益権を質的に異なる内容とすることは可能であると思われる[49]。

> 「例えばある受益者は信託財産に属する土地の底地権を有し、他の受益者は当該土地の借地権を有するものとみなされる場合もあるといったように、信託行為の実態に応じて、帰属を判定するものと考えられます。」

不動産のように個別性の高い資産ではなく、株式を信託財産とする場合には、株式の性質（株主の地位を細分化して割合的地位の形にしたもの[50]）に照らして、

---

48) 「改正税法のすべて平成19年度」（大蔵財務協会）294頁。
49) 「改正税法のすべて平成19年度」（大蔵財務協会）294頁。

例えば株券番号や株主名簿の記載を信託契約で特定し、各受益権と信託財産（株式）とを紐付けて対応させることにより、委託者毎に受益権を区分すること等の方法をとることも一案と考えられる。いずれにしても、このような問題は、複数の委託者が、いわゆる株式管理信託を設定し、それぞれが受益権を取得する場合に必ず生じ得るものであり、実行にあたっては慎重な検討が必要であろう。

(d) 信託期間中の課税関係

(i) 自益信託において委託者以外の者が受益者等となった場合

自益信託設定の後、委託者以外の者が適正な対価を負担することなく受益者等となった場合、その者が個人であれば、委託者に課税関係は生じないが、当該個人は当該信託に関する権利を委託者から贈与又は遺贈により取得したものとみなされ、相続税又は贈与税が課せられる（相法9の2Ⅱ）。受益者等が法人である場合において、当該法人が負担した対価の額が、受益権の時価の2分の1に満たないときは、委託者にはみなし譲渡の規定が適用され、当該法人に信託財産を時価で譲渡したものとみなして所得税が課される（所法67の3Ⅲ、59Ⅰ①）。法人である受益者等は、受益権の時価と法人が負担した対価との差額に相当する金額を益金に算入する（法法22Ⅱ）。

(ii) 受益者が適正な対価により受益権を譲渡した場合

受益者が、他の者に適正な対価を得て受益権を譲渡した場合には、当該受益者が信託財産を譲渡したものとして所得税又は法人税が課税される。このとき、個人の受益者が受益権を譲渡した場合において、当該受益権に係る信託財産が株式又は不動産である場合には、受益者が信託財産を保有しているものとみなして課税するパススルー課税に基づき、申告分離課税により所得税額が計算されることになる（但し、事業承継において活用される信託では、受益権に譲渡制限が付されることが一般的である。受託者が同意すれば譲渡できるものとしたり、親族間での譲渡については認める等の例は見受けられる）。

---

50) 神田秀樹『会社法〔第20版〕』（弘文堂、2018年）66頁。

(ⅲ)　受託者が信託財産から収益を得た場合

　前述のとおり、所得税法上、受益者等課税信託はパススルー課税に服する。
すなわち、受益者等課税信託の受益者等は、当該信託の信託財産に属する資産
及び負債を有し、かつ、当該信託財産からの収益及び費用を受益者自身の収益
及び費用とみなして、所得税法の適用を受ける（所法13Ⅰ本文）。但し、受益者
等が個人の場合、信託から生じる不動産所得の損失については、受益者等の不
動産所得の計算上生じなかったものとみなされるため注意が必要である（措法
41の4の2）。なお、受益者等が2人以上の信託については、各受益者等が信託
財産をその有する権利の内容に応じて有するものとされ、かつ、信託財産から
の収益及び費用についてもその有する権利の内容に応じて各受益者等に帰せら
せる（所令52Ⅳ）。

　なお、受託者が信託財産から収益を得た場合、受益者等課税信託においては、
委託者及び受託者に課税関係は特段生じない。

(ⅳ)　収益が受益者等に分配された場合

　この場合、受益者等には既に課税済みの収益が分配されるに過ぎないため、
課税関係は特段生じない。委託者及び受託者にも課税関係は特段生じない。

(e)　**信託終了時の課税関係**

　受益者等課税信託においては、委託者、受託者、受益者のいずれについても
課税関係は特段生じない。

(f)　**受益者等課税信託を利用する実務上のメリット**

　上記のとおり、受益者等課税信託はパススルー課税であり、所得の繰延べの
メリットは得られないが、取引税を節約することが可能である。

　典型的には、不動産（土地、建物）を現物のまま譲渡すると、原則として不動
産取得税及び登録免許税のコストがかかる。不動産取得税は、相続、包括遺贈、
被相続人から相続人への遺贈等（贈与は含まれない）による取得の場合を除き、
不動産の取得者に対し、原則として、当該不動産の固定資産税評価額（宅地及び
宅地評価された土地について、平成30年3月31日まではその2分の1）の3%（平
成30年3月31日までに取得が行われた住宅又は土地の場合）又は4%（その他の場
合）の税額が課される（地法73〜73の43、同法附則11の2Ⅰ、11の5Ⅰ）。また、

登録免許税は、当該不動産の固定資産税評価額に所有権の移転原因に応じた一定の税率（相続の場合は0.4%、贈与又は遺贈の場合は2%）を乗じた税額が課される（登法別表第一①㈡）。

しかし、不動産を信託財産として信託を設定し、その受益権を譲渡する場合、不動産の法的所有権は受託者が引き続き保有し、その所有権の移転は生じない。従って、不動産取得税及び登録免許税の課税要件を充足せず、これらの税負担は生じないことになり（但し、信託登記にかかる登録免許税は課税される（登法9、登法別表第一①㈩、措法72Ⅰ②））、現物のままの譲渡と比較して取引に伴う税コストを節約することが可能である[51]。

(2)　受益者連続型信託の課税関係

受益者連続型信託とは、典型的には、委託者Aの相続人であるB、C、Dが順次受益権を取得するような信託がこれにあたる。具体的には、以下の信託が受益者連続型信託に該当するとされている（相法9の3Ⅰ、相令1の8）。なお、税務上の「受益者連続型信託」は、信託法における後継ぎ遺贈型受益者連続信託などの受益者連続信託よりも範囲が広く、受益者指定権の定めがあるものやこれらに類する信託についても、受益者連続型信託に含めている。これは、信託法改正当時、信託がどのように利用されるか未知数であったため、幅広に受益者連続型信託を定義したものと考えられる。

・信託法91条に規定される、受益者の死亡により、当該受益者の有する受益権が消滅し、他の者が新たな受益権を取得する旨の定め（受益者の死亡により順次他の者が受益権を取得する旨の定めを含む）のある信託
・信託法89条1項に規定される、受益者を指定し、又はこれを変更する権利（受益者指定権等）を有する者の定めのある信託
・受益者等の死亡その他の事由により、当該受益者等の有する信託に関する権利が消滅し、他の者が新たな信託に関する権利（信託財産を含む）を取得する

---

51)　もっとも、信託が終了し、信託財産である不動産が残余財産受益者又は帰属権利者等に移転すると、所有権移転登記に係る登録免許税及び不動産取得税が課税される（委託者が元本の受益者である等の一定の要件を満たす場合には非課税とされる）ことから、あくまでも課税の繰延べとしての効果があるに過ぎないといえる。但し、信託期間が長期にわたる場合において、信託財産が建物であると、当該建物の固定資産税評価額が経年により逓減することで、信託終了時の登録免許税及び不動産取得税を圧縮することが可能である。

旨の定め（受益者等の死亡その他の事由により順次他の者が信託に関する権利を取得する旨の定めを含む）のある信託

・受益者等の死亡その他の事由により、当該受益者等の有する信託に関する権利が他の者に移転する旨の定め（受益者等の死亡その他の事由により順次他の者に信託に関する権利を移転する旨の定めを含む）のある信託

・以上の信託に類する信託

　受益者連続型信託も、基本的には一般の受益者等課税信託と同様の課税関係となるが、受益者が信託から利益を得られる期間の制限その他の制約が付されることとなるため、受益者が取得する受益権の価額をどのように算定するかという固有の問題がある。相続税法は、受益者（受益者としての権利を現に有する者に限る）又は特定委託者が適正な対価を負担せずに受益者連続型信託に関する権利を取得した場合に、当該権利で利益を受ける期間の制限その他の権利の価値に作用する要因としての制約が付されているものについては、当該制約は付されていないものとみなして、贈与されたとみなされる権利の価額を算定することとしている（相法9の3Ⅰ）。これは、遺留分の算定における民法上の受益権の評価においては一定の制約が付されていることを評価に織り込むべきと考えられていることと異なり、税務上は受益権が民法上の評価額に比して高額に評価される可能性があることを意味している。

　なお、異なる受益者が性質の異なる権利をそれぞれ有している場合（例えば、元本に関する受益権と収益に関する受益権）、上記のように制約が付されていないものとみなす取扱いの対象となるのは、収益に関する権利が含まれるものに限られる（相法9の3Ⅰ）。但し、受益者連続型信託に関する権利を有するものが法人である場合はこのような限定はなされず、それぞれの受益権について、制約が付されていないものとみなして相続税法上の価額が算定される（相法9の3Ⅰ但書）。

(3)　法人課税信託について

(a)　法人課税信託の概要

　ある信託が法人課税信託に該当する場合、当該信託の受託者が、信託財産からの収益につき固有財産と切り離して法人税の納税義務を負う（法法4の6）。すなわち、信託を一の法人とみなして法人税法の規定が適用される。

　事業承継において信託を活用する場合、この法人課税信託に該当しないよう

にプランニングすることが通例である。法人課税信託に該当する場合、受託者（以下、法人課税信託の受託者を「受託法人」という）に対して、信託の設定時に信託財産の時価相当額の受贈益が生じ、アップフロントで法人税等が課税されるためである。特に、信託財産が非上場株式のような換金性の低い財産であると、委託者は法人税等の納税資金として法人税等相当額のキャッシュをグロスアップして信託譲渡する必要があり、承継スキーム全体の税効率が非常に悪くなる。

法人課税信託に該当するのは以下の場合である（法法2(29の2)）。

A）　受益権証券を発行する旨の定めのある信託（法人税法2条29号ハに規定する特定受益証券発行信託を除く）

B）　受益者等が存在しない信託

C）　法人が委託者となる信託で、以下のいずれかに該当する信託

a）　重要事業の信託

委託者である法人の事業の全部又は重要な一部（会社法467 I ①又は②の株主総会の決議等を要するもの）の信託で、かつ、当該法人の株主等が受益権の50%超を取得することが見込まれる信託（信託財産に属する金銭以外の資産の種類が概ね同一である場合を除く）

b）　長期の自己信託等

信託の効力発生時において受託者が当該法人（自己信託）又は当該法人の特殊関係者である信託で、かつ、効力発生時に信託の存続期間が20年超である信託（性質上信託財産の管理又は処分に長期間を要する一定の信託を除く）

c）　損益分配割合の変更が可能な自己信託等

信託の効力発生時において受託者が当該法人（自己信託）又は当該法人の特殊関係者であり、当該特殊関係者が受益者である信託で、かつ、受益者への収益の分配割合を委託者、受益者、受託者その他の者がその裁量により決定できる信託

D）　投資信託（証券投資信託、国内公募等投資信託、及び外国投資信託を除く）

E）　特定目的信託

法人課税信託に該当する場合として、事業承継の文脈で該当しうるのは、典型的には受益者等が存在しない信託である。そのため、法人課税信託に該当することを避けるためにはまずは受益者を置くことが重要である。なお、一旦受益者の存しない信託として法人課税信託に該当したあとに、受益者が存するこ

とになった場合には、受託法人の解散があったものとされるが（法法4の7⑧）、受託法人においては、信託財産に属する資産及び負債をその直前の帳簿価額で引継ぎをしたものとして所得を計算するため、課税関係は生じない（法法64の3Ⅱ）。他方、新たに存することとなった受益者も、受託法人から信託財産に属する資産及び負債を帳簿価額により引き継いだものとされるため（所法67の3Ⅰ、法法64の3Ⅱ）、受益者が個人である場合には、引継ぎによる収益の額は総収入金額に算入されず（所法67の3Ⅱ）、受益者が法人である場合には、信託財産に属する資産の帳簿価額から負債の帳簿価額を減算した金額を利益積立金額に加算して調整することで課税関係が生じない手当てがされている（法令9Ⅰ①）。

(b) 法人課税信託を利用した租税回避の防止規定

受益者の存しない信託は法人課税信託に該当し、受益者に法人税等が課税される一方で、上記のとおり、将来の受益者に課税が生じないとすると、法人税等と相続税・贈与税の税率差を利用した租税回避行為が行われる可能性があることから、受益者等となる者が委託者の親族である場合には、信託の効力が生ずる時において、受託者に対して相続税又は贈与税が課税される[52]（相法9の4）。

また、信託設定時等において、将来生まれてくる孫のように存在していない者を受益者候補とする場合には、当該存在しない者が受益者となるときに、受益者となる者に贈与税が課税される（相法9の5）。これは、本来であれば将来生まれてくる孫に財産を承継させるためには、一旦委託者の子等に財産を帰属させたうえで、その後生まれてくる孫に承継させる必要があるところ、信託を活用すると、世代飛ばしで可能であるとして設けられた規定である。

(4) 外国信託の取扱い

外国法に準拠して設定された信託については、日本の信託法に準拠した信託に類するものであると判断されると、上述したパススルー課税（受益者等課税信託）、受益者受領時課税（集団投資信託）、受託者課税（法人課税信託）のいずれかに服することになる。どの課税方式に服するかは、当該信託がどの信託の類型に該当するかを信託の内容に基づいて決定する。したがって、受益者等課税信

---

52) 受託者が個人以外である場合には、当該受託者を個人とみなして相続税又は贈与税が課税される（相法9の4Ⅲ）。

託に該当するためには、集団投資信託及び法人課税信託に該当する性質を有しないことが必要である。

外国信託においては、受託者に広範な裁量を与える、いわゆる裁量信託が設定されることが多くあるが、このような信託は設定当初においては受益者が特定されていないことがある。このような場合、法人課税信託の規定は、受託者が外国法人（外国のプライベートバンク等）であっても当然に適用があり、さらに、タックス・ヘイブン対策税制の対象となる可能性もあるため、日本国内で信託を設定する場合に比して特に留意を要する。この点、中央出版事件では、外国信託を用いたスキームの否認の可否が争点となった。

(5)　信託受益権の評価

信託受益権の評価は、当該信託受益権の権利の内容に応じて、以下のとおり、評価方法が定められている（財基通202）。

A)　元本と収益との受益者が同一人である場合においては、財産評価基本通達に定めるところにより評価した課税時期における信託財産の価額によって評価する。

B)　元本と収益との受益者が元本及び収益の一部を受ける場合においては、財産評価基本通達に定めるところにより評価した課税時期における信託財産の価額にその受益割合を乗じて計算した価額によって評価する。

C)　元本の受益者と収益の受益者とが異なる場合においては、次に掲げる価額によって評価する。

　イ　元本を受益する場合

　　財産評価基本通達に定めるところにより評価した課税時期における信託財産の価額から、ロにより評価した収益受益者に帰属する信託の利益を受ける権利の価額を控除した価額

　ロ　収益を受益する場合

　　課税時期の現況において推算した受益者が将来受けるべき利益の価額ごとに課税時期からそれぞれの受益の時期までの期間に応ずる基準年利率による複利現価率を乗じて計算した金額の合計額

信託受益権は、信託期間中に収益を受ける権利（収益受益権）と信託終了時に信託財産の分配を受ける権利（元本受益権）から構成されていると整理することも可能であり、上記A）とB）は収益受益権と元本受益権のいずれもが同一の

受益者が有している場合の評価方法である。この場合の信託受益権の評価は、信託財産の評価そのものとなる。

　一方、収益受益権と元本受益権がそれぞれ異なる受益者に帰属している場合には、C）の評価方法によることになる。このような信託を「複層化信託」と呼ぶことがある。複層化信託の評価は、まず①信託財産の評価を行った上で、②次にC）ロのとおり収益受益権の現在価値の評価をし、③最後に信託財産の評価額から収益受益権の評価額を控除して、元本受益権の評価額を算定することになる（①-②）。

　この複層化信託を資産承継のタックスプランニングとして活用し、後継者に元本受益権を帰属させ、収益受益権は委託者に留保するスキームが存在する。信託財産そのものを後継者に贈与する場合に比して、収益受益権相当額が控除された元本受益権を贈与すると、贈与税額が低く抑えられるという点がポイントとなる。ここにおいて、元本受益権者は、信託期間中に信託収益を受けることができず、信託終了時に元本を受ける権利しか有していないこと、さらに、信託期間中の信託財産の毀損リスクを負っていることを考慮すると、元本受益権の評価が引き下がるのは経済実態からみても当然のことであるといえる。

　このような複層化信託に利用される財産は、利付社債や底地権のように、安定的な収益が期待できるものが多い。これは、収益受益権の評価は、上記のとおり、将来受けるべき利益を適正に推算する必要があるところ、利付社債や底地権であれば、将来の一定期間における収益を見通すことが可能であるためである。これに対して、例えば収益不動産につき複層化信託を設定した場合には、当該収益不動産から生ずる収益は、賃料の増減や空室リスク等により当然に一定ではないことから、将来における収益を推算し得るのかという論点がある。さらに、減価償却費を収益受益権と元本受益権のいずれに帰属させるべきか、現行の税法では明確化されておらず、予測可能性の観点からリスクがあるという指摘もなされている。

　しかしながら、利付社債や底地権以外の株式や不動産であっても、例えば、信託契約の定めにより、必ずしも実際の運用益と結びつかない定期金受益権と残余財産受益権に分割すれば、比較的明確に複層化信託を設定することは可能である。また、米国等においては収益受益権と元本受益権の評価方法が法令等により確立されており、そのような評価方法を参照しつつ複層化信託の設計を行うことも考えられる。

外国信託について贈与税が課された事例

中央出版事件（最決平成 26 年 7 月 15 日税資 264 号順号 12505、名古屋高判平成 25 年 4 月 3 日税資 263 号順号 12192、名古屋地判平成 23 年 3 月 24 日税資 261 号順号 11654）

（事案の概要）

　本件は、外国信託を用いて生命保険を購入するプランニングが否認され、贈与税が課された事案である。

　X は、日本国籍を有する夫婦の子ども（下記の信託設定の当時 8 か月の乳児）であるが、米国で出生したため米国籍のみを有しており、日本国籍を有していなかった。X の祖父である Y は、米国ニュージャージー州法を準拠法とする信託を設定し、信託財産として 500 万ドルの米国国債を受託者に交付した。受託者は同国債を売却し、その売却代金約 500 万ドルのうち約 440 万ドルを用いて、Y の長男（X の父親）を被保険者とする生命保険を購入した。なお、信託契約書の冒頭には、本信託は Y の子孫らのために設定されたとの記載があり、また、契約書には本信託の受益者として X の氏名が記載されていた。

　課税庁は、X が本信託により約 5 億 4566 万円の贈与を受けたとして贈与税額を約 2 億 7000 万円とする決定処分等を行った。

（主な争点）

　相続税法（当時）4 条 1 項は、信託行為があった場合において委託者以外の者が受益者であるときは、委託者から受益者に贈与があったものとみなす旨定めていた。そこで、X について同項が適用され、X が米国国債相当額の贈与を受けたとみなされ贈与税が課されるかが争点となった。具体的には以下の点が争われた。

① 本信託の設定行為が相続税法（当時）4 条 1 項にいう「信託行為」にあたるか。

② X が相続税法（当時）4 条 1 項にいう「受益者」にあたるか。

③ 本信託が生命保険信託にあたるか（生命保険信託に該当すれば、相続税法（当時）4 条に基づくみなし贈与が適用されないため）。

④ X が本信託の設定当時、日本に住所を有していたか（日本に住所を有していれば信託財産の所在を問わず課税を受けるため）。

⑤ 本信託の信託財産が日本国内に所在するものであったか（信託財産が国内財産であれば X が日本に住所を有していなくても贈与税が課されるため）。

（結論・判旨）納税者敗訴（高裁で納税者が逆転敗訴し、上告棄却・上告不受理により高裁判決が確定）

　名古屋高裁は、①外国法を準拠法とする本信託の設定行為も相続税法（当時）4 条 1 項の適用対象である「信託行為」に該当するとした。また、信託契約の規定を検討した上で、②X は本信託設定時に受益権（信託受益権及び信託監督的権能）を有していたから「受益者」に該当するとし、③受託者に信託財産の運用について裁量が認められていたことから「生命保険信託」に該当しないとした。さらに、④X の住所について、X は本信託設定時 8 か月の乳児であり両親に養育さ

第8章　株式の信託　275

れていたから、両親の生活の本拠を考慮して総合的に判断すべきであるとし、当時の両親の生活状況を詳細に認定してXの住所は日本であったと判断した（④により課税庁勝訴となったため、⑤の論点は判断されなかった）。

（実務上のポイント）

　本判決は外国信託の相続税法上の取扱いについて多くの論点を取り扱っている。信託に関する相続税法の規定はその後改正されているものの、現行制度でもなお参考とすべき点が多い。

　まず、①の「信託行為」該当性について、名古屋高裁は、相続税法（当時）に信託行為の定義がないことから、信託法（当時）上の信託の定義に依拠して該当性を判断した。現行相続税法でも、ある外国信託が同法の「信託」に該当するかについて、同法に信託の定義がないことから、同判決に従って信託税法上の信託の定義にあてはめて検討することになると考えられる。

　次に、②の「受益者」についても、名古屋高裁は、信託法に依拠して受益者とは「受益権を有する者」をいうとしたうえで、後述する現行信託法の定義をも参照しつつ受益権の本質に照らして受益権は「信託受給権」及び「信託監督的権能」から構成されると判示し、信託契約の規定を検証してXはいずれも有していると判示した。現行相続税法では、受益者全てではなく、受益権を「現に」有する者（及び特定委託者）のみが贈与又は遺贈を受けたとみなされるが（相続税法9の2）、受益権の有無が贈与・相続税の課否を決定しうる点は当時と同様である。この点、現行信託法2条7項は受益権を受益債権とこれを確保するために受託者等に一定の行為を求めることができる権利と定義している（受益債権は名古屋高裁の「信託受給権」に、後者の権利は「信託監督的権能」に対応する）。現在ではこの定義に照らし、原則として、名古屋高裁判決のあてはめを参考としつつ受益権の存否を判定することになると考えられる。

　③の生命保険信託については、現在も、当時と同様、信託に関する規定が適用されず（相基通9の2-7）、保険金受領時に相続又は遺贈があったものとみなされる（相法3、5）。生命保険信託の定義は法令・通達にないため、名古屋高裁が、(a)生命保険信託には、保険金請求権を信託する「原則的方式」と、金銭等を信託して受託者が生命保険を購入する「例外的方法」があると判断した点、(b)生命保険信託を信託財産と取り扱わないのは、原則的方式であっても例外的方法であっても、受託者が信託契約に従い受益者のために受領した生命保険金を管理運用するため、実質的には受益者が生命保険金を受け取ったのと異なることがないからであるとした点、及び(c)上記(b)の点に照らせば、後者の例外的方法にあたるためには、委託者が生命保険契約を締結したのと同視できることを要するから、受託者に信託財産の運用方法についての裁量がなく生命保険契約の締結が義務付けられているか、又は委託者の指図に基づいて生命保険契約を締結する場合に限られると判示した点は、現在もなお参考となると考えられる。

　④の住所については、まず、当時の制度と現行制度が異なっている点に留意が必要である。すなわち、本件当時は受贈者が日本国籍保有者でない場合（本件はこれに該当する）、日本に住所を有していなければ（贈与者の日本居住の有無・期

間を問わず）贈与税の課税対象が国内財産に限定されていたのに対し、現在は、贈与前10年超の間、贈与者が日本国内に居住している場合を除き、国内財産だけでなく国外財産についても課税を受けることとなる。次に、住所の具体的な認定について、名古屋高裁は、［武富士事件（最判平成23年2月18日判時2111号3頁）］で示された客観的判断の手法により判断している。本件では、Xが当時8か月の乳児であったことを踏まえ、両親の生活の本拠がどこであったかが重視された点が特徴的である。

　また、本判決では信託契約の内容が判断のポイントとなった論点が多く、ドラフティングがプランニングの重要な一要素であることが改めて確認された一例であると考えられる。

第9章 一般社団法人・一般財団法人

1 一般社団法人・一般財団法人

(1) 事業承継と一般社団法人・一般財団法人

一般社団法人・一般財団法人（以下、「一般社団法人等」という）は、以下で解説するとおり、株式会社等の会社とは異なる形態の法人である。

事業承継においては、オーナーの保有する株式の受け皿として一般社団法人等が用いられることが多い。これは、①一般社団法人等については、一定の税務メリットが受けられる可能性があること、②租税特別措置法40条による非課税申請（いわゆる40条申請）による非課税での財産の移転が可能であること、③一般社団法人等については、株式会社と異なり、持分を有する者が存在しないため、安定株主として機能すること、が理由として考えられる。

以下、一般社団法人・一般財団法人の概要について解説した後、その課税関係について解説する。

(2) 一般社団法人・一般財団法人とは

一般社団法人とは、「一般社団法人及び一般財団法人に関する法律」（法人法）に基づいて設立された社団法人のことをいう。社団法人とは、共通の目的を実現しようとする者の集合体に法人格を与えたものである。したがって、2名以上の者（社員）により共同して定款を作成し、設立される（法人法10Ⅰ）。

一般財団法人とは、法人法に基づいて設立された財団法人のことをいう。財団法人とは、設立者が拠出する財産に法人格を与えたものである。したがって、設立者が単独で設立することができ、その方法も、定款を作成して設立する方法と、遺言により設立の意思表示をする方法がある（法人法152）。

一般社団法人等が行うことができる事業に特に制限は存在しない。そのため、

278　第1部　基礎編

公益事業はもちろん、収益事業を行うことも何ら妨げられない。

　もっとも、後述するような税務上のメリットを受けるためには、事業目的に一定の制約が生じる点に留意が必要である。

2　公益社団法人・公益財団法人

　一般社団法人等は、公益認定を受けることにより、公益社団法人・公益財団法人（以下、「公益社団法人等」という）となることができる。

　公益認定を受けるためには、公益目的事業を行うこと、一定の経済的基礎及び技術的能力を有していること等の公益認定基準を満たさなくてはならない（公益法人認定法5）。

　公益社団法人等となることにより、社会的信用が得られること、後述の税務上の優遇措置が受けられることといったメリットが存在するが、他方、事業活動の制約があること、行政による指導・監督が存在すること、公益認定後も継続して公益認定基準を充足しなければならず、事務負担が大きいことといったデメリットも存在する。

　事業承継においては、一般社団法人等が用いられるのが一般的であるため、以下においては一般社団法人等について中心的に解説する。

3　一般社団法人等のガバナンス

(1)　はじめに

　一般社団法人等においては、以下に述べるような機関が存在し、法人法に定められた範囲においてその設計は自由である。

　もっとも、後述するように、法人税法上「公益法人等」として優遇措置を受けようとする場合や、40条申請の特例を受けようとする場合（**プランニング編事例7**参照）には、ガバナンスに関する制約（役員や機関決定についての一定の制限等）が存在することから、これらの特例を受けようとする場合には、当該制約についても留意する必要がある。詳細については、それぞれの箇所を参照されたい。

(2) 一般社団法人のガバナンス

　一般社団法人には、①その構成員である社員によって構成される最高意思決定機関である「社員総会」を置き（法人法35）、②業務執行機関としての「理事」を1人以上置かなければならない（法人法60Ⅰ）。その他、定款の定めにより、③理事によって構成される理事会、④監事、⑤会計監査人を置くことができる（一定の場合には、これらの全部又は一部を置くことが義務付けられる。法人法60〜62）。

　一般社団法人の機関及び役割をまとめると**図表9-1**のとおりである。

図表9-1　一般社団法人の機関及び役割

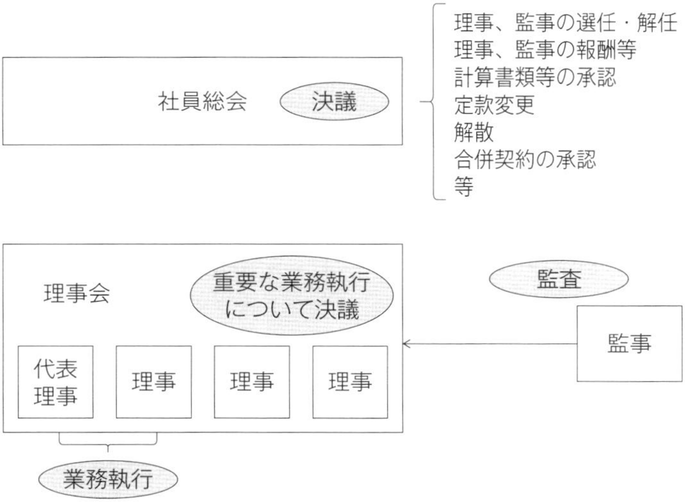

（※理事会及び監事設置法人を想定）

(a)　社員

　社員とは、一般社団法人の構成員のことをいう。社員には、自然人のほか、法人もなることができる。社員の資格の得喪に関する規定は定款の絶対的記載事項であり（法人法11Ⅰ⑤）、社員となるための手続きは定款により定められることとなる。

　社員は株式会社における株主と類似しているが、出資義務があるわけではなく（但し、入会金のような金銭の支払いを義務付けることは定款上可能である）、ま

280　第1部　基礎編

た、一般社団法人の社員は剰余金又は残余財産の分配を受ける権利を有しない（法人法11Ⅱ、35Ⅲ）。

　社員は設立時に2名以上必要である（法人法10Ⅰ）。他方、「社員が欠けたこと」（0名となったこと）が一般社団法人の解散事由であることから（法人法148④）、設立後に社員が1名となった場合には、一般社団法人は解散せず、社員が存在しなくなってはじめて解散することとなる。社員全員が自然人である場合、社員の死亡は退社事由であるから（法人法29③）、社員の死亡により社員が存在しなくなった場合には一般社団法人は解散することとなってしまう。したがって、実務においては社員が欠けないよう留意するとともに、定款に規定される社員の入社の要件や手続きにおいてそのような場合に支障が生じないよう留意する必要がある。

⒝　社員総会

　社員総会とは、社員により構成される最高意思決定機関であり、株式会社における株主総会と類似している。

　社員総会は、原則として法人法に定める事項及び一般社団法人の組織、運営、管理その他一般社団法人に関する一切の事項について決議することができるが（法人法35Ⅰ）、理事会を設置している一般社団法人においては、法人法に定める事項及び定款で定めた事項に限り、決議することができる（法人法Ⅱ）。

　法人法に定められた主な決議事項は**図表9-2**のとおりである。

図表9-2　法人法に定められた主な決議事項

決議の種類	定足数	決議要件	主な決議事項
普通決議 （法人法49Ⅰ）	総社員の議決権の過半数を有する社員が出席（定款で別段の定め可能）	出席社員の議決権の過半数の賛成（定款で別段の定め可能）	理事、監事、会計監査人の選任 理事、会計監査人の解任 理事・監事の報酬（定款で定めていない場合） 計算書類の承認 基金の返還
特別決議 （法人法49Ⅱ）	—	総社員の半数以上、かつ、総社員の議決権の2/3以上の賛成	社員の除名 監事の解任 理事等の責任の一部免除 定款の変更

		（定款で過重可能）	事業の全部の譲渡 解散の決議 解散後の法人の継続の決定 合併の承認

社員総会において、社員は原則として各1個の議決権を有するが、定款で別段の定めをすることは可能である（法人法48Ⅰ）。したがって、一部の事項について、一部の社員の専権事項とすることは可能である。もっとも、社員総会において決議をする事項の全部につき議決権を行使することができない旨の定款の定めは無効である点に留意が必要である（法人法48Ⅱ）。

(c)　理事・理事会

(i)　理事・理事会とは

理事は、一般社団法人の業務執行機関であり、株式会社における取締役に類似している。

また、理事会は理事により構成される機関であり、株式会社における取締役会に類似している。

(ii)　理事会非設置一般社団法人の場合

一般社団法人の業務については、定款で別段の定めがある場合を除き、理事の過半数を以って決定する（法人法76Ⅱ）。理事が複数存在する場合にはそれぞれの理事が、代表理事が定められている場合には代表理事が、一般社団法人を代表する（法人法77）。

(iii)　理事会設置一般社団法人の場合

理事会設置一般社団法人の業務執行の決定は、理事会が行い、具体的な業務の執行は代表理事と業務執行理事が行う（法人法91Ⅰ）。理事会は、重要な財産の処分及び譲受や多額の借財等の重要な業務執行の決定については、理事に委任することができず、必ず理事会で決定しなければならない（法人法90Ⅳ）。

(d)　監事・会計監査人

監事は、理事の職務の執行を監査する機関であり、株式会社の監査役に類似

している。

会計監査人は、一般社団法人の計算書類及びその附属明細書を監査する機関であり、株式会社の会計監査人に類似している。

(3) 一般財団法人のガバナンス

一般財団法人には、①評議員、②最高意思決定機関である評議員会、③業務執行機関である理事、④理事によって構成される理事会、⑤監事を置かなければならない（法人法170①）。その他、⑥会計監査人を置くことができる（一定の場合には会計監査人を置くことが強制される。法人法170Ⅱ）。

一般財団法人の機関及び役割をまとめると**図表9-3**のとおりである。

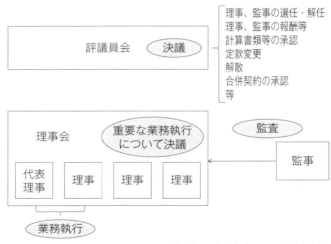

図表9-3　一般財団法人の機関及び役割

（※会計監査人非設置法人を想定）

(a) 評議員・評議員会

評議員会は、一般財団法人の最高意思決定機関であり、評議員はその構成員である。評議員と一般財団法人との関係は委任契約であり（法人法172Ⅰ）、その点においては理事と同じだが、評議員会の機能自体は一般社団法人における社員総会に類似している。

評議員の選任及び解任の方法は定款の絶対的記載事項であり（法人法153Ⅰ⑧）、評議員の選任の手続は定款により定められることとなる。但し、理事又は

理事会が評議員を選解任することができる旨の定めは無効である（法人法153
Ⅲ①）。

　評議員会は、法人法に規定する事項及び定款で定めた事項に限り、決議する
ことができる（法人法178 Ⅱ）。

　法人法に定められた主な決議事項は図表9-4のとおりである。

図表9-4　法人法に定められた主な決議事項

決議の種類	定足数	決議要件	主な決議事項
普通決議 （法人法189 Ⅰ）	議決に加わることのできる評議員の過半数が出席（定款での加重可能）	出席評議員の過半数の賛成（定款での加重可能）	理事、監事、会計監査人の選任 理事、会計監査人の解任 理事・監事の報酬（定款で定めていない場合） 計算書類の承認
特別決議 （法人法189 Ⅱ）	―	議決に加わることができる評議員の2/3以上の賛成（定款での加重可能）	監事の解任 理事等の責任の一部免除 定款の変更 事業の全部の譲渡 解散の決議 解散後の法人の継続の決定 合併の承認

⒝　理事・理事会・監事・会計監査人

　理事、理事会、監事及び会計監査人については、基本的に一般社団法人の規
定が準用される（法人法197。但し、上記のとおり、一般財団法人においては理事会
設置が義務付けられるから、上記3⑵⒤の規律は及ばない）。

4　一般社団法人等・公益社団法人等の法人税

⑴　全体像

　上記のとおり、法人法及び公益法人認定法上は、一般社団法人等であるか、
公益社団法人等であるかによって規律が大きく異なるが、法人税法上は「公益
法人等」に該当するか否かによって規律が大きく異なる。すなわち、「公益法人

284　第1部　基礎編

等」に該当すれば、収益事業から生じた所得以外の所得について法人税が課されない（法法7）が、「公益法人等」に該当しなければ、普通法人として、全所得について課税を受ける（法法5）。

　社団・財団についての課税についてまとめると、図表9-5のとおりとなる。このように、法人税法上、社団・財団に関する税制は3層構造となっている。

図表9-5　社団・財団の課税

法人区分		法人税法上の区分	課税所得の範囲
公益社団法人・公益財団法人		公益法人等	収益事業から生じた所得 ※公益目的事業から生じた所得を除く。
一般社団法人・一般財団法人	非営利型法人		収益事業から生じた所得
	非営利型法人以外	普通法人	全所得

　普通法人である一般社団法人等が公益法人等に該当することとなった場合には、当該該当することとなった日の前日に解散し、公益法人等が該当することとなった日に設立されたものとみなされる（法法10の3Ⅰ・Ⅱ）。

　また、公益法人等が普通法人に該当することとなった場合には、当該該当しなくなった日（移行日）の属する事業年度の所得金額の計算上、移行日前の累積所得金額又は累積損失金額に相当する金額（次の算式で計算した金額）を益金の額又は損金の額に算入する。

資産の帳簿価額－負債帳簿価額等（負債の帳簿価額＋利益積立金額）

　上記算式により計算した金額が、プラスの場合＝累積所得金額、マイナスの場合＝累積損失金額

(2)　公益法人等

　「公益法人等」とは、法人税法別表第二に掲げる法人をいい、公益社団法人等と、非営利型法人に該当する一般社団法人等がこれに含まれる（法法2⑥・別表第二）。

第9章　一般社団法人・一般財団法人　**285**

非営利型法人とは、一般社団法人等のうち、以下のものをいう（法法2⑨の2）。

> ①　その行う事業により利益を得ること又はその得た利益を分配することを目的としない法人であって、その事業を運営するための組織が適正であるものとして政令で定めるもの
>
> ②　その会員から受け入れる会費により当該会員に共通する利益を図るための事業を行う法人であって、その事業を運営するための組織が適正であるものとして政令で定めるもの

非営利型法人に該当するための要件は、大要、**図表9-6**のとおりである。

図表9-6　非営利型法人の要件

類　　型	要　　　　件
㈜一般社団法人・一般財団法人のうち、その行う事業により利益を得ること又はその得た利益を分配することを目的としない法人であってその事業を運営するための組織が適正であるものとして右欄に掲げる要件の全てに該当するもの（注1）	①　その定款に剰余金の分配を行わない旨の定めがあること。
	②　その定款に解散したときはその残余財産が国若しくは地方公共団体又は次に掲げる法人に帰属する旨の定めがあること。 ⅰ　公益社団法人又は公益財団法人 ⅱ　公益法人認定法第5条第17号イからトまでに掲げる法人
	③　①及び②の定款の定めに反する行為（①、②及び④に掲げる要件の全てに該当していた期間において、剰余金の分配又は残余財産の分配若しくは引渡し以外の方法（合併による資産の移転を含みます。）により特定の個人又は団体に特別の利益を与えることを含みます。）を行うことを決定し、又は行ったことがないこと。
	④　各理事（清算人を含みます。以下同じです。）について、その理事及びその理事の配偶者又は3親等以内の親族その他のその理事と一定の特殊の関係のある者（注2）である理事の合計数の理事の総数のうちに占める割合が、3分の1以下であること（注3）。
㈹一般社団法人・一般財団法人のうち、その会員から受け入れる会費によりその会員に共通する利益を図るため	①　その会員の相互の支援、交流、連絡その他のその会員に共通する利益を図る活動を行うことをその主たる目的としていること。
	②　その定款（定款に基づく約款その他これに準ずるものを含みます。）に、その会員が会費として負担すべき金銭の額の定め又はその金銭の額を社員総会若しくは評議員会の決

の事業を行う法人であってその事業を運営するための組織が適正であるものとして右欄に掲げる要件の全てに該当するもの（注1）	議により定める旨の定めがあること。
	③　その主たる事業として収益事業を行っていないこと。
	④　その定款に特定の個人又は団体に剰余金の分配を受ける権利を与える旨の定めがないこと。
	⑤　その定款に解散したときはその残余財産が特定の個人又は団体（国若しくは地方公共団体、上記(イ)②ⅰ若しくはⅱに掲げる法人又はその目的と類似の目的を有する他の一般社団法人若しくは一般財団法人を除きます。）に帰属する旨の定めがないこと。
	⑥　①から⑤まで及び⑦に掲げる要件の全てに該当していた期間において、特定の個人又は団体に剰余金の分配その他の方法（合併による資産の移転を含みます。）により特別の利益を与えることを決定し、又は与えたことがないこと。
	⑦　各理事について、その理事及びその理事の配偶者または3親等以内の親族その他のその理事と一定の特殊の関係のある者（注2）である理事の合計数の理事の総数のうちに占める割合が、3分の1以下であること（注3）。

（注）1　清算中に表の右欄に掲げる要件の全てに該当することとなったものを除きます。
　　　2　理事と一定の特殊の関係のある者は、次の者をいいます（規則2の2①）。
　　　ⅰ　その理事は配偶者
　　　ⅱ　その理事の3親等以内の親族
　　　ⅲ　その理事と婚姻の届出をしていないが事実上婚姻関係と同様の事情にある者
　　　ⅳ　その理事の使用人
　　　ⅴ　ⅰ～ⅳ以外の者でその理事から受ける金銭その他の資産によって生計を維持しているもの
　　　ⅵ　ⅲ～ⅴの者と生計を一にするこれらの者の配偶者又は3親等以内の親族
　　　3　一般社団法人又は一般財団法人の使用人（職制上使用人としての地位のみを有する者に限ります。）以外の者でその一般社団法人又は一般財団法人の経営に従事しているものは、その一般社団法人又は一般財団法人の理事とみなして、上記(イ)④又は(ロ)⑦の要件を満たすかどうかの判定をします（令3③）。

（出所：国税庁「新たな公益法人関係税制の手引き」）

　したがって、一般社団法人等のうち、上記の要件を満たす一部のものは、「公益法人等」として、収益事業から生ずる所得にしか法人税が課されないこととなる。

　なお、公益社団法人等が株式を所有する場合において、当該株式から受ける配当金については所得税が非課税とされており、源泉徴収も不要とされる（所

法11Ⅰ、別表第1）。この規定は、公益社団法人等に対してのみ適用されるものであり、非営利型法人が受ける配当金については普通法人と同様に源泉徴収の対象とされる。非営利型法人が受ける配当金は、以下に掲げる34業種の収益事業には該当せず、法人税等が課税されないものの、源泉徴収された所得税を所得税額控除で還付を受けることができないという点に留意する必要がある。

(3) 収益事業

「公益法人等」が課税される「収益事業」とは、販売業、製造業その他の政令で定める事業で、継続して事業場を設けて行われるものをいう（法法2⑬）。収益事業に該当する事業は**図表9-7**のとおりである（法令5Ⅰ）。

図表9-7　収益事業に該当する事業

物品販売業	不動産販売業	金銭貸付業	物品貸付業
不動産貸付業	製造業	通信業	運送業
倉庫業	請負業	印刷業	出版業
写真業	席貸業	旅館業	料理店業その他の飲食店業
周旋業	代理業	仲立業	問屋業
鉱業	土石採取業	浴場業	理容業
美容業	興行業	遊技所業	遊覧所業
医療保健業	技芸教授業	駐車場業	信用保証業
無体財産権の提供等を行う事業	労働者派遣業		

　もっとも、①公益社団法人等が行う公益目的事業、②身体障害者及び生活保護者等が事業に従事する者の総数の2分の1以上を占め、かつ、その事業がこれらの者の生活の保護に寄与しているもの等については、その種類を問わず、収益事業から除外されている（法令5Ⅱ）。したがって、「公益法人等」のなかでも、公益社団法人等については、さらに課税所得の範囲が限定されることとなる。

5 一般社団法人等と相続税・贈与税

(1) 原則

相続税及び贈与税は個人を対象とするものであるため（相法1の4）、原則として法人である一般社団法人等に対して課税されないのが原則である。

もっとも、以下のような例外が存在するため留意が必要である。

(2) 租税回避防止規定

(a) 相続税又は贈与税の負担が不当に減少する結果となると認められるときに関する相続税・贈与税の課税（相法66Ⅳ）

持分の定めのない法人に対し財産の贈与又は遺贈があった場合において、当該贈与又は遺贈により当該贈与又は遺贈をした者の親族その他これらの者と特別の関係がある者の相続税又は贈与税の負担が不当に減少する結果となると認められるときには、当該社団又は財団を個人とみなして、これに贈与税又は相続税を課するとされている（相法66Ⅳ・Ⅰ）。詳細については、**プランニング編事例7小問5**を参照されたい。

(b) 持分の定めのない法人から利益を受ける場合の相続税又は贈与税の課税（相法65）

上記(i)の適用がない場合において、持分の定めのない法人から、特別の利益（残余財産の分配や施設の利用等）を与えられたときは、当該特別の利益を受けた者が、持分の定めのない法人に財産を贈与又は遺贈した者から、利益の価額に相当する金額の贈与又は遺贈を受けたものとみなして、相続税又は贈与税が課される（相法65）。これは、相続税法66条4項が適用されないような事案について、一般社団法人等を介して特定の者に利益を与える租税回避行為を補足するために設けられた規定である。

6 特定の一般社団法人等に対する課税

一般社団法人等においては、職務を執行する理事を親族で固めることも可能

である。そこで、株式を一般社団法人等に保有させた場合、その後に理事となっている親族が死亡した場合であっても、一般社団法人等が所有する株式その他の資産は相続財産ではないから相続税は課されない一方、当該親族は理事として一般社団法人等を介して当該株式の発行法人をコントロールすることができる。したがって、一般社団法人等に株式を保有させることによって相続税の回避が可能であった。

　そこで、それに対処すべく、平成30年度税制改正により、特定の一般社団法人等について、特定一般社団法人等の理事である者（相続開始前5年以内のいずれかの時において特定一般社団法人等の理事であった者を含む）が死亡した場合には、当該特定一般社団法人等が、当該特定一般社団法人等の純資産額をその死亡の時における同族理事（被相続人を含む）の数で除して計算した金額に相当する金額を当該被相続人から遺贈により取得したものとみなして、当該特定一般社団法人等に相続税を課税することとされた（相法66の2）[1]。

特定一般社団法人等に課される相続税＝
当該法人の純資産額÷理事の死亡時の同族理事の数

　この、「特定一般社団法人等」とは、以下の要件を満たすものである（相法66の2Ⅱ①、③）。

(a) 般社団法人等であること（但し、非営利型法人等の一定の類型のものは除く）
(b) 以下のいずれかを満たすものであること
　(ⅰ) 被相続人の相続開始の直前における当該被相続人に係る同族理事の数の理事の総数のうちに占める割合が2分の1を超えること。
　(ⅱ) 被相続人の相続の開始前5年以内において当該被相続人に係る同族理事の数の理事の総数のうちに占める割合が2分の1を超える期間の合計が3年以上であること。

　「同族理事」とは、一般社団法人等の理事のうち、被相続人、その配偶者又は3親等内の親族その他当該被相続人と特殊の関係がある者（被相続人が会社役員となっている会社の従業員等）をいう（相法66の2Ⅱ②）。

---

1) この改正は、原則として2018年4月1日以後の一般社団法人等の理事の死亡に係る相続税について適用される。但し、同日前に設立された一般社団法人等については、2021年4月1日以後の一般社団法人等の理事の死亡に係る相続税について適用される。

第 10 章
組織再編税制・グループ法人税制

　事業承継・資本政策のため、組織再編やグループ間での取引の検討が行われることも多い。本項では、組織再編税制及びグループ法人税制の概略について解説する。

1　組織再編税制

(1)　総論

　以下では、組織再編の手法として最もよく用いられる吸収合併、吸収分割、株式交換の3つについて説明する。

　まず、法制に関して、吸収合併、吸収分割、株式交換の会社法上の取扱いは、基本的に類似しているということができる。もっとも、合併消滅会社・分割会社・完全子会社の潜在債務や許認可の承継の有無など、**図表 10-1** に記載するような相違点がある。

　他方、税制については、吸収合併と会社分割の取扱いが基本的に類似しているのに対し、株式交換については取扱いが異なるという点に留意する必要がある。特に、非適格の吸収合併と分割型の会社分割では、合併消滅会社・分割会社の株主にみなし配当課税が行われるのに対し、非適格の株式交換では、完全子会社の株主にみなし配当課税が行われないという点は大きな違いであるといえよう。

第 10 章　組織再編税制・グループ法人税制　　291

図表 10-1　組織再編の比較

		合併	会社分割	株式交換
法律面	契約の相手方の個別承諾	（契約が合併や会社分割について特別に規定していない限り）債権者の個別の承諾は不要		（チェンジ・オブ・コントロール条項がない限り）債権者の個別の承諾は不要
	時間・手続	組織再編を用いない M&A と比較して煩雑 ✓　株主総会 ✓　公告・通知等（債権者異議公告、株主公告等） ✓　反対株主の株式買取請求権 ✓　（会社分割の場合）労働契約承継法等による承継手続		
	合併消滅会社・分割会社・株式交換完全子会社の潜在債務	潜在債務を承継する	潜在債務は承継しない（但し、承継する資産・債務が正確に特定されていることが前提）	潜在債務を承継する
	許認可	消滅会社の許認可は原則として消滅する	分割会社の許認可は原則として承継できない	株式交換完全子会社の許認可は原則として消滅しない
税務面	課税繰延べ	✓　税制適格の場合は、消滅会社・分割会社ともに、譲渡益への課税の繰延べが可能。税制適格の場合、合併消滅会社・分割会社株主へのみなし配当課税もなし ✓　合併消滅会社・分割会社株主は、適格・非適格にかかわらず、存続会社・分割承継会社又はその完全親会社の株式のみが対価として交付される場合、譲渡益への課税の繰延べが可能		✓　税制適格の場合は、株式交換完全子会社は含み益への時価評価課税なし ✓　株式交換完全子会社株主は、適格・非適格にかかわらず、株式交換完全親会社又はその完全親会社の株式のみが対価として交付される場合、譲渡益への課税の繰延べが可能

合併消滅会社・分割会社・株式交換完全子会社の繰越欠損金	税制適格の場合は、合併消滅会社・分割会社の繰越欠損金を承継できる場合がある	合併消滅会社・分割会社の繰越欠損金は承継できない	（例外的場合を除き）株式交換完全子会社の繰越欠損金は消滅しない
合併存続会社・分割承継会社・株式交換完全親会社の繰越欠損金	一部制限される	一部制限される	利用できる
みなし配当	税制非適格の場合、合併消滅会社・分割会社株主にみなし配当が生じる		税制非適格の場合であってもみなし配当は生じない

　また、吸収分割には、分社型と分割型の2種類がある。分社型分割とは、分割会社に交付される分割の対価が、分割の日において分割会社の株主に交付されない分割を指し、物的分割とも呼ばれる（法法2⑫の10）。これに対し、分割型分割とは、分割会社が交付を受けた承継会社の株式全てが、分割の日において分割会社の株主に交付される分割を指し、人的分割とも呼ばれる（法法2⑫の9）。

　吸収合併、分社型吸収分割及び分割型吸収分割のうち、分社型吸収分割は分割会社・分割承継会社間の二者間取引であるといえる。

　これに対し、吸収合併と分割型吸収分割は、2つの当事会社に加えて、合併消滅会社・分割会社の株主が当事者として登場する三者間取引である。三者間取引においては、合併消滅会社・分割会社の課税関係のみならず、合併消滅会社・分割会社株主の課税関係もあわせて検討する必要が生じる。

　図表10-2は、吸収合併及び分割型吸収分割（三者間取引）と、分社型吸収分割（二者間取引）の課税関係のポイントを適格・非適格に区別して整理したものである。このように、課税上、二者間取引は、二者間の売買として整理され、また、三者間取引は、①二者間の売買と、②組織再編により受領した対価の株主への分配、という2段階の取引として整理される。

第 10 章　組織再編税制・グループ法人税制　293

図表 10-2　吸収合併及び吸収分割の課税関係

非適格組織再編	Step1 （二者間取引は Step1 のみで終了）	合併消滅会社又は分割会社が移転事業に係る資産・負債を「時価」で合併存続会社又は分割承継会社に譲渡（譲渡益又は譲渡損が実現し、認識される）
		合併存続会社又は分割承継会社はそれを受けて対価（株式・金銭など）を合併消滅会社又は分割会社に交付
	Step2 （三者間取引のみ）	合併消滅会社又は分割会社は、受け入れた対価を、直ちに株主に対して交付 当該対価の金額が、合併消滅会社又は分割会社の資本金等の額に対応する額を超過していれば、当該超過額に対してみなし配当課税あり
		当該対価に合併存続会社（若しくは存続会社の完全親会社）又は分割承継会社（若しくは分割承継会社の完全親会社）の株式以外の資産が含まれていれば、株式の譲渡があったものとして譲渡益又は譲渡損が実現し、認識される
適格組織再編	Step1 （二者間取引は Step1 のみで終了）	合併消滅会社又は分割会社が移転事業にかかる資産・負債は「簿価」で合併存続会社又は分割承継会社に引き継がれる（譲渡益又は譲渡損を認識しない）
		合併存続会社又は分割承継会社はそれを受けて対価（株式）を合併消滅会社又は分割会社に交付
	Step2 （三者間取引のみ）	合併消滅会社又は分割会社は、受け入れた対価を、直ちに株主に対して交付
		みなし配当は発生しない（非課税措置）
		譲渡益または譲渡損を認識しない

　なお、株式交換については、上記の二者間取引と三者間取引のいずれにも該当しないので、まとめて後述する。

(2) 吸収合併

図表 10-3　吸収合併の模式図

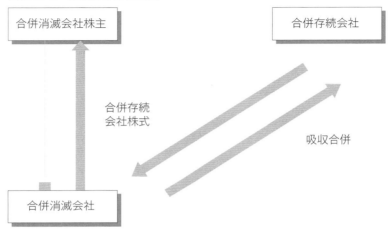

合併存続会社が、合併消滅会社を吸収合併し、合併消滅会社株主に合併存続会社の株式を交付する場合のポイントは、概ね図表 10-4 のとおりである。

図表 10-4　吸収合併における法律上・税務上のポイント

法務	会社法上の手続き	✓ 原則として株主総会決議が必要 ✓ 債権者保護手続きあり ✓ 反対株主の株式買取請求権あり
	金融商品取引法上の手続き	✓ 募集規制あり
	独禁法上の手続き	✓ 一定の合併については公正取引委員会への事前届出が必要（独禁法 15 Ⅱ）
	契約の相手方からの承諾の取得	✓ 原則として不要
	合併消滅会社の許認可の承継	✓ 原則として不可（合併存続会社において新規に取得する必要あり）
	合併消滅会社の潜在債務の承継リスク	✓ あり（包括承継のため）

税務	合併消滅会社に対する課税	✓ 適格の場合は繰り延べられる ✓ 消費税は不課税
	合併消滅会社株主に対する課税	✓ 非適格の場合はみなし配当課税あり ✓ 対価が合併存続会社又はその完全親会社の株式のみであれば譲渡益への課税は繰り延べられる
	合併存続会社に対する課税	✓ 減価償却のメリットあり ✓ 非適格の場合、資産調整勘定のメリットあり ✓ 合併消滅会社の繰越欠損金の引継ぎが可能な場合あり ✓ 個別の資産移転について登録免許税が課される場合あり

税務上の取扱いは、概ね以下のとおりである。

(a) 合併消滅会社

(i) 原則——非適格合併

合併存続会社に移転される合併消滅会社の資産・負債について、法人税法上は、時価による譲渡が強制され、合併消滅会社において、譲渡益又は譲渡損が実現し、認識される（法法62）。

(ii) 例外——適格合併

後述の適格要件を満たす吸収合併については、簿価による引継ぎが強制されるので、譲渡益又は譲渡損は実現するものの、認識されない（法法62の2）。

適格合併と非適格合併のいずれに該当するかは、適格要件を満たすかどうかによって自動的に決定され、適格要件を満たす場合に非適格合併を選択することはできない。

一般的にいえば、適格合併は、合併消滅会社の資産・負債に含み益がある場合は有利である。一方、合併消滅会社の資産・負債に含み損がある場合は、非適格合併の方が、譲渡損を認識できるため有利となるが、繰越欠損金等の取扱いも異なるため、事前の慎重な検討が必要である。

吸収合併は包括承継であるため、適格・非適格にかかわらず、消費税は不課税となる。また、登録免許税は課されるものの、不動産取得税は課されない。

(b)　合併消滅会社株主

(i)　みなし配当課税

　会社法と異なり、法人税法は、合併消滅会社がその資産・負債を合併存続会社に譲渡した上で、合併存続会社から株式その他の資産を取得し、それを直ちに合併消滅会社の株主に対して交付する、という法律構成をとる（法法62 I・62の2 I・Ⅱ）。

　このように、吸収合併が行われる場合、合併消滅会社は、税務上、合併対価を合併消滅会社株主に分配したものとして取り扱われるため、合併消滅会社株主についてみなし配当課税が問題となる。

　①　非適格合併の場合

　非適格合併の場合は、合併消滅会社がその資産・負債を合併存続会社に「時価」で譲渡し、譲渡損益を認識したうえで、合併存続会社から株式その他の資産を「時価」で取得し、それを合併消滅会社の株主に交付したとみなされる（法法62 I）。

　この場合、合併消滅会社の株主に交付される資産の価額のうち、合併消滅会社の資本金等の額（法法2⑯）に対応する金額を超える金額が、株主に対する「みなし配当」として、課税の対象となる（所法25 I①、法法24 I①）。合併の対価が合併存続会社株式のみであっても、合併消滅象会社の株主はみなし配当課税を免れない。

　みなし配当の税法上の処理は、配当と基本的に同様である。その持株割合等に応じて、以下の金額が益金に算入されない。

（注1）保険会社の場合は40%益金不算入となります（措法67の7①）。
（注2）特定株式投資信託（外国株価指数連動型特定株式投資信託を除きます。）の場合は非支配目的株式等と同様の取扱いとなります（措法67の6①）。

　合併消滅会社は、株主の配当所得について源泉徴収しなければならず（所法181・212Ⅲ）、合併消滅会社は合併により消滅するため、合併存続会社が源泉徴収義務を承継し、源泉徴収に関する税務を行うことになる（通則法6）。

　②　適格合併の場合

　一方、適格合併の場合は、合併消滅会社の株主に対するみなし配当課税について、非課税措置が認められている（所法25 I①括弧書、法法24 I①括弧書）。

(ii) 株式譲渡損益課税

吸収合併の場合、合併消滅会社の株主は、その保有する合併消滅会社株式を合併の対価と引換えに手放すことになるので、上記のみなし配当課税のほか、合併消滅会社株主の譲渡益又は譲渡損についても検討する必要がある。

① 合併存続会社又は合併存続会社の完全親会社の株式以外の資産が交付される場合

合併存続会社又はその完全親会社の株式以外の資産が一部でも交付される場合は、原則として、合併消滅会社株式の簿価を譲渡原価とし、交付を受けた新株や資産の価額からみなし配当の金額を減算した金額を譲渡対価として、譲渡益又は譲渡損が認識される（なお、個人株主が、株式の譲渡益については分離課税となり、また、個人株主に生じた譲渡損については、損失として計上できる場合が制限される（措法 37 の 10 Ⅲ①））。

② 合併存続会社又は合併存続会社の完全親会社の株式以外の資産が交付されない場合

合併存続会社又は合併存続会社の完全親会社の株式以外の資産が交付されない場合は、原則として、譲渡益又は譲渡損は認識されず、課税が繰り延べられる（法法 61 の 2 Ⅱ）。

なお、適格合併となるためには、原則として買収会社又はその完全親会社の株式以外の資産が交付されないという要件を満たす必要があることから、適格合併には、買収会社又はその完全親会社の株式以外の資産が交付されるという場合が存在しないため、適格合併は、原則として②に該当する（但し、下記 1 (2) のとおり、スクイーズアウトの場合には、対価交付要件が緩和されている）。

以上を整理すると、次の表のようになる。

図表 10-5　対象会社の株主の課税関係（スクイーズアウトの場合以外）

	買収会社の株式又は買収会社の完全親会社の株式のみ交付	買収会社の株式又は買収会社の完全親会社の株式以外の資産も交付
非適格合併	株式譲渡損益課税：なし みなし配当課税　：あり	株式譲渡損益課税：あり みなし配当課税　：あり
適格合併	株式譲渡損益課税：なし みなし配当課税　：なし	

(c) 合併存続会社

(i) 資本金等の額・利益積立金額の承継の有無

　合併存続会社は、非適格合併の場合は時価で、適格合併の場合は簿価で、それぞれ合併消滅会社の資産・負債の移転を受けるとともに、合併消滅会社に対し株式等を対価として交付する。また、非適格合併の場合は、時価で資産・負債を受け入れるため、移転を受ける資産・負債の時価純資産価額から株式以外の対価が交付された場合はその時価を減算した金額の資本金等の額が増加し（法令8Ⅰ⑤）、非適格合併の場合には利益積立金額を承継しない。一方、適格合併の場合は、資本金等の額を承継し（法令8Ⅰ⑤）、移転を受ける資産・負債の簿価純資産価額から増加する資本金等の額を減算した額の利益積立金額が増加する（法令9Ⅰ②）。

　なお、適格・非適格を問わず、合併にかかる合併存続会社の新株発行又は自己株式の処分は資本等取引に該当するため、益金又は損金は生じず、合併存続会社に税負担は発生しない。

(ii) 資産調整勘定の発生の有無

　適格合併の場合は、合併存続会社に資産調整勘定が発生しないため、その償却を通じた買収費用の損金化は不可能であるが、非適格合併の場合は、資産調整勘定の償却により買収費用の一部を損金化することが可能となる。

　すなわち、非適格合併の場合は、事業譲渡と同様に、合併存続会社が交付した対価の合計額が、合併消滅会社から移転を受けた資産・負債の時価純資産価額を超えるときは、その超える部分が資産調整勘定の金額とされ（法法62の8Ⅰ）、5年間にわたって均等減額し、損金に算入される（同Ⅳ・Ⅴ）。もっとも、合併契約の締結時と効力発生日の間に合併対価の価値が高騰した場合や、欠損金相当額が置き換わっただけである場合、資産等超過差額として資産調整勘定に含まれないという点に留意が必要である（法規27の16）。

　このように、非適格合併に際して資産調整勘定が計上された場合は、合併後5年間にわたって法人税額が減少するので、タックス・プランニング上は大きな意味を持つ。なお、非適格合併の場合には退職給与債務の負債調整勘定等が生じる。

　一方、適格合併の場合は、前述のとおり、合併消滅会社の資産・負債が合併存続会社に対し「簿価」で引き継がれるため、資産調整勘定や負債調整勘定は

計上されない。

図表10-6　合併と資産調整勘定

非適格合併	✓ 合併存続会社等が交付した対価の合計額が、合併消滅会社等から移転を受けた資産・負債の時価純資産価額を超えるときは、その超える部分が資産調整勘定の金額となる（法法62の8 I） ✓ 資産調整勘定は、5年間にわたって均等減額し、損金に算入される（同IV・V）。
適格合併	✓ 合併消滅会社等の資産・負債が合併存続会社等に対し「簿価」で引き継がれるため、資産調整勘定は計上されない。

(iii) 繰越欠損金の引継ぎ・利用制限の有無

　各事業年度の損金の額が益金の額を超える場合のその超過額を欠損金といい、一定の条件を満たす場合、大法人（資本金の額又は出資金の額が1億円超の法人等）は、繰越控除をする事業年度のその繰越控除前の所得の金額の100分の65相当額を限度として、中小法人等（資本金の額又は出資金の額が1億円以下の法人等）は、繰越控除をする事業年度のその繰越控除前の所得の金額を限度として、10年にわたって繰り越して損金に算入することが可能である（法法57 I・XI）。なお、大法人の控除限度額は、その繰越控除前の所得の金額の100分の50相当額となる（法法57 I・XI）ことに留意が必要である。

　繰越欠損金は、将来の法人税額を減少させる効果を有することから、企業再編を行うに際しては、その利用が制限されないよう、十分な配慮が必要となる。

① 合併消滅会社の繰越欠損金の引継ぎの可否

　非適格合併の場合は、合併消滅会社の繰越欠損金を合併存続会社が引き継ぐことはできないのに対して、適格合併の場合は、原則として引き継ぐことが可能である（法法57 II）。しかし、適格合併の場合であっても、合併存続会社・合併消滅会社間に支配関係（詳細は省略するが、50％以上の資本関係等を指す）が存在する場合は、合併消滅会社の繰越欠損金の引継ぎが制限される。

　すなわち、合併消滅会社・合併存続会社間の支配関係が5年以内に生じている場合は、その適格合併がいわゆる「みなし共同事業要件」（共同で事業を営むための合併の適格要件とほぼ同様である）を満たす場合又は設立から継続して支配関係がある場合を除き、(i)支配関係が生じる前の合併消滅会社の欠損金、及

び(ii)支配関係が生じた後の合併消滅会社の欠損金のうち、合併消滅会社が支配関係の生ずる前から所有していた資産の譲渡等による損失に相当する金額は、原則として引き継ぐことができない（法法57Ⅲ）。

これは、繰越欠損金の利用のみを目的として赤字会社の株式を買い取り、その赤字会社を吸収合併する、又は含み損のある資産を保有する会社の株式を買い取り、含み損を実現させた上で吸収合併するといった租税回避に対処するため、グループ関係が生じる前に生じた消滅会社の欠損金を繰越控除の対象から除外する制度である。

② 合併存続会社の繰越欠損金の利用制限

適格・非適格を問わず、合併存続会社の繰越欠損金は、合併後も利用できるのが原則である。しかし、適格合併の場合において、合併消滅会社・合併存続会社間に支配関係がある場合は、同じく租税回避を防止する観点から、合併存続会社の繰越欠損金についても利用を制限される場合があるので、留意を要する。

すなわち、合併消滅会社・合併存続会社間の支配関係が5年以内に生じている場合は、その適格合併が「みなし共同事業要件」を満たす場合又は設立から継続して支配関係がある場合を除き、(i)支配関係が生じる前の合併存続会社の欠損金、及び(ii)支配関係が生じた後の合併存続会社の欠損金のうち、合併存続会社が支配関係の生ずる前から所有していた資産の譲渡等による損失に相当する金額は、原則として消滅することとされている（法法57Ⅳ）。これは、繰越欠損金又は含み損のある資産を有している法人を合併存続会社として繰越欠損金又は含み損を利用しようとする租税回避（逆さ合併）を一定の要件のもとで制限する趣旨である。

図表10-7　繰越欠損金の取扱い

合併消滅会社の繰越欠損金の引継ぎの可否	非適格合併	✓ 合併存続会社は、合併消滅会社の繰越欠損金を引き継ぐことができない
	適格合併	✓ 原則として引継ぎ可能（法法57Ⅱ） ✓ 当事者間の支配関係が5年以内に生じている場合は、その適格合併がいわゆる「みなし共同事業要件」を満たす場合又は設立から継続して支配関係がある場合を除き、(i)支配関係が生じる前

			の合併消滅会社の欠損金、及び(ii)支配関係が生じた後の合併消滅会社の欠損金のうち、合併消滅会社が支配関係の生ずる前から所有していた資産の譲渡等による損失に相当する金額は、原則として引き継ぐことができない（法法57Ⅲ）
合併存続会社の繰越欠損金の利用制限	非適格合併	✓	合併存続会社は、合併存続会社の繰越欠損金を利用することができる
	適格合併	✓ ✓	原則として利用可能 当事者間の支配関係が5年以内に生じている場合は、その適格合併が「みなし共同事業要件」を満たす場合又は設立から継続して支配関係がある場合を除き、(i)支配関係が生じる前の合併存続会社の欠損金、及び(ii)支配関係が生じた後の合併存続会社の欠損金のうち、合併存続会社が特定資本関係の生ずる前から所有していた資産の譲渡等による損失に相当する金額は、原則として消滅する（法法57Ⅳ）

(iv) 譲渡損失の利用制限

合併消滅会社・合併存続会社間の支配関係が5年以内に生じている場合は、「みなし共同事業要件」を満たす場合又は設立から継続して支配関係がある場合を除き、適格合併については、合併消滅会社及び合併存続会社が支配関係発生日前から所有していた資産を、合併の日の属する事業年度開始の日から3年を経過する日又は支配関係が生じた日以後5年を経過する日のいずれか早い日までに譲渡等することにより生じた譲渡等損失（特定資産譲渡等損失額）を損金不算入とするというルールも別途存在するので、留意を要する（法法62の7Ⅰ・Ⅱ）。

(d) 適格・非適格の判定

上記のとおり、適格・非適格のいずれに該当するかによって、課税関係が全く異なってくることから、両者の判定は、非常に重要である。以下では要点のみに絞って説明を加えることとする。

適格組織再編には、①企業グループ内の組織再編成（100％保有関係及び50％超保有関係）と、②共同事業を行うための組織再編成の2つの類型がある。

302　第1部　基礎編

　適格合併となるための要件の概要は、以下のとおりである（法法2⟨12の8⟩、法令4の3Ⅰ～Ⅳ）。なお、以下にいう出資関係には、親子関係のような当事者間の出資関係のほか、兄弟会社のような同一者による出資関係も含まれる。

図表10-8　適格合併となるための要件

100%の出資関係（完全支配関係）がある場合	対価の要件	合併存続会社又はその完全親会社株式以外の資産が合併消滅会社の株主に交付されないこと（※1）（※2）
	株主レベルの要件	完全支配関係の継続が見込まれること（一定の合併についてのみ必要とされる）
50%超100%未満の出資関係（支配関係）がある場合	対価の要件	合併存続会社又はその完全親会社株式以外の資産が合併消滅会社の株主に交付されないこと（※1）（※2）
	株主レベルの要件	支配関係の継続が見込まれること（一定の合併についてのみ必要とされる）
	法人レベルの要件	合併消滅会社の合併直前の従業者の概ね80%以上に相当する数の者が合併存続会社又はそれと完全支配関係を有する法人の業務に従事することが見込まれること
		合併消滅会社の主要な事業が合併存続会社又はそれと完全支配関係を有する法人によって引き続き営まれることが見込まれること
共同で事業を営むための合併に該当する場合	対価の要件	合併存続会社又はその完全親会社株式以外の資産が合併消滅会社の株主に交付されないこと（※1）
	株主レベルの要件	交付される合併存続会社又はその完全親会社株式のいずれか一方の株式のうち支配株主に交付されるものの全部が支配株主により継続して保有されることが見込まれていること
	法人レベルの要件	合併消滅会社の主要な事業のいずれかの事業と合併存続会社の事業が相互に関連すること（事業関連性）
		合併消滅会社の主要な事業のいずれかの事業とその事業に関連する合併存続会社の事業の規模が概ね5倍を超えないこと、又は、合併消滅会社の特定役員（常務クラス以上）のいずれかと合併存続会社の特定役員のいずれかとが、合併存続会社の特定役員となることが見込まれていること

		合併消滅会社の合併直前の従業者の概ね80%以上に相当する数の者が合併存続会社又はそれと完全支配関係を有する法人の業務に従事することが見込まれること
		合併消滅会社の主要な事業（存続会社の事業と関連する事業に限る）が合併存続会社又はそれと完全支配関係を有する法人において引き続き営まれることが見込まれること

(※1) 剰余金の配当等として交付される金銭、株式買取請求権を行使した株主に支払われる金銭については、例外が認められている（法法2⑫の8）。また、交付すべき存続会社の株式に1株未満の端数が生じたときに当該株主に交付される端数の譲渡代金も通達（法基通1-4-2）により例外として認められている。

(※2) 合併存続会社が合併消滅会社の発行済株式等の総数又は総額の3分の2以上に相当する数又は金額の株式又は出資を有する場合には、合併存続会社以外の株主等に、金銭その他の資産が交付される場合にも、この要件を満たすものとされている（法法2⑫の8）。

(※3) 支配株主とは、①合併の直前に合併消滅会社と他の者との間に当該他の者による支配関係がある場合における当該他の者、及び②当該他の者による支配関係があるものをいう（法令4の3Ⅳ⑤）。

(3) 吸収分割

図表10-9　吸収分割（分社型分割）の模式図

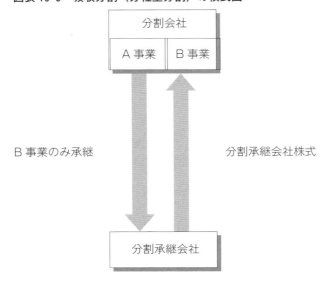

図表 10-10 吸収分割（分割型分割）の模式図

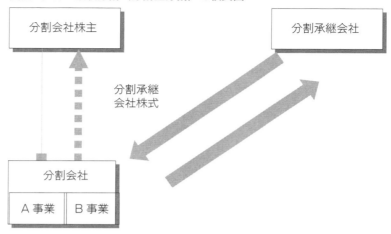

　図表 10-9 は、A 事業と B 事業を営む分割会社が、そのうち B 事業のみを吸収分割により切り出して分割承継会社に承継させ、分割承継会社が、その対価として株式を分割会社に交付するというケースである。このように、分割により分割承継会社の株式その他の資産が分割会社に交付される吸収分割は、一般的に分社型分割または物的分割とよばれる（会社法 758）。

　これに対し、分割会社が、分割承継会社から受け取った分割承継会社株式を、分割会社の株主に分配するケースもある（**図表 10-10** における点線の矢印）（会社法 758 ⑧ロ）。このように、分割により分割会社が受け取った分割承継会社の株式その他の資産全てが、分割会社の株主に交付される分割を、分割型分割又は人的分割という。

　分社型分割は、その実態が現物出資や事後設立の場合と類似しているため、分割会社と分割承継会社という二者の課税関係を検討することになる。これに対し、分割型分割の場合は、分割会社、分割承継会社、分割会社株主という三者の課税関係を検討することになる。

図表 10-11 吸収分割における法律上・税務上のポイント

法務	会社法上の手続き	✓ 原則として株主総会決議が必要 ✓ 債権者保護手続きあり ✓ 反対株主の株式買取請求権あり

	項目	内容
	金融商品取引法上の手続き	✓ 募集規制
	独禁法上の手続き	✓ 一定の会社分割については公正取引委員会への事前届出が必要（独禁法 15 の 2 Ⅲ）
	契約の相手方からの承諾の取得	✓ 原則として不要
	労働者の承継	✓ 労働契約承継法等に基づく協議、通知
	分割会社の許認可の承継	✓ 原則として不可（分割承継会社において新規に取得する必要あり）
	分割会社の潜在債務の承継リスク	✓ 承継すべき財産・負債を特定することにより、原則として回避できる
税務	分割会社に対する課税	✓ 適格の場合は繰り延べられる ✓ 消費税は不課税
	分割会社株主に対する課税（分割型分割の場合）	✓ 非適格の場合はみなし配当課税あり ✓ 対価が分割承継会社又はその完全親会社の株式のみであれば譲渡益への課税は繰り延べられる
	分割承継会社に対する課税	✓ 減価償却のメリットあり ✓ 一定の非適格分割の場合、資産調整勘定のメリットあり ✓ 分割承継会社の繰越欠損金の引継ぎは不可能 ✓ 個別の資産移転について登録免許税・不動産取得税が課される場合あり

(a) 分割会社

(i) 原則──非適格分割

分割承継会社に移転される分割会社の資産・負債について、法人税法上は、時価による譲渡が強制され、分割会社において、譲渡益又は譲渡損が実現し、認識される（法法 62）。

(ii) 例外──適格分割

後述の適格要件を満たす吸収分割については、簿価による引継ぎが強制されるので、譲渡益又は譲渡損は認識されない（法法 62 の 2 Ⅱ）。

一般的にいえば、適格分割と非適格分割のいずれに該当するかは、適格要件を満たすかどうかによって自動的に決定され、適格要件を満たす場合に非適格

分割を選択することはできない。

　適格分割は、一般的には、移転される資産・負債に含み益がある場合は有利であるが、移転される資産・負債に含み損がある場合は、非適格分割の方が、譲渡損を認識できるため有利となる。もっとも、適格分割・非適格分割では、資産調整勘定等の取扱いも異なるため、事前の慎重な検討が必要である。

　会社分割は包括承継であるため、適格・非適格にかかわらず、消費税は不課税となる。また、登録免許税及び不動産取得税は課される（もっとも、適格分割類似の要件を満たせば不動産取得税は課税されない）。

(b)　分割会社株主（分割型分割の場合）

(i)　みなし配当課税

　分割型吸収分割の場合、法人税法は、分割会社がその資産・負債を分割承継会社に譲渡したうえで、分割承継会社から株式その他の資産を取得し、それを直ちに分割会社の株主に対して交付する、という法律構成をとる（法法62 Ⅰ、62の2 Ⅱ）。

　このように、分割型吸収分割が行われる場合、分割会社は、税務上、分割承継会社の株式を分割会社株主に分配したものとして取り扱われるため、分割会社株主についてみなし配当課税が問題となる。

①　非適格分割の場合

　非適格分割の場合は、分割会社がその資産・負債を分割承継会社に「時価」で譲渡し、譲渡損益を認識したうえで、分割承継会社から株式その他の資産を「時価」で取得し、それを分割会社の株主に交付したとみなされる（法法62 Ⅰ）。

　この場合、分割会社の株主に交付される資産の価額のうち、分割会社の資本金等の額（法法2 ⑯）に対応する金額を超える金額が、株主に対する「みなし配当」として、課税の対象となる（所法25 Ⅰ②、法法24 Ⅰ②）。分割の対価が分割承継会社株式のみであっても、分割会社の株主はみなし配当課税を免れない。

　みなし配当の税法上の処理は、配当と基本的に同様である。配当の課税関係については、**基礎編第4章3**を参照されたい。

　また、法人株主については、受取配当金益金不算入の規定が適用されるため、その持株割合等に応じて、一定の金額が益金に算入されない。

　そして、分割会社は、分割会社株主の配当所得につき源泉徴収しなければならない（所法181・212 Ⅲ）。

② 適格分割の場合

一方、適格分割の場合は、分割会社の株主に対するみなし配当課税について、非課税措置が認められている（所法 25 Ⅰ ②括弧書、法法 24 Ⅰ ②括弧書）。

(ii) 株式譲渡損益課税

分割型吸収分割の場合、分割会社の株主は、上記のみなし配当課税のほか、分割会社株式の譲渡益又は譲渡損についても検討する必要がある。

① **分割承継会社の株式又は分割承継会社の完全親会社の株式以外の資産が交付される場合**

分割承継会社の株式又は分割承継会社の完全親会社の株式以外の資産が一部でも交付される場合は、原則として、分割会社株式の簿価を譲渡原価とし、交付を受けた新株や資産の価額からみなし配当の金額を減算した金額を譲渡対価として、譲渡益又は譲渡損が認識される。

個人株主が、法人株主に比べて、株式の譲渡益は分離課税となること、及び、個人株主に生じた譲渡損については、損失として計上できる場合が制限されることは、上記 1 (2)(b)において述べたとおりである。

なお、後述のとおり、分割承継会社の株式又は分割承継会社の完全親会社の株式以外の資産が一部でも交付される場合は、常に非適格分割となる。

② **分割承継会社の株式又は分割承継会社の完全親会社の株式以外の資産が交付されない場合**

分割承継会社の株式又は分割承継会社の完全親会社の株式以外の資産が交付されない場合は、譲渡益又は譲渡損は認識されず、課税が繰り延べられる（法法 61 の 2 Ⅳ）。

なお、適格分割となるためには分割承継会社又はその完全親会社の株式以外の資産が交付されないという要件を満たす必要があることから、適格分割の場合には分割承継会社又はその完全親会社の株式以外の資産が交付されるという場合が存在しないため、適格分割は、常に(ii)に該当する。

以上を整理すると、**図表 10-12** のようになる（分割型吸収分割を想定している）。

308　第1部　基礎編

図表 10-12　分割会社株主の課税関係

	分割承継会社の株式又は分割承継会社の完全親会社の株式のみ交付	分割承継会社株式又は分割承継会社の完全親会社の株式以外の資産も交付
非適格分割	株式譲渡損益課税：なし みなし配当課税　　：あり	株式譲渡損益課税：あり みなし配当課税　　：あり
適格分割	株式譲渡損益課税：なし みなし配当課税　　：なし	

(c)　分割承継会社

(i)　資本金等の額・利益積立金額の承継の有無

　分割承継会社は、非適格分割の場合は時価で、適格分割の場合は簿価で、それぞれ分割会社の資産・負債の移転を受けるとともに、株式等を対価として交付する。また、非適格分割の場合は、時価で資産・負債を受け入れるため、移転を受ける資産・負債の時価から株式以外の対価が交付された場合はその時価を減算した金額の資本金等の額が増加し（法令8Ⅰ⑥）、利益積立金額は承継しない。一方、適格分割の場合は、資本金等の額を承継し（法令8Ⅰ⑥）、移転を受ける資産・負債の簿価純資産価額から増加する資本金等の額を減算した額の利益積立金額が増加する（法令9Ⅰ③）。

　なお、適格・非適格を問わず、会社分割による新株発行又は自己株式の処分は資本等取引に該当するため、益金又は損金は生じず、分割承継会社に税負担は発生しない。

(ii)　資産調整勘定の発生の有無

　また、適格分割の場合は、分割承継会社に資産調整勘定が発生しないため、その償却を通じた買収費用の損金化は不可能であるが、非適格分割の場合は、資産調整勘定の償却により買収費用の一部を損金化することが可能となる。

　すなわち、非適格分割の場合は、分割承継会社が交付した対価の合計額が、分割会社から移転を受けた資産・負債の時価純資産価額を超えるときは、その超える部分が資産調整勘定の金額とされ（法法62の8Ⅰ）、5年間にわたって均等減額し、損金に算入される（同Ⅳ・Ⅴ）。もっとも、資産調整勘定が生じる会社分割は、当該分割会社が分割直前に営む事業及び当該事業に係る主要な資産

又は負債の概ね全部が分割承継会社に移転するものに限られている点に留意が必要である（法令123の10 I）。また、分割契約の締結時又は分割計画作成時と効力発生日の間に分割対価の価値が高騰した場合や、欠損金相当額が置き換わっただけである場合、資産等超過差額として資産調整勘定に含まれないという点にも留意が必要である（法規27の16）。

このように、非適格分割に際して資産調整勘定が計上された場合は、分割後5年間にわたって法人税額が減少するので、タックス・プランニング上は大きな意味を持つ。一方、適格分割の場合は、前述のとおり、分割会社の資産・負債が存続会社に対し「簿価」で引き継がれるため、資産調整勘定は計上されない。

図表 10-13　会社分割と資産調整勘定

非適格分割	✓ 分割承継会社が交付した対価の合計額が、分割会社から移転を受けた資産・負債の時価純資産価額を超えるときは、その超える部分が資産調整勘定の金額となる（法法62の8 I） ✓ 資産調整勘定は、5年間にわたって均等減額し、損金に算入される（同IV・V）
適格分割	✓ 分割会社の資産・負債が存続会社等に対し「簿価」で引き継がれるため、資産調整勘定は計上されない

(iii)　繰越欠損金等の引継ぎ・利用制限の有無

前述のとおり、各事業年度の損金の額が益金の額を超える場合のその超過額を欠損金といい、一定の条件を満たす場合、大法人については、繰越控除をする事業年度のその繰越控除前の所得の金額の100分の65相当額を限度として、中小法人等においては、繰越控除をする事業年度のその繰越控除前の所得の金額を限度として、10年にわたって繰り越して損金に算入することが可能である（法法57 I・XI）。なお、大法人の控除限度額は、その繰越控除前の所得の金額の100分の50相当額となること（法法57 I・XI）に留意が必要である。

適格要件を満たす吸収合併については、一定の場合、合併消滅会社の繰越欠損金を合併存続会社が引き継ぐことはできるが、他方で、吸収分割については、たとえ税制適格要件を満たす場合であっても、分割承継会社が分割会社の繰越欠損金を引き継ぐことは認められていない。

310　第 1 部　基礎編

　また、適格分割については、分割会社・分割承継会社間に支配関係がある場合、適格合併の場合と同じく、分割承継会社の繰越欠損金について利用が制限される場合があることに留意を要する（法法 57 Ⅳ）。そして、会社分割においても、合併と同様に、特定資産譲渡等損失額を損金不算入とするというルールも別途存在するので、留意を要する（法法 62 の 7 Ⅰ・Ⅱ）。

(d)　適格・非適格の判定

　合併同様、適格分割型分割には、①企業グループ内の組織再編成（100％保有関係及び 50％超保有関係）と、②共同事業を行うための組織再編成の 2 つの類型がある。

　適格分割型分割となるためには、大要図表 10-14 のような要件を満たす必要がある（法法 2 ⑫の11、法令 4 の 3 Ⅴ～Ⅷ）。なお、以下にいう出資関係には、親子関係のような当事者間の出資関係のほか、兄弟会社のような同一者による出資関係も含まれる。

図表 10-14　適格分割となるための要件

100％の出資関係（完全支配関係）がある場合	対価の要件	分割承継会社又はその完全親会社株式以外の資産が分割会社の株主に交付されないこと（※）
	株式継続保有要件	（当事者間の完全支配関係がある場合） 当事者間に完全支配関係の継続が見込まれる場合など （同一のものによる完全支配関係がある場合） 分割後に、同一の者と分割承継法人との間のその同一の者による完全支配関係が継続する場合など
50％超 100％未満の出資関係（支配関係）がある場合	対価の要件	分割承継会社又はその完全親会社株式以外の資産が分割会社の株主に交付されないこと（※）
	株式継続保有要件	（当事者間の支配関係がある場合） 当事者間に支配関係の継続が見込まれること （同一の者による支配関係がある場合） 分割後に、同一の者と分割承継法人との間のその同一の者による支配関係が継続する場合など
	分割事業に係る要件	分割事業に係る主要な資産及び負債が分割承継会社に移転すること
		分割事業に係る分割直前の従業者の概ね 80％以上に相当する数の者が分割承継会社又はそれと完全支配関係を

第 10 章　組織再編税制・グループ法人税制　311

		有する法人の業務に従事することが見込まれること
		分割事業が分割承継会社又はそれと完全支配関係を有する法人によって引き続き営まれることが見込まれること
共同で事業を営むための分割に該当する場合	対価の要件	分割承継会社又はその完全親会社株式以外の資産が消滅会社の株主に交付されないこと（※）
	株式継続保有要件	交付される分割承継会社又はその完全親会社株式のいずれか一方の株式のうち支配株主に交付されるものの全部が支配株主により継続して保有することが見込まれていること
	分割事業に係る要件	分割事業と分割承継会社の事業が相互に関連すること
		分割事業とその事業に関連する分割承継会社の事業の規模が概ね5倍を超えないこと、又は、分割会社の役員等のいずれかと分割承継会社の特定役員（常務クラス以上）のいずれかとが、分割承継会社の特定役員となることが見込まれていること
		分割事業に係る分割直前の従業者の概ね80%以上に相当する数の者が分割承継会社又はそれと完全支配関係を有する法人の業務に従事することが見込まれること
		分割事業が分割承継会社又はそれと完全支配関係を有する法人において引き続き営まれることが見込まれること
		分割事業に係る主要な資産及び負債が分割承継会社に移転すること

（※1）　剰余金の配当等として交付される金銭（法法2⑫の11）と分割型分割により株主に交付すべき分割承継会社の株式に端数が生じる場合に、当該端数に応じて交付される金銭（法令139の3の2Ⅱ）については、例外が認められている。また、株式買取請求権を行使した株主に支払われる金銭についても例外として認められると解される。

（※2）　支配株主とは、①分割型分割の直前に合併消滅会社と他の者との間に当該他の者による支配関係がある場合における当該他の者、及び②当該他の者による支配関係があるものをいう（法令4の3Ⅷ⑥）。

(4) 株式交換

図表 10-15　株式交換の模式図

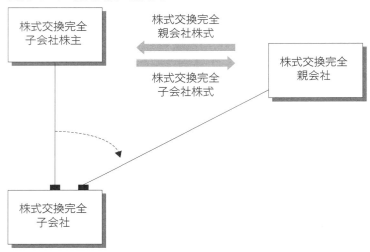

　株式交換完全親会社が、株式交換完全子会社と株式交換を行い、株式交換完全子会社株主に株式交換完全親会社の株式を交付する場合のポイントは、概ね図表 10-16 のとおりである。

図表 10-16　株式交換における法律上・税務上のポイント

法務	会社法上の手続き	✓ 原則として株主総会決議が必要 ✓ 債権者保護手続きは例外的な場合のみ必要 ✓ 反対株主の株式買取請求権あり
	金融商品取引法上の手続き	✓ 募集規制あり
	独禁法上の手続き	✓ 一定の株式交換については公正取引委員会への事前届出が必要となる（独禁法 10 Ⅱ）
	契約の相手方からの承諾の取得	✓ 原則として不要（但し、個別の契約にチェンジ・オブ・コントロール条項が定められている場合は必要となる場合がある）
	株式交換完全子会社の許認可	✓ 原則として株式交換完全子会社の許認可に影響はない

	株式交換完全子会社の潜在債務の承継リスク	✓ あり	
税務	株式交換完全子会社に対する課税	✓ 適格の場合は課税されないが、非適格の場合は時価評価課税 ✓ 繰越欠損金が消滅する場合あり	
	株式交換完全子会社株主に対する課税	✓ 常にみなし配当課税なし ✓ 対価が株式交換完全親会社又はその完全親会社の株式のみであれば譲渡益への課税は繰り延べられる ✓ 消費税は非課税	
	株式交換完全親会社に対する課税	✓ 取得する株式の減価償却はない ✓ 資産調整勘定のメリットなし	

税務上の取扱いは、概ね以下のとおりである。

(a) 株式交換完全子会社

(i) 原則——非適格株式交換

株式交換完全子会社は、株式交換を行った場合には、株式交換完全子会社が株式交換等の直前の時において有する時価評価資産の評価益又は評価損を、株式交換の日の属する事業年度の所得の計算上、益金の額又は損金の額に算入することになる（法法62の9Ⅰ）。なお、営業権（自己創設のれん）について計上されていない場合には、課税の対象とはならない（法法62の9Ⅰ、法令123の11Ⅰ参照）。

(ii) 例外——適格株式交換

後述の適格要件を満たす株式交換については、株式交換完全子会社の有する時価評価資産の評価益又は評価損につき、益金の額又は損金の額に算入されることはない。

他の適格組織再編と同様、適格株式交換と非適格株式交換のいずれに該当するかは、適格要件を満たすかどうかによって自動的に決定され、適格要件を満たす場合に非適格株式交換を選択することはできない。

一般的にいえば、適格株式交換は、株式交換完全子会社の資産・負債に含み益がある場合は有利であるが、株式交換完全子会社の資産・負債に含み損があ

る場合は、非適格株式交換の方が、評価損を認識できるため有利となる。

(b)　株式交換完全子会社株主

(i)　みなし配当課税

株式交換完全子会社から分配を受けるわけではないため、株式交換においては、合併、会社分割等の組織再編と異なり、みなし配当は発生しない。

(ii)　株式譲渡損益課税

①　株式交換完全親会社の株式又は株式交換完全親会社の完全親会社の株式以外の資産が交付される場合

株式交換完全親会社の株式又は株式交換完全親会社の完全親会社の株式以外の資産が一部でも交付される場合、株式交換完全子会社株主は、自己の保有する株式交換完全子会社株式を譲渡したものとして課税される。すなわち、株式交換完全子会社株式の簿価を譲渡原価とし、交付を受けた新株や資産の価額を譲渡対価として、譲渡益又は譲渡損が認識される。

②　株式交換完全親会社の株式又は株式交換完全親会社の完全親会社の株式以外の資産が交付されない場合

対価として株式交換完全親会社又は株式交換完全親会社の完全親会社の株式のみが交付される場合は、株式交換完全子会社の法人株主の保有していた株式交換完全子会社株式の帳簿価額が譲渡の対価とされるため（法法61の2Ⅷ）、譲渡益又は譲渡損が発生しないことになる。個人株主に関しても、株式の譲渡がなかったものとみなされ、譲渡所得は発生しない（所法57の4Ⅰ）。

なお、適格株式交換となるためには、原則として買収会社又はその完全親会社の株式以外の資産が交付されないという要件を満たす必要があることから、適格株式交換には、買収会社又はその完全親会社の株式以外の資産が交付されるという場合が存在しないため、適格株式交換は、原則として②に該当する（但し、下記1(4)(d)のとおり、スクイーズアウトの場合には、対価交付要件が緩和されている）。

以上を整理すると、図表10-17のようになる。

図表 10-17 株式交換における対象会社株主の課税関係（スクイーズアウトの場合以外）

	買収会社の株式又は買収会社の完全親会社の株式のみ交付	買収会社株式又は買収会社の完全親会社の株式以外の資産も交付
非適格株式交換	株式譲渡損益課税：なし みなし配当課税　：なし	株式譲渡損益課税：あり みなし配当課税　：なし
適格株式交換		

　なお、株式交換は株式交換完全子会社株主が株式交換完全子会社株式を株式交換完全親会社に譲渡したものとみなされるので（消基通5-2-1）、株式の譲渡と同様に非課税となる。課税売上割合の計算についても、株式譲渡と同様に、譲渡の対価の額の5％が分母に算入される（消令48Ⅴ・Ⅰ①）。

(c) 株式交換完全親会社（株式交換完全親会社）

(i) 株式交換完全子会社株式の取得価額

　株式交換完全親会社は、非適格株式交換の場合は時価で、適格株式交換の場合は簿価で、それぞれ株式交換完全子会社の株式を受け入れるとともに、株式交換完全親会社の株式を対価として株式交換完全子会社株主に対して交付する。したがって、株式交換完全親会社が受け入れた株式交換完全子会社株式の取得価額は、非適格株式交換と適格株式交換とで異なる。

　非適格株式交換の場合、株式交換完全子会社株式の取得価額は時価となる（法令119Ⅰ㉗）。適格株式交換の場合の取得価額は、株式交換完全子会社の株主数に応じて、2つに分類されている。まず、株式交換直前における株式交換完全子会社株主が50人未満である場合には、株式交換完全子会社株主が有していた株式交換完全子会社株式の帳簿価額が、株式交換完全親会社における株式交換完全子会社株式の取得価額となる（法令119Ⅰ⑩イ）。一方、株式交換直前における株式交換完全子会社株主が50人以上の場合には、株式交換完全子会社の簿価純資産額に相当する金額が取得価額となる（法令119Ⅰ⑩ロ）。

(ii) 資産調整勘定の有無

　株式交換においては、その他の組織再編とは異なり、非適格株式交換であっ

316   第1部　基礎編

たとしても資産調整勘定は発生しない。

(iii)　繰越欠損金の引継ぎ・利用制限の有無

　繰越欠損金については、原則として、株式交換により消滅することはないが、株式交換により特定支配関係が生じるため、法人税法57条の2による繰越欠損金の利用の制限を受ける場合があることに留意が必要である。但し、かかる制限を受ける場合は、原則として非適格株式交換の場合のみである（法令113の2Ⅴ）。

(d)　**適格・非適格の判定**

　適格合併と同様、適格株式交換には、①企業グループ内の組織再編成（100％保有関係および50％超保有関係）と、②共同事業を行うための組織再編成の2つの類型がある。

　適格株式交換となるための要件の概要は、図表10-18のとおりである（法法2⑫の16、法令4の3⑰〜⑳）。なお、以下にいう出資関係には、親子関係のような当事者間の出資関係のほか、兄弟会社のような同一者による出資関係も含まれる。

図表10-18　適格株式交換となるための要件

100％の出資関係（完全支配関係）がある場合	対価の要件	株式交換完全親会社又はその完全親会社株式以外の資産が株式交換完全子会社の株主に交付されないこと（※1）（※2）
	株式継続保有要件	完全支配関係の継続が見込まれること
50％超100％未満の出資関係（支配関係）がある場合	対価の要件	株式交換完全親会社又はその完全親会社株式以外の資産が株式交換完全子会社の株主に交付されないこと（※1）（※2）
	株式継続保有要件	支配関係の継続が見込まれること
	法人レベルの要件	株式交換完全子会社の株式交換直前の従業者の概ね80％以上に相当する数の者が株式交換完全子会社の業務又はそれと完全支配関係を有する法人に引き続き従事することが見込まれること
		株式交換完全子会社の主要な事業が株式交換完全子会社又はそれと完全支配関係を有する法人において引き続き営まれることが見込まれること

共同で事業を営むための株式交換に該当する場合	対価の要件	株式交換完全親会社又はその完全親会社株式以外の資産が株式交換完全子会社の株主に交付されないこと（※1）
	株式継続保有要件（株式交換完全親会社）	株式交換完全親会社が株式交換完全子会社の発行済株式等の全部を保有する関係が継続することが見込まれていること
	株式継続保有要件（株式交換完全子会社の株主）	交付を受けた株式交換完全親会社株式又はその完全親会社株式のいずれか一方の株式のうち、支配株主に交付されるものの全部が支配株主により継続して保有されることが見込まれていること
	法人レベルの要件	株式交換完全子会社の主要な事業のいずれかの事業と株式交換完全親会社の事業が相互に関連すること
		株式交換完全子会社の主要な事業のいずれかの事業とその事業に関連する株式交換完全親会社の事業の規模が概ね5倍を超えないこと、又は、株式交換完全子会社の特定役員（常務クラス以上）のいずれかが株式交換に伴って退任するものでないこと（1人でも退任した場合にはこの要件を満たさない）
		株式交換完全子会社の株式交換直前の従業者の概ね80%以上に相当する数の者が株式交換完全子会社の業務又はそれと完全支配関係を有する法人に引き続き従事することが見込まれること
		株式交換完全子会社の主要な事業（株式交換完全親会社の事業と関連する事業に限る）が株式交換完全子会社又はそれと完全支配関係を有する法人において引き続き営まれることが見込まれること

（※1）　剰余金の配当として交付される金銭、株式買取請求権を行使した株主に支払われる金銭については、例外が認められており（法法2⑫の16）、交付すべき完全子会社の株式に1株未満の端数が生じたときに当該株主に交付される端数の譲渡代金金も通達（法基通1-4-2）により例外として認められている。

（※2）　株式交換の直前において、株式交換完全親会社が株式交換完全子会社の発行済株式（株式交換完全子会社が有する自己の株式を除く）の総数の3分の2以上に相当する数の株式を有する場合には、株式交換完全親会社以外の株主に、金銭その他の資産が交付される場合にも、この要件を満たすものとされている（法法2⑫の17）。

（※3）　支配株主とは、①株式交換の直前に合併消滅会社と他の者との間に当該他の者による支配関係がある場合における当該他の者、及び②当該他の者による支配関係があるものをいう（法令4の3XX⑤）。

2 グループ法人税制

(1) グループ法人税制の概要

　完全支配関係のある内国法人間で、一定の資産についての法定の要件を満たす取引等が行われた場合、原則として、当該資産に係る譲渡損益についての課税が繰り延べられる（いわゆるグループ法人税制）。グループ法人税制は、実質的には資産に対する支配は継続していることや、グループ内での資産の円滑な移転を促進するという目的で、平成22年度税制改正において創設された。

　グループ法人税制は、選択制である連結納税制度と異なり、法人税法に定める要件を充足した場合には強制的に適用される。なお、グループ内で株式を相互に持ち合っているような場合であっても、資本関係がグループ内で完結しているときには、完全支配関係が認められると解されている。

　以下では、グループ内における各種取引においてグループ法人税制がどのように適用されるかについて説明する。

(2) 株式譲渡を行う場合

　完全支配関係がある内国法人の間で、固定資産、土地（土地の上に存する権利を含む）、有価証券、金銭債権及び繰延資産（但し、売買目的有価証券、譲受法人において売買目的有価証券とされる有価証券、その譲渡の直前の帳簿価額が1,000万円に満たない資産は除かれている。以下、「譲渡損益調整資産」という）の譲渡が行われた場合、当該資産の譲渡により生じる譲渡利益額又は譲渡損失額に相当する金額は、その譲渡をした事業年度の課税所得の計算上それぞれ損金の額又は益金の額に算入される（法法61の13 I、法令122の14 I）。その結果、当該資産の譲渡損益について課税が繰り延べられることになる。

　そして、その後、当該譲渡損益調整資産について譲渡（譲受法人がさらにグループ内の法人に譲渡する場合も含む）、償却、評価換え、貸倒若しくは除却又は譲渡法人と譲受法人との間の完全支配関係の喪失等の事由が発生した場合、譲渡法人において当該譲渡損益が益金の額又は損金の額に算入され、そのタイミングで課税が実現することになる（法法61の13 II～IV、法令122の14 IV）。

　以上のとおり、グループ内で株式が譲渡される場合、当該株式が譲渡法人及

び譲受法人のいずれにおいても売買目的有価証券ではなく、かつ帳簿価額が1,000万円を超えるときには、当該株式は譲渡損益調整資産に該当し、グループ法人税制の適用対象となることから、当該株式の譲渡損益の課税は繰り延べられる。

例えば、純粋持株会社A社、その100%子会社B社、B社の100%子会社（すなわち、A社の100%孫会社）であるC社があり、B社がA社に対してC社株式を譲渡する場合（B社とC社の兄弟会社化）、当該株式譲渡時にB社におけるC社株式の譲渡損益に対する法人税の課税は繰り延べられ、A社がC社株式を譲渡したり、A社とB社の間の完全支配関係が失われたりした時に、B社において譲渡損益について課税関係が生じることになる。

なお、A社による再譲渡先がグループ内の法人である場合であっても、B社において繰り延べられた課税関係が生じる点には注意が必要である。

(3) 事業譲渡を行う場合

完全支配関係がある内国法人の間で事業譲渡が行われた場合も、上記2(2)と同様、譲渡される資産のうち譲渡損益調整資産に該当する資産について課税が繰り延べられる（法法61の13 I、法令122の14 I）。

なお、グループ法人税制が適用される場合においても、内国法人が事業譲渡により事業を譲り受けた場合、一般に、譲渡法人の事業譲渡の直前において営む事業及び当該事業に係る主要な資産又は負債の概ね全部が当該事業譲渡により譲受法人に移転する場合、譲受法人が支払った対価と移転を受けた資産及び負債の時価純資産価額に差額（いわゆる、差額のれん）があるときは、譲受法人は、原則として、当該差額を資産調整勘定又は負債調整勘定として計上し、その後60か月にわたり当該調整勘定の金額を償却し、同額を損金又は益金の額に算入することになる（法法62の8）。

(4) 組織再編成を行う場合

非適格組織再編成が行われた場合、対象会社において、資産及び負債を時価譲渡したものとして課税関係が生じるのが原則である（法法62 I）。しかし、完全支配関係がある内国法人の間では、グループ法人税制の適用により、移転資産のうち譲渡損益調整資産に該当する資産については、上記と同様に譲渡損益が繰り延べられ（法法61の13 I、法令122の14 I）、譲渡等の事由が発生した時

に、譲渡法人において当該譲渡損益が益金の額又は損金の額に算入されることになる（法法61の13Ⅱ～Ⅳ、法令122の14Ⅳ）。なお、合併が行われた場合には、譲渡法人は解散するため、譲渡法人において事後的に譲渡損益を認識させる仕組みはとりえない。そのため、譲渡法人における譲渡損益調整資産の帳簿価額で資産が移転し、譲渡損益調整資産の譲渡損益に係る課税は、譲受法人において生じるものとされている（法法61の13Ⅶ）。

　一方、適格組織再編成が行われた場合、資産及び負債の帳簿価額が譲受法人に引き継がれることにより課税は繰り延べられる（法法61の2Ⅰ）。そこで、完全支配関係がある内国法人の間で適格組織再編成が行われた場合、対象会社における譲渡損益調整資産の譲渡利益額又は譲渡損失額はゼロとなることから、譲渡損益調整資産に対してはグループ法人税制が適用されて課税が繰り延べられる余地はない。

　なお、適格組織再編成では、移転した資産の帳簿価額が株式交換完全親会社に引き継がれることから、譲渡損益調整資産の再譲渡が行われた場合、当該資産の譲渡損益は譲受法人において課税されるのに対し、グループ法人税制が適用される非適格組織再編成（但し、合併の場合を除く）では、繰り延べられる譲渡損益は譲渡法人において課税される点が異なるため、留意が必要である。

第 2 部

プランニング編

プランニング編では、基礎編で説明した法務・税務に関する知識をベースとしつつ、オーナー系企業の事業承継・M&Aにおいて用いることが想定される各種スキームについて説明する。その際、わかりやすさを重視するという観点から、Q&A形式をとることとしている。

　事業承継は、大別して「親族内承継」と「親族外承継」に分類され、「親族外承継」は、さらに「役員・従業員承継」と「M&A」に分けることができる。プランニング編では、「親族内承継」の事例を主に取り上げているが、近年「M&A」による事業承継が増加していることに鑑み、「M&A」の事例についても法務・税務の両面から解説している。

　また、以下では、会社分割等の組織再編や資産管理会社を利用した伝統的なプランニング手法だけではなく、近時になって実務に広く浸透し始めた信託や、近時の税制改正により使いやすくなったスピンオフ等の最先端のプランニング手法についても、いくつか取り上げて説明する。

　なお、事業承継の税務に関しては、基礎編で説明したとおり、平成30年度税制改正により使いやすくなった事業承継税制の特例を活用し、相続税を全額納税猶予するシンプルなプランニングが考えられるところである。もっとも、事業承継税制に関しては、税制改正後においてもなお要件を充足できない場合が多く（例えば、上場株式を3％以上所有する上場企業オーナーの資産管理会社株式は、納税猶予額の計算上、除外されてしまう）、また、猶予額の免除制度が大幅に緩和されたわけではないため、一旦事業承継税制の要件を充足した場合であっても、事後的に要件を充足しなくなる（もしくは充足していないとして課税庁に否認される）場合も十分にあり得る。加えて、事業承継税制の特例は、二世（子世代）の相続税の負担を回避するものに過ぎず、三世（孫世代）の世代は（期限が延長されない限り）特例制度を適用することができないという問題もある。それらの理由から、平成30年度税制改正後も、財産評価額を低くしたいというニーズは、引き続き大きいと考えられるところである。そこで、プランニング編では、事業承継税制について再度説明することは敢えて控えつつ、それ以外の各種節税策のメリットや留意点を説明することとしたい。

事例 1
株式移転による資産管理会社の設立

　甲（居住者）は、A社（内国法人）の創業者であり、A社の株式の大半を保有している（残りの株式は甲の親族5人が保有している）。A社の事業は好調で、業績は右肩上がりであるため、今後もA社株式の価額は上昇していくことが予想される。甲は、子である乙（居住者）（まだA社の株主ではないものとする）を後継者とすることを考えているところ、このままだとA社株式の相続税の負担が拡大し続けてしまうため、何かしらの株価対策をしなければならないと考えている。甲は、資産管理会社を設立することで、将来の株価上昇による相続税負担の増加を抑制することができるという話を交流のある別の経営者から聞いた。

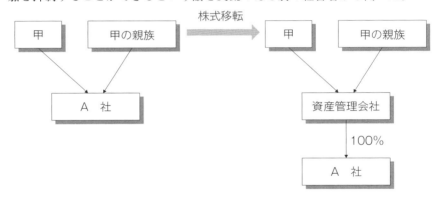

小問 1

　A社が資産管理会社を設立する方法として、株式移転（会社法2 ㉜）があるところ、当該手法により資産管理会社を設立した場合におけるA社、甲及び資産管理会社の課税関係はどのようになるか。

　結　論
　A社及び甲のいずれにも課税は生じない。また、資産管理会社におけるA社株式の取得価額は、A社株主における株式移転直前のA社株式の取得価額を引き継ぐこととなる。

324　第 2 部　プランニング編

解 説

　A 社による株式移転は、その株主に対して株式移転完全親法人となる資産管理会社の株式以外の資産は交付されず、A 社という一の法人のみがその株式移転完全子法人となる株式移転を予定している。よって、株式移転後においても、株式移転完全親法人である資産管理会社と株式移転完全子法人である A 社との間に完全支配関係が継続することが見込まれている限り、当該株式移転は適格株式移転にあたる（法法 2⑫の18ロ、法令 4 の 3 XXI）。

　したがって、A 社（株式移転完全子法人）の資産について時価評価は行われず、含み益についての課税は生じない。また、A 社株主（株式移転完全子法人の株主）についても、資産管理会社（株式移転完全親法人）の株式のみの交付を受けることになるので、株式移転に係る譲渡損益は計上されず（所法 57 の 4 Ⅱ）、課税は生じない。

　そして、資産管理会社（株式移転完全親法人）は、A 社の株主が甲及び甲の親族に限られ 50 人未満であることから、A 社株式の取得価額は、A 社株主（甲及びその親族）における株式移転直前の A 社株式の帳簿価額を引き継ぐこととなる（法令 119 Ⅰ⑫）。

小問 2

　株式移転による資産管理会社の設立は、どのような仕組みで A 社株式の相続に係る相続税負担増加の抑制につながるか。

　　結 論

　株式移転によって設立される資産管理会社は、一般に株式保有特定会社に該当し、その株式は純資産価額方式により算定されることが想定される。その場合、株式移転後において生じる A 社株式の値上がり益に 37％を乗じた金額の分だけ、株式移転を行わなかった場合に比べて株式の評価額を圧縮することができる。

解 説

　A 社の業績は右肩上がりであることから、甲が保有する A 社株式には既に多

額の含み益が生じているが、さらに、今後も A 社株式の相続税評価額は上昇することが予想されている。そこで、純資産価額方式による株式評価において、評価差額に対する法人税額等の控除が認められていることを利用して、株価対策をすることが考えられる。

取引相場のない株式の評価に関して、評価対象となる株式を発行する会社が株式保有特定会社に該当する場合においては、その株式の評価は、会社規模にかかわらず、原則として純資産価額方式によるものとされている（財基通 189-3、**基礎編第 5 章 2 (4)**参照）。ここで、株式保有特定会社とは、評価会社が有する株式及び出資（株式等）の額の総資産価額に占める割合が、その会社の規模にかかわらず、50%以上である会社をいう（財基通 189 (2)）。

そして、純資産価額方式においては、評価会社の課税時期における各資産の相続税評価額の合計額から負債の金額及び評価差額に対する法人税額等に相当する金額を控除した金額を、発行済株式総数（自己株式は除く）で除して、1 株当たりの株式評価額が算定される（財基通 185）。

$$株式評価額 = \frac{各資産の相続税評価額（時価）－負債の金額－\begin{subarray}{c}評価差額に対する\\法人税額等に\\相当する金額\end{subarray}}{発行済株式数（自己株式の数は除く）}$$

この、評価差額に対する法人税額等に相当する金額とは、(i)課税時期における評価会社の各資産の相続税評価額の合計額から負債の金額を控除した金額（時価純資産価額）と、(ii)当該各資産の帳簿価額の合計額から負債の金額を控除した金額（簿価純資産価額）の差額（評価差額）に、37%を乗じて計算した金額をいう（財基通 186-2）。

つまり、課税時期（相続時）において、評価会社の資産の相続税評価額（時価）からその帳簿価額を控除した残額がある場合、すなわち、評価会社の資産に含み益が生じている場合には、その含み益の 37%について相続税額の算定の基礎となる課税価格から控除されることとなり、相続税負担増加の抑制を図ることができることになっている。そして、株式移転を行い評価の対象を会社の「個別資産」から株式移転完全子法人の「株式」とすることで、例えば（株式移転完全子法人の評価方式が純資産価額方式である場合には増加分については全て評価に反映されてしまうような）株式移転完全子法人における現預金の増加分などについても、含み益としてその 37%を課税価格から控除することができるようにな

る。

　これを本事例にあてはめると、Ａ社の株式移転により甲が取得することになる資産管理会社の株式の評価は、資産管理会社が株式保有特定会社に該当することにより、原則として純資産価額方式によって算定される。そして、Ａ社の株式移転は適格株式移転に該当し、資産管理会社におけるＡ社株式の取得価額は、適格株式移転直前のＡ社の株主におけるＡ社株式の取得価額を引き継ぐため（小問１参照）、Ａ社株式の相続税評価額（時価）と取得価額の差額であるＡ社株式の含み益について、その37％が相続税の課税価格から控除されることになる。例えば、①Ａ社株式の相続税評価額：１億円、②Ａ社株式の取得価額：1,000万円であったとすると、株式移転後に甲が保有することとなる資産管理会社株式の評価額は以下のとおりとなる。

$$1億円－（1億円－1,000万円）×37％＝6,670万円$$

　つまり、株式移転を行い、甲が保有するＡ社株式を資産管理会社に移すだけで、3,330万円だけ相続税の課税価格から控除を受けることになる。

　もっとも、株式移転等によって恣意的に評価差額を作りだすことにより株式の評価額を圧縮している場合においてまでも、評価差額に対する法人税額等に相当する金額の控除を適用するのは不適当という考えから、株式移転等によって著しく低い価額で株式を受け入れた場合は、評価差額に対する法人税額等に相当する金額の算定上、評価会社の資産の帳簿価額に、受け入れる株式の相続税評価額と帳簿価額の差額を加算することとされている（財基通186-2⑵括弧書）。

　上記の数値例にそってみると、評価会社である資産管理会社は、株式移転の時点での相続税評価額が１億円であるＡ社株式を、1,000万円で計上した場合における資産管理会社株式の評価額は以下のとおりとなる。

$$1億円－\{1億円－（1,000万円＋1億円－1,000万円）\}×37％＝1億円$$

　つまり、甲が資産管理会社の株式を著しく低い価額で受け入れた場合には、Ａ社株式の相続税評価額と帳簿価額の差額である現物出資等受入れ差額（１億円－1,000万円）が資産管理会社の資産の帳簿価額に加算されることになるため、

結局のところ、「評価差額」は生じず、株式移転時に既に生じている含み益については、評価差額に対する法人税額等の控除が受けられないこととなっている[1]。

もっとも、株式移転後にさらに株価が上昇した場合には、その上昇分については「評価差額」を構成し、それに37%を乗じた額が、資産管理会社の純資産価額の算定上、控除されることとなる。

したがって、例えば乙が甲の財産を相続する時点において、A社株式の相続税評価額が3億円になっていたとすれば、乙が相続する資産管理会社の株式の評価額は、以下のとおりとなる。

$$3億円-\{3億円-(1,000万円+1億円-1,000万円)\}\times37\%=2億2,600万円$$

つまり、適格株式移転を実行し、A社株式を保有する資産管理会社の株式を受け入れることによって、甲がA社株式を保有し続けていた場合に比べて、かかる株式移転後に生じた評価差額に対する法人税額等に相当する約7,400万円分（$\{3億円-(1,000万円+1億円-1,000万円)\}\times37\%$）だけ相続財産の価値上昇を抑制することができる。

なお、純資産価額方式において、評価差額に対する法人税額等が控除されるのは、株式の所有を通じて会社の資産を所有する場合と、個人事業主がその事業用資産を直接所有する場合の評価上の均衡を図るためである[2]。すなわち、株式を通じて会社資産を間接的に所有する場合、株式ではなくその会社資産を相続等により直接承継するためには会社を清算する必要があるところ、清算時の資産・負債の含み益に対して法人税等が課税されることになる点を、事業用資産を直接所有する場合との均衡の観点から考慮しているということである[3]。

---

1) 但し、贈与から20年以上前に、著しく低い価額で株式が現物出資された会社の株式評価にあたり、当初納税者（受贈者である個人）が現物出資等受入れ差額に対する45%控除（当時）を適用せずに贈与税申告書を提出していたところ、その後、納税者が現物出資等受入れ差額に対する45%控除を適用した更正の請求を行い、所轄税務署長が当該請求を認容し、減額更正を行った事案が、T&Amaster（2011年10月17日号・No.423）で紹介されている。同記事では、法律上の帳簿保存義務の期間が過ぎたことにより、当時の資料が破棄され、現物出資時の相続税評価額が不明な場合の実務上の対応について問題提起されている。

2) 北村厚編『財産評価基本通達　逐条解説（平成30年版）』（大蔵財務協会、2018年）655頁。

3) 今村修『相続税・贈与税　財産評価の理論と実務』（税務経理協会、2006年）180頁。

328　第2部　プランニング編

そうすると、評価差額に対する法人税額等の控除割合は、法人税等の実効税率とリンクするものと考えられるため、法人税等の実効税率の引下げが進んでいることからすれば、将来的には控除の割合が37％よりも小さくなっている可能性は十分に考えられるところである。実際、この20年間で控除割合は14％も引き下げられている（平成10年4月1日より前に適用される控除割合は51％であった）。したがって、本事例のような株式移転を実行したとしても、実際の相続時に、必ずしも想定していた節税効果が得られない可能性がある点についてはあらかじめ念頭に置いておく必要がある。

小問3

甲は、さらなる相続税対策として、資産管理会社に土地等の資産を保有させることもあると聞いたが、これを行うことがどのように相続税対策につながるか。

　結　論

資産管理会社が土地等の資産を購入することにより、その保有するA社株式の総資産価額割合が50％未満となれば、株式保有特定会社に該当しないこととなり、一定の範囲で、純資産価額方式に比べ低い評価額が期待できる類似業種比準方式を用いることができる可能性がある。

しかし、かかる資産の購入が否認されるリスクがあるため、実行に際しては慎重な検討が必要である。

解　説

(1)　類似業種比準方式の活用

株式移転により設立された資産管理会社は、株式保有特定会社に該当すると考えられ（小問2参照）、その株式の評価には原則として純資産価額方式が用いられることとなる。しかし、一般に、純資産価額方式による株式評価額は各評価方式の評価額よりも高額となる傾向があるため、その他の評価方式を用いることにより、より大きな税務上のメリットを享受できる場合がある。

小問2において記載したとおり、株式保有特定会社とは、評価会社が有する株式及び出資（株式等）の額の総資産価額に占める割合が、50％以上である会社

をいうとされていることから、資産管理会社におけるA社株式を含めた株式及び出資の総資産価額割合（相続税評価額ベース）が50%未満となるように、土地等の他の資産を購入することにより、資産管理会社は株式保有特定会社に該当しないこととなる。そうすると、資産管理会社の規模によっては、その株式の評価について、一定の範囲で類似業種比準方式を用いることができるため（なお、株式移転後3年経過するまでは、開業後3年未満の会社等に該当するため総資産額割合にかかわらず純資産額方式が用いられる）、純資産価額方式を用いた場合に比べて低い額の評価額が得られる可能性がある。なお、株式の各評価方式の詳細については、**基礎編第5章2(5)**を参照されたい。

(2) 租税回避行為に対する否認規定の適用の可能性

(a) 財産評価基本通達189なお書

評価会社が、株式保有特定会社に該当するかどうかを判定する場合に、課税時期前において合理的な理由もなく評価会社の資産構成に変動があり、その変動が株式保有特定会社に該当する評価会社と判定されることを免れるためのものと認められるときは、その変動はなかったものとして当該判定を行うものとされている（財基通189なお書）。

したがって、株式保有特定会社に該当しないようにするために土地等の資産を購入したが、それが「合理的な理由」がないものと判断された場合には、かかる資産の購入がなかったものとして扱われ、株式保有特定会社に該当することとなってしまう。何らの用途に用いる計画がないにもかかわらず土地等の資産を取得したような場合に「合理的な理由」がないと判断されるものと考えられるが、この他にも、取得の時期、取得後の総資産に占める割合を含む種々の事情を考慮した上で判断されるものと考えられる。

(b) 総則6項（この通達の定めにより難い場合の評価）

さらに、総則6項は、「この通達の定めによって評価することが著しく不適当と認められる財産の価額は、国税庁長官の指示を受けて評価する」と定めている。総則6項については、数多くの適用事例が存在し、非上場株式については、納税者が形式的に評価通達に従った評価額で申告したところ、税務当局が、評価通達によらない特別の事情があると主張し否認するケースが目立つ。

基礎編第5章2(10)で論じたとおり、過去の裁判において特別の事情の適用基

準とされた項目は複数あるが、まずはＡ社株式の評価が、類似業種比準方式の趣旨から逸脱していないかがポイントとなる。

また、納税者の経済的合理性のない行為の有無を、特別の事情の適用基準として挙げている裁判例もある。

いずれにせよ、土地等の資産の取得によって株式保有特定会社として認定されないようにする方策については、以上に挙げた考慮要素を勘案して特別の事情があると判断され得る要素がないかについての検討が重要である。

以上から、実際に本小問における株価対策を実行するに際しては、専門家に相談のうえ、個別事情に則し、かつ過去の裁判例等も踏まえた慎重な検討を要するものといえる。

事例2
後継者が設立した資産管理会社に株式を移転

　甲は、A社の創業者であり、非上場会社であるA社の株式の全てを保有している。A社の事業は好調で、業績は右肩上がりであるため、今後もA社株式の相続税評価額は上昇していくことが予想される。甲には、乙・丙・丁という子がいるが、甲としては、乙を後継者とすると決めているため、早い段階で、乙にA社の経営を委ねたうえで引退することを希望している。そして、将来の相続税負担の上昇を考慮のうえ、できるだけ早く乙に保有する全てのA社株式を譲りたいと考えている。もっとも、乙には、A社株式を購入する資金がなく、また、贈与するにしても多額の贈与税が課税されることから、甲は、かかるA社株式の譲渡を実行できずにいる。甲は、経営者仲間から、後継者が資産管理会社を設立し、銀行等から融資を受けたうえで、それを原資として、株式を承継させる方法を耳にした。

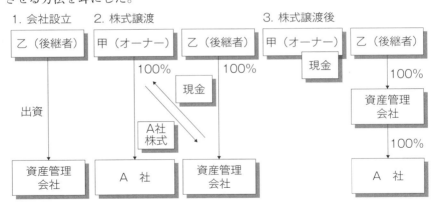

小問1

　A社株式を無償で贈与するのではなく、時価で売却することにどのような税務上のメリットがあるか。

332　第2部　プランニング編

結　論...

A社株式を有償で譲渡することによって、買主が課税されずに済む。

解　説

　そのような対価が売主に対して支払われる限り、買主が課税されることはない。

　また、時価でA社株式を譲渡した場合には、小問2において検討する株式譲渡に伴う課税のほかに、甲が現金を取得することになることに伴い、現金に対して課される相続税が別途問題となる。もっとも、現金は、費消をしたり、より相続税評価額の低い資産へと交換したりすることが可能であるため、相続開始時の直前に株式譲渡が行われるといった場合でない限り、相続税対策の選択肢は多くなる。

小問2

　A社株式の時価譲渡の相手方としては乙個人とすることも考えられるが、資産管理会社に譲渡する場合と比べ甲（オーナー）の課税関係についてどのような差異が生じるか。

結　論

　乙に対してA社株式を譲渡した場合に比べて、資産管理会社に譲渡した場合の方がA社株式の評価額が高くなる可能性があるが、個人が株式を譲受ける場合には、税効率の観点からその購入原資を借入れにより調達することが困難である場合も多い。

解　説

　甲から乙にA社株式を直接譲渡した場合と、甲から乙が新設した資産管理会社に譲渡した場合では、それぞれ課税関係は以下のとおりとなる。

(1)　甲から乙に直接譲渡する場合（個人から個人への譲渡）

　甲が乙に対してA社株式を時価で譲渡する場合、まず、甲に譲渡所得の課税がなされることとなるが、株式の譲渡による譲渡所得の金額は分離申告課税の

対象であり、その税率は 20.315％（所得税 15％、復興特別所得税 0.315％、住民税5％）である。そして、個人間の売買においては、みなし贈与（相法 7）との関係から、税務上の時価は相続税評価額をもって判断されることになる。乙は時価相当の対価を支払って A 社株式を取得するため、乙には課税関係は生じない。

(2) 甲から乙が新設した資産管理会社に譲渡した場合（個人から法人への譲渡）

　一方で、甲が、資産管理会社に対して A 社株式を譲渡する場合には、乙に譲渡するケースと同様に、甲に対して譲渡所得課税が生じる。このとき、資産管理会社に対して A 社株式を低廉で譲渡すると、甲においてはみなし譲渡課税が、資産管理会社においては受贈益課税が問題となり得る。これらは、税務上の時価を下回るような低廉譲渡が行われた際に生じる問題であり、ここでいう税務上の時価は、甲の課税関係を考える上では所得税法上の時価、資産管理会社の課税関係を考える上では法人税法上の時価が用いられることとなる。なお、個人に対するみなし譲渡は、税務上の時価の 2 分の 1 未満の譲渡について適用される（所令 169）一方で、法人については、そのような金額基準はなく、2 分の1 以上の譲渡であっても受贈益として課税されることになる。

　所得税法及び法人税法における株式の時価の算定方法については**基礎編第 5章 2 (8)**において詳述しているが、中心的な同族株主による株式の譲渡に関しては、相続税評価額と異なり、①常に財産評価基本通達に定める「小会社」として評価し、②会社が保有する土地や有価証券については譲渡時の時価で評価し、③その含み益については法人税額等に相当する金額が控除されないこととなる。したがって、一般に、所得税法・法人税法上の時価は、相続税評価額に比べて高額となる傾向にある。

　以上を踏まえ、乙に対して株式を譲渡する場合、乙が株式の購入資金相当額のキャッシュを有する場合を除き、その購入原資を一旦銀行等から借入れ、A社から得る給与や配当等により返済していくことが考えられる。しかし、個人が非上場会社から配当を得る場合には、原則として総合課税の対象（住民税等と合わせて最大で 55.945％の税率（配当控除適用前））となり、所得税等の負担が重い。他方、資産管理会社が買主として銀行等から融資を受けた場合、A 社から100％子会社である資産管理会社が得る配当については配当益金不算入制度（法法 23）の適用が受けられるため、配当の額のほぼ全てを銀行等への元利金支払

334　第2部　プランニング編

いの原資とすることができる（法法23Ⅰ）。そこで、本件のような株式承継プランニングとしては、後継者である乙が新設した資産管理会社に対して株式を譲渡することが比較的多い。

なお、甲が資産管理会社に対してA社株式を譲渡すると、甲が乙に対してA社株式を譲渡する場合と異なり、資産管理会社株式の相続税評価における純資産価額の計算上、評価差額に対する法人税額等として37％を控除することできる。したがって、乙の次世代への承継に向けた株価対策という税務上のメリットが期待できる。この点についての詳細は、**プランニング編事例1小問2・3**を参照されたい。

小問3

資産管理会社の銀行等からの融資について、返済計画の立案上の留意点としてはどのような点があるか。

　結　論

一般に、金融機関による事業承継資金の貸付けは、返済期間が5年から7年程度とされており、その期間内に返済をするためには、A社から利益の多くを配当で資産管理会社に支払う必要があり、返済期間中は、大規模な新規投資が制限される可能性がある。また、株式承継のタイミングによっては、A社からの配当の一部を返済に充てることができない可能性がある点について留意する必要がある。

解　説

(1)　剰余金配当の制限

資産管理会社が純粋持株会社である場合には、固有の事業を有するわけではなく、金融機関への返済原資は、A社から受ける配当のみである。事業承継のための銀行融資等は、一般に5年から7年程度の短期融資となるため、その返済ピッチにあわせてA社が配当を支払うとすると、当初計画されていた新規の事業投資が資金面から制限される可能性が出てくる。したがって、本事例のようなスキームを実行する際には、A社の事業計画等を勘案して、実現可能であるかどうか十分にシミュレーションを行う必要がある。

(2) 株式承継のタイミング

上記のとおり、法人税法上、完全子会社からの配当収入については全額が益金不算入とされているが（法法23Ⅰ）、ここでいう完全子会社に該当するためには、当該配当の計算期間を通じて完全支配関係を有している必要がある（法法23Ⅴ）。例えば、A社における計算期間がx1年4月1日～x2年3月31日である場合で、x1年7月1日に甲が資産管理会社にA社株式を譲渡したとすると、資産管理会社は計算期間を通じてA社の完全親会社であるとはいえないため、x2年3月31日期の期末配当について、受取配当金の全額益金不算入規定は適用されず、A社からの配当金の一部が課税されてしまうことになる。

また、配当の支払いを受けるときには、法人株主への配当であっても20.42%の所得税等（所得税20%、復興所得税0.42%）が源泉徴収されることになる。こうして源泉徴収された所得税等については、法人税額から控除されることになるが（法法68Ⅰ）、必ずしもその全額が控除されるのではなく、配当の計算期間の末日の株主が、その株式の所有期間に応じて按分した額のみを控除できることとなっている（法令140の2Ⅰ①）。そうすると、A社の計算期間が上記のとおりで、同様にx1年7月1日にA社株式を譲渡した場合についてみると、資産管理会社は源泉徴収額の3/4（＝9か月/12か月）に相当する額についてのみ所得税額の控除を受けることができ、残りの1/4に相当する額については控除を受けられないことになる。

このように、株式承継・配当のタイミングによってはA社からの配当の一部が課税されてしまい、その全てを銀行等への返済に充てることができなくなる可能性があるため、株式承継・配当のタイミングについては注意をする必要がある。

なお、計算期間の中途において株式を譲受けた場合の実務上の事後的対応としては、初年度の借入返済については、配当ではなく、A社からの借入金として返済資金を調達することで、上記のような論点を回避することも考えられる。

事例3
遺留分を踏まえた事業承継の選択

　甲は、非上場会社であるＡ社の創業者であり、Ａ社の株式の過半数である60％を保有している。Ａ社の事業は、好調で、業績は右肩上がりであるため、今後もＡ社株式の価格は上昇していくことが予想される。甲には、長男乙がおり、乙を後継者とすることを既に決めている。しかし、甲には乙以外にも子がおり、円滑に事業を承継するにあたって株式が乙以外の子に渡ることにより支配権が分散してしまうことを防ぎたいと考えている。また、Ａ社は、過去に上場を目指した経緯により、外部株主が多数存在していることから、甲は、安定した経営のために株式を集約させておく必要があるとも考えている。

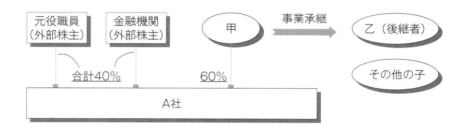

[小問１]

　甲による事業承継のタイミングとしては、いつが望ましいか。また、事業承継の一般的手法としては、贈与と売買の方法が考えられるところ、いずれの方法が望ましいか、またその理由とは何か。

　　結　論
　売買・贈与いずれにおいても、本事例のようにＡ社株式の価値が上昇しているような場合に事業承継のタイミングを遅らせると金銭的な負担が増加する傾向にあるため、早期の事業承継が一般的に望ましい。
　また、贈与は、売買に比べて、甲の相続発生時に、長男乙に対して他の子から、遺留分減殺請求がなされるリスクがある。その際、遺留分減殺請求の基準

事例3　遺留分を踏まえた事業承継の選択　337

時が相続時になるため、A社株式の価格が予想どおり上昇した場合の減殺請求
額が大きくなるという問題点もある。そこで、売買による承継の手法を検討す
ることが考えられる。

解　説

(1)　早期の事業承継のメリット

(a)　売買の場合

　甲が、乙にA社株式を売買する場合、後述する遺留分減殺請求のリスクや、
贈与税の課税を避けるためには時価で売買を行う必要がある。本事例において、
A社の業績は好調であり、株価が今後も上昇することが予想されるところ、売
買のタイミングを先延ばしにすればするほど「相当な対価」（時価）も上昇す
ることとなる。よって先延ばしにすればするほど、買主である乙にはより多くの
資金が必要となる。以上から、売買の場合には早期に行うことのメリットがあ
るといえる。

(b)　贈与の場合

　甲にとって、乙への贈与は、個人間の贈与であるため贈与者である甲に譲渡
益課税が生じることはなく、受贈者が、A社株式の取得価額を引き継ぐことに
なる（所法60Ⅰ①）。他方、贈与税の課税価格を計算するにあたっては、A社株
式のその時点での時価で計算することとなるところ、非上場株式の株式評価は、
原則として、会社規模に応じて類似業種比準価額方式や純資産価額方式、それ
らの併用方式で計算することとなる（財基通179）（詳しくは、**基礎編第1章**を参
照）。贈与税の課税価格の計算にあたっても、贈与のタイミングを先延ばしにす
ればするほど、株式の価格の上昇により贈与税の課税価格が上昇するため、乙
に対して多額の贈与税が課されることとなる。よって株価の上昇局面において
は、贈与の場合にも早期に行うメリットがあるといえる。

　以上から、売買、贈与いずれの場合にも早期に行うことが望ましいといえる。

338　第 2 部　プランニング編

(2)　売買・贈与それぞれの留意点

(a)　遺留分減殺請求の対象となる贈与の範囲について

(i)　贈与の場合

　遺留分[1]とは、一定の法定相続人（兄弟姉妹以外）に法律上保障された相続財産の一定割合のことである（民法 1028[2]）。算入される贈与の範囲は、原則として相続開始前 1 年間になされた贈与だが、当事者双方が遺留分権利者に損害を加えることを知って贈与を行った場合には、1 年前の日より前にしたものについても、算入される（民法 1030[3]）。

　また、共同相続人中に遺贈を受けた者あるいは、婚姻若しくは養子縁組のため若しくは生計の資本として贈与を受けた者があるときは、当該贈与等の時期にかかわらず、相続財産に贈与分を加算して相続分を計算するという、特別受益者の相続分に関する規定（民法 903）が遺留分に準用されている（民法 1044[4]）。この規定が準用される結果として、婚姻若しくは養子縁組のため若しくは生計の資本として贈与を受けた者がある場合には、その時期にかかわらず、遺留分の算定に関してその贈与分が遺留分の計算にあたって算入され[5]、遺留分減殺の対象にもされる（最判平成 10 年 3 月 24 日民集 52 巻 2 号 433 頁）。但し、この平成 10 年最判によれば、贈与が相続開始よりも相当以前にされたものであって、その後の時の経過に伴う社会経済事情や相続人など関係人の個人的事情の変化をも考慮するとき、減殺請求を認めることが相続人に酷であるなどの特段の事情がある場合は例外的に減殺の対象とならないとされている。なお、「生計の資本として」の贈与は、一般的にはかなり広い意味に解され、生計の基礎として役立つような贈与は一切これに含まれるとされており、相当額の贈与は特別な事情がない限り「生計の資本として」の贈与にあたる可能性が高いといえる。

　改正後民法では、相続人に対する生前贈与についても、相続開始前の 10 年前の日よりも前にされた生前贈与が遺留分の算定基礎に含まれないこととされたが（改正後民法 1044 Ⅲ）、民法 1030 条後段（改正後民法 1044 Ⅰ）の規律は維持さ

---

1)　詳しくは、**基礎編第 1 章 6** 参照。

2)　改正後民法 1042 条。

3)　改正後民法 1044 条 1 項。

4)　改正後民法においては削除される。

5)　遺贈は当然に遺留分減殺請求の対象となる（民法 1031（改正後民法 1046））。

れるため、いわゆる悪意の生前贈与については、相続開始の10年前の日よりも前にしたものについても遺留分の算定基礎に含まれる。詳しくは、**基礎編第1章6(1)**を参照されたい。

　本事例においては、乙は、甲の子であるから甲の共同相続人となるため、A社株式の贈与が特別受益にあたるとされれば、当該贈与が甲の相続発生の相当期間前になされていたとしても遺留分減殺請求の対象となる。したがって、事業を承継しない他の子は乙に対して、遺留分減殺請求をすることにより、乙に対しA社株式に関する物権的請求権を有することになる。乙は、それに対して価額弁償によってA社株式の返還義務を免れることができるが（民法1041 I）、資金がない場合には事業を承継しない他の子にA社株式を返還せざるを得なくなり、株式が分散してしまうリスクがある。

　改正後民法では、遺留分減殺請求により金銭債権が生じるのみとなるため（改正後民法1046 I）、乙に株式以外の資産が全くない場合を除いて株式が分散することはなくなると考えられる。詳しくは、**基礎編第1章6(2)**を参照されたい。

(ii)　売買の場合

　一方、売買の場合には不相当な対価による売買で、かつ当事者双方が遺留分権利者に損害を加えることを知ってした場合に限り、贈与とみなされて遺留分減殺請求の対象となる（民法1039[6]）。よって、相当な対価で売買を行えば、遺留分減殺請求の対象とされることはなく、分散リスクを回避することができる。

(b)　価額の基準時について

(i)　贈与の場合

　A社株式を贈与した場合に贈与税の計算及び遺留分の計算でそれぞれ贈与時と相続開始時のどちらが基準となるのかが問題となる。

　A社株式を贈与した場合に受贈者である乙の贈与税[7]を計算する際には、贈与時のA社株式の価額が用いられる（相法22）。

　しかし、遺留分の計算をする際には、遺留分の基礎財産に加算される贈与財産であるA社株式の評価基準時は、相続開始時と解されている（最判昭和51年3月18日民集30巻2号111頁）。その結果として、後継者である乙が努力して会

---

6)　改正後民法1045条2項。

7)　なお、一定の要件を満たす場合には、相続時精算課税制度を使うこともできる（相法21の9）。

社を発展させて、株式の評価を上げればあげるほど、遺留分減殺請求の額が大きくなり、乙の資金不足による株式分散のリスクが高くなってしまう。

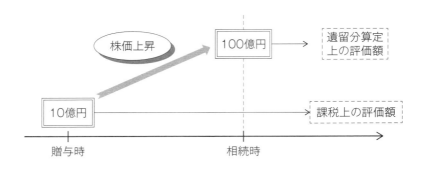

(ii) 売買の場合

一方、売買の場合には、前述したように相当な対価での売買を行えば、原則として遺留分の問題が発生しないので、上記の贈与のような問題が生じることはない。

小問2

甲は、贈与の場合にも乙以外の他の相続人に対して遺留分を放棄させることができれば、売買と同じ効果が得られると考えたが、実務上、どのような方法が考えられるか。

結　論

遺留分を放棄させる方法としては、民法による遺留分の生前放棄の制度を利用することや、経営承継円滑化法に基づく民法の遺留分の特例を利用することもできるが、いずれも要件を満たすことは必ずしも容易ではない。

解　説

(1) 民法による遺留分の生前放棄の制度を利用する方法

基礎編第1章6(3)でも解説したとおり、民法では、相続の開始前における遺留分の放棄には家庭裁判所の許可が必要であることが定められている（民法1043

事例3　遺留分を踏まえた事業承継の選択　341

I[8]）。本事例にあてはめると、乙以外の全ての遺留分権利者が家庭裁判所の許可を得て遺留分を放棄することが必要となる。しかし、乙が後継者となることに不満を持つなど甲や乙と不仲な相続人がいる場合などには、それらの法定相続人が自ら遺留分放棄をすることは実務上期待できない。これに対し、甲がこれらの他の法定相続人を、円滑な事業承継の必要性などを理由に説得することができるのであれば、甲の生前にこのような手当てを行うことも十分検討に値する。

(2)　経営承継円滑化法を利用する方法

(a)　制度の概要

基礎編第1章で解説したとおり、経営承継円滑化法は、一定の要件を満たした場合に、後継者が遺留分権利者との合意及び所要の手続き（経済産業大臣の確認、家庭裁判所の許可）を経ることによって、利用できる特例であり、その特例には、①生前贈与した株式を遺留分の対象から除外する除外合意と②生前贈与した株式の評価額をあらかじめ固定する固定合意がある。

(b)　本事例における適用

本事例において、A社、甲、乙が上述した要件を満たすことは可能である。しかし、経営承継円滑化法に基づく場合にも結局、遺留分を有することとなる他の法定相続人全員の同意が必要であり（経営承継円滑化法4 I・5）、上記(1)で述べたような対立等が甲・乙と非後継者の間にある場合には適用は難しい。

小問3

以上のような検討を踏まえて、甲は、乙に対して保有するA社株式の全てを売却することに決めた。しかし、乙にはその資金がないという。どのようにすればよいか。

　　結　論

資金調達のために、乙が直接借入れを行うことも考えられるが、税効率が悪いという問題があるため、税効率の観点からは、持株会社を設立し、当該持株会社による借入れを行う方が望ましい。なお、持株会社を設立することの税効

---

8)　改正後民法 1049 条 1 項。

果については、**事例2**を参照されたい。

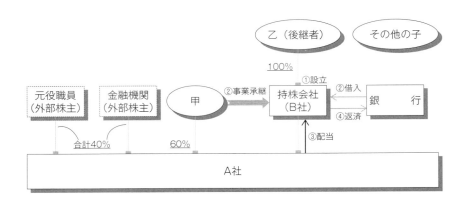

事例 4
合併を活用した株価対策

　甲はA社の発行済株式総数の80％、B社の発行済株式総数の100％を保有している。後継者である長男に株式を承継させるに際し、顧問税理士に税務上の株価算定を依頼したところ、会社規模がA社【中会社の中】、B社【中会社の小】と判定された。特にB社は近年本業が不振であるが、過去の利益の蓄積が多額であり、株価が高い水準になると顧問税理士から指摘された。

小問 1

　甲は顧問税理士から、A社とB社を合併することで、会社規模が「大会社」となり、株価の引下げが可能であると助言を受けた。株価算定上、どのような仕組みにより株価の引下げが可能なのか。また、合併を実行した際の税務上のリスクはあるか。なお、A社とB社の合併は、税制適格要件を満たすものとする。

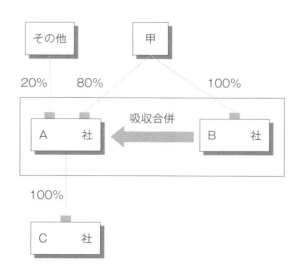

344 第2部 プランニング編

結 論

　株価算定上、A社は合併により会社規模が「大会社」に区分され、類似業種比
準価額と純資産価額のいずれか低い価額で評価することができる。但し、合併
直後に株式の移転が行われると、合併前と比べて高く評価される可能性がある
点に留意を要する。

解 説

(1) 税務上の株式評価

　非上場株式は、評価対象会社が区分される会社規模に応じて評価される（財
基通178）。会社規模は大会社、中会社、小会社に分類され、さらに中会社には大、
中、小の3分類がある。すなわち、会社規模は大会社から小会社まで5つの分
類があり、それぞれの分類で類似業種比準価額と純資産価額の斟酌する割合が
決められている（財基通179）。各会社規模における類似業種比準価額の折衷割
合は以下のとおりである（会社規模別の評価方法については、**基礎編第5章2(5)**を
参照）。

会社規模	折衷割合
大会社	類似業種比準価額×100%
中会社の大	類似業種比準価額×90%
中会社の中	類似業種比準価額×75%
中会社の小	類似業種比準価額×60%
小会社	類似業種比準価額×50%

　一般的に、類似業種比準価額は純資産価額よりも低く評価される傾向にある
ため、会社規模を引き上げることにより株価の抑制を図るタックス・プランニ
ングは実務上もよく用いられている。
　会社規模は、評価対象会社の「従業員数、純資産価額及び直前期末以前1年
間における取引金額」により判定されることから、評価対象会社を他のグルー
プ会社と合併させることにより、会社規模の引上げを達成することができる。

本事例では、吸収合併後のＡ社は、大会社に区分されることになることから、Ａ社の株価算定上は、類似業種比準価額と純資産価額のいずれか低い金額により評価される。

　その一方で、合併の直後に課税時期がある場合には、当該合併により業種が変化し、比準要素を適正に算出できず、ひいては類似業種比準方式を採用することができないとする見解がある。この見解は、国税速報第5528号（平成15年7月3日）や東京国税局課税第一部資産評価官により執筆された文献[1]において明らかになっていたが、あらたに東京国税局資産税審理研修資料[2]として以下のような内容が示された。

　同資料では、合併後に課税時期がある場合に、類似業種比準方式を適用できるかどうかは、個々の事例毎の判断であるとしつつも、①合併の前後で会社の実態に変化がないと認められ、②合併後の会社と吸収合併された会社の配当等を合算して算定された各比準要素が合理的な数値である場合には、類似業種比準方式を適用することができるとしている。

　さらに、どのような算定方法であれば適切な比準要素が得られるかという点については、以下に掲げるケースを示しており、今後の実務の参考になると思われる。

　前提
　　直前期末の翌日から課税時期までの間に合併がある場合において、仮に、合併後の会社（以下「Ａ法人」という。）、合併存続会社（以下「Ｂ法人」という。）及び吸収合併された会社（以下「Ｃ法人」という。）とする。
　1　Ａ法人株式の評価に当たり、Ｂ法人の合併前の決算期の配当等の実績に基づいて比準要素を算定する場合

比準要素	Ｂ法人の課税時期の直前期
Ｂ（配当）	×
Ｃ（利益）	×
Ｄ（純資産）	×
判　定	適用不可

---

1)　香取稔編『平成27年版株式・公社債評価の実務』（大蔵財務協会、2015年）234頁～237頁。
2)　東京国税局課税第一部資産課税課資産評価官「資産税審理研修資料」（平成28年7月作成）。

2 　A法人株式の評価に当たり、B法人とC法人の合併前の決算期の配当等の
実績を合算して比準要素を判定する場合

比準要素	B法人の課税時期の直前期
B（配当）	× （ただし会社実態に変化がない場合は○）
C（利益）	× （ただし会社実態に変化がない場合は○）
D（純資産）	× （ただし会社実態に変化がない場合は○）
判　　定	原則適用不可

3 　上記1及び2の結果、合併後に課税時期がある場合において、上記1により
比準要素を算定すると、合理的な数値を得ることができず、また、上記2により
比準要素を算定しても、合併の前後で会社の実態に変化がないと認められる場合
を除き、合理的な数値を得ることはできないこととなる。
　　したがって、合併直後に課税時期がある場合において、合併前後の会社児たち
に変化がない場合を除いて、適切な比準要素を求めることが困難であることから、
類似業種比準方式を適用することはできない。
　　この場合において、評基通189-4に準じて開業後3年未満の会社等として純資
産価額により評価することも一つの方法であると考えられる。

評価方法 ＼ 課税時期			合併直後
類似業種比準方式	単体方式		×（上段）
	合算方式	合併の前後で会社実態に変化がある場合	×
		合併の前後で会社実態に変化がない場合	○ （比準3要素を基に算定）
純資産価額方式			○ （評基通189-4に準じて開業後3年未満の 会社等として評価）

　　上記表中では触れられていないが、合併により類似業種比準方式を適用でき
ない根拠から判断すると、合併を実行した翌事業年度には、各比準要素のうち、
少なくとも「一株当たりの純資産価額」は適正に算定することができるため、
比準要素数1の会社として、Lの割合を0.25とする併用方式を採用するなど、
一部類似業種比準方式を反映する余地があるように思われる。

また、合併の直後に甲の相続が発生するリスクには特に注意を要する。合併直後にA社株式を評価する場合、類似業種比準方式を適用できないという認定がなされると、純資産価額方式によらざるを得ず、合併をしたことによりかえって株価が上昇する結果となりかねない。合併の実行に際しては、甲の健康状態等を勘案しながら、時間的余裕をもってプランニングを策定する必要があるだろう。

(2) 法人税法

合併法人であるA社と被合併法人であるB社が甲による50％超100％未満の支配関係があり、税制適格合併の要件を満たすため、当該合併は適格合併に該当する（法法2⑿の8イ）。したがって、B社の資産・負債は帳簿価額によりA社に引き継がれ、当該合併により課税関係は発生しない。

小問2

A社の100％子会社であるC社は債務超過会社であり、A社との合併又は清算を検討している。それぞれの手法がA社株式の評価にどのような影響を与えるか。なお、C社の負債の多くは金融機関からの借入れ（A社が債務保証している）とA社からの借入れとなっている。

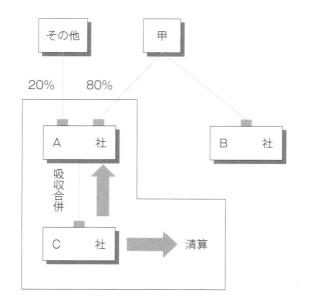

結　論

合併を行った場合には主にA社の純資産価額と類似業種比準価額の比準要素のうち「純資産価額」を引き下げる効果がある一方で、清算を行った場合には純資産価額と類似業種比準価額の「利益金額」と「純資産価額」の2つの比準要素を引き下げることができる。

解　説

(1) 合併

(a) 税務上の取扱い

(i) 株式評価

本事例においては、A社が有しているC社に対する貸付金は、C社から引き継ぐ借入金と混同により消滅し、C社が金融機関から受けていた借入金はA社が引き継ぐこととなる。これにより、A社の純資産価額は合併前よりも引き下げられる。また、A社がC社からマイナスの利益積立金額を引き継ぐことで、類似業種比準価額も引き下げることができる。

なお、小問1で検討したとおり、合併直後において類似業種比準方式の適用

が制限される可能性がある点には小問1同様に留意を要する。

　一般に、実質債務超過に陥っている会社に対して、金融機関が融資を行うことは想定されず、実際には親会社が事業資金を貸し付けていることが多い。また、子会社の金融機関からの既存融資についても、親会社が債務保証を入れていることが多く見受けられる。このような実質債務超過の子会社を有している親会社株式の相続税評価では、株主有限責任の原則から、子会社株式の評価が0円とされるのみで、子会社貸付金は原則として額面で評価され、貸倒損失や保証債務損失を親会社において計上することは困難である。

　そこで、実質債務超過の子会社を吸収合併することにより、親会社株式の相続税評価額を引き下げることが検討される。すなわち、合併により実質債務超過部分を親会社が引き継ぐことで純資産価額を引き下げ、さらにマイナスの利益積立金額を引き継ぐことで類似業種比準方式の比準要素の1つである純資産価額を減少させ、類似業種比準価額を引き下げることができるのである。

(ii)　法人税法

　A社とC社の合併は適格合併に該当するため、A社・C社において課税は生じない。

　合併法人であるA社が被合併法人C社の発行済株式の全部を直接に保有しているため、当該合併は100％グループ内の合併に該当する。また、完全親会社を存続会社、完全子会社を消滅会社とする吸収合併の場合、合併対価は交付されない。このような無対価組織再編成は、適格要件の1つである「金銭等不交付要件」を充足するか疑義があったが、平成22年度税制改正により、100％グループ内の無対価組織再編成が税制適格組織再編成に該当することが明確化された（法法2⑫の8、法令4の3Ⅱ②）。

(2)　清算

(a)　税務上の取扱い

(i)　株式評価

　後述するように、法人の清算手続きは大別して通常清算と特別清算があるが、C社のように債務超過に陥っている会社は特別清算によらざるを得ない（会社法511Ⅱ）。通常清算を選択するためには、A社が有するC社に対する貸付金を債権放棄し、C社の債務超過状態を解消することが前提となる。

350　　第2部　プランニング編

　この債権放棄により、Ａ社が有するＣ社に対する貸付金は債権放棄損として処理され、Ａ社の純資産価額を押し下げる効果がある。さらに、Ｃ社が金融機関からの借入金はＡ社が債務保証していたことから、Ｃ社に代位して弁済すると同時にＣ社に対して求償権を取得するが、Ｃ社の債務超過の状態次第では、当該求償権についても債権放棄を行う必要がある。これらの債権放棄により、Ａ社の純資産価額はさらに押し下げられる。もっとも、これらの効果は、合併によった場合であっても同様であり、純資産価額に与える影響だけであれば、合併と清算には大きな違いがないといえる。

　合併と清算の手法の違いにより差異が生じるのは、類似業種比準価額である。Ａ社は、Ｃ社に対する債権を債権放棄損として計上することとなるが、当該損失が、損金に算入されると、比準要素の1つである年利益金額が減少する。平成29年度税制改正により、類似業種比準価額の計算上、年利益金額の比重が従来の3倍から1倍とされたため、株価引下げ効果が限定的となったとはいえ、全く効果がなくなったというわけではなく、貸倒損失の金額によっては、類似業種比準価額に与える影響は依然として大きいといえるだろう。

　但し、Ａ社における債権放棄損が子会社に対する寄附金と認定されるとグループ法人税制によりその全額が損金不算入とされ、類似業種比準価額の引下げ効果は非常に限定的となる。**基礎編第5章2⑸**で解説したとおり、比準要素の1つである年利益金額は会計上の利益ではなく、税務上の課税所得金額を基礎に算定される数値である。したがって、年利益金額を押し下げるためには、まず債権放棄損が損金算入されることが前提となる。

　この判断基準につき、法人税法には別段の定めが置かれていないため、法基通の規定により寄附金該当性を判断することとなる。本書においては詳述を避けるが、実務上は子会社の特別清算を行うことにより、法基通9-6-1⑵の要件を充足し、債権放棄損等を損金に算入することが多いようである。特別清算には協定型と和解型の2つの方法があるが、法基通9-6-1⑵では会社法の規定による「特別清算に係る協定の認可の決定があった場合において、この決定により切り捨てられることとなった部分の金額」はその事実が発生した日の属する事業年度において貸倒れとして損金の額に算入すると規定されているとおり、当該通達において想定しているのは協定型のみである。但し、和解型であったとしても、法基通9-6-1⑷の要件[3]を充足することで損金算入が可能である[4]。なお、法基通9-6-1⑵及び9-6-1⑷のいずれの要件も満たし得ない場合には、

法基通 9-4-1 の規定により損金算入が可能であるかを検討することになる。

　子会社支援損失の寄付金該当性は、税務当局との争いが多い分野の1つである。法基通の規定のみでは判断に窮することもあることから、税務当局は事前相談の窓口を設け、寄付金該当性の判断要素を公表している（「子会社等を整理・再建する場合の損失負担等に係る質疑応答事例等」http://www.nta.go.jp/taxes/shiraberu/taxanswer/hojin/5280.htm）。実際にスキームを実行する際には、これらの判断要素を精査したうえで、場合によっては税務当局に事前照会を行うなど慎重な検討が必要であろう。

　清算を行った場合には、合併とは異なり、清算直後であっても親会社において類似業種比準方式が適用できるものと思われる。清算により親会社は事業の包括承継を受けるわけではないため、親会社の会社実態に変化は生じ得ない。よって、親会社の類似業種比準方式の各比準要素は、清算直後であったとしても会社実態を適正に反映することから、類似業種比準方式の適用に制限を設ける必要はないと考えられる。

(ii)　法人税法

①　受贈益

　貸倒損失の取扱いは前述のとおりであるが、C社において債務免除を受けたことによる受贈益は原則として益金算入されるところ、完全支配関係がある他の内国法人から受けた受贈益は、グループ法人税制の適用を受け、益金不算入とされる（法法 25 の 2 Ⅰ）。但し、A社において貸倒損失が寄附金として取り扱われない場合には、C社において受贈益の益金不算入の適用はなく、受贈益が益金算入される（法基通 4-2-5）。

②　期限切れ欠損金

　法人が解散した場合に、残余財産がないと見込まれているときは、青色欠損金以外に、いわゆる「期限切れ欠損金」を損金算入することができる（法法 59 Ⅲ）。「残余財産がないと見込まれる」か否かの判定は、清算中に終了する各事業年度終了の時の現況によるものとし（法基通 12-3-7）、解散した法人が当該事

---

3)　債務者の債務超過の状態が相当期間継続し、その金銭債権の弁済を受けることができないと認められる場合において、その債務者に対し書面により債務免除額を明らかにする必要がある。

4)　和解型の特別清算手続きによる貸倒損失が否認された事例として、東京高判平成 29 年 7 月 26 日公刊物未登載がある。

業年度終了の時において債務超過の状態にあるときは、残余財産がないと見込まれるときに該当する（法基通 12-3-8）。

　C社は実質債務超過であることから、期限切れ欠損金を損金算入することができる。すなわち、C社において債務免除益が益金算入された場合であっても、期限切れ欠損金を損金算入することにより、課税関係が発生しないと思われる。

　なお、実務においては、期限切れ欠損金の損金算入の規定は、法人税の確定申告書に一定の書類を添付した場合に限り適用がある点に留意を要する（法法 59 Ⅳ）[5]。

③　残余財産の現物分配

　残余財産の分配は原則として金銭により行うことを原則とするが、株主が金銭分配請求権を行使しない限りにおいて、金銭以外の資産を交付することができる（会社法 505 Ⅰ）。

　税務上、残余財産の分配を、金銭以外の資産により交付する場合には、原則として現物分配法人において、その資産をその残余財産の確定時における時価により譲渡したものとして所得の金額を計算する（法法 62 の 5 Ⅰ・Ⅱ）。但し、完全支配関係のある親会社に対する現物分配である場合には、適格現物分配に該当し、その残余財産の分配の直前の帳簿価額により譲渡したものとして所得の金額を計算する（法法 62 の 5 Ⅲ）。

④　子会社株式消滅損

　完全支配関係がある子会社を清算した場合には、親会社において子会社株式消滅損を損金算入することができない（法法 61 の 2 ⅩⅦ）。子会社の特別清算を行う場合、通常は子会社から残余財産の分配を受けることはないが、その場合には、子会社株式の帳簿価額相当額を親会社の資本金等の額から減算することとなる（法令 8 Ⅰ⑲）。

⑤　繰越欠損金の引継ぎ

　上記のとおり、親会社において子会社株式消滅損を損金算入できない一方で、子会社の青色欠損金を親会社が引き継ぐことができる（法法 57 Ⅱ）。但し、支配関係が以下のうち最も遅い日から継続していると認められない場合には、繰越欠損金の引継ぎが制限される（法法 57 Ⅲ）。

・残余財産の確定の日の翌日の属する事業年度開始の日の 5 年前の日

5）　但し、これらの書類の添付がない場合であっても、税務署長がやむを得ない事情があると認めるときは損金算入される。

・子会社の設立の日
・親会社の設立の日

(b)　法務上の取扱い

吸収合併又は清算に際し、法務上の手続きのうち、特に留意を要する点につき解説を行う。

(i)　吸収合併
①　簡易合併の概要

会社法上、吸収合併を行う場合には、当該吸収合併に係る契約を締結したうえで、株主総会において承認を受けなければならない（会社法783、795）。但し、合併により承継する財産の規模又は合併により交付する財産の規模の観点から、株主に与える影響が軽微である場合には、株主総会決議による承認が必要とされない（会社法796Ⅱ）。

特に、上場会社においては、株主総会の開催に多額のコストがかかることから、組織再編成を行う際に、簡易組織再編成の要件を充足するかどうかは重要な検討事項となる。

一方で、完全子会社を吸収合併する際には、簡易合併の要件を充足しない可能性がある点には注意が必要である。具体的には、以下のいずれかに該当するときは、合併法人の株主総会の承認を受けなければならない

・吸収合併に際し、合併法人において差損が生ずる場合（会社法796Ⅱ）
・合併法人が非公開会社であり、当該合併法人の譲渡制限株式の発行又は移転を伴う場合（会社法796Ⅰ）
・一定数の株式を有する株主が吸収合併に係る通知又は告知の日から2週間以内に当該吸収合併に反対する旨を合併法人に通知した場合（会社法796Ⅲ）

まず、実質債務超過会社である子会社を吸収合併する場合には、親会社において差損が生ずることとなり、子会社が過年度に計上した損失を引き受けることと同義となるため、親会社において株主総会の承認が必要とされる。したがって、A社がC社を吸収合併する場合には、C社が実質債務超過であることから、原則としてA社において株主総会の承認が不可欠となる。

また、被合併法人が簿価債務超過でない場合であっても、合併法人において

差損が生ずる可能性があり得る。すなわち、親子会社間の吸収合併において、親会社（存続会社）が所有する子会社株式について計上される損失により差損が生ずるのである。親会社における子会社株式の帳簿価額が子会社の簿価純資産額よりも大きい場合には、抱き合わせ差損が計上されることとなり、株主総会の承認が必要となる。

②　差損発生の回避

　吸収合併においては、会社分割とは異なり、消滅会社の資産・負債を全て承継することになるため、差損の計上を回避することは困難である。しかし、以下のような手法をとることにより、回避することが可能となる。

➤　債務超過会社の場合

　存続会社が消滅会社に対して債権を有する場合には、吸収合併前に債権放棄を行うことで、消滅会社から承継する負債の金額が減少し、差損の計上を回避することが考えられる。

➤　資産超過会社の場合

　合併により差損が計上されるか否かの判定は、当該合併に係る効力発生日で判定される。したがって、子会社株式につき、減損処理の要件を満たしている場合には、合併の効力発生日前までに減損処理により子会社株式の帳簿価額を引き下げておくことにより差損の計上を回避することが考えられる[6]。

③　通常清算・特別清算の比較検討

　通常清算とは、裁判所の関与なしに行う会社整理手法のうち、清算型の私的整理に該当する。通常清算という法律上の用語は存在しないが、後述する特別清算と比較して通常清算といわれることがある。

　通常清算は、裁判所の関与なしに手続きを進めることから、迅速かつ柔軟に会社整理を実行できる反面、原則として全債権者の同意を必要とするため、清算手続きに反対する債権者がいる場合には、清算手続きを進めることができず、法定の清算（特別清算・破産）手続きによらざるを得なくなる。

　一方、特別清算は、裁判所の監督の下に行われる法的な清算手続きである。清算の遂行に著しい支障を来すべき事情や債務超過の疑いがある場合に、利害関係人の申立てにより裁判所より開始が命じられる（会社法510）[7]。したがって、債務超過である場合には、通常清算によることができず、特別清算手続きをと

---

6)　但し、子会社株式の減損損失を決算時ではなく、合併直前の期中の臨時決算で計上し得るかという点については議論があるところである。

る必要がある。

実務上、上場会社が債務超過の子会社の清算手続きをする場合に、特別清算によると、倒産というイメージを持たれ、グループ全体の社会的信用が毀損する可能性があることから、通常清算を選択することが多い。

但し、債務超過の疑いがある場合には、特別清算によることとされていることから、通常清算を選択するためには、まず親会社が子会社に対する債権を放棄することで、子会社の債務超過状態を解消しなければならない。

税務の観点からは、親会社による債権放棄損が損金算入できるか否かが問題となり得る。具体的には、上述したとおり、法基通9-4-1により損金算入の可否を検討することになるが、税務当局と紛争になる可能性も否定できない。したがって、債務超過状態にある子会社を整理する場合には、通常清算と特別清算のメリット・デメリットを総合的に比較検討しながら、清算方法を決定することになる。

─────
小問3
─────

小問1，2の合併や清算が、A社株式の株価引下げ以外に目的がない場合に税務当局は何らかの否認を行ってくるか。また、否認をする場合にはどのような手法が考えられるか。

結　論

相続税法64条1項及び4項（行為計算の否認）又は財産評価基本通達6項の適用により、税務当局が本事例におけるA社株式の評価を否認する可能性がある。

─────
解　説
─────

(1)　租税回避行為に対する否認規定の概要

基礎編第5章で詳述したとおり、租税回避行為に対する否認の類型は以下のものが挙げられる。

───────────────────

7)　申立権者は、債権者、清算人、監査役及び株主であるが、債務超過の疑いがある場合には、清算人は申立てをする義務がある（会社法511 Ⅰ・Ⅱ）。

> ・個別否認規定による否認
> ・事実認定による否認
> ・法解釈（限定解釈）による否認
> ・一般的否認規定による否認
> ・財産評価手法の否認

　このうち、本事例を否認する手法としては、一般的否認規定による否認と財産評価手法の否認が想定される。そのなかでも、具体的な否認規定として機能するのが、相続税法 64 条 1 項（同族会社の行為又は計算の否認）、相続税法 64 条 4 項（組織再編成に係る行為又は計算の否認）及び財規通 6 項（この通達の定めにより難い場合の評価）である。

(2)　一般的否認規定の適用可能性

(a)　相続税法 64 条 1 項（同族会社の行為計算否認）

　基礎編 5 章 2 ⑽で解説しているように、相続税法 64 条 1 項が適用された事例は非常に少なく、同項にいう「不当」の射程は必ずしも明確ではない。しかし、条文内容が類似する法人税法 132 条 1 項の適用事例を分析することで、その射程を検証することは可能であると思われる。東京高判平成 27 年 3 月 25 日判時 2267 号 24 頁（IBM 事件）では、従来通説とされてきた「異常ないし変則的で正当な理由ないし事業目的が存在しないと認められる場合」という不当性概念が否定され、「独立かつ対等で相互に特殊関係のない当事者間で通常行われる取引と異なっている場合」に、租税負担が不当に減少させる結果となると明示的に判示している。

　この判示によれば、小問 1 の合併につき、相続税法 64 条 1 項の適用可能性を検証する際に、「事業目的の有無」に加えて、当該合併が独立当事者間においても通常行われる取引であることを主張立証できるだけの準備を整えるべきように思われる。

　一方、小問 2 の合併又は清算は、直ちに相続税法 64 条 1 項の規定が適用されるわけではないと思われる。なぜならば、グループ内の債務超過会社に業績改善の兆候がないような場合に、救済的に親会社に合併するか、清算することは非同族会社グループでもよく行われているからである。その目的のうちに株価の引下げがあったとしても、小問 1 と比べると、同項が適用される可能性はよ

り低いといえる。

(b) 相続税法 64 条 4 項（組織再編成に係る行為計算否認）

相続税法 64 条 4 項は、平成 13 年の創設以降未だに適用された事案は確認できないが、法人税法 132 条の 2 の適用が争われたヤフー事件及び IDCF 事件における議論[8]を鑑みるに、本件合併が、①純粋経済人として不合理、不自然であり、②合理的な事業目的がないと税務当局から判断され、同項による否認が行われる可能性は否定できない。実際に、立案担当者が、株式の評価を下げるための分割等を租税回避行為の一例として挙げていることからも、タックス以外に主たる事業目的がないような場合には、同項による否認リスクを十分留意すべきであろう。

(c) 総則 6 項（この通達の定めにより難い場合の評価）

総則 6 項は、行為計算否認規定と比較すると、数多くの適用事例が存在する。特に、非上場株式については、納税者が形式的に財産評価評価通達に従った評価額で申告したところ、税務当局が、評価通達によらない特別の事情があると主張し否認するケースが目立つ。

過去の裁判において特別の事情の判断基準とされた項目は複数あるが、まずは A 社株式の評価が、類似業種比準方式の趣旨から逸脱していないかが 1 つのポイントとなる。

本事例においては、A 社は合併により会社規模が引き上げられ（小問 1）、又は類似業種比準価額の比準要素が引き下げられている（小問 2）が、A 社は適法な合併手続きにより大会社としての規模を有し、合併の一定期間後においては各比準要素を適正に算定することができるのであり、類似業種比準方式の適用限界とされるようなケースではないと思われる。さらに、A 社の資産構成も標本会社である上場会社に比して、土地や株式等の特定の資産に偏っているとはいえないのであれば、合併又は清算を行ったことのみをもって、類似業種比準方式の趣旨から逸脱しているとは言い難い。

したがって、本事例のような合併や清算を行ったとしても、総則 6 項により納税者が選択した財産評価方法が否認される可能性は低いのではないかと思わ

---

8)　詳細については、**基礎編第 5 章 2**⑽参照。

れる。

　ただし、総則 6 項による否認は、趣旨からの逸脱だけではなく、納税者が行った行為の経済合理性が判断基準とされることもあるため、総則 6 項と類似の基準が定立されている行為計算否認の裁判例（**基礎編第 5 章 2 ⑽参照**）における判断基準を踏まえつつ、納税者が行った行為が十分に経済合理性を備えていることを税務当局に主張できるだけの準備をしておくことも重要であろう。

事例 5
後継者が 2 人いる場合の会社分割

　甲は、A 社のオーナー社長であり、その株式を全部保有していた。A 社は、その主力事業として a 事業と b 事業を展開しており、甲の子である乙と丙は、それぞれ a 事業と b 事業を担当していたが、今般、相続によって A 社株式をそれぞれ 2 分の 1 ずつ取得した。

　乙と丙は、現時点では不仲というわけではないが、これまでにも意見を対立させることがしばしばあり、今後 A 社の経営を共同して行っていくことは難しいと考えたことから、A 社を分社化し、a 事業を営む法人（A 社）を乙が保有し、b 事業を営む法人（B 社）を丙が保有することとした（何らの対策も行わなかった場合についてはコラム「解散判決」を参照）。

　乙と丙は、遺産分割後に A 社の顧問税理士に相談したところ、①会社分割を行った後に乙と丙が相互に株式を譲渡するスキーム、②法人間で株式の譲渡を行うことにより、グループ法人税制を利用して事業を分割するスキーム、③会社分割を行った後に株式を無議決権化するスキーム、④会社分割を行った後に株式を信託譲渡するスキームの提案を受けた。

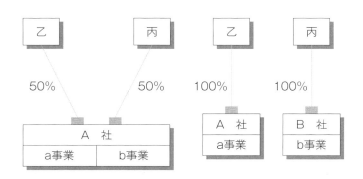

小問 1
（①会社分割を行った後に乙と丙が相互に株式を譲渡するスキーム）

A社につき会社分割（分割型新設分割）を行った後に、乙と丙が相互に経営しない会社の株式を譲渡するというスキームにおけるデメリットはどのようなものか。

　結　論

A社のb事業を分割型分割によって切り出し、b事業を承継する新会社を設立した上で、乙・丙は相互に経営しない会社の株式を相手方に譲渡することで、完全な分社化を達成することができる。しかし、株式を譲渡する際に、乙・丙において、20.315％の税率で譲渡益に課税がなされることとなる。

解　説

(1)　スキームの概要

(a)　Step 1　分割型新設分割

A社のb事業に関連する資産債務を会社分割によって切り出し（分割対価である分割新設会社の株式をA社の株主である乙と丙に交付）、b事業を承継するB社を設立する。

(b)　Step 2　株式の譲渡

乙は、その保有するB社株式を丙に譲渡し、丙は、その保有するA社株式を乙に譲渡する。

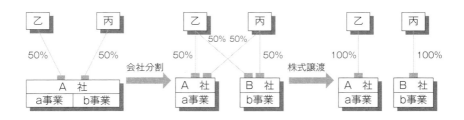

(2)　分割型新設分割（Step 1）の課税関係

A社は、それぞれ親族である乙と丙がその株式の100％を保有していることから、A社と甲・乙との間には完全支配関係がある（法法2⑫の7の6、法令4の

2)[1]。そして、A社の分割は、①分割対価として分割承継会社又はその完全親会社株式以外の資産が分割会社の株主に交付されず、②その株式が分割会社の株主の有する株式の数の割合に応じて交付され、かつ、③分割後も完全支配関係の継続が見込まれる限り、適格分割型分割に該当する。

適格要件を満たす会社分割（適格分割）については、分割会社（A社）、分割会社の株主（乙・丙）、分割承継会社（B社）における課税関係はそれぞれ以下のとおりとなる。なお、消費税・不動産取得税等の法人税以外の課税関係については別途検討を要するが、本問では説明を省略する（以下本事例において同様）。

(a) 分割会社（A社）における課税関係

会社分割においては、分割承継会社に移転される分割会社の資産・負債について、法人税法上は、時価による譲渡が強制され、分割会社において、譲渡益又は譲渡損が実現し、認識される（法法62）。しかし、適格要件を満たす吸収分割については、簿価による引継ぎが強制されるので、譲渡益又は譲渡損は認識されず（法法62の2Ⅱ）、課税関係は生じない。

(b) 分割会社株主（乙・丙）における課税関係

(i) みなし配当課税

分割型分割の場合、法人税法は、分割会社がその資産・負債を分割承継会社に譲渡したうえで、分割承継会社から株式その他の資産を取得し、それを直ちに分割会社の株主に対して交付する、という法律構成をとる（法法62Ⅰ、62の2Ⅱ）。このように、分割型分割が行われる場合、分割会社は、税務上、分割承継会社の株式を分割会社株主に分配したものとして取り扱われるため、対象会社株主についてみなし配当課税が問題となる。

しかし、適格分割の場合は、分割会社の株主に対するみなし配当課税は生じない（所法25Ⅰ②括弧書、法法24Ⅰ②括弧書）。

---

1) ある者と法人の間に完全支配関係があるかを判定する際、当該者が個人である場合には、その個人と特殊の関係のある個人（親族等。法令4Ⅰ参照）も当該者と同一視することとされている（法令4の2Ⅱ）。したがって、互いに親族同士である乙・丙がA社株式を50％ずつ保有している場合には、乙・丙とA社との間で完全支配関係が認められることとなる。

(ⅱ) 株式譲渡損益課税

また、分割型分割の場合、分割会社の株主は、上記のみなし配当課税のほか、分割会社株式の譲渡益又は譲渡損についても検討する必要がある。

もっとも、分割承継会社の株式又は分割承継会社の完全親会社の株式以外の資産が交付されない場合は、譲渡益又は譲渡損は認識されず、課税が繰り延べられるものとされている（法法 61 の 2 Ⅳ）。

(ⅲ) 分割承継会社（B 社）

適格・非適格を問わず、新設会社分割による新株発行は資本等取引に該当するため、益金又は損金は生じず、分割承継会社に税負担は発生しない。

したがって、A 社の会社分割が適格分割に該当する場合には、分割会社（A 社）、分割会社の株主（乙・丙）、分割承継会社（B 社）のいずれにおいても課税関係は生じない。

(3) 株式譲渡（Step 2）の課税関係

乙においては B 社株式の譲渡益について、丙においては A 社株式の譲渡益について、それぞれ 20.315％（所得税・復興特別所得税・地方税）の税率で課税がなされる（申告分離課税）。

(4) スキームの留意点

乙と丙が相互に株式を譲渡する際（Step 2）において、課税が生じる。

小問 2

（②会社分割を行った後に株式を無議決権化するスキーム）

A 社につき会社分割（分割型新設分割）を行った後に、乙・丙が保有する経営しない会社の株式を無議決権化するというスキームにおいて、いずれかの当事者に課税関係は生じるか。また、本スキームにおける法的な留意点としては何が考えられるか。

　結　論

A 社の b 事業を分割型分割によって切り出し、b 事業を承継する新会社を設立した上で、乙・丙が保有する他方の会社の株式については無議決権化することで、株式譲渡による課税を避けながら経営の分離を図ることができる。但し、

事例 5　後継者が 2 人いる場合の会社分割　　363

乙・丙は他方の会社の株主としての地位は有し続けることから、一定の行為を行う場合には種類株主総会が必要となったり、株主代表訴訟が提起されるリスクを負うこととなる。

解　説

(1)　スキームの概要

(a)　Step 1　分割型新設分割
小問 1 の Step 1 と同様。

(b)　Step 2　乙が保有する B 社株式・丙が保有する A 社株式の無議決権化
乙が保有する B 社株式・丙が保有する A 社株式の株式を無議決権株式に変更する。既存の一部の株式の内容を変更するためには、

① 　新たな種類株式の定めの設定に係る定款変更
② 　株式の内容の変更に応ずる株主と会社との合意
③ 　株式の内容の変更に応ずる株主と同一種類に属する他の株主全員の同意
④ 　その他の種類株式の株主（損害を受けるおそれのあるもの）を構成員とする種類株主総会の特別決議

が必要となる[2]。

A 社においては、無議決権株式の定めを設ける定款変更を行い、A 社の株主が乙と丙のみであることから、A 社と乙・丙それぞれとの間で保有する株式の内容を変更することについての合意をすることによって足りるものと考えられる。

このように、乙が保有する B 社株式・丙が保有する A 社株式のそれぞれを無議決権化することによって、a 事業を営む A 社については乙が、b 事業を営む B 社については丙が、それぞれの議決権の全てを保有することとなる。

---

2)　松井信憲『商業登記ハンドブック〔第 3 版〕』（商事法務、2016 年）249 頁。

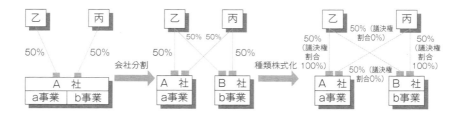

(2) 分割型新設分割（Step 1）の課税関係

小問1の(2)参照。

A社の会社分割が適格分割に該当する場合には、分割会社（A社）、分割会社の株主（乙・丙）、分割承継会社（B社）のいずれにおいても課税関係は生じない。

(3) スキームの留意点

乙はその保有するB社株式について、丙はその保有するA社株式について議決権を有しないことにはなるが、株主としての地位は有し続けることとなる。そうすると、例えば、B社の役員がB社に損害を与える行為をしたとみれば、乙は株主代表訴訟を提起することができてしまう（会社法847Ⅰ）。

また、会社法上は、種類株式発行会社（内容の異なる2種類以上の株式を発行する会社）が株式の発行・合併等の会社法322条1項に掲げる行為をする場合で、当該行為がある種類の種類株主に損害を及ぼすおそれがあるときは、当該種類の株主を構成員とする種類株主総会を開催しなければならないものとされている（会社法322Ⅰ）。同条2項の定款の定めを置くことによって、種類株主総会を要しないこととはできるが、①株式の種類の追加、②株式の内容の変更、③発行可能株式総数又は発行可能種類株式総数の増加に係る定款変更については種類株主総会を排除できないこととされている（会社法322Ⅲ但書）。

以上のように、株式の無議決権化をしたとしても、分社後の会社が一定の行為を行う場合には乙又は丙の同意も必要であるということについては留意する必要がある。

小問3

（③会社分割を行った後に株式を信託譲渡するスキーム）

A社について会社分割（分割型新設分割）を行った後に、乙・丙が保有する経

営しない会社の株式をそれぞれ互いに信託譲渡するというスキームにおいて、いずれかの当事者に課税関係は生じるか。また、信託を用いることにより、どのような点に留意する必要があるか。

　結　論

　小問2と同様に、A社のb事業を分割型分割によって切り出してb事業を承継するB社を新設した上で、乙と丙が経営しない方の会社の株式を相互に信託譲渡することで、税負担なくそれぞれの会社の株式を100％保有することができる（課税の繰り延べではない）。もっとも、乙と丙は経営しない方の会社の株式に係る信託の受益権を相互に保有することになるため、乙丙それぞれに受託者責任は残り、一定の範囲で事業運営が制限されてしまう可能性はある。また、将来において信託が終了する可能性があり、その場合には、再度対応を検討する必要がある。

解　説

(1)　スキームの概要

(a)　Step 1　分割型新設分割

小問1のStep 1と同様。

(b)　Step 2　株式の信託譲渡

乙は、その保有するB社株式を丙を受託者とする自益信託を設定し、丙は、その保有するA社株式を乙を受託者とする自益信託を設定する。なお、残余財産は受益者に分配されるものとする。

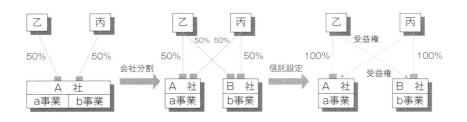

(2)　分割型新設分割（Step 1）の課税関係

小問1の(2)を参照。

　A社の会社分割が適格分割に該当する場合には、分割会社（A社）、分割会社の株主（乙・丙）、分割承継会社（B社）のいずれにおいても課税関係は生じない。

(3)　信託譲渡（Step 2）の課税関係

　所得税法13条1項により、信託の受益者が信託財産に属する資産・負債を有するものとみなされるため（法人税法・相続税法においても同様の規定あり）、自己を受益者とする自益信託においては、税務上は財産の譲渡はなかったものとして取り扱われるため、課税関係は生じない。

　したがって、乙・丙による株式の信託譲渡は課税されない。

(4)　スキームの留意点

　乙と丙が経営しない方の会社の株式を相互に信託譲渡したとしても、当該株式に係る信託受益権は乙丙それぞれについては残ってしまう。そうすると、乙は丙に対して、A社株式に係る信託の受託者責任を負うこととなり、信託財産であるA社株式の価値を毀損するような行為は慎まなければならないことになり、A社における大胆な事業運営は、一部制限される可能性がある（丙によるB社の事業運営においても同様）。なお、信託における受託者責任については**基礎編第8章2(6)**を参照されたい。

　また、将来において信託が終了する可能性がある点についても注意が必要である。信託は、信託の目的を達成できなくなった場合や特別の事情があるときに裁判所の命令により終了することがある（**基礎編第8章2(10)**参照）。本問において、信託が終了すると、受益者（乙及び丙又はそれぞれの相続人等）に信託財産であるA社、B社株式が分配されることになり、その時点で再度対応を検討する必要が生じる。その点において、本スキームは必ずしも終局的な解決策とはいえないことに留意が必要である。

小問4

（④法人間で株式の譲渡を行うことにより、グループ法人税制を利用して事業を分割するスキーム）

A社につき会社分割（分社型新設分割）を行った上で、乙・丙がそれぞれ設立した子会社にA社から分割新設会社の株式の譲渡を行うことにより、グループ法人税制を利用して事業を分割するというスキームにおいて、いずれかの当事者に課税関係は生じるか。また、本スキームにおける課税関係以外の留意点としてはどのようなものが挙げられるか。

　結　論

　A社のa事業及びb事業をそれぞれ分社型新設分割によって切り出し、乙と丙はその株式を譲り受けるための新会社を設立することで、A社・乙・丙のいずれにおいても課税を生じさせずに分社化を達成することができるが、最終的にA社には乙・丙が株主として残ってしまう点や、株式譲渡後に一定の事由が発生した場合には繰り延べられた株式譲渡益が実現し、A社において課税が生じることとなる点に留意する必要がある。

解　説

(1)　スキームの概要

(a)　Step 1　分社型新設分割

　A社のa事業に関連する資産債務、b事業に関連する資産債務をそれぞれ分社型分割によって切り出し（分割対価である分割新設会社の株式をA社に交付）、それぞれの事業からなるA社の完全子会社（B社、C社）を設立する。

(b)　Step 2　新会社の設立

　乙及び丙が、それぞれ新会社であるX社とY社を設立する。

(c)　Step 3　株式の譲渡

　A社は、a事業からなるB社の株式をX社に譲渡し、b事業からなるC社の株式をY社に譲渡する。

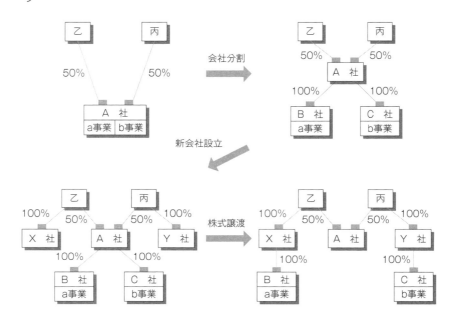

(2) 分社型新設分割（Step 1）の課税関係

A社は、それぞれ親族である乙と丙がその株式の100％を保有していることから、A社と甲・乙との間には完全支配関係がある（法法2⑫の7の6、法令4の2）。そして、A社の会社分割は、①分割対価として分割承継会社株式以外の資産が交付されず、かつ、②分割後も完全支配関係の継続が見込まれる限り、Step 1の会社分割は適格分社型分割に該当する。

適格要件を満たす分社型分割（適格分社型分割）については、分割会社（A社）、分割承継会社（B社）における課税関係はそれぞれ以下のとおりとなる。

(a) 分割会社（A社）における課税関係

分社型分割においては、原則として、分割承継会社に移転される分割会社の資産・負債について、法人税法上は、時価による譲渡が強制され、分割会社において、譲渡益又は譲渡損が実現し、認識される（法法62Ⅰ）。しかし、適格要件を満たす分社型分割については、簿価による引継ぎが強制されるので、譲渡益又は譲渡損は認識されず（法法62の3Ⅰ）、課税関係は生じない。

(b) 分割承継会社（B 社・C 社）

適格・非適格を問わず、分社型新設分割による新株発行は資本等取引に該当するため、分割承継会社に税負担は発生しない点は小問 1 の分割型分割の場合と同様である。

したがって、A 社の分社型分割においては、分割会社（A 社）、分割承継会社（B 社・C 社）のいずれにおいても課税関係は生じない。

(3) 株式譲渡（Step 3）の課税関係

(a) 株式譲渡時の課税関係

完全支配関係がある内国法人の間で、固定資産、土地（土地の上に存する権利を含む）、有価証券、金銭債権及び繰延資産の譲渡が行われた場合、当該資産の譲渡により生じる譲渡利益額又は譲渡損失額に相当する金額は、その譲渡をした事業年度の課税所得の計算上それぞれ損金の額又は益金の額に算入される（法法 61 の 13 Ⅰ、法令 122 の 14 Ⅰ）。但し、売買目的有価証券、譲受法人において売買目的有価証券とされる有価証券、その譲渡の直前の帳簿価額が 1,000 万円に満たない資産（「譲渡損益調整資産」）は、このような取扱いの対象から除外されている。

Step 1 において会社分割により新設された B 社・C 社の株式が、X 社・Y 社に譲渡されることになるが、A 社は乙・丙との間で完全支配関係があり、X 社及び Y 社についてもそれぞれ乙・丙との間で完全支配関係があるため、A 社と X 社及び Y 社との間でもそれぞれ完全支配関係があることとなる（法法 2 ⑫の7の6、法令 4 の 2）。

そうすると、A 社における B 社・C 社株式の簿価が 1,000 万円以上であれば、Step 2 における株式譲渡により生じた譲渡益は、当該事業年度の課税所得の計算上はそれぞれ損金の額に算入されるため、課税関係は生じないこととなる。

(b) 繰延損益の実現

完全支配関係のある法人間で譲渡損益調整資産の譲渡がなされた後、当該資産について譲渡（譲受法人がさらにグループ内の法人に譲渡する場合も含む）、償却、評価換え、貸倒若しくは除却又は譲渡法人と譲受法人との間の完全支配関係の喪失等の事由が発生した場合、譲渡法人において当該譲渡損益が益金の額又は損金の額に算入され、そのタイミングで課税が実現することになる（法法 61 の

13 Ⅱ～Ⅳ、法令 122 の 14 Ⅳ）。

よって、Step 2 における株式譲渡の後、X 社・Y 社が譲り受けた株式を譲渡したり、A 社と X 社・Y 社との間での完全支配関係が失われたりしたときには、A 社において繰り延べられた譲渡益について課税が生じることとなる。

(4) スキームの留意点

(a) X 社及び Y 社において、株式の対価の支払いが必要となってしまう点

Step 3 の株式譲渡においては、X 社及び Y 社は、A 社に対して譲り受ける株式の対価を支払う必要があることとなる。したがって、X 社・Y 社において、譲り受ける株式の時価に相当する金額の現金を調達する、又は、それぞれ A 社に対して同額の未払金債務を立てるという対応が必要となる点に留意する必要がある。

(b) 乙・丙が株主である A 社が残ってしまう点

本問におけるスキームを実行した後も、乙・丙がそれぞれその株式を 50％ずつ保有する A 社が存続することとなる。A 社は、Step 3 の株式譲渡における対価を取得することとなるが、乙と丙が合意しない限りその金銭（又は債権）を処分することはできない。そして、そうした合意ができない場合には A 社を解散することも選択肢に入ってくるが、その場合には、譲渡法人と譲受法人との間の完全支配関係が喪失するため、乙・丙にみなし配当課税が課されるという問題がある。

(c) 繰延譲渡損益が実現する事由がある点

以下のような事由が生じた場合には A 社において繰り延べられた株式の譲渡益が実現してしまうため、A 社・乙・丙間において損益が実現する事由を生じさせないことを内容とする合意を結ぶなどの手当てが必要となる点に留意する必要がある（もっとも、その場合であっても、乙や丙の世代交代が進み、相互に「親族」（民法 725）にあたらなくなった場合には、いずれにせよ譲渡益が実現されるという問題はある）。

・譲受法人において、譲渡損益調整資産の譲渡、貸倒れ、除却その他これらに類する事由が生じた場合（X 社や Y 社が譲り受けた株式をグループ内で譲渡した場合など）

事例 5 後継者が 2 人いる場合の会社分割　371

- 譲受法人において、会社更生法又は民事再生法等の適用により、譲渡損益調整資産の評価替えが行われ、一定の評価益が益金に算入された場合
- 譲受法人において、災害による著しい損傷及び会社更生法や民事再生法等の適用により、譲渡損益調整資産の評価替えが行われ、一定の評価損が損金に算入された場合
- 譲受法人において、連結納税の開始に伴い資産の時価評価が行われ、譲渡損益調整資産が時価評価資産に該当し、譲渡損益調整資産につき評価益又は評価損が益金又は損金に算入された場合
- 譲渡法人において、連結納税の開始又は加入に伴い資産の時価評価が行われる場合
- 譲渡法人が譲受法人との間に完全支配関係がなくなった場合（乙や丙の世代交代が進み、それぞれが「親族」にあたらなくなる場合など）

コラム　解散判決

　オーナー家の兄弟間の対立について何らの対応も行わなかったために、会社の解散が認められた事例がある。解散判決が下された数少ない事例であり、本コラムで取り上げたい。

【裁判例】東京地判平成 28 年 2 月 1 日 D1-Law.com 判例体系（解散判決）
（事案）

　Xは、Y社（発行済株式総数 2 万株）の株式を 10,000 株保有しており、また、Xの妹であるAは 9,700 株を、Aの夫であるBは 100 株を、Aの子であるCは 200 株を、それぞれ保有している。Y社はaマンションとbビルを所有しその賃貸を行っているが、XはAと共にY社の代表取締役に就任し（取締役の任期は終了しているが、その後、Y社において取締役は選任されていないため代表取締役としての権利義務を有する者となっている）、XA間でaマンションについての日常の業務執行はXが、bビルについての日常の業務執行はAが、それぞれ行うことについて合意をした。しかし、XとAは対立する状況に陥ってしまい、株主総会の開催や税務申告を行うことも困難になった。そこで、XはY社に対して、会社法 833 条 1 項に基づき、Y社の解散を求める訴えを提起した。

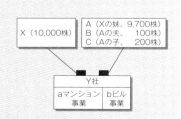

（争点）
　Y社の解散事由の有無

（判旨）請求認容

　本件においては、「XとAは互いに相手方を非難し、相当根強い不信感を持ち、不和・対立の状況にあって、これを解消することは極めて困難であると認められること、……Y社の株式については、実質的にXとAが2分の1ずつ保有しているのと同様の状態にあり、取締役の改選等を行うことやそもそも株主総会を開催することさえ困難な状況にあること、被告の税務申告が大幅に遅れ、無申告加算税を課されており、今後の税務申告について、X及びAが合意しているとしても、これまでの経緯に鑑みれば、なお不透明なところがあることは否定できないこと、加えて、Y社の取締役については、代表取締役の権利義務者であるX及びAのみであり、会社の正常な運営に必要な意思決定ができない状況にあることが認められる。Y社がこのような状況にあることに照らせば、もはや、Y社の業務の継続が不可能となり、会社の存続自体が無意味となるほどに達しているといわざるを得ないところ、……XとAとの間で、Y社の株式を一方に譲渡することにより解散を回避することも不可能となっていることからすれば、解散以外の方法により状況を打開することはできないというほかない」、としてXによるY社の解散請求が認められた。

（実務上のポイント）

　本件においては、兄弟間の対立について何らの対応も行わなかったために、会社の解散が認められた。このように会社が解散となった場合には、会社の清算の際に会社に譲渡損益についての課税が生じ、また、清算後の残余財産の分配によって、株主に株式の譲渡損益及びみなし配当についての課税が生じることとなってしまう。

　Yの創業者であるX・Aの父の相続が開始する前にaマンションに関する事業についてはXが、bマンションに関する事業についてはAが、それぞれ承継できるよう、予め分社化や遺言の作成を行っておくことや、また、相続が開始した後であっても、事例5の小問1〜小問4において検討したスキーム等を実行することにより、かかる税負担を回避することができた事案であるといえるように思われる。

事例6
分割を活用した株価対策

　甲は自らが創業したA社の事業承継を検討している。顧問税理士から、甲が所有するA社株式の相続税評価額が約100億円であると説明を受けた。事前に相続税の納税資金の準備を進めてきたつもりであったが、5年ほど前からA社の業績が好調を続けており、当初想定していた相続税額を大幅に上回っている。現状の株価では事業承継を実行することは困難である。

小問1
　甲は顧問税理士から、A社の販売部門を新設分割により子会社することにより、A社の相続税評価額を引き下げることができると提案を受けた。どのような仕組みにより、株価の引下げが可能なのか。また、会社分割にあたり留意すべき事項はあるか。

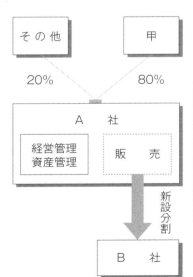

A社の概要

売上高	84,492（百万円）
従業員数	1,383（人）
（内販売部門）	1,311（人）
（内管理部門）	72（人）
総資産価額	50,739（百万円）
（内有形固定資産）	15,244（百万円）

374 第2部 プランニング編

結 論

　プロフィットセンター（利益部門）である販売部門を分社型分割により子会社化することで、Ａ社の類似業種比準価額を引き下げることができる。

解 説

(1) 税務上の株式評価

(a) 株価対策の基本

　Ａ社は、株式評価上の「大会社」にあたり、類似業種比準価額と純資産価額のいずれか低い価額で評価される。一般に、類似業種比準価額は純資産価額よりも低く評価されるケースが多い。しかし、Ａ社は同業他社と比較しても収益性が非常に高いことから、類似業種比準価額が純資産価額よりも数倍高く評価される状況にある。したがって、Ａ社においては類似業種比準価額の引下げが株価対策にあたり優先すべき事項ということになる。

　類似業種比準価額はコントロールすることが比較的容易な評価方法であるといわれる。特に純資産価額と比較した場合、以下のような対策をとることにより、引き下げることができる。

　・業種の変更
　・配当金額の引下げ
　・年利益金額の引下げ
　・含み損資産の損失実現
　・役員退職金の支給
　・生命保険・レバレッジドリース等の節税商品の活用

　但し、上記の対策は、その多くが業種の変更やキャッシュアウトを伴うものであることから、会社に多額の余剰資金が蓄積されているような場合を除き、過度な株価対策は事業そのものを毀損する可能性がある。株価対策の基本は、将来の税負担を心配することなく、会社の事業拡大にまい進するための仕組みを構築することにあるといえる。この点、分社型分割による利益部門の子会社化は、業種の変更やキャッシュアウトを伴わずに済むことから、株価対策の基本にも適うものといえる。

事例6　分割を活用した株価対策　375

(b)　会社分割による株価対策の仕組み

　会社分割による株価の引下げは、利益部門の分社により、比準要素の1つである年利益金額を大幅に押し下げることにより効果が生ずる。分社型分割の場合、A社は資産及び負債をB社に移転し、その対価としてB社株式を取得する。分社された販売部門の利益は、分割承継会社であるB社で蓄積され、A社が取得したB社株式の評価に反映されることになるが、A社株式が類似業種比準方式で評価される限り、B社の価値上昇はA社株式の評価に影響を与えることがない。

　したがって、本スキームを実行するうえでは、A社株式の評価上、会社分割後においても類似業種比準方式を適用し得るかという点が重要な検討事項となる。

　具体的には以下の2点を検討する必要がある。

・株式保有特定会社に該当させないこと
・会社規模をダウンサイジングさせないこと

　また、株式保有特定会社に該当すると、原則として純資産価額による評価が強制される（財基通189-3）[1]。その結果、B社の利益蓄積による高株価がA社の相続税評価額に反映されてしまい、会社分割を行った効果が打ち消されてしまう。そのため、株式保有特定会社に該当させないことが本スキームの前提条件となる。

　次に、類似業種比準価額を引き下げたとしても、会社分割によりA社の会社規模が下がってしまうと、類似業種比準方式の折衷割合が減少し、スキームの効果が縮減してしまう。会社分割後においても、会社規模が一定以上となるようにする必要がある。

　これら2つのポイントは相互に関連している。この点、A社の会社規模、特に総資産価額を一定以上に維持することは、株式保有特定会社にも該当しにくくし、かつ、会社規模をより上位に維持することにもつながる。一般に、全ての利益部門を分社すると、分割法人に残されるのはコストセンターである管理部門だけとなる。この管理部門に属する資産規模や従業員数を分析したうえで、上記のポイントを充足できない場合には、分社する事業規模を調整するなどの

---

1)　原則として純資産価額方式により評価されるが、「S1＋S2」方式の方が低い評価額であれば「S1＋S2」方式を採用することができる。

376　第 2 部　プランニング編

対応が必要となる。

(c)　株式保有特定会社の判定

　親会社が純粋持株会社である場合には、子会社株式の総資産に占める割合が高くなり、株式保有特定会社に該当するケースが多いだろう。このような場合に取り得る代表的な対策は、評価対象会社の資産構成を変動させることである。例えば、次のような手法を取ることにより、総資産に占める株式の比率を低下させることができる。

> ・他のグループ会社からの資産集約
> ・投資用不動産、金融商品の購入
> ・グループ会社の金融機能の一元化
> ・子会社からの配当

　但し、財基通 189 に以下のように規定されていることから、経済的合理性のない資産構成の変動は否認リスクが生ずる可能性がある。

> 189 （特定の評価会社の株式）
> 　178《取引相場のない株式の評価上の区分》の「特定の評価会社の株式」とは、評価会社の資産の保有状況、営業の状態等に応じて定めた次に掲げる評価会社の株式をいい、その株式の価額は、次に掲げる区分に従い、それぞれ次に掲げるところによる。
> 　なお、評価会社が、次の(2)又は(3)に該当する評価会社かどうかを判定する場合において、課税時期前において合理的な理由もなく評価会社の資産構成に変動があり、その変動が次の(2)又は(3)に該当する評価会社と判定されることを免れるためのものと認められるときは、その変動はなかったものとして当該判定を行うものとする。
> (2)　株式保有特定会社の株式
> (3)　土地保有特定会社の株式

　まず、当該規定において留意すべきは、資産変動の対象とされる時期が「課税時期前」とされており、「課税時期直前」とは規定されていない点である。財基通 185 （純資産価額）前段のように「課税時期前 3 年以内」と具体的に規定されているわけではないことから、相当期間前（たとえば 10 年以上前）に行った取引であったとしても、合理的な理由がないと判断されると、資産構成の変動がなかったものと認定される可能性がある。

また、「合理的な理由の有無」はあくまでも事実認定の問題であり、かつ、参考となる裁判例も確認できないことから、その射程を一般的に定義することは難しい。但し、同項の逐条解説において、「例えば、課税時期直前に借入を起こして総資産価額を膨らませるなどの操作により、本項に定める判定基準を回避するようなケースにも対処する必要があることによるものである」と解説されていることは参考となる[2]。この例示からは、少なくとも課税時期直前に事業上必要のない借入れを起こし、投資用不動産や債券で運用するような取引は、その射程の範囲内となり得ることになる。その一方で、「合理的な理由」を直接的に示す課税当局の見解は明らかではないが、例えば子会社から利益剰余金の配当を受け、当該資金をもって事業上必要不可欠な店舗用不動産を取得するようなケースは、その結果として、親会社が株式保有特定会社に該当しなくなったとしても、当該取引は否認されるべきではないと思われる。

(d)　会社分割が A 社の株価に与える効果

次に、A 社において会社分割が株価対策として有効であるか否かにつき検討を加える。まず、A 社は会社分割により「販売部門」を分割し、自社には「経営管理部門」と「資産管理部門」を残す予定である。販売部門は日本全国に販売網を有し、各地に拠点を置いている。事務所や販売店用不動産を含む固定資産は A 社が所有し続け、B 社はそれらを賃借することで販売事業を行うことになる。A 社の経営管理部門と資産管理部門の部員は 50 人を超え、かつ A 社の分割後の総資産が 10 億円以上と仮定すると、A 社は大会社に区分される。また、会社分割直後においては B 社株式（設立後 3 年以内の会社であるため「開業後 3 年未満の会社（特定の評価会社）」として純資産価額により評価される）が A 社の総資産に占める割合は 50％未満であると、株式保有特定会社にも該当しない。したがって、A 社は会社分割後においても類似業種比準方式を 100％適用することができる。

但し、時間の経過とともに、B 社の利益が徐々に蓄積されていき、B 社株式の評価額が上昇することが想定され得る。会社分割直後においては、A 社は株式保有特定会社に該当しないとしても、株式承継の時期によっては、株式保有特定会社に該当するリスクが上昇するため、早い段階で後継者に A 社株式を承

---

2)　北村厚編『財産評価基本通達逐条解説（平成 30 年版）』（大蔵財務協会、2018 年）735 頁。

継することが考えられる。

しかし、何らかの理由により、早い段階での株式承継を実行することが困難な場合も十分想定され得る。そのような場合においても、B社株式の株価上昇要因が内部留保の蓄積であれば対処は可能である。B社は収益性の高い販売部門であるため、類似業種比準価額が非常に高い水準に達することが想定されるが、その一方で、B社は事業用資産の多くをA社からの賃借によっているため、その資産の大部分が現預金等の金融資産（B社が稼ぎ出した利益の蓄積）により構成されると予測される。そこで、その金融資産をA社に配当することにより、A社における株式以外の総資産を増加させ、株式保有特定会社の対象外とすることが考えられる。

この手法については、次の2点に留意しなければならない。

まず、子会社からの配当は受取配当等の益金不算入制度があり、A社において法人税は課税されないが（法法23Ⅰ）、類似業種比準価額の算定上は受取配当等の益金不算入額を課税所得金額に加算するため、A社株式の類似業種比準価額が短期的に上昇するという点である（財基通183(2)）。

次に、B社の純資産価額の計算上、税務上の営業権が評価され、B社の純資産価額を押し上げる可能性があるという点にも留意を要する。税務上の営業権とは、以下の算式により求められる（財基通165、166）。一般に、評価会社のROA（総資産利益率）が高ければ高いほど営業権の評価額は上昇する傾向にある。B社は事業用資産を持たないビジネスモデルであるため、税務上の営業権が高く評価される可能性がある。もっとも、税務上の営業権はB社の純資産価額に反映されるだけであり、B社株式の評価が類似業種比準方式で行われる場合には、A社株式の評価に影響を与えることはない。

計算式

平均利益金額×0.5−標準企業者報酬額−総資産価額×0.05＝超過利益金額
超過利益金額×営業権の持続年数（原則として、10年間とする）に応ずる基準年利率による複利年金現価率

(e) 類似業種比準方式の適用可否

事例3で検討を行ったとおり、合併直後の類似業種比準方式の適用には一定の制限がかかる可能性がある。一方、会社分割の場合には合併同様に明文規定はなく、課税当局関係者から類似業種比準方式の適用制限に関する見解も示さ

れていない[3]。しかし、会社分割後のＡ社の比準要素は合併の場合と同様に適正に算定できない可能性があることから、理論上は合併と同様の制限が課されるリスクは残るように思われる。したがって、「会社分割の前後で会社実態に変化がないかどうか」を判定し、類似業種比準方式の適用に制限が課されるようであれば、合併同様にオーナーの健康状態等を勘案しながら株式承継の時期を慎重に検討する必要がある。

(f) 平成 29 年度通達改正を踏まえた対応策

　平成 29 年度通達改正により、各比準要素の比重割合が変更された。具体的には、配当金額、利益金額及び簿価純資産価額が、それぞれ「1：3：1」から「1：1：1」に見直されている。この改正により、スポット的に利益金額を圧縮することによる株価引下げ対策の効果が限定的となった。そこで、持株会社化の手法として、分社型分割によらずに、「株式移転＋無対価分割」によることが考えられる。かかる手法を用いると、株式移転直後においては、持株会社は新設の会社であるため、当然に利益積立金はなく、簿価純資産価額は低い水準となることが想定される[4]。但し、株式移転後に実行する会社分割（無対価）により管理部門と事業用資産を持株会社に移転することになるため、①移転する資産・負債の簿価純資産相当額だけ比準要素の簿価純資産価額が上昇する点、また、②移転する資産のなかに不動産がある場合には、不動産取得税や登録免許税が課される可能性がある点には留意を要する。

　さらに、株式評価上の留意点として、株式移転後 3 年間は持株会社が「開業後 3 年未満の会社」に該当することが挙げられる。したがって、株式移転後 3 年間に相続が開始し、又は贈与や譲渡を行う場合には、純資産価額により株式が評価されることとなる。

---

3)　香取稔編『平成 27 年版株式・公社債評価の実務』（大蔵財務協会、2015 年）では、合併直後における類似業種比準方式の適用可否についてのみ解説が行われており、会社分割には言及されていない。

4)　株式移転完全親法人の資本金等の額は、株式移転完全子法人の株主が 50 人未満である場合には、株式移転完全子法人の株主の当該株式移転完全子法人株式の帳簿価額の合計額とされるため、株主の帳簿価額によっては、資本金等の額が多額となる可能性がある（法令 8 ⑪、法令 119 Ⅰ ⑪）。

(2) 法人税法

(a) 組織再編成

(i) 分割法人

単独新設分割を行った場合において、当該分割後に分割法人と分割承継法人とのあいだに当事者間の完全支配関係が継続することが見込まれており、かつ、分割対価資産として分割承継法人の株式又は分割承継親法人株式のいずれか一方の株式以外の資産が交付されないときは、当該分割は適格分割に該当するものとされる（法法2⑫の11イ、法令4の3Ⅵ）本事例は上記の要件に合致するため、適格分社型分割に該当する。

適格分社型分割により分割承継法人に資産・負債を移転したときは、分割直前の帳簿価額による譲渡をしたものとして、分割法人の各事業年度の所得の金額を計算する（法法62の3）。

また、分割法人は資産・負債を帳簿価額により分割法人に移転することにより、分割承継法人株式を取得する。この分割承継法人株式の取得価額は、会社分割により移転した純資産の帳簿価額相当額とされる（法令119Ⅰ⑦）。すなわち、適格分社型分割により、資産・負債の純資産に相当する分割承継法人株式を取得するため、分割法人の純資産額は変動しない。

(ii) 分割承継法人

分割承継法人は、適格分社型分割により帳簿価額で資産・負債の移転を受けるとともに、株式等を対価として交付する。移転を受ける資産・負債の純資産相当額が、分割承継法人において増加する資本金等の額となる（法令8Ⅰ⑦）。なお、分社型分割はその経済的効果が現物出資と類似しており、事業を払込み資産とする出資行為であることから、分割承継法人に利益積立金額は承継されない。

(iii) 分割法人の株主

分社型分割の場合、当該分社型分割が「適格・非適格」「金銭交付の有無」にかかわらず、分割法人の株主には課税関係が発生しない。

(3)　法務上の取扱い

(a)　新設分割と吸収分割

　グループ間で会社分割を行う場合、新設分割と吸収分割のいずれによるかを選択できるが、実務上は吸収分割が採用されることが多い。これは、一定の例外を除き、分割事業が有する許認可を分割承継会社に承継することができず、再取得しなければならないことが多いためである。許認可の再取得には相当の期間を要することが多く、新設分割によると、法人の設立登記の時点からしか許認可の申請を行うことができないというデメリットが存在する。その一方で、吸収分割による場合には、まず受け皿会社を設立することで、分割事業が有する許認可の申請手続きを事前に行うことができることから、実務においては、吸収分割が選択されることが一般的である[5]。

(b)　労働契約承継法

　会社分割に伴い、分割事業に係る権利義務は、分割契約又は分割計画の定めに従い、当然に分割承継法人に承継される。この場合、労働契約の承継につき従業員の個別の同意は必要とはされないが、労働者の保護を図る目的で、労働契約承継法及び商法等改正法附則(以下、「附則」という)5条は、以下の労働者保護手続きを定めている。

> (i)　労働者の理解と協力を得るように努める措置(労承法7)
> (ii)　労働者との個別協議(附則5Ⅰ、労承法指針第2の4(1)イ)
> (iii)　労働者への通知(労承法2Ⅰ)
> (iv)　労働者の異議申出権(労承法4、5)

　近年の会社分割に係る労働契約承継法に関連する重要な裁判例を受けて、平成28年9月1日を施行期日として、施行規則の一部を改正する省令を制定している点には留意を要する。また、これに伴い、指針についても改正が行われている。主な改正内容のうち、実務上留意すべきものは以下に掲げるとおりである。

---

5)　もっとも、再取得する許認可が建設業許可等の一定のものについては、人的基礎や財産的基礎等が求められることがあり、受け皿会社ではこれらの要件を充足せず、再取得が認められるまで相当の時間がかかる可能性がある点には留意を要する。

- 会社分割を理由とする解雇等（労承法指針第2の2(4)イ(ハ)）

　分割会社の債務の履行の見込みがない事業とともに労働者を承継する場合、その他特定の労働者を解雇する目的で会社制度を濫用した場合等には、いわゆる法人格否認の法理及びいわゆる公序良俗違反の法理等の適用があり得る。

- 転籍合意による承継（労承法指針第2の2(5)）

　分割事業に主として従事する労働者につき、転籍合意によって承継会社に等に転籍させる場合であっても、労働契約承継法2条1項及び2項の通知並びに附則5条で義務付けられた協議等の手続きは省略ができず、労働者が承継対象とされている場合には、労働条件がそのまま維持されることを、労働者が承継対象とされていない場合には、異議の申出をすることができることを説明すべきとされている。さらに、労働者が異議の申出をした場合には、労働契約はその労働条件を維持したまま承継会社に承継されるため、これに反する転籍合意部分はその効力がないものとされる。

- 会社分割の無効の原因となる協議義務違反等（労承法指針第2の4(1)ヘ）

　附則5条で義務付けられた協議を全く行わなかった場合等には、会社分割の無効の原因となり得るとされていることに留意すべきとされている。

　また、最高裁判例において、附則5条で義務付けられた協議が全く行われなかった場合等、法が当該協議を求めた趣旨に反することが明らかな場合には、労働者は労働契約承継の効力を個別に争うことができるとされていることにも留意すべきとされている。

小問2

　A社の株主には創業者である甲のほか、過去に上場を検討した際に、第三者割当増資により株式を取得した同族外株主が存在する。同族外株主の構成は、主に金融機関、取引先、元役員や元従業員であるが、今回の事業承継にあたり、オーナー家に集約をしたいと考えている。小問1で検討している会社分割は買取価格に影響を与え得るか。

　　結　論

　第三者株主と自社株式の買取交渉を行う場合、必ずしも税務上の株価で売買を行う必要はなく、会社分割が第三者からの買取価格に大きな影響を与えることはないと考えられる。

解　説

(1)　非時価取引の取扱い

　我が国の民法上は、契約自由の原則から、強行法規や公序良俗に反しない限り、契約当事者は契約内容を自由に決定することができる。したがって、株式を売買する場合において、契約当事者が適正な時価以外の価額で契約を締結（いわゆる非時価取引）したとしても、法律上の問題を生じるわけではない。但し、契約当事者のいずれか一方が法人である場合に、時価よりも高く譲受けた法人又は時価よりも低く譲渡した法人の取締役は、善管注意義務違反を問われる可能性がある。

　その一方、税務上は、非時価取引が行われると、時価により取引がなされたものとみなして課税されることがある。例えば、契約当事者である法人が株式を無償又は低額譲渡した場合には、譲渡法人において株式の時価相当額の益金が計上されるとともに、同額の寄附金が計上される（法法22Ⅱ、37Ⅷ）。当該寄付金については、損金算入限度額を超える部分が、損金に算入されないこととなる。また、個人が法人に対し株式を低額譲渡した場合には、時価により譲渡したものとみなして所得税等が課税され（所法59Ⅰ②）、個人間で低額譲渡が行われた場合には、譲受人に贈与税が課税される可能性がある（相法7）

(2)　時価の考え方

(a)　私法上の時価と税務上の時価

　私法上の時価と税務上の時価は一致しないことがある。特に株式については、契約当事者の立場や目的によって「一物多価」となるものであり、実務上もその多面性を前提にして評価が行われている。

　税務上の評価額は、あくまでも税額計算のためのものであり、実際の株式売買の際の参考数値とされることはあっても、唯一絶対の価値として契約当事者が認識するものではない。したがって、本事例のように、税務上の株価を一時的に低下させたとしても、それは契約当事者にとっての株式「価値」の一類型でしかなく、単なる参考数値の域を出ないものである。

(b)　第三者間取引における税務上の時価

　同族間取引とは異なり、利益が相反する関係である第三者間で行われた株式

譲渡契約における株価は、税務上も適正な時価として是認される可能性はあるが、常に適正な時価とされるとは限らない。

　法人税基本通達 9-1-13 又は所得税基本通達 23〜35 共-9 は、売買実例があるものは、その売買実例のうち適正と認められる価額をもって時価とすることを定めている。さらに、法人税基本通達 9-1-14 及び所得税基本通達 59-6 の逐条解説において、それぞれ以下のように述べられている。

【法人税基本通達 9-1-14】解説[6]より一部抜粋
ただし、純然たる第三者間において種々の経済性を考慮して定められた取引価額は、たとえ上記したところと異なる価額であっても、一般に常に合理的なものとして是認されることとなろう。

【所得税基本通達 59-6】解説[7]より一部抜粋
当然のことながら、純然たる第三者間において種々の経済性を考慮して決定された価額（時価）により取引されたと認められる場合など、この取扱いを形式的に当てはめて判定することが相当でない場合もあることから、この取扱いは原則的なものとしたものである。

　法人税法上の時価及び所得税法上の時価を算定するうえでは、いずれも純然たる第三者間であれば、その合意された取引価額をもって、税務上も適正な時価として認識し得るとしている。ここでのポイントは、契約当事者が単なる「第三者間」ではなく、「純然たる第三者間」とされている点である。

　個人間売買の事例ではあるが、東京地判平成 19 年 1 月 31 日税資 257 号順号 10622 は、オーナー経営者と親族外の株主との非上場株式の譲渡につき、第三者間ではあるが、純然たる第三者ではなく、合意された譲渡対価が時価であるという納税者の主張を否定している[8]。

　なお、財産評価基本通達では、売買実例価額について一切触れられていない。これは、相続といういわば静的な時価を算定するための規定としては、売買実例価額という動的な時価を参酌することが妥当しないと考えられる一方で、立法担当者は、売買実例価額を認めると、取引相場のない株式という区分を設け

---

6)　小原一博編著『法人税基本通達逐条解説〔8 訂版〕』（税務研究会出版局、2016 年）718 頁。
7)　森谷義光ほか編『所得税基本通達逐条解説（平成 26 年版）』（大蔵財務協会、2014 年）685 頁。
8)　事案の詳細は、**基礎編第 5 章 2⑽**「売買実例価額の適否が争われた事例①」参照。

た意味がなくなり、相続税の実務には馴染まないと述べている[9]。

　しかし、そもそも財産評価基本通達1項において、時価とは客観的交換価値であると規定されているのであり、上記判決にも照らし、契約当事者間で完全に利害が対立する関係で合意された株価が存在する場合には、当該株価は適正な時価として認められるべきであると考えられる。

---

9)　品川芳宣＝緑川正博『徹底解明相続税財産評価の理論と実践』（ぎょうせい、2005年）266頁。

386 第2部 プランニング編

事例 7
措置法 40 条申請を適用し、財団法人に財産を寄贈

甲（個人）は A 社の発行済株式の全てを保有している。A 社は独自の技術を有しており、それを用いた事業を営んでいる。

甲には、配偶者である乙及び子である丙がいる。現在、A 社の事業は非常に好調であり、A 社株式の相続税評価額が高額であるため、甲は、自身に相続が発生した場合の乙らに課される相続税について心配している。そこで、甲は、新しく設立する一般財団法人 X に A 社株式を贈与し、A 社株式の一部を甲の相続財産から除くことにより、相続が発生したとしても、A 社株式につき乙らに多額の相続税が発生しないようにしたいと考えている。

小問 1

甲が A 社株式を一般財団法人 X に贈与する際の課税関係はどのようになるか。

結　論

甲が A 社株式を一般財団法人 X に贈与する場合、原則として、みなし譲渡所得課税が生じる。

もっとも、個人による一定の要件を満たす資産の贈与又は遺贈につき、国税庁長官の承認を受けた場合には、みなし譲渡所得課税が非課税となる制度（いわゆる 40 条申請）を利用することができる。

解　説

(1) 原則的な課税関係

本事例のように、甲が一般財団法人 X に対して A 社株式の一部を贈与した場合、当該 A 社株式は甲死亡時の相続財産から外れるため、乙らに課される相続税はその分軽減されることとなる。また、A 社株式は一般財団法人 X が保有

することから、今後相続が重なることにより、株式が散逸するのを防止することができる。

　もっとも、個人が株式等の資産を法人に贈与した場合、原則として時価による譲渡があったものとみなされ、その譲渡益に対し譲渡所得課税がなされる（所法59Ⅰ①）。したがって、本事例において、甲が一般財団法人Xにその保有するA社株式を贈与した場合、時価で譲渡したものとみなされ、そこから取得価額等を控除した金額について譲渡所得課税を受けることとなる。そして、この「時価」は、贈与財産が非上場株式である場合、大要、財産評価基本通達178〜189-7を基準とした所得税法上の時価により算定される（所基通59-6、23〜35共-9）。

　そのため、本事例のように、甲が相続税対策のために一般財団法人Xに株式を贈与したとしても、A社株式の時価が所得税法上の時価により算定される結果、甲自身に多額の所得税等が課されることとなることから、一般には、本事例のような目的を達することは難しい。

　そこで、個人による一定の要件を満たす資産の贈与又は遺贈につき、国税庁長官の承認を受けることで、みなし譲渡所得課税が非課税となる制度（いわゆる40条申請）を活用し、贈与又は遺贈に係る所得税課税を非課税にすることが検討される。

(2)　特定一般法人への譲渡所得の非課税特例

(a)　制度の概要

　公益社団・財団法人又は特定一般法人（非営利型法人のうち非営利性が徹底された法人）その他の公益を目的とする事業を行う法人（これらを総称して「公益法人等」という）に対する資産の贈与又は遺贈のうち一定の要件を満たすものについては、国税庁長官の承認を受けた場合には、みなし譲渡所得課税の規定にかかわらず、その財産の贈与又は遺贈はなかったものとみなされ、譲渡所得課税は非課税となる（措法40Ⅰ後段。以下、「非課税特例」という）。したがって、甲がこの特例の適用を受けた場合には、上記のキャピタルゲインへの課税は生じないことになる。

　近年における40条申請の処理件数は下表のとおりであり、特に財団法人に対する贈与に係る40条申請は急激に増加していることが読み取れる。

388　第 2 部　プランニング編

（単位：件）

	平成 25 事務年度	平成 26 事務年度	平成 27 事務年度	平成 28 事務年度
学校法人	41	41	36	64
財団法人	19	16	107	75
社会福祉法人	81	72	100	71
医療法人	6	1	0	1
宗教法人	38	25	36	63
その他の法人	82	52	69	71
合計	267	207	348	345

（出典：国税庁　第 63 回事務年報～第 66 回事務年報）

(b)　適用要件

　非課税特例の適用を受けるための要件は、大要、下記のとおりである（措令 25 の 17 Ⅴ）。

（要件 1）
贈与又は遺贈が教育又は科学の振興、文化の向上、社会福祉への貢献その他公益の増進に著しく寄与すること。
（要件 2）
贈与又は遺贈する財産が、その贈与又は遺贈の日から 2 年以内に贈与又は遺贈を受けた法人の公益を目的とする事業の用に直接供されること。
（要件 3）
贈与又は遺贈により譲渡又は遺贈した人の所得税の負担を不当に減少させ、又は贈与又は遺贈した人の親族その他これらの人と特別の関係がある人の相続税や贈与税の負担を不当に減少させる結果とならないこと。

　以下、それぞれの小問において、各要件の具体的な内容を検討する。

小問 2

　甲は、40 条申請を行うことを検討している。40 条申請のためには、A 社株式の贈与が、公益の増進に著しく寄与することが必要である（要件 1 参照）ため、甲は、一般財団法人 X の主たる目的を、A 社が有する科学技術に関連した開発

に関与する学生に対し奨学金の給付を行うことにより、産業振興に寄与することとした。

　もっとも、甲は、A社が所在するB市に居住する学生のみを対象として奨学金を給付したいと考えている。これに問題はあるか。

　　結　論 ・・

非課税特例の要件を満たさない可能性がある。

解　説

（要件1）
贈与又は遺贈が教育又は科学の振興、文化の向上、社会福祉への貢献その他<u>公益の増進に著しく寄与</u>すること。

この要件の判定は、当該贈与又は遺贈に係る公益目的事業が公益の増進に著しく寄与するかどうかにより行うものとして取り扱うものとされ、以下の4つの観点から判定するものとされている（措法40通達12）。

- 公益目的事業の規模
  - …当該贈与又は遺贈を受けた公益法人等の当該贈与又は遺贈に係る公益目的事業が、その事業の内容に応じ、<u>その公益目的事業を行う地域又は分野において社会的存在として認識される程度の規模</u>を有すること。
- 公益の分配
  - …当該贈与又は遺贈を受けた公益法人等の事業の遂行により与えられる公益が、それを必要とする者の現在又は将来における勤務先、職業などにより制限されることなく、公益を必要とするすべての者（やむを得ない場合においてはこれらの者から公平に選出された者）に与えられるなど<u>公益の分配が適正に行われる</u>こと。
- 事業の営利性
  - …当該公益法人等の当該贈与又は遺贈に係る公益目的事業について、その公益の対価がその事業の遂行に直接必要な経費と比べて過大でないことその他<u>当該公益目的事業の運営が営利企業的に行われている事実がないこと。
- 法令の遵守等
  - …当該公益法人等の事業の運営につき、<u>法令に違反する事実その他公益に反する事実がないこと。

390　　第2部　プランニング編

　通達上、「30人以上の学生に対して学資の支給若しくは貸与する事業」は原則として、「公益目的事業の規模」の要件を満たすものとされているが、その範囲から「学資の支給若しくは貸与の対象となる者が都道府県の範囲よりも狭い一定の地域内に住所を有する学生に限定されている場合」は除くとされている（措法40通達12⑴ト）。

　したがって、奨学金の支給先をB市に居住する学生のみに限定した場合、「公益目的事業の規模」の要件を満たさないと判断される可能性がある。したがって、給付の範囲をB市が所在するC県にまで広げる等の工夫が必要となる。

小問3

　①　一般財団法人XはA社から安定した配当を継続的に受領し、その70%程度を奨学金の給付に充てることを計画している。これに問題はあるか。

　②　甲における非課税特例の承認後、A社はしばらくの間、一度も配当を行わなかった。これに問題はあるか。また、A社が少額の配当（例えば、全株主への毎年配当の総額が1万円）のみを行い、一般財団法人Xがその全額を奨学金事業に充てていた場合はどうか。

　③　甲における非課税特例の承認後、A社は安定して配当を行い、一般財団法人Xはその全額を奨学金の給付に充てていた。もっとも、その後、急激な業績の悪化により、A社は無配の状態が続いてしまった。これに問題はあるか。

　結　論

①　非課税特例の承認がなされない可能性がある。

②　非課税特例の承認が取り消される可能性がある。承認が取り消された場合、甲に対して課税が生じる。

③　非課税特例の承認が取り消される可能性がある。承認が取り消された場合、一般財団法人Xに対して課税が生じる

解説

(1) ①について

> （要件2）
> 贈与又は遺贈する財産が、その贈与又は遺贈の日から2年以内に贈与又は遺贈を受けた法人の公益を目的とする事業の用に直接供されること。

　贈与財産が、例えば不動産であれば、当該不動産を事業のための事務所として用いる等、公益目的事業の用に直接供することができる。他方、贈与財産が、株式である場合、その財産の性質上その財産を公益目的事業の用に直接供することができない。したがって、（要件2）について、株式の場合には、各年の配当金などその財産から生ずる果実の全部が当該公益目的事業の用に供されるかどうかにより、当該財産が当該公益目的事業の用に直接供されるかどうかを判定するものとされている（措法40通達13）。もっとも、配当金などの果実が毎年定期的に生じない株式などについては、この通達の規定の適用がないものとされている（措法40通達13注2）。

　したがって、①の事例で、一般財団法人Xが A 社からの配当の70%程度しか助成に用いないとすると、「その財産から生ずる果実の全部が当該公益目的事業の用に供される」との要件を満たさず、したがって、財産が公益目的事業の用に直接供される見込みがないとして、非課税特例の承認がなされない可能性がある（東京高判平成26年2月12日税資264号順号12408参照）。

> **東京高判平成26年2月12日税資264号順号12408**
> 　（事案）
> 　Xは、平成19年11月19日、自らの所有する株式会社Cの株式500株（以下、「本件株式」という）を財団法人A（ものづくり技術の高度化に関する試験研究、普及等に対する助成等を行うことにより、B県における産業振興に寄与することを目的とする）に寄附した（以下、「本件寄附」という）。株式会社Cは、本件株式について、平成20年7月1日に2500万円、平成21年7月1日に250万円の配当を行ったが、財団法人は、本件寄附があった日から2年以内（以下、「本件期間内」という）に、助成金の交付を1928万3200円しか行わなかった。Xは、平成22年11月19日に本件寄附に関し40条申請（以下、「本件申請」という）を行ったが、国税庁長官が当該申請を不承認とする処分を行ったため、その取消しを求めた事案。

（争点）
①本件申請が事業供用に関する要件を満たすか。
②40条申請が、寄附から2年を経過した日以降に行われている場合の事業供用に関する要件の判断
③「やむを得ない事情」（措令25の17Ⅳ）の有無
（判旨）　第一審：請求棄却　控訴審：控訴棄却
①「措置法40条通達の9ただし書〔現行の措法40通達13但書〕は、株式等のように、その財産の性質上その財産を直接公益事業の用に供することができないものについても措置法40条の承認の対象から除外しないこととする一方で、事業供用に関する要件の判定について、他の財産についての判定と同様に、直接、当該公益事業の用に供されるかどうかを実質的に判定することとしており、合理的な指針であるということができる」。上記の事実に鑑みれば、「配当金が、本件期間内に全額助成金として支給されているということはできないため、本件寄附株式が、本件財団の公益事業の用に直接供されたということはできない」。
②「措置法40条2項及び措置法施行令25条の17第8項によれば、国税庁長官は、仮に贈与の時点で当該贈与がされた日から2年以内に公益事業の用に直接供される見込みがあるとして措置法40条1項の承認をした場合であっても、贈与のあった日以後2年を経過するまでの期間内に、寄附財産が公益事業の用に供されなかった場合には、同項の承認を取り消すことができることとされているのであるから、事業供用に関する要件について、同条に基づく申請がされた時点で既に贈与のあった日以後2年を経過している場合には、原則として寄附財産が上記2年の期間内に実際に当該法人の公益事業の用に供されたかどうかにより判断すれば足りるものというべきである」。本件申請が行われたのは、本件寄附のあった日以後2年を経過しているから、事業供用に関する要件の有無は現実に配当が助成金の交付に用いられているか否かで判断を行い、本件寄附当時にその見込みがあったか否かによって判断されない。
③「措置法40条通達の13〔現行の措法40通達16〕において、寄附財産が、当該贈与があった日以後2年を経過する日までの期間内に、贈与者及び贈与を受けた法人の責めに帰せられない事情により、当該法人の公益事業の用に供されることが困難である事情が客観的に認められる場合をいう」。本件ではそのような事情は見受けられない。
（実務上のポイント）
・措法40通達13但書については、厳格に、その全額が公共事業の用に供されたか否かによって判断されている。したがって、40条申請にあたっては、株式を贈与対象の財産とする場合には、発行会社が、安定的継続的に配当を行い、公益目的事業を行うために必要な資金が確保されることを示す必要があると考えられる。

事例 7　措置法 40 条申請を適用し、財団法人に財産を寄贈　　393

(2)　②について

②の事例で、A 社がしばらく配当を行わない場合には、財産が公益目的事業の用に直接供されていないものとして、非課税特例の承認が取り消されるおそれがある（類似の制度である租税特別措置法 70 条（国等に対して相続財産を贈与した場合等の相続税の非課税）について、無配のため財産が公益目的事業の用に直接供されていないとして、非課税特例の承認が取り消された事案として、大阪高判平成 13年 11 月 1 日判時 1794 号 39 頁がある）。

本件の場合のように、贈与から 2 年以内に A 社が配当を一切行わず、したがって A 社株式が公益目的事業の用に直接供されなかった結果、非課税特例の承認が取り消された場合には、贈与を行った甲において、贈与日に、時価による譲渡があったものとみなして、所得税が課される（措法 40 Ⅱ、措令 25 の 17 Ⅻ）。

なお、A 社が少額の配当（例えば、全株主への毎年配当の総額が 1 万円）のみを行い、一般財団法人 X がその全額を奨学金事業に充てていた場合、形式的には配当を行い、かつ、その全額を事業の用に供してはいるものの、A 社株式の公益目的事業への寄与が無いに等しいと評価される場合には、「公益目的事業の用に直接供されていない」として、同様に甲に所得税等が課される場合も考えられる。

(3)　③について

③についても、②と同様に、非課税特例の承認が取り消される可能性がある。

本件のように、贈与から 2 年以内に A 社が配当を行い、それを公益目的事業の用に供していたものの、その後、A 社が配当を行わなくなり、A 社株式が公益目的事業の用に直接供されなかった結果、非課税特例の承認が取り消された場合には、②とは異なり、（贈与を行った甲ではなく）一般財団法人 X において、贈与日に、時価による譲渡があったものとみなして、所得税等が課される（措法 40 Ⅲ、措令 25 の 17 ⅩⅤ）。

小問 4

(a)　甲は、A 社の発行済株式の全てを一般財団法人 X に贈与した上で、一般財団法人 X の理事を甲とその親族で固めて A 社へのコントロールを継続することを考えている。措置法 40 条申請の適用上、このようなことは

394　第2部　プランニング編

可能か。

(b)　一般財団法人 X に対して贈与する株式数を決定するにあたり、留意すべき点はあるか。

　結　論

(a)　40条申請の保有株式数要件及び遺留分減殺請求に留意する必要がある。

(b)　甲としては、理事を親族で固めることはできないものの、無議決権株式を用いて A 社への完全な支配を維持するという対応は考えられる。

解　説

(1)　要件3について

（要件3）
贈与又は遺贈により譲渡又は遺贈した人の所得税の負担を不当に減少させ、又は贈与又は遺贈した人の親族その他これらの人と特別の関係がある人の相続税や贈与税の負担を不当に減少させる結果とならないこと。

ここでいう「不当に減少させる結果とならない」について、公益法人等が以下の全ての要件を満たすときは、所得税、贈与税及び相続税の負担を「不当に減少させる結果とならない」と認められるものとされている（措令 25 の 17 Ⅵ）。

(i)公益法人等の運営組織が適正であるとともに、その寄附行為、定款又は規則において、理事、監事及び評議員のいずれにおいても、そのうちに親族関係がある者及びこれらの者と特殊の関係がある人の数の占める割合が、3分の1以下とする旨の定めがあること。

(ii)寄附した者、寄附を受けた法人の理事、監事及び評議員若しくは社員又はこれらの人と特殊の関係がある人に対し、施設の利用、金銭の貸付け、資産の譲渡、給与の支給、役員等の選任その他財産の運用及び事業の運営に関して特別の利益を与えないこと。

(iii)法人の寄附行為、定款又は規則において、その法人が解散した場合の残余財産が国若しくは地方公共団体又は他の公益法人等に帰属する旨の定めがあること。

(iv)寄附を受けた法人につき公益に反する事実がないこと。

(v)法人が寄附により株式の取得をした場合には、当該取得により当該法人の有することとなる当該株式の発行法人の株式がその発行済株式の総数の2分の1

を超えることとならないこと。

(2) 40条申請の保有株式要件

一般財団法人Ｘが A 社の発行済株式の全てを保有する場合には、上記(v)の要件を満たさないため、譲渡所得の非課税特例を受けられないこととなる。したがって、譲渡所得の非課税特例の適用を受けるためには、一般財団法人Ｘに発行済株式の50%超を保有させることができず、したがって、甲は、その保有する A 社株式の全部を一般財団法人Ｘに贈与することはできない（A 社が自己株式を保有している場合には、当該自己株式も割合算定にあたっての分母に算入される。なお、公益認定（**基礎編第9章2参照**）においては、発行済株式数基準ではなく、議決権基準で50%を保有していないことが要件とされており、40条申請の基準とは異なっている点に留意を要する）。

(3) 遺留分減殺請求

甲による一般財団法人Ｘへの A 社株式の贈与は遺留分減殺請求の対象となる可能性がある。遺留分減殺請求の対象となった場合、乙らの相続税軽減、株式の散逸の防止という甲の意思が達成されないおそれがある。

したがって、一般財団法人Ｘへ贈与する株式数を決定するにあたっては、その価値を踏まえてあらかじめ乙らに他の十分な相続財産を遺すといった対策を講じる必要がある。

(4) 理事についての要件

理事又は理事会は、一般財団法人の業務執行を行う機関である（**基礎編第9章参照**）。したがって、一般財団法人Ｘの理事を、甲及び甲と友好的な親族で固めることができれば、甲は、一般財団法人Ｘに A 社株式を譲渡したとしても、依然として、一般財団法人Ｘを通じて A 社に対する支配を及ぼすことができる。

しかしながら、上記(i)のとおり、理事のうち、親族関係がある者及びこれらの者と特殊の関係がある人の数の占める割合が3分の1以下でなくてはならない。したがって、非課税特例の適用を受けるためには、理事を甲及び甲と友好的な親族のみとすることはできず、外部の者を理事とすることが必要となる。

よって、甲が一般財団法人Ｘに A 社の普通株式を贈与する場合には、原則と

396 第2部 プランニング編

して、当該 A 社株式への甲の支配は失われることになる。

(5) 無議決権株式の発行

上記のように、役員の要件及び保有株式割合の要件があるため、甲が保有する株式のうちどの程度の割合を贈与するかは、重要な経営判断となる。丙らの相続税の負担の軽減と、A 社に対する甲のコントロールの維持は、相互に矛盾するようにも思われる。

そこで、完全無議決権株式を用いる方法が考えられる。すなわち、40 条申請のためには、あくまでも一般財団法人 X が発行済株式の 50%超を保有しないことが要件なのであり、仮に A 社が将来的に普通株式を完全無議決権株式を転換することで、一般財団法人 X の議決権割合が 50%超となったとしても、上記(iv)の要件には抵触しないこととなる（但し、公益認定基準の観点からは、その時点で、一般財団法人 X が公益財団法人となっている場合には、信託設定等の方法により議決権割合を 50%以下にする必要がある）。したがって、一般財団法人 X には無議決権株式を保有させることにすれば、議決権のある株式は甲だけが保有することになり、甲はコントロールを維持することができる。

もっとも、これは本件のように、贈与前の時点において、甲が A 社株式の100%を有していたような場合にあてはまるものであり、例えば、甲に、共同の出資者丁がおり、A 社の発行済株式総数の 70%を甲が、30%を丁が保有しているような場合に、財団法人の普通株式を無議決権株式に転換すると、以下のように、甲のコントロールは弱まり、かつ、丁のコントロールが強くなる点に留意が必要である。

	株式保有割合		議決権割合	
	贈与前	贈与後	贈与前	贈与後
甲	70%	40%	70%	57%
丁	30%	30%	30%	43%
一般財団法人 X	0%	30%	0%	0%
合計	100%	100%	100%	100%

事例7　措置法40条申請を適用し、財団法人に財産を寄贈　　397

小問5

　株式の贈与を受ける一般財団法人Ｘには、どのような課税関係が生じるか。

　　結　論 ・・・

　一般財団法人Ｘが公益法人等に該当する場合には、受贈益に対する法人税等
は課税されない一方で、相続税法66条4項により、一般財団法人Ｘが個人と
みなされて贈与税課税を受ける可能性がある点に留意が必要である。

解　説

(1)　法人税等

　法人が無償により資産を譲受けた場合には、受贈益に対して法人税等が課税
される（法法22Ⅱ）。但し、当該法人が公益法人等に該当すると、法人税等の課
税対象は34種の収益事業に限定されるところ（公益財団法人の公益目的事業か
ら生じた所得を除く）、資産の譲受けに係る受贈益は、上記の収益事業には該当
せず、法人税等は課されない。

(2)　贈与税

　贈与税は、原則として個人に課税されるものである（相法1の4）から、原則
として法人である一般財団法人Ｘには贈与税は課されない。もっとも、持分の
定めのない法人に対し財産の贈与又は遺贈があった場合において、当該贈与又
は遺贈により当該贈与又は遺贈をした者の親族その他これらの者と特別の関係
がある者の相続税又は贈与税の負担が不当に減少する結果となると認められる
ときには、当該社団又は財団を個人とみなして、これに贈与税又は相続税を課
するとされている（相法66Ⅳ・Ⅰ）。一般財団法人は「持分の定めのない法人」
であるから、上記の者の贈与税が「不当に減少する結果となると認められると
き」には、一般財団法人Ｘは個人とみなされて贈与税を課される可能性がある。

　この「不当に減少する結果となると認められるとき」について、相続税法施
行令33条3項及び個別通達「贈与税の非課税財産（公益を目的とする事業の用に
供する財産に関する部分）及び持分の定めのない法人に対して財産の贈与等が
あった場合の取扱いについて」において、その判定基準が定められている。こ
の判定基準は40条申請の場合の判定と類似しているものの、公益目的事業の

用に供する必要がない等、一部異なる点があることから、当該要件にも留意する必要がある。通常、40条申請の要件が満たされる場合には、相続税法66条の要件も満たされると思われる。

なお、平成30年度税制改正により、相続税法施行令33条3項に加えて、4項が創設された。当該規定では、次に掲げる3つの要件を充足しない場合には、相続税又は贈与税の負担が不当に減少する結果になると認められるものとされる。

> ①その定款において、その役員等のうち親族等の数がそれぞれの役員等の数のうちに占める割合が3分の1以下であり、法人が解散した場合における残余財産が国若しくは地方公共団体等に帰属する旨の定めがあること
> ②贈与又は遺贈の前3年以内に、贈与者等に対し特別の利益を与えたことがなく、かつ、当該贈与又は遺贈の時における定款において当該贈与者等に対し特別の利益を与える旨の定めがないこと。
> ③贈与又は遺贈の前3年以内に国税又は地方税について重加算税又は重加算金を課されたことがないこと。

具体的な相続税法施行令33条3項及び4項の適用関係は以下のとおりである。

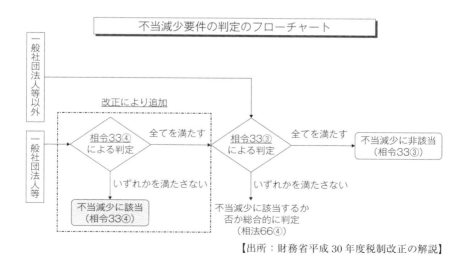

上図のとおり、相続税法施行令33条3項及び4項は併存しており、まず、平

成30年度税制改正により新設された相続税法施行令33条4項により形式要件の判定を行い、その要件をすべて満たす場合に、平成30年度税制改正前から存在する同条3項の不当減少要件の判定を行うことになる。

小問6

甲が非課税特例の承認を受けた後、A社は、同業種を営むP社との間で、P社を株式交換完全親会社、A社を株式交換完全子会社とし、A社株主にはP社株式を交付するという内容の株式交換を行うことになった。その際の一般財団法人Xが保有するA社株式の取扱い及び非課税特例の適用はどのようになるか。

　結　論

　一般財団法人Xは、P社株式を代替財産として公益目的事業の用に供することで、非課税特例の適用を継続することができる。

解　説

　所得税法57条の4第1項に規定する株式交換（株主による譲渡所得課税が繰り延べられる場合）により贈与財産を譲渡した場合には、当該株式交換により取得する株式交換完全親法人の株式を代替財産として、公益目的事業に直接供すれば、（要件1）を満たすこととなる（措法40Ⅰ後段、措令25の17Ⅲ④）。

　したがって、P社との株式交換が当該要件を満たすものであれば、一般財団法人は株式交換によって取得したP社株式を公益目的事業に直接供すれば、（要件1）を満たすこととなる。

400　第2部　プランニング編

事例8
役員、従業員持株会を活用し、オーナー所有株式を移転

　甲は、Ａ株式会社の発行済株式の全てを保有している。甲は、Ａ株式会社の経営を長男である乙に継がせようと考えており、そのためにＡ株式会社の株式の全てを乙に相続させることを検討している。もっとも、甲は、Ａ社株式の相続の際の課税について懸念している。甲はこの点を顧問税理士に相談したところ、従業員持株会の利用の可能性を提案された。

小問1

　従業員持株会とは何か。

　　結　論

　会社の従業員が、当該会社の株式の取得を目的として運営する組織である。

解　説

(1)　従業員持株会とは

　従業員持株会とは、会社の従業員が、当該会社の株式の取得を目的として運営する組織をいう。

　従業員持株会は、その会員である従業員から拠出金の拠出を受け、当該拠出金で会社の株式を取得し、当該株式からの配当金を会員の持分に応じて配分するという仕組みとなっている。このように、会社の従業員による取得対象株式の取得、保有の促進により、従業員の福利厚生の増進及び経営への参加意識の向上を図ることを目的としている。

(2)　従業員持株会の法的性質

　従業員持株会は、通常、民法上の組合（民法667Ⅰ）として組織される（一般社団法人の形態で組織される場合については、**プランニング編事例15**も参照）。民法

事例8　役員、従業員持株会を活用し、オーナー所有株式を移転　401

上の組合は法人格を有しないため、従業員持株会を設立するにあたっては従業員持株会規約が策定され、各会員は株式を従業員持株会の理事長に信託し、理事長が一括して管理を行う。

すなわち、株主名簿上理事長の名義で記載がなされ、議決権も理事長が一括して行使することになる（但し、各会員は、理事長による行使内容について異議がある場合には、不統一行使（会社法313）を求めることができる[1]）。

また、配当については、理事長が一括して受け取り、これを各会員に分配することになる。会員が受け取る配当金については、実質的には各会員の有する株式の持分に応じて各会員に支払われるものであるから、各会員個人において配当所得として課税される。また、持株会会員分の配当金についても自己名義分の配当金と合算の上、配当控除の制度（所法92）を利用することができる。

|小問2|

従業員持株会の設立にあたり留意すべき点はあるか。

　結　論

従業員の福利厚生の増進及び経営への参加意識の向上という観点から、従業員持株会の設計、持続可能性の検証を行うことが重要である。また、金融商品取引法上の規制が及ばないような設計とする必要がある。

|解　説|

(1)　従業員持株会規約

従業員持株会の設立にあたっては、従業員持株会規約を制定して、従業員持株会の組織や会員の権利義務について規定することになる。

例えば、①取得対象株式、②会員の範囲（従業員に限る等）、③入会、④拠出金等、⑤意思決定（理事会等）に関するルール、⑥株式の払戻しのルール、⑦退会の際のルールを定めることとなる。

Ａ社のような非上場会社における従業員持株会においては、例えば上場が達成されるまでは株式自体の払戻しをできず、あらかじめ定められた買取価格で

---

1)　日本証券業協会「持株制度に関するガイドライン」においては、持株会規程に、各会員が理事長に対し不統一行使をする旨の指示ができることを定めることを求めている。

従業員持株会が買い取る設計にする等、株式の分散を防ぎつつ、経営への参加意識の向上を目指すような設計とすることも考えられる。

(2) 持続可能性の検証

従業員持株会は任意に加入を求めるものであるから、入会者が減少した場合には、組織自体の存続が困難となり、従業員持株会の目的が達成されない。

したがって、従業員持株会の導入にあたっては、社員の年齢や性別毎の構成比、採用計画や社員の退職率等を勘案し、従業員持株会の持続可能性のシミュレーションすることが重要である。

(3) 金融商品取引法上の留意点

(a) 集団投資スキームへの該当性

仮に従業員持株会において会員が有する権利が、金融商品取引法上の有価証券に該当する場合には、各種の開示規制（金商法3③イ、4Ⅰ等）や業規制（金商法29）等の金融商品取引法上の規制を受けることとなる。

有価証券のうち、いわゆる集団投資スキーム持分（金商法2Ⅱ⑤）は、大要、原則として以下の要件を満たす権利をいうものとされている（但し、一定の類型のものを除く）。

(i) 民法に規定する組合契約等に基づく権利であること

(ii) 当該権利を有する者（出資者）が出資又は拠出をした金銭等を充てて行う事業から生ずる収益の配当や財産の分配を受けることができること

この定義からすると、組合形式の従業員持株会は集団投資スキーム持分に該当し、金融商品取引法上の各種規制を受けることとなりそうである。もっとも、一定の従業員持株会において会員が有する権利については上記の定義から除外されている。具体的には、以下の要件を満たすものである（金商法2Ⅱ㊿、金商令1の3の3⑤、定義府令6）。

(i) 株券の発行者の従業員が、当該発行者の他の従業員と共同して、株券の買付けを、一定の計画に従い、個別の投資判断に基づかず、継続的に行うことを約する契約であること

(ii) 各従業員の1回あたりの拠出金額が100万円に満たないこと

したがって、実務上は、かかる要件を充足するように従業員持株会を設計することになる。

(b) 有価証券届出書の提出の要否

　A社のような非上場会社における従業員持株会に対し、A社（発行会社）が新株発行を行う場合や、オーナーが持株会に株式を拠出する場合に、金融商取引法上、有価証券届出書の提出が必要となるかが問題となる。仮に有価証券届出書を提出することになるとすれば、A社はそれ以後、有価証券報告書等の提出義務を負うこととなるため、作成に要する事務手数を考慮すると、実務上は、有価証券届出書の提出義務を負わないような設計とする必要性が高い。

　有価証券届出書の提出が不要となる場合のうち、従業員持持株会に適用されうるものとしては、大要、以下のものがある。

① 取得勧誘の相手方が過去6か月通算して50名未満（但し、一定の者を除く）である場合

② 発行価額の総額が1億円未満である場合

　このうち、①について、取得勧誘の対象が、従業員持株会1名とみるのか、その個々の会員とみるのかにより、人数が異なることになる。この点、企業内容等開示ガイドラインにおいては、概ね以下の条件に合致している場合には、従業員持株会を1人株主として扱うことができるものとされている（同ガイドライン B5-15）。

(ⅰ) 株主名簿に「持株会」の名義で登録されていること

(ⅱ) 議決権の行使は「持株会」が行うこと

(ⅲ) 配当金を「持株会」でプールし運用するシステムをとっていること

　したがって、上記の要件を満たすよう、従業員持株会を設計する必要がある。しかし、非上場会社の従業員持株会は多くの場合で配当金を各会員に分配しており、そのような場合においては、売出しの総額が1億円未満となるように配慮しなければならない。

小問3

　甲は従業員持株会を乙への事業承継に活用しようと考えている。具体的にどのような活用方法が考えられるか。

　なお、A株式会社の発行済株式総数は100株、1株当たり純資産価額は50,000円、配当還元価額は1,000円とする（本問では、数値の比較のため、原則的評価方法は純資産価額によるものと仮定する）。

404 第2部 プランニング編

結 論

甲が従業員持株会へ株式の一部を譲渡する、又は、従業員持株会に対して第三者割当増資を行うことにより、相続財産を圧縮し、A社株式の相続の際の課税を抑制することが可能である。

解 説

(1) （従業員持株会を活用せずに）乙へ相続させた場合

甲がその保有するA社株式の全てを乙に対して遺贈する場合、乙は、甲の同族関係者として支配株主にあたることから、甲から乙への遺贈におけるA社株式の評価額は、原則的評価方法（株価評価については**基礎編第5章**を参照）が適用されるものと考えられる。そうすると、本問においては、純資産価額方式による評価額（1株当たり50,000円、総額5億円）により、乙に対し、相続税課税がなされることとなる。

もっとも、以下に述べるとおり、従業員持株会を活用することで、一般に純資産価額方式による評価額よりも低い、配当還元方式による評価額を用いてA社株式を相続財産から切り離すことができる。

(2) 甲が従業員持株会へ株式の一部を譲渡する場合

従業員持株会社は支配株主に該当しないことから、甲が従業員持株会に対してA社株式20,000株を譲渡する場合には、例外的な評価方法である配当還元方式による評価額（1株当たり1,000円、総額2,000万円）を用いることができる。

したがって、甲においては、2,000万円（1,000円×20,000円）と取得価額の差額について、譲渡所得課税を受ける。

そして、甲の相続発生時においては、乙は、上記の2,000万円（譲渡所得税控除前）の金銭とA社株式80株（1株当たり50,000円、合計40億円）を相続することとなる。

(3) 従業員持株会へ第三者割当増資を行う場合

従業員持株会社は支配株主に該当しないことから、A社が従業員持株会に対してA社株式25,000株を第三者割当増資により発行する場合には、上記(2)と

同様、例外的な評価方法である配当還元方式による評価額（1,000円）を用いることができる。この場合、甲による譲渡は存在しないことから、甲における譲渡所得課税は生じない。

また、甲の相続発生時においては、100,000株全てが、原則的評価方法（本問では純資産価額方式）による評価額で乙に相続されることとなるものの、上記の第三者割当増資によりA社株式の純資産価額方式による評価額は4,020万円（＝（50,000円×100,000株＋1,000円×25,000株）÷125,000株）となるため、純資産価額方式での評価額を引き下げることができる。

以上を表にまとめると以下のとおりとなる。

	金銭	株式	合計
(1)直接相続させた場合	—	50,000円×100株 ＝5,000,000円	5,000,000円
(2)従業員持株会に譲渡した場合	1,000円×20株 ＝20,000円	50,000円×80株 ＝4,000,000円	4,000,000円
(3)従業員持株会に第三者割当増資をした場合	—	40,200円×100株 ＝4,020,000円	4,020,000円

このように、上記の(2)、(3)の方法をとることにより、相続財産を圧縮することが可能である。

小問4

甲は上記のとおり持株会を設立しようと考えているが、従前どおり、安定的に経営権を保持したいと考えている。何か方策はあるか。

結　論

①一定の議決権割合の確保、②種類株式の利用、③従業員持株会規約による手当てが考えられる。

解　説

(1)　はじめに

従業員持株会の会員は従業員であるから、一般論としてはオーナーの意思に

反するような議決権行使をする可能性は高くはなく、安定株主となる。

　もっとも、第三者に株式を保有させることから、甲の意思に反した議決権の行使や、全くの第三者への株式の散逸リスクは否定できないため、これらに対する手当てが必要となる。

(2)　一定の議決権割合の確保

　まず、甲がより安定的に経営権を維持したいのであれば、甲単独でも特別決議（会社法309Ⅱ）を行えるよう、少なくとも従業員持株会の持株比率を3分の1未満とすることが考えられる。

　もっとも、それ以下の議決権保有割合によって行使される権利（株主代表訴訟を提起する権利等）を従業員持株会に与えることになる点には留意が必要である。

(3)　種類株式の利用

　さらに安定性を高めるため、例えば、以下のように種類株式を活用することも考えられる（**基礎編第6章1(3)参照**）。
① 　従業員持株会が所有する株式を無議決権株式とすることで、議決権を甲に集約する。
② 　従業員持株会が所有する株式を取得条項付種類株式とすることで、一定の事由が生じた場合に会社が株式を取得できるようにする。
③ 　甲が黄金株を所有することによって、甲が拒否権を行使できるようにする。
　実務上、これらの種類株式を導入するにあたっては、既存の普通株式を、株主の全員の同意によって、これらの性質を持った種類株式に転換する方法がとられる。

(4)　従業員持株会規約による手当て

　従業員持株会規約において、まず、全くの第三者に株式を保有されることを防ぐため、規約上、少なくとも会員を従業員に限定することは必要である。

　もっとも、会員を従業員に限定したとしても、会員である間に自由に持分相当の株式の引出しが可能であったり、退会時に持分相当の株式の交付による清算が行われたりするような場合には、従業員が（従業員持株会が保有する株式に対する持分ではなく）株式そのものを保有することになる。そのような状態で当該従業員について相続が発生したり、当該従業員が株式を譲渡したりした場合

には、全くの第三者がA社株式を保有することになる。これらについては、①従業員持株会の所有する株式を譲渡制限付株式とし、かつ、定款上、相続人等に対する売渡請求権を定めておくことや、②従業員持株会の所有する株式を取得条項付種類株式とすることで一定程度対応可能であるが、買取価格について当該従業員（又はその相続人、株式の譲受人）との間で紛争になる可能性がある。

　上記のような不都合を回避するため、あらかじめ規約上で、株式の引出しや株式の交付による精算を禁止し、現金での精算（すなわち持株会による買取り）のみ認め、当該精算金額の算定方法を定めておくことが考えられる。実務上、規約において、当該従業員の出資額（配当還元方式による評価価額）によって精算する旨が定められていることが多い。これは、買取価格を変動させることにより、株式が高額となり、従業員持株会が当該株式を買い取れないという事態を回避するためである。

　なお、このような定めに基づいて精算されると、従業員がA社株式のキャピタルゲインを得ることができないことになる。しかしながら、裁判例はこのような定めを、一定の要件の下で有効であると解している（下記参照）。

裁判例「従業員持株会制度に基づいて取得した株式を退職時に額面額で清算する旨の会社と従業員との合意が有効であるとされた事例」

①最判平成7年4月25日集民175号91頁
　（事案）
　　Yは定款によって株式の譲渡制限を規定している株式会社であるところ、従業員の財産形成等を目的として、従業員持株制度を導入した。Xは、Yの従業員であったところ、同制度に基づいてYの株式を取得し、Yとの間で「退職に際しては、同制度に基づいて取得した株式を額面額で取締役会の指定する者に譲渡する」旨の合意（以下、「本件合意」という）をした。
　　Yは、Xの退職に際し、Hに対して株式を譲渡するよう指定したが、Xはこれを拒否し、自己が株主であるとして、Yに対し、株券の発行を請求した。
　（争点）
　　本件合意は株式譲渡自由の原則（旧商法204Ⅰ。現在の会社法107）や公序良俗（民法90）に反し無効となるか。
　（判旨）
　　Xが上記制度の趣旨を了解していたこと、Yは当初は15～30％、その後は8％の割合による配当を行っていたこと等から、有効であるとした。

②最判平成 21 年 2 月 17 日判タ 1294 号 76 頁

　（事案）

　Y_1 は日刊新聞の発行を目的とする株式会社であるところ、Y_1 は、定款によって、株式の譲渡制限を定めるとともに、日刊新聞紙の発行を目的とする株式会社の株式の譲渡の制限等に関する法律（以下、「日刊新聞法」という）1 条に基づき、「Y_1 の株式の譲受人は Y_1 の事業に関係のある者に限る」と規定していた。Y_1 は、従業員持株会として Y_2 を設立した。Y_2 においては、「Y_2 が従業員に Y_1 株式を譲渡する際の価格を額面額である 1 株 100 円とし、株主が退職や死亡により Y_1 株式の保有資格を失ったとき又は個人的理由によりこれを売却する必要が生じたときは、Y_2 が額面額でこれを買い戻す」とのルール（以下、「本件株式譲渡ルール」という）が存在していた。

　Y_1 の従業員であり、Y_2 の会員である X_1 は、従業員持株会制度を通じて Y_2 から Y_1 株式を購入していた。X_1 は当該株式を X_2 に対して譲渡したため、Y_1 に対して譲渡承認請求をしたが、Y_1 はこれを承認せず、Y_2 を譲渡先として指定し、Y_2 を譲受人として譲渡を承認した。そこで、X_1 及び X_2 が株主名簿名義書換及び株主権確認等を求めて争った。

　（争点）

　本件株式譲渡ルールは株式譲渡自由の原則（会社法 107）や公序良俗（民法 90）に反し無効となるか。

　（判旨）

　⑴本件株式譲渡ルールは、日刊新聞の発行を目的とし、日刊新聞法 1 条に基づき定款で株式の譲受人を事業に関係ある者に限ると規定して、株式の保有資格を原則として現役の従業員等に限定する社員株主制度を採用している Y_1 において同制度を維持することを前提に、これにより譲渡制限を受ける株式を円滑に現役の従業員等に承継させるためのものであること、⑵非公開会社である Y_1 の株式にはもともと市場性がなく、本件株式譲渡ルールにおいては、従業員が Y_2 から株式を取得する際の価格も額面額とされていたこと、⑶X_1 は、本件株式譲渡ルールの内容を認識した上、自由意思により Y_2 から額面額で株式を買い受けたこと、⑷Y_1 が、多額の利益を計上しながら特段の事情もないのに一切配当を行うことなくこれを全て会社内部に留保していたというような事情はないことから、本件株式譲渡ルールは有効であるとした。

　（実務上のポイント）

　①は会社法施行前の事案、②は日刊新聞法が関連する事案という特殊性はあるものの、いずれも従業員持株会による額面額（出資額）での株式の取得の合意を認めた事案として先例性を有するものと考えられる。

　①及び②の事案のいずれにおいても、従業員がそのようなルールを認識して、持株会制度を利用していたことが有効性を基礎付ける根拠として重視されている。したがって、このような制度を導入する場合には、従業員に内容を正確に説明したうえで、従業員がこれを理解している旨の証跡を残すことが重要と考えられる。また、有効性を基礎付ける根拠として配当が行われていたこと（不必要に

利益を内部留保していないこと）が挙げられている。従業員がルールを理解していたとしても、従業員への利益の分配が適切に行われていなければ無効となるリスクが存在する点に留意する必要がある。

　以上より、額面額（出資額）での取得の合意の有効性を担保するためには、少なくとも、従業員に規約の内容を十分に理解させる、十分な配当を行うといった対応が必要となると考えられる。

小問5

　上記のように、甲は、事業承継のために、A社に従業員持株会を設立し、その所有するA社株式の一部を譲渡したが、従業員は従業員持株会のことを全く理解しておらず、拠出も行われないなど、従業員持株会は形骸化していた。これに何か問題はあるか。

　　結　論

　従業員持株会に譲渡したA社株式が従業員持株会の所有であることを否認され、甲の所有であると認定されるおそれがある。

解　説

　事業承継のために従業員持株会を設立した後、これが形骸化していると、相続税逃れのためだけにA社株式の名義を従業員持株会に移転したものとされ、例えば甲について相続が発生した場合の相続税において、A社株式が甲名義であったと認定される可能性がある。また、名義だけを従業員持株会に変更したことが隠ぺい・仮装行為にあたるとして重加算税の対象となるおそれもある（国通法68Ⅰ）。

　従業員が会員であることの認識がない場合など、完全に形骸化している事例では否認される可能性が高いが、そうでない場合についてこのような否認がなされるリスクを軽減するためには、従業員持株会が実体のあるものであることの裏付け資料を日常的に準備しておく必要がある。例えば、以下のような資料が裏付け資料となるものと考えられる。

・従業員に対する周知文書、説明文書
・配当の支払実績に関する資料

- 従業員持株会内部の手続きに関する資料（理事会議事録等）
- 従業員持株会（理事長）に対する会社手続書面（株主総会招集通知等）の交付に関する資料
- 理事長による議決権行使に関する資料

事例 9
海外子会社の株価対策（剰余金の配当）

　非上場の機械部品製造メーカーであるA社は、東南アジアに製造・販売を行うB社を設立し、現地での製造・販売を促進している。A社のオーナー社長甲は、後継者である乙に対してA社株式を承継させることを検討しているが、その際にB社の株式評価も踏まえて低い評価額での承継を行えるよう検討を進めている。

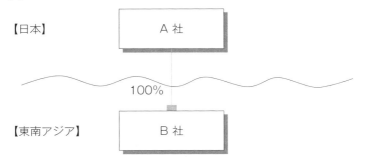

　　小問

　B社株式の評価方法、及びそれを踏まえたA社株式の評価はどのように考えればよいか。B社は、その規模及び事業を拡大させており、財産評価基本通達に照らせば大会社に相当するものとする。

　　　結　論

　取引相場のない外国法人の株式を評価する場合、大会社に相当する外国法人であっても原則として類似業種比準方式に準じて評価することはできず、純資産価額方式に準じて評価することとなる。

　純資産価額方式に準じて海外子会社株式の評価を行った結果、承継させようとする親会社が株式保有特定会社に該当し、評価額が高くなる場合があることに留意する必要がある。

　このような事態を避ける方法としては、海外子会社から親会社に対して配当

412　第2部　プランニング編

を行い、親会社が株式保有特定会社に該当しないようにすることが考えられる。

解　説

(1)　取引相場のない外国法人の株式の評価方法

(a)　国外財産の評価方法に関する財産評価基本通達の規定

財産評価基本通達は、「国外にある財産の価額についても、この通達に定める評価方法により評価することに留意する」として、原則として、国外財産の評価方法は、国内財産の評価方法に準ずることを述べている（財基通5-2）。したがって、国外に所在する取引相場のない株式（以下、「外国法人株式」という）の評価は、国内の非上場株式と同様に、原則として、財産評価基本通達の定めに基づき、原則的評価方式又は特例的評価方式が適用されることとなる（**基礎編第5章**参照）。

(b)　取引相場のない外国法人の株式の評価方法

このような財産評価基本通達の規定を踏まえると、海外子会社の株式の評価方法についても、内国法人の株式の評価方法と同様に考えることができ、大会社に該当するB社の株式評価は、通常は1株当たり純資産価額よりも評価額の低い、類似業種比準価額により評価することができるようにも思える（財基通179(1)）。

しかしながら、国税庁照会によれば、「取引相場のない外国法人の株式を評価する場合、類似業種比準方式に準じて評価することはできるか」という照会に対し、類似業種株価等の計算の基となる標本会社が、日本の金融商品取引所に株式を上場している内国法人を対象としており、外国法人とは一般的に類似性を有しているとは認められないことから、外国法人の株式は、原則として、類似業種比準方式に準じて評価することはできない旨の回答がなされている（**基礎編第5章2**(9)参照）。同回答によれば、外国法人の株式の評価は、原則として、純資産価額により評価することになるため、業績の拡大しているB社においては、B社株式の評価額が想定以上に高くなっている場合も考えられる。

(2) 親会社株式の評価における考慮

(a) 親会社株式の評価方法

　仮に、親会社であるＡ社の総資産のうち、Ｂ社株式を純資産価額により評価した場合のＢ社株式の価額の割合が50％以上となる場合、Ａ社は株式保有特定会社に該当し（財基通189⑵）、Ａ社が大会社であっても、Ａ社株式の評価は1株当たり純資産価額によることとなり、Ｂ社株式の評価額がそのままＡ社株式の評価に反映されることになる（財基通189-3）。

(b) 親会社株式の評価において類似業種比準価額を用いる方法

　このような事態を避けるためには、Ａ社株式を後継者に対して承継させる前に、Ａ社がＢ社から利益剰余金の配当を受け、類似業種比準価額を用いることができるようにすることが考えられる。すなわち、Ｂ社は、利益剰余金の配当を行うことにより、Ｂ社自体の純資産価額が減少し、また、Ａ社が現金を受け取ることになるため、Ａ社における総資産に占める株式以外の資産の割合が増加することになる。そのため、Ａ社において類似業種比準価額を用いることが可能となるまで、Ｂ社からＡ社に対して利益剰余金の配当を行うことで、承継させる株式の評価額を減少させることが可能となる場合がある。

　但し、あくまで当面の承継株式の評価額を下げる方策であり、Ｂ社が現地で行っている事業そのものが問題なく遂行できるかという点等、ビジネス上の検討も踏まえてプランニングを行う必要がある。これに関連して、財基通189項なお書きでは、経済合理性のない資産構成の変動はなかったものとして株式保有特定会社の判定を行うものとされている点にも注意が必要である。合理的な理由に該当する場合についてはなんら明示されておらず、裁判例等を踏まえ、財基通の趣旨にさかのぼった検討が必要となる（**基礎編第5章2⑷(e)⑽参照**）。そこで、Ｂ社から親会社であるＡ社に対して利益剰余金の配当を行う事業上の理由（Ａ社における資金需要等）について、整理及び資料の作成をすることにより、合理性を事後的に立証できるようにしておくことも考えられるところである。

　なお、子会社からの剰余金の配当は、類似業種比準価額を引き上げる方向に働くことにも注意が必要である。すなわち、類似業種比準価額は、評価対象会社及び類似会社の1株当たりの①年配当金額、②年利益金額（所得金額ベース）及び③純資産価額（税務上の帳簿価額ベース）の3要素に基づき決定され、対象

会社について①〜③のそれぞれの金額が高ければ、類似業種比準価額も高くなる（**基礎編第5章2**(5)(a)参照）。このとき、②1株当たり年利益金額の計算において、課税所得金額に受取配当等の益金不算入額が足し戻される（但し、益金不算入の対象となった受取配当等に係る所得税額は控除される）ところ、下記(3)のとおりA社が完全子会社であるB社から受け取った利益剰余金は、原則として外国子会社配当益金不算入制度により95％部分がA社において益金不算入とされる（法法23の2Ⅰ、23Ⅰ①）ため、類似業種比準価額を上昇させる方向に働く。③1株当たり純資産価額も、子会社から受け取った剰余金の配当により増加する。

　また、A社株式の評価上、株式保有特定会社の判定は、原則として課税時期における貸借対照表を基準とするが、純資産価額の計算を直前期末の貸借対照表を基準としている場合には、株式保有特定会社の判定も直前期末に合わせなければならない。この点、実務上は直前期末を基準にすることが多いため、上記のような利益剰余金の配当を行う際には、株式保有特定会社の判定時期がいつになるかについて注意が必要である。

(3)　法人税・源泉税の取扱い

　なお、A社が完全子会社であるB社から受け取った利益剰余金は、原則として、外国子会社配当益金不算入制度により、95％部分がA社において益金不算入とされる（法法23の2Ⅰ、23Ⅰ①）。但し、その利益剰余金が、外国子会社の所在する現地国の法令上、その所得の金額の計算上損金の額に算入することとされている場合など一定の場合にはこの限りではないので注意が必要である（法法23の2Ⅱ）。

　また、外国子会社配当益金不算入制度の下では、B社の所在地国において配当を支払う際に源泉税が課税される場合、日本の税法上、外国において発生した源泉税等については、日本親会社の損金の額に算入したり、外国税額控除の対象とすることができないことに注意が必要である。配当を行う際には、現地国内法における源泉税率や、日本との間の租税条約における源泉税の減免の措置の内容について確認する必要がある。

事例10
海外子会社から資本剰余金を原資とする配当を受ける

　内国法人であるA社（非同族会社）は、積極的にM&A戦略を進めており、デラウェア州会社法に基づいて設立されたB社を、その株式の全てを譲り受けることにより完全子会社とした。A社は、M&Aの促進や株主への配当を行う必要があることから、キャッシュを確保する方策を検討している。

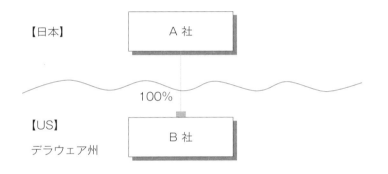

小問1

　B社は、日本の資本剰余金に相当する額を有している。かかる資本剰余金を減少させて配当原資とする方法は、デラウェア州会社法上許容されているところ、資本剰余金を減少させて配当原資とし、資本剰余金の配当を受けることによって、税効率を上げた形でキャッシュを確保できるという提案がなされているが、どのような検討が必要か。なお、A社は一定のプレミアムを上乗せしてB社を買収したことから、B社株式の1株当たり取得価額はB社の純資産額と比べても高額となっている。

　　結　論
　法人である株主が、発行法人から資本剰余金を原資として配当を受け取る場合、みなし配当を計上するとともに、株主の保有している株式数についての変動はないにもかかわらず、有価証券の譲渡損益を計算することになる。このと

416　第2部　プランニング編

き、譲渡対価は、交付を受けた金銭等からみなし配当を控除した金額となる。また、譲渡原価は、払戻法人（B社）の簿価純資産のうち、減少した資本剰余金の額の割合（払戻割合）に対応する金額となる。そのため、A社におけるB社株式の簿価が高い場合、譲渡原価も高額になることから、多額の譲渡損失を計上することが可能な場合がある。また、外国法人から得たみなし配当については、外国子会社配当益金不算入制度が適用される。

なお、海外子会社から親会社に対して配当を行うことで、親会社の総資産に占める株式以外の資産の割合を引き上げ、親会社株式の評価額を押し下げることができる場合もある（事例9参照）。

解説

(1)　資本剰余金の分配とみなし配当・譲渡損益の計算

資本剰余金を原資とする剰余金の分配を行う場合は、税務上、資本の払戻しに該当するものとして取り扱われる（法令8Ⅰ⑱、9Ⅰ⑫）。

そして、内国法人である株主A社が、発行法人B社の資本の払戻しにより金銭等の交付を受けた場合、その金銭等の額が当該発行法人の資本の払戻しに係る株式又は出資に対応する部分の金額（資本金等の額）を超えるときは、その超える部分がみなし配当の額となる（法法24Ⅰ④）。

このみなし配当の計算における資本金等の額は、次のとおり、その資本の払戻しを行った法人（払戻法人・B社）のその払戻しの直前の払戻等対応資本金額等（左の二項）に、保有する株式の割合（右の一項）を乗じて計算される（法令23Ⅰ④）。

この「株式又は出資に対応する部分」（資本金等の額）の計算方法は次のとおりとされている（法令23Ⅰ④）。資本の払戻しにより金銭等の交付を行った場合、税務上はいわば、資本金等の額と利益（みなし配当）をプロラタで計算して按分配当したものとして取り扱われる。

$$\text{株式又は出資に対応する部分} = \text{払戻し等の直前の資本金等の額} \times \frac{\text{減少した資本剰余金の額}}{\text{簿価純資産価額}} \times \frac{\text{内国法人が当該直前に有していた株式の数}}{\text{払戻法人の当該払戻し等に係る株式の数}}$$

他方でまた、内国法人が交付を受けた金銭等から、みなし配当の額を控除し

た残額は、株式譲渡の対価として取り扱われ、譲渡損益課税の対象となる（法法61条の2Ⅰ）。

みなし配当と譲渡損益の取扱いを整理すると、次の図表のようになる。

みなし配当と株式譲渡損益

国税庁HPをもとに、筆者作成

（https://www.nta.go.jp/publication/pamph/gensen/aramashi2009/data/08/index.htm）

そして、株式の帳簿価額が高額であり、交付を受けた金銭等（からみなし配当を控除した金額）を超えている場合、株式譲渡損が発生する。M&Aによりプレミアムを上乗せして株式を取得した場合等、買収会社において対象会社株式の帳簿価額が高額となっている場合には、このような取扱いに基づき、税効率を上げた形でキャッシュを確保することが考えられる。

なお、外国法人からの資本の払戻し等でみなし配当が発生する場合、みなし配当部分については外国子会社配当益金不算入制度の適用によりその95％がA社において益金不算入となるという効果もある（法法23の2 I、24 I④、23 I①）。他方、譲渡損益については、グループ法人税制における100％グループ内の発行法人に対する株式の譲渡に係る譲渡損益の繰延べは内国法人同士の取引を対象としているため、外国法人との取引については適用されず（法法61の2⑰）、完全親子間であっても譲渡損益を認識することとなる。

(2) 外国法人に係る「株式又は出資に対応する部分」（資本金等の額）の計算方法（参考）

なお、上記の「株式又は出資に対応する部分」（資本金等の額）の計算方法のとおり、前事業年度末の簿価純資産価額（資産の帳簿価額から負債の帳簿価額を減算した金額）の多寡により、税効率が変わり得るため、特に海外子会社についてはその計算方法が問題となり得る。

すなわち、払戻法人であるB社の簿価純資産価額の算定に用いられる「資産の帳簿価額」及び「負債の帳簿価額」について、①そもそも企業会計上の帳簿価額を指すのか、それとも、法人税法上の帳簿価額を指すのか、また②法人税法の規定に従うとして、米国と日本の税法のいずれによるかも一応問題となる。

①については、法人税法施行令119条1項10号に定める「帳簿価額」が企業会計上の帳簿価額を指すかが問題となった事案において、納税者が法人税法22条4項を根拠として企業会計上の帳簿価額を指すと主張したのに対して、裁判所は、法人税法の規定に従った帳簿価額を指すと判断し、納税者の主張を排斥した[1]。したがって、かかる裁判例の考え方に従うと、「資産の帳簿価額」及び「負債の帳簿価額」は企業会計ではなく、法人税法の規定に従って計算された額をいうものと考えられる。

また、法人税法の規定に従うとして、②米国と日本の税法のいずれによるかも問題となり得るものの、みなし配当の計算が日本の法人株主の課税関係に影響するものであることを考慮すると、原則として、日本の法人税法によるべきものと思われる。以上から、「資産の帳簿価額」及び「負債の帳簿価額」は、原則として、日本の法人税法のルールに従って計算されると解釈するのが相当で

---

1) 東京地判平成23年10月11日 LEX/DB 文献番号 25481913（東京高裁も同判決を維持している）。

あると思われる。

　以上の解釈とは反対に、「自己株式取得の際にみなし配当が生じる場合の計算は、原則として、我が国の法令に従って計算する必要がありますが、現実問題として、納税者として最善の努力を尽くしても、その計算に必要かつ十分な情報が入手できない場合も想定されます。そのような場合には、例えば、再編成当事会社から入手した（あるいは公表上の）現地会計基準に基づく会計上の数値（連結ベースの情報しか入手できない場合には連結ベースの数値）をもって、いわゆる取得等対応資本金額等を算定することとするのも、やむを得ないものと考えられるところです」との見解もある[2]。さらに、米国法人が行ったスピン・オフによって、日本に居住する少数株主が株式の割当てを受けた際に、みなし配当の額が問題となった事案において、裁判所が、米国法人の連結株主資本計算書の金額をもとにしてみなし配当の額を計算した例もある[3]。

(3)　親会社株式の評価方法・評価額

　なお、仮に、親会社であるＡ社の総資産のうち、Ｂ社株式を純資産価額により評価した場合のＢ社株式の価額の割合が50％以上となる場合、Ａ社は株式保有特定会社に該当し（財基通189(2)）、Ａ社が大会社であっても、Ａ社株式の評価は１株当たり純資産価額によることとなり、Ａ社株式についても類似業種比準価額を用いることができず（財基通189-3）、親会社株式を承継させる場合の評価額が高くなってしまう場合がある。

　このとき、Ａ社株式を後継者に対して承継させる前に、Ｂ社から資本剰余金の配当を受けることにより、Ｂ社自体の純資産価額を減少させ、Ａ社においても配当を受け取ることで総資産に占める株式以外の資産の割合が増加することで類似業種比準価額を用いることができ、承継させる株式の評価額を減少させることが可能となる場合がある。

　但し、あくまで当面の承継株式の評価額を下げる方策であり、Ｂ社が現地で行っている事業そのものが問題なく遂行できるかという点等、ビジネス上の検討も踏まえてプランニングを行う必要がある。

　詳細については、**事例9**を参照されたい。

---

2)　国際的組織再編等課税問題検討専門部会「外国における組織再編成に係る我が国租税法上の取扱いについて」租税研究2012年7月号54頁。

3)　東京地判平成21年11月12日判タ1324号134頁。

420　　第 2 部　プランニング編

小問 2

　小問 1 によれば、資本剰余金の配当により、A 社と B 社の資本関係に変更は
ないにもかかわらず、A 社には場合によっては多額の B 社株式に係る譲渡損失
が生じることになるが、税務当局によって租税回避として否認されるリスクは
ないか。

結　論

　A 社が積極的に M&A 戦略を進めており、また株主への配当を行う必要があ
ることから、キャッシュを確保する必要があり、その方策として B 社の資本剰
余金の配当を行うという、正当な事業目的に基づく配当であるものであり、そ
の実態を前提とした資料を作成しておくことで、租税回避として否認されるリ
スクを低減させることが考えられる。

解　説

　小問 1 のとおり、資本剰余金の配当により、A 社と B 社の資本関係に変更は
ないにもかかわらず、A 社には場合によっては多額の B 社株式に係る譲渡損失
が生じることから、税務当局によって租税回避として否認されるリスクがある
のかという点は一応問題となる。

　租税回避（tax avoidance）とは、一般に、「私法上の形成可能性を異常又は変則
的な態様で利用すること（濫用）によって、税負担の軽減又は排除を図る行為」
と解されている[4]。現在の法令及び判例は、以下のとおり、租税回避を否認する
複数の手法を認めている（個別の否認手法の詳細については、**基礎編第 5 章 2 ⑽⒞**
を参照されたい）。

---

① 　個別否認規定による否認
② 　事実認定による否認
③ 　法解釈による否認
④ 　一般的否認規定による否認

4）　金子宏『租税法〔第 22 版〕』（弘文堂、2017 年）126 頁以下参照。

(1) 個別否認規定と事実認定・法解釈による否認（上記①～③）

本件の場合、資本剰余金の配当に関し、譲渡損失を否認するような個別規定（①）は存在しない。

また、資本剰余金の配当は、海外子会社に利益剰余金が十分に存在しないため、米国のデラウェア州会社法で認められた資本剰余金の減少を伴う剰余金の配当を行うものであって、「利益剰余金を原資とする剰余金の配当が真実の法律関係であり、資本剰余金の額の減少に伴う剰余金の配当が仮装である」と評価するのは困難である（②）。

さらに、租税の減免規定の限定解釈による否認について、外国税額控除制度に関する外税控除事件判決（最判平成17年12月19日民集59巻10号2964頁）では、「本件取引に基づいて生じた所得に対する外国法人税を法人税法69条の定める外国税額控除の対象とすることは、外国税額控除制度を濫用するものであり、さらには、税負担の公平を著しく害するものとして許されないというべきである」と判示し、租税の減免規定である外国税額控除制度の解釈により、その適用を否定している（③）。しかし、みなし配当を規定する法人税法24条1項及び有価証券の譲渡損益を規定する同法61条の2第1項は、そもそも租税の減免規定ではないことから、外税控除事件判決の射程の範囲外である。また、外税控除事件判決で否認された取引は、外国税額控除による租税利益のみを目的とした取引であって、合理的な経済的実体を必ずしも伴っていないものであったという事情が存在する。そのため、本件における資本剰余金の配当も、合理的な経済的実体を伴っていると評価できれば、より本件は同判決の射程範囲外であると言い得る。

本件では、A社は、積極的にM&A戦略を進めており、また株主への配当を行う必要があることから、キャッシュを確保する必要があるという事情などをもって、事業目的を有する経済取引であって、本件譲渡損を損金の額に算入することを目的とした取引ではないと整理することが考えられる。

(2) 一般的行為・計算否認規定（上記④）

以上の租税回避の否認手法のほかに、日本の租税法は包括的な租税回避否認規定を設けている（基礎編第5章2⑽⒞参照）。例えば、同族会社の行為・計算の否認規定（法法132 I 等）、組織再編成に係る行為・計算の否認規定（法法132の

2）及び連結法人に係る行為・計算の否認規定（法法132の3）といった行為・計算の否認規定である。なお、行為・計算の否認規定は、個別的否認規定の要件を充足せず、当該規定が適用されない場合であっても適用されると解されている。

　本件で、A社は資本剰余金の配当が行われる時点において、「同族会社」（法法2⑩）には該当せず、法人税法132条1項2号が規定する内国法人（2分の1以上の事業所の所長等が一定以上の割合の株式を保有する場合）に該当するようなことがない限り、本件剰余金の配当に対して同族会社の行為計算否認規定（法法132Ⅰ）を適用することはできない。

　また、本件の資本剰余金の配当は、「合併等」には該当しないことから、組織再編成に係る法人税法132条の2が適用されることはない。

　なお、A社が連結納税を採用していない法人であれば、当然、連結法人に係る法人税法132条の3が適用されることはない。また、仮にA社が連結納税を採用していたとしても、外国法人であるB社は連結対象ではないので、B社のみとの取引である本件に対して、法人税法132条の3も適用されることはないと考えるのが合理的であると思われる。したがって、本件の資本剰余金の配当に対して、行為・計算否認規定を適用して譲渡損失を否認することは課税当局にとって困難であると思われる。

事例 11　納税資金の確保　　423

事例 11
納税資金の確保

　非上場の機械部品メーカーである A 社のオーナー社長甲は、甲の子であり、後継者である乙に対して A 社株式を承継させることを検討している。しかしながら、甲の財産はそのほとんどを A 社株式が占めており、乙が相続により財産を取得した場合でも、納税資金が不足することが予測される。甲としては、一族による A 社支配を維持するために、A 社株式を第三者に売却したくないと考えている。

小問 1

　支配権を維持しつつ、乙が納税資金を確保する方法として、いかなる手法が考えられるか。

　　結　論

　発行会社（オーナー系企業）から配当や役員報酬等の形で後継者個人に資金を移して納税資金を確保する方法が考えられるが、税負担が重く、効果的に納税資金の問題に対応できない。そのため、発行会社による自己株式の取得により納税資金を確保したり、一定の要件を満たす場合に自社株式の一部につき物納をすることで納税資金の不足を補うことで、支配権を維持しつつ、納税資金を確保することが考えられる。

　なお、平成 30 年度税制改正により利用のさらなる活用が見込まれる事業承継税制については、**基礎編第 4 章 2 参照**。

解　説

(1)　オーナー・後継者における納税資金の確保・総論

　ある会社のオーナーの後継者に対して、当該会社の支配権を承継させようとすると、後継者に対して株式を贈与や遺贈等の方法で承継させることが考えら

れる。しかし、単に株式を承継させるのみでは、現預金（キャッシュ）が承継されるか否かにかかわらず、当該株式について一定の算定方法による評価がなされ、当該評価額を基準に贈与税・相続税が課される（**基礎編第5章**）。その結果、オーナーの全資産に対する現預金の割合次第では、贈与税・相続税の納税資金が十分に確保されないという事態が生じ得る。

　そのような事態を回避するためには、何等かの方法で現預金（キャッシュ）を後継者に与えて納税資金を確保することが考えられる。

　現預金を承継させる方法としては、後継者が保有する株式について配当を支払ったり、後継者に役員報酬等を支払ったりすることにより、発行会社の現預金を後継者に取得させることが考えられる。もっとも、配当（非上場を前提）や役員報酬に対する所得税等は、総合課税となり、累進税率の比較的高率で課されるため、税負担が重くなりやすい。そのため、税引後に納税資金に充てられる金額も減少してしまう。

　そのため、会社支配権を確保しつつも、一定の割合の株式については、相続等により取得した後に処分（発行会社による自己株式の取得を含む）をするという形で、バランスを取りながら納税資金を確保する方策が検討されることがある。

(2)　自己株式の取得

　この点、通常の自己株式の取得の場合、原則として、発行会社に対して売却をした株主に対し、みなし配当課税がなされ、総合課税となることから（所法25 Ⅰ⑤）、累進課税の下、最高税率など不利な税率となることが多い。

　しかしながら、相続の場合には、以下のように自己株式の取得に対する課税の特例が存在する。すなわち、相続した非上場株式を、相続税の申告期限後3年以内に発行会社に対して譲渡する場合、まず、(i)その全てが、みなし配当ではなく、譲渡所得として取り扱われ（措法9の7、措令5の2）、復興特別所得税を除くと20%の税率が譲渡所得に対して課されるにとどまる。さらに、(ii)相続税の取得費加算の特例も適用される（措法39、措令25の16）。(ii)は、譲渡所得課税の特例として、相続財産を相続税の申告期限後3年以内に譲渡した場合に、相続税の一定割合を取得費に加算できるという特例であり、以下の計算式により算出された額が、譲渡所得の算出における取得費に加算される。相続税の一定割合を取得費に算入できるということは、所得税等の計算において課税対象となる所得が圧縮されることを意味するため、所得税等を減少させ、納税資金

を確保することにつながる。

上記(i)及び(ii)の特例を利用することにより、納税資金を効率よく確保することが可能となる。

取得費加算額

$$譲渡した相続人が納付した相続税額 \times \frac{譲渡した株式等の相続税評価額}{譲渡した相続人の相続税の課税価格}$$

(3) 物納＋発行法人による買取り

また、物納を用いて、納税資金そのものを不要とする場合も考えられる。

すなわち、相続開始後に株式を発行法人に譲渡して資金を確保しようとすると、相続税に加えて、所得税等及び住民税の負担が生じる。他方で、株式の物納が認められた場合は、株式の移転に係る譲渡益に対する課税が生じず（措法40の3）、相続税のみの負担となることから、税負担が軽減されることとなる。

物納が認められるためには、一定の要件を満たしたうえで、税務署長の許可を受ける必要がある（下記**コラム**参照）。その中でも特に非上場株式については、定款で譲渡制限が付されていることがほとんどであることから、非上場株式を物納する場合には、定款を変更して譲渡制限を解除する等の措置が必要である（そのため、取引相場のない株式についての物納事例は実務上多くない点には留意が必要である）。

その結果として、支配権の維持という目的が達成されない場合も想定されるが、物納を受けた国は、対象株式について競争入札その他の方法で対象株式を換価することになるが、その際、発行法人がその他の第三者に優先して、物納された自己株式の買取りを行うことも可能である。すなわち、物納がなされた後の処分手続きとして、(i)収納後に財務局等から「随意契約適格者」に対し買受意思の照会がなされ、(ii)「随意契約適格者」からの買受意向が示されないときに、一般競争入札が行われる。この「随意契約適格者」には、当該株式を発行した法人や、当該法人の主要株主（発行済株式の10%以上を保有している株主）、役員又は従業員や、物納者、及び当該法人の主要業務について現に継続的取引関係にある者があたることから（平成13年10月29日付理財第3660号通達別紙1第2の4）、発行法人等が随意契約の形でその他の第三者に事実上優先して自己

株式の買取りを行うことができる。

　このように、発行会社が後継者（相続人）から自己株式の取得を行う場合よりも、税負担が軽減されることになる。

コラム　物納の要件と平成 29 年度税制改正

　上記事例 11 で述べたとおり、相続税の物納が認められるためには、以下のとおり一定の要件を満たす必要がある。詳細は省略するものの、物納が認められるためには、大要、

> ①延納によっても金銭で納付することを困難とする事由があること
> ②申請財産が定められた種類の財産であり、かつ、定められた順位によっていること
> ③納期限までに又は納付すべき日に申請書及び物納手続関係書類を提出していること
> ④物納適格財産であること

といういずれの要件にも該当することを要し、かつ、金銭による納付が困難である部分の金額の範囲内で認められる（相法 41・42）。

　特に②④について、いかなる財産も物納に充てられるわけではなく、物納に充てられる財産とその順位は相続税法で規定されている。すなわち、物納に充てられる財産は、相続又は遺贈により取得した財産で、一定の財産のうち、日本国内にあるものに限られており、かつ以下のとおり定められた順位に従って物納に充てなければならない（相法 41 Ⅱ・Ⅴ）。

　なお、平成 29 年度税制改正前は、下記表のとおり、上場・非上場にかかわらず、株式や社債等は、国債や不動産等に劣後し、それらの財産を物納して納税額に足りない場合に限って株式・社債等の物納が認められていた。これに対し、平成 29 年度税制改正により、相続税の物納に充てることができる財産の順位について、上場株式等（株式、社債及び証券投資信託等の受益証券のうち金融商品取引所に上場されているもの等）が国債や不動産等と同順位（第一順位）とされた。これは、上場株式等が相続された場合に、相続時の時価が相続税評価額として固定される一方で、上場株式等の価格が相続時から申告期限までの間に急激に下落した場合に、納税資金の確保ができなくなるという事態への対応策として、改正がなされたものである。

【物納順位】

順位	物納適格財産	
	平成 29 年度税制改正前	平成 29 年度税制改正後
第一順位	①国債・地方債/不動産・船舶	①国債・地方債/不動産・船舶/社債、株式、証券投資信託、貸付信託の受益証券のうち、

		上場されているもの等
	②不動産のうち物納劣後財産 （地上権、地役権等の負担）	不動産のうち物納劣後財産
第二順位	③社債、株式、証券投資信託、 　貸付信託の受益証券	③社債、株式、証券投資信託、 　貸付信託の受益証券のうち、 　①以外
	④株式のうち物納劣後財産 　（休眠会社株式）	④株式のうち物納劣後財産 　（休眠会社株式）
第三順位	⑤動産	⑤動産

小問2

　A社が上場会社である場合に、乙が納税資金を確保する方法として、小問1の事例とどのような差異があるか。

　　結　論

　上場株式は、非上場株式に比べて換金しやすいため、その売却により納税資金の確保を行うことが考えられるが、一定以上の株式数の売却を行うためには、需給バランスを損なわないためにブロックトレードの手法がとられることが多い。金商法上の規制に服すること等、法務上の制約に注意する必要がある。

解　説

(1) ブロックトレード

　大量の上場株式を納税資金確保のために市場で売却しようとすると、需給により株価の下落が生じる可能性が高い。

　そこで、オーナーが大量の株式を処分する場合には、市場外での相対取引などを利用して、機関投資家や資産保全会社などへ一括で株式を売却する、ブロックトレードの手法がとられることがある。この場合、譲渡価額は、時価から数％をディスカウントした価格として設定されることも多い。ブロックトレードにおいても、後継者一族が支配権を維持し、安定株主を確保できるよう、後継者の意思と同様の議決権行使が想定される親族ないし資産管理会社に対して譲

渡を行う場合がある。

(2) 自己株式の取得（金商法等の規制）

　また、小問1と同様、発行会社が自己株式を取得することにより納税資金を確保することも考えられる。金融商品取引法上、上場会社である発行会社が自己株式を取得するための方法としては、市場内での買付けや、市場外での公開買付け（TOB）などがある（各手法の詳細については、**基礎編第7章3(2)**参照）。

(3) 株価が急落している場合の物納

　上場会社においては、後継者が株式を相続した後、株価が大幅に下落するような場合があり得る。そのような場合には、仮に市場で売却したり、A社が自己株式を取得したとしても十分な納税資金が得られない（十分な納税資金を得るためには、より多くの株式を売却する必要がある）可能性がある。後継者が株式を相続した後、株価が大幅に下落し、回復の見込みもない場合には、小問1で述べた物納を検討することになる。すなわち、物納財産の収納価額は、相続税の課税価格計算の基礎となった財産の価額によることとなっており（相法43 I）、相続時の高い評価額で物納に充てることができるため、株価が下落した状態で株式を売却して現金で納税するよりも、手元を離れる株式数は少なくなる（このような株価下落時に上場株式の物納を行いやすくする改正として、平成29年度税制改正により、上場株式等の、物納可能な財産の順序における順位が上昇し、第一順位として物納を行うことができるようになったことについて、**コラム**「**物納の要件と平成29年度税制改正**」参照）。

　しかも、小問1のとおり、物納された株式については、発行会社自身が買取りを行うこともできる。

(4) 金商法・証券取引所の規制

　上場会社株式の処分・換金を行う場合には、金商法や証券取引所の規制に留意する必要がある。

(a) 行為規制

(i) インサイダー取引規制

　上場会社等のオーナーやその関係者は、会社の未公表の重要事実や公開買付

け等の開始若しくは中止に係る事実を知り得る立場にあることが多いため、会社の株式の売買等を行うにあたっては、インサイダー取引規制に抵触しないかを慎重に検討する必要がある（金商法166、167）。インサイダー取引規制は、上場会社等の会社関係者等が、その職務等に関して当該上場会社等の重要事実又は公開買付け等の開始若しくは中止に係る事実を知りながら、当該事実の公表前に、当該上場会社等の株券等の売買等を行ってはならないという規制である。

詳細は、**基礎編第7章3(2)(c)**を参照されたいが、実際上は、以下のような対応をとることが多い。

① 未公表の重要事実等の有無の確認

会社担当者と連携し、未公表の重要事実等がないか、また売買等を行おうとする者が当該事実を知っていないか（知り得る立場の役職員にないか）を確認する必要がある。決算情報が重要事実に該当することから、実務上、各四半期の決算発表直後に売買等を行うようスケジュールを作成することが多い。

② 未公表の重要事実等が存在する場合の対処方法

未公表の重要事実等が存在し、かつ売買等を行おうとする者がその事実を知っている場合には、当該重要事実等が公表された直後に売買等を行うという対応が考えられる。

また、未公表の重要事実を知る者同士の取引（いわゆるクロクロ取引）の場合はインサイダー取引の適用対象外となることから（金商法166 VI⑦）、売買等の一方が重要事実を知ってしまっている場合には、相手方にも重要事実を知らせた上で売買等を行うという対応を行うこともある。法人の場合には、取引の決定を行う権限を有する者が「知って」決定したことをもって、その法人が未公表の重要事実を知って売買等を行ったと判断されることになるが、機関設計（取締役会設置会社かどうか、株主総会決議が必要な事項かどうか）やいかなる属性の人間が知っているか（大株主、平取締役が知っている場合はどうか）などにより微妙な判断を要することになるため、資産管理会社が上場会社の株式の売買等を行う場合には慎重な対応が必要である。

(ii) 短期売買利益提供請求・売買報告書制度

上場会社等の役員又は主要株主は、その職務や地位により、一般に、当該上場会社等が発行する有価証券の投資判断に影響を及ぼすような重要な未公表事実を知り得る立場にある。これらの者が、そのような重要な未公表事実を不当

に利用して有価証券の取引（インサイダー取引）を行うことを間接的に防止するため、金商法は、上場会社等がその役員や主要株主に対して、短期売買利益の提供を請求することができるものとし（金商法164Ⅰ）、そのうえで、売買等については報告書を提出させる売買報告書制度を設け（金商法163Ⅰ）、利益の計算を容易に把握できるようにして、上場会社の短期売買利益の提供請求の実効性を補完している。詳細は、**基礎編第7章3(2)(d)**を参照されたい。

(iii) 公開買付規制（TOB規制）

市場外における株券等の買付け等で、買付け等の後における、買付者及びその特別関係者の株券等所有割合が5%を超える場合には、「著しく少数の者から株券等の買付け等」（株券等を行う相手方の人数と、買付け等を行う日前60日間に、市場外において行った株券等の買付け等の相手方の人数との合計が10名以下であること）を行う場合に該当しない限り、公開買付けによらなければならないものとされている（5%ルール。金商法27の2Ⅰ①、金商令6の2Ⅲ）。

また、市場外において著しく少数の者から株券等の買付け等（5%ルールと同様の基準）を行う場合であっても、買付け後における株券等所有割合が3分の1を超える場合には、かかる買付け等については公開買付けが強制される（市場外取引に係る3分の1ルール、金商法27の2Ⅰ②）。株券等所有割合が3分の1以下の買付者が、新たに買付け等を行うことにより3分の1を超える株券等所有割合となるような場合のみならず、既に株券等所有割合が3分の1超である買付者が、市場外取引により対象者の株券等の買付け等を（1株でも）行う場合にも適用される点に注意が必要である。

もっとも、買付け後の株券等所有割合が3分の1超となる場合であっても、一定の親族間の譲渡や親子会社間の譲渡など、実質的に支配権の移動が生じないと考えられるような場合は、公開買付けが強制されないこともある。公開買付けを行うとなると、時間と費用を要することから、事業承継の文脈においては基本的には公開買付規制の適用を受けない株式の異動を考えることとなるが、「株券等所有割合」の算定方法や公開買付規制の適用除外要件は複雑であり、かつ、法令には記載のない解釈等が示されていることから、特に注意が必要である（詳細については**基礎編第7章3(2)(a)**を参照されたい）。

事例 11　納税資金の確保　　431

⒝　開示規制

⒤　大量保有報告書、変更報告書の提出（後継者/相続人側）

　まず、上場会社の発行済株式総数の 5％を超えて株式を取得した者は、当該取得日の翌取引日から起算して 5 日以内（土日祝祭日、12 月 29 日〜翌年 1 月 3 日までを除く）に大量保有報告書を提出する必要がある（金商法 27 の 23 Ⅰ、金商令 14 の 5）。そのため、例えば上場会社のオーナーについて相続が発生し、後継者等の相続人がこの割合を超えて株式を取得した場合、大量保有報告書を提出しなければならない。大量保有報告書や、後述の変更報告書は EDINET というインターネットを利用した電子開示システムによって開示することとされている。提出義務が生じた者は、提出者用のウェブサイト（http://submit.edinet-fsa.go.jp/）にてユーザ ID を取得して手続きを行うことになる。上場会社関係の手続きに慣れている弁護士など、専門家に依頼をすることも考えられる。

　なお、相続が確定する前に大量保有報告書の提出義務が発生することは不合理であることから、⒤相続人が一人の場合は、相続人は、単純承認又は限定承認により相続が確定するまでの間は、当該相続財産に属する株式を未だ保有していないものとみなすことができ、⒤また、相続人が数人いる場合は、相続人は、相続財産に属する株式に係る遺産分割が完了しない間は当該株式を未だ保有していないものとみなすことができる（大量保有府令第一号様式　記載上の注意⑿ｍ）。

　また、大量保有報告書を提出した者は、その株式の保有割合が 1％以上変動した場合やその他大量保有報告書に記載した事項に重要な変更（例えば、保有割合が 1％以上の株式に関し、重要な契約の締結・変更等が生じた場合等）が生じた場合には、変更報告書を提出しなければならない（金商法 27 の 25 Ⅰ、金商令 14 の 7 の 2）。そのため、後継者等の相続人が上場株式の相続後、売却・物納等によりその保有割合がこの割合以上変動した場合には、変更報告書の提出も必要となる。

⒤⒤　臨時報告書の提出（発行会社側）

　上場会社等の有価証券報告書提出会社は、その親会社について異動の決定又は異動があった場合や、その主要株主（自己又は他人（仮設人を含む）の名義をもって総議決権の 10％以上を有している株主をいう。金商法 163 Ⅰ）に異動の決定又は異動があった場合には、当該上場会社等は、遅滞なく、臨時報告書を提出する

必要がある（金商法 24 の 5 Ⅳ、開示府令 19 Ⅱ③・④）。例えば、大量保有報告書の提出により主要株主の異動を確認した場合には、その提出日以後、遅滞なく臨時報告書の提出が必要となる。

(iii) 適時開示（発行会社側）

また、上場会社は、証券取引所のルールとして、当該会社の親会社や主要株主（②と同様の定義）、筆頭株主（主要株主のうち所有株式数の最も多い株主）や「その他の関係会社」の異動があった場合には、直ちにその内容を開示しなければならないとされている（有価証券上場規程 402 ②b・g、2 ㊷の2）。

株式の売買等が公開買付による場合には、上場会社が公開買付を行う旨の通知を受け、当該公開買付に対抗するための買付けその他の有償の譲受けの要請又は公開買付け等に関する意見の公表若しくは株主に対する表示を行う場合にも、適時開示が必要とされる（有価証券上場規程 402 ①y）。

また、当該株式の処分が売出しに該当する場合にも適時開示が必要とされる他（有価証券上場規程 402 ① a）、換金方法として自己株式の取得がなされる場合にも適時開示が必要となる（有価証券上場規程 402 ① e）など、様々な場面で適時開示が必要となるため、慎重な確認が必要となる。

(c) 自己株式取得の場合

自己株式の取得により、納税資金の確保・換金をする場合、一定の留意点が存在する。

(i) インサイダー規制の適用除外

自己株式の取得の場合、自己株式取得に関する事項を決定する株主総会決議（又は定款で市場取引等の場合に取締役会決議によることができると定められている場合の取締役会決議）について、公表がされた後、当該決議に基づいて自己株式の取得を行う場合は、インサイダー取引規制の適用除外とされている（金商法 166 Ⅵ④の2）。

但し、当該取得に係る決定以外の未公表の重要事実がある場合には、適用除外にならず、それ以外の事実を知って自己株式を取得した場合はインサイダー取引に該当することに注意が必要である。

事例 11　納税資金の確保　　**433**

(ii)　公開買付け

　上場会社が市場外で自己株式を買い付ける場合には、一定の場合を除き、公開買付けによらなければならないこととされている（金商法 27 の 22 の 2 I ①）。この場合、5％ルールや 3 分の 1 ルールと異なり、1 株の取得でも適用がある点に注意が必要である。自己株式の公開買付の詳細については、**基礎編第 7 章 4**⑴を参照されたい。

(iii)　自己株券買付状況報告書

　上場会社等が自己株式の取得を決議した場合に、決議された取得期間中毎月、自己株式の買付状況を開示する必要がある（自己株券買付状況報告書、金商法 24 の 6、開示府令 19 の 3）。

(iv)　適時開示

　上記(b)(iii)のとおり、自己株式の取得がなされる場合にも適時開示が必要となる（有価証券上場規程 402 ①e）。

コラム　株式の物納と支配権

　上記**事例 11** では、発行会社が物納された自社株について、自己株式の取得を行う場合についても触れたが、仮に後継者が支配権維持の観点から当該株式を第三者に処分したくなかったり、発行会社に自己株式の取得を行う原資がない場合には、やむなく物納申請のみを行い、発行会社による買取りを行わないという選択肢も考えられる。

　物納が行われた場合、国は速やかに換価処分を行うことになるが、換価処分が完了するまでは、国が当該株式を保有する株主となることから、支配権との関係で、議決権がどのように行使されるかという点について注意しておく必要がある。この点については、通達（「物納等有価証券に関する事務取扱要領について」平成 22 年 6 月 25 日財理第 2532 号）において、以下のとおり、「積極的に株主権を行使する」「非上場株式については……適時適切な情報収集に努める」等とされており、国が株主として積極的にガバナンスに関与する方針が示されている。オーナー系企業において、第三者に株式が散逸するのみならず、国がガバナンスに積極的に関与するという事態を望む後継者はほとんどいないであろうから、可能な限り、発行会社が物納された自己株式の取得を行うことが見込める状況を確保した上で、物納を行う、といった配慮が必要であろう。

（参考）「物納等有価証券に関する事務取扱要領について」平成 22 年 6 月 25 日財理第 2532 号

第 5　物納等有価証券の管理事務

1　株主権の行使

⑴　財務局長等は、国有財産である物納有価証券の管理及び処分を的確に行う観点から、物納有価証券については、その処分までの間、良好な状態で維持されるよう株主権を行使する。特に経営者に法令や定款に明らかに違反する重大な行為があると認められる場合には、積極的に株主権を行使する。

　ただし、上場株式については、国の議決権保有割合が僅少と認められる場合には、原則として株主権を行使しなくとも差し支えない。

　なお、非上場株式については、上場株式に比して開示情報が乏しいため、株主権を適切に行使する観点から、株式の引受時、決算時期又は株主総会開催時期等の機会を捉えて、会社の経営・財務状況等について説明を聴取するなど、適時適切な情報収集に努める。

⑵　財務局長等は、株主総会に当たっては、事前に会社の経営・財務状況及び議決事項の内容を調査した上で、対応方針を決定する。

　特に、次に掲げる議決事項に係る対応方針の決定に際しては、次の点に留意する。

イ　定款の変更、資本の減少、会社の合併、株式交換、株式移転、会社の解散など会社法（平成 17 年法律第 86 号）上の特別決議又は特殊決議に係る議決事項については、株式価値の保全に与える影響等に関して、会社とのヒアリングを通じて慎重に把握する。

ロ　配当金に係る議決事項については、会社の利益及び内部留保の状況、役員報酬、同業他社の配当水準との比較等を踏まえ、会社の配当が著しく少ないと思われる場合には、会社に対して明確な理由の説明を求める。

⑶　財務局長等又はその代理人の株主総会への出席の有無については、会社の経営・財務状況、議決事項の内容（特に上記⑵のイ及びロに該当する内容）及び国の議決権保有割合等を総合的に勘案して、決定する。なお、代理人を出席させる場合には、当該出席者に「命令書」（別紙第 6 号様式）を交付する。

　また、財務局長又はその代理人は、株主総会に出席する場合には、物納有価証券の管理及び処分を的確に行う観点から、必要に応じて株主発言を行う。特に、国の議決権保有割合が高い場合、配当金が著しく少ないと思われる場合又は大幅かつ急速に財務状況が悪化している場合には、積極的に株主発言を行う。

事例12
非上場会社のオーナーによる対象会社株式の売却

甲は非上場会社A社の発行済株式の80％を保有する同社の代表取締役社長である。甲はA社の経営から引退することを決め、引退後の同社の経営についてXファンドの支援を仰ぐため、Xファンドへの株式売却を検討している。

小問1

甲はXファンドと交渉を行い、その結果、XファンドがA社を買収することで話がまとまった。具体的な買収スキームとしては、Xファンドの100％子会社であるY社がA社の株主（いずれも個人）から全てのA社株式を取得する株式取得が想定されている。

この買収スキームにより甲を含むA社株主がY社に株式を譲渡した場合、A社株主の課税関係はどうなるか。

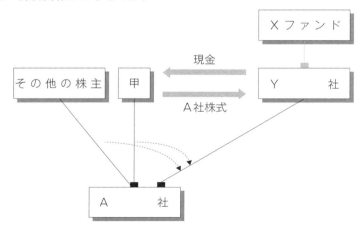

結　論

甲を含むA社の個人株主は株式の譲渡益について20.315％の税率で課税される。

436　第2部　プランニング編

解　説

　個人が資産の譲渡により得た所得（譲渡益、キャピタル・ゲイン）は、いわゆる総合課税に服するのが原則である。すなわち、総合課税のもとでは、資産の譲渡による所得は、所得の発生原因となった事実関係に応じて、譲渡所得、事業所得又は雑所得のいずれかに分類される。そして、該当する所得分類に応じた算定方法により当該譲渡による所得（又は損失）の額が計算され、その他の所得と合算して個人の所得の額が計算される（以上につき、所法22Ⅱ、69Ⅰ）。そのようにして計算された所得には、超過累進税率のもとで所得税が課され、住民税と合わせて最高で55.495％の税率で課税される。

　しかし、本件のように譲渡の対象資産が株式の場合、当該譲渡による所得は総合課税の対象から除外され、申告分離課税に服する。すなわち、株式の譲渡による所得は、上述の所得分類のいずれに該当するかを問わず、他の所得と分離して課税される（措法37の10Ⅰ）。適用税率も超過累進税率ではなく、一律20.315％である（所得税15％、復興特別所得税0.315％、住民税5％。措法37の10Ⅰ、地法71の49、復興財源確保法13）。その結果、総合課税において高い限界税率に服する高所得者にとっては有利な税率での課税となる。なお、株式譲渡益が分離課税に服することの裏返しとして、株式譲渡により損失（譲渡損、キャピタル・ロス）が生じる場合にも分離課税が適用され、当該損失はその他の株式譲渡等による譲渡益とのみ相殺することが許され、他の所得との損益通算は認められない（措法37の10Ⅰ後段）。

　以上より、本事例の甲を含むA社の個人株主は、Y社へのA社株式の譲渡による譲渡益について、20.315％の税率で課税される。

小問2

　甲は、Y社への株式譲渡と同時に、A社の代表取締役を退任しようと考えている。甲は退任に際してA社から役員退職慰労金の支払いを受けたいと考えているが、この役員退職慰労金の課税関係はどうなるか。なお、甲はクロージング時に取締役を辞任するものの、買収後しばらくの間はA社の非常勤の顧問としてA社の経営に関してアドバイスを行うことが予定されている。

事例12　非上場会社のオーナーによる対象会社株式の売却　437

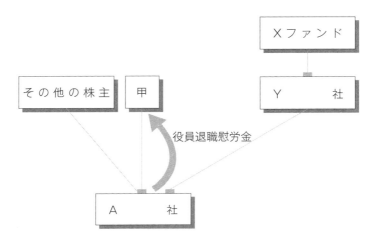

　結　論
　甲の役員退職慰労金は所得税法上「退職所得」に該当すると考えられる。これにより、甲は有利な税制上の取扱いを受けることができる。
　A社の側では、支払額を損金に算入することができるのが原則であるが、不相当に高額な部分があるとされた場合はその部分につき損金算入をすることができない。

　解　説
　役員退職慰労金については、受取側である個人と支払側である法人それぞれについて特別の定めがあるため、それらの検討が必要である。

(1) 受取側の課税関係

　受取側である個人は役員退職慰労金について小問1で言及した総合課税に服する。しかしながら、退職慰労金が「退職所得」に該当する場合、過去の長期にわたる勤労の対価の後払い・退職後の生活の資に充てられるといった性格を有していることから、他の所得分類よりも優遇される。すなわち、課税対象となる退職所得の金額は、退職慰労金の額そのものではなく、原則として、一定の額（退職所得控除）を控除した後の額の2分の1に相当する金額となる（所法30 II・III）。これを算式で示すと以下のとおりである。

退職所得の金額＝（退職慰労金の額－退職所得控除）×1/2

退職所得控除の額は以下のとおり。

勤続年数	退職所得控除
20 年以下	40 万円×勤続年数
20 年超	800 万円＋70 万円×（勤続年数－20）

　但し、役員（取締役、執行役、監査役、法人の使用人以外の者でその法人の経営に従事しているもの等。法法2⑮）としての勤続年数が5年以下である者が、当該勤続年数に対応する退職手当の支払いを受ける場合、当該退職手当は「特定役員退職手当等」に該当するものとされ、上述の算式の「×1/2」の適用を受けることができない。すなわち、その場合の退職所得の額は、退職慰労金の額から退職所得控除を控除した金額となるものとされている（所法30 Ⅳ）。

　退職所得は税額計算においても優遇されている。すなわち、退職所得は他の所得と合算してから税額を算定するのではなく、他の所得から分離して、退職所得の金額のみに税率を乗じて税額が算定される（所法22 Ⅲ）。所得税法が超過累進税率、すなわち所得が多くなればなるほど高い税率で課税する仕組みを採用しているため、この分離課税は税負担の軽減を意味する。例えば、役員退職慰労金が5000万円、役員退職慰労金以外の給与所得が1500万円である役員について、役員としての勤続年数が20年、所得控除の総額が270万円である場合、仮に分離課税が適用されないとすると、当年の納税額は960万4000円（収入総額に対する実効税率21.3％）となるが、分離課税の適用により実際の納税額は736万8000円（収入総額に対する実効税率16.4％）で済む。なお、退職手当等の支払いを受ける個人は事前に「退職所得の受給に関する申告書」を提出しなければならず（所法203 Ⅰ）、同申告書を受理した支払法人は、当該退職手当等に対する所得税額相当額を支払いの際に源泉徴収しなければならない（所法201 Ⅰ）。これにより、退職所得に対する課税は源泉徴収のみで完了し、確定申告時の調整は不要となる。

　以上のように、退職所得は他の所得よりも優遇されているが、役員退職慰労金として支給される金額が常に退職所得に該当するわけではない。退職所得に該当するためには、①「退職手当、一時恩給その他の退職により一時に受ける給与」又は②「これらの性質を有する給与」のいずれかに該当しなければなら

ない（所法 30 Ⅰ）。この点、①の「退職手当、一時恩給その他の退職により一時に受ける給与」に該当するためには、支払いが、(i)退職すなわち勤務関係の終了という事実によってはじめて給付されること、(ii)従来の継続的な勤務に対する報償ないしその間の労務の対価の一部の後払いの性質を有すること、(iii)一時金として支払われること、の 3 要件を備えることが必要とされている（最判昭和 58 年 9 月 9 日民集 37 巻 7 号 962 頁）。また、②の「これらの性質を有する給与」については、形式的には上記 3 要件の全てを備えていないが、実質的にみてこれらの要件の要求するところに適合し、課税上、「退職により一時に受ける給与」と同一に取り扱うことを相当とするものがこれに該当するとされている（同最判）。役員退職慰労金が「退職により一時に受ける給与」と「これらの性質を有する給与」のいずれにも該当しないため退職所得ではないと判断された場合、役員退職慰労金は給与所得として課税されるものと考えられ、上述した退職所得に関する税務上のメリットを享受することができない。実務においては、特に、分掌変更、再任による改選等に際して支払われたものが退職所得に該当するかが問題となり得る（所基通 30-2(3)、法基通 9-2-32 参照）。これまでに裁判で争われた事例として、東京高判平成 17 年 9 月 29 日月報 52 巻 8 号 2602 頁、大阪高判平成 18 年 10 月 25 日税資 256 号順号 10553、東京地判平成 20 年 6 月 27 日判タ 1292 号 161 頁、長崎地判平成 21 年 3 月 10 日税資 259 号順号 11153 等がある。

　本事例において甲に支払われる役員退職慰労金については、クロージング時の甲の取締役からの退任に際して支払われることから、一時金として支払われる限り、原則として退職所得に該当すると考えられる。なお、甲はクロージング後に A 社の顧問に就任する予定であるが、甲の関わり方が非常勤の顧問として A 社の新経営陣に経営上のアドバイスを行うことに留まる限り、勤務関係の終了を否定するものとはならないであろう。

(2)　支払側の課税関係

　次に支払側である法人については、支払額を損金に算入できるかという点が主要な検討事項である。本件では、退職慰労金が、A 社の役員である甲に対して支払われるところ、役員報酬についてはお手盛り防止の観点から損金算入が制限されているため、以下の諸点が問題となる。

　第 1 に、損金に算入するためには、役員退職慰労金が法人税法 34 条に定める

「退職給与」に該当する必要がある。この点、一般に、法人税法34条の「退職給与」は所得税法30条の「退職手当等」と同義と考えられている。そのため、上記⑴で受取側である個人について述べたところがそのままあてはまり、本事例の甲への支払いについては、上述した理由により「退職給与」に該当すると考えられる。

第2に、「退職給与」に該当する場合であっても、法人税法34条5項の「業績連動給与」に該当するものに関しては、一定の要件を満たした場合に限り、損金算入することができるとされている（法法34Ⅰ柱書括弧書・同③）。とりわけ、本件のように支払法人が同族会社である場合には、当該法人が同族会社以外の法人による完全支配関係がある場合（上場会社の完全子会社である場合等）を除き、要件を満たすことができないため（法法34Ⅰ③柱書）、非上場会社の役員への退職慰労金の支払いについては、「業績連動給与」に該当しないよう留意を要する。

第3に、「退職給与」であっても、不相当に高額な部分は損金の額に算入されない（法法35）。この「不相当に高額な部分」に該当するかどうかは、「当該役員のその内国法人の業務に従事した期間、その退職の事情、その内国法人と同種の事業を営む法人でその事業規模が類似するものの役員に対する退職給与の支給の状況等に照らし」て判断されるものとされている（法令70②）。裁判例では、実務において役員退職慰労金の算定に用いられている「⒜最終の役員報酬月額×⒝役員勤続年数×⒞役員としての功績倍率」という功績倍率法に基づき、個々の要素に問題がないかを検討することによって不相当に高額かどうかを判断するのが一般的である。これらの要素のうち、特に⒜の最終の役員報酬月額と⒞の功績倍率について納税者が税務当局との間で争いになることが多い。この点、役員退職慰労金規程を備えていない法人が買収に際して役員退職慰労金を支払う場合、支払額が不相当に高額ではないかという税務当局からの疑義を招きやすい。そのため、具体的な買収の検討が始まるよりも前に役員退職慰労金規程を整備しておくことが望ましいといえよう。

第4に、損金算入とは別の論点ではあるが、法人が役員退職慰労金について源泉徴収すべき額に関する税務リスクにも注意が必要である。すなわち、法人が支払いの際、所得税法上の退職所得に該当すると判断して役員退職慰労金について源泉徴収をしたが、後にこれが給与所得に過ぎないと税務当局や裁判所により判断された場合、退職所得として実際に源泉徴収した額と、給与所得と

して本来徴収すべきであった額との差額について源泉徴収漏れがあったということになる。この場合、徴収漏れの額に加え、不納付加算税及び延滞税を納付しなければならない。

小問3

小問1と小問2を踏まえて、A社が甲に役員退職慰労金を支払う場合と支払わない場合で税務上のどのような違いが生じるか。

　結　論

A社による役員退職慰労金の損金算入及び退職所得への優遇を通じて、本買収による甲の税引後の受取額を増額させることができる可能性がある。

解　説

例えば、本事例の事実を若干変更し、以下の前提事実のもとで役員退職慰労金を支払う場合と支払わない場合で甲の税負担を比較すると、以下のとおりとなる。

（前提事実）

● 甲はA社の発行済株式を全部保有している。

● A社の株式価値を5億円とする。

● A社が甲に役員退職慰労金を支払わないと仮定した場合の甲のA社株式の譲渡益を4億円とする。

● A社が甲に支払う役員退職慰労金を5000万円、甲の勤続年数を20年とする。

● A社の実効税率は30％とする。

		①退職金を支払わない場合	②退職金を支払う場合
1	役員退職慰労金	0円	5000万円
2	株式譲渡代金 （A社の株式価値）	5億円	4億6500万円
3	甲の受取額 （1と2の合計）	5億円	5億1500万円
4	株式譲渡益	4億円	3億6500万円

5	株式譲渡益に対する課税	8126万円	7415万円
6	課税対象となる退職所得の金額	0円	2100万円
7	退職所得に対する課税	0円	560万4000円
8	税負担の合計 （5と7の合計）	8126万円	7975万4000円
9	甲の税引後の受取額（3から8を控除した額）	4億1874万円	4億3524万6000円

　ケース①のA社が甲に役員退職慰労金を支払わない場合の甲の課税は、株式譲渡益4億円に20.315％を乗じた8126万円である。これがケース①における甲の税負担となり、甲の税引後の受取額は4億1874万円となる。

　これに対し、ケース②でA社が甲に5000万円の役員退職慰労金を支払う場合、A社は同額を損金に算入することにより同社の税負担を1500万円（5000万円に実効税率30％を乗じた額）減少させることができるため、A社の実質的な負担額は3500万円となる。そのため、支払後のA社の株式価値は4億5000万円ではなく、税効果を考慮した4億6500万円となる。その結果、甲のA社株式の譲渡益は3億6500万円となり、これに対する税額は7415万円となる。一方、役員退職慰労金に対する税額は560万4000円（課税対象となる退職所得の金額2100万円に超過累進税率を乗じて得た額）であるから、ケース②におけるトータルの税負担は7975万4000円となり、甲の税引後の受取額は4億3524万6000円となる。これは、ケース①の税引後の受取額よりも1650万6000円多い。

　以上の具体例が示すように、買収対価の一部を役員退職慰労金として受け取ることにより、甲の税引後の受取額を増額させることができる可能性がある。

　但し、役員退職慰労金の支払いにより税負担が減少するかどうかは、役員退職慰労金に適用される実効税率等に依存し、必ずしも役員退職慰労金の支払いが退任役員に有利に働くわけではないため、ケース・バイ・ケースの検討を要する。また、本事例のように退任役員である甲以外にも株主がいる場合には、役員退職慰労金を支払う場合と支払わない場合とでそもそも経済条件が異なることから、支払いについて関係者間の意見調整が必要となると考えられる。

コラム　留保金課税とグループ法人税制

　同族会社においては、同族株主が法人を支配しているため、剰余金の配当を行った場合に生じる個人株主の累進税率による所得税を回避することを目的として、剰余金の配当を行わずに、剰余金を法人内に留保することが一般的に行われている。

　そこで、このような法人が一定の限度額を超えて所得等の金額を留保した場合には、通常の法人税のほかに、限度額（留保控除額）を超えて留保した所得等の金額（課税留保金額）に対し、その金額に応じて、10％～20％の特別税率による法人税を課すこととされている（法法67Ⅰ）。これを留保金課税という。

　また、グループを構成する法人においては、一体的な経営が進展しており、法人税制においても、このグループ法人の実態に即した取扱いが求められることから、単体納税制度の枠内において、一体的経営が行われているというグループの実態を個々の取扱いに反映させることを目的としてグループ法人税制が制度化されている。グループ法人税制の取扱いの1つとして、完全支配関係がある内国法人間で譲渡損益調整資産を譲渡した場合には、その譲渡損益調整資産に係る譲渡損益の計上を繰り延べることとされている（法法61の13）。

　上記の2つの制度は一見関連しないように思われるが、次のような取引を行った場合にグループ法人税制による譲渡損益の計上の繰延べを要因として留保金課税が生じてしまうことがある。

1．買収対象会社の株式を100％取得
2．買収対象会社の潜在債務リスクを排除するため、兄弟会社としてSPCを設立
3．買収対象会社が保有している事業資産をSPCへ簿価譲渡

　簿価取引が行われた場合、法人税法上では時価取引が行われたものと擬制することで、買収対象会社からSPCに対して譲渡した事業資産の時価と簿価の差額分の寄附が行われたと考え、SPC側において同額の受贈益が認識される。但し、完全支配関係がある法人間での取引であるため、上述のグループ法人税制により受贈益の全額が益金不算入（社外流出）とされ、結果として課税所得金額は生じないこととなる。

　しかし、課税所得金額は生じないものの、受贈益はSPCが取得した事業資産の価値増加分としてSPCに内部留保されていることから、受贈益相当額について課税留保金額が生じることとなり、留保金課税が課される可能性が生じてしまうのである。

　留保金課税が生じてしまうことへの手当てとして、配当可能限度額内において可能な限り剰余金の配当を行い、課税留保金額を減少させることも考えられるものの、課税留保金額の発生の要因となった受贈益は、SPCが取得した事業資産の時価と簿価の差額から生じていることから、SPCは受贈益相当額の資金を保有しておらず、別途、配当資金の調達が必要となり、含み益の額によってはあまり現実的ではないと考えられる。

そもそも、資本金1億円以下の法人に該当すれば留保金課税の対象から除かれることとなるが、こういったスキームを実行する法人（SPC又は親会社）は資本金が1億円超かつ同族会社であることが多い。

本件のようなスキームの実施にあたっては、事前に税理士等の専門家による検討が行われるのが一般的であるが、スキーム実施後のポストディールについての検討は行われないことが多いため、本件のような留保金課税のリスクが認識されずに、スキームが実行されてしまう。そして、税務申告書作成段階で多額の留保金課税が生じることに気づき、残された手当ては上述の剰余金の配当のみといった状況になってしまうのである。

そこで、こういった事態を防ぐためにも、事前検討段階においてポストディールまでを意識してスキームの検討を行うことが必要であるように思われる。

事例13
株式譲渡契約の表明保証違反に基づく補償請求

　甲（個人）はA社の全株式を保有するオーナー社長（代表取締役）であったが、A社の全株式をX社に5億円で譲渡し、A社の経営から引退した。しかし、株式譲渡が実行された直後、A社に税務調査が入った。

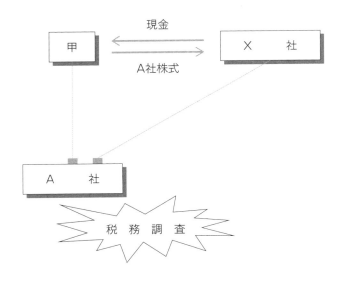

小問1

　この税務調査に関連して、甲は、X社又はA社からどのような責任追及を受ける可能性があるか。

　　　結　論
　A社が追徴課税を受けた場合、甲は、X社との株式譲渡契約上の税務に関する表明保証の違反に該当し、甲は当該違反に基づく補償をX社から請求される可能性がある。
　また、甲は、上述の補償請求とは別にA社から役員としての責任を追及される可能性もあるため、株式譲渡契約において責任限定条項を規定しておくこと

446　第2部　プランニング編

が望ましい。

解説

(1) 表明保証違反に基づく補償責任

(a) 表明保証違反に基づく補償責任とは

M&Aの実務では、売主が、売主自身や対象会社に関する一定の事実（例えば、売主による対象会社株式の保有、対象会社の計算書類の正確性、対象会社の簿外債務の不存在など）を買主に表明し、保証することが広く行われている。これを「表明保証」という。そして、M&A取引が実行された後に売主の表明保証の内容に誤りがあったことが判明した場合、売主は買主に生じた損害等を買主に補償するという定め（補償条項）が置かれる。

(b) 本件の税務調査により甲の表明保証の誤りが判明した場合の甲の責任について

本件の税務調査の結果、A社に株式譲渡前の事業年度に関して申告漏れの所得が見つかるなどしてA社が追徴課税を受けたとする。税務に関する表明保証には、通常、対象会社の税務申告が適正になされていること等が含まれており、過去の事業年度に関してA社が追徴課税を受けた場合、かかる表明保証が誤りであったということになる。そのため、甲とX社との間の株式譲渡契約にその種の表明保証が規定されている場合、甲は表明保証違反に基づく補償をX社から請求される可能性がある。

この点、甲は、株式譲渡により既にA社の支配権を失っているにもかかわらず、A社の税務調査の結果によって補償義務を負う立場にある。そこで、甲としては、X社とA社が安易に税務当局と和解しないように、株式譲渡契約において、A社に税務調査が入った場合の甲への報告義務や、甲の同意なくして税務調査の方針決定や和解をしてはならないといった条項を規定することが考えられる。

(c) 補償責任に関するその他の一般的な留意事項

売主の補償責任については、売主からの要請により、期間や金額などの制限

が契約上規定されることが多い。具体的な制限の内容は当事者間の交渉次第であるが、期間制限については、株式の権利帰属などの重要な事項を除き、1年や2年などの短期間で合意されることが比較的多い。しかし、税務については、当局が更正・決定を行うことができる期間（除斥期間）が、法人税や消費税に関しては原則として法定申告期限から5年間とされているため、買主から他の事項よりも長期の期間を要請されることがある。

　また、M&Aの実務では、株式譲渡契約の交渉・締結に先立ち、買主が対象会社の事業内容を調査するプロセスが設けられることが多い。これを「デューディリジェンス」というが、買主がこのデューディリジェンス等を通じて売主の表明保証違反に該当する事実を知っていた場合や知り得た場合について、売主が補償義務を負うかどうかが実務上問題となることがある。この点については、買主が悪意の場合（知っていた場合）や善意であること（知らないこと）について重大な過失があった場合に売主は表明保証に係る補償責任を負わない可能性を示唆した判決が存在する（東京地判平成18年1月17日判時1920号136頁）。そこで、実務上は、買主の主観的事情が表明保証に係る補償責任に影響するかどうかを契約に明記することが多い。また、当事者が認識済みの問題点については、特別補償という形で、表明保証違反に基づく補償とは別個の手当てを契約上設けることもある。

(2)　会社法上の役員の任務懈怠責任

　甲は、A社の役員であった期間につき、A社の経営に関して善管注意義務及び忠実義務を負っており、その任務を怠ったときはA社に生じた損害を賠償する責任を負っている（会社法423Ⅰ）。

　この任務懈怠による損害賠償責任は、上記(1)の売主に対する株式譲渡契約上の補償責任とは異なる法定の責任である（なお、消滅時効は10年であると解されている。会社法423条1項の前身である商法266条1項5号について、最判平成20年1月28日民集62巻1号128頁）。そのため、期間制限その他の事由により甲がX社に対して株式譲渡契約上の補償責任を負わない場合でも、別途A社から上記の任務懈怠に係る損害賠償責任の追及を受ける可能性がある。そこで、甲としては、株式譲渡契約において、X社は、自ら又はA社をして、甲の役員としての責任追及を行わずかつ行わせないことを規定し、上述の役員としての責任追及のリスクを回避することが考えられる。

小問2

　税務調査の結果、A社は所得の申告漏れを指摘された。Y社及びA社は、これを裁判で争ったが、数年後、A社敗訴の判決が確定し、A社は当該判決に基づき3000万円を追加納付した。これを受け、甲は、税務に関する表明保証違反に基づく補償金として、同額をY社に支払った。
　このY社への補償金の支払いは、甲の税務処理上どのように取り扱われるか。なお、甲は、A社株式の譲渡代金を「譲渡所得」として申告したものとする。

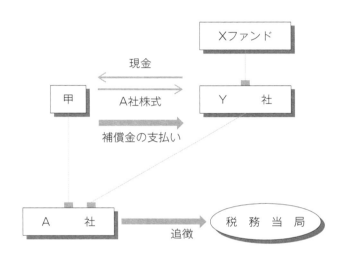

結論

　甲は、更正の請求を行うことにより譲渡をした年に納付した所得税の還付を求めることが考えられる。但し、更正の請求が認められるかについては議論がある。

解説

　我が国では、税務処理は、原則として私法上の法律関係に即して行われるべきであると考えられている[1]。もっとも、表明保証は海外から輸入された概念であるため、表明保証違反に基づく補償履行請求権が私法上どのような性質を

---

1) 金子宏『租税法〔第22版〕』(弘文堂、2017年) 122頁。

有すると考えるべきであるかについて、統一的な見解は現時点で存在しない。

しかしながら、本件のように、対象会社の株式価値の評価に結びつく表明保証違反を理由とする補償については、単なる損害賠償というよりも、むしろ、表明保証違反がないことを前提に当事者間で合意された当初の株式譲渡代金を、表明保証違反の存在を前提としたあるべき金額に減額するという機能を果たしているといえる。したがって、税務処理としても、当初の株式譲渡代金の減額とみなして取り扱うのが合理的であると考えられる。

そこで検討すると、個人が当初受領した代金を一定の事由により事後的に返還しなければならなくなった場合には、かかる代金による所得が事業所得である場合を除き、その返還すべき額は当初から所得ではなかったものとみなされ、譲渡した年よりも後に減額事由が生じた場合には（すなわち、譲渡した年について確定申告を既に行っており、申告書において減額に関する処理を行うことができない場合には）、更正の請求を行って譲渡した年の所得税等の還付を求めることができるとされている（所法64Ⅰ・152、国通法23）。そこで、甲としては、この規定を利用することで所得税の還付を求めることが考えられる（甲は当初受領した代金による所得を、事業所得ではなく、譲渡所得として申告しているため、上記規定の利用が可能であると考えられる）。

もっとも、上記の対象となる返還すべき事由は、法令上、①国家公務員が退職後に在職期間中の行為に関し刑事罰を受けたこと等により退職手当等を返納すべき処分を受けたことと、②「その他これに類する事由」に限定されている（所令180Ⅰ）。表明保証違反により補償義務を履行した場合は、①にはあたらないから、②の「これに類する事由」にあたるかどうかが専ら問題となるが、これについては考え方が分かれ得る。後発的な事象について広く納税者を救済することが法の趣旨だと考える場合には、「これに類する事由」にあたるとして、更正の請求等を認めることとなる。

なお、受取側のY社の税務処理も、単なる損害賠償金の受領としてY社の益金を構成すると考えるのではなく、代金の減額としてA社株式の取得価額の減額処理を行うのが合理的である（法基通7-3-17の2が固定資産について同様の処理を是認していることが参考になる）。

小問3

小問2のような代金の減額としての税務処理の確実性を高めるためには、ど

のような工夫を行うことが考えられるか。

　　結　論

　表明保証違反に基づく補償は株式譲渡代金の減額として行われることを、株式譲渡契約等で合意しておくべきである。

解　説

　小問2で説明したとおり、本件のような表明保証違反に基づく補償金の支払いは、代金の減額として税務上処理することが合理的と考えられる。しかしながら、税務当局が異なる見解に立つことも考えられないわけではない。例えば、補償金は損害賠償金であり、その支払いによって譲渡を行った年の譲渡所得は減額されない、との見解に立つ可能性がある。

　そのような税務当局との見解の相違が生じる可能性を低減させるため、株式譲渡の当事者である甲とY社の間で、表明保証違反に基づく補償は株式譲渡代金の減額として行われることを、株式譲渡契約等で合意しておくことが考えられる。なぜなら、小問2で説明したとおり、税務処理は、原則として私法上の法律関係に即して行われるところ、表明保証違反に基づく補償の私法上の性質決定については、私的自治の原則に従い、その表明保証等の条件が違法行為等に当たらない限り、当事者間で自由に決定されるものであるからである[2]。

> **コラム　過大な役員給与及び役員退職給与の損金不算入**
>
> 　法人税法の計算上、役員給与や役員退職給与は無条件に損金の額に算入できるわけではなく、一定の要件を満たした役員給与や役員退職給与でなければ損金の額に算入できない。その要件のなかでも、「不相当に高額な部分の金額」につき損金算入を否定する法人税法34条2項は、上場会社における役員給与や役員退職給与に対しても適用される要件であり、また、非上場同族会社のM&Aにおいて、売主であるオーナー経営者が受け取る金銭の内訳（退職金と株式譲渡価額）を算定する際にも問題となり得る要件である。非上場同族会社において、勤務の実体がある役員に対して支給された役員給与や役員退職給与における「不相当に高額な部分の金額」の有無について、主たる争点とする裁判例は少なかったが、近時、この分野に関する興味深い裁判例が相次いでいる。
>
> 　役員給与においても役員退職給与においても、実務上、同種の事業を営む法人でその事業規模が類似するものの役員に対する給与又は退職給与の支給の状況（法令70①イ・②）、すなわち比較法人の支給状況との比較が最も重視される傾

---

2)　国税不服審判所裁決平成18年9月8日裁決事例集72集325頁。

向にある。しかし、比較法人の具体的な抽出方法、及び、比較法人の支給状況との具体的な比較方法について、法令上の規定はない。このうち後者に関しては、実務上、役員給与や役員退職給与の算定において、役員の月額報酬や功績倍率などの指標が用いられている。比較にあたっては、抽出された比較法人の間での平均値を用いるべきか、最高値を用いるべきかという点が問題となる。実務上は、個々の法人毎の特殊事情を捨象するため、平均額を用いることが一般的と考えられている。

東京地判平成28年4月22日税資266号順号12849（裁判例①、いわゆる残波事件判決）は、役員給与と役員退職給与の算定に用いる最終月額報酬について、各比較法人における役員給与の最終月額報酬の最高値のうち、最も高い金額を用いるべきとした。すなわち、納税者に最も有利な比較方法を採用したことになる。

但し、裁判例①の事案では、比較法人として抽出した4法人について、上位2法人と下位2法人との乖離が大きく、かつ、支給金額の二極化をもたらすべき特殊事情が見受けられないとされている。このため、二極化した4法人の各支給金額を平均して利用することがためらわれたのではないかと推察される。

これに対して、東京地判平成29年10月13日裁判所ウェブサイト（裁判例②）は、役員退職給与の算定に用いる功績倍率について、比較法人の抽出が合理的であると認定した上、比較法人の平均値を用いるべきとした。裁判例②の事案では、抽出された比較法人の功績倍率には極端なばらつきがなく、その偏差も平均功績倍率の30％程度の範囲内に収まっていた。このため、当該事案において、平均功績倍率を採用することが相当でないとか、最高功績倍率を採用することが適切であるとみるべき事情は見当たらないとされている。

これらの裁判例を踏まえると、抽出された比較法人における数値の分布状況が裁判所の心証に影響しており、分布状況によっては最高値を用いることが今後も認められる可能性があるのではないかと考えられる。しかし、納税者側にとっては、税務署のように類似法人における支給金額の分布に関するデータを入手することは容易ではないため、実務上は、比較的入手しやすい平均値に関するデータを参考に申告するほかないケースが多いかもしれない。

また、この納税者側におけるデータ入手の問題に関し、裁判例②は、納税者側の一般的な認識可能性の程度を考慮し、少なくとも事後的な国の調査による平均功績倍率の1.5倍の数値を超えない数の功績倍率を用いることは、特段の事情がない限り、許容されるべきとしていた。このため、裁判例②は、平均功績倍率の1.5倍までを許容する判決として実務では注目を集めていた。

しかし、裁判例②の控訴審判決にあたる東京高判平成30年4月25日裁判所ウェブサイトによって取り消され、事後的な国の調査による平均功績倍率を上回る功績倍率を用いることは許容されないとされた。この控訴審判決を踏まえると納税者が用いた数値が税務署が採用した平均値を上回る場合、その相違の程度にかかわらず、引き続き否認される可能性が相当程度あるように思われる。

事例 14
スクイーズ・アウトの事例

　甲は、上場会社であるA社の現経営者であり、甲を含めたオーナー家でA社の株式の30%を保有している。一方、その他70%の株式は、分散して保有されている。A社は、経営が低迷しており、甲は抜本的な経営改革が必要だと考えているが、短期的な利益の実現を求める少数株主の反対により改革が進んでいない。また、甲は後継者である乙（長男）に近い将来保有する株式を承継したいとも考えている。甲は、以上の2点を、顧問税理士に相談したところ、MBOを行ってA社の株式を非公開化するようにと助言を受けた。

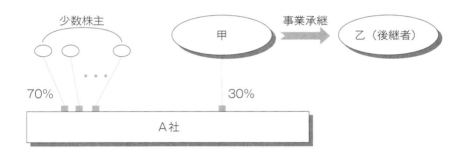

小問1

　MBOとは何か。また、MBOによるメリットにはどのようなものがあるか。
　　結　論
　MBOとは、対象会社の経営陣が、対象会社の全株式を取得する取引のことである。対象会社の全株式を取得することにより、支配権を対象会社に集中させることができ、株式を公開し続けるコストを削減することができ、また、対象会社の株式の贈与・相続の際の贈与税・相続税を減少させられる可能性があるというメリットがある。

事例 14　スクイーズ・アウトの事例　　453

解　説

(1)　MBO とは

MBO とは、Management Buy Out の略であり、一般的には、対象会社の経営陣が、投資ファンド等と共同して対象会社の全株式を取得する取引をいう。本事例に即していえば、甲・乙等のオーナー家が投資ファンド等と共同して新たな会社（SPC）を設立し（SPC の株式をオーナー家と投資ファンド等が共同して保有することとなる）、SPC が A 社の全ての株式を取得する取引のことである。

(2)　MBO のメリット

(a)　支配権の集中

一般に、抜本的な事業改革を行う際には、短期的なコストの増加などによる業績の悪化の可能性があり、短期的利益の実現を求める株主からは賛同を得られにくい。A 社において、オーナー家は発行済株式の 30％しか保有しておらず、その他 70％の株式を保有する株主の賛同が得られない限り、株主総会特別決議を要するような事業改革を断行することはできない。そこで、MBO によって支配権を集中させることで、A 社の経営が短期的利益の実現の圧力から解放され、事業改革を実行することが可能になる。

(b)　公開を維持することによるコストの削減

株式公開を維持するには、金融庁や証券取引所等に提出する情報開示書類の作成等のコスト、株主総会や投資家向けの説明会の開催などにかかるコスト、取引所に支払う上場継続費用等のコストがかかる。MBO によって A 社の株式を非公開化することにより、公開を維持することによるこれらのコストを削減することができる。

(c)　贈与税・相続税の減少可能性

甲が乙に対して A 社株式を贈与又は相続する場合には、A 社が上場会社であるために平均株価を基準として相続税評価額が計算され、多額の贈与税あるいは相続税が後継者である乙に生じることが多い。この点、MBO を行うことにより、相続税の対象となる財産を上場株式から非上場株式に転換することで、税負担を下げることができる場合がある。詳しくは後述する。

454　第2部　プランニング編

小問2

　MBO にはどのような手法があるか。また、それぞれの方法のメリット・デメリットにはどのようなものがあるか。

　　結　　論

　MBO の手法としては、TOB で対象会社の発行済株式の3分の2を取得した後、少数株主をスクイーズアウトする。スクイーズアウトの手法は、(a)合併、(b)株式交換、(c)全部取得条項付種類株式、(d)株式併合、(e)株式等売渡請求が考えられる。

　スクイーズアウトの各手法のメリット・デメリットは、税務面及び法務面双方から検討する必要がある。

解　説

(1)　MBO の基本的手順

　MBO の手続きは、オーナー家が投資ファンド等と共同して設立した SPC が、①TOB（公開買付け）による3分の2以上の株式の取得を行い、②スクイーズ・アウトを行うという手順で行うことが多い。

(a)　TOB

　上場会社を含む金融商品取引法上の継続開示義務を負っている会社（金商法24 I）の3分の1超の株式を取得する場合には、原則として TOB を行わなければならない（金商法27の2 I ②）。買収者は、TOB に引き続いて行われる第二段階の取引において要求される対象会社の株主総会特別決議が得られるよう、第一段階の TOB において少なくとも対象会社の発行済み株式の3分の2以上を取得するよう下限を設定することが多い。なお、第二段階の取引において株式等売渡請求を行うためには、対象会社の発行済株式の90%以上を取得しておく必要があることに注意が必要である。

　TOB に応じた者が個人である場合には、SPC に対して A 社株式を売り渡すこととなるため、上場株式の譲渡所得として住民税と合わせて 20.315%の分離課税を受けることとなる（措法 37 の 11 I、復興財源確保法 9 I・13、地法 71 の 49）。

(b) スクイーズ・アウト

買収者である SPC が対象会社の発行済株式の 3 分の 2 以上を取得した後は、対象会社の少数株主をスクイーズ・アウトすることになる。スクイーズ・アウトの手法としては、(a)合併、(b)株式交換、(c)全部取得条項付種類株式、(d)株式併合、(e)株式等売渡請求が考えられる。スクイーズ・アウトの手法の選択においては、従来は、税務上の理由から全部取得条項付種類株式を利用したスクイーズ・アウトが主に用いられていたが、平成 26 年会社法改正により、特別支配株主による株式等売渡請求が新たなスクイーズ・アウトの手法として創設された。また、株式併合についても、株主の利益を保護するための手当てがとられたことによりスクイーズ・アウトの手法として実務上利用可能となった。さらに平成 29 年度税制改正により、①全部取得条項付種類株式、株式併合、株式等売渡請求を利用したスクイーズ・アウトが「株式交換等」（法法 2 ⑫の16）と位置付けられ、組織再編としての税制適格要件を満たさない場合、対象会社の時価評価課税等の不利益が生じるようになったこと、②買収者が対象会社の発行済株式の 3 分の 2 以上を取得している場合には少数株主に対して現金を交付する合併又は株式交換が適格要件を満たし得るようになったことから、手法選択による税務上の差異が小さくなり、今まで以上に法律面での取扱いの違いが手法選択において重要な考慮要素とされることとなった。

(2) スクイーズ・アウトの手法に関する税務面・法務面での検討

(a) 税務面での検討

平成 29 年度税制改正により合併又は株式交換に際して、存続会社又は完全親会社となる買収会社が、消滅会社又は完全子会社となる対象会社の発行済株式の 3 分の 2 以上を有する場合には、その他の株主に対して交付する金銭その他の対価を除外して税制適格要件を判断することとなった。これにより、現金合併や現金株式交換であっても、税制適格要件を満たし得ることとなった。また、平成 29 年度税制改正により全部取得条項付種類株式の取得、株式併合及び株式等売渡請求が「株式交換等」として、組織再編税制の一環として位置付けられるようになり、企業グループ内の株式交換と同様の税制適格要件を充足する限り、対象会社の時価評価課税を回避できることとなった（法法 2 ⑫の16・62の 9 Ⅰ）。

①対象会社（A 社）、②買収会社（SPC）、③対象会社の株主（反対株主以外）、

④対象会社の反対株主及び⑤買収会社の反対株主に生じる課税の違いをまとめると以下の図表のようになる（図表ではいずれも税制適格要件を満たすことを前提としている）。

図表　スクイーズ・アウト取引の税務上の相違点

課税対象	(a)現金合併	株式交換等			
		(b)現金 株式交換	(c)全部取得条 項付種類株式	(d)株式 併合	(e)株式等 売渡請求
対象会社 （A社）	・譲渡益課税 なし ・繰越欠損金 は、みなし 共同事業要 件を満たさ ない限り切 捨て	・時価評価課税なし ・繰越欠損金の切捨てなし ・買収会社が連結納税を採用している場合でも、時 　価評価課税はなく、繰越欠損金は個別所得金額を 　限度として控除可能			
買収会社 （SPC）	・課税なし ・繰越欠損金 は、みなし 共同事業要 件を満たさ ない限り切 捨て	・課税なし	・課税なし ・但し、端数処理部分 　があれば譲渡益課税		・課税なし
対象会社株 主（反対株 主以外）	・譲渡益課税				
反対株主 （対象会社）	・譲渡益課税	・譲渡益課税 ・みなし配当 　課税	・譲渡益課税		
反対株主 （買収会社）	・譲渡益課税 ・みなし配当 　課税	・譲渡益課税 ・みなし配当 　課税	−		

　上記で述べたとおり、平成29年度税制改正によりスクイーズ・アウトの手法による課税の違いは小さくなり、法務面での違いが手法選択に際して今まで以上に重要となった。しかし、以下の3点においては、いまだ各手法に差異が残

されている。

・株式交換を含めた「株式交換等」を選択する場合には、繰越欠損金の引継ぎの問題は生じないのに対し、現金合併の場合には一定の要件の下で繰越欠損金の引継ぎが制限されている。したがって、繰越欠損金を引き継ぐことが制限される場合には現金合併を用いる大きな障害となり得る。

・適格株式交換等の税制適格要件の１つである「株式交換等完全親法人による株式交換等完全子法人の支配関係等が継続することが見込まれていること」という要件について、株式交換等の後に、①株式交換等完全子法人又は②株式交換等完全親法人を被合併法人とする適格合併が見込まれている場合、①（順合併）においては、適格合併までの完全支配関係の継続のみが要件であるのに対し、②（逆さ合併）においては、それに加え適格合併後の合併法人と株式交換等完全子法人の完全支配関係の継続も要件となり、いずれの適格合併が見込まれているかで、要件が異なることに注意が必要となる（法令4の3ⅩⅨ①イ・ロ）。すなわちスクイーズ・アウト後A社とSPCが適格合併を行う際に、SPCが存続会社となる順合併の場合には、当該要件を満たすのに対し、A社が存続会社となる逆さ合併の場合には、当該要件を満たさずスクイーズ・アウトが税制非適格となる。

・全部取得条項付種類株式を用いる手法及び株式併合を用いる手法については、他の手法と異なり、端数処理が必要となるため、買収会社も、端数部分については他の株主と同様に譲渡益課税を受ける（但し、買収会社が自ら端数株式を買い受ける場合を除く）こととなる。

　なお、(c)全部取得条項付種類株式を用いる手法又は(d)株式併合を用いる手法を用いる場合は、複数の株主（例えば大株主2名）を残すスクイーズ・アウトも技術的に可能となるが、かかるスクイーズ・アウトは、平成29年度税制改正の対象となる「株式交換等」の要件を充足しないという点に留意する必要がある（法法2条⑫の⑯）。この場合、従業員の引継ぎに関する要件等の税制適格要件を満たすか否かに関わりなく、対象会社レベルの課税は生じないものと考えられる。

(b)　法務面での検討

　法務面では、①買収会社においてスクイーズ・アウトに際して必要な対象会社の議決権割合等、②対象会社における株主総会の特別決議の要否、③買収会

社における株主総会の特別決議の要否、④裁判所における端数処理手続きの要否、⑤無償取得や任意放棄を期待できない対象会社の新株予約権を処理する方法、⑥対象会社における有価証券報告書の提出義務、⑦反対株主が対価を争うためにとり得る主な手段、⑧対象会社の法人格等が手法選択にあたり重要な要素となる。

①から⑧の手法毎の違いをまとめると以下の図表のようになる。

図表　各スクイーズ・アウト手法における法律上の相違点

ポイント	(a)現金合併	(b)現金株式交換	(c)全部取得条項付種類株式	(d)株式併合	(e)株式等売渡請求
①買収会社において必要な対象会社の議決権割合	・3分の2以上				・90%以上の議決権が必要 ・対象会社における特別決議の必要なし
②対象会社における株主総会の特別決議の要否	・必要 ・但し、略式合併の場合は不要	・必要 ・但し、略式株式交換の場合は不要	・必ず必要		・不要
③買収会社における株主総会の特別決議の要否	・必要 ・但し、簡易合併の場合には不要	・必要 ・但し、簡易株式交換の場合には不要	・不要		
④裁判所における端数処理手続きの要否	・不要		・必要		・不要

⑤無償取得や任意放棄を期待できない対象会社の新株予約権を処理する方法	・買収会社の新株予約権又は金銭を交付することにより消滅させることが可能	・買収会社の新株予約権を交付することにより消滅させることが可能	・不可（新株予約権の目的となる株式が普通株式から全部取得条項が付された種類株式に代わると解される）	・不可	・買収会社による買取が可能
⑥対象会社における有価証券報告書の提出義務	・存続会社である買収会社に有価証券報告書提出義務が承継。但し、中断申請可	・有価証券報告書提出義務は存続。但し、中断申請可	・対象会社が取得した株式を全部償却した時点で、上場株式が消滅し、有価証券報告提出義務も消滅	・有価証券報告書提出義務は存続。但し、中断申請可	
⑦反対株主が対価を争うためにとり得る主な手段	・対象会社（及び買収会社）の株主に株式買取請求		・対象会社の株主に価格決定の申立て及び株式買取請求	・対象会社の株主に株式買取請求	・対象会社の株主に価格決定の申立て
⑧対象会社の法人格（許認可承継の問題の有無）	・消滅し、原則として許認可の承継の問題がある	・存続し、原則として許認可の承継の問題がない			

　このなかでも手法選択にあたり特に重要な点について、以下の2つが挙げられる[1]。

・株式等売渡請求は株主総会の開催コストを削減することができ、買収会社と

---

1)　法務面の細かい検討については、森・濱田松本法律事務所編『税務・法務を統合したM&A戦略〔第2版〕』（有斐閣、2016年）145頁以下参照。

460 第2部 プランニング編

しては望ましい方法だが、総株主の議決権の90％以上の取得が必要となる。
・対象会社の新株予約権を無償取得や任意放棄により処理できない場合、合併
又は株式等売渡請求の方法を用いるしかない。

小問3

甲は乙に対して株式をどのように承継させることが考えられるか。

結　論

　①MBOを行わない場合には、贈与又は相続により後継者である乙に対して、
上場株式であるA社株式を承継することになる。一方、MBOを行う場合には、
②MBOの過程でSPCに対して甲がA社株式を譲渡し、譲渡対価の手取りを甲
が再出資したうえで再出資により取得した株式を譲渡する方法と、③MBOの
過程では、SPCに対してA社株式を譲渡せず、その後、贈与又は相続により乙
に対してA社株式を承継する方法がある。①と②③では、A社株式の評価方法
が異なっており、承継方法の決定にあたっては、重要な考慮要素となる。

　但し、いずれの方法によったとしても、ファンドが関与するMBOにおいて
は、原則として、ファンドのEXITにあわせてオーナーが所有する株式も強制
的に譲渡されることによりなるために、株式の承継という観点からは目的が達
成されない可能性がある。

解　説

(1)　MBO を行わない場合

　MBOを行わない場合、A社株式の価値は、原則として相続開始時の終値を基
準として評価され、最高税率55％で相続税が課税される（相法16・21の7）。一
方、非上場株式の評価方法である類似業種比準方式は、その計算過程において、
会社規模に応じて30％から50％の斟酌率を乗じてディスカウントしており、
また、上場会社は相続税対策のために課税所得を圧縮する等の対応をとること
が困難であるため、上場株式の評価は、一般に非上場株式の評価に比べて高く
なる傾向がある。

(2) MBO を行う場合

(a) MBO の過程で SPC に対して A 社株式を譲渡する方法

MBO の過程で行われる TOB に甲が応募すると、甲は A 社株式の譲渡の対価として金銭を受け取ることになる。MBO では、経営者のコミットを示すために、経営者自身が SPC に対して出資をすることが求められており、本件においても、甲が A 社株式の譲渡対価のうち一定額を再出資することが想定される。

これらの取引を税務の観点からみると、再出資の有無により、甲の相続税負担が大きく異なる可能性がある。すなわち、甲が、A 社株式の譲渡対価の手残りを金銭で所有していた場合、納税資金の確保という観点からはメリットがあるものの、財産評価上は金銭の残高そのものが評価額とされてしまう。その一方で、SPC に再出資をすると、甲の財産は SPC 株式（SPC が最終的に A 社と合併した場合は合併法人株式。以下、「SPC 株式等」という）として評価されることになる。SPC（又は合併法人）は非上場会社であるため、SPC 株式等は原則として財産評価基本通達の定めにより評価されることになるが、この株式の評価にあたり、①配当還元方式を採用できるか、②（税務上の）時価純資産価額がマイナスとなる場合に評価額を 0 とすることができるかという疑問が生じる。

①については、ファンドが投資をする際に、SPC の株式の過半数を取得することを前提とすることが一般的であり、そのような株主構成を前提とすると、オーナー家は少数株主の立場となり、形式的には、配当還元方式を採用することができることになる。但し、実務上、ファンドとオーナーの間で交わされる株主間契約（Shareholders Agreement）に定められるドラッグ・アロング権（Drag-along right)[2] に係る条項に、少数株主であるオーナーがファンドと同額で株式を売却できる権利が付されることがあり、このような権利が存在するような場合であっても、配当還元方式を採用し得るかという点については、個々の事案毎に慎重な検討をすべきである。

また、②の論点として、MBO に際して SPC が借り入れる負債は、一般に TOB 価格が市場株価に一定のプレミアムを付すことを考慮すると、相当多額となり、甲による再出資後においても、MBO 時から数年間は、SPC と A 社が合併した後の合併法人の税務上の純資産額がマイナス（債務超過）となる可能

---

2) 通常はファンドが保有する対象会社株式を第三者に譲渡する際に、他の株主に対して自分と同一の条件により、当該他の株主が保有する株式を譲渡することを強制することができる権利をいう。

性がある。時価ベースで債務超過となる場合には、税務上の株式評価額は 0 となるが、直近に TOB 価格という客観的な時価が存在することから、税務当局が総則 6 項を適用し、財産評価基本通達による評価額を否認する可能性について検討する必要がある。もっとも、合併法人が多額の負債を負っているのは事実であり、その株式価値がゼロであるというのもまた事実であり、その事業の実態を示しているといえるから、原則として、そのような否認は認められないと解するべきであろう。

なお、平成 30 年度税制改正により、事業承継税制の特例が創設されたことに伴い、上場会社を MBO により非上場化することで、事業承継税制の特例を活用する事業承継スキームが考えられるが、純粋 MBO の場合には、事業承継税制の要件を充足する可能性があるものの、ファンドが関与する MBO においては、上述の通り、ファンドが対象会社株式の過半数を所有するのが通常であるため（その場合、当然に議決権の過半数もファンドが有することになる）、事業承継税制の要件を満たすことができない点に留意を要する（さらに、上述のようにオーナー家の株式が強制的に EXIT を迎えるのであれば、仮に事業承継税制を適用できたとしても、EXIT の段階で納税猶予措置が取り消されてしまうことになる）。

(b) MBO の過程で SPC に対して A 社株式を譲渡しない方法

合併、株式交換及び株式等売渡請求を用いる場合は、最終的に全ての A 社株式を SPC が保有することとなるため、甲は SPC に対して A 社株式を譲渡する必要がある。一方、全部取得条項付種類株式又は株式併合の手法を用いれば、甲が SPC に対して A 社株式を譲渡しないことも可能である。この場合には、甲は MBO に際して A 社株式を譲渡することがないため、譲渡益課税をされることがない。

その後、贈与又は相続により A 社株式が甲から乙に承継される場合は、非上場株式として原則的評価方式又は配当還元方式により評価され（財基通 178～189-7）、最高税率 55％ で相続税が課税される（相法 16・21 の 7）。この際の税務上の株価の否認リスクについては、上記と同様である。

なお、甲を A 社の株主として残し、その他の少数株主をスクイーズ・アウトすることについては、株主間で不平等な取扱いをしているとの批判を受ける可能性もある。したがって、以上の方法を行う場合には、甲を A 社の株主として残すことについて、合理的な理由が説明できるようにしておく必要があると考

えられる。

コラム　プロマーケット

　設例と異なり、A 社が非上場会社の場合には、株式の売買などを容易に行うことができない。しかし、上場しようとしても上場には、株主数、流通株式数、時価総額、純資産の額などの一定の厳しい要件が存在する。本書が念頭に置いているオーナー系企業の場合には、株主数が多くないことが多く、比較的要件の緩い JASDAQ の株主数 200 人という要件でも満たすのは難しいと思われる。しかし、以下で述べる TOKYO PRO Market（以下、「TPM」という）であれば、株主数が少ない同族企業などでも上場することが可能である。

　TPM は、2009 年 6 月に設立された、特定取引所金融商品市場、いわゆるプロ投資家向け市場である。特徴として、取引所で買い付けができる投資家がいわゆる「プロ投資家」（金融商品取引法 2XXX）に限定されていることと、株主数や時価総額など形式的な上場基準がないことが挙げられる。その代わりに東京証券取引所の定める「特定上場有価証券に関する有価証券上場規程の特例」113 条に定める上場適格性要件に基づき、東証に代わって上場適格性の調査・確認を実施するJ-Advisor が上場適否判断を行う。この適否判断をクリアすることができれば、たとえ株主が二人しかいない非上場会社でも上場することが可能である。また、上場後も上場企業としての監査は必要であるものの、内部統制報告書や四半期開示への対応が任意であるとされており、監査費用負担は一般市場と比較して軽減されている。

　TPM に上場することのメリットとしては以下のようなものが挙げられる。

　第 1 に、上述した上場適格性要件の 1 つに内部管理体制の充実が挙げられているため、J-Advisor の助言を受けて上場の準備を進める際に内部管理体制の充実を図ることができる。

　第 2 に、上場企業としての知名度や信用度の向上が期待できるほか、従業員のモチベーションの向上や優秀な人材の確保も期待することができる。

　そして、第 3 に株主の税負担の軽減が挙げられる。A 社のオーナーである甲が分散している株式を集約化することによる支配権の集中を図るには、個人株主（以下、「乙」という）と交渉して株式を取得することとなるが、甲に資金がない場合には、A 社が自社株買いを行うしかない。その際、A 社が非上場会社である場合に比べて TPM に上場している場合の方が乙に対する課税が抑えられるため、TPM に上場している場合の方が交渉を有利に進めやすくなる。つまり、非上場会社の株式の自社株買いを行った場合、乙に交付される資産の価額のうち、A 社の資本金等の額に対応する部分を超える金額が、みなし配当として課税の対象となり（所得税法 25 Ⅰ⑤）、最高税率 55％で課税される。一方、A 社が TPM に上場している場合には自己株式立会外買付取引、通称 TosTNet-3 を利用して自己株式の取得を行えば、所得税法 25 条 1 項 5 号の例外である「金融商品取引所の開設する市場における購入」にあたるため、乙にみなし配当が生じることはない。そして、乙が交付を受けた金銭は、譲渡所得として、税率約 20％で分離課税され

464 第2部 プランニング編

ることとなる（租税特別措置法37の11 I）。同様にオーナーである甲に株式を金銭に変えるという需要がある場合にも、A社がTPMに上場していれば、上記のTosTNet-3を利用することで上場していない場合に比べて少ない課税で対価を得ることができる。

　なお、自社株買いが市場での取引を用いて行われる場合にみなし配当が生じないとされるのは、売主としては、取引相手方を特定できず、第三者による通常の株式の購入であるのか、発行会社による自社株買いなのかわからないからである。その点、TosTNet-3を用いた自社株買いにおいては、売主は発行会社による自社株買いであることを取引の前日にすでに認識することができるため、原則どおりみなし配当課税が生じると考えることもできる。しかし、国税不服審判所裁決平成24年5月25日（東裁(法)平成23第233号）は、法令の文言に忠実な解釈を採用し、みなし配当課税は生じないものと判断している。

小問4

　MBOを行う際に、法律上留意すべき点にはどのようなものがあるか。また、MBOを行ったことによって株式を非公開化したA社が、再び上場することは可能か。

　結　論

　法律上、MBOには、構造的利益相反や情報の非対称性等の問題があるため、①TOB成立の下限、②スクイーズアウト取引の価格、③TOBの発表時期、④対抗TOBの機会の確保等について、留意する必要がある。

　また、再上場は法的には可能であるが、再上場の際には、通常の上場審査に加えて、追加的な審査が行われる点に留意を要する。

解　説

(1)　法律上の留意点

　MBOにおいては、構造的に、対象会社の取締役と一般株主との利益相反が問題になるといわれる。MBOに参加する（又は参加する予定の）対象会社の取締役は、取締役としての立場と買付者としての立場の双方を有するところ、前者の立場からは高い買付価格が望ましいのに対して、後者の立場からは低い買付価格の方が望ましいためである。また、通常、MBOにおいては、買主となる取締役は、売主となる株主よりも会社に関して多くの情報を有している。MBO

においては、会社の取締役が、この情報の非対称性を利用し、株主の犠牲の下に、自己に有利なタイミング及び条件で取引を行う類型的なリスクが存在する。そのため、MBO に際しては、この構造的利益相反と情報の非対称性の問題にどのように対処していくかが重要な問題となる。以下では、MBO における様々な局面毎にどのように対処していくのかが望ましいかについて、実務上生じる代表的な論点につき紹介する[3]。

(a) TOB による総株主の議決権の 3 分の 2 以上の取得

上述のとおり、MBO に際しては、法的安定性のために、第二段階の取引に要求される対象会社の株主総会の特別決議が得られるよう、総株主の議決権の 3 分の 2 以上を取得できることを TOB 成立の条件とすることが必要となる。一方、より多くの株主が TOB に賛同したことを根拠にスクイーズ・アウト取引の公正性を高めるために、TOB 成立の条件（下限）を 3 分の 2 より高い数値に設定する場合もある。いかなる基準により下限を設定するかについては様々な考え方があり得るが、典型的な基準が、いわゆるマジョリティ・オブ・マイノリティ（majority of minority：少数株主の過半数）と呼ばれるものであり、近時の MBO の事案においては、マジョリティ・オブ・マイノリティを TOB の下限に設定する事例も多く見受けられる。これは、支配株主以外の少数株主の過半数が賛同したことを当該取引の実行の条件とすることにより当該取引の公正性を高めようとするものである。具体的には、事前に TOB に応募することを合意している対象会社の大株主やその他関係者の議決権割合の合計に、それ以外の一般株主の議決権割合の過半数を加えた割合が「3 分の 2」より高い場合に、TOB 成立の条件（下限）を（3 分の 2 ではなく）当該割合に設定する例などがある。

しかし、実際には、支配株主の保有する対象会社の議決権比率が大きい場合に、当該基準を適用すると、少数の株主が反対するだけで当該基準が満たされず、TOB の成否が不安定となるため実務上は、下限が当該比率より少し低めに設定される場合も多い。

---

3) MBO における法務上の問題のさらに細かい検討については、森・濱田松本法律事務所編・前掲注1）163 頁以下参照。

(b) スクイーズアウト取引の価格

第一段階目の TOB の買付価格よりも第二段階目のスクイーズ・アウト取引の価格が低い場合、株主は TOB に応募せずに TOB が成立すれば受け取る額が少なくなると考え、第一段階目の TOB に応募せざるを得なくなる。一方、TOB 後のスクイーズ・アウト取引の価格を含む諸条件が TOB の段階で十分に開示されない場合も、TOB に応募しない場合の取扱いに不安を感じ、TOB に応募せざるを得なくなる。このような強圧性に配慮して、スクイーズ・アウトの際の価格は、TOB の買付価格と同一の価格とするのが実務である。

なお、スクイーズ・アウトを現金株式交換の手法により行う場合には、対象会社の反対株主にみなし配当課税が生じる。この点、非上場株式にかかるみなし配当課税は、個人株主にとって重い負担となるため、スクイーズアウトに反対しにくくなるという効果（強圧性）を生むのではないか、という議論もあった。しかし、株式交換の効力発生日の 3 日前に上場が廃止されるのはやむを得ない事情によるものであるとして、現在、当該みなし配当所得は、非上場株式ではなく、上場株式に係るものとして取り扱われている（「株式交換に反対する個人株主の株式が買取請求に基づき買い取られた場合の課税関係について」http://www.nta.go.jp/about/organization/osaka/bunshokaito/joto-sanrin/110809/index.htm）。そのため、上記の問題は概ね既に解消しているといえるように思われる。

(c) TOB の発表時期

MBO を行うことを公表する際には、そのタイミングについて慎重な検討が必要となる。特に、対象会社の業績が悪化しており、業績予想の下方修正を行わなければならない場合には、注意が必要である。業績予想の下方修正は、適時開示の要請から、予想値に差異が生じれば当然直ちに開示される必要があるものの、対象会社の業績下方修正を発表することにより株価が下落した場合は、TOB の買付価格を引き下げようとする意図があったものと批判される可能性も否定できないためである。

(d) 対抗 TOB の機会確保

買付者以外の第三者による対抗 TOB の機会が確保されていることは、買付者による TOB の買付価格が公正なものであったということを裏付ける 1 つの事情となるため、実務上、MBO 及び親会社による上場子会社の完全子会社化

の事案においては、TOB の期間を、金融商品取引法上の最短の期間である 20 営業日（金商法 27 の 2 Ⅱ、金商令 8 Ⅰ）ではなく 30 営業日以上の期間とすることが通常である。

　なお、MBO の事案において、対象会社から買付者が独占交渉権の付与を受けた場合は、対抗 TOB が行われなかったという事実によって買付者による TOB の価格が公正なものであったという事情にはなり得ないと判断される可能性が高くなることに留意が必要である。なぜなら独占交渉権の内容にもよるが、買付者以外の第三者による対抗 TOB が出現する可能性が一般的に低くなり、対抗 TOB が行われなかったことと、TOB の価格が公正なものであったことが直結しないからである。

(2)　再上場の可否

　MBO 実行に際して、オーナー家だけで資金を確保することが困難であるために、ファンド等と共同して行うことが大多数であり、ファンドは最終的に SPC の株式を売却するか又は再上場することによって EXIT を図ることになる。したがって、再上場は MBO 実施時において既に EXIT 手法の 1 つとして考えられている可能性がある手法である。

　MBO を実施して上場廃止となった会社が、再上場をすることが法律上禁止されているわけではない。しかし、その場合には、MBO 時の計画と MBO 後の進捗とのかい離が明らかになることから、MBO と再上場との関連性が問われたり、改めてプレミアム配分の適切性や MBO 実施の合理性が問われたりすることもあるため、東証では市場に対する信頼を維持する観点から、通常の上場審査に加えて追加的な審査が行われてきた。その内容が今まで示されることはなかったが、平成 28 年 12 月 2 日東証は、「MBO 後の再上場時における上場審査について」を公表し、その内容を一定程度明らかにした。

　すなわち、①MBO と再上場の関連性、②プレミアム配分の適切性・MBO 実施の合理性の 2 点を上場審査の際に確認すること、そしてその 2 点を考慮に入れた上で、再上場時のコーポレート・ガバナンスの体制や再上場に至るまでの経緯の説明・開示などを勘案し、総合的に再上場の可否を判断することが、明らかにされている。よって MBO 実施時に EXIT 手法の 1 つとして再上場が選択される可能性がある場合には、以下の点に留意する必要がある。

MBO 実施後に再上場を行う際の留意点

- ・ MBO 実施時
  - ✓ MBO 指針その他の法令等を遵守すること
  - ✓ 株主に対する開示を充実させる一方で実現困難な施策を公表しないなど、開示の内容を慎重に検討すること
- ・ 再上場時
  - ✓ MBO 時に実施予定だった施策・計画に変更があった場合には変更の合理性を説明できるようにすること
  - ✓ コーポレート・ガバナンス体制について慎重に整備を行うこと

コラム　組織再編の際に株式買取請求がされ、価格決定が問題となった事例

最決平成 27 年 3 月 26 日民集 69 巻 2 号 365 頁

（事案）

　株式の譲渡につき取締役会の承認を要する定款の定めがある非上場会社の A 社は、Y 社を吸収合併存続会社、A 社を吸収合併消滅会社とする吸収合併をした。A 社の株式 325,950 株（発行済み株式総数の 9.6%）を有する株主である X は、株式買取請求権を行使し、会社法 786 条 2 項に基づき、価格決定の申立てをした。

　原々審において、鑑定人は、本件では収益還元法を用いるのが相当であり、かつ、非流動性ディスカウント（非上場会社の株式を換金しようとするときに追加的なコストがかかるため、非上場会社の株価は上場会社よりも低く評価されること）を行うのが相当であるとして、1 株につき 80 円とするのが相当であるという鑑定意見を述べ、原々審もそれに従った。

　これを不服として X は抗告したが、原審がその抗告を棄却したため、許可抗告を申し立てた。

（争点）

① 組織再編における株式買取請求の価格決定の方法としてどのような評価手法を用いるべきか

② 価格決定の方法として収益還元法を用いる場合の非流動性ディスカウントを行うことの可否

（判旨）

「会社法 786 条 2 項に基づき、株式の価格の決定の申立てを受けた裁判所は、吸収合併等に反対する株主に対し株式買取請求権が付与された趣旨に従い、その合理的な裁量によって公正な価格を決定すべきものであるところ」、「非上場会社の株式の価格の算定については、様々な評価手法が存在するが、どのような場合にどの評価手法を用いるかについては、裁判所の合理的な裁量に委ねられていると解すべきである。しかしながら、一定の評価手法を合理的であるとして、当該評価手法により株式の価格の算定を行うこととした場合において、その評価手法の内容、性格等からして、考慮することが相当でないと認められる要素を考慮し

て価格を決定することは許されないというべきである」。

「収益還元法は、当該会社において将来期待される純利益を一定の資本還元率で還元することにより株式の現在の価格を算定するものであって、類似会社比準法等とは異なり、市場における取引価格との比較という要素は含まれていない。吸収合併等に反対する株主に公正な価格での株式買取請求権が付与された趣旨が、吸収合併等という会社組織の基礎の本質的変更をもたらす行為を株主総会の多数決により可能とする反面、……退出を選択した株主には企業価値を適切に分配するものであることをも念頭に置くと、収益還元法によって算定された株式の価格について、同評価手法に要素として含まれていない市場における取引価格との比較により更に減価を行うことは、相当でないというべきである」。

「したがって、非上場会社において会社法 785 条 1 項に基づく株式買取請求がされ、裁判所が収益還元法を用いて株式の買取価格を決定する場合に、非流動性ディスカウントを用いることはできないと解するのが相当である」。

（実務上のポイント）

・非上場会社において、①スクイーズアウトにおける株式買取請求の価格、②譲渡制限株式の売買価格（大阪地決平成 25 年 1 月 31 日判時 2185 号 142 頁等）、③相続税又は贈与税の計算における株式の価格は、それぞれ異なる。

スクイーズアウトの際に反対株主による株式買取請求が予想される場合には、③の価格を支払うのみでは不十分であることに十分留意し、資金を調達しておく必要がある

事例15
非上場会社の事業の一部売却のプランニング

　甲は非上場会社A社の代表取締役社長であり、A社の発行済株式の全てを保有している。

　A社は複数の事業を行っているが、そのうちX事業について、甲は第三者への売却を考えており、売却スキームについて検討をしている。

　なお、甲は、X事業の売却代金を甲の手元に置いておき、将来の新規ビジネスへの投資資金として使いたいと考えている。

小問1

　甲は、まず、事業譲渡又は現金対価の会社分割により、X事業を第三者に売却し、売却代金を利益剰余金からの配当によりA社から甲に吸い上げることを考えた。この場合のA社及び甲の課税関係はどうなるか。

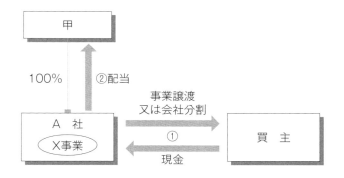

　結　論
　A社において譲渡益に対する約30％の課税が生じ、さらに、利益を配当により甲に吸い上げる際に、甲において当該利益に対する最高約49％の課税が生じることとなる。

事例 15　非上場会社の事業の一部売却のプランニング　471

解　説

(1)　A 社の課税関係

(a)　事業譲渡・会社分割について

　事業譲渡の場合、事業譲渡は課税取引であるから、A 社は、譲渡益（譲渡代金と X 事業の資産負債の帳簿価額との差額）について法人税（実効税率 30％前後）の課税を受ける。また、消費税法上、事業譲渡は課税資産と非課税資産を一括して譲渡するものと取り扱われるため、課税資産の譲渡に該当するものについて消費税が課されることとなる。

　会社分割の場合、分割対価が現金であるから適格要件を満たすことができず、当該分割は非適格分割となる。そのため、A 社の法人税については、事業譲渡と同じ課税関係になり、A 社は、譲渡益（分割対価である現金の額と X 事業の資産負債の帳簿価額との差額）について法人税（実効税率約 30％）の課税を受ける。消費税については、会社分割は不課税取引とされているので、会社分割による X 事業の資産の移転について消費税は課されない。

(b)　利益剰余金からの配当について

　甲に対する利益剰余金からの配当について、A 社は 20.42％の源泉徴収義務を負う（所法 181 Ⅰ・182 Ⅱ、復興財源確保法 9 Ⅰ・13）。当該源泉徴収は甲に対する税の前取りであり、源泉徴収税額は、その年の確定申告の際、甲が支払うべき所得税額から控除される（所法 120 Ⅰ⑤）。

(2)　甲の課税関係

(a)　事業譲渡・会社分割について

　甲に課税関係は生じない。

(b)　利益剰余金からの配当について

　A 社からの利益剰余金からの配当は、総合課税の対象となり、超過累進税率のもとで所得税等が課され、住民税とあわせて最高で 55.495％の税率で課税される。甲は当該配当につき配当控除（税額控除）の適用を受けることができるが、控除金額は限定的であり、例えば配当所得以外の所得が 1000 万円を超えている場合には、税額ベースで所得税につき 5％、住民税につき 1.4％の税額控除を

受けられるに過ぎない。以上より、A社からの配当は、甲において最高約49%の実効税率で課税されることになる。

なお、上記(1)(b)のとおり、配当に係る源泉徴収税額は、その年の確定申告の際、甲が支払うべき所得税額から控除される（所法120Ⅰ⑤）。

(3) まとめ

この事業譲渡又は会社分割を用いたスキームでは、A社において譲渡益に対する約30%の課税が生じ、さらに、利益を配当により甲に吸い上げる際に、甲において当該利益に対する約49%の課税が生じることとなる。

小問2

甲は、税務アドバイザーから、小問1で検討した事業譲渡や現金対価の会社分割のスキームよりも、いわゆる「分割型分割」を用いたスキームの方が、税負担が少なく済むのではないかとの指摘を受けた。この分割型分割を用いたスキームとはどのようなものか。また、そのスキームの課税関係はどうなるか。

結論

分割型分割を用いたスキームとは、以下の図に示したスキームである。具体的には、①甲がB社を設立し、②A社がX事業以外の事業（甲の手元に残す事業）をB社に吸収分割し、③甲がA社の株式を第三者に譲渡する、というものである。②の吸収分割は、会社の事業の一部を切り出して独立させる、いわゆるスピンオフの一種であるといえる。

このスキームにおいては、法人レベルでの譲渡益課税が生じないだけでなく、甲も、配当課税を受けることなく、A社株式の譲渡益に対する20.315%の課税を受けるだけで済むので、小問1と比べると税負担が少なく済むものと考えられる。但し、B社がA社の租税債務について第二次納税義務を負う可能性がある点、A社に潜在債務が残ることに買主が難色を示す可能性がある点には留意を要する。

事例15　非上場会社の事業の一部売却のプランニング

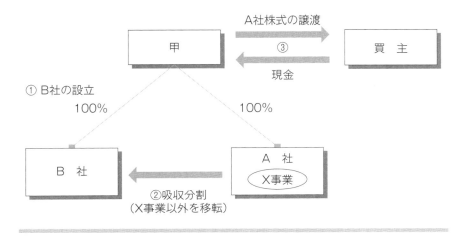

解説

(1) はじめに

分割型分割を用いたスキームとは、上記の図に示したスキームであり、①甲がB社を設立し、②A社がX事業以外の事業（甲の手元に残す事業）をB社に吸収分割し、③甲がA社の株式を第三者に譲渡する、というものである。なお、②の吸収分割は、B社の株式を対価とする株式対価の吸収分割と無対価の吸収分割のいずれかであるが、ここではよりシンプルな株式対価の吸収分割を例にとって説明する。株式対価の吸収分割の場合、対価であるB社株式は分割法人であるA社に交付されるが、直ちにA社の株主である甲に剰余金の配当として分配される（会社法758⑧ロ）。②の吸収分割は、いわゆるスピンオフの一種であるといえる。

このスキームの税務上のポイントは、②の吸収分割が適格分割となるので法人レベルでの課税が生じない点と、甲の課税が配当による総合課税ではなく、株式譲渡益への一律20.315％の課税で済む点にある。

以下、課税関係について詳しく検討する。

(2) 課税関係

(a) ①のB社の設立

特段の課税関係は生じない。

474　第2部　プランニング編

(b)　②のA社のB社に対する吸収分割

　ここでの主要な検討事項は、②の吸収分割が適格分割に該当するかどうか、である。

　結論として、②の吸収分割は、完全支配関係がある場合の適格要件を満たすため、適格分割にあたると考えられる。すなわち、完全支配関係がある場合の適格分割にあたるためには、(a)「金銭等不交付要件」と(b)「完全支配関係継続要件」を満たす必要がある（法法2⑫の11イ、法令4の3Ⅵ）。このうち、(a)は、「分割対価資産として分割承継法人株式、分割承継親法人株式のいずれか一方の株式以外の資産の交付がないこと」を求めるものであるが、②の吸収分割は分割承継法人であるB社の株式のみを対価とするから、これを満たす。次に、(b)については、「分割前に分割法人と分割承継法人との間に同一の者による完全支配関係があり、かつ、分割後に当該同一の者と当該分割承継法人との間に当該同一の者による完全支配関係が継続することが見込まれている場合」に、これを満たすとされている。ここで、甲を「同一の者」とみて要件を検討すると、分割前において甲は分割法人であるA社と分割承継法人であるB社の株式を100％保有しており、分割後において甲は分割承継法人であるB社の株式を100％保有することが見込まれているといえるから、(b)の要件も満たすと考えられる。この点、平成29年税制改正前は、分割法人と分割承継法人の双方について、分割後に同一の者による完全支配関係の継続が見込まれていないとこの要件を満たすことができなかったが、同改正により、現在では分割承継法人についてのみ完全支配関係の継続が見込まれていれば要件を満たすことができるようになり、分割法人の株主が分割法人の株式を譲渡しても適格性を損なわないこととなった。

　以上より、②の吸収分割は適格分割に該当すると考えられる。したがって、A社については、その資産負債を帳簿価額でB社に引き継いだものとみなされるため、A社において譲渡益課税は生じない（法法62の2Ⅱ）。また、A社の株主である甲は、A社からB社株式の交付を受けるが、これによるみなし配当課税はなく（所法25Ⅰ②）、また、譲渡益への課税も繰り延べられ、甲のA社株式の帳簿価額の一部がB社株式の取得価額に付け替えられる。すなわち、B社株式の取得価額は、A社株式の帳簿価額を、分割前のA社の簿価純資産額に対する移転対象の簿価純資産額の割合に応じて割り付けた額となり、分割後のA社株式の帳簿価額は分割前の帳簿価額からB社株式の取得価額を控除した額と

なる（所令 113 Ⅰ）。

(c) ③の甲による A 社株式の譲渡

株式の譲渡価額と上記(b)の付け替え後の A 社株式の帳簿価額の差額が、甲の譲渡益となる。もっとも、当該譲渡益は総合課税の対象とならず、申告分離課税の対象となる。すなわち、株式の譲渡による所得は、他の所得と分離して、一律 20.315％で課税される（所得税 15％、復興特別所得税 0.315％、住民税 5％。措法 37 の 10 Ⅰ、地法 71 の 49、復興財源確保法 13）。

(3) まとめと留意点

以上のとおり、このスキームでは、②の吸収分割は適格分割となり、甲は③の株式譲渡により申告分離課税の適用を受けるので、A 社での譲渡益課税が生じないだけでなく、甲も、配当課税を受けることなく、A 社株式の譲渡益に対する 20.315％の課税を受けるだけで済む。小問 1 で取り上げたスキームにおいて、A 社における 30％の譲渡益に対する課税と甲における約 49％の配当に対する課税が生じるのと比べると、少ない税負担で X 事業の売却を実現することができる。

このスキームのストラクチャリング上のポイントは、売却する X 事業ではなく、甲の手元に残す X 事業以外の事業を、分割によって切り出した上で、新しい法人の株式ではなく、既存の会社の株式を譲渡する点である。そのようなストラクチャーとしているのは、上記(2)(b)で説明したとおり、適格分割の完全支配関係継続要件が、分割後の甲と分割承継法人との完全支配関係の継続を必要としていることから、甲の手元に残す事業を分割承継法人に持たせる必要があるためである。

このスキームについて売主である甲の立場から留意すべき点としては、分割承継法人である B 社が、A 社の租税債務について第二次納税義務を負う可能性がある点が挙げられる（国徴法 38、地法 11 の 7）。すなわち、B 社は、関係会社である A 社から事業を譲り受けているから、B 社が A 社と同一又は類似の事業を営んでいる場合において、A 社が租税を滞納し、A 社に滞納処分を執行してもなお徴収税額に不足すると認められるときには、B 社は、譲受財産（積極財産）の価額の限度において滞納税額を支払う義務を負う。この点、②の吸収分割が滞納に係る租税の法定納期限より 1 年以上前にされている場合には、B 社

は第二次納税義務を負わないとされている。しかし、一般に、②の吸収分割は株式譲渡の直前に行われることが多く、その場合、B社は、買主による買収後のA社の事業に係る租税債務についても、分割から1年以内に法定納期限が到来するものに関して第二次納税義務を負うことになる。甲としては、このようなリスクについて、買主への責任追及等の契約上の手当てを設けることが考えられる。

　また、このスキームについては、A社のこれまでの事業（X事業以外の事業を含む）に関する潜在債務がA社に残る点に買主が難色を示す可能性もある。すなわち、吸収分割でB社に承継対象とされなかった潜在債務は分割後もA社に残ることとなる。また、吸収分割の承継対象とされていた場合であっても、A社は分割後も引き続き潜在債務について責任を負う可能性がある。

事例16
従業員持株会・社団法人を活用した株式の移転

　甲は、非上場会社であるA社の現経営者であり、A社の株式を60％保有している。A社には、その他の少数株主が30％存在し、また、甲の先代の経営者の時代に導入された従業員持株会（以下、「持株会」という）が10％を保有しているが、ここ数年は持株会の新規入会者が激減している。また、会員には60代の従業員が多く、近い将来さらに退会者が増えることが予想される。

[小問1]
A社持株会には今後どのような問題が起こることが予想されるか。

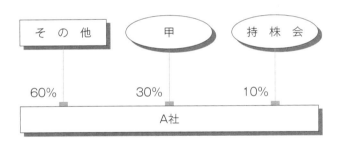

　結　論
　将来的な退会者の増加により、従業員持株会が持分を買い取らなければならなくなり、その資金調達のためにA社から借入れを行う必要性が生じ、借入れを返済することのできる資産を持株会は有していないため、借入金が増加していくこととなる。また、当該借入金の返済可能性が低いと認められる場合は、当該借入の実行が、会社法が定める自己株式取得規制に抵触する可能性がある。

　解　説
　従業員持株会が非上場会社で導入される場合、従業員の福利厚生はもちろん

であるが、オーナーの相続税対策の意味も込めて用いられることが多い。もっとも、持株会導入当初は問題がなかったとしても、本事例のように新規入会者が減少すると、退会する会員の持分の引取り手がいなくなるため、退会者が持株会に持分を売却せざるを得ない状況となる。また、将来的にさらに退会者が増えた場合、持株会の買取株数がさらに増加することが予想される。

持株会としては、それだけの持分を買い取る資金はなく、退会者の持分を買い取るために会社からの借入れ等に拠らざるを得なくなる場合もある。しかし、会社からの借入れを行って持分を買い取ったとしても新規入会者が増えない限り、借入れを返済することのできる資産を持株会は有していないため、借入金が増加していくこととなる。

なお、会社法上他人名義による会社の株式の取得が当該会社の計算による場合には、自己株式に関する取得手続規制や取得財源規制による制限（会社法156以下）が課されるものと解されている。持株会が会社から借入れを行っていたとしてもその事実だけから直ちに会社の計算による取得とされるわけではない。しかし、当該借入れについて持株会の返済可能性がない場合には、会社の計算による自己株式の取得と評価される可能性がある。

小問2

甲は、持株会に上記のような問題が生じた場合に、その対策として持株会の保有するA社株式を①第三者に買い取ってもらう、②甲自身が買い取る、③A社に対する債務についてA社株式で代物弁済する、の3種類の方法を検討している。それぞれの方法の法務・税務上留意すべきポイントは何か。

　結　論

それぞれ以下のような点に留意すべきである。

①第三者に売却する場合

・経営の不安定化を招くおそれがある。

②売却する場合

・A社株式が原則的評価方式で評価されることとなり、甲の購入原資や相続税対策の観点から問題がある。

③A社に代物弁済する場合

・持株会会員にみなし配当課税及びA社に源泉税課税がされる可能性がある。

事例 16　従業員持株会・社団法人を活用した株式の移転　　479

解　説

(1)　第三者に売却する場合

　第三者に売却すると、経営者サイドでコントロールしている株式が甲の保有している株式のみになってしまう。持株会の目的の1つに、オーナーの相続税対策を行いつつ、安定的な経営体制を維持するという意味があることを踏まえれば、可能な限り、経営の不安定化を招くことは行うべきではなく、第三者への売却は望ましくないという場合も多いだろう。

(2)　甲に売却する場合

　現経営者である甲に対して、持株会の株式を売却することとなると、現時点で既に60％の株式を保有している甲については、原則的評価方式で非上場株式を評価することとなる（詳しくは、**基礎編第1章 株式の相続（税務）**を参照）。一般に、原則的評価方式は、配当還元方式よりも高く評価される傾向にある。よって甲への売却をする場合には、A社株式が原則的評価方式で評価されることとなり、甲の購入原資や相続税対策の趣旨からして望ましくないという場合が多いのではないかと思われる。

(3)　A社に代物弁済する場合

　持株会は、A社に対して債務を負っていることから、A社に対しては、売却ではなく、A社株式による代物弁済を行うこととなる。この場合には、以下の裁判例に留意が必要である。

裁判例　大阪高判平成24年2月16日月報58巻11号3876頁
　（事案）
　株式会社X社は、平成16年7月1日、その従業員持株会であるAから、AのX社に対する借入金321億2973万5400円（以下、「本件借入金債務」という）について、X社の発行済み株式793万3268株による代物弁済（以下、「本件代物弁済」という）を受けた。税務署長は、平成19年2月6日、本件代物弁済により消滅した債権のうち、取得した株式に対応する資本金等の金額を超える部分281億4184万242円は、「みなし配当」（所法（平成17年法律第21号による改正前のもの）25 I柱書・⑤）に該当し、よってX社は所得税法181条1項に基づく源泉徴収義務があるとして、源泉徴収義務に係る所得税の納税告知処分及び不納付加算税の賦課決定処分をしたため、その取消しを求めた事案。

480　第2部　プランニング編

|持　株　会|　　　　　　　|持　株　会|

代物弁済
（約793万株）

約1827万株　　約321億円　　　　約1034万株

|Ｘ　　社|　　　　　　　|Ｘ　　社|

（所得税法（平成17年法律第21号による改正前のもの））
（配当等の額とみなす金額）
第25条
法人……の……株主等が当該法人の次に掲げる事由により金銭その他の資
産の交付を受けた場合において、その金銭の額及び金銭以外の資産の価額の
合計額が当該法人の同条第十六号に規定する資本等の金額……のうちその
交付の基因となつた当該法人の株式……に対応する部分の金額を超えると
きは、この法律の規定の適用については、その超える部分の金額は、利益の
配当又は剰余金の分配の額とみなす。
一〜四　（略）
五　当該法人の自己の株式の取得（略）

（争点）
①　本件代物弁済により、所得税法25条1項5号の「みなし配当」が発生した
　　といえるか。
②　自己の株式を、時価を超える金額で取得した場合に、時価を上回る部分に
　　ついて「みなし配当」はなかったと認められるか。
（判旨）　第一審：請求棄却　控訴審：控訴棄却　上告審：上告不受理
　①「所得税法25条1項の趣旨は、形式的には法人の利益配当ではないが、資本
の払戻し、法人の解散による残余財産の分配等の方法で、実質的に利益配当……
に着目して、これを配当とみなして株主等に課税するところにあるというべきで
あ」り、その「趣旨に鑑みると、同柱書にいう『金銭その他の資産の交付を受け
た場合』とは、金銭その他の資産が実際に交付された場合だけでなく、同様の経
済的利益をもたらす債務の消滅等があった場合も含むものと解される」。本件の
場合は、Ｘ社が「自己株式である本件株式を取得する一方で」、Ａの会員らには、
「負っていた本件借入金債務が消滅するという経済的な利益が認められる」。よっ
て「本件代物弁済は所得税法25条1項5号のみなし配当に該当」する。
　②「所得税法25条1項柱書き及び同項5号は、(1)当該法人の株主が交付を受
けた『金銭の額および金銭以外の資産の価額の合計額』と、(2)『当該法人……の

資本金等のうちその交付の基因となった当該法人の株式又は出資に対応する部分の金額』を比較することにより、『配当等の額とみなす金額』を決定する旨規定しており、あくまで自己株式の対価として現実に交付された『金銭等の額』に基づいて、みなし配当の額を計算することを予定している」のであり、「『配当の額とみなす金額』を算定するに当たり、取得の対象とされた自己株式のうち、会社の利益積立金又は商法上の利益剰余金に対応する額（株式の時価相当額）に限定される」とはされていない。

（実務上のポイント）

・所得税法25条1項（現行法でも同じ）の「金銭その他の資産の交付を受けた場合」には、金銭その他の資産が実際に交付された場合だけでなく、同様の経済的利益をもたらす債務の消滅等があった場合も含み、みなし配当課税が行われる。

　本裁判例においては、持株会は民法上の組合として組織、運営されていた。持株会に活用される形態には、民法上の組合以外に、人格のない社団や任意団体があるが、実務においては、民法上の組合が選択される場合がほとんどである。その理由として、民法上の組合とするとパススルー課税により、課税が1度で済むのに対して、人格なき社団とすると持株会が一度法人として課税されることとなり（法法3）、課税が二度生じることが挙げられる。また、民法上の組合とするとみなし配当が組合員への配当所得として課税されるので、配当控除が使える（所法24・92）のに対して、人格なき社団とすると配当金が持株会から構成員に分配されたとしても、構成員の雑所得（所法35）となり、配当控除を受けることができない。

　本事例における持株会の法的形態も、上記裁判例と同様に、民法上の組合形式を選択していることから、A社が、自社株式による代物弁済を受けると、みなし配当に係る源泉所得税の納税義務を負い、持株会会員はみなし配当課税として総合課税に服することになる。このような課税を考慮すると、A社に対して代物弁済をすることは、必ずしも現実的ではないと思われる。

小問3

　従業員持株会が保有する株式の譲渡先として、そのほかに考えられるものはないか。また、その場合、どのようなメリットがあり、どのような点に留意すればよいか。

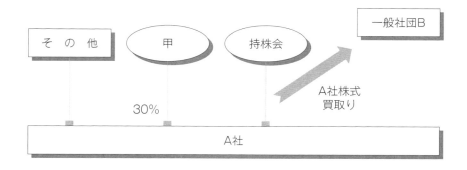

結　論

　株式の譲渡先としては、一般社団法人を設立し、そこに譲渡することが考えられる。この方法をとった場合、①一定の要件を満たせばA社株式を配当還元価額で譲渡することができること、②A社のオーナー経営者である甲にとっての安定株主としての機能を果たすという2つのメリットがある。

　一方で、この方法をとる場合には以下の点に留意する必要がある。
　・甲と一般社団法人が同視されないようにすること
　・一般社団法人のガバナンスの設計方法
　・一般社団法人の株式買取りのための資金調達

解　説

(1) 一般社団法人の利用とそのメリット

(a) 非上場株式の評価方法

　本事例においては、甲は、単独で25％以上保有している同族株主である。このような同族株主が存在する会社の従業員持株会の保有する株式の譲渡先として、一般社団法人を活用することが考えられる。

　従業員持株会の株式の譲渡にあたっては、当該譲渡の際の価額を配当還元方式によって行うことができるかがポイントとなる。この点、一般社団法人を活用すれば、一定の場合に配当還元方式によることができる。そのためには、一般社団法人Bが甲にとっての同族関係者にあたらないようにする必要がある（詳しくは、**基礎編第5章**を参照）。法人であるBが、甲又はその同族関係者に株

式（出資を含む）又は議決権の過半数を保有されていると、甲の同族関係者に該当することになるが（法令4Ⅱ①②・Ⅲ）、一般社団法人には株式や持分といった概念が存在しないため（詳しくは、**基礎編第9章を参照**）、そもそも甲によって過半数を保有されることはない。そのため、原則的には、Bが同族関係者にあたることはなく、その限りにおいて、Bが取得するA社株式の評価を配当還元方式によることができる。

(b)　安定株主の確保

一般社団法人は、一般にオーナーの主導により設立されるケースが想定されるが、当該一般社団法人が持株会の代替として設立されることに鑑みると、理事を含む運営の主体はあくまでも（持株会の会員であった）従業員が担うべきであろう。もちろん、経営の安定化を図るために、甲自らが一般社団法人の理事等に就任することも考えられるが、後述するように、甲と一般社団法人Bが同一視されないように注意する必要がある（例えば、甲が代表理事になるようなことは控えるべきであると思われる）。

(2)　一般社団法人設立にあたっての留意点

(a)　税務上のリスク

甲がBに対して強い影響力を行使しているような場合には、税務当局が総則6項を適用し、Bが取得したA社株式を配当還元価額で評価することは著しく不適当であるとして、Bに対して原則的評価方法による評価額（法人税法上の時価）と配当還元価額との差額につき受贈益を認識し、課税処分をする可能性がある[1]。

(b)　一般社団法人のガバナンスについて

Bに対する甲の影響力の有無を判定する際の基準は、個々の事案によって様々であるが、一般社団法人の役員等の構成は重要なポイントとなる。すなわち、一般社団法人には機関として少なくとも社員一人と理事一人が必要となるところ（詳しくは、**基礎編第9章を参照**）、例えば甲（又はその後継者等の親族）を

---

1)　但し、このような否認がされた場合であっても、売主である持株会会員は少数株主であり、所得税法上の時価は譲渡前の売主の属性で株価を算定することになるため、所得税法上の時価は配当還元価額が適正となり、持株会会員には追加的な税負担は生じないものと思われる。

唯一の社員及び理事とすることや、社員及び理事の総数のうち甲とその親族が過半数を占める等、甲とBが同一視されるような枠組みは控えるべきであると思われる。

この点、（一般社団法人の支配関係が論点とされた事案ではないが）親族外役員や従業員が主たる株主であり、かつ取締役を務める有限会社に対する被相続人及び相続人（オーナー家）の影響力の有無が争われたという東京地判平成29年8月30日の事案において、裁判所は、①有限会社には一定の利益をあげるという活動実態が認められ、②有限会社の株主は実際に自ら出資していること、③被相続人は相続の対象となった株式の発行会社における人事権を活用して影響力を及ぼしたという事情も認められないとして、特殊な支配関係があったとはいえないと判示した[2]。

この裁判例のように、甲がBに対して影響力を及ぼし得るかという判断は、裁判所において諸要素を勘案しながら事実認定が争われるため、スキームを実行する際には、弁護士・税理士等の専門家に相談のうえ、慎重な検討を行う必要があるだろう。

また、平成30年度税制改正により、一般社団法人等（公益社団法人・公益財団法人、非営利徹底型の一般社団法人・一般財団法人を除く、一般社団法人及び一般財団法人）を特定の者が実質的に支配しているとき、一定の要件を満たす場合には、当該特定の者の死亡時に一般社団法人Bに対して甲からの遺贈があったものとして相続税が課されることとなった（相法66の2）。一定の要件とは以下のとおりである。

- 特定の者が死亡時又死亡する時点から5年以内の期間に一般社団法人等の理事であること
- 特定一般社団法人等に該当すること
    - ✓ 特定の者の相続開始の直前における一般社団法人等の理事のうち、当該特定の者に係る同族理事（特定の者、その配偶者又は3親等内の親族その他特殊の関係がある者）の割合が2分の1を超えること
    - ✓ 特定の者の相続の開始前5年以内において、一般社団法人等の理事のうち当該特定の者に係る同族理事の割合が2分の1を超える期間の合計が3年以上であること

---

2) 正確には、有限会社は2社存在し、それぞれについて被相続人及び相続人の支配力の有無が判断されたが、その判断基準とされたのは概ね上記のような事実関係であった。

これらの観点から一般社団法人のガバナンスの構成をどのようにするかに留意すべきである。

(3)　株式買取りの資金調達について

一般社団法人Bは、持株会から株式を買い取るにあたって資金調達の必要がある。資金調達の方法は、①寄附、②基金、③借入れの3種類が考えられる。

(a)　寄附

寄附によってBが資金を調達する場合には、「公益法人等」（法法2⑥）に該当しなければ、寄附された全額が受贈益として法人税等が課税されることとなる（法法22Ⅱ）。一般社団法人であるBが公益法人等に該当するには、非営利型法人（法法別表第2・同法2⑨の2）にあたる必要があり、具体的には、非営利性が徹底された法人若しくは共益的活動を目的とする法人に該当する必要がある（法令3）。

また、現経営者である甲からの贈与又は遺贈が租税回避であると認定されると、一般社団法人Bを個人とみなして贈与税が課税される可能性もある（相法66Ⅳ）。

なお、個人から一般社団法人又は一般財団法人（公益社団法人等、非営利徹底の一般社団法人等を除く）に対して財産の贈与等があった場合の課税について、平成30年度税制改正で相続税法施行令33条4項が創設され、現行税制下では、相続税法施行令33条3項と4項が併存している。両規定の適用関係等の詳細については、**事例7**を参照されたい。

(b)　基金

基金とは、「一般社団法人に拠出された金銭その他の財産であって、当該一般社団法人が拠出者に対してこの法律及び当該一般社団法人と当該拠出者との間の合意の定めるところに従い返還義務を負うもの」である（法人法131）。しかし、基金の返還に係る債務の額は、貸借対照表の負債の部に計上することができず、基金の総額は貸借対照表の純資産の部に計上しなければならないとされている（法人規31Ⅰ・Ⅱ）。すなわち、基金は、会計上は純資産として扱われるが、法律上は債務として扱われるという性質を有している。

法律上債務として扱われるので、一般社団法人は返還義務を負う（但し、利息

を付すことはできない（法人法 143））。しかし、一般社団法人が解散した場合には、基金の返還に係る債務の弁済はその他の全債務が弁済された後でなければすることができない（法人法 236）。また、甲が B に対して基金の支出を行った場合、基金に関しては一般社団法人 B に対する貸付金として相続税の対象となる。基金の返還は困難となることが多いことも想定されるので、税務上の観点からは、不利な資金調達方法となる可能性がある。

(c) 借入れ

一般社団法人 B としては、現経営者である甲、発行会社である A 社、又は A 社の子会社等から借入れを行うことも考えられる。甲から借入れを行う場合には、適正な金利での契約を行い、かつ、当初の約定どおりの弁済を行わないと、B が甲の同族関係者とみなされる可能性がある点に注意が必要である。

また、A 社や A 社の子会社から借入れを行う場合には、会社法上の自己株式取得規制との関係で注意を要する。すなわち、貸付け（借入れ）が実質的には A 社又は A 社の子会社の計算で株式を取得しているとされると（自己株式取得の潜脱行為）、会社法の自己株式規制（財源規制、手続規制）に服することになる。また、税務上においても、自己株式取得を行った場合と同様の課税関係（みなし配当課税）が、譲渡人である持株会会員に生じるリスクも完全には否定できない。そのようなリスクを避けるためには、一般社団法人 B が自身の計算で株式を取得しているとみられるようにする必要がある。当該判断に際しては、A 社又は A 社の子会社による回収可能性や、A 社株式の株主権行使の判断の独立性等（一般社団法人 B が議決権行使にあたり、A 社の影響下にないか等）が考慮要素となるが、前者の回収可能性が特に重視されることに留意が必要である[3]。

---

3) 龍田節「会社の計算による自己株式の取得」法学論叢 138 巻 4・5・6 号（1996 年）3 頁など。

事例 17
株式管理信託を活用した承継

　甲はA社の創業者であり、A社の発行済株式の全部を保有している。甲は、創業以来今までA社の経営を担ってきたが、高齢により経営から引退することを考えている。甲には、乙及び丙の2人の子がいるが、将来の経営の安定のため、A社株式は全て後継者と考えている乙に承継させたい。しかし、甲の個人財産は、A社株式が大半を占めており、乙にA社株式の全部を承継させた場合には、丙の相続分が遺留分を下回ってしまう可能性がある。あれこれと考えている間に、甲は未だに経営から退くことができない状況である。

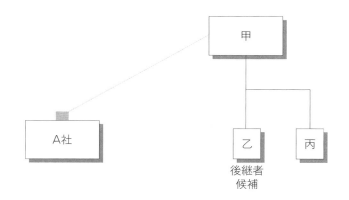

小問1

　この場合、どのようなプランニングを行うと、丙の遺留分を侵害することなく乙の後継者としての地位を安定させることができるか。

　　結　論
　例えば、信託を利用した次のようなプランニングが考えられる。
1．甲は、新しく一般社団法人Bを設立し、甲が一般社団法人Bの理事に就任する。
2．甲と一般社団法人Bとの間で、A社株式の管理を目的とした信託契約を締

488　第2部　プランニング編

結し、甲が保有しているA社株式全部を一般社団法人Bに信託譲渡する。甲
が当初受益者となり、任意のタイミングで、受益権を乙と丙に贈与する。

3．乙が後継者としてA社の経営を完全に引き継ぐのに合わせ、乙が一般社団
法人Bの理事に就任する。

図表1（上記1．と2．のとき）

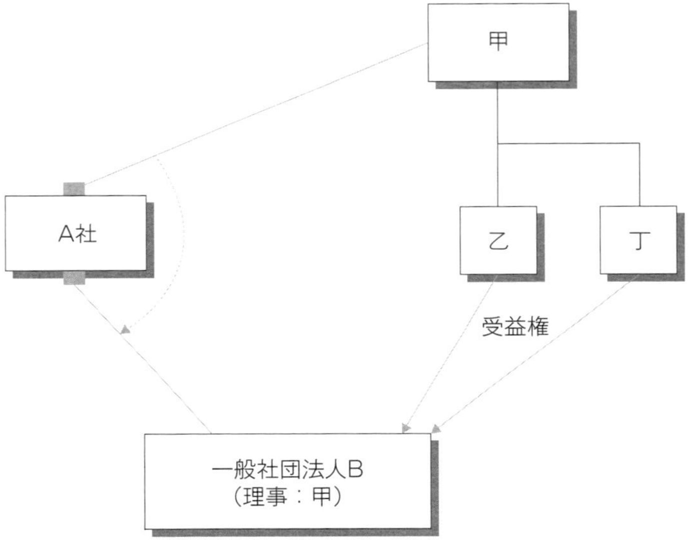

図表2（上記3.のとき）

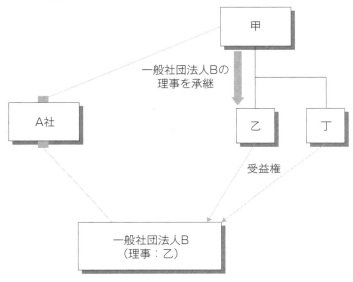

解説

(1) はじめに

　乙が将来にわたってA社を安定的に経営するためには、乙がA社の支配権を確保し続けることが重要である。甲は、A社の発行済株式の全部を保有しているため、A社の議決権の全部を保有している状態にあるところ、乙がA社の支配権を得られるようにするには、甲は、A社の議決権を集中的に乙に承継させる必要がある。もっとも、甲には、乙に限らず、丙という相続人がおり、甲の資産の大半を占めるA社株式を集中的に乙に承継させた場合、丙の遺留分を侵害しかねない（遺留分については**基礎編第1章を参照**）。

　遺留分に配慮しつつ、A社の支配権を乙に集中させる方法として、A社株式を信託財産とする信託を設定し、A社株式の財産権と支配権を分離したうえで、財産権については、乙と丙に、支配権については乙のみに承継させることが考えられる。これにより、遺留分の問題を残すことなく、乙のみにA社の議決権を集中的に承継させることができる。具体的なスキームとしては、例えば、上記（結論）に記載したようなスキームが考えられる。

ただし、このスキームを用いる際には、以下の点に留意する必要がある。

(2) 一般社団法人の利用

　信託を使った仕組みを導入する際、それが安定して維持され続ける必要がある。この点については、信託の受託者を個人とするか法人とするかが重要となる。例えば、個人（親族の誰か）を受託者とした場合、その受託者が死亡してから1年以内に新しい受託者が就任しなければ、信託は終了することになる（信託163③）。しかし、次に受託者となるべき者を信託行為時に取り決めておくことは必ずしも容易ではなく、仮に取り決めておいたとしても、その者が元の受託者よりも先に死亡する可能性や、次に受託者となるべき者が実際の交代時に信託の引受けを拒絶する可能性も否定できない。したがって、個人を受託者とすることは、信託を使った仕組みを安定的に維持するという観点からは、必ずしも合理的な選択とはいえない。

　そこで、信託の受託者となる一般社団法人を新たに設立して、その一般社団法人を受託者とすることが考えられる。法人が受託者となる限り、受託者の死亡により新受託者を選任する必要はなく、また、信託の受託者となる以外に事業を行わないこととすれば、受託者が破産手続き等の開始決定を受ける懸念も解消される。

(3) 一般社団法人のガバナンス

　信託の受託者は、受益者に対する受託者責任を負っており、信託財産を適切に管理しなければならない（信託29等）。これは、一般社団法人が受託者となる場合も同様である。しかし、現実問題として、受託者が適切に信託財産を管理しないリスクは存在する。このため、信託スキームがうまく機能するために、一般社団法人についての意思決定を行う理事等の人選は極めて重要である。

　例えば、甲や乙が一般社団法人の理事に就任し、一般社団法人をコントロールすることが考えられる。但し、乙が理事に就任する場合には、乙は受託者の代表権と受益者としての地位の両方をあわせ持つことになるため、受託者の意思決定に関与しない他の受益者がいた場合（丙が信託の受益者ではあるが、一般社団法人の理事等でない場合）、乙と他の受益者（丙）との間で構造的な利益相反が発生する点に留意しながら信託契約を作成するとともに、信託の運用を行う必要があると考えられる。

また、一般社団法人の社員は、社員総会を通じて理事の選任及び解任を行う権限を有するため（法人法63Ⅰ・70Ⅰ）、甲や乙は、意図せず理事の地位を外れることのないように、一般社団法人の社員の地位をあわせ持つことが望ましい。

(4) 信託業への該当性

信託業へ該当することを回避するためには、信託の引受けに関し、営利目的性を否定するか、反復継続性を否定することが必要である（この点については**基礎編第8章3(2)参照**）。

このスキームでは、A社株式の信託財産の引受けが信託目的及び一般社団法人の目的とされており、A社の発行済株式を取得する回数も1回のみであることが想定されている。複数回の信託設定が想定されていないことから、反復継続性は認められないと考えられる。

また、信託報酬については、信託の引受けの営利目的性を否定するために無報酬とすることも考えられる。

(5) 議決権の行使方法

信託財産に含まれるA社株式の議決権は、直接的には、受託者である一般社団法人が行使する。よって、一般社団法人の理事（甲又は乙）は、議決権行使の方法を決定することができることになる。

なお、委託者や受益者など受託者以外の者が議決権行使に関する指図権を保有している場合には、議決権の行使に関する決定は指図権者によって行われ、受託者は指図に従った議決権行使を行うのみとなる。

そこで、甲や乙を議決権行使に関する指図権者として信託契約のなかに定めておくことも考えられる。

(6) 税務上の取扱い

甲が設定した信託は、受益者等課税信託に該当する（所法13Ⅰ本文）。このため、当該信託に関する課税関係は、以下のとおりとなる。

まず、信託譲渡の際には、受託者となる一般社団法人Bにおいても法人税は課税されず、A社株式に含み益が生じていたとしても、委託者兼当初受益者となる甲に対して所得税等は課税されない。

次に、甲が保有する受益権を乙と丙に贈与する際に、乙と丙において贈与税

が課税されることになる（相法9の2Ⅰ）。この場合、贈与税の算定は、受益権贈与時のＡ社株式の税務上の時価が基準となる。また、受益権の贈与時においてＡ社株式に含み益が発生していたとしても、個人間の贈与であるため、甲においては譲渡所得税等は課税されない。

　信託設定期間中にＡ社が支払う配当は、一般社団法人Ｂにおいては課税されず、受益者において配当所得として所得税等が課税されることになる。また、受益者は配当控除を受けることも可能である。

　信託が終了する際には、乙と丙において所得税等は課税されず、Ａ社株式に含み益が生じていたとしても一般社団法人Ｂにおいて法人税は課税されない。

小問2

　甲は、小問1の信託スキームを用いた場合、信託設定時には議決権のみを集中的に乙に承継できたとしても、信託が終了した場合、Ａ社株式が親族間に分散してしまうのではないかと懸念している。最終的に乙とその後継者にＡ社株式全部を承継させることは可能か。

結　論

　Ａ社株式全部を最終的に乙に承継させることは可能ではあるものの、課税上の不利益や民法上の遺留分評価の点から留意すべき点が残る。

解　説

(1)　問題の所在

　信託を設定して受益権を承継させるところまでは順調であっても、信託が終了した際に、信託財産にあったＡ社株式が親族間で分散されてしまうのであれば、結局のところ、Ａ社の経営を安定して乙とその後継者に承継させることはできなくなってしまう。このため、信託が終了した際に可能な限りＡ社株式が分散しない方法を、信託を設定する時点においてあらかじめ検討しておく必要がある。

(2)　受益者連続型信託を用いる方法

　例えば、丙が死亡した場合には丙が保有していた受益権が消滅し、乙がこれ

と同等の受益権を新たに取得することを内容とする受益者連続型信託を用いることが考えられる。

この場合、丙が取得した受益権には一定の事由が生じた場合に受益権を失う旨の制約が付されていることになっているものの、相続税法上の財産評価は、かかる制約が付されていないものとして扱われる（相法9の3Ⅰ）。他方、乙は、適正な対価を負担することなく新たな受益権を取得することになるため、一定の事由発生時点における受益権の時価評価額を基準として贈与税が課税されることになる（相法9の2Ⅱ）。しかし、乙が新たに取得する受益権は、丙が保有していた受益権を包含していた信託に対する権利を実質的に引き継ぐものであることから、乙が課税される贈与税と丙が課税された相続税が二重に課税されることになるといえる。

また、丙の遺留分を侵害しないようにするためには、何らの制約が付されていない受益権を丙に取得させる場合と比較して、より信託に対する権利の大きい受益権を丙に取得させる必要があると考えられる点に、留意が必要となる。

さらに、受益者連続型信託において、受益者の死亡を受益権消滅と新たな受益権取得の事由と定めた場合、信託がされた時から30年を経過したとき以後に現に存する受益者が死亡するまでの間でしか信託は存続されないことになり（信託91）、信託期間に制約が生じることになる。また、受益者の死亡以外の事由を定めた場合であっても、それが実質的に受益者の死亡と近い内容の事由であった場合には、信託法91条の潜脱として、信託法91条の類推適用又は公序良俗違反（民法90）として、同様の信託期間の制約に服することになる可能性がある点にも留意が必要である[1]。

(3)　無議決権株式や議決権制限株式の活用

甲は、信託設定前はA社株式の全部を保有する株主であることから、A社の定款を変更して、種類株式の発行を可能にすることができる。そこで、甲は、信託設定前に、丙（又はその相続人）の受益権に対応する株式を無議決権株式又は議決権制限株式としておき、信託が終了した際には、丙（又はその後継者）に対して無議決権株式又は議決権制限株式のみが交付されるようにしておくことで、信託終了後も乙に議決権を集中させることができる。

---

1)　能見善久＝道垣内弘人『信託法セミナー(3)受益者等・委託者』（有斐閣、2015年）95頁。

494　第2部　プランニング編

小問3

　甲は、信託が終了した場合に再び承継が問題となることを防ぐため、信託を永久に存続させることができないかと考えている。信託を永久に存続させることはできるか。

　　結　論

　法律上、一部の例外を除き、信託期間を制約する規定は存在しないが、留意すべき点もある。

解　説

　信託期間を永久とする信託を、永久信託という。信託法の母法である英米法の法域においては、財産が長期間拘束されることによる弊害を防止する観点から、永久拘束禁止則（rule against perpetuities）によって許容された期間内で財産権の帰属が確定しない信託の設定を無効とする法域が多い。

　しかし、日本法においては、受益者の死亡を受益権の消滅及び新たな受益権取得の事由とする受益者連続型信託（後継ぎ遺贈型受益者連続信託、信託91）、及び、受益者の定めのない信託（目的信託、信託259）において信託期間に制約が課されているほかは、信託期間を制約する規定は存在しない。このため、これらの例外を除いては、期限を定めないことも可能であり、現に年金信託や公益信託のようにその性質上、期限が定められないものもある[2]。

　但し、親族間を想定した民事信託において期限を定めない信託を設定することやあまりにも長期の信託期間を設けることは公序良俗（民法90）に反するとの議論がある点には留意が必要である。

　このような議論を踏まえると、実務上は、長期間の信託期間をあえて設定するよりは、そもそも信託契約の定めを置かない、という対応をとった方が法的安定性が高まるように思われる。この点、信託行為の当時予見することのできなかった特別の事情により、信託を終了することが信託の目的及び信託財産の状況その他の事情に照らして受益者の利益に適合するに至ったことが明らかである時には、委託者、受託者又は受益者は、裁判所に対して、信託の終了命令の申立てをすることができるとされていることが（信託165Ⅰ）、そのような対

───────────

2）　三菱UFJ信託銀行編著『信託の法務と実務〔第6版〕』（金融財政事情研究会、2015年）78頁。

事例 17　株式管理信託を活用した承継　　495

応の合理性を支える事情となるように思われる。

小問4

　甲は、信託設定後、やはり M&A で A 社株式を第三者に売却したいと考える
ようになった。信託設定期間中に M&A で株式を売却する際の留意点は何か。

　　結　論

　信託を終了させるかについて買主と協議の上、プランニングを行う必要があ
る。

解　説

　まず、信託を終了させずに、受託者である一般社団法人 B が信託財産中の A
社株式を買主に譲渡する方法が考えられる。信託行為で定められた受託者の権
限に信託財産中の A 社株式を第三者に譲渡する権限が含まれている場合には、
この方法が可能である。しかし、A 社株式の売却代金は一般社団法人 B が受け
取ることになるところ、売却代金を受益者に分配してしまった場合には一般社
団法人 B が清算されてしまう可能性がある。また、一般社団法人 B が清算され
ずに存続していたとしても、売却代金がすでに受益者に分配されていた場合に
は、受託者と受益者の間に費用償還請求権（信託 48 V）を認める合意がない限
り、表明保証違反があった場合等の責任追及の引き当てがなくなってしまう。
このため、買主としては、受益者の連帯保証を求める等の対応を考える必要が
あるように思われる。

　また、受益者が、買主と協議のうえ、信託を終了させたうえで、自ら A 社株
式を買主に譲渡する方法も考えられる。信託行為に定められた受託者の権限に
A 社株式そのものを分配する権限が含まれている場合には、受益者が信託を終
了させることなく A 社株式の分配を受け、買主に譲渡する方法もある。

事例18
事業承継における遺留分への対応

　甲は、非上場の中小企業であるA社の代表取締役社長であり、A社の発行済株式総数の100%を保有している。また、その他土地建物等を保有しているが、甲の財産のほとんどの価値を占めているのはA社株式である。甲は、A社の後継者を長男（乙）とし、長男にA社株式の全てを承継させることを検討している。なお、甲には、妻との間に乙、二男（丙）、長女（丁）をもうけているが、妻以外の女性との間に認知をしていない子（戊）がいる。
　甲は、乙に対してA社株式の全てを相続させ、その他の財産については妻、丙、丁に対して相続させる遺言を作成することを検討している。なお、戊については、認知をしないこととした。

[小問]
　この際に、A社株式の帰属をはじめとした事業・財産承継に係るリスクはあるか。

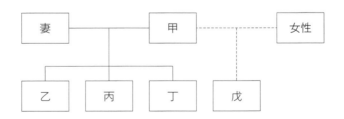

　結　論
　乙に多くの財産を相続させる場合には、遺留分に留意する必要がある。現行法を前提とすると、遺留分減殺請求がなされれば、A社株式について、その権利行使が不安定となり得る。また、A社株式の価値に見合った遺留分の金額の支払義務を負うこととなる可能性が高い。
　また、認知をしていない子である戊との間では、認知の訴えによる死後認知

事例 18　事業承継における遺留分への対応　　497

がなされることにより、戊が相続人・遺留分権者となり得ることから、法的不安定さが生じる。よって、あえて戊を認知をしたうえで、遺留分の放棄を求める等の対応をとることも考えられる。

解　説

(1)　民法上の原則

　民法上、遺言の作成を行ったり、相続人間で遺産分割協議を行ったりしない限り、相続開始により、法定相続人について、法定相続分に従った相続がなされる（民法896・899）。本事例では、戊に対して認知がなされない限り、甲の法定相続人は、妻、乙、丙及び丁である（民法887Ⅰ、890）。

　戊は、甲との間に血縁関係はあるものの、民法は血縁主義ではなく法律上の親子関係によって相続関係を定めており、甲が認知を行わない限り、戊は甲の法定相続人である「子」とはならない。逆に、認知がなされれば出生にさかのぼって法定相続人として扱われる（民法784）。

　なお、甲が戊の認知を行った場合に戊は、甲が後に戊の母親と婚姻をしない限り、嫡出子ではなく非嫡出子（嫡出でない子）の身分を取得することになる（民法779、789Ⅰ）。かつては非嫡出子の相続分は嫡出子の相続分の2分の1とされていたが（旧民法900④但書）、最高裁判決によってそのような差別的規定は違憲であるとの判断がなされた（最決平成25年9月4日民集67巻6号1320頁）。そして、その後の民法改正により嫡出子と非嫡出子の間で相続分に差異はなくなり、現在では戊は甲による認知を受けさえすれば、甲の他の子と同様の法定相続分を有することになる。

　これらの法定相続分に従って相続がなされる結果、各A社株式は相続人による準共有の状態となり、遺産分割がなされるまでは、A社に対し、A社株式についての権利を行使する者一人を定め、通知しなければ権利行使すらできないことになる（会社法106）。

　なお、上記は法定相続分に係る帰結であり、相続人に特別受益等が存在する場合には、調整の結果具体的相続分が算出される。

(2) 遺言による承継と遺留分

　後継者である乙に A 社株式の 100％を相続させたい甲としては、遺言により
その旨を定める必要がある（民法 964）。このとき、「遺言者は、A 社株式の全て
を乙に相続させる」旨の遺言、いわゆる「相続させる」旨の遺言があった場合
には、特段の事情がない限り、何らの行為を要せずして、被相続人である甲の
死亡時に直ちに A 社株式が乙に相続により承継されるとするのが判例である
（最判平成 3 年 4 月 19 日民集 45 巻 4 号 477 頁）。この実質的な意義は、共同相続人
間での遺産分割協議が不要となり、安定して後継者に対して A 社株式を帰属さ
せることができることにある。
　但し、「相続させる」旨の遺言も、遺留分減殺請求の対象となると解されてい
る[1]。そのため、A 社株式の相続開始時の価額をもとに、他の相続財産も含めて
遺言による各相続人（あるいは相続人外の受贈者）への割当てを考慮した際に、
乙以外の遺留分を侵害している場合には、被相続人の兄弟姉妹ではない本件の
各相続人は、遺留分権者として、遺留分減殺請求権を有することになる（民法
1028）。その結果、甲の遺言による乙に対する A 社株式の相続に対しても遺留分
減殺請求がなされ得る。
　現行法を前提とすると、遺留分減殺請求がなされると、法律上取得した権利
がその限度で当然に遺留分減殺請求者に帰属することになるため（最判昭和 51
年 8 月 30 日民集 30 巻 7 号 768 頁）、A 社株式が乙と遺留分減殺請求者との間で準
共有となり、⑴と同様の問題が生じる。なお、相続法の改正が施行されると、原
則として、遺留分減殺請求の行使により金銭賠償請求権が生じることとなり、
準共有の問題は生じないのがむしろ原則となる。乙は、現行法を前提とすると、
遺留分減殺請求者に対して価額弁償をすることにより、この準共有状態を免れ
ることができるが（民法 1041、なお、相続法の改正の施行後は、金銭賠償が原則と
なり、遺留分減殺請求に物権的効果は認められなくなる）、A 社株式の評価額次第で、
多額の弁償をせざるを得ない可能性もある。

(3) 認知と相続分・遺留分

　認知又は養子縁組が問題となる場合は、さらに別途の考慮が必要となる。認

---

1)　民法 1031 条は「遺贈」及び「贈与」に対象を限定しているが、上記最判平成 3 年は、傍論で、
「相続させる」旨の遺言に対して遺留分減殺請求の余地を認めている。

知の方法としては①生前認知（民法781Ⅰ）、②遺言による認知（同Ⅱ）、③子からの認知の訴え（民法787）が存在する。認知の効力は、出生にさかのぼって効力を発生するとされていることから（民法784）、甲が①②の方法をとる場合は、単に戊を法定相続人及び遺留分権者として考慮することで足りる（その前提で、後継者に対して適切にA社株式が相続されるような承継策を検討することは当然である）。

　しかし、本件において、甲は、戊の認知をするつもりがないので、①②の方法はとらないということになる。その場合であっても、③戊からの認知の訴えを起こされる可能性がある点に留意を要する。

　そして、③戊からの認知の訴えが起こされた結果、認知が行われ、戊が甲の相続人となった場合、認知の効力は出生にさかのぼるので（民法784）、出生時から子であったとして遺留分を計算することになるのが原則である（法定相続分の2分の1。民法1028Ⅱ）。

　もっとも、③戊からの認知の訴えが起こされた結果、甲の相続開始後に認知が行われ（死後認知）、かつ死後認知の時点で遺産分割協議その他の処分が既に行われている場合は、遺産分割協議をやり直すのではなく、価額のみによる支払いの請求権を有するという形で、民法上法的安定が図られている（民法910）[2]。この場合の価額は、相続分に相当する価額と解されている[3]。

　よって、遺産分割（いわゆる「相続させる」旨の遺言の効力発生を含む[4]）の後に死後認知により法律上の子となった戊には、910条の適用があり上記のとおり同条に則り相続分に相当する価額による請求権を有することになる、と解される。

　このように、もともと法律上の子であった（乙、）丙及び丁が法定相続分の2分の1のみの遺留分減殺請求権しか有しないのに対し、死後認知により法律上の子となった戊がそれよりも多い法定相続分[5]に相当する価額請求権を有する

---

2)　②遺言による認知の場合を、民法910条における「相続の開始後……相続人となった者」と扱うべきか否かについては、遺言が遺言者死亡時に効力を発生するとされていること（民法985）との関係で議論があるものの、少なくとも遺産分割後に遺言が発見された場合には、910条の立法趣旨から見て、同条を適用するのが妥当という有力見解がある（谷口知平＝久貴忠彦編『新版注釈民法(27)』（有斐閣、1989年）435頁）。

3)　谷口＝久貴編・前掲注2）437頁。

4)　なお、同最判での判示は、遺産全部を一人の相続人に相続させる旨の遺言にもあてはまるものと解されるとされる（最判解民事篇平成21年度234頁）。

500　　第2部　プランニング編

という解釈には異論もあり得るが、後継者である乙へ最小限の負担でＡ社株式を承継させようとする場合は、このようなリスクも考慮しておく必要がある。甲がこのようなリスクを回避するためには、上記①生前認知や、②遺言による認知を行ったうえで[6]、戊に対して相続をさせない旨（相続分をゼロとする旨）を遺言に記載すれば、戊は法定相続分の2分の1のみの遺留分減殺請求権しか有しないことになるが、親族との関係で、甲が認知による対応をとることができるかという問題はあろう（このような処理とのアンバランスさからも、上記のような死後認知の場合の帰結については疑問も残る）。

(4)　遺留分放棄

　なお、後継者である乙に財産を集中させるためには、相続開始前までに、遺留分権者に対して遺留分の放棄を行ってもらう（民法1043Ⅰ）ことも考えられる（**基礎編第1章6**(3)(d)参照）。但し、相続開始前の遺留分の放棄には家庭裁判所の許可が必要であり、放棄の相当性の観点から、遺留分権者の自由意思によるものか、放棄の必要性・合理性があるか、代償措置が講じられているかといった点が考慮される[7]。特に、代償措置として、当該遺留分の放棄時までに、一定の財産を与えておく必要がある。

　また、遺留分の放棄は遺留分権者＝法律上の子でなければ行うことはできない以上、戊について、相続開始前に確実に遺留分の放棄を行ってもらうためには、結局生前に認知を行い、代償措置をとったうえで、家庭裁判所へ許可申請をしてもらうよう説得・合意することになるが、センシティブな問題であり、このような対応が現実的かどうかは上記のとおり個々の事情によるだろう。

---

5)　谷口＝久貴編・前掲注2）437頁は「相続分」とのみ記述するが、特段の調整がない限り具体的相続分ではなく法定相続分になろう（認知をしていない以上、遺言で具体的相続分をゼロと指定することもできない）。

6)　②遺言による認知については、前掲注2）のとおり、遺産分割後に遺言が発見された場合には、910条が適用されるという有力な見解があるため、あらかじめ遺言執行者を指定して速やかに遺言の執行を行うべきことになろう。

7)　中川善之助＝加藤永一編『新版注釈民法(28)〔補訂版〕』（有斐閣、2002年）534頁。

事例 19
三角合併を活用した本社機能の海外への移転

　甲は、非上場会社である A 社の現経営者であり、A 社の株式を 90％ 保有しており、残りの株式は少数株主数人が保有している（その他の株主も個人）。A 社は、5 年前 X 国に 100％ 子会社である B 社を設立し X 国における A 社が取り扱う商品の販売サポートを行わせている。A 社グループの収益の多くは国外で得られているものの、現時点においては、販売主体は A 社である。甲は、海外の収益への貢献度が高まっている状況から、B 社を A 社の親会社に、甲を含めた A 社株主を B 社の株主として、本社機能を B 社に移転し、B 社が海外への販売を行った方が、現在の事業実態に即しているのではないかと考えている。

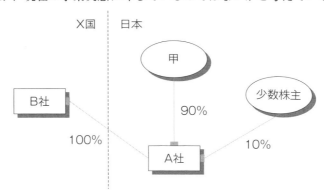

小問 1

　A 社が本社機能を移転することのメリットとしてはどのような点が挙げられるか。また、B 社を A 社の親会社に、A 社株主を B 社株主とする方法にはどのような方法があるか。

　　結　論
　収益の多くを海外で得ている A 社は、本社機能を B 社に移転し、A 社においては国内への販売のみを行い、B 社が海外販売を行った方が事業実態に即した販売形態となると考えられる。加えて、X 国の方が日本より法人税の実効税率

が低い場合には、税負担の軽減を図ることもできる。

また、A社株主をB社の株主とする親子逆転の取引を行う方法として様々なものが考えられるが、以下では、三角合併について説明する。

解説

(1) 海外への本社機能の移転が望ましい理由

本社機能を海外に移転する理由としては、一般に、①グローバルな事業展開に耐え得る人材の確保、②生産拠点や消費場所に近接した場所への本社機能の移転、③グループ全体での実効税率の引下げ、④資金調達の便宜などが挙げられることが多い。本事例に即していえば、内国法人であるA社を頂点とするグループが海外での収益の方が多いため特に②の理由から本社機能を海外に移転するメリットがあると言える。

また、収益の多くは海外で得られているにもかかわらず内国法人であるA社が販売の主体であるのは効率が悪く、A社が国内への販売、B社が海外への販売をそれぞれ行った方が事業実態に即した販売形態であるといえる。加えて、X国の方が日本より法人税の実効税率が低い場合には、収益がA社からB社に移ることにより税負担が日本とX国の法人税実効税率差の分だけ軽減されることとなる。以上から、本社機能を海外法人であるB社に移転し、販売形態を事業実態に即した形とすることにメリットがあるといえる。

(2) B社がA社の100％親会社となる方法

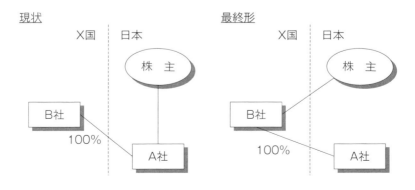

上記図において、BがA社の親会社となるためには、A社株主がB社にA社株式を譲渡する必要がある。しかし、譲渡の際には通常、株主レベルで譲渡益課税が生じる。その問題を回避するという観点から、以下で述べる三角合併や、その他にも三角株式交換を利用したスキームが考えられる。

(a) 実行手順

Step 1　SUB社の設立
・A社がSUB社（株式会社）を名目的な金額で設立する。
・A社とSUB社との間でStep 5の合併契約を締結する。

Step 2　A社・SUB社間での金銭消費貸借契約の締結
・A社とSUB社が相互に貸主及び借主となってA社株式の時価総額に等しい金額を目的とする金銭消費貸借契約を締結する。
・これにより、SUB社はA社に対してA債権を保有し、逆にA社はSUB社に対してSUB債権を保有するという関係になる。

Step 3　SUB社によるA債権の現物出資
・SUB社が保有するA債権をB社に対して現物出資し、B社は、A社株式の時価総額に等しい金額（＝A債権に等しい金額）を発行価額とする新株をSUB社に対して発行する。

Step 4　SUB社株式の無償譲渡
・A社が保有するSUB社株式をB社に対して無償で譲渡する。

Step 5　三角合併
・A社を被合併法人、SUB社を合併法人、対価をSUB社の親会社であるB社の株式とした三角合併を行い、被合併法人A社の株主に、B社株式を交付する。
・三角合併の効力が発生すると同時に、SUB社にSUB債権が帰属するためSUB債権は混同により消滅する。

(b) 実行に際しての留意点

(i) SUB社によるB社株式の取得の際の課税関係（Step 4）

日本の会社法上、合併法人であるSUB社は、親会社であるB社の株式を一旦取得したうえで、その株式を合併対価としてA社株主に交付する必要がある（会社法800）。三角合併のスキームでは、事業実体のあるA社に対するA債権

504　　第2部　プランニング編

を、B社に対して現物出資することにより、SUB社は、B社の株式を取得している。

　当該現物出資は、外国法人であるB社に対する国内にある資産であるA債権の現物出資であるため、税制非適格となり（法法2⑫の14、法令4の3Ⅹ）、現物出資を行ったSUB社には、譲渡益課税がされる可能性がある。もっとも、SUB社の出資は、SUB社がA債権を取得した直後に行われ、A債権の時価と取得価額との間にかい離がないと考えられるため、譲渡益課税がされることはない。

　また、現物出資による株式の発行が有利発行又は不利発行の場合、従前の株主であるA社と新株主のB社の間に価値の移転があるとみなされ、受贈益課税のリスクがある。しかし、当該現物出資は、時価発行であるため、受贈益課税が生じないと考えられる。

(ii)　**合併契約締結のタイミング**

　上述したようにSUB社は、親会社であるB社の株式を合併に伴ってA社株主に交付するために一旦取得する必要がある。しかし、合併法人が合併契約日に保有する親会社株式については、契約日において、親会社株式をその日の時価で譲渡し、かつ、その価額で取得したものとみなされる。また、合併法人が合併契約後に適格合併その他の事由（適格現物出資を含む）により親会社株式を取得した場合についても、同様のルールが定められている。（法法61の2ⅩⅧ、法令119の11の2）。これは、合併法人が三角合併に用いる親会社株式について、その含み損益を清算するためのルールであり、適格合併であるか否かを問わず適用される。

　実務的には、合併契約締結の後に合併法人が親会社株式を適格組織再編以外の方法により取得することにより、含み損益の清算を回避する例が多いと思われるところ、三角合併のスキームにおいても合併契約締結を行った後に、非適格現物出資により合併法人が親会社株式を取得することで、含み損益の清算を回避することができる。

(iii)　**子会社B社による親会社SUB社の株式の取得**

　Step 3でSUB社が現物出資を行い、B社がSUB社に対して新株を発行した時点で、B社はSUB社の「子会社」となり得る（会社法2③、会社規3Ⅰ・Ⅲ）。

「子会社」となった場合には、Step 4 で B 社が SUB 社株式を取得するのが会社法 135 条 1 項に抵触するのではないかという問題が生じる。

しかし、このスキームでは、この問題を回避するため、A 社の B 社に対する SUB 社株式の譲渡対価を無償としている（会社法 135 Ⅱ⑤、会社規 23 ④）。但し、A 社は SUB 社株式を無償で譲渡しているので、時価で譲渡したとして課税され、B 社は SUB 社株式を時価で受け取ったとして受贈益課税される（法法 22 Ⅱ）。もっとも、SUB 社は新設の法人であり、B 社の株式を有するものの、同額の負債（SUB 債権）を負っており、その SUB 社の価値は名目的金額に過ぎないと考えられるため、その課税関係は無視できる場合が多いと思われる。

(ⅳ) 三角合併の際の課税関係（Step 5）

合併法人である SUB 社は、その発行済株式の全部を直接保有する親会社 B 社の株式を、被合併法人 A 社の株主に対して交付しているため、合併親法人株式を交付しているといえる。よって適格合併となる要件は、㋐A 社と SUB 社の間に完全支配関係が認められること、及び㋑B 社が三角合併後に SUB 社の発行済株式の全部を継続して保有する見込みがあることである（法法 2 ⑫の8 イ、法令 4 の 3 Ⅰ・Ⅱ）。

本スキームにおける合併の効力発生時においては、A 社は SUB 社の発行済み株式の全部を直接保有しておらず、A 社と SUB 社の間に完全支配関係が認められるのかが問題となる。

この点に関して、国税庁の質疑応答事例では、完全支配関係とは、法人の発行済株式の全てがグループ内のいずれかの法人によって保有され、その資本関係がグループ内で完結している関係をいうとされている[1]。そして、本事例においては、SUB 社の株式の全てが A 社を頂点とするグループ内の法人によって保有されているから、A 社と SUB 社の間には完全支配関係が認められ、㋐の要件を満たす。よって、㋑の要件を満たせば、三角合併は適格合併となると考えられる。

---

1) http://www.nta.go.jp/law/zeiho-kaishaku/shitsugi/hojin/33/01.htm

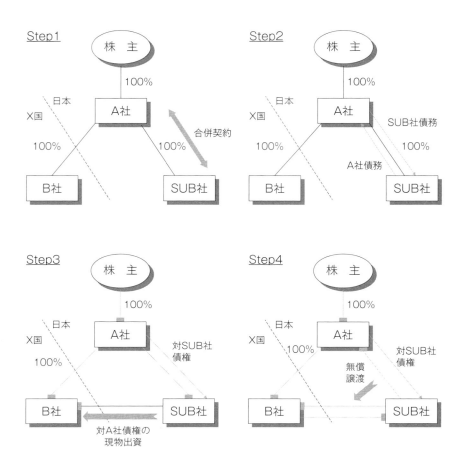
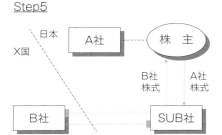

事例 19　三角合併を活用した本社機能の海外への移転　　507

(ⅴ)　A 社が消滅することの問題点

このスキームにおいては、A 社が被合併法人となるため、A 社は消滅することとなる。よって原則として、A 社が保有する許認可が消滅する点、A 社が保有する資産に登記や登録を要する資産が含まれる場合には、合併に伴う移転登記・登録を行う必要がある点などの問題点が存在する。これらの問題点がスキーム実行上の支障となる場合には三角株式交換を利用したスキームが検討可能である。

小問 2

小問 1 における三角合併を利用したスキームを用いる場合における税務上の留意点として何が挙げられるか。

　　結　　論

税務上の留意点としては、①コーポレート・インバージョン税制により課税されるリスク、及び②租税回避であるとして否認されるリスクが存在する。

解　説

(1)　コーポレート・インバージョン税制の適用

既存の内国法人を、その経済実態や株主構成を変えることなく、外国法人の子会社とすることを一般的に「コーポレート・インバージョン」という。このコーポレート・インバージョンを用いれば日本における課税負担を大幅に減少させることができるようになるため、それを防止するためにコーポレート・インバージョン税制が存在する。

本事例においても、以下で解説する、3 種類のコーポレート・インバージョン税制（法人レベル・株主レベルでの譲渡益課税・株主レベルでの合算課税）が適用され、被合併法人又は被合併法人の株主に課税がされる可能性がある。3 種類のコーポレート・インバージョン税制の適用要件は、以下のとおりである。

図表1

	要件	効果
①	㈠被合併法人と合併法人との間に特定支配関係があること ㈡被合併法人の株主に合併親法人（合併法人の100%親会社）株式が交付されること ㈢合併親法人が「特定軽課税外国法人」であること（以上、措法68の2の3Ⅰ） ㈣当該合併が、被合併法人と合併法人の事業が関連する等の要件を充足する合併でないこと（措令39の34の3Ⅰ）	・税制適格要件を満たさなくなる（措法68の2の3Ⅰ）。 ・被合併法人に譲渡益課税が生じ（法法62）、被合併法人の株主にはみなし配当課税が生じる（所法25Ⅰ①）。
②	㈠合併において、被合併法人の株主に対して外国合併親法人（合併法人の100%親会社である外国法人）株式以外の資産が交付されないこと ㈡当該合併が非適格であること ㈢合併親法人が「特定軽課税外国法人」であること（以上、措法37の14の4Ⅰ）	・被合併法人の株主が、被合併法人の株式の譲渡について譲渡益課税される（措法37の14の4Ⅰ）。
③	㈠5グループ以下の株主（特殊関係株主等）が被合併法人である内国法人の株式の80%以上を保有していること ㈡三角合併により、特殊関係株主等が外国法人を通じて合併法人の株式を80%以上保有すること ㈢外国法人が軽課税国等に存在する特定外国関係法人（租税負担割合が30%未満であるペーパーカンパニー）又は対象外国関係法人（租税負担割合が20%未満であり、経済活動基準を満たさない法人）に該当すること（以上、措法40の7Ⅰ・Ⅱ・Ⅺ）	・外国法人に留保された所得が、特殊関係株主の持分の割合に応じて所得に合算して課税される（措法40の7Ⅰ）。

(a)　①について

㈠の特定支配関係とは、50%超の資本関係のことを指すが（措法68の2の3Ⅴ②）、前述のとおりA社とSUB社の間には、被合併法人であるA社による完全支配関係があるため、㈠の要件を満たす。また、被合併法人であるA社の株主には合併法人であるSUB社の100%親会社であるB社の株式が交付されているので㈡の要件も満たす。

㈢でいう特定軽課税外国法人とは、**図表2**(a)のいずれかに該当する法人であるが、例外として(b)の適用除外基準を全て満たす場合には特定軽課税外国法人

に含まれないとされているが（措法 68 の 2 の 3 Ⅴ①、措令 39 の 34 の 3 Ⅴ・Ⅶ）、SUB 社はコーポレート・インバージョンを行うために作られた SPC である場合は適用除外要件を満たさないため、(ウ)の要件を満たす。

図表 2

(a)特定軽課税外国法人	(b)適用除外基準
・法人の所得に対して課される税が存在しない国に本店を有する外国法人 or ・合併が行われる日を含むその外国法人の事業年度開始の日前 2 年以内に開始した各事業年度のうちいずれかの事業年度において、その事業年度の租税負担割合が 20％未満であった外国法人又は、当が事業年度がない場合合併等が行われる日を含む事業年度において、その行うこととされている主たる事業に係る収入金額から所得が生じたとした場合にその所得に対して適用される税率が 20％未満である外国法人	・主たる事業が株式又は債権の保有等に該当しないこと（事業基準） ・本店所在地国においてその主たる事業に必要な固定施設を有し、かつその事業の管理、支配及び運営を自ら行っていること（実体基準、管理支配基準） ・事業の 50％超を非関連者と行っていること（非関連者基準）or 主たる事業を主として本店所在地国で行っていること（所在地国基準）

　B 社の存在する X 国が非軽課税国である場合には、適用除外基準を検討するまでもなく、B 社が特定軽課税外国法人になることはない。一方、X 国が軽課税国である場合には、(a)の法人に該当するため、B 社が適用除外基準を満たすかが問題となる。非関連者基準又は所在地国基準のどちらが適用されるかは、主たる事業によって異なるとされているところ、B 社の主たる事業が所在地国基準が適用される事業だとすると、B 社の満たす必要のある適用除外基準は事業基準、実体基準、管理支配基準及び所在地国基準である（措令 39 の 34 の 3 Ⅶ③ロ(3)）。よって、以上の 4 つの基準について検討することとなる。

　(エ)の要件として合併法人の合併前に営む事業と被合併法人の合併前に営む事業との相互関連性や、合併法人の事業規模が被合併法人の事業規模の 2 分の 1 を下回らないこと等の要件があるが、SUB 社はコーポレート・インバージョンを行うために作られた SPC である場合は、当該要件を満たさない可能性が高い（措令 39 の 34 の 3 Ⅰ）。

以上から、B 社が特定軽課税外国法人に該当する場合には、三角合併が非適格合併とされる結果として、A 社が資産及び負債を時価で譲渡したとして課税され（法法 62 の 2）、また A 社の株主にみなし配当課税がされるリスクがある（所法 25 I ①）。

(b) ②について

上記①のコーポレート・インバージョン税制の要件を満たさず、三角合併が税制適格となる場合、(イ)の要件を満たさない。

他方、上記①のコーポレート・インバージョン税制の要件を満たしてしまう場合には、税制非適格となるため、(イ)に該当する。また、(ウ)の要件は、①と同じ判断基準なので、SUB 社はコーポレート・インバージョンを行うために作られた SPC である場合、(ウ)の要件も満たす。さらに、被合併法人である A 社の株主には合併法人である SUB 社の 100％親会社であり、外国法人である B 社の株式しか交付されていないので(ア)の要件も満たす。よって、コーポレートインバージョン税制の②は、同①の要件を満たす場合には要件を満たすことになってしまうため、A 社株主が A 社株式を時価で譲渡したとして課税されることとなる（措法 37 の 14 の 4 I）。

(c) ③について

甲が A 社の株式の 90％を保有していることから、甲を含む 5 グループ以下の特殊関係株主が被合併法人である A 社の株式を 80％以上保有していることになる。また、甲を含む特殊関係株主は、三角合併により B 社を通じて合併法人である SUB 社の株式を 80％以上保有することになるから(ア)及び(イ)の要件を満たす。

(ウ)に関しては、上記図表 2 の特定軽課税外国法人とは判断基準が異なり、「特定外国関係法人」（租税負担割合が 30％未満であるペーパーカンパニー）又は「対象外国関係法人」（租税負担割合が 20％未満であり、経済活動基準を満たさない法人）に該当する場合には、要件を満たすことになる。「特定外国関係法人」及び「対象外国関係法人」に該当するかは複雑なテストとなるが、本書では紙面の関係もあり、解説を割愛する。

(2)　租税回避であるとして否認されるリスク

　本事例において、甲を含むＡ社株主がＢ社の株主となり、かつＡ社をＢ社の完全子会社とするには上記の方法以外にも現物出資を用いる方法がある。現物出資を行う手順は以下のとおりである。

Step 1　Ａ社株主による現物出資

　・Ａ社株主がＢ社に対してＡ社株式を現物出資する

　・その対価としてＢ社は、Ａ社株主に対してＢ社株式を発行する

Step 2　Ｂ社によるＡ社からの自己株式の取得

　現物出資を行う際、個人が行う現物出資には適格現物出資が定められていないため、甲を含むＡ社株主は、Ａ社株式を時価で譲渡したとして、譲渡益につき分離課税を受けることとなる（所法33、措法37の10Ⅰ）。それに対し、三角合併を利用したスキームにおいては、甲を含むＡ社株主はＡ社株式の譲渡により課税を受けることはない。よって、現物出資によるよりも三角合併による方が、Ａ社株主の税負担が減少しており、この税負担の減少が不当であると認められる場合には、現物出資に引き直されて税額を計算される可能性がある（所法157Ⅳ）。

　「不当に減少させる結果となると認められる」かどうかは、組織再編成を利用して税負担を減少させることを意図したものであって、組織再編税制に係る各規程の本来の趣旨及び目的から逸脱する態様でその適用を受ける者又は免れるものと認められるか否かという観点から判断し、その判断においては、①通常は想定されない組織再編成の手順や方法に基づいたり、実体とは乖離した形式を作出したりするなど、不自然なものであるかどうか、②税負担の減少以外にそのような行為又は計算を行うことの合理的な理由となる事業目的その他の事由が存在するか等の事情を考慮する[2]。

　本事例において合併を利用する場合、法人の決議により少数株主も否応なく手続きに参加しなければならず、合併法人あるいは合併親法人の株式が交付されるか、株式買取請求を行って金銭が交付されるかの差はあれ、Ａ社の株式を100％Ａ社株主から移転させることになるが、現物出資を利用する場合には、現物出資を行うか否かは株主の意向次第であり、法人が強制することはできない。

---

　2)　最判平成28年2月29日民集70巻2号242頁。

512 第2部 プランニング編

こうした税負担の減少以外の合理的な理由が存在する場合には、三角合併のスキームを利用したとしても、「不当に減少させる結果となると認められる」とはいえず、所得税法 157 条 4 項の適用を受けるものではないと主張することができるように思われる。

小問 3

小問 1 におけるスキームを利用して親会社を海外に移すことによる税務上の効果は他にどのようなものがあるか。

結　論

当該スキームの利用により、最終的に A 社は B 社に対して債務を負うこととなり、当該債務に対する支払利子を A 社は損金に算入し、課税所得を圧縮することができる。その際、当該損金算入が移転価格税制、過少資本税制、過大利子支払税制の適用を受けないよう留意する必要がある。

また、甲の財産が国内財産である A 社株式から、国外財産である B 社株式になることで、甲の後継者が制限納税義務者に該当する場合には、B 社株式の承継に対して日本の相続税・贈与税が課税されなくなる。

解　説

(1)　A 社の支払利子の損金算入

当該スキームを利用した場合、最終形において、B 社は、A 社に対して A 債権を有することとなる。よって A 社としては A 債権に対する利子を B 社に対して支払うことによって、支払利子を損金に算入し、課税所得が圧縮されるという税務上の効果がある。もっとも、A 社による支払利子の損金算入は、以下に述べる移転価格税制、過少資本税制、過大利子支払税制の制約を受けることに留意する必要がある。

(a)　移転価格税制

移転価格税制とは、海外にある親会社、子会社、兄弟会社等国外関連者との取引価格を通常の価格と異なる金額に設定することによって、国外への所得の移転をすることを防止するための税制である（措法 66 の 4）。本事例においては、

A社がその100%親会社であるB社に対して利子を支払うことになるため、移転価格税制が適用され得る。すなわち、A社がB社に対して支払う利子が、A社とB社が独立企業だったと仮定した際に支払われる独立企業間価格よりも高額な場合には、独立企業間価格で利子の支払いが行われたとみなされ、独立企業間価格を超える利子の支払いについて損金に算入することができなくなる。

(b) 過少資本税制

過少資本税制とは、企業が外国法人から資金を調達する手段として借入れを行う場合にはその支払利子を損金に算入できるのに対して、出資を受ける場合には配当を損金に算入することはできないために、できるだけ借入金を多くして課税所得を減少させようとすること（過少資本による租税回避）を防止するための税制である（措法66の5）。本事例においては、A債権がB社のA社に対する資本持分の原則として3倍を超える場合には、3倍を超える部分に対応する支払利子を損金に算入することができなくなる。

(c) 過大利子支払税制

過大利子支払税制とは、関連者から借入れを行い、所得に比して過大な支払利子を損金に算入することで課税所得を減少させようとすることを防止するための税制である（措法66の5の2）。本事例においては、A社のB社に対する支払利子が、A社の調整所得金額（企業の所得金額をベースに計算される金額）の50%を超える場合には、超える部分の金額については、損金に算入することができなくなる。

(2) 甲の出国による相続税・贈与税の減少の可能性

(a) 相続税・贈与税の納税義務者

相続税・贈与税の納税義務者の範囲は、平成29年度税制改正で大きく変わっている（相法1の3・1の4）（**図表3参照**）。無制限納税義務者とされると国内・国外にかかわらず全ての財産が課税財産となるのに対し、制限納税義務者とされると国内財産のみが課税財産となる（相法2・2の2）。株式に関しては、株式の発行法人の本店所在地によって国内財産か否か判定するとされているところ（相法10 I ⑧）、甲が有することとなるB社株式の発行法人であるB社はX国に本店を有するので、B社株式は国外財産となる。よって、甲がB社株式を相

514　第2部　プランニング編

続、遺贈、又は贈与する場合に相続人または受贈者が無制限納税義務者となると、B社株式も課税財産となり、最高税率55％で相続税又は贈与税が課税されることとなる（相法16・21の7）。これに対し、相続人又は受贈者が制限納税義務者であれば、B社株式は課税財産とならない。

図表3

被相続人・贈与者（国籍不問）＼相続人・受贈者		国内に住所あり	国内に住所なし		
			日本国籍あり		日本国籍なし
			国外居住10年以下	国外居住10年超	
国内に住所あり		無制限納税義務者 （国内財産・国外財産ともに課税）			
国内に住所なし	国外居住10年以下				
	国外居住10年超			制限納税義務者 （国内財産のみ課税）	

(b)　国外転出時課税制度について

　国外転出時課税制度とは、キャピタルゲインがある株式等を有する者がそれを保有したまま出国し、キャピタルゲイン非課税国で売却する等の課税逃れを防止するための制度である。本事例において、甲が本店を移転したX国に出国する場合には、国外転出の時にB社株式を含む株式等の譲渡があったものとみなされ（所法60の2Ⅰ）譲渡所得として15.315％の税率で分離課税される[3]（租法37の10Ⅰ、復興財源確保法9Ⅰ・13）。

---

3)　但し、住民税は課税されない（地法32Ⅱ但書）。

事例20
創業家一族に分散した株式の議決権を集約

　東京証券取引所の上場会社であるA社は元オーナー系企業であり、現在もオーナー家一族がA社の株式を保有しているが、現在のA社の経営陣にオーナー家出身者はいない。

　甲は、オーナー家一族の代表としてA社と協議を重ねてきたが、最近、オーナー家一族とA社の経営陣との間で意見が対立することがあり、甲は、今後、A社の株主総会で会社提案の議案に反対することも検討している。しかしながら、これまではオーナー家一族の間での意思疎通に時間がかかり、また、オーナー家一族が保有する株式の議決権は必ずしも一致して行使されてきたわけではない。甲は、それがゆえにA社の経営陣もオーナー家一族の意向を軽視しているのではないかと考えている。そこで、甲は、オーナー家一族が保有している議決権を集約して、議決権を迅速に、かつ統一して行使できる態勢を整えることにより、A社の経営陣に対して影響力を行使したいと考えている。

　しかし、甲にはオーナー家一族が保有する全てのA社株式を買い集めるだけの資金のめどは立っておらず、また、オーナー家一族は長年A社株式を保有しているため、A社株式には多額の含み益があり、集約のためにA社株式を譲渡した場合には譲渡人が含み益について課税を受けてしまう状況にある。

小問1

A社株式の含み益への課税を回避しつつ、A社株式の議決権を集約するため、甲はどのようなプランニングを行うことが考えられるか。

結　論

例えば、信託を利用した次のようなプランニングが考えられる。

1．甲は、新しく一般社団法人Bを設立し、一般社団法人Bの理事に就任する。
2．甲をはじめとするオーナー家一族は、一般社団法人Bとの間で、A社株式の管理を目的とした信託契約を締結し、保有する株式をまとめて一般社団法人Bに信託譲渡する。このとき、甲をはじめとするオーナー家一族は、各人が保有していたA社株式数に応じて、受益権を取得する。
3．A社の議決権行使は、受託者である一般社団法人Bが行う。
4．信託期間中に支払われたA社からの配当は、各受益者が信託譲渡をしたA社株式の比率に応じて、各受益者に分配する。

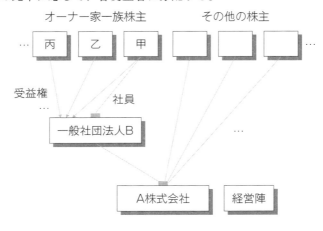

解　説

オーナー家一族が保有しているA社株式の議決権を集約する方法としては、甲がA社株式を他のオーナー家一族から買い取る方法が最もシンプルであるが、設例にあるとおり、かかる買取りについては買取資金の問題や含み益への課税の問題がある。

しかし、甲が集約したいと考えているのはあくまで議決権であり、A社株式

そのものではない。そこで、Ａ社株式を信託財産とする信託を活用して、上記の買取資金の問題や含み益への課税を回避しつつ、甲に議決権を集約する方法が考えられる。具体的には、上記の結論部分に示したストラクチャーが一例である。

小問2

　小問1のプランニングを実行する際に、法務の観点から留意すべき点は何があるか。

　　結　論

　信託を使った仕組みを安定的に維持するという観点から、一般社団法人が信託の受託者となり、甲がその一般社団法人の理事に就任することにより一般社団法人をコントロールする仕組みが適切と考えられる。

　その他の法務上の留意点としては、信託業該当性、公開買付規制、インサイダー取引規制、議決権信託の有効性などがあり、甲は、これらの規制等に抵触しないよう慎重にプランニングを行う必要がある。

解　説

(1)　一般社団法人の利用

　小問1のプランニングにおいては、①甲自らが信託の受託者となる方法と、②一般社団法人が信託の受託者となり、甲がその一般社団法人の理事に就任することにより一般社団法人をコントロールする方法が考えられる。信託を使った仕組みを安定的に維持するという観点からは、後者の②の方法が適切であると考えられる

　その他、一般社団法人の利用については、**プランニング編事例16**を参照されたい。

(2)　信託業への該当性

　一般社団法人Ｂによる信託の引受けが信託業へ該当することを回避するためには、信託の引受けに関し、営利目的性を否定するか、反復継続性を否定することが必要である（**基礎編第8章3(2)参照**）。

小問1のプランニングは、単一の信託契約によりＡ社株式を一度に信託譲渡することが想定されていることから、反復継続性が認められる可能性は低いと考えられる。もっとも、複数回の信託の引受けが実行された場合のみならず、初回の信託の引受けであっても反復継続の意思をもって引受けを行った場合には、反復継続性が認められる可能性があることから、一般社団法人Ｂの定款の目的をＡ社株式の信託財産の引受け等に制限する等の対応が望ましいと考えられる。

また、信託報酬については、信託の引受けの営利目的性を否定するために無報酬とすることも考えられる。

(3) 公開買付規制を踏まえた対応

信託譲渡については、公開買付規制の対象である有償の譲受けと解される可能性は否定できない（基礎編第8章3⑶参照）。このため、委託者となる親族が10人以上で、かつ、信託譲渡後の一般社団法人Ｂにおける株券等保有割合が5％を超える場合や、信託譲渡後の一般社団法人Ｂにおける株券等保有割合が3分の1を超える場合などにおいては、公開買付規制との抵触を避けるため、適用除外買付け等への該当性について検討する必要がある。

もっとも、委託者となる全ての親族が、1年以上継続して、①一般社団法人Ｂの20％以上の議決権を保有する出資者であるか、又は②一般社団法人Ｂの役員である場合には、適用除外の要件（1年以上継続して買付者の形式的基準による特別関係者である者からの買付け等）の要件を満たすことになり、公開買付規制との抵触のおそれはなくなる。このため、実務上は、一般社団法人Ｂの理事となっている状態が1年以上継続する状況を作り出しておくといった対応が考えられる。

(4) インサイダー取引規制を踏まえた対応

信託譲渡は、インサイダー取引規制の対象である有償の譲渡又は譲受けと解される可能性がある（基礎編第8章3⑷参照）。このため、委託者となる親族及び一般社団法人Ｂの理事において、Ａ社の重要事実又は公開買付け等の実施に関する事実について知っている者がいるかどうかを確認する必要がある。その上で、仮にこれらの事実を知っている者が1人でもいた場合には、当該事実が公表された後に実行するか、その公表前に実行したいという場合には、インサイ

ダー取引規制の適用除外取引であるクロクロ取引（重要事実を知っている者同士の市場外取引又は公開買付け等の実施に関する事実を知っている者同士の市場外取引）の利用を検討する必要がある。

(5) 議決権信託としての有効性

甲及びその親族は、議決権の統一的な行使を可能とすることを意図しているのであるから、信託譲渡後も委託者兼受益者が各自議決権の行使に関する指図権を有し、一般社団法人Bが議決権の不統一行使を行うというプランニングでは不十分である。このため、一般社団法人Bがその裁量をもって全部の議決権を行使することができるか、甲が全部の議決権の行使についての指図権を有することが必要となると考えられる。

なお、株式の議決権行使の決定権者と当該株式に関する経済的損益が帰属する主体が分離することが会社法上許容されるかという議論がある[1]。議決権のみを株主権から切り離して移転することはできないため、議決権のみの信託は無効であるものの、議決権行使の目的をもってする株式の信託は原則として有効であると考えられる[2]。但し、信託契約を締結するかどうかを選択する自由が事実上制限されている場合、信託期間が長期であり、かつ信託関係からの離脱の自由が認められていない場合など、委託者あるいは受益者の議決権行使に関する権利を不当に制限していると評価される場合には、当該信託契約は無効となる可能性がある点に留意が必要である[3]。

このため、委託者となるべき者は、あくまで当人の自由意思に基き信託契約を締結したことが明らかでなければならず、甲は親族に対して、信託契約の締結を強制したと捉えられかねない所作は慎むべきである。また、信託期間の長さ、信託財産からの株式の取戻しをどの程度認めるか、議決権行使の際に甲以外の受益者の意見をどの程度考慮するか等の観点から、設定する信託が甲以外の受益者の権利を過度に制約するものとならないように留意する必要がある。

---

1) 株式の経済価値に利害を有しない者が議決権を行使すること（エンプティ・ボーティング）には、会社の意思決定を歪める、あるいは、株式の大量保有状況の開示等の情報開示制度を混乱させる等の懸念があるとの見解がある。

2) 道垣内弘人『信託法』（有斐閣、2017年）36頁。

3) 信託契約が無効とされた事例として、大阪高決昭和58年10月27日高民集36巻3号250頁、大阪高決昭和60年4月16日判タ561号159頁がある。

520 第2部 プランニング編

小問3

　小問1のプランニングを実行する際に、税務の観点から留意すべき点は何が
あるか。

　結　論
　本件の信託は、受益者等課税信託に該当する。
　受益者等課税信託の一般的な留意点に加え、本件の信託については、単一の
信託契約により複数の委託者がA社株式を一度に信託譲渡するという特殊性
を踏まえた検討が必要となる。

解　説

(1)　課税関係の概要

　本事例で設定される信託は、受益者等課税信託に該当する（受益者等課税信託
の税務上の取扱いの概要については、**基礎編第8章4(1)参照**）。
　したがって、受託者となる一般社団法人Bにおいては、信託譲渡の際に法人
税は課税されない。
　また、信託設定期間中にA社が支払う配当は、一般社団法人Bにおいては課
税されず、受益者において配当所得として所得税が課税されることになる。な
お、受益者は配当控除を受けることが可能である。
　信託が終了する際には、信託期間中にA社株式に含み益が生じていたとして
も一般社団法人Bにおいて法人税は課税されない。また、各委託者兼受益者に
ついても、信託終了時に取得する権利が、それぞれが委託者として信託譲渡を
したA社株式に対応している場合、委託者兼受益者側において信託終了時に所
得税や贈与税は課税されない。

(2)　本件特有の留意点

　以上の受益者等課税信託に関する一般的な留意点に加え、本件の信託につい
ては、単一の信託契約により複数の委託者がA社株式を一度に信託譲渡するこ
とが想定されているため、以下の点についても留意が必要と考えられる。
　第1に、信託譲渡の際、各委託者兼受益者が取得する受益権の内容が、それ
ぞれが委託者として信託譲渡をしたA社株式と割合的に対応していない場合、

信託譲渡したＡ社株式に比して小さな権利しか取得しない委託者兼受益者から、信託譲渡したＡ社株式と比べて大きな権利を取得する別の委託者兼受益者に対して、Ａ社株式の贈与があったものと扱われ、前者に贈与税が（相法9の2Ⅰ）、後者に含み益についての譲渡所得課税がなされる（措法37の11Ⅰ）。

　例えば、甲と乙が信託の委託者兼受益者となる場合に、甲がＡ社株式80株を、乙がＡ社株式20株をそれぞれ信託譲渡し、甲が90株相当の受益権を、乙が10株相当の受益権をそれぞれ取得したとする。この場合、乙から甲にＡ社株式10株の贈与があったとされ、10株の時価相当額について甲に贈与税が課される。また、乙については10株を譲渡したものとされ、その含み益について譲渡所得課税がなされる。

　以上の課税関係を生じさせないようにするためには、各委託者兼受益者が取得する受益権の内容と、それぞれが委託者として信託譲渡をしたＡ社株式と割合的に対応させる必要がある（上述の例で、甲は80株相当の受益権を、乙は20株相当の受益権を取得する場合には、上述の課税問題は生じない）。具体的な手当てとしては、信託契約において、配当金は信託譲渡をしたＡ社株式の割合に応じて按分され、残余財産の分配も信託譲渡をしたＡ社株式の割合に応じて按分されることを明確化することが考えられる。また、種類株式が信託譲渡されている場合には、信託譲渡された株式の種類に応じた配当金や残余財産の分配が行われることも明確化する必要があると考えられる。

　第2に、上述の割合的な対応関係に問題がないとしても、信託譲渡をしたＡ社株式と各委託者兼受益者が取得する信託に対する権利の紐付きが明確でない場合には、信託譲渡の際に、委託者兼受益者の間でＡ社株式を相互に譲渡したとして譲渡所得課税を受ける可能性がある。

　例えば、甲と乙が信託の委託者兼受益者となる場合に、甲がＡ社株式80株を、乙がＡ社株式20株を信託譲渡し、甲は80株相当の受益権を、乙は20株相当の受益権を取得したとする。この場合において、各人が信託譲渡した株式と受益権の紐付きが明確でない場合、甲と乙の受益権は自らが信託譲渡した株式に対する権利ではなく、100株の信託財産に対する割合的な権利であるとされる可能性がある。この場合、甲の80株相当の受益権のうち16株相当は乙が信託譲渡したＡ社株式に対応する権利であり、乙の20株相当の受益権のうち16株相当は甲が信託譲渡したＡ社株式に対応する権利ということになり、甲と乙は信託譲渡時にお互いにＡ社株式16株を譲渡したとみなされ、それぞれ含み

益に対する譲渡所得課税を受ける可能性がある。

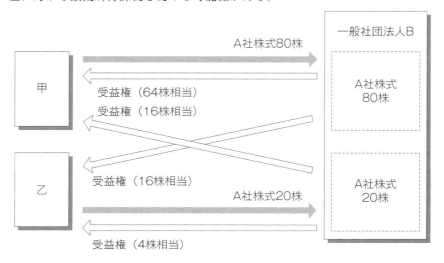

　以上の課税リスクを避けるためには、信託譲渡されたA社株式と取得する受益権の内容との紐付きを明確にする必要がある。具体的な方法としては、例えば、信託契約において甲の受益権及び乙の受益権にそれぞれ対応するA社株式を株券番号により特定したり（株券不発行会社の場合は、株主名簿上で特定することも考えられよう）、甲及び乙がそれぞれ別の信託契約を締結する等の方法を検討すべきように思われる。

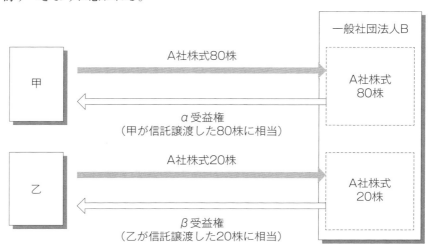

事例 20　創業家一族に分散した株式の議決権を集約　　523

小問 4

　小問 1 のプランニングを実行する際に、大量保有報告書（又は変更届出書）の提出は必要か。

　　結　論

　一般社団法人 B 側と委託者兼受益者側において、それぞれ大量保有報告書（または変更報告書）の提出が必要となる可能性がある。

解　説

(1)　委託者兼受益者

(a)　指図権を持たない場合（(c)に該当する場合を除く。）

　委託者のなかに、発行済株式総数の 5％以上の A 社株式を信託譲渡前から保有している者がおり、当該委託者が小問 1 のプランニングを実行するために保有する全ての A 社株式を信託譲渡する場合、当該委託者は大量保有報告書に係る変更報告書を提出する必要がある（金商法 27 の 25 Ⅰ）。さらに、5％以上の株券等保有割合の減少を伴うことから、原則として、短期大量譲渡に該当し、譲渡の相手方が一般社団法人 B であること、及び譲渡の対価が受益権であることについて、当該変更報告書に記載しなければならない（金商法 27 の 25 Ⅱ）（大量保有報告の要否に関する考え方は、**基礎編第 8 章 3 (6)参照**）。

(b)　指図権を持つ場合（(c)に該当する場合を除く）

　委託者のなかに、発行済株式総数の 5％以上の A 社株式を信託譲渡前から保有している者がおり、当該委託者が小問 1 のプランニングを実行するために保有する全ての A 社株式を信託譲渡する場合には、当該委託者は大量保有報告書に係る変更報告書を提出する必要がある。この点は、上記(a)と同じである。

　但し、当該委託者が信託譲渡後に、信託財産に含まれる A 社株式についての売買を指図する権利を有する場合、当該委託者は、信託譲渡後は当該 A 社株式の 2 号保有者となり、引き続き提出義務を負うことになる。また、当該委託者が信託譲渡後に、議決権行使に関する指図権のみを有し、売買の指図権を有しない場合であっても、事業支配目的があると認められる場合には 1 号保有者に該当するところ、甲は A 社の経営に関して A 社経営陣に対して一定の発言力

524　第2部　プランニング編

を持つことを企図していることから、当該委託者にはＡ社の事業支配目的があると認められる場合が多いのではないかと考えられる。この場合、当該委託者は信託譲渡後もＡ社株式の1号保有者として提出義務を負うことになる。

なお、他の委託者から信託譲渡されたＡ社株式についても2号保有者あるいは1号保有者になることで、当該委託者の株券等保有割合は信託譲渡により増加することになることから、短期大量譲渡には該当せず、譲渡の相手方及び対価に関する事項を開示する必要はないと考えられる。

(c)　他の委託者兼受益者と事前の合意が認められる場合

以上に対し、公開買付規制との抵触を避ける目的等により、1年以上前から信託の設定と信託譲渡の実行に備えて、一般社団法人Ｂの設立や役員への就任等の準備を行う場合、親族間でこれらのプランニングの実行を合意した時点で、委託者となることが予定される親族らは共同して株券等を譲渡する合意を行ったものと認められ、実質的共同保有者の関係が成立することになると考えられる（金商法27の23Ⅴ）。そして、委託者となることが予定されている親族が保有するＡ社株式の合計が、発行済株式総数の5％以上となる場合には、合意の時点で大量保有報告書（又は変更報告書）の提出が必要となる。

さらに、信託譲渡の前後では、株券等保有割合の変動はないものの、保有者の区分は本文保有者から2号保有者あるいは1号保有者に変更され、また、甲以外の委託者兼受益者がＡ社株式の保有者でなくなるために、実質的共同保有者の関係が解消されることになるものと考えられる。このため、信託譲渡に際しては、これらの変動を反映する変更報告書の提出が必要になるものと考えられる。

なお、委託者が元々保有していたＡ社株式に加えて、他の委託者から信託譲渡されたＡ社株式についても（2号保有者あるいは1号保有者として）委託者の株券等保有割合に加算されることになる。このため、甲による信託譲渡は短期大量譲渡には該当しないこととなり、譲渡の相手方及び対価に関する事項を開示する必要はないと考えられる。

(2)　一般社団法人Ｂ（受託者）

一般社団法人Ｂは、甲らからの信託の引受けを営業として行うものではない（信託業を営む者ではない）との整理を前提にプランニングを実行するのである

から、信託譲渡によって発行済株式総数の5%以上のA社株式を信託財産を通じて保有することになる場合には、A社株式の本文保有者として新たに大量保有報告書を提出する必要があると考えらえる。

小問5

小問1のプランニングを実行する際に、大量保有報告制度以外の金商法上の書類の提出やA社の開示は必要か。

結 論

信託譲渡が主要株主の変動に該当する場合には、A社によって臨時報告書の提出や東証規則に基づく適時開示が行われ、有価証券報告書でも注記が行われる。他方、小問1のプランニング実行に際し、売買報告書や親会社等報告書の提出は不要である。

解 説

(1) 臨時報告書・適時開示・有価証券報告書

A社は、東京証券取引所に上場しているため、主要株主であった親族が信託譲渡によりA社株式を譲渡して主要株主ではなくなった場合や、一般社団法人Bが信託譲渡を受けることにより新たに主要株主に該当することとなった場合には、主要株主の変動があったことになり、A社は臨時報告書を提出するとともに、東京証券取引所の上場規程に従って適時開示を行うことになる。これらにより、一般社団法人Bが新たな大株主になったことが一般に公表されることになる。

また、かかる主要株主の変動について、A社の有価証券報告書の【大株主の状況】欄において、一般社団法人Bが新たな大株主になったことが注記されることになる。また、一般社団法人Bの保有比率によっては、一般社団法人BはA社の大株主として記載されることになる。但し、【大株主の状況】欄は、他人名義で所有している株式数を含めた実質保有により記載することが求められている(開示府令第2号様式・記載上の注意(44)b)。また、A社株式に関する大量保有報告書がEDINETで提出されており、当該大量保有報告書に記載され株券等の保有状況が、A社における株主名簿の内容と異なる場合、A社には実質所有

状況を確認して記載することが求められる（開示府令第2号様式・記載上の注意(44) e）。このため、信託の存在がA社に知られている場合や、甲らにより大量保有報告書が提出されている場合には、一般社団法人Bの保有株式には甲らが指図権を有する信託の受託者として保有するものが含まれる旨が注記するか、甲らを大株主として表示した上、甲らを受益者とする信託の存在を注記する等の方法により、甲らを受益者とする信託契約の存在がA社によって開示される場合も考えられる。

(2)　支配株主等に関する開示

A社は、東京証券取引所に上場しているため、一般社団法人Bが支配株主に該当する場合には、支配株主等に関する開示が行われる。

(3)　売買報告書の要否

信託譲渡は金銭を対価とする取引ではないため、信託譲渡に際しては売買報告書の提出は不要と考えられる。

(4)　親会社等報告書の要否

一般社団法人Bは会社法上の会社ではないため、A社株式の持株比率にかかわらず、親会社等報告書の提出は不要と考えられる。

小問6

信託を利用せずとも、甲をはじめとするオーナー家一族が議決権拘束契約（株主間契約の一種）を締結することにより、小問1のプランニングと同様の効果を得ることはできないか。

　　結　論

議決権拘束契約によっても議決権の集約と同様の効果は得られるものの、あくまで契約当事者を拘束するものに過ぎないため、実効性には一定の限界がある点には留意が必要である。

解　説

議決権拘束契約とは、株主間契約の一種であり、株主間で議決権の行使を拘

束する目的で締結される契約をいう。本件について、例えば、甲以外のオーナー家株主は甲の指示に従って議決権行使を行わなければならない旨をオーナー家一族間で合意しておくことが考えられる。

議決権拘束契約は、株主当事者間の合意のみで成立させることができるほか、株式の名義変更等も不要であるため、議決権を統一的に行使する手段としては比較的簡便な方法であるといえる。

しかし、議決権拘束契約には、あくまでも債権的な効力しかなく、物権な効果はない（すなわち、各株主が保有する株式は、契約締結前と同様に各株主が所有し続ける）ことから一部の契約当事者が議決権拘束契約に反する内容の議決権行使を行った場合でも、かかる議決権行使は会社法上有効なものとして取り扱われるのが原則である[4]。また、一部の契約当事者が議決権拘束契約に反して第三者に株式を譲渡した場合でも、当該株式譲渡は有効とされる。さらに、このような契約違反があった場合、甲や他の契約当事者は、違反した契約当事者に対して、債務不履行を理由とした損害賠償請求をすることができるが、損害賠償だけでは契約違反により生じた事態を回復できない可能性がある。

この点、高額の違約金額を事前に定めておくことで、契約違反を抑止することは可能である。但し、このような契約に違反するような契約当事者は、財務状態が悪化している可能性が高いと思われるため、違約金条項による抑止効果が十分機能しなくなっている可能性も考えられる。

したがって、議決権拘束契約によっても議決権の集約と同様の効果は得られるものの、信託と比べると、その実効性には限界があるといわざるを得ない。

コラム　株式の議決権と経済的損益を分離する手法

　株式には、経済的価値を持った財産権としての側面と、議決権等を通じて会社の経営に参加する権利としての側面がある。一般に、前者のことを自益権、後者のことを共益権といい、株式は通常これらが一体となった包括的な権利として存在している。しかし、株式がもたらす経済的損益の帰属と議決権を分離させ、議決権を特定の者に集中させることも可能である。会社の意思決定を歪める等の懸念から、株式の経済価値に利害を有しない者が議決権を行使すること（エンプティ・ボーティング）を問題視する見解もあるものの、現に実務上、議決権と経済的損益の帰属の分離が当事者により選択される場合がある。そのような議決権

---

4) 株主全員が当事者である議決権拘束契約が存する場合には、議決権拘束契約の効力は当事者間の債権的なものにとどまらず、契約の内容が明確であれば会社に対しても効力が及ぶと解する見解が有力である。江頭憲治郎『株式会社法〔第7版〕』（有斐閣、2017年）340頁など。

と経済的損益の帰属の分離を実現する手法としては、本書の事例編で取り上げたものを含め、例えば以下のようなものがある。

・株式管理信託

　株式を信託財産とする信託を設定することにより、株式の経済的価値は当該信託の受益者が享受する一方で、受託者又は特定の指図権者が信託財産に含まれる株式に係る議決権の行使内容を決定することが可能である。

・種類株式・属人的定め

　例えば、無議決権株式や議決権制限株式、拒否権付株式、取締役・監査役の選任に関する種類株式を活用して、特定の株主に会社の重要事項に関して決定権や拒否権を持たせることが可能である。また、閉鎖会社では、定款で定めることにより、議決権等について株主毎に異なる取扱いをすることが可能であり（いわゆる属人的定め。会社法109Ⅱ）、これを活用して、特定の株主のみが複数議決権を行使できるようにすることも考えられる。

・議決権拘束契約

　株主間で議決権拘束契約を締結する。例えば、特定の株主の指示に従って、残りの株主が議決権を行使する旨を合意する方法が考えられる。

・組合

　例えば、対象会社の株式を組合財産として出資したうえで、特定の株主が業務執行組合員として組合財産に係る議決権を行使する一方、残りの株主は非業務執行組合員として議決権の行使には関与せず、損益のみを享受する方法が考えられる。

・匿名組合

　例えば、他の株主（匿名組合員）が特定の株主（営業者）に対象会社の株式を匿名組合出資した上で、特定の株主が営業者として議決権を行使する一方、残りの株主は匿名組合員として損益のみを享受する方法が考えられる。

・エクイティ・デリバティブ

　トータルリターンスワップ（参照資産（ここでは対象会社の株式）を保有する者（他の株主）が、参照資産の経済的価値を、より安定したリターンと交換することによって、参照資産の保有に伴うリスクを売り手（特定の株主）に有効に移転する取引）を活用する。

・貸株

　株主総会における議決権行使の基準日の直前に株式を借り入れ、基準日が経過したのちに株式を返却することで、実保有株式数以上の議決権を行使する。

・委任状

　株主総会に先立ち、他の株主から委任状を集めることによって、株主総会当日の実保有株式数以上の議決権を行使する。

　いずれの手段にもメリット・デメリットがあるため、実際に議決権の分離・集中を検討する場合には、設定の容易性、議決権の集中が必要となる時期や期間、集中させたい議決権の数量、撤回可能性の有無や議決権を統一行使できる確実性、

さらには金融規制上の問題、出資時や配当受領時等における課税上の取扱いなどを総合的に考慮し、状況に応じて最も使い勝手のよい手段を検討することになる。

530　第2部　プランニング編

事例21
M&A による株式売却により得た資金を活用した公益事業

　甲は、自らが創業した会社の株式を M&A により売却し、現在、株式の売却代金として受け取った多額の金銭を保有している。

　甲は、この資金を活用して公益事業を行うことを考えているが、自らの理念を残すためにも、自身の生存中だけではなく、その死後も公益事業が甲の意思に従って永続的に運営されるような仕組みを模索している。

[小問1]

　甲は、国内で一般財団法人を設立して金銭を当該一般財団法人に寄贈したうえで、公益事業を運営することを考えている。顧問弁護士に相談したところ、その方法では将来甲の意思に従った公益事業の運営がなされないかもしれないという指摘を受けた。顧問弁護士は一般財団法人のどのような点を問題にしたと考えられるか。

　　結　論

　国内の一般財団法人においては、甲の死後に、その意思を理解しない者が理事に就任することにより、甲の意思とは異なる態様の事業運営がなされる可能性が否定できない。

[解　説]

　一般財団法人とは、一般社団法人及び一般財団法人に関する法律（法人法）に基づいて設立された財団法人である。一般財団法人には、①評議員、②最高意思決定機関である評議員会、③業務執行機関である理事、④理事によって構成される理事会、④監事を置かなければならない（法人法170Ⅰ）。その他、⑤会計監査人を置くことができる（一定の場合には会計監査人を置くことが強制される。法人法170）。なお、一般財団法人についての詳細は**基礎編第9章**を参照されたい。

　一般財団法人は、その定款において定められた目的の範囲内で権利能力を有

する（権利義務の主体となることができる）ところ（民法34）、定款の目的は、原則として変更することができないこととされている（法人法200但書・153 I ①）。すなわち、定款の目的を変更することができるのは、原始定款に変更できる旨を定めている場合（法人法200 II）か、設立の当時予見することのできなかった特別の事情により、それを変更しなければ運営の継続が不可能又は著しく困難となったときで、裁判所の許可を得られた場合という、極めて例外的な場合に限られている（法人法200 III）。

　そして、一般財団法人において、理事は、定款の定めに従って職務を執行しなければならないものとされており（法人法197・83）、監事はその理事の職務執行を監督し（法人法197・99）、また、評議員は理事・監事の選解任（法人法176）を通じてそれらの職務執行を監督することとなっている。このように、一般財団法人においては、定款に定められた目的に従った財産の運用がなされることが一定の範囲で担保されているといえる。

　以上を踏まえると、甲は、一般財団法人の定款において、その意思に沿った目的を定めることによって、その意思に従った永続的な公益事業の運営を期待することができるようにも思われる。

　しかしながら、甲の死後に、甲の意思を理解しないものが一般財団法人の理事に就任した場合には、あくまでも定款の目的の範囲内ではあるものの、その事業運営が、甲の意思に沿わない形で行われる可能性がある。法人法では、理事に業務執行の権限が与えられることになっており、このような法人法のデフォルトルールのみで、甲の意思を貫徹することには限界があるといえる。

小問 2

　顧問弁護士は、甲の意思をその死後も可能な限り貫徹させるスキームとして、海外信託を活用するスキームを提案した。このスキームは、小問1の一般財団法人自らが公益事業を行うスキームとどのように異なるか。また、留意点はどのようなものであるか。

　結　論

　甲が金銭を外国法準拠の信託契約により海外の受託者に信託し、その受益権を一般財団法人に寄贈するという形を取ることが考えられる。この仕組みにより、一般財団法人により運営される公益事業が甲の意思に従ったものとなっているかについて、その理事だけではなく、信託の受託者及びプロテクターによ

532　第2部　プランニング編

る監督も働かせることができ、より甲の意思の貫徹を図ることができる。もっとも、プロテクターの権限の範囲について慎重な検討を要する点、監督の実効性を確保するための人選が困難である可能性がある点、さらに、関与する者が増えるために一定のコストがかかる点等に留意する必要がある。

解説

(1)　海外信託を活用したスキームの概要

　海外信託を活用したスキームとは、小問1のスキームと同様に、一般財団法人を通じて公益事業の運営を行うこととしつつも、公益事業を運営するための資金を、直接一般財団法人が所有するのではなく海外の受託者に信託譲渡したうえで、公益事業の運営に必要な都度、受託者が金銭を分配する、というスキームである。具体的には、以下の Step 1〜3 のとおりである。

(a)　Step 1　一般財団法人の設立
　甲が、国内において一般財団法人を設立する。

(b)　Step 2　海外のプライベートバンクに金銭を信託譲渡
　甲が、外国法準拠の信託契約を締結し（通常は信託証書（Trust deed）を作成する）、自らを委託者兼受益者として、海外（シンガポール等）のプライベートバンクを受託者として金銭を信託譲渡する。
　さらに、当該信託の設定に際して、受託者（プライベートバンク）が委託者（甲）の意思に沿った信託事務を行うことを監督するプロテクターを選任する。プロテクターは、委託者が作成するレター・オブ・ウィッシズ（Letter of wishes）に定められた委託者の意思に従い、受託者に指図等を行っていくことになる。

(c)　Step 3　受益権の寄贈
　甲は、設立した一般財団法人に、海外信託の受益権を寄贈する。

事例21　M&Aによる株式売却により得た資金を活用した公益事業　　533

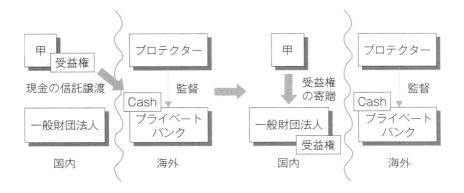

　なお、同じスキームを日本の商事信託を用いて組成することも考えられるが、本件のような受託者が受益内容の決定に関して広範な権限を有する信託（いわゆる裁量信託）については、現時点では、国内における実務の集積が海外に比べ十分とはいえないようである。また、日本の信託を利用する場合には、上記のプロテクターに類似する存在として信託監督人を指定することも考えられるが、信託監督人は委託者ではなく受益者のために受託者を監督する者であり、委託者の意思の貫徹という目的には必ずしも合致しないものと思われる。

(2)　スキームの特徴

　本スキームにおいては、公益事業を運営するための資金が甲の意思に従って活用されているかを受託者が監督することになる。さらに、海外の信託を利用することによって、受託者が信託事務を委託者の意思に従って適正に行っているかを監督するプロテクターを選任することができ、これによって、公益事業の運営につき、一般財団法人の理事・受託者・プロテクターという三重の監督が働くこととなる。

　小問1のスキームは、上述のとおり、甲の死後にその意思を十分に理解しない者が一般財団法人の理事となり、甲の意思に従った一般財団法人の運営がなされない可能性があるが、本スキームは、一般財団法人の理事だけでなく、受託者及びプロテクターによる監督も働くため、より確実に甲の意思を貫徹させる仕組みであるといえる。

(3) 留意点

(a) プロテクターの権限

上記のとおり、本スキームではプロテクターを選任することにより三重の監督を働かせることが可能であるが、プロテクターに与える権限を大きくすると、受託者が実質的にプロテクターのコントロール下に入ってしまうリスクがある。

また、逆に、プロテクターの権限を小さくし過ぎると、プロテクターが有名無実の存在となってしまい、本スキームの意義が失われてしまう可能性がある。

したがって、プロテクターにいかなる権限を与えるかについては、案件毎の個別事情を踏まえて慎重に検討する必要がある。

(b) 人選の困難性・コスト

監督の実効性を図るためには、一般財団法人の理事・受託者・プロテクターはそれぞれ異なるバックグラウンドを有するものを置くことが望ましいといえるが、そういった者を選任することが困難な場合もある。

また、このように、信託に関する当事者が多くなり、それぞれに報酬を支払う必要がありうることから、本スキームの運営には一定のコストがかかることが見込まれる。

(c) 信託の存続期間

いわゆる永久信託は多くの法域で禁止されていることもあることから、将来のいずれかの時点で信託が終了してしまう可能性が高い。信託を設定する際には、そのような制限がされる事態も想定しつつ、ストラクチャーを検討する必要がある。

小問 3

小問 2 の海外信託を活用したスキームの課税関係はどのようになるか。

結　論

甲による金銭の信託譲渡については、課税は生じない。甲から一般財団法人への受益権の寄贈に係る受贈益においては、一般財団法人について、非営利型法人要件（法令 3 Ⅰ 各号）並びに相続税法施行令 33 条 3 項及び 4 項の要件を満たすように設計することによって、課税を生じさせないことが可能である。

なお、外国法に基づく課税関係については別途の検討が必要である。

解 説

(1) 信託譲渡（Step 2）

　小問2のスキームの海外信託は、受益者等課税信託に該当するように（つまり、法人課税信託に該当しないように）設定する必要がある。この点、外国法準拠の信託については、日本法に準拠した信託のいずれの類型に類するものであるかどうかにより判断され、受益者等課税信託（パススルー信託）に該当する信託とされると、信託の受益者が信託財産に属する資産・負債を有するものとみなされる（所法13 Ⅰ本文）。その結果、委託者自身を受益者とする自益信託を設定するための信託譲渡については、税務上は資産の譲渡はなかったものとして取り扱われるため、課税は生じない。

　上記のとおり、Step 2において設定する海外信託は受益者等課税信託であり、また、甲を委託者兼受益者とする自益信託であるから、甲から受託者（プライベートバンク）に対する信託譲渡について、課税関係は生じない。

(2) 受益権の寄贈（Step 3）

(a) 甲の課税関係

　甲の一般財団法人に対する受益権の寄贈は、税務上、信託財産を贈与したものとみなされる。もっとも、信託財産は金銭であり、含み益はないから、寄贈により譲渡損益は生じず、甲に課税関係は生じない。

(b) 一般財団法人の課税関係

(i) 法人税の課税関係

　一般財団法人が以下の要件を全て満たす場合には、当該一般財団法人は非営利型法人に該当するため（法法2⑨の2イ、法令3 Ⅰ）、収益事業から生じた所得以外の所得について、法人税は非課税となる（法法7）。

> ① 剰余金の分配を行わないことを定款に定めていること。
> ② 解散したときは、残余財産を国・地方公共団体や一定の公益的な団体に贈与

536　第2部　プランニング編

することを定款に定めていること。
③　上記①及び②の定款の定めに違反する行為を行うことを決定し、又は行ったことがないこと。
④　各理事について、理事とその理事の親族等である理事の合計数が、理事の総数の3分の1以下であること。

　甲からの受益権の寄贈による受贈益は、収益事業から生じた所得には該当しないため、一般財団法人について①〜④の要件を全て満たすように設計をすることで、受贈益に対する法人税が生じないことになる。

(ii)　贈与税の課税関係

　甲から一般財団法人に対する受益権の寄贈は個人から法人に対する贈与であるため、原則として一般財団法人において贈与税は課されない。しかし、（一般財団法人を含む）持分の定めのない法人に対し財産の贈与があった場合において、当該贈与により、当該贈与をした者の親族等の相続税又は贈与税の負担が不当に減少する結果となると認められるときには、当該法人が個人とみなされ、贈与税が課されるものとされている（相法66Ⅳ）。

　この規定は、相続税又は贈与税の不当減少を要件としているところ、相続税法施行令33条3項及び4項に定める各要件を充足することで、相続税又は贈与税の負担が不当に減少する結果となると認められないものとされ（相令33Ⅲ、Ⅳ）、一般財団法人に贈与税課税が生じないことになる（詳細については、プランニング編事例7参照）。

──

小問4

　甲は、かつてシンガポールでの勤務経験があり、シンガポールの地域社会を支援するための公益事業の運営も検討している。シンガポールには、公益事業を運営するための組織形態としてどのようなものがあるか。

　　結　論

　シンガポールにおいては、チャリタブル・トラスト（Charitable Trust：慈善信託）を利用して公益事業を運営することが考えられる。

事例 21　M&A による株式売却により得た資金を活用した公益事業　　537

解　説

　公益事業を運営する際に用いる組織形態について、日本を含む大陸法系の国では財団を用いることが一般的であるが、英米法系の国においては、慈善目的の信託であるチャリタブル・トラストを用いることが一般的である。

　そこで、甲は、英米法系の国に属するシンガポールにおいては、金銭を信託財産とするチャリタブル・トラストを設定することによって、公益事業を運営することが考えられる。

　なお、チャリタブル・トラストにおいては、受託者による信託事務の監督を図るために、プロテクターを選任することができ、これにより、より甲の意思に沿った事業運営が可能となると考えられる。

小問 5

　小問 4 におけるチャリタブル・トラストを設定する際の課税関係はどのようになるか。

　　結　論

　チャリタブル・トラストは、受益者の存しない信託として、法人税法上の法人課税信託に該当し、信託財産に相当する金額の受贈益が計上され、法人税等が課税される（法法 4 の 6、22 Ⅱ）。

　そこで、信託譲渡する金銭について信託設定する前に国外財産化することにより、法人税法上の受贈益課税が生じないように設計することが考えられる。

　また、信託は相続税法上の法人には該当せず、原則として相続税法 66 条 4 項の適用はないと考えられる。

　その他、甲においては、チャリタブル・トラストに対する実質支配関係があるとされて、チャリタブル・トラストに生じる所得についてタックスヘイブン対策税制が適用されないように留意する必要がある。

　なお、シンガポール法に基づく課税関係については別途の検討が必要である。

538　第2部　プランニング編

解説

(1)　受託者の課税関係

(a)　法人税の課税関係

　チャリタブル・トラストは、一般的に受益者が特定されないものであるところ、このような信託は、日本の法人税法上、受益者が存しない信託として、法人課税信託に該当し（法法2㉙の2ロ）、受託者に対し、信託財産から生ずる所得について法人税等が課税されることとなる（法法4の6Ⅰ）。チャリタブル・トラストは、海外のプライベートバンク等を受託者とすることから、信託された営業所が国内にない場合に該当し、当該受託者は外国法人として法人税法の適用を受けるものと考えられる（法法4の7②）。その結果、チャリタブル・トラストの受託者は、国内源泉所得に限って課税されることとなる（法法9Ⅰ）。

　そこで、甲から受託者に対する金銭の信託譲渡により、受託者が国内源泉所得を有することとなるかが問題となる。この点、甲が当該金銭を国内口座から直接受託者に送金した場合には、受託者が信託譲渡により受ける利益は、国内源泉所得である「国内にある資産の贈与を受けたことによる所得」（法法138Ⅰ⑥、法令180②）に該当し、受託者は当該受贈益について日本の法人税等が課税されるものと考えられる（なお、日星租税条約において、受贈益が日本の国内源泉所得である場合には、受託者がシンガポール居住者であったとしても、日本で課税されることになるは居住地国課税になるものと考えられるため（日星租税条約21ⅢⅠ）、租税条約による免税もないと考えられる）。

　これに対し、甲が信託譲渡する前に、当該金銭を受託者の所在地に移転して、国外財産化したうえで信託譲渡をすれば、「国内にある資産」の贈与に該当しないため、受託者レベルでの受贈益課税は生じないものと考えられる。

(b)　贈与税の課税関係

　上記(a)で述べたとおり、チャリタブル・トラストが具体的な受益者が特定されていないものである場合には、日本の税務上、受益者が存しない信託として取り扱われる。受益者が存しない信託において、その受益者となる者が当該信託の委託者の親族である場合には、受託者に対して贈与税が課税される可能性がある（相法9の4）。しかし、チャリタブル・トラストは公益事業の運営を目的としているため、信託の委託者である甲の親族が受益者等になることは想定さ

れておらず、したがって、一般的には、チャリタブル・トラストの受託者に贈与税は課されないこととなる。

　もっとも、公益事業目的のチャリタブル・トラストに対する寄贈が、国内における公益事業を目的とする財団法人等への寄贈と実質的には同様であるとして、チャリタブル・トラストへの寄贈についても相続税法66条4項が適用されないかが問題となり得る。

　しかし、チャリタブル・トラストは、具体的な受益者が特定されていない場合に法人税法上の法人課税信託に該当し、法人課税信託の信託財産を、その受託法人の固有資産とは別に法人として取り扱うとしても、これはあくまで法人税法上の取扱いであり、相続税法66条4項の適用上、信託財産が法人に該当するとはされていない。したがって、チャリタブル・トラストは、相続税法66条4項に定める「持分の定めのない法人」にあたらないため、条文の文言上は同項の適用はないものと考えられる。

(2)　甲におけるタックス・ヘイブン対策税制による課税

　タックス・ヘイブン対策税制とは、外国法人の所得をその株主である日本の居住者又は内国法人の所得に合算して、日本の所得税又は法人税を課すという税制である。

　ある外国法人が同税制の対象となるか否かについて、平成29年度税制改正前は、居住者等と外国法人の資本関係のみに基づいて判定していたが、平成29年税制改正後は、資本関係がない場合であっても、居住者等と外国法人との間に居住者等による「実質支配関係」がある場合も、合算の対象となることとされた（措法40の4Ⅰ②）。具体的には、居住者等が外国法人との間に、①居住者等が外国法人の残余財産の概ね全部について分配を請求する権利を有している場合、②居住者等が外国法人の財産の処分の方針の概ね全部を決定することができる旨の取決めをしている場合、又は③これらに類する事実がある場合（いずれも、当該外国法人の行う事業から生ずる利益の概ね全部が、経済的利益の給付として、当該居住者等以外の者に金銭等により交付されることとなっている場合を除く）は、当該居住者等と当該外国法人との間に実質支配関係があるものとされ、当該外国法人はタックス・ヘイブン対策税制の適用対象となる（措法40条の4Ⅱ⑤、措令25の21Ⅰ）。

　甲が、チャリタブル・トラストを用いて公益事業を運営する場合には、その

意思に沿った運営を確保するために、甲自身がその財産の処分の方針の大部分を決定できることとする取決めをすることが考えられる。しかし、その場合には、甲とチャリタブル・トラストとの間に、上記②の関係があるものとして、チャリタブル・トラストがタックス・ヘイブン対策税制の適用対象とされ、チャリタブル・トラストの所得が甲の所得に合算され、甲に税負担が生じる可能性がある。そこで、チャリタブル・トラストの行う事業から生ずる利益の概ね全部を、甲以外の者に交付されるようにする（例えば、信託契約において、利益が甲に交付されないように規定する）ことにより、「当該外国法人の行う事業から生ずる利益のおおむね全部が、経済的利益の給付として、当該居住者等以外の者に金銭等により交付されることとなっている場合」という適用除外要件を満たし、甲の所得への合算がされないようにすることも考えられる。

　このように、チャリタブル・トラストの設定に際しては、タックス・ヘイブン対策税制との関係についても慎重な検討を要する。

コラム　ファミリービジネス

　一般に、日本で行われている事業承継においては、一人の後継者に支配権をどのようにして集約させるか、という点に重きが置かれている。これを実現する典型的な方法としては、株式を後継者のみが相続する、というものが考えられる。また、非後継者である相続人の遺留分に配慮して、信託や種類株式を活用して「財産権」と「議決権」を分離し、議決権を後継者に集約することで上記の目的を達成しつつ、財産権については非後継者にも享受できるような形でのプランニングが行われることもある。

　このように支配権を1人の後継者に集約するプランニングには、経営の安定性を高めるメリットがある反面、会社の経営や配当方針などへの発言権がない非後継者から不満が生じる可能性があり、最悪の場合、親族間の紛争に発展し、会社の事業価値が大きく毀損する可能性すらある。

　この点、欧米では、上記のような「支配権集約型」から「ファミリーガバナンス型」に移行しているオーナー家が増えているといわれている。すなわち、株式を一人の後継者に集約せず、分散して保有し、ファミリーにおけるルール（ファミリー憲章やファミリー規約等）の下、ファミリーの中から民主的な手続きにより選出されたメンバーが、委員会、評議会等の組織を構成し、会社経営に関与していくというものである。「ファミリーガバナンス型」のコンセプトは、ファミリー全体で会社の発展に貢献するという点である。

　「ファミリーガバナンス型」の一例を示すと以下のとおりである。

事例 21　M&A による株式売却により得た資金を活用した公益事業　541

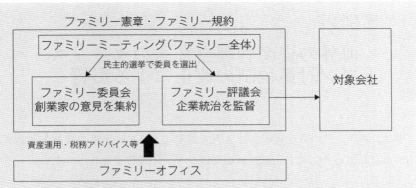

　このような仕組みは欧米の法制度、税制度のもとで行われているものであって、制度の異なる日本のオーナー家に直接あてはめることはできない。しかし、日本法の下においても、各ファミリーの理念や実態に応じて、民法や信託法、会社法等の各種法制度を複合的に活用することで、「ファミリーガバナンス型」の事業承継を実現することが可能であると考えられる。

事例 22
海外の資産管理会社へのタックス・ヘイブン対策税制の改正による影響

　甲は、オランダの資産管理会社 A 社を通じて、日本の上場会社 B 社の株式を 15% 保有している。なお、A 社は従業員やオフィス等を有していない。

　A 社が B 社から配当を受領した場合、及び A 社が B 社株式を譲渡した場合、A 社は甲の外国子会社であることから、これらによる A 社の所得についてタックス・ヘイブン対策税制が適用され、甲が課税される可能性がある。そこで、本事例ではタックス・ヘイブン対策税制の適用関係について検討する。

　この点、タックス・ヘイブン対策税制は平成 29 年度税制改正により大きく改正されているため、改正に伴う影響の検証が、資産管理会社のストラクチャリングにおいて極めて重要となる。そこで、以下では改正前と改正後の双方について検討をした上で、改正後を見据えた対応についても検討する。

　なお、改正法が適用されるのは、A 社（対象となる外国法人）の 2018 年 4 月 1

日以後に開始する事業年度からであり、それまでの事業年度については改正前の税制が適用される。したがって、例えば、A社の事業年度開始日が1月1日の場合には、2019年1月1日からの事業年度から改正後の税制が適用され、それより前の事業年度については引き続き改正前の税制が適用される。

小問1

平成29年度税制改正前のタックス・ヘイブン対策税制の適用関係はどのようになっているか。

結　論

A社の所得がB社からの配当のみの場合には、A社の租税負担割合は25%（オランダの法人税の法定税率）であることから、A社はタックス・ヘイブン対策税制における特定外国子会社等に該当しないため、タックス・ヘイブン対策税制の適用を受けることはない。

一方で、A社の所得にB社株式の譲渡益があり、これによりA社の租税負担割合が20%未満になる場合には、A社がタックス・ヘイブン対策税制の適用除外要件を満たさない限り、甲はタックス・ヘイブン対策税制の適用を受けることになる。

解　説

(1)　タックス・ヘイブン対策税制とは

タックス・ヘイブン対策税制は、外国子会社の所得をその株主である日本の個人又は内国法人の所得に合算して、日本の所得税又は法人税を課すという税制である。

株主が個人の場合について具体的に説明すると、「特定外国子会社等」、すなわち、①外国関係会社（居住者及び内国法人並びに特殊関係非居住者が直接・間接に50%超の株式を有する外国法人）のうち②租税負担割合が20%未満であるものについて、居住者である個人が、同族株主グループに属するその他の者と合わせて株式を10%以上保有する場合には、その特定外国子会社等の所得（適用対象金額）のうち当該居住者が保有する株式に応じた部分の金額（課税対象金額）を、当該居住者の「雑所得」に合算する、というものである（旧措法40の5Ⅰ）。

(2) Ａ社が「特定外国子会社等」に該当するか

(a) 「特定外国子会社等」の判定の概要

ここでの論点は、本事例において、オランダ法人であるＡ社が「特定外国子会社等」に該当するかである。

まず、Ａ社は甲が100％株式を保有する外国法人であるから、①の外国関係会社に該当する。

一方、②の外国関係会社の租税負担割合は、原則として、以下の算式で判定される（旧措令25の19Ⅰ・Ⅱ）。

$$租税負担割合 = \frac{\begin{array}{c}外国法人税の額 \\ （その事業年度の所得の金額につき、その本店所在地国又はそ \\ れ以外の国において課される外国法人税の額） \\ ※税額控除等の一定の調整を加える\end{array}}{\begin{array}{c}所得の金額 \\ （その事業年度の決算に基づく所得金額につき、その本店所在 \\ 地国の外国法人税に関する法令の規定により計算した所得の金 \\ 額） \\ ※本店所在地国における非課税所得の加算等の一定の調整を行 \\ う\end{array}}$$

本事例のＡ社の租税負担割合も、原則として上記の計算式により判定される。

(b) Ａ社の所得がＢ社からの配当のみの場合

租税負担割合の計算上、受取配当の取扱いについては留意を要する。すなわち、Ａ社がＢ社から受け取る配当は、オランダ税法上の資本参加免税によりオランダにおいて非課税所得に該当すると考えられる。上記計算式の分母の※のとおり、Ａ社のオランダにおける非課税所得は、租税負担割合の計算上、原則として、分母の所得の金額に加算することになるが、配当に関しては、二重課税排除の観点から、加算される非課税所得から除かれているため、非課税である受取配当の額は分母に加算されない（旧措令25の19Ⅱ①イ但書）。

そのため、Ａ社の非課税所得がＢ社からの配当のみであるとすれば、Ａ社の租税負担割合は基本的にオランダの法人税の法定税率である25％ということになる。

この点、Ａ社は資産管理会社であるためＢ社からの配当以外の所得が一切な

い場合も想定されるが、その場合のA社の租税負担割合は、上記計算式による
のではなく、当該配当以外の収入金額から所得が生じたとした場合にその所得
に対して適用される本店所在地国の外国法人税の税率により判定するとされて
いる（旧措令25の19Ⅳ）。したがって、その場合もA社の租税負担割合はオラ
ンダの法人税の法定税率である25％となる。

　したがって、本事例では、A社の所得がB社からの配当のみの場合、A社の
租税負担割合は25％となり②の要件を欠くため、A社は「特定外国子会社等」
に該当しない。よって、A社はタックス・ヘイブン対策税制の適用を受けるこ
とはないと考えられる。

(c)　A社の所得にB社株式の譲渡益がある場合

　一方で、A社がB社株式を譲渡した場合、当該株式の譲渡益はオランダの資
本参加免税の適用により非課税になると考えられる。そして、A社の租税負担
割合の計算上、かかる譲渡益は非課税所得として分母に加算されるため、租税
負担割合が20％未満になる可能性がある。A社の租税負担割合が20％未満に
なる場合には、A社はタックス・ヘイブン対策税制における特定外国子会社等
に該当することになる。

　この場合には、A社がタックス・ヘイブン対策税制の適用除外要件（下記(3)参
照）を満たさない限り、A社はタックス・ヘイブン対策税制の適用を受け、甲は
課税対象金額を雑所得の金額に合算することになる。なお、この場合には、A
社がB社から受け取る配当についても、A社のB社に対する持分割合が15％
であり合算から除外される子会社配当の要件（25％以上を6か月保有）（旧措令39
の15Ⅰ④）を満たさないことから、甲が合算課税を受ける課税対象金額に含ま
れることになる。

(3)　適用除外基準

　適用除外要件とは、以下の4つを全て満たした場合に充足される（旧措法40
の4Ⅲ）。

① 　事業基準

　　主たる事業が、株式（被統括会社の株式を除く）及び債券の保有、工業所
　有権等若しくは著作権の提供又は船舶若しくは航空機の貸付けでないこと。

546　第2部　プランニング編

② 実体基準

その本店等の所在する国等に、その主たる事業を行うに必要と認められる事務所等の固定的施設を有していること。

③ 管理支配基準

その本店所在地国において、その事業の管理・支配及び運営を自ら行っていること。

④ 以下の所在地国基準又は非関連者基準のいずれかの基準を満たすこと（いずれの基準が適用されるかは主たる事業の内容による）

所在地国基準：事業を主としてその本店所在地国で行っていること。

非関連者基準：非関連者（被統括会社を含む）との取引が50％超であること。

もっとも、A社は従業員やオフィス等を有していないことから、A社が適用除外要件を満たすことは困難であると考えられる。

小問2

平成29年度税制改正によるタックス・ヘイブン対策税制の主な改正内容はどのようなものか。

結　論

主な改正は次のとおりである。

(1) 合算対象とされる外国法人の判定方法等

(2) 会社単位の合算課税（租税負担割合が20％未満）に関する改正

(3) 一定の所得（受動的所得）の部分合算課税に関する改正

(4) 特定の会社単位の合算課税（ペーパーカンパニー等）の創設

改正法は、外国関係会社の2018年4月1日以後に開始する事業年度から適用される。

解　説

平成29年度税制改正によるタックス・ヘイブン対策税制の主な改正内容は、次のとおりである。

(1)　合算対象とされる外国法人の判定方法等

　第1に、タックス・ヘイブン対策税制の適用判定に実質的な影響を与えるものではないものの、判定の仕組みが一部変更された。すなわち、改正前は、「外国関係会社」（居住者及び内国法人並びに特殊関係非居住者が直接・間接に50％超の株式を有する外国法人）のうち租税負担割合が20％未満であるものを「特定外国子会社等」と定義して、その特定外国子会社等を合算課税の対象主体としたが、改正後は、合算課税の対象主体か否かの段階での租税負担割合の判定は廃止され、「外国関係会社」が合算課税の対象主体と位置付けられている。なお、租税負担割合が20％以上であることがタックス・ヘイブン対策税制に基づく会社単位の合算課税の適用を受けないための要件として規定されたため（措法40の4Ⅴ②）、冒頭で述べたとおり、この改正はタックス・ヘイブン対策税制の適用判定に実質的な影響を与えるものではない。

　第2に、外国関係会社の判定において間接保有の持株割合を計算する方法につき、改正前はいわゆる掛け算方式を用いて行われていたが、改正後は50％超の株式等の保有を通じた連鎖関係の有無によって行うこととされた（措法40の4Ⅱ①イ、措令25の19の2Ⅱ）。

　第3に、改正前は居住者等と外国法人の資本関係のみに基づいて外国関係会社を判定していたが、改正後は、資本関係はないものの、契約関係等により子会社を実質支配しているといえる場合にも「外国関係会社」に該当することとなる。具体的には、居住者等と外国法人との間にその居住者等がその外国法人の残余財産のおおむね全部を請求することができる等の関係がある場合には、その外国法人は「外国関係会社」に該当することとなる（措法40の4Ⅱ①ロ・⑤）。これは、チャリタブル・トラストを利用した租税回避を防止するためのものとされている。

(2)　会社単位の合算課税（租税負担割合が20％未満）に関する改正

　外国関係会社のうち「経済活動基準」を満たさない外国関係会社（対象外国関係会社）は、租税負担割合が20％以上である場合を除き、会社単位の合算課税を受けることとされた（措法40の4Ⅰ・Ⅱ③・Ⅴ②）。

　この「経済活動基準」とは、改正前の制度における適用除外要件（小問1の(3)

参照）を基本的に踏襲している（措法 40 の 4 II ③）。

(3)　一定の所得（受動的所得）の部分合算課税に関する改正

　改正後において、外国関係会社は、経済活動基準を満たす場合であっても、受動的所得（いわゆるパッシブな所得）を有するときは、「部分対象外国関係会社」として、受動的所得につき部分的に合算課税を受けることとされた（措法 40 の 4 II ⑥・VI）。改正前も、適用除外要件を満たす特定外国子会社等がパッシブな所得（資産性所得）を有する場合には、資産性所得につき合算課税を受けることとされていたが、合算対象となる範囲が改正により大幅に拡充されている。

　受動的所得とは、大要、剰余金の配当等（持分割合 25％以上等の法人の株式等に係るものを除く）、受取利子等（グループファイナンス等に係るものを除く）、有価証券の貸付の対価、有価証券の譲渡損益（持分割合 25％以上等の法人の株式等に係るものを除く）、デリバティブ取引（ヘッジ目的に係るものを除く）、外国為替差損益（事業の通常過程で生じるものを除く）、無形資産等の譲渡損益（自ら行った研究開発等に係るものを除く）、固定施設の貸付の対価（本店所在地国において使用に供されるものに係るものを除く）、無形資産等の使用料（自ら行った研究開発等に係るものを除く）、異常超過利益（利益の額から上記の所得種類の所得の合計額及び総資産の額、減価償却累計額及び人件費の額の合計額の 50％を控除した残額）とされている（措法 40 の 4 VI）。

(4)　特定の会社単位の合算課税（ペーパー・カンパニー等）の創設

　改正前は、外国関係会社の租税負担割合が 20％以上であれば合算課税の対象とはなることはなかったが、改正後は、外国関係会社が、いわゆる「ペーパー・カンパニー」、「事実上のキャッシュ・ボックス」又は「ブラック・リスト国所在法人」のいずれかに該当する場合、外国関係会社の租税負担割合が 30％以上であるときを除き、会社単位の合算課税の対象となる（措法 40 の 4 I・V ①）。

　「ペーパー・カンパニー」とは、次の①、②の要件をいずれも満たさない外国関係会社をいう（措法 40 の 4 II ② イ）。

　① 　その主たる事業を行うに必要と認められる事業所等の固定施設を有していること（実体基準）。

　② 　その本店所在地国においてその事業の管理、支配及び運営を自ら行っていること（管理支配基準）。

「事実上のキャッシュ・ボックス」とは、総資産に占める受動性所得の割合が30％を超える外国関係会社（総資産の額に対する有価証券、貸付金及び無形固定資産等の合計額の割合が50％を超える外国関係会社に限る）とされている（措法40の4Ⅱ②ロ）。

「ブラック・リスト国所在法人」とは、租税に関する情報の交換に非協力的な国又は地域として財務大臣が指定する国又は地域に本店等を有する外国関係会社とされている（措法40の4Ⅱ②ハ）。なお、この財務大臣による指定は、OECDが公表しているブラック・リストの掲載国・地域を参考にして指定されるとされている。現在はトリニダード・トバゴのみがOECDによりブラック・リストに掲載されている。

小問3

平成29年度税制改正による課税上の影響はどうか。また、これらの影響への対処法はあるか。

結　論

A社がペーパー・カンパニーに該当すると、A社の所得が配当のみである場合であっても合算が生じる。ペーパー・カンパニーでない場合でも、A社に譲渡益があり、これにより租税負担割合が20％未満となる場合には、経済活動基準を満たしたとしても合算されることとなる。

対処法としては、A社がペーパー・カンパニーに該当しないようにするとともに、譲渡益が生じる場面に備え、株式の譲渡益に対して20％以上で法人税が課される国・地域に資産管理会社が保有する株式を現物出資等で移すことや、クロスボーダー・マージャーを用いてB社株式の帳簿価額をステップ・アップさせることが考えられる。

解　説

(1) 平成29年度のタックス・ヘイブン対策税制の改正による課税上の影響

(a) A社の所得が配当のみの場合

改正後は、A社が「ペーパー・カンパニー」に該当する場合には、A社の所得

が配当のみであっても、オランダの法人税の法定税率が25％であることから租税負担割合が30％以上である場合に該当しないため、タックス・ヘイブン対策税制が適用され、甲はA社に係る課税対象金額の合算を受けることになる（すなわち、A社の配当に係る所得が雑所得として甲の所得に合算して所得税が課される）。

　これに対し、A社が「ペーパー・カンパニー」に該当しない場合、A社の所得が配当のみであれば、A社の租税負担割合はオランダの法人税の法定税率である25％となり、租税負担割合が20％以上となる。したがって、甲は、会社単位の合算課税（租税負担割合が20％未満）と受動的所得の合算課税のいずれの適用も受けない（A社の所得が配当のみの場合の租税負担割合の考え方については、小問1の(2)参照）。

(b)　A社の所得にB社株式の譲渡益がある場合

　A社の所得にB社株式の譲渡益がある場合において、A社がペーパー・カンパニーに該当するときは、上記①と同様に、タックス・ヘイブン対策税制が適用され、甲はA社に係る課税対象金額の合算を受けることになる。なお、この場合、A社のB社に対する持分割合が15％であり合算から除外される子会社配当の要件（25％以上を6か月保有）（措令37条の15 I ④）を満たさないことから、課税対象金額にはA社がB社から受け取る配当も含まれることになる。

　また、A社がペーパー・カンパニーに該当しない場合においても、当該譲渡益がオランダで課税されず、A社の租税負担割合が20％未満になるときは、会社単位の合算課税（租税負担割合が20％未満）の適用を受け、譲渡益及び配当を含む全ての所得が課税される可能性がある。また、たとえA社が経済活動基準を充足し会社単位の合算課税（租税負担割合が20％未満）を免れたとしても、A社のB社に対する持分割合が15％に過ぎないことから、当該譲渡益は部分合算課税の対象である受動的所得（持分割合25％未満の法人の株式等に係る譲渡益）に該当し、当該譲渡益につきタックス・ヘイブン対策税制の部分合算課税の適用を受けることになる。さらに、この場合において、譲渡益のほかに、B社からの受取配当があるときは、A社のB社に対する持分割合が15％に過ぎないことから、当該配当も受動的所得（持分割合25％未満の法人の株式等に係る配当）に該当し、当該配当についてもタックス・ヘイブン対策税制の部分合算課税の適用を受けることになる。

（c） 小括

以上のとおり、改正前は、A社が配当を受領するだけの場合には合算は生じ
ず、また、譲渡益を有しこれにより租税負担割合が20％未満となる場合であっ
ても、A社が適用除外要件を満たせば会社単位の合算を受けることはなく、ま
た、パッシブな所得としての合算課税を受けることもなかった。しかし、改正
後は、A社がペーパー・カンパニーに該当すると、A社の所得が配当のみであ
る場合であっても配当が課税されることとなった。さらに、A社がペーパー・
カンパニーでない場合でも、A社に譲渡益があり、これにより租税負担割合が
20％未満となるときは、A社は会社単位の合算課税（租税負担割合が20％未満）
の適用を受ける可能性があり、経済活動基準を満たしたとしても、譲渡益と受
取配当は受動的所得として部分合算課税の適用を受け、譲渡益及び配当を含む
全ての所得が課税されることとなる。

（2） 考えられる対処方法

（a） ペーパー・カンパニーに該当しないための対応策

（i） 対応策の概要

A社がペーパー・カンパニーに該当しないようにすれば、A社の所得が受取
配当のみであれば、タックス・ヘイブン対策税制の合算課税の適用を受けるこ
とはない。

A社がペーパー・カンパニーに該当しないとされるためには、次のいずれか
を充足する必要がある。

- 事業を行うに必要と認められる事務所等の固定施設を設ける〔実体基準〕
- オランダで事業の管理、支配及び運営を自ら行う〔管理支配基準〕

（ii） 実体基準について

このうち、「実体基準」については、国税庁が公表したタックス・ヘイブン対
策税制に関するQ&Aにおいて、「外国関係会社の有する固定施設が、①主たる
事業に使用されていない場合や、②主たる事業を行うために必要と認められな
いものである場合には、実体基準を満たさないことになります。更に、主たる事
業が人の活動を要しない事業である場合には、主たる事業を行う必要と認めら
れ固定施設を有していないこととなります」とされている点に留意が必要であ
る[1]。

552 第 2 部 プランニング編

このQ&Aによると、資産管理会社としてのA社の事業が人の活動を要しない事業であるとされた場合には、実体基準を満たすことができないということになる。

(iii) 管理支配基準について

また、管理支配基準については、上記Q&Aにおいて、「法人の事業について管理、支配及び運営を行うということの意味は、法人が事業を行うに当たり事業方針や業績目標などを定め、それらを達成するために、事業計画等を策定するなど、事業をどのように運営していくかを決定し、それらに基づき、裁量をもって事業を執行することと考えられます」とされており、また、「管理支配基準における『自ら』行うということは、外国関係会社が事業の管理・支配・運営を自ら行うことを意味するものであることから、その行為の結果と責任等が外国関係会社自らに帰属することであると考えられます」とされている[2]。

また、上記Q&Aによれば、「外国関係会社の役員が、名義だけの役員や、不特定多数の会社のために業として行う役員のみである場合には、一般的にはその役員が外国関係会社の事業計画の策定等を行っておらず、職務を執行していないと考えられるため、外国関係会社は自ら事業の管理、支配及び運営を行っていないものと考えられます」とされているため、A社の役員が単なる名義だけである場合や、役員派遣サービス会社からの派遣に過ぎない場合には、管理支配基準を満たさないとされる可能性がある。

(b) 受動的所得の合算課税等を受けないための対応策

(i) 租税負担割合を20%以上にする方法

上記(1)で検討したとおり、A社の所得に譲渡益がある場合には、A社の租税負担割合が20%未満になることにより、A社は会社単位の合算課税（租税負担割合が20%未満）の適用を受ける可能性があり、経済活動基準を満たしたとしても、譲渡益と受取配当は受動的所得として合算されることとなる。

そこで、これらの合算課税を受けないようにするために、A社の租税負担割合を20%以上にすることが考えられる。その方法としては、例えば、株式の譲

---

1) 国税庁「平成29年度改正　外国子会社合算税制に関するQ&A」7頁（http://www.nta.go.jp/law/joho-zeikaishaku/hojin/180111/pdf/01.pdf）。

2) 上記Q&A 10頁。

渡益に対して20％以上で法人税が課される国・地域（タイ等）に、資産管理会社が保有する株式等を現物出資等により移すことが考えられる（以下のスキーム図参照）。

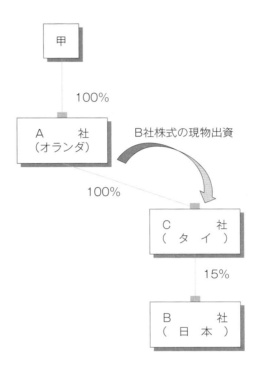

但し、かかる現物出資等が租税回避行為であると税務当局にみなされないように、現物出資等は合理的な事業上の目的の下に行われることが望ましいと考えられる。

(ii) クロスボーダー・マージャーを用いる方法

外国には、自国の法人と他の国の法人との間の合併を可能とする法制の国が存在する（オランダ等）。このように、国をまたいだ合併をクロスボーダー・マージャーという。このクロスボーダー・マージャーを用いて、A社に生じるB社株式の譲渡益がタックス・ヘイブン対策税制の適用により甲の所得に合算されるという問題を解消することが考えられる。

本事例において、オランダ法人であるA社が、A社の100子会社である英国

法人のD社との間で、A社を消滅会社、D社を存続会社とするクロスボーダー・マージャーを行った場合（以下のスキーム図参照）、クロスボーダー・マージャーが日本の適格合併に該当すれば、合併によるB社株式の譲渡益はタックス・ヘイブン対策税制の適用による合算課税を受けることなく、B社株式はD社に承継される。そして、英国税法上、D社がB社株式を時価で受け入れる場合には、D社のB社株式取得価額は、クロスボーダー・マージャーの時点におけるB社株式の時価となる。そのため、その後、D社がB社株式を第三者に譲渡する場合に、B社株式の譲渡益がタックス・ヘイブン対策税制の適用により甲の所得に合算されるとしても、譲渡益はクロスボーダー・マージャー以降の値上がり益のみに限定され、クロスボーダー・マージャーまでの含み益が日本で合算課税を受けることはないものと考えられる。

このように、クロスボーダー・マージャーを利用してB社株式の帳簿価額をステップ・アップさせることによって、甲はB社株式の譲渡益の合算課税を受けないようにすることが可能と考えられる。

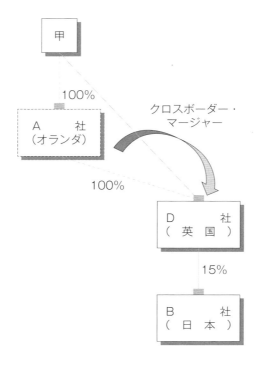

但し、かかるクロスボーダー・マージャーが租税回避行為であると税務当局にみなされないように、クロスボーダー・マージャーは合理的な事業上の目的の下に行われることが望ましいと考えられる。

地域統括業務を行っていた外国子会社の所得について、タックス・ヘイブン対策税制の適用による合算課税が否定され納税者が勝訴した事例

デンソー事件（最判平成29年10月24日民集71巻8号1522頁、名古屋高判平成28年2月10日月報62巻11号1943頁、名古屋地判平成29年9月4日訴月62巻11号1968頁）

（事案の概要）

日本法人X社は、自動車関連部品の製造販売事業等をグローバルに展開する日本の株式会社であり、シンガポール法人A社（本件で問題となった外国法人）の株式を100％保有していた。A社は、X社グループのASEAN地域の統括会社として、ASEAN諸国等に存する子会社13社及び関連会社3社の株式を保有していた。

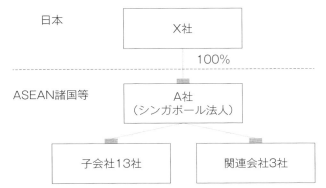

A社は、これらの株式保有に関する業務を行うとともに、これらのグループ会社を統括する地域統括業務（集中生産・相互補完体制を強化し、A社の統括する各拠点の事業運営の効率化やコスト低減を図ることを目的とする、地域企画、調達、財務、材料技術、人事、情報システム及び物流改善に関する業務）等を行っていた。このような状況のもとで、課税庁は、X社に対しタックス・ヘイブン対策税制を適用し、A社の所得（課税対象留保金額）をX社の所得に合算する更正処分を行った。これに対し、X社は当該更正処分の取消しを求め訴訟提起した。

（主な争点）

本件は平成29年度税制改正前の事案であり、A社の租税負担割合は20％未満であったことから、A社が適用除外基準を満たす場合を除き、X社はA社の所得について会社単位の合算課税を受けることになる。そこで、本事案の争点は、A社が適用除外基準を満たすか否か、であった（適用除外基準の詳細は**事例22 小問1(3)参照**）。

556　第2部　プランニング編

　とりわけ問題となったのは、Ａ社が子会社・関連会社の株式を保有していたことから、Ａ社の主たる事業は株式保有業であり、適用除外基準のうち「事業基準」を満たすことができないのではないか、という点であった。国側がこのように主張したのに対し、Ｘ社は、Ａ社の主たる事業は、株式保有業ではなく、地域統括業務であるから、Ａ社は事業基準を満たしている、と主張して争った。

　なお、平成22年度税制改正により、株式の保有を主たる事業とする場合であっても、いわゆる「統括会社の特例」の要件を満たす外国子会社については、事業基準を充足できることになったが、本件で問題となった課税年度は同特例の導入前であったため、Ｘ社はＡ社について同特例の適用を主張することができなかった。

　（結論・判旨）　納税者勝訴（高裁では納税者が敗訴していたが、最高裁で納税者が逆転勝訴）

　最高裁は、Ａ社の主たる事業は、株式保有業ではなく、地域統括業務であるから事業基準を満たすと判断し、その他の基準も満たすため、Ａ社は適用除外基準を充足すると判示して、Ｘ社を勝訴させた。このうち、事業基準の充足に関する判断は以下のとおりである。

　まず、最高裁は、株式保有業と地域統括業務の関係について、海外法人の株式を保有する者は、利益配当請求権等の自益権や株主総会の議決権等の共益権といった株主権の行使により海外法人の経営を支配・管理するものであるが、Ａ社の行っていた地域統括業務は、株主権の行使や株式の運用に関連する業務等とは異なる独自の目的、内容、機能等を有することから、株式保有業に包含されるものではなく、別個の事業であると判示した。

　そのうえで、「主たる事業」の判定にあたっては、「主たる事業は、特定外国子会社等の当該事業年度における事業活動の具体的かつ客観的な内容から判定することが相当であり、特定外国子会社等が複数の事業を営んでいるときは、当該特定外国子会社等におけるそれぞれの事業活動によって得られた収入金額又は所得金額、事業活動に要する使用人の数、事務所、店舗、工場その他の固定施設の状況等を総合的に勘案して判定するのが相当である」としたうえで、以下の事情を総合的に勘案して、Ａ社の地域統括業務は、相当の規模と実体を有するものであり、事業活動として大きな比重を占めていたとして、Ａ社の「主たる事業」は地域統括業務であると判示した。

　⒤　Ａ社は豪亜地域における地域統括会社として、域内グループ会社の業務の合理化、効率化を図ることを目的として、多岐にわたる地域統括業務を行っていたこと
　⒥　地域統括業務の中の物流改善業務に関する売上高は収入金額の約85％に上っていたこと
　⒦　所得金額では保有株式の受取配当の占める割合が8、9割であったものの、配当収入の中には地域統括業務によってグループ内で原価率が低減した結果生じた利益が相当程度反映されていること
　⒧　現地事務所で勤務する従業員の多くが地域統括業務に従事していたこと

(ⅴ)　A 社の保有する有形固定資産の大半が地域統括業務に供されていたものであること

（実務上のポイント）

　本判決は、外国子会社が関連会社等の株式を保有するとともに地域統括業務を営んでいる場合において、株式保有業ではなく地域統括業務がその外国子会社の「主たる事業」であると捉えることにより、事業基準ひいては適用除外基準（現在の経済活動基準）を満たす余地を認めたものとして重要であると考えられる。タックス・ヘイブン対策税制については、平成 29 年度税制改正により大幅な改正が行われたが（改正の詳細については**事例 22 小問 2 参照**）、事件当時の適用除外基準の内容は現在の経済活動基準に引き継がれているため、本判決の判示は平成 29 年度税制改正後のタックス・ヘイブン対策税制にも妥当すると考えられる。

　この点、（事案の概要）にも記載したとおり、平成 22 年度税制改正により、株式の保有を主たる事業とする場合であっても、いわゆる「統括会社の特例」の要件を満たす外国子会社については、事業基準を充足できることになり、平成 29 年度税制改正後も同特例は存在する。そこで、同特例と今回最高裁が認めた地域統括業務による事業基準の充足との関係が問題となる。

　この点について、最高裁は、「〔統括会社の特例〕によって事業基準を満たすことになる統括会社は、もともと株式等の保有を主たる事業とするものであって……、それ以外の統括会社はその対象となるものではないから、……統括業務が株式の保有に係る事業に包含される関係にあるものということはできない」と判示し、地域統括業務を主たる事業とする外国子会社と、株式保有業を主たる事業としつつ統括会社の特例を満たす外国子会社を、別個の類型として捉えている。そのため、統括会社の特例が存在する現在においても、地域統括業務が主たる事業であるとして事業基準を満たす余地があるが、多くのケースでは、統括会社の特例によって事業基準を満たす事例が多いのではないかと考えられる。

　もっとも、「外国子会社が日本企業の 100％子会社でない場合（JV、少数株主がいる場合等）」や「外国子会社の株主が日本企業ではなく日本の個人の場合（オーナー企業のオーナーが直接外国子会社の株式を保有する場合等）」には、統括会社の特例の要件を満たすことができないため、そのようなケースでは今回最高裁が認めた地域統括業務によって事業基準を満たすことが考えられる。この点においてデンソー事件は実務上重要な意義を有していると考えられる。

●事項索引

◆ あ行

後継ぎ遺贈型受益者連続信託⋯⋯⋯⋯226
遺言⋯⋯⋯⋯⋯⋯⋯⋯⋯⋯⋯⋯⋯4
　　──執行者⋯⋯⋯⋯⋯⋯⋯⋯⋯6
　　──代用信託⋯⋯⋯⋯⋯⋯⋯⋯225
　　──に関する準拠法⋯⋯⋯⋯⋯17
　　──の撤回⋯⋯⋯⋯⋯⋯⋯⋯⋯7
遺産分割協議⋯⋯⋯⋯⋯⋯⋯⋯⋯8
遺贈⋯⋯⋯⋯⋯⋯⋯⋯⋯⋯⋯⋯4
委託者⋯⋯⋯⋯⋯⋯⋯⋯⋯209, 230
著しく少数の者から株券等の買付け等⋯157
著しく低い価額⋯⋯⋯⋯⋯⋯⋯⋯43
一般財団法人⋯⋯⋯⋯⋯⋯277, 530
一般社団法人⋯⋯⋯⋯⋯⋯277, 482
　　──のガバナンス⋯⋯⋯⋯⋯483
移転価格税制⋯⋯⋯⋯⋯⋯⋯⋯512
遺留分⋯⋯⋯⋯⋯10, 39, 226, 338, 498
　　──減殺請求⋯⋯⋯⋯⋯⋯⋯338
　　──減殺請求権⋯⋯⋯⋯⋯⋯12
　　──放棄⋯⋯⋯⋯⋯⋯⋯⋯500
インサイダー取引規制⋯⋯144, 168, 245
売出し⋯⋯⋯⋯⋯⋯⋯⋯⋯⋯166
売主追加請求⋯⋯⋯⋯⋯⋯⋯⋯197
営利目的⋯⋯⋯⋯⋯⋯⋯⋯⋯⋯236
エクイティ・デリバティブ⋯⋯⋯528
オウブンシャホールディング事件⋯94, 148
大株主の状況⋯⋯⋯⋯⋯⋯⋯⋯136
親会社⋯⋯⋯⋯⋯⋯⋯⋯⋯⋯191
　　──株式の評価⋯⋯⋯⋯413, 419
　　──等状況報告書⋯⋯⋯⋯⋯189

◆ か行

海外信託⋯⋯⋯⋯⋯⋯⋯⋯⋯⋯532
海外への本社機能の移転⋯⋯⋯⋯502
会計監査人⋯⋯⋯⋯⋯⋯⋯282, 283
外国信託⋯⋯⋯⋯⋯⋯⋯⋯⋯⋯271
外国税額控除⋯⋯⋯⋯⋯⋯⋯⋯26
会社関係者⋯⋯⋯⋯⋯⋯⋯⋯169
会社区分⋯⋯⋯⋯⋯⋯⋯⋯⋯66
買付け等⋯⋯⋯⋯⋯⋯⋯⋯⋯155

貸株⋯⋯⋯⋯⋯⋯⋯⋯⋯⋯⋯528
過少資本税制⋯⋯⋯⋯⋯⋯⋯⋯513
課税時期前の資産構成の変動⋯⋯73
過大な役員給与⋯⋯⋯⋯⋯⋯⋯450
過大利子支払税制⋯⋯⋯⋯⋯⋯513
合併⋯⋯⋯⋯⋯⋯⋯⋯⋯⋯⋯455
株券等⋯⋯⋯⋯⋯⋯⋯⋯⋯⋯156
株券等所有割合⋯⋯⋯⋯⋯⋯⋯161
株券等保有割合⋯⋯⋯⋯⋯⋯⋯187
株式交換⋯⋯⋯⋯⋯⋯⋯312, 455
株式等売渡請求⋯⋯⋯⋯⋯⋯⋯455
株式の物納⋯⋯⋯⋯⋯⋯⋯⋯433
株式併合⋯⋯⋯⋯⋯⋯⋯⋯⋯455
株式保有特定会社⋯⋯⋯⋯70, 325
株主総会⋯⋯⋯⋯⋯⋯⋯⋯⋯123
　　──の決議事項⋯⋯⋯⋯⋯124
株主平等原則⋯⋯⋯⋯⋯⋯⋯⋯127
関係会社の状況⋯⋯⋯⋯⋯⋯⋯136
監事⋯⋯⋯⋯⋯⋯⋯⋯⋯281, 283
元本受益権⋯⋯⋯⋯⋯⋯⋯⋯272
管理支配基準⋯⋯⋯⋯⋯⋯⋯⋯546
関連当事者との取引⋯⋯⋯⋯⋯137
議決権拘束契約⋯⋯⋯⋯⋯⋯⋯526
議決権信託⋯⋯⋯⋯⋯⋯⋯⋯519
議決権制限株式⋯⋯⋯⋯⋯⋯⋯62
期限切れ欠損金⋯⋯⋯⋯⋯⋯⋯351
帰属権利者⋯⋯⋯⋯⋯⋯229, 262
吸収合併⋯⋯⋯⋯⋯⋯⋯⋯⋯294
吸収分割⋯⋯⋯⋯⋯⋯⋯⋯⋯304
急速な買付け⋯⋯⋯⋯⋯⋯⋯⋯157
共同保有者⋯⋯⋯⋯⋯⋯⋯⋯185
金融商品取引法⋯⋯⋯⋯⋯⋯⋯135
繰越欠損金⋯⋯⋯⋯⋯⋯⋯299, 316
　　──等⋯⋯⋯⋯⋯⋯⋯⋯309
グループ法人税制⋯⋯⋯⋯⋯⋯318
クロクロ取引⋯⋯⋯⋯179, 246, 247, 249
クロスボーダー・マージャー⋯⋯553
経営承継円滑化法⋯⋯⋯⋯⋯⋯16
軽微基準⋯⋯⋯⋯⋯⋯⋯169, 182
決議要件⋯⋯⋯⋯⋯⋯⋯⋯⋯124
決算情報⋯⋯⋯⋯⋯⋯⋯⋯⋯178

事項索引　559

決定事実	170
原則的評価	78
公益財団法人	278
公益社団法人	278
公益法人等	283, 284, 387
公開買付け	154
公開買付規制	143, 154, 239
公開買付け等事実	182
公開買付者等関係者等	181
公平義務	220
コーポレート・インバージョン税制	507
子会社株式の純資産価額	87
子会社支援損失	351
国外転出時課税制度	514
国外に所在する取引相場のない株式の評価	99
国際相続	16
国籍の回復	17
固定合意	15
固有財産	215

◆ さ行

再上場	467
債務免除	45
指図権	231
──者	231
三角合併	505
残波事件判決	451
残余財産受益者	229
死因贈与	7
私売出し	166
自益信託	264
時価	55
事業基準	545
事業承継税制	48
──と信託	53
自己株券買付状況報告書	201
自己株式	61
──処分	139
──の取得	193
資産調整勘定	298, 308, 315
資産の帳簿価額	418
事実上のキャッシュ・ボックス	548
市場内買付け	198
実体基準	546

支配株主	191
資本金等の額	298, 308
資本剰余金の分配	416
社員	279
社員総会	280
収益事業	287
収益受益権	272
従業員持株会	400, 477
住所認定	30
集団投資スキーム持分	402
重要事実	169
受益権	222
受益債権	222
受益者	210
──指定権	224
──受領時課税	261
──等課税信託	262
──変更権	224
──連続型信託	225, 268, 492
受託者	210, 217
──の損失填補責任等	221
受動的所得	548
主要株主	190
種類株式	127
──の評価	90
種類株主総会	128
純資産価額方式	84
純粋経済人基準	104
上場株式の評価	56
譲渡（売買）	4
譲渡損益調整資産	318
除外合意	15
所得税法上の時価	95
知る前計画	179, 248
知る前契約	179, 248
知る者同士の取引	179
新株発行	139
信託業	235, 236
信託契約	211
信託行為	211
信託財産	215
──責任負担債務	215
信託譲渡	213
信託宣言	212
信託の公示	213

信託の引受け……………………236
信託法………………………209
信託報酬……………………227
信託目的……………………212
信託遺言……………………211
人的分割…………………292, 304
スクイーズ・アウト………452
制限納税義務者………………28
清算受託者…………………229
生前贈与………………………4
善管注意義務………………219
全部取得条項付種類株式…455
相互保有株式…………………62
増資…………………………139
総則6項……………109, 329, 357
「相続させる」旨の遺言……498
相続時精算課税制度…………41
相続時精算課税選択届出書…42
相続税額控除…………………26
相続税の納税猶予制度………48
相続における準拠法…………17
贈与税…………………………41
――の納税猶予制度………48
属人的な権利………………131
組織再編成に係る行為計算否認……357
租税回避…………102, 420, 511
――行為の「否認」………103
外税控除事件判決…………421

◆ た行

退職慰労金…………………437
大量保有報告………………184
――制度……………………252
他益信託……………………264
武富士事件……………………30
タックス・ヘイブン対策税制……539, 542
短期売買利益………………184
――提供義務………………183
チャリタブル・トラスト……537
忠実義務……………………219
中心的な株主…………………66
中心的な同族株主……………65
通常清算……………………354
低額譲渡………………………43
適格合併……………………302

適格株式交換………………316
適格分割型分割……………310
適時開示……………………190
適用除外基準………………545
デンソー事件………………555
投資運用業規制……………258
同族会社の行為計算否認…356
同族株主………………………58
同族関係者……………………59
同族理事……………………289
特殊決議……………………125
特定一般社団法人等………289
特定一般法人………………387
特定外国子会社等…………544
特定軽課税外国法人………508
特定の評価会社………………69
特別関係者…………154, 158
特別決議……………………124
特別資本関係………………159
特別清算……………………354
匿名組合……………………528
特例的評価方式………………89
土地保有特定会社……………76
取引相場のない外国法人の株式の評価…412
取引相場のない株式の評価…57

◆ な行

日米相続税条約………………27
年配当金額……………………90
納税義務者……………………28

◆ は行

配当還元価額…………………89
売買報告書…………………250
――制度……………184, 250
バスケット条項……………178
パススルー課税……………261
発生事実……………………175
反復継続性…………………237
非営利型法人………………285
被支配法人等………………159
比準要素数1の会社…………70
非上場株式の評価…………482
評議員………………………282
評議員会……………………282

表明保証………………………446	無制限納税義務者………………28
——違反に基づく補償責任…………446	名義財産…………………………35
ファミリービジネス……………540	
夫婦財産契約……………………121	**◆　や行**
フォーエス事件…………………111	
複層化信託………………………273	役員………………………………66
負債の帳簿価額…………………418	ヤフー事件………………………106
負担付死因贈与……………………7	有価証券の売出し………………166
普通決議…………………………124	有価証券報告書…………………136
物的分割…………………292, 304	有利発行…………………………146
物納…………………………47, 426	
——順位…………………………426	**◆　ら行**
——適格財産……………………426	
ブラック・リスト国所在法人……548	利益積立金額……………298, 308
不利発行…………………………149	理事………………………281, 283
ブロックトレード………………427	理事会……………………281, 283
プロテクター……………………532	留保金課税………………………443
プロマーケット…………………463	臨時報告書………………………192
分割型分割………………292, 304	類似業種…………………………80
分社型分割………………292, 304	——比準方式……………………78
分配可能額………………………202	暦年課税制度……………………41
分別管理義務……………………220	レター・オブ・ウィッシズ………532
ペーパー・カンパニー…………548	連帯納付義務……………………34
法形式の否認……………………102	労働契約承継法…………………381
法人課税信託……………261, 269	
法人税法上の時価…………………93	**◆　英文・数字**
法定相続分課税方式………………19	
保有者……………………………184	1株当たりの純資産価額…………83
本文保有者………………………252	1株当たりの配当金額……………81
	1株当たりの利益金額……………82
◆　ま行	1号保有者………………………253
	2号保有者………………………253
みなし共同保有者………………186	40条申請…………………………387
みなし相続財産……………………20	IBM事件…………………………105
みなし贈与…………………………43	IDCF事件………………………106
みなし配当…………296, 306, 314	MBO……………………………453
ミニ公開買付け…………………194	tax avoidance………………102, 420
	TOB……………………………454
	——規制…………………………143

●判例索引

札幌高判昭和 51 年 1 月 13 日月報 22 巻 3 号 756 頁‥‥‥‥‥‥‥‥‥‥‥‥‥‥ 104
東京地判昭和 51 年 2 月 17 日集民 117 号 103 頁‥‥‥‥‥‥‥‥‥‥‥‥‥‥‥ 45
最判昭和 51 年 3 月 18 日民集 30 巻 2 号 111 頁‥‥‥‥‥‥‥‥‥‥‥‥‥ 11, 339
最判昭和 51 年 8 月 30 日民集 30 巻 7 号 768 頁‥‥‥‥‥‥‥‥‥‥‥‥ 14, 498
最判昭和 53 年 4 月 21 日月報 24 巻 8 号 1694 頁‥‥‥‥‥‥‥‥‥‥‥‥‥ 104
大阪地判昭和 53 年 5 月 11 日税資 101 号 333 頁‥‥‥‥‥‥‥‥‥‥‥‥‥‥ 44
浦和地判昭和 56 年 2 月 25 日月報 27 巻 5 号 1005 頁‥‥‥‥‥‥‥‥‥‥‥ 103
最判昭和 57 年 4 月 30 日民集 36 巻 4 号 763 頁‥‥‥‥‥‥‥‥‥‥‥‥‥‥‥ 7
横浜地判昭和 57 年 7 月 28 日税資 127 号 494 頁‥‥‥‥‥‥‥‥‥‥‥‥‥‥ 45
最判昭和 58 年 1 月 24 日民集 37 巻 1 号 21 頁‥‥‥‥‥‥‥‥‥‥‥‥‥‥‥‥ 8
東京高判昭和 58 年 4 月 19 日税資 130 号 62 頁‥‥‥‥‥‥‥‥‥‥‥‥‥‥‥ 45
最判昭和 58 年 9 月 9 日民集 37 巻 7 号 962 頁‥‥‥‥‥‥‥‥‥‥‥‥‥‥‥ 439
大阪高決昭和 58 年 10 月 27 日高民集 36 巻 3 号 250 頁‥‥‥‥‥‥‥‥‥‥ 519
東京地判昭和 59 年 4 月 26 日税資 136 号 352 頁‥‥‥‥‥‥‥‥‥‥‥‥‥‥ 22
大阪高決昭和 60 年 4 月 16 日判タ 561 号 159 頁‥‥‥‥‥‥‥‥‥‥‥‥‥ 519
神戸地判昭和 60 年 12 月 2 日税資 147 号 519 頁‥‥‥‥‥‥‥‥‥‥‥‥‥‥ 30
大阪高判昭和 61 年 9 月 25 日税資 153 号 817 頁‥‥‥‥‥‥‥‥‥‥‥‥‥‥ 30
最決昭和 63 年 7 月 15 日税資 165 号 324 頁‥‥‥‥‥‥‥‥‥‥‥‥‥‥‥‥ 30
最判平成 3 年 4 月 19 日民集 45 巻 4 号 477 頁‥‥‥‥‥‥‥‥‥‥‥‥‥‥‥ 498
東京高判平成 4 年 2 月 6 日税資 188 号 209 頁‥‥‥‥‥‥‥‥‥‥‥‥‥‥‥ 23
最判平成 4 年 11 月 16 日税資 193 号 437 頁‥‥‥‥‥‥‥‥‥‥‥‥‥‥‥‥ 40
最判平成 7 年 4 月 25 日集民 175 号 91 頁‥‥‥‥‥‥‥‥‥‥‥‥‥‥‥‥‥ 407
最判平成 9 年 1 月 28 日判時 1599 号 139 頁‥‥‥‥‥‥‥‥‥‥‥‥‥‥‥‥‥ 3
最判平成 9 年 1 月 28 日民集 51 巻 1 号 71 頁‥‥‥‥‥‥‥‥‥‥‥‥‥‥‥ 142
大津地判平成 9 年 6 月 23 日月報 44 巻 9 号 1678 頁‥‥‥‥‥‥‥‥‥‥‥ 110
最判平成 10 年 3 月 24 日民集 52 巻 2 号 433 頁‥‥‥‥‥‥‥‥‥‥‥‥ 11, 338
東京高判平成 10 年 3 月 30 日税資 231 号 411 頁‥‥‥‥‥‥‥‥‥‥‥‥‥ 102
国税不服審判所裁決平成 10 年 4 月 2 日裁決事例集 55 集 608 頁‥‥‥‥‥‥ 35
大阪地判平成 12 年 2 月 23 日税資 246 号 908 頁‥‥‥‥‥‥‥‥‥‥‥‥‥ 111
大阪地判平成 12 年 5 月 12 日月報 47 巻 10 号 3106 頁‥‥‥‥‥‥‥‥‥‥ 104
東京地判平成 12 年 5 月 30 日税資 247 号 966 頁‥‥‥‥‥‥‥‥‥‥‥ 111, 114
大阪高判平成 12 年 11 月 2 日税資 249 号 247 頁‥‥‥‥‥‥‥‥‥‥‥‥‥ 111
東京高判平成 13 年 3 月 15 日判時 1752 号 19 頁‥‥‥‥‥‥‥‥‥‥‥‥‥ 114
最決平成 13 年 4 月 13 日税資 250 号順号 8882‥‥‥‥‥‥‥‥‥‥‥‥‥‥ 111
国税不服審判所裁決平成 13 年 5 月 30 日裁決事例集 61 集 560 頁‥‥‥‥‥ 22
東京高判平成 13 年 7 月 5 日税資 251 号順号 8943‥‥‥‥‥‥‥‥‥‥‥‥ 149
大分地判平成 13 年 9 月 25 日税資 251 号順号 8982‥‥‥‥‥‥‥‥‥‥‥‥ 96
大阪高判平成 13 年 11 月 1 日判時 1794 号 39 頁‥‥‥‥‥‥‥‥‥‥‥‥‥ 393
名古屋高裁金沢支判平成 14 年 5 月 15 日税資 252 号順号 9121‥‥‥‥‥‥ 149
大阪高判平成 14 年 6 月 13 日税資 252 号順号 9132‥‥‥‥‥‥‥‥‥‥‥ 104
最決平成 14 年 6 月 28 日税資 252 号順号 9150‥‥‥‥‥‥‥‥‥‥‥‥‥‥ 114

東京地判平成 16 年 3 月 2 日月報 51 巻 10 号 2647 頁‥‥‥‥‥‥‥‥‥‥‥‥89

東京高判平成 17 年 9 月 29 日月報 52 巻 8 号 2602 頁‥‥‥‥‥‥‥‥‥‥‥439

東京地判平成 17 年 10 月 12 日税資 255 号順号 10156‥‥‥‥‥‥‥‥‥113, 117

最判平成 17 年 12 月 19 日民集 59 巻 10 号 2964 頁‥‥‥‥‥‥‥‥‥‥‥421

東京地判平成 18 年 1 月 17 日判時 1920 号 136 頁‥‥‥‥‥‥‥‥‥‥‥‥447

最判平成 18 年 1 月 24 日集民 219 号 285 頁‥‥‥‥‥‥‥‥‥‥‥‥‥‥148

国税不服審判所裁決平成 18 年 3 月 10 日公刊物未登載‥‥‥‥‥‥‥‥‥86

国税不服審判所裁決平成 18 年 9 月 8 日裁決事例集 72 集 325 頁‥‥‥‥450

大阪高判平成 18 年 10 月 25 日税資 256 号順号 10553‥‥‥‥‥‥‥‥‥439

東京高判平成 19 年 1 月 30 日判時 1974 号 138 頁‥‥‥‥‥‥‥‥‥‥‥94

東京地判平成 19 年 1 月 31 日税資 257 号順号 10622‥‥‥‥‥‥99, 116, 384

大阪高判平成 19 年 4 月 17 日税資 257 号順号 10691‥‥‥‥‥‥‥‥‥105

国税不服審判所裁決平成 19 年 6 月 26 日公刊物未登載‥‥‥‥‥‥‥‥36

最判平成 20 年 1 月 28 日民集 62 巻 1 号 128 頁‥‥‥‥‥‥‥‥‥‥‥447

東京高判平成 20 年 2 月 28 日判タ 1278 号 163 頁‥‥‥‥‥‥‥‥‥‥30

国税不服審判所裁決平成 20 年 6 月 26 日裁決事例集 75 集 594 頁‥‥‥82

東京地判平成 20 年 6 月 27 日判タ 1292 号 161 頁‥‥‥‥‥‥‥‥‥‥439

東京地判平成 20 年 10 月 17 日税資 258 号-195 順号 11053‥‥‥‥‥‥36

長崎地判平成 21 年 3 月 10 日税資 259 号順号 11153‥‥‥‥‥‥‥‥‥439

東京高判平成 21 年 4 月 16 日税資 259 号-69 順号 11182‥‥‥‥‥‥‥36

東京地判平成 21 年 11 月 12 日判タ 1324 号 134 頁‥‥‥‥‥‥‥‥‥419

東京高判平成 22 年 12 月 15 日税資 260 号順号 11571‥‥‥‥‥‥‥‥147

最判平成 23 年 2 月 18 日判時 2111 号 3 頁‥‥‥‥‥‥‥‥‥‥‥30, 276

名古屋地判平成 23 年 3 月 24 日税資 261 号順号 11654‥‥‥‥‥‥33, 274

国税不服審判所裁決平成 23 年 9 月 28 日裁決事例集 84 集‥‥‥‥‥‥64

東京地判平成 23 年 10 月 11 日 LEX/DB 文献番号 25481913‥‥‥‥‥418

大阪地判平成 23 年 12 月 16 日税資 261 号-246 順号 11836‥‥‥‥‥38

大阪高判平成 24 年 2 月 16 日月報 58 巻 11 号 3876 頁‥‥‥‥‥‥‥479

東京地判平成 24 年 3 月 2 日判時 2180 号 18 頁‥‥‥‥‥‥75, 102, 118

国税不服審判所裁決平成 24 年 5 月 25 日（東裁(法)平成 23 年 233 号）‥464

国税不服審判所裁決平成 24 年 7 月 5 日裁決事例集 88 集 334 頁‥‥‥87

大阪地決平成 25 年 1 月 31 日判時 2185 号 142 頁‥‥‥‥‥‥‥‥‥469

東京高判平成 25 年 2 月 28 日税資 263 号順号 12157‥‥‥‥‥‥‥‥118

国税不服審判所裁決平成 25 年 3 月 4 日裁決事例集 90 集‥‥‥‥‥‥21

名古屋高判平成 25 年 4 月 3 日税資 263 号順号 12192‥‥‥‥‥‥33, 274

最決平成 25 年 9 月 4 日民集 67 巻 6 号 1320 頁‥‥‥‥‥‥‥‥‥‥497

東京高判平成 26 年 2 月 12 日税資 264 号順号 12408‥‥‥‥‥‥‥‥391

東京地判平成 26 年 3 月 13 日判タ 1435 号 43 頁‥‥‥‥‥‥‥‥‥‥9

東京地判平成 26 年 3 月 18 日民集 70 巻 2 号 331 頁‥‥‥‥‥‥‥‥106

東京地判平成 26 年 3 月 18 日民集 70 巻 2 号 552 頁‥‥‥‥‥‥‥‥106

東京地判平成 26 年 5 月 9 日判タ 1415 号 186 頁‥‥‥‥‥‥‥‥‥105

最決平成 26 年 7 月 15 日税資 264 号順号 12505‥‥‥‥‥‥‥‥‥‥274

東京高判平成 26 年 9 月 30 日裁判所ウェブサイト‥‥‥‥‥‥‥‥‥‥9

東京高判平成 26 年 11 月 5 日民集 70 巻 2 号 448 頁‥‥‥‥‥‥‥‥106

国税不服審判所裁決平成 26 年 11 月 18 日公刊物未登載‥‥‥‥‥‥‥24

東京高判平成 27 年 1 月 15 日民集 70 巻 2 号 671 頁 ……………………………… 106
最判平成 27 年 2 月 19 日民集 69 巻 1 号 25 頁 ………………………………………… 3
名古屋地判平成 27 年 3 月 5 日税資 265 号順号 12620 ……………………………… 120
東京高判平成 27 年 3 月 25 日判時 2267 号 24 頁 ……………………………… 105, 356
最決平成 27 年 3 月 26 日民集 69 巻 2 号 365 頁 ……………………………………… 468
東京地判平成 27 年 7 月 30 日税資 265 号順号 12706 ……………………………… 119
東京地判平成 28 年 2 月 1 日 D1-Law.com 判例体系 ……………………………… 371
名古屋高判平成 28 年 2 月 10 日月報 62 巻 11 号 1943 頁 ………………………… 555
最決平成 28 年 2 月 18 日公刊物未登載 ……………………………………………… 105
最判平成 28 年 2 月 29 日民集 70 巻 2 号 242 頁 ……………………………… 106, 511
最判平成 28 年 2 月 29 日民集 70 巻 2 号 470 頁 …………………………………… 106
東京地判平成 28 年 4 月 22 日税資 266 号順号 12849 ……………………………… 451
東京高判平成 29 年 7 月 26 日公刊物未登載 ………………………………………… 351
東京地判平成 29 年 8 月 30 日公刊物未登載 ………………………………………… 97
名古屋地判平成 29 年 9 月 4 日訴月 62 巻 11 号 1968 頁 ………………………… 555
東京地判平成 29 年 10 月 13 日裁判所ウェブサイト ……………………………… 451
最判平成 29 年 10 月 24 日民集 71 巻 8 号 1522 頁 ………………………………… 555
東京高判平成 30 年 4 月 25 日裁判所ウェブサイト ……………………………… 451
東京高判平成 30 年 7 月 19 日公刊物未登載 ………………………………………… 97

●編著者紹介

＜編者プロフィール＞

森・濱田松本法律事務所

森・濱田松本法律事務所（弁護士法人森・濱田松本法律事務所を含む）は、2018年10月1日現在、弁護士約380名、税理士6名（弁護士登録者除く）、外国法弁護士約80名のほか、司法書士、パラリーガル、翻訳、司書その他のスタッフ約490名を擁する日本有数の大規模総合法律事務所として、M&A／事業承継、税務、コーポレート・ガバナンス、ファイナンス、事業再生／倒産、競争法、知的財産権、アジアビジネス法務など、広範な法分野を取り扱っている。M&A／事業承継に関しては、国内及びクロス・ボーダーの大規模案件に多数関与し、法務及び税務を統合したアドバイスを提供している。

MHM税理士事務所

MHM税理士事務所は、森・濱田松本法律事務所（弁護士法人森・濱田松本法律事務所を含む）に所属する弁護士、税理士及び公認会計士が中心となって参画する税理士事務所であり、オーナー系企業の事業承継、M&A・グループ内再編、事業再生等に関する税務サービスを、森・濱田松本法律事務所による法務サービスと一体的に提供している。具体的には、ストラクチャリング、税務調査対応、契約書レビュー、組織再編手続の実行のほか、各種税務申告や税務デュー・ディリジェンス等の業務を行っており、クロス・ボーダー事案も多数取り扱っている。

＜執筆者プロフィール＞

大石　篤史（おおいし　あつし）

森・濱田松本法律事務所　パートナー

【主な経歴等】

1996年　東京大学法学部卒業、1998年　弁護士登録、2003年　ニューヨーク大学ロースクール修了、2003年　Weil, Gotshal & Manges LLP ニューヨークオフィスにて執務、2006年　税理士登録（2015年再登録）、2007年　経済産業省「MBO取引等に関するタスクフォース」メンバー、2013年　経済産業省「タックスヘイブン対策税制及び無形資産に関する研究会」委員、2016年　早稲田大学「国際ファミリービジネス総合研究所」招聘研究員（〜現在）、2018年　経営革新等支援機関認定。

【主な取扱い分野】

M&A、税務、ウェルス・マネジメント

【主な著作】

『取引スキーム別　契約書作成に必要な税務知識 Q&A〔第 2 版〕』（中央経済社、2018年、共著）、「The International Comparative Legal Guide to：Private Client 2018- Japan Chapter」（The International Comparative Legal Guide to：Private Client 2018、共著）、『M&A 法大系』（有斐閣、2015 年、共著）、『税務・法務を統合した M&A 戦略〔第 2 版〕』（中央経済社、2015 年、共著）ほか。

酒井　真（さかい　まこと）

森・濱田松本法律事務所　パートナー

【主な経歴等】

2003 年 東京大学法学部卒業、2004 年 弁護士登録、2009 年 コーネル大学ロースクール修了、2009 年〜10 年 Gibson, Dunn & Crutcher LLP ロサンゼルスオフィスにて執務、2011 年〜2013 年 東京国税局調査第一部調査審理課にて執務。

【主な取扱い分野】

M&A、税務、ウェルス・マネジメント

【主な著作】

「タックス・ヘイブン対策税制を巡る最新裁判例詳解＜ 1 ＞＜ 2 ＞」（共著）国際税務 2015 年 8 月号・9 月号、「The International Comparative Legal Guide to：Private Client 2018- Japan Chapter」（The International Comparative Legal Guide to：Private Client 2018、共著）、『M&A 法大系』（有斐閣、2015 年、共著）、『税務・法務を統合した M&A 戦略〔第 2 版〕』（中央経済社、2015 年、共著）ほか。

峯岸　健太郎（みねぎし　けんたろう）

森・濱田松本法律事務所　オブ・カウンセル

【主な経歴等】

2001 年 一橋大学法学部卒業、2002 年 弁護士登録、2006 年〜2007 年 金融庁総務企画局企業開示課（現企画市場局企業開示課）専門官として金融商品取引法制の企画立案等を担当、2018 年 一種証券外務員資格を取得。

【主な取扱い分野】

金融商品取引法を中心とした金融法制／FinTech、キャピタル・マーケッツ、上場会社向けの情報開示

【主な著作】

『金融商品取引法コンメンタール 1〔第 2 版〕定義・開示制度』（商事法務、2018 年、共著）、『Fintech の法律』（日経 BP 社、2017 年、共著）、『企業再編〔第 2 版〕法律・会計・税務と評価』（清文社、2015 年、共著）、『金融商品取引法　資本市場と開示編

〔第 3 版〕』（商事法務、2015 年）、『事例でわかるインサイダー取引』（商事法務、2013年、共著）ほか。

栗原　宏幸（くりはら　ひろゆき）

森・濱田松本法律事務所　アソシエイト

【主な経歴等】

2005 年 東京大学法学部卒業、2007 年 東京大学法科大学院修了、2008 年弁護士登録、2015 年 スタンフォード大学ロースクール修了（LL. M. in Corporate Governance & Practice）、2016 年 ニューヨーク大学ロースクール修了（LL. M. in International Taxation、同大学にて Flora S. and Jacob L. Newman Award 受賞（For distinction in the LL. M. in International Taxation program））、2016 年 Weil, Gotshal & Manges LLP ニューヨークオフィスにて執務、2017 年 税理士登録。

【主な取扱い分野】

税務、M&A、コーポレート・ファイナンス、企業法務一般

【主な著作】

『取引スキーム別 契約書作成に役立つ税務知識 Q&A〔第 2 版〕』（中央経済社、2018年、共著）、「平成 29 年度税制改正が M&A 実務に与える影響・留意点」（会計・監査ジャーナル Vol. 29 No. 7、2017 年）、「実務解説〜アップルの事例で考える無形資産をめぐる国際的税務戦略〜」（旬刊経理情報 No. 1356、2013 年、共著）、『国際税務の疑問点』（ぎょうせい、2010 年、共著）ほか。

飯島　隆博（いいじま　たかひろ）

森・濱田松本法律事務所　アソシエイト

【主な経歴等】

2012 年 東京大学法学部卒業、2014 年 弁護士登録、2015 年 東京大学法科大学院未修者指導講師（現任）。

【主な取扱い分野】

M&A、ウェルス・マネジメント、税務、ベンチャー

【主な著作】

「The Financial Technology Law Review Edition 1 – Japan Chapter」（The Financial Technology Law Review Edition 1、2018 年、共著）、『企業訴訟実務問題シリーズ　税務訴訟』（中央経済社、2017 年、共著）、『税務・法務を統合した M&A 戦略〔第 2版〕』（中央経済社、2015 年、共著）ほか。

山川　佳子（やまかわ　よしこ）

　森・濱田松本法律事務所　アソシエイト

【主な経歴等】

2012 年　東京大学法学部卒業、2014 年　弁護士登録。

【主な取扱い分野】

M&A、ウェルス・マネジメント、税務、個人情報保護法

【主な著作】

「約 140 年ぶりの大改正　成年年齢引下げで税務のココがこう変わる」（税務弘報 Vol. 66、2018 年）、「特集　役員のインセンティブ報酬に関する法務・税務の最新動向—平成 30 年における全体概要と利用傾向—」（税務通信 No.3506、2018 年、共著）、『税務・法務を統合した M&A 戦略〔第 2 版〕』（中央経済社、2015 年、共著）。

坂東　慶一（ばんどう　けいいち）

　森・濱田松本法律事務所　アソシエイト

【主な経歴等】

2012 年　東京大学法学部卒業、2014 年　東京大学法科大学院修了、2015 年　弁護士登録。

【主な取扱い分野】

ファイナンス（アセット・マネジメント、投資信託、キャピタル・マーケッツ、J-REIT、航空機ファイナンス）、金融関連規制、税務、ウェルス・マネジメント

三木　翼（みき　つばさ）

　森・濱田松本法律事務所　アソシエイト

【主な経歴等】

2012 年　慶應義塾大学法学部政治学科卒業、2014 年　慶應義塾大学法科大学院修了、2015 年　弁護士登録。

【主な取扱い分野】

キャピタル・マーケッツ、M&A、ベンチャー、FinTech

渡邉　峻（わたなべ　しゅん）

　森・濱田松本法律事務所　アソシエイト

【主な経歴等】

2012 年　東京大学工学部卒業、2015 年　東京大学法科大学院卒業、2016 年　弁護士登録。

【主な取扱い分野】

IT、知的財産、訴訟、ウェルス・マネジメント

山田　彰宏（やまだ　あきひろ）

　森・濱田松本法律事務所　税理士

【主な経歴等】

1985 年　新潟大学経済学部卒業、1985 年〜1989 年　大阪国税局にて執務、1989 年〜2008 年　大蔵省（現・財務省）主税局にて執務、2008 年　税理士登録、2011 年　日本租税研究協会「国際的組織再編等課税問題検討会」委員、2011 年　経済産業省「外国事業体に関する研究会」委員、2013 年　日本租税研究協会「国際課税実務検討会」委員、2014 年　日本租税研究協会「通達等検討会」専門家委員。

【主な取扱い分野】

税務

【主な著作】

『完全詳解／タックスヘイブン対策税制・外国子会社配当益金不算入制度〔第 2 版〕』（税務研究会、2011 年、共著）、『外国子会社配当益金不算入制度の導入と企業行動』（国際税制研究 2009 年、共著）、「国際課税関係」『改正税法のすべて』（大蔵財務協会 2004 年〜2007 年）、『会社税務釈義［加除式］』（第一法規出版 2002 年〜2008 年、2013 年〜2015 年、共著）ほか。

間所　光洋（まどころ　こうよう）

　森・濱田松本法律事務所　税理士

【主な経歴等】

2001 年　成蹊大学法学部法律学科卒業、2001 年〜2010 年　人材派遣会社を経て都内会計事務所にて執務、2010 年〜2016 年　朝日税理士法人にて執務、2011 年　税理士登録。

【主な取扱い分野】

ウェルス・マネジメント、税務

村上　博隆（むらかみ　ひろたか）

　森・濱田松本法律事務所　公認会計士・税理士

【主な経歴等】

2004 年〜2013 年　東京国税局にて執務、2013 年〜2017 年　有限責任監査法人トーマツにて執務、2015 年　公認会計士登録、2017 年　税理士登録、2018 年　日本公認会計士協会東京会税務第二委員会委員。

【主な取扱い分野】

税務、会計

【主な著作】

『取引スキーム別 契約書作成に役立つ税務知識 Q&A〔第 2 版〕』（中央経済社、2018
年、共著）。

丸山　木綿子（まるやま　ゆうこ）

　森・濱田松本法律事務所　税理士

　【主な経歴等】

　1999 年中京大学経営学部経営学科卒業、2003 年～2008 年　一般事業会社、税理士法
人にて執務、2007 年　税理士登録、2008 年～2016 年　税理士法人山田＆パートナー
ズにて執務。

　【主な取扱い分野】

　税務

設例で学ぶ
オーナー系企業の事業承継・M&A における
法務と税務

2018年12月5日　初版第1刷発行

編　　者　　森・濱田松本法律事務所
　　　　　　MHM 税理士事務所

発 行 者　　小　宮　慶　太

発 行 所　　㍿商 事 法 務
　　　　　　〒103-0025　東京都中央区日本橋茅場町3-9-10
　　　　　　TEL 03-5614-5643・FAX 03-3664-8844〔営業部〕
　　　　　　TEL 03-5614-5649〔書籍出版部〕
　　　　　　http://www.shojihomu.co.jp/

落丁・乱丁本はお取り替えいたします。　　　　印刷／三報社印刷㈱
© 2018 森・濱田松本法律事務所、　　　　　Printed in Japan
　　MHM 税理士事務所
　　　　　　　　Shojihomu Co., Ltd.
　　　　　ISBN978-4-7857-2685-0
　　　＊定価はカバーに表示してあります。

JCOPY ＜出版者著作権管理機構　委託出版物＞
本書の無断複製は著作権法上での例外を除き禁じられています。
複製される場合は、そのつど事前に、出版者著作権管理機構
（電話 03-3513-6969、FAX 03-3513-6979、e-mail：info@jcopy.or.jp）
の許諾を得てください。